国家社科基金
GUOJIA SHEKE JIJIN HOUQI ZIZHU XIANGMU
后期资助项目

教育与两汉社会的整合研究

Study on the integration of the education and Han society

郝建平 著

中華書局
ZHONGHUA BOOK COMPANY

图书在版编目(CIP)数据

教育与两汉社会的整合研究/郝建平著. —北京:中华书局,2014.8(2024.4 重印)
(国家社科基金后期资助项目)
ISBN 978-7-101-10190-4

Ⅰ.教… Ⅱ.郝… Ⅲ.教育-关系-社会发展-研究-中国-汉代 Ⅳ.①G529.34②K234.07

中国版本图书馆 CIP 数据核字(2014)第 122004 号

书　　名	教育与两汉社会的整合研究
著　　者	郝建平
丛 书 名	国家社科基金后期资助项目
责任编辑	郭　妍
责任印制	陈丽娜
出版发行	中华书局 (北京市丰台区太平桥西里 38 号　100073) http://www.zhbc.com.cn E-mail:zhbc@zhbc.com.cn
印　　刷	三河市中晟雅豪印务有限公司
版　　次	2014 年 8 月第 1 版 2024 年 4 月第 2 次印刷
规　　格	开本/710×1000 毫米　1/16 印张 29¾　插页 2　字数 450 千字
国际书号	ISBN 978-7-101-10190-4
定　　价	86.00 元

国家社科基金后期资助项目出版说明

后期资助项目是国家社科基金设立的一类重要项目，旨在鼓励广大社科研究者潜心治学，支持基础研究多出优秀成果。它是经过严格评审，从接近完成的科研成果中遴选立项的。为扩大后期资助项目的影响，更好地推动学术发展，促进成果转化，全国哲学社会科学规划办公室按照"统一设计、统一标识、统一版式、形成系列"的总体要求，组织出版国家社科基金后期资助项目成果。

全国哲学社会科学规划办公室

目　录

绪　论

一、选题的意义

在中国漫长的封建社会中，两汉是一个重要的历史阶段，其时，虽处在中国封建社会的初期阶段，但却是第一个强盛的时期。在汉代四百多年的历史中，创造了相当发达的物质文明和精神文明，教育事业的蓬勃发展就是一个重要表征。汉初奉行黄老政治，由于这一学说本身具有兼容的特点，因而在文化教育上，采取的是开放性政策。武帝时定儒学于一尊，从此儒家学说成为封建社会正统的统治思想，对社会的各个方面起着支配作用，教育亦不例外，教育制度、教育内容及教育思想理论，均受到儒学的影响和支配。武帝后，教育逐步走向儒学化，然而不论是武帝时期还是以后的历朝政府，均未有禁止、灭绝诸子百家学说的举动，只不过是不把它们立于学官而已。实际上武帝后专门研习传授诸子杂学者有之，由儒家兼习、传授者亦有之，因此汉代教育在武帝后所形成的格局是：儒家教育处于主导、支配地位，而诸子杂学教育则处于从属的地位。那种认为武帝后汉代教育是单一儒家教育的观点，是有悖于历史事实的。

在汉代，无论是中央政府还是地方官府，均投入了一定的人力物力用于兴办与发展教育，故而形成了从中央到地方的官学系统。与此同时，朝廷亦积极鼓励、支持民间的教育活动，使汉代的私学得以繁荣。私学不仅有力地补充了官学教育之不足，而且亦扩大了文化教育的影响面。鉴于各类学校所能容纳人数有限这一客观现实，为了把封建的伦理纲常灌输给社会的每一个成员，汉代统治阶级便利用了社会教育这一普遍的形式，使学校教育与社会教育并行发展，互为补充，形成了全社会的教育网，从而有效地加强了思想控制，巩固了封建统治。家庭教育也有了进一步的发展，儿童早期教育、女子教育及许多学术、技艺，都有赖于家庭教育。

汉代教育之所以能获得高度的发展，与统治者认识到教育是维护封建专制统治的重要工具和手段分不开。正是基于这一认识，使汉代政府能够采取一系列重学重教的政策、措施，从而推动了教育的发展。在汉代重学重教的诸措施中，对教育影响最大的是选士制度。国家通过选士制度对官学、私学的办学宗旨、教育内容实施有效的控制，从而保证了学校能够按照统治者的意愿和要求来造就人才。这种选士制度原则上向一切学有所成者敞开仕进之门，不论出身高低贵贱，只要学业精进，便可步入仕途。这样就极大地调动了人们学习的积极性，从而促进了各类学校的高度兴盛。但至东汉中期后，随着豪强地主势力的发展，选士之权日益为势家大族所垄断，变成为他们结党营私、培植个人势力的工具，其所体现的“尚贤使能”的精神遂渐趋丧失，选士制度对教育所起的积极作用也就日渐式微。

总之，汉代无论是在教育理论上，还是在教育实践上均取得了很高的成就，并初步建立起较完备的教育制度和体系，奠定了两千多年封建教育的基础。研究两汉时期的教育，总结其成败之经验教训，批判地吸收其合理因素，为我们现在的教育改革提供资料，作为借鉴，显然是有现实意义的。

教育作为一种社会历史现象，作为社会文明传递和再生产的重要手段，并非是孤立存在的，而是与社会的其他方面有着密切的联系。正如毛泽东所说：“一定的文化(当做观念形态的文化)是一定社会的政治和经济的反映，又给予伟大影响和作用于一定社会的政治和经济。”[①]因而我们要全面、正确地认识两汉社会，就必须对教育与社会的其他子系统，如政治、经济、文化等的互动关系，作深入的分析与研究。

二、学术史的回顾

1.中华人民共和国成立前汉代教育研究概述

我国自古以来就有重视教育的传统，这也是中华文明能够长期延续而生生不息，即使在外来文化的剧烈冲击下亦能保持其本质特色的一个重要原因。英国哲学家罗素曾说：“中国文明是世界上几大古国文明中唯一得以幸存和延续下来的文明。自从孔子时代以来，埃及、巴比伦、波斯、马其顿和罗马帝国的文明都相继消亡，但中国文明却通过持续不断的改良，得以维持下来。中国文明也一直受到外来文化的影响。从早先的佛教影响，

① 《毛泽东选集》(第二卷)，人民出版社，1991年版，第663页。

直到现代的西方科学的影响。但是佛教并没有把中国人变成印度人，西方科学也没有把他们变成欧洲人。”[①]

最早较为集中记载汉代知识分子文化教育活动的是《史记·儒林列传》，随后《汉书》、《后汉书》仿《史记》体例，亦设《儒林传》。《汉书·艺文志》则罗列了当时的图书文献目录。宋代徐天麟的《西汉会要》、《东汉会要》依据正史材料，把有关汉代选举、官学（太学、郡国学、宫邸学、鸿都门学）、图书的资料分类编排在一起，查阅起来十分方便。元代马端临《文献通考》中的《选举考》、《学校考》，有关于汉代选士及学校沿革的叙述与考证，是研究汉代学校教育必不可少的参考书。然而，在中国古代，教育一直是政治的附从，未能成为一个专门的学科研究领域。中国教育史成为一个独立的学科是在20世纪初。

1916年，郭秉文撰写的《中国教育制度沿革史》[②]出版。该书以极其简明的语言概述了从远古至民国初年间教育制度的发展沿革。其中仅有寥寥数百言谈及汉代教育。

20世纪20、30年代，中国教育史研究进入了一个大发展时期。各类出版物达六十部之多。涉及汉代教育的有王凤喈的《中国教育史大纲》[③]、陈青之的《中国教育史》[④]、陈东原的《中国教育史》[⑤]、周予同的《中国学校制度》[⑥]等。

陈青之的《中国教育史》以洋洋数十万言叙述了从原始社会至民国时期的教育政策、教育制度、主要教育家的教育思想。该书是一部内容较为详实，具有一定学术价值的教育通史著作，构建了后世编写教育史的基本框架。书中关涉汉代教育的内容有：两汉学风、两汉教育制度及其实施、两汉教育家及其学说。对私学几乎没有顾及，是其缺陷。

陈东原的《中国教育史》是一部较有特色的教育史著作。该书叙述了西汉至清末各代的学校制度、选士制度及学风、士风的演变情况，并对当时的社会背景有所涉及。书中用较大的篇幅对汉代的官学、私学、选举制度

① 《罗素文集》，改革出版社，1996年版，第46页。

② 郭秉文：《中国教育制度沿革史》，商务印书馆，1916年版。

③ 王凤喈：《中国教育史大纲》，商务印书馆，1928年版。

④ 陈青之：《中国教育史》，商务印书馆，1936年版。

⑤ 陈东原：《中国教育史》，商务印书馆，1935年版。

⑥ 周予同：《中国学校制度》，（上海）商务印书馆《师范小丛书》，1931年版。

及学风、士风作了分析与介绍，引用的材料较为丰富，不足之处是对教育思想关注太少。

在《中国学校制度》中，周予同以五、六万字简要概述了从远古至1930年学校制度沿革的历史。书中简要介绍了两汉学校的系统与种类、太学的创立与演变、太学的博士与太学生、郡国学校的起源与发展、两汉的特殊学校、学校与选举的情况。

除以上著作外，关于汉代教育尚有八篇论文发表：陈东原的《汉初之教育》①、《汉代之私学教育》②、《汉代之官学》③、《中国正式教育如何自汉代产生考》④，萧鸣籁的《东汉时的勤工俭学》⑤，蒋白幻的《两汉太学生之学习生活》⑥，王永详的《东汉讲师考》⑦和周光倬的《两汉太学生考》⑧。

随着抗日战争和解放战争的相继爆发，中国教育史的研究几乎陷于停滞状态，面世的成果极其有限。今天所能看到的有关汉代教育的论文仅有两篇：钱穆的《两汉博士家法考》⑨、朱子方的《汉代私学之盛衰及其学风》⑩。

2.中华人民共和国成立后汉代教育研究概述

中华人民共和国成立后的前三十年，由于诸种原因，中国教育史研究虽然取得了一些成绩，但有影响的著述并不多见。其中有关汉代教育的只有两部著作。一部是沈灌群的《中国古代教育和教育思想》⑪，论述了自远古到清前期学校教育和教育思想产生、发展、演变的历史。其中对汉代的官学、私学作了介绍，并对董仲舒、王充的政治、哲学思想及教育理论与教育方法，进行了评价。

另一部是孟宪承、陈学恂、张瑞璠、周子美编的《中国古代教育史资

---

① 陈东原：《汉初之教育》，《学风》1935年第5卷第1期。
② 陈东原：《汉代之私学教育》，《学风》1935年第5卷第2期。
③ 陈东原：《汉代之官学》，《学风》1934年第4卷第9期。
④ 陈东原：《中国正式教育如何自汉代产生考》，《学风》1932年第2卷第6期。
⑤ 萧鸣籁：《东汉时的勤工俭学》，《文史学研究所》，1935年第3卷第3期。
⑥ 蒋白幻：《两汉太学生之学习生活》，《史学》1933年第2期。
⑦ 王永详：《东汉讲师考》，《东北丛刊》1930年第1期。
⑧ 周光倬：《两汉太学生考》，《史地学报》1924年第2卷第1—2期。
⑨ 钱穆：《两汉博士家法考》，《文史哲季刊》，1944年第2卷第1期。
⑩ 朱子方：《汉代私学之盛衰及其学风》，《东方杂志》1947年第43卷第9期。
⑪ 沈灌群：《中国古代教育和教育思想》，湖北人民出版社，1956年版。

料》[1]。书中从文字和书籍、书馆和书师、太学、郡县学、私学、取士制度等方面,对汉代教育的有关材料进行梳理,以原始材料为主,适当收入后代学者有价值的成果,如《日知录》、《观堂集林》、《经学历史》等,是一部十分有用的工具书。

20世纪80年代后,中国教育史的研究有了突飞猛进的发展,并逐步达到了高潮,不仅形成了研究的热点,而且开拓了新的研究领域。

通史著作有王炳照等编的《简明中国教育史》[2],毛礼锐、沈灌群主编的《中国教育通史》[3],李桂林主编的《中国教育史》[4],孙培青主编的《中国教育史》[5],喻本钱主编的《中国教育发展史》[6]。这些著作都对汉代的文教政策、学校制度、选士制度及董仲舒、王充、郑玄等的教育思想,作了或浅或深的叙述。其中《中国教育通史》的研究较为深入,对《白虎通德论》、《说苑》、《新序》、《潜夫论》、《申鉴》、《中论》、《太平经》等文献中的教育思想进行了挖掘。

断代史有毛礼锐、瞿菊农、邵鹤亭的《中国古代教育史》[7],杨荣春的《中国封建社会教育史》[8]。对汉代"独尊儒术"的文教政策、官学私学的发展概况、察举制度及董仲舒、王充等人的教育思想进行了论述。

专题史则种类颇多:

关于高等教育史研究,有熊明安的《中国高等教育史》[9]、曲士培的《中国大学教育发展史》[10]。对汉代高等教育的方针政策、高等教育发展的概况、教师的选拔任用与学生的来源、教学与行政管理,王充、董仲舒等高等教育家的生平事迹及主要教育观点,作了较为详明的介绍。

关于教育思想史研究,有郭齐家的《中国教育思想史》[11],王炳照、阎国

---

① 孟宪承、陈学恂、张瑞璠、周子美编:《中国古代教育史资料》,人民教育出版社,1961年版。
② 王炳照等编:《简明中国教育史》,北京师范大学出版社,1985年版。
③ 毛礼锐、沈灌群主编:《中国教育通史》,山东教育出版社,1986年版。
④ 李桂林主编:《中国教育史》,上海教育出版社,1989年版。
⑤ 孙培青主编:《中国教育史》,华东师范大学出版社,1992年版。
⑥ 喻本钱主编:《中国教育发展史》,华中师范大学出版社,2000年版。
⑦ 毛礼锐、瞿菊农、邵鹤亭:《中国古代教育史》,人民教育出版社,1979年版。
⑧ 杨荣春:《中国封建社会教育史》,广东人民出版社,1985年版。
⑨ 熊明安:《中国高等教育史》,重庆出版社,1988年版。
⑩ 曲士培:《中国大学教育发展史》,山西教育出版社,1993年版。
⑪ 郭齐家:《中国教育思想史》,教育科学出版社,1987年版。

华主编的《中国教育思想通史》[①]。前一部书仅对董仲舒、王充的教育思想进行介绍。后一部书内容则较为丰富,除对有代表性教育家董仲舒、王充、郑玄的思想进行论述外,还对司马迁、刘向父子、班彪、班固、班昭、王符、荀悦、徐幹的教育思想,以及《盐铁论》、《白虎通义》中的教育思想作了勾勒。这是一部有关汉代教育思想的力作。

关于教育家专题研究,有宋本成等的《中国古代教育家及教育思想评价》[②]、毛礼锐主编的《中国古代教育家传》[③]、《中国教育家评传》[④]。这些著作,除了介绍董仲舒、王充、郑玄的生平事迹和教育活动外,还对他们的教育思想和历史地位作了较为深入的分析和评价。

关于教育管理史研究,有熊贤君的《中国教育管理史》[⑤]、梅汝莉主编的《中国教育管理史》[⑥]。这些著作,对汉代的教育宏观管理政策、教育管理制度、选士制度以及教育管理思想作了简明扼要的论述。

关于教育比较史研究,有陶愚川的《中国教育史比较研究》[⑦]。该书从教育政策、教育行政制度、学校制度及教学内容、人才选拔制度、教育思想发展等方面,对两汉教育的异同进行了比较。

关于女子教育史研究,有杜学元的《中国女子教育通史》[⑧]。该书从四个方面概括了汉代女子教育的特点:第一,有一部分书香世家女子受到较高的教育;第二,汉代贵族妇女很重视化妆术;第三,随着民间道教的兴起,道教在部分女子中传播开来,女子教育中便增加了道教内容;第四,汉代女子文学艺术教育较前尤为发达。该书概要介绍了贾谊、刘向、班昭、邓绥、蔡邕的女子教育思想。熊贤君的《中国女子教育史》[⑨],则从女子家庭教育的实施、女子道教教育、两部女子教育经典和蔡文姬个案等方面,对汉代的女子教育作了简明的论述。

---

① 王炳照、阎国华主编:《中国教育思想通史》,湖南教育出版社,1994 年版。

② 宋本成等:《中国古代教育家及教育思想评价》,内蒙古教育出版社,1985 年版。

③ 毛礼锐主编:《中国古代教育家传》,北京师范大学出版社,1987 年版。

④ 毛礼锐主编:《中国教育家评传》,上海教育出版社,1988 年版。

⑤ 熊贤君:《中国教育管理史》,华中师范大学出版社,1989 年版。

⑥ 梅汝莉主编:《中国教育管理史》,海潮出版社,1995 年版。

⑦ 陶愚川:《中国教育史比较研究》,山东教育出版社,1985 年版。

⑧ 杜学元:《中国女子教育通史》,贵州教育出版社,1995 年版。

⑨ 熊贤君:《中国女子教育史》,山西教育出版社,2006 年版。

关于儒家教育史研究，有俞启定的《先秦两汉儒家教育》[1]。该书论述了先秦两汉时期儒家教育形成和发展的历史，独尊儒术政策在教育领域的主要表现，选士制度及中国古代儒学教育的特点。

关于考试制度史研究，有盛奇秀的《中国古代考试制度》[2]、黄新宪的《中国考试发展史略》[3]、郭齐家的《中国古代考试制度》[4]、刘海峰的《中国考试发展史》[5]。这些著作对汉代考试的兴起、汉代察举考试、汉代太学的课试作了介绍。

关于家庭教育史的研究，有马镛的《中国家庭教育史》[6]。该书从帝王家教、士大夫家教、商人家教，家庭教育艺术，胎教理论，女教理论等方面对汉代的家庭教育作了概述。阎爱民的《中国古代的家教》[7]和毕诚的《中国古代家庭教育》[8]对汉代的家庭教育亦有简要之介绍。徐少锦、陈延斌的《中国家训史》对汉代的一些典型家训作品作了分析[9]。

关于教育史料，有孟宪承的《中国古代教育文选》[10]。该书选录了董仲舒的《对贤良策》、《深察名号》，《史记》中的《论六家要旨》、《儒林列传》，扬雄的《学行》，王充的《实知》、《超奇篇》、《问孔》。程舜英的《两汉教育制度史资料》[11]。本书是一部资料书，又是主要以历史资料为依据扼要叙述两汉教育制度发展史的读本。其特点是分专题，专题之下按编年比较系统地陈述教育制度和实施的历史发展，用资料来说明史实。另有熊承滌的《秦汉教育论著选》[12]。编入本书的汉代教育论著有以下一些方面：关于教育的作用和目的，关于教育和选举制度的方针政策，关于学校制度的建立，关于选举制度的建立，关于养士和用人的论述，关于教育内容与方法问题，关

---

① 俞启定：《先秦两汉儒家教育》，齐鲁书社，1987 年版。
② 盛奇秀：《中国古代考试制度》，山东教育出版社，1988 年版。
③ 黄新宪：《中国考试发展史略》，福建人民出版社，1992 年版。
④ 郭齐家：《中国古代考试制度》，商务印书馆，1997 年版。
⑤ 刘海峰：《中国考试发展史》，华中师范大学出版社，2002 年版。
⑥ 马镛：《中国家庭教育史》，湖南教育出版社，1997 年版。
⑦ 阎爱民：《中国古代的家教》，商务印书馆国际有限公司，1997 年版。
⑧ 毕诚：《中国古代家庭教育》，商务印书馆，1997 年版。
⑨ 徐少锦、陈延斌：《中国家训史》，陕西人民出版社，2003 年版。
⑩ 孟宪承：《中国古代教育文选》，人民教育出版社，1979 年版。
⑪ 程舜英：《两汉教育制度史资料》，北京师范大学出版社，1983 年版。
⑫ 熊承滌：《秦汉教育论著选》，人民教育出版社，1987 年版。

于经今古文之争和谶纬与反谶纬之争，关于人性问题的讨论，关于教师和师生关系，关于礼乐教育以及礼与法、教与刑的关系等。

80年代以来，关于汉代教育研究的论文约有一百余篇，内容涉及文教政策、学校教育制度、教育思想、选举制度诸多方面，现择其要者概述如下：

(1)关于文教政策

“文教政策是国家政府制定、颁布和施行的发展文化教育事业的总方针或策略，它体现了一定社会、不同历史时期教育的性质、任务和基本内容，规定了办学的总的指导思想，也影响着学校教育的体制、发展规模和侧重点，是教育制度的重要组成部分，具有纲领性的意义。”①因而它就成为研究教育史者首先需要面对并加以说明的问题。

学术界一般把汉代的文教政策概括为“罢黜百家，独尊儒术”。然而对这一提法目前尚存有争议。

一种意见认为，汉武帝“罢黜百家，独尊儒术”确有其事。如林甘泉指出，汉武帝确实实行过“独尊儒术”，即在思想领域内压抑各家，实行儒家专政。汉武帝采纳董仲舒“诸不在六艺之科、孔子之术者，皆绝其道，勿使并进”的请求，以及汉元帝后，儒家学说成了封建国家的正统思想的历史事实就是明证②。管怀伦认为，汉武帝“罢黜百家，独尊儒术”是适应西汉政策、思想和社会转型需要的重大举措，先后以十一年之久，历经罢黜刑法、议立明堂、增置博士、绌抑黄老、制策贤良和任用儒吏六个阶段，由政治开路到理论完成继而组织实现，构成一个险象环生、波澜迭出的历史过程。此举对后世产生深刻影响：一方面，使汉代儒家经学得到重大发展，并从此成为后世历代的正统思想；另一方面，它又桎梏民族思维，使学术自由从此成为后代士子的奢望，中华民族为此付出极其高昂的代价③。张烈在论述“独尊儒术”是历史必然的同时，对其所产生的积极作用，给予了充分的肯定。他指出，独尊儒术不仅在当时对加强中央集权，巩固封建统治起了重大作用，而且对后来历史也留下了深远的影响。儒家的一统思想在历史上对于维护国家的统一，一直起着积极作用。儒家的仁义思想逐渐形成具有民族

① 毛礼锐主编：《中国教育史简编》，教育科学出版社，1984年版，第2页。

② 林甘泉：《从百家争鸣到独尊儒术——论战国至西汉前期儒家思想与封建政治的关系》，《中国史研究》1979年第3期。

③ 管怀伦：《汉武帝“罢黜百家，独尊儒术”确有其事》，《南京社会科学》1994年第6期。

特色的伦理道德观念①。

另一种意见则认为，汉武帝并未实行过“罢黜百家，独尊儒术”的政策。如孙景坛指出，汉武帝根本没有采纳过董仲舒罢黜百家、独尊儒术的建议，证据有三：第一《史记》未记董仲舒对策；第二《汉书》虽书，但自相矛盾；第三《资治通鉴》载之不实。所谓“罢黜百家，独尊儒术”纯属子虚乌有，学术谎言②。庄春波也认为汉武帝尊儒并未罢百家，而是“兼容并包”，“霸王道杂之”，以醇儒传经，能者为治。汉武帝“罢黜百家，独尊儒术”是司马光伪造的史事，动机在于影射神宗更化易政，反对王安石变法③。

大多数人则持汉武帝虽独尊儒术但并未罢黜百家的观点。如李文东认为，“罢黜百家，独尊儒术”的实质，既不是董仲舒《天人三策》中“绝其道”，“邪辟之说灭息”，也不是我们通常所说的禁绝百家，而是罢黜前朝所置的诸子博士官，以后唯设儒家五经博士官，不再设诸子博士，确立了儒家的官学地位。汉武帝实行的是在确立儒学统治思想条件下的悉延百端之学的文化政策，而非封建文化专制政策。它在一定程度上促进了文化发展，对西汉盛世的出现起了不可忽视的作用④。马雪芹也指出，汉武帝提出“罢黜百家，独尊儒术”的方针，只是说不为儒家以外的其他学派设博士官，并非要禁止诸子百家的思想学说在社会上流传。在诸子百家文化遭到严重破坏尚未恢复之时，武帝首倡藏书之策，置写书之官，将诸子百家的有关学说与著述抢救过来，使之充于秘府。至成帝、哀帝，又在此基础上进行了坚持不懈的努力，终使刘向的《七略》问世，使诸子百家学说得以保存并流传于世。就这点来说，武帝不但没有罢黜百家学说，扼杀百家文化，反而对诸子百家持保护态度。正因为如此，诸子百家文化才未在秦始皇“焚书坑儒”之后，再次遭受灭顶之灾，而是经过一段复苏之后又有所恢复⑤。

(2)关于太学

太学是汉代官学中的主体，历来为学者所重视。刘良群从太学的建

---

① 张烈：《“独尊儒术”是历史的必然》，《文史知识》1985年第9期。

② 孙景坛：《汉武帝“罢黜百家，独尊儒术”子虚乌有》，《南京社会科学》1993年第6期。

③ 庄春波：《汉武帝“罢黜百家，独尊儒术”说考辩》，《孔子研究》2000年第4期。

④ 李文东：《“罢黜百家独尊儒术”与汉武帝的文化政策》，《许昌师专学报》1988年第3期。

⑤ 马雪芹：《“罢黜百家，独尊儒术”新解》，《人文杂志》1999年第5期。

立、发展、特点及历史作用等方面进行论述。他认为，元朔五年（前124），汉武帝为培养和选拔统治人才创立了太学。从史料记载看，太学至少在汉宣帝时就有了自己独立的校舍。太学的教授全由今文经博士担任，所授内容也全是居统治地位的今文经。太学面向全社会招收有志青年，许多出身贫寒的年轻人经过几年的寒窗苦读，跻身于朝廷的高官显宦之列。太学不仅为朝廷培养、选拔了大批人才，充实了官僚队伍，对两汉政权的巩固和发展起了重要作用，而且在历史发展中形成了自己的特点，对我国封建社会教育史乃至学术史都产生了巨大而深远的影响①。张荣芳对太学的历史作用和学风做了概述。他指出，汉代太学的历史作用为：一是使儒学成为地主阶级的统治思想；二是为地主阶级培养了大批官吏及其接班人；三是使统治阶级不断进行自我调节，以利其统治世代延续。汉代建立太学是中国地主阶级利用教育阵地来巩固本阶级统治的一项成功政策②。汉代太学的学风，包括太学中严格选择教师、尊师蔚然成风、学以致用的教学原则、学生勤奋学习与问难论辩之风气、严格的考试制度等。汉代这样优良的学风，熏陶了一代代学子，为封建统治阶级培养了大批人才。它创造和积累了丰富的经验，对今天发展社会主义高等教育有借鉴作用③。秦彦士则针对学术界关于汉武帝建立太学的观点，提出了不同的看法，并对封建教育的政治工具性、学术独断与僵化、思想保守与禁锢进行了剖析④。范正娥对两汉时期太学师生的区域分布及其成因进行了分析，认为两汉时期的文化与教育发展呈现出较大的地域差异，地区求学风气与求学条件有一定的联系，经济发达、政治稳定、地理位置优越、交通便利的地方，容易成为人文荟萃之地⑤。赵育楠从汉代太学的教师、太学生和教学的管理等几个方面进行了探讨⑥。鲁伟针对太学生的出身、选拔、学习生活、经济生活、家庭生活、政治生活等具体内容进行了考证，从而揭示出太学生在汉代社会的地位及其对汉代社会的影响⑦。秦小健以汉代太学教

① 刘良群：《两汉太学述论》，《江西师大学报》1996 年第 9 期。
② 张荣芳：《论两汉太学的历史作用》，《中山大学学报》1990 年第 2 期。
③ 张荣芳：《论汉代太学的学风》，《中山大学学报》1998 年第 1 期。
④ 秦彦士：《汉代太学的考证与批判》，《四川师大学报》1997 年第 4 期。
⑤ 范正娥：《两汉时期太学师生的区域分布及其成因》，《衡阳师范学院学报》2007 年第 2 期。
⑥ 赵育楠：《汉代太学教育管理研究》，东北师范大学 2006 年硕士学位论文。
⑦ 鲁伟：《汉代太学生探讨》，吉林大学 2008 年硕士学位论文。

学环境为研究对象，对汉代太学教学环境的基本概况、形成原因及特点进行了分析研究[①]。

(3)关于鸿都门学

学界一般认为，鸿都门学是我国、也是世界上第一所文学艺术专科学校，开唐代专科学校之先声，在教育发展史上具有重要意义。王永平对鸿都门学设置的原因及过程进行了考论。他指出，东汉中晚之世，中国历史经历着深刻的变革，此期出现的一些新的文化现象，在魏晋之世皆蔚为大观，如文学艺术之自觉等莫不肇始于此。在这一变革过程中，汉灵帝是一位有重要认识价值的人物，他创置鸿都门学，大力招揽才艺之士，并以此授任官职，极大地提高了文士的社会地位，并由此引发了儒学士大夫的激烈抗议与政争。汉灵帝如此，虽与其个人爱好和汉廷文化传统有关，但更重要的是汉代文化的内在变异所致，汉灵帝不自觉地充当了历史变革的工具。此外，当时的文化变革与政治斗争有紧密的联系，鸿都文士多来自寒门，仕途上受到儒学世族的排斥；而当时起自下层的阉宦正与士大夫展开殊死较量，鸿都文士正是依靠宦官的提携，走到了历史的前台。"鸿都门学"是曹魏之世"文学自觉"的前奏[②]。赵国华则提出了与传统观点不同的看法。他认为，汉灵帝设置鸿都门学，既以个人爱好为动因，又以招揽政治势力为目的。鸿都门学不是现代意义的学校，而是一个特殊的文化场所；鸿都门生也不是鸿都门培养的学生，而是朝廷征辟的一批官吏。对于鸿都门学的认识，显然不能单纯地理解为教育问题，或者是思想、文学艺术问题，而主要是政治问题，具体一点说是选举问题。汉灵帝重用鸿都门生，有悖于正常的选举制度，有碍于朝廷政治的进步，因而加剧了统治集团内部的矛盾，促使东汉王朝走向崩溃[③]。曾维华认为，鸿都门学没有正常的教学研究活动，不是培养文艺人才的学校。同时，根据灵帝的为政能力和品性分析，其设置鸿都门学也没有特殊的政治考虑。鸿都门学主要是灵帝出于个人对文艺的偏好和为政的随意性的产物，也是灵帝诸多荒谬行为中的一例[④]。

---

① 秦小健:《汉代太学教学环境研究》,西南大学 2008 年硕士学位论文。

② 王永平:《汉灵帝置鸿都门学及其原因考论》,《扬州大学学报》1999 年第 5 期。

③ 赵国华:《汉鸿都门学考辩》,《华中师大学报》2000 年第 3 期。

④ 曾维华:《东汉"鸿都门学"设置原由探析》,《东岳论丛》2010 年第 1 期。

(4)关于私学

私学在秦代的禁锢政策下,一度陷入消沉。进入汉代后,私学才又得到了迅速的发展,并成为官学的有力补充。对此学界给予了一定的重视。刘良群认为,汉代私学非常发达,特别是东汉,私人收徒讲学蔚然成风,远比政府的官学更多、更广。受汉代尊儒崇经和官学教育的影响,私学中经学的教学传授居主体内容。在民间经学的私相传授中,培养出许多杰出的经师宿儒。东汉以后,形成经学世家。同时,私学中传授和发展了经学以外的黄老、刑律、阴阳五行、天文、星历等学问。因此,私学的发展,为汉代学术文化的繁荣做出了巨大贡献①。李军运用系统分析法论说了秦汉时期私学所经历的曲折道路。指出汉武帝以后,私学在格局、阶段、规模和形式诸方面呈现了新的特点。在官学兴盛时,它起到了培养师资、预备教育、填补不足和空白的多重作用,较之官学自由、开放和灵活。在官学衰落时,它承担了社会的教育重任。作为教育中心、文化中心和社会控制手段,它对人才培养、教育普及,以及中华文化的延续和发展,做出了杰出的贡献②。张鹤泉对东汉时代兴办私学的社会阶层、私学的类型、私学招收学生的特点以及私学中的师生关系等,作了分析③。李辉对汉代私学教育的作用作了探讨,认为私学教育推动了汉代教育事业的发展,积累了丰富的教学经验,完善了教育体系④。左春波从私学崛起昌盛的原因、私学的主要特点、私学系统的基本构成、私学在当时社会和古代教育史上的作用等几个方面,对汉代私学进行了一定程度的论述⑤。

(5)关于游学

游学是指士子远游他乡从师求学,既增长知识,扩大视野,又加强社会联系,以便求取官职或谋取学术成就。游学之风盛行,是汉代很突出的一种社会现象。张鹤泉对东汉游学风气的特点、原因及社会影响作了探讨。他认为,由于国家对经学的倡导和推广,使其成为当时文化活动的主流,并

---

① 刘良群:《论汉代的私学》,《争鸣》1992 年第 5 期。

② 李军:《论秦汉时期的私学》,《上海科学院学术季刊》1993 年第 3 期。

③ 张鹤泉:《东汉时代的私学》,《史学集刊》1993 年第 1 期。

④ 李辉:《试论汉代私学教育的作用》,《长春师范学院学报》2002 年第 3 期。

⑤ 左春波:《汉代私学研究》,吉林大学 2008 年硕士学位论文。

且国家将“明经”与选举及士人的修养密切结合，加之经学传授在各地区不平衡，这些因素有力地促使东汉游学呈现出活跃的局面。东汉时代的游学促进了经学的传播，这对文化的发展无疑有重要意义。然而，由于游学完全是传授经学的活动，并且促进经学领域中依附关系的形成，因此必然对思想界带来很大的束缚。游学活动最终起到维护东汉国家思想统治的作用。因而，游学活动所带来的社会影响消极面显然超过其积极面①。张新超对东汉后期游学活动的特点和影响作了分析，认为东汉后期的游学活动具有鲜明的时代特征，主要体现在游学动机的变化、游学目的地的转移和师生关系的转变上。东汉后期的游学活动对中国历史产生了重要影响：首先，游学活动促进了学术扩散，增强了各地区人民的文化认同感；其次，形成了崇尚名节的社会风气；最后，东汉后期的游学活动助长了“清议”之风，并深刻地影响了魏晋南北朝时期的政治和文化②。刘太祥论述了汉代游学之风的渊源、兴盛局面的形成及其职能和作用，认为汉代游学之风源于春秋战国时期的“游士”之风。汉代文化教育政策、选官制度为游学发展提供了良好的政治环境和文化氛围，经济的繁荣为游学提供了物质条件，从而促成了汉代游学之风的兴盛。汉代的游学加强了文化交流，改变了汉代学风，提高了学术水平，培养了大量优秀人才，促进了汉代学术文化的发展，推动了社会教化工作，稳定了统治秩序③。

(6)关于教育思想

在汉代的历史上，曾产生了一些著名的教育家，留下了较为丰富的教育思想资料，对这些思想进行分析评价，成为教育史研究的一项重要内容。学界对董仲舒、王充、贾谊④、扬雄⑤、郑玄⑥、王符⑦等人的教育思想，都有过论述。其中对董仲舒、王充的研究较多，且已达到了相当的水平。对董

① 张鹤泉:《东汉时代的游学风气及社会影响》,《求是学刊》1995 年第 2 期。

② 张新超:《东汉后期游学活动的特点和影响》,《广东第二师范学院学报》2011 年第 6 期。

③ 刘太祥:《汉代游学之风》,《中国史研究》1998 年第 4 期。

④ 袁君敬:《略论贾谊的教育思想》,《洛阳师专学报》1990 年第 1 期;袁君敬:《谈谈贾谊的教育思想》,《文史知识》1997 年第 10 期;林文昌:《略谈贾谊的教育思想》,《内蒙古师范大学学报》(教育科学版)2007 年第 10 期。

⑤ 谭佛佑:《论扬雄的教育思想》,《贵州教育学院学报》1987 年第 4 期。

⑥ 吴存浩:《郑玄教育思想及成就试论》,《昌潍师专学报》1999 年第 6 期;张晓明:《试论郑玄的教育思想及实践》,《青岛大学师范学院学报》2007 年第 3 期。

⑦ 穆岚:《王符〈潜夫论〉中的教育思想》,《河南师大学报》1993 年第 5 期。

仲舒的三大文教政策建议、论人性、教育对象与教育作用、论知识和教学、论道德修养;王充的教育作用论和培养目标、知识论和教学思想、教育心理思想等都作了比较系统而深入的研究[①]。

(7)关于取士制度

汉代不仅重视培养人才,设各级学校以行其事,而且重视选拔人才,建立了较为完善的选拔人才制度,通过各种途径将学有所成者选拔到统治集团中来,以保证政权机构的活力和效能。对此学界给予了极大的关注。黄留珠认为两汉选官以察举制为主体,以举孝廉为重点科目。对举孝廉制度产生的原因和背景进行论述,指出"举孝廉"与"举孝"、"察廉"是有区别的。总结出两汉孝廉三百零七人,采用定量分析的方法对其家世、资历、官职作了分类统计,依据统计数字概括了孝廉制度的特点[②]。王震亚从产生原因、标准、科目、年龄、限额、作用、弊病等方面论述了察举制,并探讨了东汉中后期察举制度被严重破坏的表现和原因[③]。陈长琦对汉代察举制的产生与演变、举孝廉的标准和察举制的历史地位作了分析[④]。李辉对汉代察举制度的发生、发展、完善、革新、衰落进行了简单的梳理,并对察举制实施的意义及其与汉代治国理念的关系进行了论述[⑤]。

阎步克的《察举制度变迁史稿》[⑥],是一部探讨察举制度变迁历史的专著。该书涉及汉代察举制的论述主要有:察举诸科的渊源,察举的基本标准,东汉时的"授试以职"制及汉末选官危机等。此外,许多政治制度史的著作亦对汉代察举制有所涉及,如安作璋等的《秦汉官制史稿》[⑦]、张晋藩等的《中国政治制度史》[⑧]、韦庆远主编的《中国政治制度史》[⑨]、李铁的《中

① 范广仁:《董仲舒教育思想探析》,《朝阳师专学报》1985年第1期;张如珍:《董仲舒的教育思想》,《西北师大学报》1993年第6期。竺杨雄:《王充教育思想》,《宁波师院学报》1991年第1期;应坚志:《王充教育思想析议》,《教育评论》1992年第6期;燕国材:《王充的教育心理思想研究》,《心理学新探》2003年第2期;魏平:《王充教育思想浅析》,《江苏省社会主义学院学报》2007年第5期;陈婷:《王充教育思想研究》,华中师范大学2009年硕士学位论文。

② 黄留珠:《两汉孝廉制度考略》,《西北大学学报》1985年第4期。

③ 王震亚:《论汉代的察举制度》,《西北师大学报》1991年第4期。

④ 陈长琦:《汉代察举制度略论》,《华南师大学报》1992年第2期。

⑤ 李辉:《汉代察举制度及其意义》,兰州大学2011年硕士学位论文。

⑥ 阎步克:《察举制度变迁史稿》,辽宁大学出版社,1991年版。

⑦ 安作璋等:《秦汉官制史稿》,齐鲁书社,1985年版。

⑧ 张晋藩等:《中国政治制度史》,中国政法大学出版社,1987年版。

⑨ 韦庆远主编:《中国政治制度史》,中国人民大学出版社,1989年版。

国文官制度》[①]、白钢主编的《中国政治制度通史》[②]等。

另外,台湾学者对汉代教育的研究也取得了一定成就。具有代表性的著作为胡美琦的《中国教育史》[③]、杨承彬的《秦汉魏晋南北朝教育制度》[④]。前者对汉代太学、郡国学、私学的发展演变历史,以及博士制度的演变、东汉太学生议政之风、郎吏制度的更新等内容进行了较为深入的论述。后者则对汉代的教育行政制度、学校制度及选举制度作了扼要的介绍。关于汉代的选士制度,萨孟武的《中国社会政治史》[⑤]、杨树藩的《中国文官制度史》[⑥],对此均有所论述。

综上所述,从 20 世纪初以来,有关汉代教育的研究逐步深入,形成了一批重要成果,然尚有以下不足之处:

第一,研究的领域欠广,多局限于学校教育的研究,而对家庭教育、社会教育关注太少,因而难以反映汉代教育的全貌。

第二,对教育思想的研究,多集中在教育家的个案研究上,而对当时的教育思想缺乏整体的把握。

第三,存在着孤立研究教育的现象,就教育而论教育,对教育与社会其他因素间的相互关系重视不够,虽偶有涉及,多为浅尝即止。

国内对汉代社会的研究也已取得了丰硕的成果,一是著述多,二是范围广,涉及政治、经济、社会性质、阶级和阶层、宗族、家庭、妇女、婚姻、生活及风俗等诸多方面,然而论及社会与教育关系的却只有零星篇章。

正因为对汉代教育与社会的研究,尚有以上一些领地需进一步深耕细作,本人愿在这方面做出努力,以期能为这一领域的研究添些许砖瓦。

三、基本思路、研究构架及创新之处

本文在充分吸收前人已有研究成果的基础上,通过占有更广泛的文献与考古资料,运用历史学、教育学、社会学、教育社会学、教育经济学等相关的理论、观点和方法,对材料进行深入细致的整理、分析,以展示汉代教育

① 李铁:《中国文官制度》,中国政法大学出版社,1989 年版。

② 白钢主编:《中国政治制度通史》,人民出版社,1996 年版。

③ 胡美琦:《中国教育史》,三民书局,1978 年版。

④ 杨承彬:《秦汉魏晋南北朝教育制度》,台湾商务印书馆,1978 年版。

⑤ 萨孟武:《中国社会政治史》,三民书局,1975 年版。

⑥ 杨树藩:《中国文官制度史》,黎明文化事业股份有限公司,1982 年版。

所取得的成就，进而对教育如何与社会其他因素通过整合作用，来共同推动社会向前发展的历史予以论述。

本文共分七章。前四章通过对学校教育、家庭教育、社会教育、教育观的考察，全方位地展示汉代教育事业发展的概况。教育是培养人的一种社会活动，它同人的发展、社会的发展有着密切的联系。教育有广义、狭义之分。“从广义上说，凡是增进人们的知识和技能，影响人们思想品德的活动，都是教育。”狭义的教育，主要指学校教育：“其涵义是教育者根据一定社会（或阶级）的要求，有目的、有计划、有组织地对受教育者的身心施加影响，把他们培养成为一定社会（或阶级）所需要的人的活动。”[①]研究学校教育固然必要，但它并不代表汉代教育的全部。因为在汉代的历史条件下，能够进入学校接受教育者，只是全体社会成员中的一小部分；绝大部分人，尤其是平民百姓的子弟，他们所接受的教育，主要是通过家庭教育、社会教育的途径完成的。因而要全面认识汉代教育，就必须把学校教育、家庭教育、社会教育结合起来，作为一个整体，进行一番综合的分析研究，才有可能得出较为符合历史真实的结论。

教育既然是具体历史条件下的产物，那么它必然为当时社会的政治、经济、文化所决定和制约，但随着教育的发展，它也必然会在一定程度上循着自身的规律前进，并给予社会的各个方面，如政治、经济、文化等以巨大的影响。本文的后三章即通过研究教育与政治、经济、文化的互动关系，来说明教育与社会的密切关系，从而进一步加深对教育社会功能的认识。最后为结语，是对全文观点的一个总结。

本文的创新之处有三：

第一，突破了过去教育史著作多以学校教育为研究对象的框架，把学校教育、家庭教育、社会教育作为一个整体来进行把握，力求能较全面地反映汉代教育事业所取得的成就。

第二，在教育思想的研究上，不再局限于个别教育家教育思想的具体阐述，而把重点放在那些成为共识、形成思潮并对当时文教政策、教育发展有过重要影响的内容上，如教育在个人发展中的作用，教育的社会作用等。

① 《中国大百科全书·教育卷》，中国大百科全书出版社，1985年版，第1页。

第三，把教育放在当时的社会大背景下进行考察，通过分析教育的政治功能、教育的经济功能、教育的文化功能，较为系统地阐述了教育在汉代社会整合中所起的作用。

上编　汉代教育事业的发展

第一章　学校教育

汉代的教育事业，在继承先秦教育成就的基础上，又有了新的发展。这主要表现在：一是多渠道办学。既有中央政府办的太学及特殊学校鸿都门学和贵族学校，也有地方政府办的郡国学，还有依靠社会力量办的私学。二是多层次施教。教育的对象既有高高在上的皇帝、太子、诸侯王及各级官吏，也有无职无权的平民百姓；既有高等教育，也有中等教育，还有相当于小学阶段的启蒙教育；既有学校教育，也有社会教育，还有家庭教育；既有作为主流的儒家教育，也有作为其补充的诸子百家教育，从而形成了以官办太学为导向，地方学校、私学为辐射力，以儒家经学为主体，诸子杂学为补充的多元化的教育体系。

学校教育，是指“在学校中实施的教育。特点是：有固定的场所，专门的教师和一定数量的学生，有一定的培养目标、管理制度和规定的教学内容”①。汉代的学校教育包括官方教育和民间教育两部分。

第一节　官方教育

官方教育，是指由中央政府和地方政府兴办的教育事业。

一、中央政府办教育

中央办的官学，主要是太学，除此之外还有特殊学校鸿都门学和贵族学校。

1.太学的建立和发展

根据文献记载，结合考古材料，证明早在商、周时代，我国已有了大学的初步形式，但当时政教不分，尚不能称为独立的高等教育制度。以传授知识、研究学问、培养人才为主要内容的正规大学教育，是从汉武帝创立太学开始的。

---

①　顾明远：《教育大词典》（第一卷），上海教育出版社，1990年版，第10页。

元光元年(前134),董仲舒在对策中曾提出设立太学作为培养人才、推广教化基地的主张,得到武帝的赞同。但当时并未立即付诸实施,直到元朔五年(前124),武帝才下诏:"盖闻导民以礼,风之以乐。今礼坏乐崩,朕甚悯焉,故详延天下方闻之士,咸荐诸朝。其令礼官劝学,讲议洽闻,举遗兴礼,以为天下先。太常其议予博士弟子,崇乡党之化,以厉贤才焉。"① 于是,丞相公孙弘与太常孔臧、博士平等提出了具体可行的教育方案,得到了武帝的批准。公孙弘等人在议奏中指出:"闻三代之道,乡里有教,夏曰校,殷曰庠,周曰序。其劝善也,显之朝廷;其惩恶也,加之刑罚。故教化之行也,建首善自京师始,由内及外。今陛下昭至德,开大明,配天地,本人伦,劝学兴礼,崇化厉贤,以风四方,太平之原也。古者政教未洽,不备其礼,请因旧官而兴焉。为博士官置弟子五十人,复其身。太常择民年十八以上衣状端正者,补博士弟子。郡国县官有好文学,敬长上,肃政教,顺乡里,出入不悖,所闻,令相长丞上所属二千石。二千石谨察可者,常与计偕,诣太常,得受业如弟子。一岁皆辄课,能通一艺以上,补文学掌故缺;其高第可以为郎中,太常籍奏。即有秀才异等,辄以名闻。其不事学若下材,及不能通一艺,辄罢之,而请诸能称者。"②

汉代太学是何时开始设置的?学术界尚有不同看法③。马端临在《文献通考·学校考》中指出:"元朔五年,置博士弟子员。前此博士员各以经授徒,而无考察试用之法,至是官始为置弟子员,即武帝所谓兴太学也。"胡美琦亦曾言:"博士弟子,本不始于汉。战国时,齐稷下先生都养弟子。至叔孙通为秦博士,亦有弟子。但政府只出资奉养先生,而先生自以其所得来收养弟子。自汉武帝立博士弟子,从此政府由公费来养博士弟子员,有一定的名额,考试毕业后,成绩优的,政府保障一定有出身。中国的教育自此一大变,政府正式培养知识分子为国家所用。"④本人赞同这一观点,认为,上述"劝学功令"指明了兴学之目的是推广教化,培养人才,提出了办学的步骤是首先在京城建立直属朝廷太常的中央官学,以此作示范,再扩散

① 《汉书》卷六《武帝纪》,中华书局,1962年版,第171—172页。以下版本相同者不再注明版本信息,只列页码。

② 《汉书》卷八十八《儒林传》,第3593—3594页。

③ 如秦彦士认为王莽"为学者筑舍万区"才正式建立了太学(《汉代太学的考证与批判》,《四川师大学报》1997年第2期)。

④ 胡美琦:《中国教育史》,三民书局,1978年版,第159页。

到四面八方。并提出了有关招生对象、考课和任用方面的措施，说明博士弟子员制已经具备了作为学校制度的基本内容，所以说中国官办大学的正式建立，是以汉武帝为博士配置弟子员为标志的。汉武帝时设立太学之证据，尚有以下两条：《汉书·武帝纪》赞曰："孝武初立，卓然罢黜百家，表章六经，遂畴咨海内，举其俊茂，与之立功，兴太学，修郊祀。"《后汉书·徐防传》："博征儒术，开置太学。"李贤注："武帝时开学官，置博士弟子员也。"

汉太学的发展历程，是随着政治的兴衰变乱时有变化的，大体可分为三个阶段。

自汉武帝初置至王莽新朝为第一阶段。随着尊儒措施的进一步加强及政治经济发展的需要，太学的规模也在逐渐扩大，这从博士和弟子员人数的增加上可以看出。武帝初设太学时，规模很小，只有几个五经博士和五十个博士弟子，但后来学生人数日增。昭帝时增到一百人，宣帝时增到二百人，元帝时增至一千人，成帝时更扩充到三千人。一百三十年间，增加了六十倍。

武帝初立五经博士时，除《诗》是继承原有的鲁、齐、韩三家博士外，"《书》唯有欧阳、《礼》后、《易》杨、《春秋》公羊而已"①。宣帝时，博士员额增至十二人，《易》则施、孟、梁丘，《书》则欧阳、大、小夏侯，《诗》鲁、齐、韩，《礼》则后氏，《春秋》公羊、穀梁，共十二人。到元帝时，"复立京氏《易》"②，为五经十三博士。

平帝即位，王莽主持政事。王莽为了网罗天下的知识分子，以取得他们的支持，故大力提倡教育，增加博士及弟子员数，"立乐经，益博士员，经各五人"③，故其时"《五经》博士领弟子员三百六十、六经三十博士，弟子万八百人"④。三十博士中，既有前已立的今文经，又有新立的古文经《左氏春秋》、《毛诗》、《逸礼》、《古文尚书》、《周官》等。

光武、明、章时期为第二阶段。西汉末年的农民大起义，覆灭了王莽新朝，在战乱中，作为高等学校的太学，也受到了相当的冲击，师生或亡于战火，或遁逃林薮。光武帝刘秀爱好经术，重视学问。王莽天凤中，他曾之长

---

① 《汉书》卷八十八《儒林传》，第3621页。

② 《汉书》卷八十八《儒林传》，第3621页。

③ 《汉书》卷九十九《王莽传》，第4069页。

④ 《太平御览》卷五三四《礼仪》十三引《三辅黄图》，中华书局，1960年版，第2425页。

安，“受《尚书》，略通大义”，即使在戎马倥偬的征战时期，他“犹投戈讲艺，息马论道”[①]。所以当东汉王朝一建立，他就马上下令重建太学：“建武五年，乃修起太学。”[②]当时学者纷纷涌向京师，恢复了今文十四博士，学风为之一振。据《后汉书·儒林传序》言：“及光武中兴，爱好经术，未及下车，而先访儒雅，采求阙文，补缀漏逸。先是四方学士多怀协图书，遁逃林薮。自是莫不抱负坟策，云会京师，……于是立《五经》博士，各以家法教授，《易》有施、孟、梁丘、京氏，《尚书》欧阳、大小夏侯，《诗》齐、鲁、韩，《礼》大小戴，《春秋》严、颜，凡十四博士”。

至明帝刘庄时，汉代的教育达最盛期。明帝“十岁能通《春秋》，……师事博士桓荣，学通《尚书》”[③]。他尊师重道，提倡教育。当时太子、诸侯及功臣子弟都学习经书，就是侍卫御林之士也能通一经。明帝还大会诸儒，亲自讲学，诸儒执经问难于前，万人围观，盛况空前，影响所及，连匈奴也派子弟来求学。其时的盛况，我们可以从和帝永元十五年(103)樊准的上书中看到：“(明帝)游意经艺，每飨射礼毕，正坐自讲，诸儒并听，四方欣欣。……又多征名儒，以充礼官，……博士议郎，一人开门，徒众百数。化自圣躬，流及蛮荒，匈奴遣伊秩訾王大车且渠来入就学。八方肃清，上下无事。是以议者每称盛时，咸言永平。”[④]

东汉中后期，为第三阶段。这一时期，外戚、宦官交替控制政权，政治日益腐败、黑暗，教育也就逐渐荒废。安帝时“博士倚席不讲，朋徒相视怠散，学舍颓敝，鞠为园蔬，牧儿荛竖，至于薪刈其下”[⑤]。其荒凉衰敝之象，可见一斑。顺帝时采翟酺之议，重修太学，并行扩建，使太学得以恢复。质帝时，梁太后下诏：“大将军下至六百石，悉遣子就学。”[⑥]太学生骤增至三万余人[⑦]。

① 《后汉书》卷三十二《樊准传》，中华书局，1965年版，第1125页。

② 《后汉书》卷七十九上《儒林列传序》，第2545页。

③ 《后汉书》卷二《明帝纪》，第95页。

④ 《后汉书》卷三十二《樊准传》，第1125—1126页。

⑤ 《后汉书》卷七十九上《儒林列传序》，第2547页。

⑥ 《后汉书》卷七十九上《儒林列传序》，第2547页。

⑦ 东汉后期太学生人数已达三万余人，这在范晔《后汉书》的《党锢列传》、《儒林列传》及袁宏《后汉纪》中有明确的记载，并为学界所公认。但祝总斌先生对此提出异议，认为：“在当时种种落后的物质条件下，对这一庞大人数，太学是绝对无法容纳、管理和进行经学传授的。特别是太学经过考试每年至多百人出仕，‘三万余人’之出仕，希望极其渺茫，这也大大限制了‘劝以官禄’制度支配而入学者的人数。”因此，认为“桓帝时太学生和西汉一样，只有三千人”。(《中华文史论丛》2010年第1期)此说可供参考。

贵族子弟大批入学，谋求学历，意不在学，只需每年春三月、秋九月参加两次乡射礼就可以了，因而人数虽增，却学风日下，“章句渐疏，而多以浮华相尚，儒者之风盖衰矣”[①]。桓、灵时期，宦官横行，他们把持了选举用人的大权，严重地阻碍了太学生的仕进之途，因而太学生与社会上正直派名士们相结合和宦官进行了英勇的斗争。太学变成了开展政治活动的场所。在这种情况下，正常的教学活动已难维持，研究学问已不可能。在党锢事件之后，高名善士多被流放废黜，博士们考试各持己见，为“争第高下”而至于“更相告讼”，甚至有“私行金货”，用贿赂的办法，改兰台漆书经典文字“以合其文”者[②]，斯文完全扫地，太学已面目全非。

汉代太学是世界历史上最早且规模最大的高等学府。它的创立和发展，奠定了我国封建社会大学教育的基本格局，是我国封建社会教育史上的一个重要里程碑。从此，以儒学为核心内容的官办大学教育成为历代封建王朝官办高等教育的主要形式。

2.鸿都门学和贵族学校

(1)鸿都门学

鸿都门学是东汉灵帝于光和元年(178)设置的学校，因设立在鸿都门内而得名。它的创立既是统治阶级内部斗争的产物，也是太学生政治运动的结果。东汉末年宦官擅权，遭到了太学生和一些官僚士大夫的反对，宦官为了堵塞太学诸生的出路，培植拥护自己的知识分子，以与太学相抗衡，遂怂恿灵帝在太学之外另立新学。而汉代文学艺术的发展，则为鸿都门学的建立提供了必要的条件。散文、辞赋、书法、绘画等在汉代获得了长足的进步，从事文学创作者甚多，故范晔著《后汉书》，特立《文苑传》以述其事。余英时曾指出，东汉中后期的士大夫，“文学艺术之欣赏为生活思想之一部分并蔚成风尚”[③]。同时，它的创立也与灵帝爱好文学艺术有关。“汉自武帝独尊儒术，经学崇重，辞赋被视为致远必泥的小道。但汉代君主之好辞赋诸艺，却又其来有自，这是因为辞赋原近于俳优，与小说家邻，在汉代是一种具有较高的娱乐功能的文学样式。其铺张扬厉，设为大言眇词，或连类相喻，都颇能满足帝王的侈心与好奇心。其情况与汉代帝王之爱好俗

---

① 《后汉书》卷七十九上《儒林列传序》，第2547页。

② 《文献通考》卷四十《学校一》，中华书局，1986年版，第387页。

③ 余英时：《士与中国文化》，上海人民出版社，1987年版，第342页。

乐，实为相近。”“灵帝的爱好辞赋文艺，应是继承汉室帝王爱好文艺的传统”①。谢承《后汉书》称其“善鼓琴，吹洞箫”②，卫恒《四体书势赞序》言：“汉灵帝好书，世多能者”③。灵帝王美人“丰姿色，聪敏有才明，能书会计”，生皇子协，因而深得灵帝喜爱。不久王美人为何皇后所鸩杀，“帝愍协早失母，又思美人，作《追德赋》、《令仪颂》”④。

据《后汉书·蔡邕传》：“初，帝好学，自造《皇羲篇》五十章，因引诸生能为文赋者。本颇以经学相招，后诸为尺牍及工书鸟篆者，皆加引召，遂至数十人。侍中祭酒乐松、贾护，多引无行趣势之徒，并待制鸿都门下，喜陈方俗闾里小事，帝甚悦之，待以不次之位。”可见，灵帝最初招用一些能为文赋的诸生，重视经学修养，后来则扩展到招用各种才艺之士，并让他们待制鸿都门下，准备予以重用。这就引起了儒学士大夫的不满。熹平六年(177)，议郎蔡邕上书指出：“夫书画辞赋，才之小者，匡国理政，未有其能。陛下即位之初，先涉经术，听政余日，观省篇章，聊以游意，当代博弈，非以教化取士之本。而诸生竞利，作者鼎沸。其高者颇引经训风谕之言；下则连偶俗语，有类俳优；或窃成文，虚冒名氏。臣每受诏于盛化门，差次录第，其未及者，亦复随辈皆见拜擢。既加之恩，难复收改，但守俸禄，于义已弘，不可复使理人及仕州郡。昔孝宣会诸儒于石渠，章帝集学士于白虎，通经释义，其事优大，文武之道，所宜从之。若乃小能小善，虽有可观，孔子以为‘致远则泥’，君子故当志其大者”⑤。蔡邕认为，鸿都门待制诸生所具有的是“小能小善”，可供消遣娱乐，不可理国治民。取士应以经学为本，任官以理政为要。对于这些人可以赐予他们俸禄，但不能任以官职。灵帝对蔡邕的建议非但不予采纳，反而于次年正式设立了鸿都门学。据《后汉书·灵帝纪》李贤注云：“鸿都，门名也，于其内置学。时其中诸生，皆敕州郡、三公举召能为尺牍辞赋及工书鸟篆者相课试，至千人焉”。

鸿都门学在招生对象和学习内容上都与太学不同。所招之人均出身卑微，来自社会下层，毕业后被给予优厚的待遇：“或出为刺史、太守，入为

① 钱志熙：《“鸿都门学”事件考论》，《北京大学学报》2008年第1期。
② 《太平御览》卷五八一引谢承《后汉书》，第2620页。
③ 《三国志》卷一《魏武帝纪》注引，中华书局，1959年版，第31页。
④ 《后汉书》卷十下《皇后纪》，第450页。
⑤ 《后汉书》卷六十下《蔡邕传》，第1996—1997页。

尚书、侍中,乃有封侯赐爵者”[①]。从学校一毕业,就直接被委以重任,位居中央及地方的要害部门,这在汉代历史上是仅见的。而太学生学有所成并通过考试之后,一般来说其优秀者仅仅可以当郎官。鸿都门生学习的内容主要是辞赋、小说、尺牍、字画等文学艺术方面的知识,与太学专习经学完全不同。因此,它在建立之初就受到了士族的强烈反对。如光禄大夫杨赐上书直言:“鸿都门下,招会群小,造作赋说,以虫篆小技见宠于时,如驩兜、共工更相荐说,旬月之间,并各拔擢,乐松处常伯,任芝居纳言,郗俭、梁鹄俱以便辟之性、佞辩之心,各受丰爵不次之宠,而令搢绅之徒委伏畎亩,口诵尧舜之言,身蹈绝俗之行,弃捐沟壑,不见逮及。冠履倒易,陵谷代处,从小人之邪意,顺无知之私欲,不念《板》、《荡》之作、虺蜴之诫。殆哉之危,莫过于今”[②]。蔡邕也再次上书攻击鸿都门学,要求灵帝“忍而绝之”[③]。灵帝对来自儒学士大夫的反对呼声,给予坚决的打击。蔡邕被流放朔方,杨赐虽与灵帝有师生之情,但也受到了降职的处分。

为了进一步提高鸿都门学的地位,灵帝“敕中尚方为鸿都文学乐松、江览等三十二人图像立赞,以劝学者”[④]。所谓图像立赞,是汉代对功勋卓著者给予的殊荣,绘画其形象并配以赞语,宣帝、明帝时均有此举措。现在灵帝竟然要为出身微贱、未建功劳,仅有才艺者图像立赞,这对士大夫的价值观念,无疑是一个极大的冲击,他们起而反对也就在所难免。如尚书令阳球上书表示坚决反对:“松、览等皆出于微蔑,斗筲之人,依凭世戚,附托权豪,俯眉承睫,徼进明时。或献赋一篇,或鸟篆盈简,而位升郎中,形图丹青。亦有笔不点牍,辞不辩心,假手请字,妖伪百品,莫不被蒙殊恩,蝉蜕滓浊。是以有识掩口,天下嗟叹。臣闻图象之设,以昭劝戒,欲令人君动鉴得失。未闻竖子小人,诈作文颂,而可妄窃天官,垂象图素者也。今太学、东观,足以宣明圣化,愿罢鸿都之选,以消天下之谤。”[⑤]灵帝对阳球的激烈反对不予理睬,“书奏不省”,不久即将其排挤出权力中心。

综合这些反对意见,无非是鄙视鸿都门学生的出身,反对以文艺之才

---

① 《后汉书》卷六十下《蔡邕传》,第 1998 页。
② 《后汉书》卷五十四《杨赐传》,第 1780 页。
③ 《后汉书》卷六十下《蔡邕传》,第 1999 页。
④ 《后汉书》卷七十七《酷吏列传・阳球传》,第 2499 页。
⑤ 《后汉书》卷七十七《酷吏列传・阳球传》,第 2499 页。

取士的制度，称其“违明王之典”[1]。士族之所以反对这所新兴的大学，是因为它的设立严重地违反了以经学取士、进身的惯例，从而动摇了儒学独尊的地位，也由此影响到了士族的政治地位。

不容否认，在千余鸿都门生中，难免有“便辟之性、佞辩之心”者，有“笔不点牍，辞不辩心，假手请字”者，然而绝大部分是有真才实学者。尽管史籍中有关他们事迹的记载寥寥，但我们也能从中窥知一二。据《后汉书·刘陶传》，黄巾起义爆发后，乐松与士人刘陶、袁贡联名上书，要求灵帝“宜下明诏，重募(张)角等，赏以国土。有敢回避，与之同罪”。刘陶是一个敢于直言、为人正派的官僚，他愿与乐松联名上书，那么乐松之为人可以想知。又据《晋书·卫恒四体书势序》：“至灵帝好书，世多能者，而师宜官为最，大则一字径丈，小则方寸千言，甚矜其能。”“每书辄消而焚其柎。梁鹄乃益为版而饮之酒，候其醉而窃其柎。鹄卒以攻书至选部尚书。”“梁鹄奔刘表，魏武帝破荆州，募求鹄。鹄之为选部，魏武欲为洛阳令，而以为北部尉，故惧而自缚诣门，署军假司马。在秘书以勤书自效，是以今者多有鹄手迹。魏武帝著悬帐中，及以钉壁玩之，以为胜宜官。今宫殿题署多是鹄篆。”梁鹄通过勤学苦练，在书法上取得了骄人的成绩，并因之得以步入仕途。由上述两例可知，世族官僚对鸿都门生的指责，完全是出于维护其政治利益之目的。实际上，在政治黑暗腐败的背景下，太学也受到了冲击，太学生中也同样存在着许多问题，单单苛求于鸿都门生是有失公允的。马端临就曾指出：“其在学授业者，至争第相更告讼，无复廉耻。且当时在仕路者，上自公卿，下至孝廉、茂才，皆西园谐价献修宫钱之人矣！于鸿都学士乎何诛？”[2]

鸿都门学存在的时间虽然不长，从光和元年始设，到中平二年董卓之乱，只有十年时间。“及董卓移都之际，吏民扰乱，自辟雍、东观、兰台、石室、宣明、鸿都诸藏典策文章，竟共剖散，其缣帛图书，大则连为帏盖，小乃制为縢囊。”[3]鸿都门学不复存在。但它却产生了一些积极的影响：

第一，鸿都门学打破了以儒家经典为大学唯一教学内容的旧传统，“把

① 《后汉书》卷六十下《蔡邕传》，第1999页。
② 《文献通考》卷四十《学校一》，第387页。
③ 《后汉书》卷七十九上《儒林传序》，第2548页。

学校的概念从儒家经典式扩大到非经典式”①，提倡文学艺术的学习研究，开创了中国教育史上设置专门学院的先河，为后来各种专门学校的建立和发展开辟了道路。

第二，鸿都门学作为文学艺术的创作中心，它的设立表明文艺在逐渐摆脱经学的桎梏，取得独立地位，为魏晋文风的变革打下了基础。正如范文澜所言：“汉灵帝在政治上是一个极昏暴的皇帝，在文学艺术上却是一个有力的变革者。他招集辞赋家、小说家、书法家、绘画家数十人，居鸿都门下，按才能高下受赏赐。保守派首领杨赐斥责他们是群小，是驩兜，又一首领蔡邕斥责他们是小才，是俳优。因为汉灵帝想利用变革派来对抗太学名士，所以不顾保守派的反对，待变革派以不次之位，让他们做大官。这样，文学与艺术在变革派的影响下，开始出现了新气象，也就是说，质胜于文的旧作风开始变为文质相称的新作风。”②

第三，以书画辞赋取士影响及于后世科举。我国古代取士除以儒经为主要依据外，还有以诗文取士的，其首倡者应属汉灵帝。之前，虽有以赋取士之举动，如《汉书·枚乘传》载：“武帝自为太子闻乘名，及即位，乘年老，乃以安车蒲轮征乘，道死。诏问乘子，无能为文者，后乃得其孽子皋。……上得之大喜，召入见待诏，皋因赋殿中。诏使赋平乐馆，善之。拜为郎，使匈奴。”《后汉书·文苑传》云：“李尤字伯仁，广汉雒人也。少以文章显。和帝时，侍中贾逵荐尤有相如、扬雄之风。召诣东观，受诏作赋，拜兰台令史。”枚皋、李尤因所受诏作赋被皇帝看中而受官，具备了试赋取士的性质。但这只是偶然为之，到灵帝时才将其制度化。对此，王夫之指出：“灵帝好文学之士，能为文赋者，待制鸿都门下，乐松等以显”，“自隋炀帝以迄于宋，千年而以此取士，贵重崇高，若天下之贤者，无逾于文赋之一途”③。

(2)贵族学校

春秋以前“学在官府”，只有贵族子弟才享有受教育的权力，因而那时的学校，可以称之为贵族之学。西汉时设立太学，取消了等级身份限制，向社会全体成员敞开大门，并未给贵族子弟专门设学。直到东汉明帝时，才专门为贵族子弟创办“四姓小侯学”。“永平九年为四姓小侯开立学校，置

---

① 毛礼锐、瞿菊农、邵鹤亭：《中国古代教育史》，人民教育出版社，1979年版，第186页。

② 范文澜：《中国通史》(第二册)，人民出版社，1978年，第325—326页。

③ 王夫之：《读通鉴论》，中华书局，1975年版，第254页。

《五经》师。四姓为外戚范氏、郭氏、阴氏、马氏诸子弟，以非列侯故曰小侯。”[1]明帝之所以要为外戚四姓子弟设立学校，原因至少有二：一与明帝重视教育有关。据袁宏《后汉纪》载：“永平中崇尚儒学，自皇太子、诸王侯及功臣子弟，莫不受经。”甚至“自期门羽林之士，悉令通《孝经》章句”[2]，因而，对作为明帝近亲的外戚子弟进行教育，也就在情理之中。二与加强统治有关。西汉末年因外戚势力膨胀，侵夺皇权，最后终于导致王莽代汉。有鉴于此，光武帝刘秀明确规定，“后妃之家不得封侯与政”，以防止外戚专权，明帝继续这一政策。光武帝、明帝虽在政治上对外戚给以限制，但在经济上对他们却相当优待。明帝时外戚四大家族的子弟人数很多，他们随着经济势力的膨胀，必然要求政治上的地位。因此，通过对他们进行儒学教育，使其进一步树立正统观念，懂得君臣之义、上下之分，以免威胁刘氏政权的皇位，就显得尤为必要。对此邓太后看得很清楚，她说：“永平中，四姓小侯皆令入学，所以矫俗厉薄，反之忠孝。”[3]

朝廷为这所学校聘请名师执教，所谓“搜选高能以授其业”。如《后汉书·张酺传》记载，张酺“少从祖父充受《尚书》，能传其业。又事太常桓荣，勤力不怠，聚徒以百数。永平九年，显宗为四姓小侯开学于南宫，置《五经》师，酺以《尚书》教授，数讲于御前”。这所学校初创时只收四大贵族的子弟，到后来扩大招生，凡贵族子弟，不论姓氏，都可入学。由于教学质量高，学校的名声越来越大，连匈奴也遣子弟来校学习。直到质帝时，学校还见于记载，质帝本初元年(146)，诏四姓小侯学能通经得高第的，得上名牒赏进，说明学校至少存在了七十余年。

安帝时，邓太后临朝执政，她于元初六年(119)为和帝弟济北王、河间王“男女年五岁以上四十余人，又邓氏近亲子孙三十余人”设立另一所贵族学校，教以经书，亲自监督学业和考试。并为年幼的配置师保，开办了“幼儿班”，每天早晚，亲自到邸第对孩子们抚育教导，恩宠到了极点。邓太后是开国元勋、太傅邓禹之孙女，自幼习诗书，诵经典，颇有文学修养。对于历史上贵族子弟因不学无术、胡作非为而招致祸败的教训，有较为深刻的

① 《文献通考》卷四十一《学校一》，第386页。
② 《后汉书》卷七十九上《儒林列传序》，第2546页。
③ 《后汉书》卷十上《邓太后纪》，第428页。

认识。她认为只有用儒家经典对贵戚子弟施以教育，使其“能束修，不触罗纲”[①]，才能巩固统治地位。她在兴学的诏书中，对此有明确的阐释：“吾所以引纳群子，置之学官者，实以方今承百王之敝，时俗浅薄，巧伪滋生，《五经》衰缺，不有化导，将遂陵迟，故欲褒崇圣道，以匡失俗。传不云乎：饱食终日，无所用心，难矣哉！今末世贵戚食禄之家，温衣美饭，乘坚驱良，而面墙术学，不识臧否，斯故祸败所从来也。”[②]邓太后开设的贵族学校是我国历史上第一所男女同校的学校，其创始之功值得我们铭记。

邓太后还重视宫人的教育，设立了一所宫廷学校：“诏中宫近臣于东观受读经传，以教授宫人，左右习诵，朝夕济济。”[③]宫人教育早已有之，但设立专门的学校以行其事，似以邓太后为最早。

汉代的贵族学校见于记载的主要是以上两所，并未形成制度，其兴废完全以执政者的好恶为转移，而具有浓厚的贵族色彩，则是它们的共同特点。

二、地方政府办教育

地方政府办的官学，主要是郡县学。汉代的地方行政建制，基本上是郡县两级制。与郡相当的有王国，与县相当的有道、邑、侯国，县以下设乡，乡下有里。

据文献记载，西周时已按地方行政区划建立了学校体系。《周礼》载：“乡有庠，州有序，党有校，闾有塾”。尽管到目前为止，因资料所限，学者们对西周是否有这样普遍的学校教育网存有疑问，但西周地方存在官学是确实无疑的。“庠、序可以认为是西周的地方学校，它们的教育作用没有什么不同，都是举行乡饮酒礼和习射的教育机关”[④]。春秋战国时地方官学难得见于记载，说明基本上都荒废了，直到汉代才恢复。

据现有资料考证，汉代最早兴办地方教育事业者为景帝末年时蜀郡太守文翁。蜀郡位于今四川省境内，因交通不便，蜀与内地的联系较少，经济、文化相对落后，尚保持着较为原始的习俗。文翁重视教化，他见“蜀地

① 《后汉书》卷十上《邓太后纪》，第428页。
② 《后汉书》卷十上《邓太后纪》，第428页。
③ 《后汉书》卷十上《邓太后纪》，第424页。
④ 毛礼锐、瞿菊农、邵鹤亭：《中国古代教育史》，人民教育出版社，1979年版，第27页。

僻陋有蛮夷风"[①],便力图利用中原的文化来加以改变。"乃选郡县小吏开敏有材者张叔等十余人亲自饬厉,遣诣京师,受业博士,或学律令"[②]。由于当时尚未实行博士弟子制,博士虽有收徒授业的,但属于个人行为,弟子有向老师交纳学费的义务,至少要按照传统习惯献上见面礼,所以文翁"减省少府用度,买刀布蜀物,赍计吏以遗博士"[③]。通过减少政府开支,把节约下来的钱,买了一些四川的土特产作礼物,由向朝廷汇报工作的"上计吏"带到京城赠与博士。马端临就曾指出:"武帝时,始为博士学官置弟子员,前此所谓博士者,虽有弟子,要皆京师自授其徒,其徒自愿受业,朝廷未尝有举用之法,郡国亦无荐送之例。而蜀地僻陋,非齐鲁诸儒风声教化之所被,故文翁遣其民就学,必以物遗博士而使教之。"[④]文翁为培训官吏而采取的这一措施,已具备了后代成人高等委派教育的基本特征。这些人学成以后归来,他又委派优差以示鼓励:"以为右职,用次察举,官有至郡守刺史者"[⑤]。

选派官吏赴京师从博士受业,虽然是培养人才的一个重要途径,但由于条件所限,不可能大量选派。为了适应社会发展对人才的需求,文翁建立起以学习经术为主要内容的地方官学,并通过政治、经济利益的刺激来推动教育,使受教育水平与官吏选拔、任用结合起来。"修起学官于成都市中,招下县子弟以为学官弟子,为除更徭",学成后,依其成绩高下分派官职,"高者以补郡县吏,次为孝弟力田",并"常选学官僮子,使在便坐受事。每出行县,益从学官诸生明经饬行者与俱,使传教令,出入闺阁"[⑥]。这既可锻炼学生的实际从政能力,又能提高社会地位,借以鼓励全社会都来重视文化教育事业。正因为郡学生享有优厚的待遇和较高的政治地位,自然就成为社会各界关注的焦点,产生了轰动效应:"县邑吏民见而荣之,数年,争欲为学官弟子,富人至出钱以求之,由是大化,蜀地学于京师者比齐、鲁焉"[⑦]。从"有蛮夷风",到"争欲为学官弟子"、"学于京师者比齐、鲁",其民

① 《汉书》卷八十九《循吏传·文翁传》,第3625页。
② 《汉书》卷八十九《循吏传·文翁传》,第3625页。
③ 《汉书》卷八十九《循吏传·文翁传》,第3625页。
④ 《文献通考》卷四十六《学校七》,第430页。
⑤ 《汉书》卷八十九《循吏传·文翁传》,第3625页。
⑥ 《汉书》卷八十九《循吏传·文翁传》,第3626页。
⑦ 《汉书》卷八十九《循吏传·文翁传》,第3626页。

风之改善,办学之成效,于此可见一斑。

由于文翁的大力提倡,四川地方文化教育有了很大的进步。文翁的这一做法得到了武帝的赞赏:“乃令天下郡国皆立学校官”[①]。这是中国古代教育史上第一次由中央集权封建国家发布的建立地方官学的命令。但这一诏令施行到什么程度,因史书缺乏记载无从知详。实际上要使天下郡国皆立学是很困难的,因为兴学需要一定的人力、物力,而各地经济的发展又是极不平衡的,故武帝时天下皆立学校的可能性不大。文翁在蜀郡兴学虽为汉代地方办学之先导,但尚属个人之行为,直到武帝下令后,地方办学才得到了朝廷的认可,成为地方政务的一项重要内容。

郡国普遍设立学官,是在平帝元始三年(3)。由于王莽的极力提倡,制定了地方学校系统,“郡国曰学,县、道、邑、侯国曰校。校、学置经师一人。乡曰庠,聚曰序。庠、序置《孝经》师一人”[②]。按照行政级别各自立学。学、校大致属于中学,庠、序似乎属于小学性质。当然,这并不等同于我们今天所说的中、小学,只是就其教学程度的高低差别而言。它们彼此也没有连属关系。但当时学校已渐有体系,并为后代学校的发展奠定了初步的基础,则是应该肯定的。

“总的来看,地方官学的兴办主要取决于地方财政状况和师资条件,而长官个人的积极性则是决定性因素。……在儒家经学地位日益尊显的形势下,兴办学校既符合治国的一贯原则,又可以作为主管官员的政绩而谋求嘉奖升迁,还可以借办学培植个人的政治势力,利益甚多”[③]。所以不少地方官热心办学,如昭帝时,韩延寿为颍川太守,“修治学官,春秋乡射,陈钟鼓管弦,盛升降揖让”[④]。成帝时何武为扬州刺史,“行部必先即学官见诸生,试其诵论,问以得失”[⑤]。

到东汉初年,地方学校已日渐普及,不仅内地比比皆是,就连边远地区也有学校出现。例如:任延为威武太守,“造立学官,自掾史子孙,皆令诣学受业,复其徭役。章句既通,悉显拔荣进之”[⑥]。卫飒为桂阳太守,“修庠序

① 《汉书》卷八十九《循吏传·文翁传》,第3626页。

② 《汉书》卷十二《平帝纪》,第355页。

③ 余启定:《先秦两汉儒家教育》,齐鲁书社,1987年版,第150页。

④ 《汉书》卷七十六《韩延寿传》,第3211页。

⑤ 《汉书》卷八十六《何武传》,第3483页。

⑥ 《后汉书》卷七十六《循吏列传·任延传》,第2463页。

之教，设婚姻之礼。期年间，邦俗从化”①。寇恂为汝南太守，“素好学，乃修乡校，教生徒，聘能为《左氏春秋》者，亲受学焉”②。李忠为丹阳太守，“以丹阳越俗不好学，嫁娶礼仪，衰于中国，乃为起学校，习礼容，春秋乡饮，选用明经，郡中向慕之”③。

以上办学高潮出现在光武帝建武初年。当时全国尚未统一，公孙述割据于蜀，隗嚣称雄于陇西。有如此多的郡守热心于办学，说明兴学已成为地方官员的一种自觉行为。

明帝时，地方教育也受到重视。永平二年(59)，明帝亲率群臣行大射之礼于辟雍，“郡、县、道行乡饮酒于学校，明祀圣师周公、孔子”④。这是汉代学校祭孔之始。自此后一直到清末，孔子成为各级各类学校的万世师表。

章帝时，地方学校相当普遍。如秦彭为山阳太守，“以礼训人，不任刑罚。崇好儒雅，敦明庠序。每春秋乡射，辄修升降揖让之仪。乃为人设四诫，以定六亲长幼之礼。有遵奉教化者，擢为乡三老，常以八月致酒肉以劝勉之”⑤。鲍德为南阳太守，“时郡学久废，德乃修起横舍，备俎豆黻冕，行礼奏乐。又尊飨国老，宴会诸儒。百姓观者，莫不劝服”⑥。“肃宗元和中，蜀郡王追为(益州)太守，政化尤异”，“始兴起学校，渐迁其俗”⑦。这说明僻远的西南夷地区亦有了官学的设置。当时地方学校的影响也日益扩大。有一例子可作说明：赵王刘商要借用学校校舍养病，赵相鲁丕劝阻不听，鲁丕便上书章帝，称“学官传五帝之道，修先王礼乐教化之处，王欲废塞以广游宴，事不可听”⑧。章帝采纳了鲁丕之言。

即使在桓、灵政治动乱期间，地方学校也没有停顿。如桓帝时，刘宽为南阳太守，“每行县止息亭传，辄引学官祭酒及处士诸生执经对讲”⑨。孔

① 《后汉书》卷七十六《循吏列传·卫飒传》，第 2459 页。
② 《后汉书》卷十六《寇恂传》，第 624 页。
③ 《后汉书》卷二十一《李忠传》，第 756 页。
④ 《后汉书》志第四《礼仪上》，第 3108 页。
⑤ 《后汉书》卷七十六《循吏列传·秦彭传》，第 2467 页。
⑥ 《后汉书》卷二十九《鲍德传》，第 1023 页。
⑦ 《后汉书》卷八十六《南蛮西南夷列传》，第 2847 页。
⑧ 《后汉书》卷二十五《鲁丕传》，第 883－884 页。
⑨ 《后汉书》卷二十五《刘宽传》，第 887 页。

融为北海相,“更置城邑,立学校,表显儒术”[1]。

除郡国设有学校外,县也设有学校。如光武帝时,宋均任辰阳长,“其俗少学者而信巫鬼,均为立学校,禁绝淫祀,人皆安之”[2]。桓帝时,刘梁为北新城长,“大作讲舍,延聚生徒数百人,朝夕亲自劝戒,身执经卷,试策殿最,儒化大行”[3]。在考古发掘中,也发现了有关汉代兴学的材料。如《溧阳长潘乾校官碑》:“口设三年惟泮宫之教,反口俗之礼,构修学宫,宗懿招德,既安且宁。”洪适释文曰:“右校官之碑隶,灵帝光和四年,溧阳为其长潘君作。……潘君名乾,自曲阿尉来宰溧阳,兴学宫,讲宾射,碑颂所由作也。”[4]乡设有三老,专掌一乡的教育。甚至亭亦有学校,灵帝时,仇览为蒲亭长,“农事既毕,乃令子弟群居,还就黉学”[5]。乡村的教育也受到注意,所以班固在《东都赋》描述当时是“四海之内,学校如林,庠序盈门”[6]。

内蒙古和林格尔东汉墓中室北壁,绘有一所学校,里面有一幅讲学授经图。从画面上看,学舍为单檐庑殿顶的建筑物,檐下垂蓝色红边的幛幔,舍内正中有头戴缁撮、身着黑衣的经师端坐在方塌上,塌前置一黑几,经师似在发问。左右两旁各有两名听经的门生,坐在方塌上,前面各放一张黑长几。左边一生徒捧着竹简在下面凝神恭听,右边一人虔诚肃穆地立着,似在向经师答辩。校外有众多的门徒手捧竹简,面向学舍恭立,表示门徒络绎不绝地前来就学。生徒们头戴缁布或黑帻,身穿红、黑、棕各色服装。画面在经师上方榜题“使君少授诸生时舍”。壁画使我们能具体了解到东汉地方学校的教学情景[7]。

汉代的地方官学,在推广教化方面有太学无法比拟的优势,但在人才培养上却远不及太学,我们在史料中,很难发现有地方官学培养出来的高才名士。正如有的学者所言:“汉代地方官学的主要任务在于奖进礼乐,推广教化,不像我们今天所理解的那种进行经常性教学的学校。它没有正规的课程设置,有的学官只有在一年的某些时节招集一些知识分子讲经,也

① 《后汉书》卷七十《孔融传》,第2263页。
② 《后汉书》卷四十一《宋均传》,第1411页。
③ 《后汉书》卷八十下《文苑列传·刘梁传》,第2639页。
④ 《隶释、隶续》之《隶释》卷五,中华书局,1986年版,第58页。
⑤ 《后汉书》卷七十六《循吏列传·仇览传》,第2479—2480页。
⑥ 《后汉书》卷四十《班固传》,第1368页。
⑦ 参见盖山林:《和林格尔汉墓壁画》,内蒙古人民出版社,1978年版。

有些知识青年常常自动地、个别地到学官那里去问业。地方官学对中央官学并没有从属关系，师资也较差。所以从严格意义上说，汉代的学校并没有形成一个真正的系统，却为后代的学校制度的进一步发展，奠定了初步基础”①。

第二节 民间教育

民间教育，是指不由政府主持，不使用国家经费的教学活动，即私学。

我国古代私人教学渊源已久，尽管目前学界对谁是最早从事私学活动者，尚有争论，但孔子的私学已有相当的规模，则是不争的事实。墨子的弟子人数也不少。到战国时“百家争鸣”，出现了我国历史上第一个私学的高潮。秦统一六国后，下令禁止私学，因此私学曾一度衰落。但秦朝下令后不久，就迅速灭亡，所以私学在各地并没有禁绝。《汉书·儒林传》曰：“及秦禁学，易为卜筮之书，独不禁，故传授者不绝也。”特别是齐鲁之地从事私人讲学的仍大有其人。据司马迁记载：孔子葬鲁城北泗上，“弟子及鲁人往从冢而家者百有余室，因命曰孔里。鲁世世相传以岁时奉祠孔子冢，而诸儒亦讲礼乡饮大射于孔子冢。孔子冢大一顷。故所居堂、弟子内，后世因庙，藏孔子衣冠琴车书，至于汉二百余年不绝”②。

一、程度较高的私学

自汉初开始，私学教育就一直广泛开展，出现了许多著名的私家经学大师，如田何、伏生、申公、董仲舒等。武帝设立博士弟子员制度后，在官学的影响下，私人教学更加繁荣起来。《汉书·儒林传赞》称：“自武帝立《五经》博士，开弟子员，设科射策，劝以官禄，讫于元始，百有余年。传业者浸盛，支叶蕃滋，一经说至百余万言，大师众至千余人”。光武中兴，大力发展教育事业，使私学的规模越来越大。范晔指出：“自光武中年以后，干戈稍戢，专事经学，自是其风世笃焉。其服儒衣，称先王，游庠序，聚横塾者，盖布之于邦域矣。若乃经生所处，不远万里之路，精庐暂建，赢粮动有千百。

① 毛礼锐、邵鹤亭、瞿菊农：《中国古代教育史》，人民教育出版社，1979年版，第189页。
② 《史记》卷四十七《孔子世家》，第1945页。

其耆名高义开门受徒者，编牒不下万人，皆专相传祖，莫或讹杂”[①]。

西汉时的私家教授，受业弟子已有上百至千人的。如申公归鲁，居家教授，“弟子自远方至受业者千余人”[②]。赣遂，“教授数百人”[③]。到东汉时名师辈出，学生不远万里来求教，其门下弟子常达数百数千人，如宋登教授数千人，姜肱就学者三千人，曹曾门徒三千人。甚至出现了著录弟子达万人的大师，如蔡玄：“学通《五经》，门徒常千人，其著录者万六千人”[④]。张兴：“习梁丘《易》以教授，……弟子自远至者，著录且万人”[⑤]。牟长，“习欧阳《尚书》，……诸生讲学者常有千余人，著录前后万人”[⑥]。龙显昭师依据《后汉书》等文献统计指出：“授徒或著录在千人、数千人至九千人之间的经师，有二十六人，授徒在百人、四百人、五百人及数百人的，有三十六人；百人以下者不与焉。”[⑦]

考察史籍，可以看出，汉代的私学生，分著录弟子与及门受教弟子两种。所谓著录弟子，即在经师学者门下著其名，不必亲来受业，所以著录弟子能多至数千乃至万人。如张玄，建武初，举明经，补弘农文学，迁仓县丞。清净无欲，专心经书，诸儒皆服其多通，著录千余人。丁恭，习《公羊严氏春秋》，学义精明，教授常数百人。建武初，为谏议大夫、博士，封关内侯。十一年迁少府，诸生自远至者，著录数千人。薛汉“才高名远，兼通书传，无不昭览，推道术尤精，教授常数百弟子，自远方至者著为录”[⑧]。说明著录生需本人亲自前往师长处申请，经为师者同意接收，并予以注册后，方可返回自修。他们和及门生一样，同为教师的正式学生。著录亦称为“编牒”，《后汉书·儒林传论》言：“其耆名高义开门受徒者，编牒不下万人”。又据《后汉书·李膺传》：“（李）膺考死，妻子徙边，门生故吏及其父兄，并被禁锢。时侍御史蜀郡景毅子顾为膺门徒，而未有录牒，故不及于谴。毅乃慨然曰：‘本谓膺贤，遣自师之，岂可以漏夺名籍苟安而已。’遂自表免归，时人义

① 《后汉书》卷七十九下《儒林列传论》，第 2588 页。

② 《汉书》卷八十六《儒林传·申公传》，第 3608 页。

③ 《汉书》卷八十三《朱博传》，第 3400 页。

④ 《后汉书》卷七十九下《儒林列传·蔡玄传》，第 2588 页。

⑤ 《后汉书》卷七十九上《儒林列传·张兴传》，第 2552—2553 页。

⑥ 《后汉书》卷七十九上《儒林列传·牟长传》，第 2557 页。

⑦ 龙显昭：《汉代儒学复兴论》，《四川师院学报》1990 年第 1 期。

⑧ 吴树平校注：《东观汉纪校注》卷十八《薛汉传》，中华书局，2008 年版，第 834 页。

之”。汉代私学中把学生的名字登记造册，可以说是开登记学籍之先河，是私学教育走向正轨的一个重要标志。

从上引数例可知，并非所有的私学都能够招收到“著录生”，只有那些较有名气的官僚士大夫或儒生兴办的私学中，才有这类学生。

在汉代的私学中，及门求学的弟子也常有数百上千人。如程曾的弟子中有“会稽顾奉等数百人常居门下”[①]。夏恭“讲授门徒常千余人”[②]。据《后汉书·贾逵传》：“皆拜逵所选弟子及门生为千乘王国郎，朝夕受业黄门署，学者欣欣羡慕焉”。又延熹七年立于孔庙的《泰山都尉孔宙碑》，刻有立碑者的姓名，其中弟子十人，门生四十二人。似乎在私学的及门求学者中尚有“弟子”和“门生”之分。对此宋人洪适考辨曰：“汉儒开门授徒，著录有盈万人者。其亲受业者曰弟子，以久次相传授则曰门生”[③]。这种说法有一定道理，但并非适用于所有私学。只言门生而不及弟子的例子不少。如《鲁峻碑》碑阴刻建碑者姓名中，有门生三十七人。《后汉书·党锢传》言：“于是又诏州郡更考党人门生、故吏、父子兄弟，其在位者，免官禁锢，爰及五属。”楼望于永元十二年卒于官，“门生会葬者数千人，儒家以为荣”[④]。虞诩，永建元年为司隶校尉，史载：“时中常侍张房特用权势，每请托受取，诩辄案之，而屡寝不报。……诩坐论输左校。防必欲害之，二日之中，传考四狱。”“于是诩子颉与门生百余人，举幡候中常侍高梵车，叩头流血。诉言枉状。”“即日赦出诩”[⑤]。只言弟子而不涉门生的例子也有。如乐恢，好经书，为名儒。“征拜议郎，会车骑将军窦宪出征匈奴，恢数上书谏争。”“诏听上印绶，乃归乡里。窦宪因是风厉州郡迫协，恢遂饮药死。弟子缞绖挽者数百人，众庶痛伤之”[⑥]。杨伦，习《古文尚书》，“讲授于大泽中，弟子至千余人”[⑦]。由此可见，私学学生并非都有弟子和门生的区别。

汉代私人讲学的学者，大体分为四种类型：

第一是终身不仕，隐居教授，充当着专职化教师的角色。如郎颉：“少

① 《后汉书》卷七十九下《儒林列传·程曾传》，第2581页。
② 《后汉书》卷八十上《文苑列传·夏恭传》，第2610页。
③ 《隶释、隶续》之《隶释》卷七，第83页。
④ 《后汉书》卷七十九下《儒林列传·楼望传》，第2581页。
⑤ 《后汉书》卷五十八《虞诩传》，第1870—1871页。
⑥ 《后汉书》卷四十三《乐恢传》，第1878—1879页。
⑦ 《后汉书》卷七十九上《儒林列传·杨伦传》，第2564页。

传父业，兼明经典，隐居海畔，延致学徒常数百人。昼研精义，夜占象度，勤心锐思，朝夕无倦。州郡辟召，举有道、方正，不就”[①]。孙期：“少为诸生，习《京氏易》、《古文尚书》。家贫，事母至孝，牧于大泽中，以奉养焉。远人从其学者，皆执经垄畔以追之，里落化其仁让。黄巾贼起，过期里陌，相约不犯孙先生舍。郡举方正，遣吏持羊酒请期，期驱豕入草不顾。司徒黄琬特辟，不行，终于家”[②]。

第二是学有所成的士人，在未被政府录用前，通常都从事教学活动以等待从政之机。如翟方进：“读经博士，受《春秋》。积十余年，经学明习，徒众日广，诸儒称之。以射策甲科为郎。二三岁，举明经，迁议郎”[③]。任安：“少游太学，受《孟氏易》，兼通数经。又从同郡杨厚学图谶，究极其术。……学终，还家教授，诸生自远而至”[④]。程曾：“受业长安，习《严氏春秋》，积十余年，还家讲授”[⑤]。周泽：“少习《公羊严氏春秋》，隐居教授，门徒常数百人。建武末，辟大司马府，署议曹祭酒。数月，征试博士。”[⑥]通过办学既可以精进自己的学识，并使学问得以传承，又可以提高自己在地方上的声望，而“学识”和“声望”是士人得以被选举的重要条件，所以汉代在地方的私人办学者很多。在史籍中，多有因办学而被察举、步入仕途之记载。如张兴：“习《梁丘易》以教授。建武中，举孝廉为郎”[⑦]。寒朗：“以《尚书》教授。举孝廉”[⑧]。

第三是一面为官，一面授徒，充当着官师合一的角色。如景帝时，董仲舒一面作博士官，一面授徒。鲁丕：“兼通《五经》，以《鲁诗》、《尚书》教授。为当世名儒。”“元和元年征，再迁，拜赵相。门生就学者常百余人，关东号之曰：‘《五经》复兴鲁叔陵’”[⑨]。楼望：“永平初，为侍中、越骑校尉，入讲省内。十六年，迁大司农。十八年，代周泽为太常。建初五年，坐事左转太

① 《后汉书》卷三十下《郎顗传》，第1053页。
② 《后汉书》卷七十九上《儒林列传·孙期传》，第2554页。
③ 《汉书》卷八十四《翟方进传》，第3411页。
④ 《后汉书》卷七十九上《儒林列传·任安传》，第2551页。
⑤ 《后汉书》卷七十九下《儒林列传·程曾传》，第2581页。
⑥ 《后汉书》卷七十九下《儒林列传·周泽传》，第2578页。
⑦ 《后汉书》卷七十九上《儒林列传·张兴传》，第2552页。
⑧ 《后汉书》卷四十一《寒朗传》，第1417页。
⑨ 《后汉书》卷二十五《鲁丕传》，第883页。

中大夫，后为左中郎将。教授不倦，世称儒宗，诸生著录九千余人”①。这些官僚士大夫之所以热衷于办学，一方面是因为这些人本身学术水平较高，因而他们对研究、传播学术有着高度的自觉；另一方面则是借助办学来壮大个人的政治势力，使众多的学生成为他们在政治上的有力支持者，以便进一步扩大其在政治和社会中的影响力。

第四是免官退职后，从事教学工作。如杨伦：“前后三征，皆以直谏不合。既归，闭门讲授，自绝人事”②。周磐：“学《古文尚书》、《洪范五行》、《左氏传》，好礼有行，非典谟不言，诸儒宗之。”“后思母，弃官还乡里。及母殁，哀至几于毁灭，服终，随庐于冢侧。教授门徒常千人”③。

汉代私人讲学，主要以儒家经学为主。“检前四史及其它汉代史料和有关文献，从数量上看，两汉私学约158家，其中教授经学或兼授经学者约有144家，占总数的91%。若以私学十分发达的东汉来论，其私学约117家，其中教授经学或兼授经学者约有112家，其比例高达95%。”④

汉代私人讲学，虽主要以儒家经学为主，但诸子百家也一直传授不绝。汉武帝罢黜百家，独尊儒术，只是把儒学奉为官学而已，实际上各种学派并未被禁止。儒家以外的学者不仅可以公开教授、治学，而且有不少进入宫廷为官，如武帝时名臣汲黯、郑当时、司马谈都是治黄老言的，徐乐、严安、主父偃则是治纵横术的。不过由于儒学得到了政府的提倡和支持，而子学则被排斥在官学之外，而且在仕进上也受到一定的影响，因而其再也无法与儒学并进了。它的传授虽不绝如缕，但已难与“传业渐盛”的儒家经学教育相匹敌了。

讲授黄老的，如两汉之际，耿况：“与王莽从弟伋共学《老子》于安丘先生”⑤。杨厚，安、顺时“修黄老，教授门生，上名录者三千余人”⑥。汉武帝以后尽管“道家思想的权威受到沉重打击，但它未被取缔，也没有消绝。不少学者、贵族、官吏，仍然不断地研习《老子》、从《老子》中获得灵感和智慧。

---

① 《后汉书》卷七十九下《儒林列传·楼望传》，第2580页。
② 《后汉书》卷七十九上《儒林列传·杨伦传》，第2565页。
③ 《后汉书》卷三十九《周磐传》，第1311页。
④ 李学娟：《略论两汉私学中的经学传授》，《当代教育科学》2003年第7期。
⑤ 《后汉书》卷十九《耿弇传》，第703页。
⑥ 《后汉书》卷三十上《杨厚传》，第1050页。

两汉之世，研习《老子》的，据杨树达统计，约五十余家。”[①]

讲授刑名律令的，如汉初有河内轵张恢、鲁邹田生，晁错曾“学申商刑名轵张恢生所”[②]，韩安国“受《韩子》、杂说邹田生所”[③]。侯霸“从钟宁君受《律》”[④]。钟皓，世善刑律，“以诗律教授门徒千余人”[⑤]。

汉代学者多通阴阳之学，因而讲授阴阳学也大有其人。据《汉书·五行志》载：“孝武时，夏侯始昌通《五经》，善推《五行传》。以传族子夏侯胜。下及许昌，皆以教所贤弟子”。《汉书·眭弘等传赞》曰：“汉兴，推阴阳言灾异者：孝武时有董仲舒、夏侯始昌，昭宣则眭孟、夏侯胜，元成则京房、翼奉、刘向、谷永，哀平则李寻、田终术。”徐房、李子云，并晓阴阳，养徒授学。

既讲儒家经典，同时也讲子学杂学的，如廖扶：“习《韩诗》、《欧阳尚书》，教授常数百人。”“专精经典，尤明天文、谶纬、风角、推步之术”[⑥]。樊英：“少受业三辅，习《京氏易》，兼明《五经》。又善风角、星算，《河》《洛》七纬，推步灾异。隐于壶山之阳，受业者四方而至。”“英著《易章句》，也名樊氏学，以图纬教授”[⑦]。唐檀：“少游太学，习《京氏易》、《韩诗》、《颜氏春秋》，尤好灾异星占。后还乡里，教授常百余人”[⑧]。

汉代私学盛行的一个重要表现是已有妇女授徒讲学。如文帝时求能治《尚书》者，当时无人能传，后得知济南伏生精通《尚书》，遂派太常掌故晁错到伏生处求学。但“伏生老，不能正言，言不可晓也，使其女传言教错”[⑨]。伏生因年事已高，口齿不清，便让其女传授晁错《尚书》，这是目前有史可查汉代最早的女子授业记载。又如班昭为史学家班彪之女，博学多才，其夫世叔早卒，有节行法度。其兄班固著《汉书》，八表及《天文志》未及竟而卒，和帝命班昭在东观藏书阁续写完成。“和帝数召入宫，令皇后诸贵人师事焉，号曰大家。每有贡献异物，辄诏大家作赋颂。”“时《汉书》始出，

---

① 金春峰：《汉代思想史》，中国社会科学出版社，1982 年版，第 377 页。
② 《汉书》卷四十九《晁错传》，第 2276 页。
③ 《汉书》卷五十二《韩安国传》，第 2394 页。
④ 《后汉书》卷二十六《侯霸传》注引《东观记》，第 901 页。
⑤ 《后汉书》卷六十二《钟皓传》，第 2064 页。
⑥ 《后汉书》卷八十二上《方术传·廖扶传》，第 2719 页。
⑦ 《后汉书》卷八十二上《方术传·樊英传》，第 2721、2724 页。
⑧ 《后汉书》卷八十二下《方术传·唐檀传》，第 2729 页。
⑨ 《汉书》卷八十八注引卫宏：《定古文尚书序》，第 3603 页。

多未能通者，同郡马融伏于阁下，从昭受读”[1]。可见，班昭不仅是我国古代的大史学家，也是中国古代教育史上较早的女教育家。再如蔡文姬，为蔡邕之女，博学多才辩，又通音律。汉末天下大乱，文姬为胡骑所获，归南匈奴左贤王，居匈奴十二年。曹操素与蔡邕相善，念其无后，乃遣使者以金赎回，再嫁董祀。文姬能诵忆书四百余篇，曹操打算派吏十余人就读，她认为：“男女之别，礼不亲授，乞给纸笔，真草唯命”。遂将所忆诸书缮写出来，文无遗误，令官吏就读。正如有人所言：“文姬虽未开门授徒，然而以笔传授，堪为开后世函授之先声”[2]。

汉代私学发达的另一个重要表现是出现了专门从事职业教育的学者。这在医学方面表现得尤为突出。

汉初医学即有传授者。淳于意是当时的名医，“少而喜医方术，高后八年，更受师同郡元里公乘阳庆……受之三年，为人治病，决死生多验”[3]。《史记·仓公传》记述了淳于意传授弟子的情况：“临菑人宋邑。邑学，臣意教以五诊，岁余。济北王遣太医高期、王禹学，臣意教以经脉高下及奇络结，当论俞所居，及气当上下出入邪正逆顺，以宜镵石，定砭灸处，岁余。菑川王时遣太仓马长冯信正方，臣意教以案法逆顺、论药法，定五味及和齐汤法。高永侯家丞杜信，喜脉，来学，臣意教以上下经脉五诊，二岁余。临菑召里唐安来学，臣意教以五诊上下经脉，奇咳，四时应阴阳重”。由此可以看出，淳于意的弟子不少，传授的内容也较为广泛，包括五诊、上下经脉、药法、汤法等。

东汉时，广汉隐士涪翁著《针经》、《诊脉法》，传弟子程高，程高传弟子郭玉。和帝时，郭玉“为太医丞，多有效应”[4]。张仲景，勤求古训，博采众方。从同郡张伯祖学医多年，后又教授卫讯、杜度等人。华佗，晓养性之术，精于方药。广临吴普、彭城樊阿皆从佗学。吴普擅长外科，樊阿擅长针术。

汉代私学还进行生产知识的传授，如汉阳上邽人姜岐，“少失父，独以母兄居。治《书》、《易》、《春秋》，恬居守道，名重西州……其母死，丧礼毕，

① 《后汉书》卷八十四《列女传·班昭传》，第2785页。
② 韩养民：《秦汉文化史》，陕西人民教育出版社，1986年版，第49页。
③ 《史记》卷一百五《仓公传》，中华书局，1959年版，第2794—2795页。
④ 《后汉书》卷八十二下《方术传·郭玉传》，第2735页。

尽让平水田与兄岑，遂隐居，以畜蜂豕为事，教授者满天下，营业者三百余人”①。姜岐擅长养猪养蜂，并广收门徒，传授养猪养蜂之技，从他门下学成后成为养猪养蜂专业户的学生达到三百余人。

二、蒙学

汉代私学除了高等教育外，还包括对儿童进行启蒙教育的小学阶段。主要是训练学生读、说、写的基本能力及教导学生如何立身处世，如何做人的道理。

汉代有条件接受启蒙教育的儿童，有的是在家中由长辈或聘请来的教师个别施教，有的则进入蒙学性质的私学进行学习。学习分两阶段：第一阶段，学习字书，习字认字；第二阶段，学习《论语》、《孝经》等书。

“避开酷暑和严寒季节，是当时童蒙教育的原则之一。事实上，后来每个学年休暑假和寒假的学制定式，在汉代民间教育形式中已经可以看到萌芽。”②这在崔寔的《四民月令》中有所反映：“正月，农事未起，命成童以上入大学，学五经。砚冻释，命幼童入小学，学篇章。八月，暑退，命幼童入小学，如正月焉。十月，农事毕，命成童以上入大学，如正月焉。”③

汉代蒙学情况，要以王充在《论衡·自纪》中所记载的最为详细具体。王充六岁在家随父学习识字，“八岁出于书馆，书馆小童百人以上，皆以过失袒谪，或以书丑得鞭。充书日进，又无过失，手书既成，辞师受《论语》、《尚书》，日讽千字。经明德就，谢师而专门”。

识字是从教史书开始的。所谓史书是字书的通称，在习字的同时，还要学习书法。如东方朔：“年十二学书，三冬文史足用”④。孝成许皇后，“聪慧，善史书”⑤。章德窦皇后：“六岁能书”⑥。安帝刘祜：“年十岁，好学史书”⑦。段玉裁也曾指出：“汉人谓隶书为史书。故孝元帝、孝成许皇后、王尊、严延年、楚王侍者冯嫽；后汉孝安帝、和熹邓皇后、顺烈梁皇后、北海

---

① 皇甫谧撰、刘晓东校点：《高士传》，辽宁教育出版社，1999年版。
② 王子今：《两汉童蒙教育》，《史学集刊》2007年第3期。
③ 孟宪承等编：《中国古代教育史资料》，人民教育出版社，1961年版，第142页。
④ 《汉书》卷六十五《东方朔传》，第2841页。
⑤ 《汉书》卷九十七下《外戚传·孝成许皇后传》，第3974页。
⑥ 《后汉书》卷十上《皇后纪·章德窦皇后纪》，第415页。
⑦ 《后汉书》卷五《安帝纪》，第203页。

靖王睦、乐成靖王党、安帝生母左姬；魏胡昭史皆云‘善史书’。大致皆谓适于时用。如《贡禹传》云：郡国择便巧史书者为右职。又苏林引胡公云，《汉官》假佐取内郡善史书者给佐诸府也。是可以知史书之必为隶书”[①]。

启蒙教育的途径各有不同，而识字和习字教材是必不可少的，所以自古便有各种蒙学教材的编纂。据《汉书·艺文志》记载：“《史籀篇》者，周时史官教学童书也。与孔氏壁中古文异体。《苍颉》七章者，秦丞相李斯所作也；《爰历》六章者，车府令赵高所作也；《博学》七章者，太史令胡母敬所作也；……汉兴，闾里书师合《苍颉》、《爰历》、《博学》三篇，断六十字以为一章，凡五十五章，并为《苍颉篇》。武帝时司马相如作《凡将篇》，无复字。元帝时黄门令史游作《急就篇》，成帝时将作大匠李长作《元尚篇》，皆《苍颉》中正字也。……至元始中，征天下通小学者以百数，各令记字于庭中。扬雄取其有用者以作《训纂篇》，顺续《苍颉》，又易《苍颉》中重复之字，凡八十九章。臣复续扬雄作十三章，凡一百二章，无复字，六艺群书所载略备矣。《苍颉》多古字，俗师失其读，宣帝时征齐人能正读者，张敞从受之，传至外孙之子杜林，为作训故，并列焉。”和帝永元中，贾鲂又作《滂熹篇》。晋人以《苍颉》五十五章为上卷，扬雄《训纂篇》为中卷，贾鲂《滂熹篇》为下卷，合称“三苍”。三苍早已失传，在已发现的汉简中尚存有《苍颉篇》中的一些片段，如敦煌汉简存有四十余字，居延汉简存有一百五十多字，阜阳汉简存有五百四十一字。2009年初，北京大学接受捐赠，获得一批从海外回归的西汉竹简。这批竹简的内容非常丰富，其中关于《仓颉篇》的内容有八十六枚竹简，约一千三百多字，是迄今所见存字最多，保存状况最好的西汉《仓颉篇》传本[②]。这些存本大致是四字一句，音韵相随，用汉代通行的隶书写成。

识字课本在西北边地军事营区多有发现，这说明汉代的识字课本虽主要用于对儿童的启蒙教育，但成人亦有使用者。“事实上，这些成年士卒确实在应用蒙学课本在提高自己的文化素质。面对这种现象，也许我们应当将‘蒙学’的定义放宽，当时在戍守西北边防的军队中，这些教材承担了成人扫盲和进行初级文化培训的作用。”[③]

《急就篇》今尚存，是西汉元帝时的黄门令史游所作。《急就篇》的撰著

① 段玉裁：《说文解字注》，上海古籍出版社，1988年版。

② 朱凤瀚、韩魏、陈侃理：《北京大学藏西汉竹书概说》，《文物》2011年第6期。

③ 王子今：《两汉童蒙教育》，《史学集刊》2007年第3期。

原因，正如史游在篇首所指出的那样，其意在于“罗列诸物名姓字，分别部居不杂厕。用日约少诚快意，勉力务之必有喜”，乃有感于名物纷繁难学，遂用心整齐，分类罗举，使之不“杂厕”（夹杂），以达到“用日约少”的速成目的，并勉励学习者“勉力务之必有喜”，即“在教给学童姓氏名字、服器百物名称及文学法理的同时，让学童在比较短暂的时间内通过读写训练集中认识并掌握近两千个生字，这对于进一步学习及工作大有裨益。《汉书·艺文志》说《仓颉》多古字，俗师失其读。可见，另一蒙学教材《仓颉》所用生僻字多，造成师生教与学之困难。而《急就篇》多用姓名器物等常用字，师生教学方便”①。《急就篇》历代对它多有注释，因而版本较多，但以唐代颜师古注本兼综诸本较为通行。今本全篇三十四章，共两千一百四十四字，其中末尾两章一百二十八个字是东汉人所加。《急就篇》内容十分丰富，涉及当时自然知识和社会生活很多方面，包括姓字、衣着、农艺、饮食、器用、音乐、生理、兵器、飞禽、走兽、医药、卜事等方面的应用字。以七言韵句为主，间有三言、四言句，朗朗上口，便于识记。尽可能使每句都表达一定的意义，把识字和理解文意结合起来，使儿童在识字过程中接受一些常识。如：“宦学讽诵《孝经》、《论》，《春秋》、《尚书》律令文。治礼掌故砥砺身，智能通达多见闻，名显绝殊异等伦。抽擢推举白黑分，迹行上究为贵人。丞相御史郎中君，进退公卿傅仆勋，前后常侍诸将军。”既指出通过学习所列科目，即可达到智多识广，并进而被推举步入仕途成为“贵人”，又罗列了一些重要的官职名称。具有简练、易记和实用的特点，所以自汉至唐一直是主要的识字教材。后代的识字课本如《三字经》、《百家姓》等，可以说是以《急就篇》为蓝本的。晋夏侯湛说：“乡曲之徒，一介之士，曾讽《急就》，习甲子，皆奋笔扬文，议制论道”②。明末清初的大思想家顾炎武也说：“汉魏以后，童子皆读史游《急就篇》。……《魏书·崔浩表》言‘太宗即位元年，敕臣解《急就章》。’刘芳撰《急就篇续注音义证》三卷。陆玮拟《急就篇》为《悟蒙章》。又书家亦多写《急就篇》。……自唐以下，其学渐微”③。《急就篇》之所以能够长期流传，使用时间竟长达六百余年，其原因正如沈元所指出：“一种

① 张隆华、曾仲珊：《中国古代语文教育史》，四川教育出版社，1995年版，第112页。

② 《晋书》卷五十五《夏侯湛传》，中华书局，1974年版，第1493页。

③ 黄汝成集释、秦克诚点校：《日知录集释》卷二十一《急救篇》，岳麓书社，1994年版，第760页。

适合于时代需要的蒙学课本，起码要比较充分地满足以下三个要求：第一，在思想旨趣方面，反映出当时的统治阶级对于自己的接班人的政治观和道德观的要求；第二，在题材内容方面，必须包括当时社会生活所必需的基本词汇，同时又不能超出儿童的智力所能接受的程度；第三，在文体风格方面，既要简捷明快，通俗浅近，又要高言妙句，音韵天成，以便儿童触目如画，过耳难忘。如《急就篇》等六七种课本，都是在它们同时代大量不同的课本中经过考验而被当时的社会选中的，这正是因为它们比别的课本更充分地反映了自己时代的以上三个要求”①。

字书的大量编纂，充分说明了在两千多年前我国就很重视儿童的识字教学，并积累了丰富的经验，反映了文化的进步。柳诒征就曾指出：“汉代小学，随时增益。其初教小学之书，仅三千余字，后依次增至九千余字。司马相如、扬雄、班固、贾鲂、许慎等所增之字，或出采辑，或出创造，未可断定，然四百年间，人民通用之字，增至六千五十有奇，文化之进步可想矣。”②

汉代的童蒙识字教育，始终受到重视。西汉前期，识字的多少、书法的好坏，直接关乎识字者本人能否为吏。据《汉书·艺文志》载，汉律规定：“太史试学童，能讽书九千字以上，乃得为史。又以六体试之，课最者，以为尚书、御史、史书令史。”“六体者，古文、奇字、篆书、隶书、缪篆、虫书。”《说文解字·叙》也提到：“尉律：学僮十七已上始试，讽籀书九千字乃得为吏；又以八体试之，郡移太史并课，最者以为尚书史。”西汉中期后，明经取士，只要精通五经之一就可为官，不再试六体。识字成为进一步学习经书的工具。但汉律有规定：“吏民上书，字或不正，辄举劾之。”③据《史记·万石张叔列传》附石建传载：“（石）建为郎中令，书奏事，事下，建读之，曰：‘误书！马者与尾当五，今乃四，不足一，上谴死矣！’甚惶恐。”郎中令石建写“马”字时由于疏忽少写了一点，便惶恐不安，认为将受到皇上的谴责而必死无疑。石建兄弟四人与其父石奋都是西汉朝廷二千石的大臣，如此显赫之官，只因一字漏写一笔便惶恐如此，这足以看出当时人们对用字准确的高度重视。东汉光武帝《四科取士诏》亦云：“书疏不端正，不如诏书，有司奏罪名，

① 沈元：《〈急就篇〉研究》，《历史研究》1962年第3期。

② 柳诒征：《中国文化史》，中国大百科全书出版社，1988年版，第324—325页。

③ 《汉书》卷三十《艺文志》，第1721页。

并正举者。"[①]即如果察举的士人所写的奏章文字不规范，不符合诏书的要求，则由主管部门议定罪名上报，连同原推举人一并予以处罚。正因为如此，书师在进行文字教学时，仍然重视书法和文字的规范。汉代有因善书而为吏的，如王尊："少孤，归诸父，使牧羊泽中。尊窃学问，能史书。年十三，求为狱小吏。数岁，给事太守府"[②]。张安世："少以父任为郎，用善书给事尚书"[③]。

汉代蒙学除学习识字习字外，也学习算术。《四民月令》载："十一月，研水冻，命幼童读《孝经》、《论语》、《篇章》、小学。"[④]"幼童"，原书本注："谓九岁以上至十四。""篇章"，原书本注："谓《六甲》、《九九》、《急就》、《三苍》之属。"石声汉认为："依本注的说明，篇章是《六甲》、《九九》、《急就》、《三仓》之属；其中《急就》、《三仓》等字书，应当学会书写，《九九》是算学初步，仅仅书写不够，必须领会、熟练"[⑤]。缪启愉也说："汉代教育制度，八九岁的小孩入小学识字和计数"[⑥]。《汉书·食货志》也有这方面的记载："是月，余子亦在于序室。八岁入小学，学六甲五方书计之事，始知室家长幼之节。"所谓"书计"，应是书写计算的技能。可见识字书写和算术是蒙学教育的重要内容。

儿童读完字书后，一般还要学习《孝经》、《论语》等书，这既是为了巩固识字、习字的成果，又是为进入更高学习阶段作准备，同时也是进一步深化伦理道德教育的需要。因为，"一方面汉代独尊儒术，推崇孔子，突出孝悌为伦常之本的思想；另一方面这两部书内容和形式都很接近人们的生活实际，语言流畅，读起来朗朗上口，便于诵读。尤其是《论语》，篇章分明，适于教学，流传较广"[⑦]。所以《孝经》、《论语》成为通用的初级教材，是读书人共同必修之业。

王国维曾言："汉人就学，首学书法，其业成者，得试为吏，此一级也。

---

① 《后汉书》志第二十四《百官一》注引应劭《汉官仪》，第 3559 页。
② 《汉书》卷七十六《王尊传》，第 3226 页。
③ 《汉书》卷五十九《张安世传》，第 2647 页。
④ 孟宪承等编：《中国古代教育史资料》，人民教育出版社，1961 年版，第 142 页。
⑤ 石声汉：《四民月令校注》，中华书局，1965 年，第 10 页。
⑥ 缪启愉：《四民月令辑释》，农业出版社，1981 年，第 105 页。
⑦ 毛礼锐、沈灌群主编：《中国教育通史》（第二卷），山东教育出版社，2005 年版，第 98 页。

其进则授《尔雅》、《孝经》、《论语》，有以一师专授者，亦有由经师兼授者”[①]。授《尔雅》者罕见记载，而习《孝经》、《论语》者则多有其例。如范升：“九岁通《论语》、《孝经》”[②]。顺帝：“宽仁温惠。始入小学，诵《孝经》章句。”[③]当然，初习经书阶段的教育，并不完全以《孝经》、《论语》为限，如果学生的资质较好，理解能力较强，也可以学习《尚书》、《诗经》或《春秋》。如马续：“七岁能通《论语》，十三明《尚书》，十六治《诗》”[④]。张霸：“七岁通《春秋》”[⑤]。荀爽：“年十二，能通《春秋》、《论语》”[⑥]。

《孝经》、《论语》的学习，一般是在启蒙阶段完成的。也有从事专经教学的经师，对程度较低的学生给以这方面的补课。正如陈东原所言：“盖汉时有受《论语》、《孝经》小学而不通一经者，无通一经之士而不先受《论语》、《孝经》者，故经师受经，亦兼授《论语》、《孝经》，因为此为最普通的科目”[⑦]。

就两汉私学而言，东汉的私学远盛于西汉。

首先，西汉时的私学，受业弟子已有上百至千人，但见于史籍的并不多；东汉名儒大师辈出，遍及各地，其门下的弟子众多，上百、上千乃至上万。

其次，有无著作或著作的多少，在一定程度上反映了学者学术水平的高低。西汉时从事私学的学者，有著述者并不多见。到了东汉，学者一面讲学，一面从事著述的甚多。如王充：“归乡里，屏居教授。……闭门潜思，绝庆吊之礼，户牖墙壁各置刀笔。著《论衡》八十五篇，二十余万言”[⑧]。马融，博通经传，著《三传异同说》，注《孝经》、《论语》、《诗》、《易》、《三礼》、《尚书》，教养生徒。郑玄更是一边教授生徒，一边遍注群经，著述丰富，达百余万言。

再次，西汉学者多专一经而教授，兼通数经乃至《五经》者很少。见于

① 雪克、卢向前标校：《王国维学术论著·汉魏博士考》，浙江人民出版社，1998年版，第90页。

② 《后汉书》卷二十六《范升传》，第1226页。

③ 刘珍等撰、吴树平校注《东观汉纪校注》卷三《敬宗孝顺皇帝》，中州古籍出版社，1987年版，第112页。

④ 《后汉书》卷二十四《马援传》，第862页。

⑤ 《后汉书》卷三十六《张霸传》，第1241页。

⑥ 《后汉书》卷六十二《荀爽传》，第2050页。

⑦ 陈东原：《中国教育史》，台湾商务印书馆，1980年版，第69页。

⑧ 《后汉书》卷四十九《王充传》，第1629页。

记载的有张禹、肖望之、朱云以《论语》、《易》教授门徒，夏侯始昌以《齐诗》、《尚书》教授，王吉以《诗》、《论语》教授。东汉时兼授二经者很多，有包咸、伏湛、张楷、皇甫规、杨秉、夏恭、宋均等。而以三经以上乃至《五经》讲授者也大有其人。如贾逵弱冠能诵《五经》，尤明《左氏》、《国语》，弟子众多。张霸："博览《五经》，诸生孙林、刘固、段著等慕之，各市宅其傍，以就学焉"[①]。赵典："少笃行隐约，博学经书，弟子自远方至"[②]。

两汉私学如此之盛，究其原因有以下数端：

第一，由于官立太学名额有限，且路途遥远，而地方官学时有兴废，不能满足当时社会各阶层对教育的需求，因而广大有志求学者多就读于私学。

第二，官学中除皇亲国戚在宫廷间断性地办过小学外，无蒙养教育的机构，而习字、识字和掌握基本的行为规范是步入社会或进一步学习所必不可少的，所以启蒙教育的重担便落在了私学或家学的身上。汉代何时始有小学，因史书缺载难以考证。本人认为，既然汉初就有程度较高的经学私人教育，那么作为读书识字的启蒙学校教育，应该也是存在的。汉代由私人创办的启蒙教育学校，史书中也有涉及，如承宫、刘秀都曾在西汉末年，进入小学接受启蒙教育。承宫："少孤，年八岁为人牧豕。乡里徐子盛者，以《春秋经》授诸生数百人，宫过息庐下，乐其业，因就听经，遂请留门下，为诸生拾薪。执苦数年，勤学不倦。经典既明，归家教授"[③]。刘秀："年九岁而南顿君卒，随其叔父在萧，入小学。后之长安，受《尚书》于中大夫庐江许子威"[④]。《四民月令》中也有关于幼童入小学接受教育的记载，如："（正月）命幼童入小学，学书《篇章》"。"（八月）暑小退，命幼童入小学，如正月焉。"

第三，汉代学者在经学已明后，多有办学之热情。他们把从事教学活动作为扩大社会影响、提高个人学术造诣，以便为步入仕途打下基础的一种手段。许多士人即因办学而获得社会声望，以致被征召或荐举入仕。如

---

① 《后汉书》卷三十六《张霸传》，第1241页。
② 《后汉书》卷二十七《赵典传》，第947页。
③ 《后汉书》卷二十七《承宫传》，第944页。
④ 《东观汉纪校注》卷一《世祖光武皇帝》，第2页。

疏广:“明《春秋》,家居教授,学者自远方至。征为博士太中大夫”[①]。牟融:“少博学,以《大夏侯尚书》教授,门徒数百人,名称州里。以司徒茂才为丰令,视事三年,县无狱讼,为州郡最”[②]。学生跟随名师学习,既有益于学业的精进,又有利于将来的出路。私学的教师一旦升任高职,往往要把自己的弟子提携上来。如叔孙通任太常后,对高祖说:“诸弟子儒生随臣久已,与共为仪,愿陛下官之”[③]。于是高祖悉以为郎。孔光:“凡为御史大夫、丞相各再,壹为大司徒、太傅、太师,历三世,居公辅位前后十七年。……其弟子多成就博士大夫。”[④]成帝时的丞相张禹:“成就弟子尤著者,淮阳彭宣至大司空,沛郡戴崇至少府九卿”[⑤]。

第四,由于今、古文经学斗争激烈,没有被立为博士的古文经学家就以私学作为领地与官学相对抗,从而促进了私学的发展。

第五,两汉统治者的提倡与支持,也是促使私学迅速发展的一个重要原因。汉代的功名利禄政策,对推动教育事业发展起了很大的作用,这是不容否认的事实。但也必须看到,在汉代确有一批视名利如浮云、专心于学术之中的学问家。他们不为利禄所动,把讲学授徒、研究学问作为己任,无论是社会安定还是天下大乱,经济繁荣还是凋敝,他们都“安贫乐道”,“讲论不辍”。如严君平:“雅性淡泊,学业加妙。专精《大易》,耽于《老》、《庄》”[⑥]。曾以卜筮为业,每日“阅人得百钱,则闭肆下帘。授《老》、《庄》”[⑦]。一生淡泊名利,隐居不仕。蜀地的人们往往将其与孔子相提并论:“仲尼、严平,会聚众书,以成《春秋》、《指归》之文,故海以合流为大,君子以博识为弘”[⑧]。牟纡:“以隐居教授,门生千人”[⑨]。高凤:“少为书生,家以农亩为业,而专精诵读,昼夜不息。”“其后遂为名儒,乃教授于西唐山中。”[⑩]挚恂:“以儒术教

---

① 《汉书》卷七十一《疏广传》,第3039页。

② 《后汉书》卷二十六《牟融传》,第915页。

③ 《汉书》卷四十三《叔孙通传》,第2129页。

④ 《汉书》卷八十一《孔光传》,第3364页。

⑤ 《汉书》卷八十一《张禹传》,第3349页。

⑥ 《华阳国志》第十卷上《蜀郡士女》,时代文艺出版社,2009年版,第127页。

⑦ 《华阳国志》第十卷上《蜀郡士女》,第128页。

⑧ 《三国志》卷三十八《蜀书·秦宓传》,中华书局,1959年版,第973页。

⑨ 《后汉书》卷七十九上《儒林列传·牟纡传》,第2557页。

⑩ 《后汉书》卷八十三《逸民列传·高凤传》,第2768—2769页。

授，隐于南山，不应征聘，名重关西”[①]。在读书与做官紧密结合起来的时代，他们能献身于文化教育事业而不为利禄所动，确是难能可贵的。他们对保存、维系、发展两汉的文化教育事业，做出了重要的贡献。

私学无论在数量上还是在规模上都大大超过官学，在教育上的成就也胜于官学。官学有优裕的人力、物力条件，但完全从属于政治，不仅教学内容受到限制，教学方法也比较呆板（受师法、家法的束缚），师生醉心于功名利禄，教学质量不高。私学虽也不能摆脱封建政治藩篱的束缚，但相对来说较为自由，教学内容比较多样化，除了儒家今古文经学之外，还广泛涉及天文、数学、医学、法律等，在一定程度上促进了学术争鸣和科技进步。教学方法亦灵活多样，师生可以自由讨论，质疑问难，抒发己见，学术色彩比较浓厚，教学质量较高。如张玄："专心经书，方其讲问，乃不食终日。即有难者，辄为张数家之说，令择从所安。诸儒皆服其多通，著录千余人。""时右扶风琅邪徐业，亦大儒也，闻玄诸生，试引见之，与语，大惊曰：'今日相遭，真解矇矣！'"[②]张玄在教学中不武断，不是直接把正确的答案告诉给学生，而是把各家的学术观点都摆出来，启发学生通过独立思考而得出结论，完全是一副生动活泼的教学图景。谢该讲《左氏春秋》，"河东人乐详条《左氏》疑滞数十事以问，该皆为通解之，名为《谢氏释》，行于世"[③]。这种问难质疑的学风，是教学相长的过程，是磨砺学问的好方法，对后世教学方法有很大的启示作用。正如有的学者所指出："汉代私学形成的录牒法，可以视为中国最早的学籍管理制度，便于学校加强对学生的管理。经师讲授，除口授之外，也会与学生相互讨论，同时学生与学生之间相疑辩难，教育的交流加深了，学生的思维也得以开拓，促成了新的思想流派的形成，刺激了教育的多元发展。这种教授的方法后来为书院所继承而演变为'会讲'制。其实仔细推敲书院的教学与研究方法，其源当属汉代经师私人讲学之遗风。"[④]

官学往往受政治风浪的影响时兴时废，而私学却一直绵延不绝，使我国的教育事业得以维持和延续。翻开两汉史册，我们会看到，在政治动乱

① 《后汉书》卷六十上《马融传》，第 1953 页。

② 《后汉书》卷七十九下《儒林列传·张玄传》，第 2581 页。

③ 《后汉书》卷七十九下《儒林列传·谢该传》，第 2584 页。

④ 郭军：《从经师生活看两汉私学的特色与贡献》，《广西师范大学学报》2008 年第 6 期。

中，仍有不少学者孜孜于学术之中，从事讲授工作不辍，此种精神值得赞扬。如刘茂："家贫，以筋力致养，孝行著于乡里。及长，能习《礼经》，教授常数百人。""会王莽篡位，茂弃官，避世弘农山中教授。"①伏湛："少传父业，教授数百人。""更始立，以为平原太守。时仓促兵起，天下惊扰，而湛独晏然，教授不废"②。张奂，学《欧阳尚书》，"迁使匈奴中郎将。时休屠王及朔方乌桓并同反叛，烧度辽将军门。引屯赤坑，烟火相望。兵众大恐，各欲亡去。奂安坐帷中，与弟子讲诵自若"③。颍容："初平中，避乱荆州，聚徒千余人"④。

总之，汉代自武帝时开始，无论官学和私学都得到了空前的发展，并逐步建立了中央和地方的学校制度。太学是当时传授学术文化知识的中心，对发展教育、推进学术文化的发展起了重要作用。地方学校则在推广教化、奖励礼乐方面，扮演着重要的角色。从本质上讲，私学也是巩固封建政治、经济的一支重要力量。其培养目标也无非是忠臣顺民。正因为如此，汉代统治者从"建国君民，教学为先"的原则出发，积极鼓励私学的发展。由于私学种类多、数量大，所以其能弥补官学之不足，更大限度地满足民间教育的需要，使教育泽及闾里，提高了全社会的知识水准；而民办教育的稳定性，也使其在传播和保存古代文化学术中起了关键作用。从此以后，官学与私学并行发展，互为补充，就成为我国古代教育史上的一大特色。

---

① 《后汉书》卷八十一《独行列传·刘茂传》，第2671页。
② 《后汉书》卷二十六《伏湛传》，第893页。
③ 《后汉书》卷六十五《张奂传》，第2139页。
④ 《后汉书》卷七十九下《儒林列传·颍容传》，第2584页。

第二章　家庭教育

翻开中国古代教育史，我们会看到汉代教育在其中所处的重要地位，可用“奠基”二字加以概括。后世的教育宗旨、教育形式、教育内容、教学方法等，在汉代均已成形，这不仅表现在学校教育上，在家庭教育上亦有所反映。本章拟对汉代的家庭教育作一粗浅探讨，以期对汉代教育的整体认识有所裨益。

第一节　家庭教育的形式

谈家庭教育，首先要对这一概念的涵义有一个明晰认识，目前学术界对此的理解尚不一致。

顾明远先生认为，家庭教育是指家庭成员之间的相互教育，通常多指父母或其他长者对儿女辈进行的教育①。《大百科全书·社会学》一书也有类似的表述：家庭教育包括父母教育子女和家庭成员之间相互教育两个方面，其中主要方面是父母教育子女②。

季诚均先生认为，家庭教育是指在家庭里，由家长按照一定的家庭观、子女观、教育观，通过自己的言传身教和家庭生活实践，对子女施加一定教育影响的活动③。

赵忠心先生指出，按照传统说法，家庭教育是指在家庭生活中，由家里的长者（其中主要是父母）对其子女及其年幼者实施的教育和影响。这是狭义的家庭教育。广义的家庭教育，应当是家庭成员之间相互实施的一种教育。在家庭里，不论是父母对子女，子女对父母，长者对幼者，幼者对长者，一切有目的有意识施加的影响，都是家庭教育④。

---

① 顾明远：《教育大词典》（第一卷），上海教育出版社，1990 年版，第 11 页。

② 《大百科全书·社会学》，中国大百科全书出版社，1991 年版，第 104 页。

③ 季诚均：《家庭教育学》，南方出版社，1998 年版，第 4 页。

④ 赵忠心：《家庭教育学》，人民教育出版社，1994 年版，第 5 页。

以上的观点归纳起来即是，家庭教育有广义、狭义之分。广义的家庭教育是指家庭成员之间的相互教育。狭义的家庭教育是指由家里长者（其中主要是父母）对儿女辈实施的教育。这基本上涵盖了现代社会家庭教育的主要形式。但在封建社会里，家庭教育主要表现为狭义的形式。封建时代家长制居于统治地位，家长在家庭中拥有绝对的权威，子辈没有独立的人格，完全听命于长辈，长辈按照自己的意志教育下一代。因而家庭中的子女只能是受教育者，很难有对长辈施加影响的行为发生。另外，在封建时代还有一种特殊的家庭教育形式，这存在于皇室的家庭中。皇帝为教育子女，总要选择具有良好道德品质和较高文化水平的人，担任皇室子弟的教师，尽管教育者不属于家庭的成员，但这种教育是在家庭范围内进行的，因而应属于家庭教育的范畴。

家庭教育是人类社会发展到一定阶段的产物，是随着一夫一妻制稳定婚姻家庭的出现而产生。为使个体家庭能延续下去，父母除让子孙继承私有财产、家业外，还需将生产和生活的知识经验，传授给下一代。这样，家庭教育就随着家庭的建立而诞生了。因可资利用史料的匮乏，目前我们尚不能对原始社会中后期至夏、商、周时期家庭教育作一完整勾勒，但从文献的零星记载中，亦可窥到些许痕迹。至春秋战国时，由于士阶层的兴起和活跃，以及他们对家庭教育的关注和积极参与，使家庭教育在理论和实践上均取得了很大成绩。汉代在总结前人经验的基础上，把家庭教育又向前推进了一步，初步形成了家庭教育的体系。汉代家庭教育，根据不同的标准可划成多种类型。按家庭的社会地位，可分为帝王家教、官僚地主家教、知识分子家教、平民家教等。按家庭子女的年龄，可分为未成年教育和成年教育。按家庭子女的性别，可分为男子家教和女子家教。本文主要从以下三方面对汉代家庭教育的形式给以概述。

一、世代家传的家学

在长期的生产和生活实践中，家庭逐渐形成具有特色的生产技术、生活经验或知识、学问，并把这些技术、知识、学问一代一代地传下去，这样就出现了世代相传的“家学”。在古代宗法制社会里，存在着“父系承传”的传统，对祖上的财产，嫡长子首先拥有继承权。反映在文化上，就是把父辈、祖辈的学术作为财产留传给家庭的后人。在古代汉语中“家业”一词即有两层含义：一是家有的产业，二是家传之学，继承家业就包括继承产业与学业两方面的内容。家学是私学教育的一种重要形式，所教内容十分广泛：有为正式进入学校学习作准备的识字、认字启蒙教育；也有为今后步入社会，以资立身的专门知识教育，如经学、法学、史学、医学、天文历法等。在汉代史籍记载中，“少传父业”、“世传经学”、“子孙传学”，屡见不鲜。

世传经学。据《汉书·儒林传》载：徐生以《礼》“传子至孙延、襄”。徐良以《礼》“家世传业”。瑕丘江公以《诗》及《穀梁春秋》“传子至孙”。王申治《公羊春秋》“家世传业”。士孙张以《易》“家世传业”。东汉时世传经学更盛。如甄宇“习《严氏春秋》”，“传业子普，普传于承。承尤笃学，来尝视家事，讲授常数百人。诸儒以承三世传业，莫不归服之”，“子孙传学不绝”①。杨震从父学习《欧阳尚书》，他的儿子杨秉“少传父业”②，杨秉子杨赐“少传家学”③，杨赐子杨彪“少传家学”④，为五世家学。桓荣精通《欧阳尚书》，其子桓郁“敦厚笃学，传父业，以《尚书》教授”⑤，桓郁子桓焉“能世传其家学”⑥，桓郁孙桓典“复传其家业，以《尚书》教授”⑦。“自荣至典，世宗其道，父子兄弟代作帝师，受其业者皆至卿相，显乎当世”⑧。为六世家学。袁安“祖父良，习《孟氏易》”，“安少传良学”，袁安的儿子袁京“习《孟氏易》”，袁京的儿子袁彭，“少传父业”，袁彭的弟弟袁汤“少传家学”，袁敞“少传《易经》教授”⑨。

世传法律学。自西汉，就不断有人聚徒讲解法律，出现了“汉来治律有家，子孙并世其业，聚徒讲授，至数百人”的局面⑩。如于定国之父“于公为县狱史，郡决曹，决狱平”。于定国“少学法于父，父死，后定国亦为狱史，郡决曹，补廷尉史”⑪。郭躬“父弘，习《小杜律》”，官至决曹掾，以断狱闻名。

① 《后汉书》卷七十九下《儒林列传·甄宇传》，第 2580 页。
② 《后汉书》卷五十四《杨秉传》，第 1769 页。
③ 《后汉书》卷五十四《杨赐传》，第 1775 页。
④ 《后汉书》卷五十四《杨彪传》，第 1786 页。
⑤ 《后汉书》卷三十七《桓荣传》，第 1254 页。
⑥ 《后汉书》卷三十七《桓荣传》，第 1257 页。
⑦ 《后汉书》卷三十七《桓荣传》，第 1258 页。
⑧ 《后汉书》卷三十七《桓荣传》，第 1261 页。
⑨ 《后汉书》卷四十五《袁安传》，第 1517—1524 页。
⑩ 《南齐书》卷二十八《崔祖思传》，中华书局，1972 年版，第 519 页。
⑪ 《汉书》卷七十一《于定国传》，第 3041—3042 页。

"躬少传父业，讲授徒众常数百人"，"子晊，亦明法律，至南阳太守"。"郭氏自弘后，数世皆传法律，子孙至公者一人，廷尉七人，侯者三人，刺史、二千石、侍中、中郎将二十余人，侍御史、正、监、平者甚众。"①吴雄"以明法律，断狱平，起自孤宦，致位司徒"，"子欣孙恭，三世廷尉，为法名家"②。陈宠"曾祖父咸，成哀间以律令为尚书"；陈宠"明习家业"；陈忠"永初中辟司徒府，三迁廷尉正，以才能有声称。司徒刘恺举忠明习法律"③。

世传史学。如司马迁继承父亲司马谈的家学，成为朝廷史官，写出了彪炳千秋的第一部纪传体通史巨著《史记》。班固继承父亲班彪的家学，担任史官，修成第一部纪传体断代史《汉书》。班固之妹班昭亦能传父家学，完成了固未竟之事业——八表和天文志。

世传医学。如楼护"父世医也，护少随父为医长安，出入贵戚家。护诵医经、本草、方术数十万言，长者咸爱重之"④。

世传天文历法。如刘瑜："少好经学，尤善图谶、天文、历算之术"，"子琬，传瑜学，明占侯，能著灾异"⑤。任文公："父文孙，明晓天官风角秘要。文公少修父术，州辟从事"⑥。

世传书法。如："崔瑗、崔寔父子相传，擅长章草；张芝、张昶兄弟相学，以草书名世，有'草圣'、'亚圣'之称；蔡邕、蔡琰父女传授，文姬得父真传；班固、班超兄弟精于篆书；张安世、张彭祖父子也工书。张敞尤好古文字，传于子张吉，吉传于甥杜邺，邺又传于子杜林，代代相传。"⑦

以上所述专门文化知识的教育，是在官僚地主、知识分子家庭中进行的，目的是为子弟将来入仕进身、建功立业打下基础。在专门于文化知识、技艺的家传中，占主导地位的是经学家传，这当与汉代以经学为官方学术，并以之为取士标准，及重视家法有关。通经大儒们多重视教育自己的后代，以经学的世袭，达到官爵的世袭。他们走的是一条"通经——入仕——传家学——子孙通经——子孙入仕"周而复始的道路。在这条道路上，家

① 《后汉书》卷四十六《郭躬传》，第 1543—1546 页。
② 《后汉书》卷四十六《郭躬传》，第 1546 页。
③ 《后汉书》卷四十六《陈宠传》，第 1547、1548、1555 页。
④ 《汉书》卷九十二《游侠传·楼护传》，第 3706 页。
⑤ 《后汉书》卷五十七《刘瑜传》，第 1854、1858 页。
⑥ 《后汉书》卷八十二上《方术列传·任文公传》，第 2707 页。
⑦ 常爽：《汉代书法教育类型研究》，河南大学 2011 年硕士学位论文。

庭的经学教育起着关键作用。至于广大农民、手工业者、小商人的家学，主要就是他们所从事的职业，即把农业生产的知识、手工业技术、经商经验传授给他们的子弟，而这种传授活动往往是在生活实践、生产劳动过程中进行的。古代社会是农业社会，农村人口占人口的绝大多数，大多数家庭的儿孙是要以从事农业生产劳动作为职业的，因而向晚辈手把手地传授农作技术就成为这些家庭教育的重要内容。凡用心学习者被看做是能继承、广大家业；而不用心学习者则被视为不务正业，要受到指责。如汉高祖刘邦的父亲刘太公是一个农民，他希望儿子们能努力学习农业生产技术，以便实现丰衣足食、扩大产业之目的。老二刘仲听从老父的教诲，勤力于田亩，被父亲所看重。而老三刘邦讨厌田作之事，游手好闲，被其父骂为“无赖”。对此刘邦一直耿怀于心，当皇帝后，在一次朝宴上借着为老父祝酒的机会，刘邦把怨气发泄出来，他说：“始大人以臣无赖，不能治产业，不如仲力。今某之业所就孰与仲多？”[①]刘太公对刘邦的指责，代表了当时农家普遍的心理。刘邦的成功实得益于天下大乱的机遇，否则，其成为无赖也是大有可能的。

二、家训

“家训，顾名思义就是‘言居家之道，以垂训子孙者’，主要指父祖对子孙、家长对家人、族长对族人的训示、教诲，也包括兄姐对弟妹的告诫，夫妻之间的嘱托，以及后辈贤达对长辈、弟妹对兄姐的希望、要求。其文字记录包括家书、家教、家规、家法、家诫、家范、家风、家礼、家道和遗训等多种形式；其文学体裁有书信、散文、诗词、格言、座右铭等。家训所涉及的内容十分广泛，诸如讲修养、谈立志、话人生、言德行、剖处世、说治学、论人才、评风物、述文学、诲尊师、教理财、议从政等等。”[②]家训又称家法、家约、家规、家范、家戒、庭训等。就其内容而言，是用专制集权社会的礼法制度、伦理道德规范、行为准则指导人们处理家庭关系、教育子女成长的训诫；就其形式而言分口头训诫和书面训诫两种形式。

1.口头训诫

这种形式往往是针对某一具体事情而发，先秦时已出现，如周公、孔子

---

① 《史记》卷八《高祖本纪》，第387页。

② 谢宝耿：《中国家训精华》，上海社会科学院出版社，1997年版，第1页。

就有此种举动，汉代时仍被广泛应用，事例屡见于史册。

（1）伦理道德教育

汉人对品德教育非常重视，教育子弟以忠信、义方，做人要正派，不能行奸邪之事。何武担任扬州刺史时，有人想通过何武之弟何显向何武求情，让何武提拔自己的侄子，何武对其弟说："刺史古之方伯，上所委任，一州表率也，职在进善退恶。吏治行有茂异，民有隐逸，乃当召见，不可有所私问"①。他认为作为一方主管官员，其职责之一在于进贤才而退庸人，决不可凭私人关系而随便用人。这是何武诫弟勿私用人。尹赏在成帝时曾任长安令，敢于对违法犯罪之人加以严惩，使长安的治安得以好转。因"江湖中多盗贼，以赏为江夏太守，捕格江贼及所诛吏民甚多，坐残贼免"。不久迁执金吾，"三辅吏民甚畏之"②。尹赏得病将死时戒其诸子曰："丈夫为吏，正坐残贼免，追思其功效，则复进用矣。一坐软弱不胜任免，终身废弃无有赦时，其羞辱甚于贪污坐臧。慎毋然！"③尹赏认为，为官就要忠于职守，严格执法，若软弱无力，不称职，必然难保官位。在他的教育下四子"皆至郡守，长子立为京兆尹，皆尚威严，有治办名"④。

陈寔曾入太学就读。党锢之祸起，被连囚禁。党禁解后，归家闭门不仕。有一年陈寔家乡闹灾荒，人们生活艰难。一个小偷半夜潜入陈家，栖息在梁上。陈寔发觉了，他没有喊人抓贼，而是叫来儿孙，严肃地对他们说："夫人不可不自勉。不善之人未必本恶，习以性成，遂至于此。梁上君子者是矣！"小偷一听大惊失色，忙伏地叩头谢罪。陈寔教育他说："视君状貌，不似恶人，宜深克己反善。然此当由贫困。"⑤叫人给他绢二匹。陈寔利用"梁上君子"之事进行现场教育，既勉励了子孙努力向善，又使小偷受到了教育，可谓一举两得。可见家庭教育的开展，需及时抓住有利的时机，就会收到事半功倍的效果。反之，若不分时间、场合一味空洞说教，则很难达到预期的效果。

（2）谋生技能教育

人类的教育首先是从亲属间谋生技能的传授开始，它是家庭生产功能

---

① 《汉书》卷八十六《何武传》，第3484页。
② 《汉书》卷九十《酷吏传·尹赏传》，第3675页。
③ 《汉书》卷九十《酷吏传·尹赏传》，第3675页。
④ 《汉书》卷九十《酷吏传·尹赏传》，第3675页。
⑤ 《后汉书》卷六十二《陈寔传》，第2079页。

得以实现的前提，是家庭教育最基本的内容。其中重视子弟在生活中的自立精神，培养他们独自谋生的能力，以求更好地立足于社会，是古代家教的一大特色。

疏广曾在宣帝时任太子太傅，兄子疏受亦任太子少傅，在任五年，叔侄相随辞官回乡。临走时，宣帝和皇太子共赐他黄金七十斤。疏广归乡后，用这笔黄金每天在家里设置酒食，招待族人故旧宾客，还不时询问家里还剩多少金子，催促尽快花掉吃光。疏广的子孙们很不高兴，就通过族中长辈劝说疏广，要他为子孙多购置些田地房产。疏广听后，讲出了自己这样做的道理。他说："吾岂老悖不念子孙哉？顾自有旧田庐，令子孙勤力其中，足以共衣食，与凡人齐。今复增益之以为赢余，但教子孙怠惰耳。贤而多财，则损其志；愚而多财，则益其过。且夫富者，众人之怨也。吾既亡以教化子孙，不欲益其过而生怨。又此金者，圣主所以惠养老臣也，故乐与乡党宗族共飨其赐。以尽吾余日，不亦可乎！"[①]疏广认为家里原有田产，只要子孙辛勤劳作，足以供衣食。如多置产业，会使子孙坐享其成而成懒惰之习，与其成长不利。他希望子孙能自力更生，靠自身的勤奋而生存。疏广这种教子精神值得当今三口之家的父母去效法。

疏广教子自立的做法，在汉代并非独一无二，实际上早在汉初相国萧何就有类似的举动。萧何位极人臣，完全有能力为子孙创造一个良好的生活环境，安排好一切。但他却"买田宅，必居穷僻处，为家不治垣屋"，完全是一副寒酸样。他解释这样做的理由是："后世贤，师吾俭；不贤，毋为势家所夺"[②]。子孙们要想生活得好一些，必须自立、勤奋。若子孙贤能，学习他的俭朴作风，就能守住家业，并会有所扩展；若子孙愚昧，则穷乡僻壤之田宅也不会成为势家掳掠的对象，仍能维持生计。萧何把自立节俭的精神作为宝贵遗产留给子孙，同疏广一样，是为子孙作长远打算。

(3)处世教育

人生在世，难免要与外人打交道，发生社会联系，有时少不了有交友的需要。而交友的好坏，于他们的成长发展关系颇大。择友良善，可以谏恶劝善，择友不善，则易近恶远善。孔子曾言："益者三友，损者三友。友直，

① 《汉书》卷七十一《疏广传》，第3040页。

② 《史记》卷五十三《萧相国世家》，第2019页。

友谅，友多闻，益矣。友便辟，友善柔，友便佞，损矣”[①]。所谓：“‘与善人居，如入芝兰之室，久而不知其芬’，与之化矣。‘与不善人居，如入鲍鱼之肆，久而不知其臭’，与之变矣。”[②]“近朱者赤，近墨者黑。”因此，重视择交之道，就成为古代家教的一个优良传统。

王丹在汉哀帝、平帝时，曾出仕州郡。东汉初被征为太子少傅。王丹儿子的一同学亲人去世，他告诉父亲，想结伴去吊丧。王丹不允，仅叫人寄去两匹细绢以示祭奠，并对其子说：“交道之难，未易言也。世称管、鲍，次则王、贡。张、陈凶其终，萧、朱隙其末，故知全之者鲜矣”[③]。他认为结交朋友非易事，并举历史上正反事例以说明。管仲与鲍叔牙、王吉与贡禹始终为挚友，而张耳与陈余、萧育与朱博初为知交，终成仇敌。教育子女要慎重择友，而一旦成为朋友，就应始终如一地维护友好交情。

对子女进行训诫教育不仅仅是父亲的职责，母亲在其中也扮演着重要的角色。这方面例子也很多。如：

严延年母诫子行仁政去严刑。严延年任河南太守时，摧折豪强，杀人甚多，被称为“屠伯”。延年母不满他这种滥杀之行，便严厉而语重心长地说：“幸得备郡守，专治千里，不闻仁爱教化，有以全安愚民，顾乘刑罚多刑杀人，欲以立威，岂为民父母意哉！……天道神明，人不可独杀。我不意当老见壮子被刑戮也！行矣！去女东归，扫除墓地耳”[④]。严母告诫儿子作为一方百姓的父母官，应以行仁政施教化为本，而不应多刑杀人以立威，若继续行严酷之政，必将有身被刑戮之祸。寥寥数语，严母关心儿子，爱护百姓之情表露无遗。

张汤母诫汤昆弟诸子行薄葬。张汤为廷尉时，用法严酷，夷灭者甚多，终遭人陷害，自杀身亡。张汤为官清廉，死后家产值不过五百金。他的兄弟、儿子打算为他举行隆重葬礼，遭到其母反对。她说：“汤为天子大臣，被恶言而死，何厚葬为！”[⑤]载以牛车，有棺而无椁。对于此举，武帝大加赞赏，称“非此母不生此子”[⑥]，并为张汤平反。

---

① 《论语·季氏》，《四书五经》，中国友谊出版公司，1993年版，第30页。

② 《全上古三代秦汉三国六朝文》第三册《全宋文》卷三十六颜延之《庭诰》，第2636页。

③ 《后汉书》卷二十七《王丹传》，第931—932页。

④ 《汉书》卷九十《严延年传》，第3672页。

⑤ 《汉书》卷五十九《张汤传》，第2646页。

⑥ 《汉书》卷五十九《张汤传》，第2646页。

范滂母勉子为义而死。范滂因反对宦官专权被捕入狱，临行前与母诀别。其母不仅没有悲伤，反而勉励他说："汝今得与李、杜齐名，死亦何恨！既有令名，复求寿考，可兼得乎？"[①]能与反宦官领袖李膺、杜密齐名，为正义而战，即使献出生命也不应遗憾。范母能如此深明大义，实令人钦敬。

赵苞母勉子不亏忠义。赵苞为辽西太守时，派人迎母及妻子。赵母及其妻子于赴辽西途中，被入寇辽西鲜卑贵族劫为人质。鲜卑贵族以赵苞若不投降即将她们杀死相要挟。赵苞母不顾个人安危，勉励儿子说："威豪（赵苞的字——引者注），人各有命，何得相顾，以亏忠义！昔王陵母对汉使伏剑，以固其志，尔其勉之"[②]。她认为在忠孝不能两全时，应舍孝而尽忠，并表示愿效楚汉战争时王陵母之所为，以死来成全儿子精忠报国之心。在母亲的激励下，赵苞对鲜卑贵族坚持抗击，其母、妻子终遭杀害。赵母所表现出的高风亮节，确属难能可贵。

对于母亲在家庭教育中所起的重要作用，有的学者作了较为中肯的评价："传统中国社会成员，其文化能力的培养常常在家庭，而在家庭里做出突出贡献的常常是母亲。儒家的精神之所以能一代一代地传下来，不是靠知识精英，不是靠大皇帝的命令，不一定靠正常的学术规范，而主要在家庭里面靠母亲的身教传下来的。这种说法很容易理解，在今天我们还有切身的体会。中国17世纪有一个思想家，他的母亲在他很小的时候就告诉他，我们应该向两位无父之子学习，一个是孔子，他三岁时父亲就去世了；一个是孟子。这两个无父之子能够在文化上有那么突出的表现，因为他们都是通过母亲的身教发展起来的。母亲常常不识字，所以不要把识字能力与文化资源混为一谈。我们常常说这个人没有文化，这个人不识字，但这个不识字的人，往往有很多精粹的文化价值在他的生命中体现出来"[③]。

口头训诫，虽主要是长辈对晚辈所进行的一种教育活动，但除此之外，夫妻间也有训谏行为存在。在"夫为妻纲"的封建时代，丈夫对妻子有绝对支配权，自然可教训妻子，但妻子对丈夫也有劝谏之义务。尤其在普通人家里，这种现象并不罕见。儒家提倡妻子对丈夫的过失进行善意的批评与规劝，认为这有利于丈夫及家庭的长远利益，有利于建立和谐的夫妻关系。

---

① 《后汉书》卷六十七《党锢列传·范滂传》，第2207页。

② 《后汉书》卷八十一《独行列传·赵苞传》，第2692页。

③ 杜维明：《人文精神与全球论观》，见《人文论业》，武汉大学出版社，1999年版，第31页。

《白虎通·论妻谏夫》说“妻得谏夫者，夫妇一体，荣耻共之”。乐羊子妻劝夫的事例就相当典型。乐羊子是河南郡人，婚后不学无术，整日在外游荡。一次在路上拾到一块金饼，乐羊子高兴地拿回家交与妻子，可妻子非但不予表扬反而严肃地对他说：“妾闻志士不饮盗泉之水，廉者不受嗟来之食，况拾遗求利以污其行乎！”①羊子听后非常惭愧，将金饼弃于野外，外出寻师求学。但只学了一年就返回，妻子问他缘故，羊子说：“久行怀思，无它异也。”想家想得实在不行，就回来了。妻子遂将丈夫领到织机旁，拿起剪刀说：“此织生自蚕茧，成于机杼，一丝而累，以至于寸，累寸不已遂成丈匹。今若断斯织也，则捐失成功，稽废时月。夫子积学，当日知其所亡，以就懿德。若中道而归，何异断斯织乎？”②丈匹丝绸的织成，有赖于人在织机上一寸一寸地去织，如果织到一半把它从中剪断，就会前功尽弃；学习也是这样，若不能坚持不懈，而是半途而废，必然不会学有所成。羊子被妻子的话所感动，继续外出求学，整整七年不归，终于完成了学业。乐羊妻谏夫不取非义之财，并效孟母断织劝夫发奋学习，可谓一有识见之贤妻。

沛郡周郁骄淫轻躁，多行无礼。其妻“少习仪训，闲于妇道”，却对丈夫的恶行不加劝谏，这引起了公公的不满，责备她说：“新妇贤者女，当以道匡夫。郁之不改，新妇过也”③。可见妻子有规劝丈夫弃恶从善的责任。

王霸妻勉夫高节操同样值得敬佩。王霸很有节操，王莽当政时，他弃官隐居不出。光武时，连征不仕。王霸原来和令狐子伯是好朋友，后来令狐子伯当上了楚相，而其子为郡功曹。一次令狐子伯让儿子送一封信给王霸，“车马服从，雍容如也”。王霸的儿子正在田里耕作，听说有客来，放下锄头回家，“见令狐子，沮怍不能仰视”。王霸看到两人的鲜明对比，面露愧色。客人走后，他竟躺在床上不肯起来。妻子觉得奇怪，便问原因。王霸说：“吾与子伯素不相若，向见其子容服甚光，举措有适，而我儿曹蓬发历齿，未知礼则，见客而有惭色。父子恩深，不觉自失耳”。王霸妻子听说后，责备丈夫说：“君少修清节，不顾荣禄。今子伯之贵孰与君之高？奈何忘宿志而惭儿女子乎！”④王霸听从妻子的劝导，坚持自己的志向，终生隐居

① 《后汉书》卷八十四《列女传·乐羊子妻》，第2792页。
② 《后汉书》卷八十四《列女传·乐羊子妻》，第2793页。
③ 《后汉书》卷八十四《列女传·周郁妻》，第2784页。
④ 《后汉书》卷八十四《列女传·王霸妻》，第2782—2783页。

不出。

汉代虽已确立了家长在家庭中享有的绝对权威，但《孝经》中倡导："父有争子，则身不陷于不义。故当不义，则子不可不争于父。"因而除长辈对晚辈的教诲、妻谏夫外，汉代还存在着晚辈对长辈谏诤的现象，尽管此类记载很少。如崔烈通过花费五百万，买得司徒一职。事情泄露后崔烈深感不安，问其子钧："吾居三公，于议者何如？"崔钧直言了自己及众人对此的看法，称："论者嫌其铜臭。"崔烈闻听此言非常生气举杖击打崔钧，崔钧赶忙逃跑。崔烈骂他："死卒，父檛而走，孝乎？"崔钧说："舜之事父，小杖则受，大杖则走，非不孝也"[①]。崔烈听后十分惭愧，崔钧如实地把人们对买官一事的看法传达给了父亲，使其知道了买官的不光彩，并以历史的典故劝止了父亲的杖击。吴祐年十二随父恢前往南海太守任上。父亲恢打算"杀青简以写经书"，祐谏曰："今大人逾越五领，远在海滨，其俗诚陋，然旧多珍怪，上为国家所疑，下为权戚所望。此书若成，则载之兼两。昔马援以薏苡兴谤，王阳以衣囊徼名。嫌疑之间，诚先贤所慎也。"[②]吴恢接受了儿子的建议，还摸着他的头说："吴氏世不乏季子矣。"[③]吴祐以马援、王阳的例子劝止了父亲写经书，显示了其不凡的远见卓识。

综观汉代留下来的口头训诫材料，可以看到其内容主要集中在如何做人上。教育子孙向善，成为品性端正之人，是家教的主流。但也有教子不当，教子谄媚者，西汉的陈万年可谓典型。陈万年从地方官一直做到主管司法的最高官员御史大夫。他的做人为官之道，就是善于巴结权贵。他曾倾尽家财去贿赂掌权的外戚。有一次，陈万年生了病，担心自己会一病不起，便把儿子陈咸叫到床边，要把自己能逐步高升的诀窍教给儿子，絮絮叨叨一直说到半夜，没想到儿子已睡着，头一歪碰到屏风上。陈万年大怒，要打儿子。他斥骂儿子道："乃公教谏汝，汝反睡，不听吾言，何也？"[④]陈咸赶紧叩头答道："具晓所言，大要教咸谄也！"[⑤]陈万年听了这话后默默无言而罢。他的这套处世哲学，连儿子都不以为然。所幸的是陈咸并未受其父的

① 《后汉书》卷五十二《崔骃列传》，第1731—1732页。

② 《后汉书》卷六十四《吴佑传》，第2099页。

③ 《后汉书》卷六十四《吴佑传》，第2099页。

④ 《汉书》卷六十六《陈万年传》，第2900页。

⑤ 《汉书》卷六十六《陈万年传》，第2900页。

影响，性格刚直不阿，多次上书皇帝直谏，批评指责皇帝的近臣。正因为如此，元帝时任命他为御史中丞，“总领州郡奏事，课第诸刺史，内执法殿中，公卿以下皆敬惮之”[①]。完全靠自己的真才实干求得仕途发展，与其父的作风截然不同。

另外，也有训诫治学方面的，但留下的历史材料数量很少，较著名的有司马谈命子迁。司马谈是汉武帝时的太史令，学识渊博，曾广泛收集资料，打算写一部贯通古今的历史著作。元封元年（前110），汉武帝到泰山举行封禅大典，这在古代是一件盛事，而身为太史令的司马谈却因突然患病，不得从行，并因此发愤而卒，写作史书的宏愿也化作了泡影。弥留之际，他拉着司马迁的手说：“余先周室之太史也。自上世尝显功名于虞夏，典天官事。后世中衰，绝于予乎？汝复为太史，则续吾祖矣。今天子接千岁之统，封泰山，而余不得从行，是命也夫，命也夫！余死，汝必为太史；为太史，无忘吾所欲论著矣。且夫孝始于事亲，中于事君，终于立身。扬名于后世，以显父母，此孝之大者。夫天下称诵周公，言其能论歌文、武之德，宣周、邵之风，达太王、王季之思虑，爰及公刘，以尊后稷也。幽、厉之后，王道缺，礼乐衰，孔子修旧起废，论《诗》、《书》，作《春秋》，则学者至今则之。自获麟以来四百余岁，而诸侯相兼，史记放绝。今汉兴，海内一统，明主贤君忠臣死义之士，余为太史而弗论载，废天下之史文，余甚惧焉，汝其念哉！”[②]司马谈回顾了祖先的荣耀，勉励儿子继承父辈的事业，完成其欲有所论著的愿望，只有这样才能使父母之名显扬于后世，才是最大的孝。并且强调记述汉兴以来明主贤君和忠臣义士的事迹，也是史官的基本职责和社会责任。司马谈的遗训，不仅直接促成司马迁去撰著《史记》，而且一直是激励他坚持进行撰述的巨大动力。司马迁遭腐刑后，曾一度想到自杀，正是父亲的遗训，使他忍辱苟活，并最终完成了父亲交给他的伟大事业，为后世留下了不朽的巨著。我们可以说，没有司马谈的遗训，就没有司马迁的《史记》。司马谈的遗训因《史记》而受到后人的重视。司马迁也就成为了他父亲所希望的最大孝子。

2.书面训诫

即家庭中长者以书信、短文或短诗的形式，对子孙进行教诫，或一事一

① 《汉书》卷六十六《陈万年传》，第2900页。
② 《史记》卷一百三十《太史公自序》，第3294页。

论，或有感而发，包括戒子书、遗诫等。戒子书的内容以教诲如何为人处世为主，同时也有涉及治学的。

(1)处世哲学教育

子弟从家庭步入社会，要与亲族以外人员打交道，能否交上好的朋友，与个人的发展关系颇大；谋生从政，宦海沉浮，风云难测，趋利避害，全身保家，是必须注意的问题。因此，处世哲学的告诫，就成为家教中的重要内容。

谦虚谨慎。刘向是西汉著名经学家、目录学家、文学家。曾任谏议大夫、光禄大夫、中垒校尉等职，“为人简易无威仪，廉静乐道，不交接世俗，专积思于经术，昼诵书传，夜观星宿，或不寐达旦”。刘歆是刘向的小儿子，因受父亲的影响，从小博览群书，“六艺、传记、诗赋、数术、方技无所不究”[①]，年轻时即受成帝召见，并被任为黄门郎。刘向担心刘歆少年得志，不识深浅，忘乎所以，及时写了《戒子歆书》：“告歆思之无忽：若未有异德，蒙恩甚厚，将何以报？董生有云：‘吊者在门，贺者在闾。’言有忧则恐惧敬事，敬事则必有善功，而福至也。又云：‘贺者在门，吊者在闾。’言受福则骄奢，骄奢则祸至，故吊随而来。齐顷公之始，藉霸者之余威，轻侮诸侯，亏蹇跂之容，故被鞍之祸，遁服而亡，所谓‘贺者在门，吊者在闾’也。兵败师破，人皆吊之，恐惧自新，百姓爱之，诸侯皆归其所夺邑，所谓‘吊者在门，贺者在闾’也。今若年少，得黄门侍郎，要显处也。新拜皆谢，贵人叩头，谨战战栗栗，乃可必免”[②]。刘向出生于皇室贵胄之家，本应飞黄腾达，然而却在官场上屡屡受挫。这使他对复杂的官场风云和错综的人际关系，有了深刻的认识。为了使儿子能在仕途上顺利发展，他及时予以教诫。刘向引董仲舒名言来说明福因祸生、祸藏于福、相互转化的道理，并举春秋时齐国事例加以具体说明。告诫儿子要牢记古训，在得志时不骄傲，保持清醒头脑，小心认真从事本职工作，如此，才能有所成就。反之，福至而大喜过望，骄奢自来，祸患就不可避免。其家教有格言，有事例，说服力较强。

慎言谨交。马援是东汉名将，曾任陇西太守、伏波将军等职。马援之兄早逝，遗下马严、马敦两子。他们有好议论别人长短的习惯，还爱与一些

---

① 《汉书》卷三十六《楚元王传》，第1962页。

② 严可均辑：《全上古三代秦汉三国六朝文》第一册《全汉文》卷三十六，中华书局，1958年，第330页。

轻狂任侠之人交往。为此马援深感忧虑，在率军南征途中，特致书予以教诫："吾欲汝曹闻人过失，如闻父母之名，耳可得闻，口不可得言也。好论议人长短，妄是非正法，此吾所大恶也。宁死不愿闻子孙有此行也。汝曹知吾恶之甚矣，所以复言者，施衿结缡，申父母之戒，欲使汝曹不忘之耳。龙伯高敦厚周慎，口无择言，谦约节俭，廉公有威。吾爱之重之，愿汝曹效之。杜季良豪侠好义，忧人之忧，乐人之乐，清浊无所失，父丧致客，数郡毕至。吾爱之重之，不愿汝曹效也。效伯高不得，犹为谨敕之士，所谓刻鹄不成尚类鹜者也；效季良不得，陷为天下轻薄子，所谓画虎不成反类狗者也。讫今季良尚未可知，郡将下车辄切齿，州郡以为言，吾常为寒心，是以不愿子孙效也"①。马援对信口雌黄、轻言他人善恶，容易招致麻烦有深刻认识，因此告诫侄子们听到别人的过失，只可入之于耳，不可出之于口，以避免不必要祸患的发生。对于交友，马援希望侄子们学习敦厚谨慎的龙伯高，即使学走了样，也会成为一谨慎之人。不要学豪侠好义的杜季良，青年人经验不足多感情用事，学习杜季良，容易成为轻狂浮薄之人。

在封建君主专制时代，无民主可言，更谈不上有言论自由的法律保障，因而妄论朝政、轻言他人得失，容易给自己和家庭招来灾祸。《周易·颐》早就有名言："慎言语，节饮食。"因为"病从口入，祸从口出"。因而"慎言语"就成为古代家教中的重要内容。东汉时太尉李固及两子被专权的梁冀陷害致死，小儿子李燮侥幸逃脱。后梁冀败，李固的冤案得以平反，李燮遇赦复出，姐姐李文姬告诫他："慎勿有一言加梁氏，加梁氏则连主上，是又掇祸也。"②

以礼待人。教育子孙宽仁待人，严格律己，取人之长，补己之短，使他们从小养成谦恭礼敬的习惯，培养他们的君子风度，这是古代家教中值得肯定的闪光内容。张奂为东汉名将，曾任武威太守、大司农、护匈奴中郎将等职。其兄早逝，留下张仲祉和张叔时二子。张仲祉在家境稍有好转后，就于人无礼。他目无尊长，傲物轻人，在同龄人面前，也出言不逊，随意戏谑。为此张奂写信加以训诫："汝曹薄祐，早失贤父，财单艺尽，今适喘息。闻仲祉轻傲耆老，侮狎同年，极口恣意。当崇长幼，以礼自持。闻敦煌有人

① 《后汉书》卷二十四《马援传》，第844—845页。

② 《华阳国志》卷十《汉中士女》，第173页。

来，同声相道，皆称叔时宽仁，闻之喜而且悲。喜叔时得美称，悲汝得恶论。经言：'孔子于乡党，恂恂如也。'恂恂者，恭谦之貌也。经难知，且自以汝资父为师，汝父宁轻乡里耶？年少多失，改之为贵。蘧伯玉年五十见四十九年非，但能改之，不可不思吾言。不自克责，反云'张甲谤我，李乙怨我，我无是过'，尔亦已矣。"[①]张奂为张仲祉树立了三个学习的榜样：孔子、仲祉父、仲祉弟叔时，他们均因以礼待人，而为时人所称道。并以春秋时卫国贤大夫蘧伯玉为例，说明一个人犯错误并不可怕，只要能勇于改错就有发展前途。若知错不改，不能作自我批评，反为自己辩解、开脱，一味地指责别人，那就不可救药了。"张奂的《诫兄子书》构思十分巧妙，逻辑缜密，通篇运用对比，对比范围也十分广泛：与同辈对比，与父辈对比，与圣贤对比，与未犯错之人对比，与知错能改之人对比。他们既是比较对象，又都是学习的楷模，既含说理，又有深情。张奂是一个慈祥的长辈，语重心长般娓娓道来，在规劝中又含有一定的距离感，把握了作为叔叔的语气尺度，其中有理解、有宽容又有严厉，十分得体"[②]。

张奂从少年时代起，就十分重视节操修养，"奂少立志节，尝与士友言：'大丈夫处世，当为国家立功边境'。及为将帅，果有勋名。董卓慕之，使其兄遗缣百匹，奂恶董卓为人，绝而不受"[③]。正因为张奂能以身作则，操守高洁，所以不仅受到世人的好评，而且家教成效显著。诸子均有才名，张芝、张昶并善草书，为东汉名书法家。其中以张芝最著。史称他"少持高操，以名臣子勤学，文为儒宗，武为将表，太尉辟，公车有道征，皆不至，号'张有道'"[④]。

(2)勤奋好学教育

古人认为学习不仅能够增长知识，而且可以使人明白事理和增益修养。然而学习必须从点滴起步，由渐次积累而成，必须经历一个由量到质，由感性到理性的艰难过程。为了早日成才，学习必须强调一个勤字。勤奋好学是获得成就的重要原因。

汉高祖刘邦年轻时一副无赖相，认为读书无用，不爱学习。当汉王时，

---

① 《艺文类聚》卷二十三《人部七·鉴诫》，中华书局，1965年版，第422页。

② 李苗苗、黄秀端：《张奂〈诫兄子书〉与蔡邕〈女训〉之比较》，《现代语文》2008年第6期。

③ 《后汉书》卷六十五《张奂传》，第2143页。

④ 《后汉书》卷六十五《张奂传》注引王愔《文志》，第2144页。

曾干过在儒冠中撒尿的荒唐事。在做了皇帝后，由于叔孙通等儒生制定朝仪，陆贾撰《新语》总结秦亡汉兴之原因，使刘邦逐渐认识到读书的重要，开始重视文化知识。他总结自身经验，作《手敕太子文》以教育太子："吾遭乱世，当秦禁学，自喜，谓读书无益。洎践阼以来，时方省书，乃知作者之意。追思昔所行，多不是。""吾生不学书，但读书问字而遂知耳。以此故不大工，然亦足自辞解。今视汝书犹不如吾，汝可勤学习，每上疏宜自书，勿使人也"[①]。刘邦对自己年轻时不读书及不尊重知识分子的行为，进行了沉痛反省，希望太子以此为戒，努力学习。每次写奏章，都要亲自动手，不可让人捉刀代笔。刘邦教子，注意结合自己的亲身经历，既从大处着眼，又不忽略日常良好习惯的培养，这是值得称道的。身教言教相结合，会更有说服力，能引起教诫对象的高度注意，从而达到良好的教育效果。

孔臧是孔子的后代，西汉著名经学家孔安国的从兄，武帝时为太常卿。当他听说儿子勤奋刻苦时，便写信表示赞赏，并予勉励："顷来闻汝与诸友生讲肄书传，滋滋昼夜，衎衎不怠，善矣。人之进道，惟问其志。取必以渐，勤则得多。山溜至柔，石为之穿；蝎虫至弱，木为之弊。夫溜非石之凿，蝎非木之钻，然而能以微脆之形，陷坚刚之体，岂非积渐之致乎？训曰：'徒学知之未可多，履而行之乃足佳。'故学者，所以饰百行也。侍中子国，明达渊博，雅学绝伦。言不及利，行不欺名。动遵礼法，少小及长，操行如故。虽与群臣并居近侍，颇见崇礼，不供亵事，独得掌御唾壶。朝廷之士，莫不荣之。此汝所亲见。《诗》不云乎：'无念尔祖，聿修厥德。'又曰：'操斧伐柯，其则不远。'远则尼父，近则子国，于以立身，其庶矣乎！"[②]孔臧出身儒学世家，深谙治学为人之道，并以之训导其子。首先，治学不可急功近利，在确立目标后，一定要循序渐进，坚持不懈，持之以恒，如此，才能有所收获，并以水滴石穿，虫蛀木弊为喻，说明了学识非积渐而不致的道理。其次，要学用结合。学习书本知识固然重要，但更重要的是能把学到的知识用到实践中去，理论与实践相结合，用理论去指导实践，这才是学习之真正目的。因此，真正的学者须磨炼自己各方面的操行，经得起各方面的锤炼和考验。再次，要有远大的志向，弘扬孔氏家族的事业。立志是修身之基，因为志向

① 《全上古三代秦汉三国六朝文》第一册《全汉文》卷一，第131页。

② 《孔丛子·连丛上》，《四库全书》文渊阁本。

是人行为的强大动力，只有确立志向，才会明确努力的方向，才会克服各种艰难险阻向着目标前行。一个人如果没有目标，就不明方向，浑浑噩噩，日复一日，蹉跎岁月，不可能在治学为人方面有所建树，取得成就。他远取孔子，近以孔安国来作为儿子学习的榜样。他指出，孔安国之所以能成为宗族的荣耀，为世人所钦羡，就在于他能长期勤奋向学，同时又“履而行之”。希望儿子不要老想着先人以求荫庇，而要培养自己的情操修养，为这个家族的历史增添新的荣光。孔臧在这里所提出的勤奋不怠，日积月累，贵于躬行，修养磨炼的治学方法，在今天看来仍有借鉴意义。

汉代的书面训诫除诫子书外，还有遗诫，也称遗令，是长辈临终前以遗嘱形式对后事特别是丧葬事宜的交待。其中多数教以薄葬。如杨王孙的《病且终令其子》、梁商的《病笃敕子冀等》、樊宏的《遗敕薄葬》、朱宠的《遗令》、张奂的《敕子》、范冉的《遗令敕子》、赵咨的《遗书敕子胤》等，都是如此。在汉代的薄葬言论中，西汉以杨王孙为代表，东汉以赵咨最著。

杨王孙是汉武帝时人，学黄老之术，家业千金。在病将死时令其子说：“吾欲裸葬，以反吾真，必亡易吾意。死则为布囊盛尸，入地七尺，既下，从足引脱其囊，以身亲土”。杨王孙要求儿子在其死后裸葬入土，并对这样做的理由进行了说明：“盖闻古之圣王，缘人情不忍其亲，故为制礼，今则越之，吾是以裸葬，将以矫世也。夫厚葬诚亡益于死者，而俗人竞以相高，靡财单币，腐之地下。或乃今日入而明日发，此真与暴骸于中野何异！”即要矫正厚葬的时弊，以实际行动移风易俗。他认为人死后尸体已没了感觉，不存在脱离身体的精神，因而厚葬没有任何意义。他说：“其尸块然独处，岂有知哉？裹以币帛，鬲以棺椁，支体络束，口含玉石，欲化不得，郁为枯腊，千载之后，棺椁朽腐，乃得归土，就其真宅。由是言之，焉用久客！昔帝尧之葬也，窾木为椟，葛藟为缄，其穿下不乱泉，上不泄殠。故圣王生易尚，死易葬也。不加功于亡用，不损财于亡谓。今费财厚葬，留归鬲至，死者不知，生者不得，是谓重惑。于戏！吾不为也”[①]。杨王孙的无神论及裸葬行为，在当时及后世均产生了重大影响。魏晋时的医学家皇甫谧即以杨王孙为榜样，反对厚葬之俗和鬼神迷信。他死前也要求后人葬他“裸形入坑，以

① 《汉书》卷六十七《杨王孙传》，第2908页。

身亲土”,“不设棺椁,不加缠敛”[1]。

赵咨是东汉桓、灵时人,曾任敦煌太守、东海相、议郎等职。后赵咨病于任所,于弥留之际,告其故吏:“使薄敛素棺,藉以黄壤,欲令速朽,早归后土。”[2]为免子孙不按自己的薄葬要求行事,又特意遗书给儿子赵胤。赵咨认为,一切有生命的事物,有生必有死,有始必有终,这是自然界最根本的道理。因此活着不值得高兴,死了也不该悲伤。人死之后,躯体最终变成粪土。土是没有性情好恶的,又怎能在棺椁、衣物的厚薄,墓穴环境的燥湿间有所选择呢？只是因为生者,不愿看到死去亲人的遗体腐烂,才有了埋葬制度。他较为详尽地考证了历代葬礼的沿革,其总的趋势是由俭到奢,由易到繁。至秦朝时达极盛,“华夏之士,争相陵高”。这种“违礼之本,事礼之末,务礼之华,弃礼之实,单家竭财,以相营赴”之风,不仅违背了圣人制礼的本义,而且废弃侍奉活着的人,却去经营终亡之事,丢弃该抚养、赡养的人,却去大搞厚葬,也不能说明子孙的孝心。指出丧葬礼仪的本质,应该是“丧虽有礼,哀为主矣”,“丧与其易也宁戚”,而不是通过厚葬来表示孝道、以示哀痛。他对于杨王孙裸葬,墨夷露骸,梁鸿父死后卷席而葬的行为表示理解。认为只要“动静应礼,临事合宜”就行。要求其子在他死后,“但欲制坎,令容棺椁,椁归即葬,平地无坟,勿卜时日,葬无设奠,勿留墓侧,无起封树”[3]。丧事一切从俭。赵咨没有用教训的口气,而是通过循循善诱的方式,让儿子了解历代丧葬礼仪沿革的情况,认识丧事从简的意义,从而能遵照其遗嘱行事。赵咨薄葬的行为受到世人的好评,“时称咨明达”[4]。

汉代尤其是东汉时,出现了不少要求俭葬的遗嘱。这与其时自然科学,特别是天文学、医学有了很大的发展,人们对生死之本质有了更为清晰的认识有关。同时也与这些人清廉的为人作风有关。如赵咨为官清简,计日受俸,豪党对其都表示敬畏。在其病免家居时,率子孙躬耕陇亩,自给自足。尝有盗贼前往劫金,赵咨恐惊吓其母,先至门迎盗,请其吃饭,说:“老母八十,疾病须养,居贫,朝夕无储,乞少置衣粮”[5]。正因为他平素以勤俭

① 《晋书》卷五十一《皇甫谧传》,中华书局,1974年版,第1417页。

② 《后汉书》卷三十九《赵咨传》,第1314页。

③ 《后汉书》卷三十九《赵咨传》,第1315页。

④ 《后汉书》卷三十九《赵咨传》,第1315页。

⑤ 《后汉书》卷三十九《赵咨传》,第1313页。

持家，故能在临终前以此来教诫子孙。我们很难想象一个平常生活奢华、追求享乐的人，死时会提出俭葬的要求。

纵观中国古代的丧葬史，虽曾有过相对薄葬期，如魏晋等，但为时甚短，厚葬是丧葬民俗中的主流，占据着主导地位。特别是两汉时期厚葬之风颇为突出，其不少做法为后代所承袭，影响达两千余年之久。

汉代厚葬之风的盛行一个很重要的原因是受儒家孝道观念的影响。孝的观念在商周时已见于文献记载，后经春秋战国时儒家学派的整理、阐释与渲染，逐渐上升到理论高度，形成了一个完整体系，并最终以《孝经》的面目出现。孔子、孟子、荀子有不少关于孝道的论述。如荀子曰："生，人之始也；死，人之终也。终始俱善，人道毕矣。故君子敬始而慎终。终始如一，是君子之道，礼义之文也。夫厚其生而薄其死，是敬其有知而慢其无知也，是奸人之道而倍叛之心也。君子以倍叛之心接藏谷，犹且羞之，而况以事其所隆亲乎！故死之道也，一而可不得再复也。臣之所以致重其君，子之所以致重其亲，于是尽矣。故事生不忠厚、不敬文谓之野，送死不终厚、不敬文谓之瘠"①。极力主张厚养、厚葬其亲。

儒家孝道思想，对汉代统治者产生了重要影响。他们看重孝道，把它作为进行道德教化的根本大事来抓，采取了一系列宣传孝道的措施。惠帝四年，诏令"举民孝弟力田者复其身"②。高后元年又"初置孝弟力田二千石者一人"③。文帝时多次对孝弟力田者，予以物资奖励，并"以户口率置三老孝悌力田常员"④。武帝时把孝的内容注入到选拔官吏制度中，设立了常举科目"孝廉"，并为后代所遵从。平帝时在基层学校庠序置《孝经》师一人，以《孝经》作为这两级学校的主要教授内容。东汉则进一步拔高《孝经》，视其为治国安民的法典，屡兴褒奖孝悌之举。

在统治者不遗余力的倡导下，孝道观念日益深入人心，表现在丧葬上就是厚葬成风。正因为厚葬是立身扬名的一种手段，所以人们趋之若鹜，"死以奢侈相高，虽无哀戚之心，而厚葬重币者则称以为孝，显名立于世，光

① 崔文恒等主编：《荀子评注·礼论篇》，远方出版社，2007年版，第424页。
② 《汉书》卷二《惠帝纪》，第90页。
③ 《汉书》卷三《高后纪》，第96页。
④ 《汉书》卷四《文帝纪》，第124页。

荣著于俗，故黎民相慕效，以致发屋卖业”[①]。

这种厚葬行为严重败坏了社会风气。孝是个人对于父母和家庭长辈的道德准则与规范，其主旨是指父母、老人在世时，子女应用心敬爱奉养，以报养育之恩。即使是倡言厚葬的儒家也重视养生，把养生送死放在同样重要的位置上看待。所谓“丧礼者，以生者饰死者也。大象其生以送其死也。故如死如生，如亡如存，终始一也”[②]。然汉人在孝道上却走向了极端，片面追求厚葬以成“孝名”，而不重视养生，“畏死惧义，重死不顾生，竭财以事神，空家以送终”[③]。

崔寔说：“念亲将终，无以奉遣，乃约其供养，豫修亡殁之备。老亲之饥寒，以事淫佚之华称。竭家尽业，甘心而不恨”[④]。王符指出：“今京师贵戚，郡县豪家，生不极养，死乃崇丧。或至刻金缕玉，檽梓楩柟，良田造茔，黄壤致藏。多埋珍宝偶人车马，造起大冢，广种松柏，庐舍祠堂，崇侈上僭。宠臣贵戚，州郡世家，每有丧葬，都官属县，各当遣吏赍奉，车马帷帐，贷假待客之具，竞为华观。此无益于奉终，无增于孝行，但作烦搅扰，伤害吏民”[⑤]。又说：“养生顺志，所以为孝也。今多违志俭养，约生以待终，终没之后，乃崇饰丧纪以言孝，盛飨宾旅以求名，诬善之徒，从而称之，此乱孝悌之真行，而误后生之痛者也”[⑥]。在汉代厚葬成风的形势下，有的皇帝，曾下诏明令禁止厚葬。如光武帝要求“布告天下，令知忠臣、孝子、慈兄、悌弟薄葬送终之义”[⑦]。汉明帝对厚葬所导致的“田荒不耕”的现象深感不安，要求“申明科禁”，“宣下郡国”[⑧]。少数有识之士对其流弊也曾给以猛烈抨击，除王符外，尚有刘向、王充、仲长统等；也有亲行薄葬者，如杨王孙、龚胜、梁商、杨震、李固、赵咨等。他们的薄葬言行，虽对扭转世风并未起到多大作用，但毕竟使人感到了一丝清新之风。

在科学高度发达的今天，不少人在丧葬问题上，仍沿袭古人传统的习

---

① 《盐铁论译注》卷六《散不足》，冶金工业出版社，1975 年版，第 265 页。

② 《荀子评注 · 礼论篇》，第 426 页。

③ 《论衡》卷二十三《薄葬篇》，上海人民出版社，1974 年版，第 352 页。

④ 《全上古三代秦汉三国六朝文》第一册《全后汉文》卷四十六，第 724 页。

⑤ 彭铎校正：《潜夫论笺校正》卷三《浮奢篇》，中华书局，1985 年版，第 137 页。

⑥ 《潜夫论笺校正》卷一《务本篇》，第 20 页。

⑦ 《后汉书》卷一《光武帝纪》，第 51 页。

⑧ 《后汉书》卷二《明帝纪》，第 114 页。

俗，不论财力如何，总要竭力大操大办一番，雇乐队，办酒席，置坟墓，不一而足，仿佛不如此就不能表达对死者的哀思之情，读一读杨王孙、赵咨的遗书，岂不汗颜！

从上述可知，汉代家训虽涉及的领域较广，但核心始终围绕治家教子、修身做人展开，实质是伦理教育和人格塑造，使家庭成员按照社会伦理道德标准、行为规范设计自我，成为一个有德行的人，对社会有所作为的人。这些方面在今天看来，大多仍不失其积极意义和借鉴价值。

三、皇族教育

主要是指以太子、诸皇子（诸侯王）为对象的教育。皇族是一个特殊的群体，其所具有的特殊身份和地位，决定了家庭教育的特殊性。汉代皇族的家庭教育，主要通过两种途径来进行：一是在日常生活中由长辈随时给以教育。如刘庄为太子时，有一次向父亲问攻战之事，刘秀回答说："昔卫灵公问陈，孔子不对，此非尔所及。"[①]刘秀借历史典故来教诫太子，在国家安定以后，应把主要精力放在建设上。二是设置专人来负责教育事务。太子是国之储君，是未来帝位的继承人，太子的学识和道德素质与其将来治国方针和成效关系颇大。所谓"天下之命，悬于太子"，"太子正而天下定矣！"[②]因此太子教育历来受到重视。早在西周时期，天子就已经为太子配备了负责教育的师傅保人员。《大戴礼记·保傅》载曰："昔者，周成王幼在襁褓之中，召公为太保，周公为太傅，太公为太师。保，保其身体；傅，傅其德义；师，导之教顺，此三公之职也。"《礼记·文王世子》也记载了傅、保的职责："立大傅、少傅以养之，欲其知父子、君臣之道也。大傅审父子、君臣之道以示之，少傅奉世子以观大傅之德行而审喻之。大傅在前，少傅在后；入则有保，出则有师，是以教喻而德成也。师也者，教之以事，而喻诸德者也。保也者，慎其身以辅翼之，而归诸道者也"。"在秦代以前，各诸侯国君太子从师受学之事，虽无从详考，但显然不乏其例。至秦代，太子扶苏，其师为何人，亦无可考，但必有师。赵高曾教胡亥狱律法令，则为史籍所明白记载。至汉代，历朝太子皇子均皆有师"[③]。

---

① 《后汉书》卷一《光武帝纪》，第 85 页。

② 《汉书》卷四十八《贾谊传》，第 2251－2252 页。

③ 胡美琦：《中国教育史》，三民书局，1978 年版，第 147 页。

刘邦立太子后，以叔孙通为太子太傅，张良为太子少傅，此后历代相沿成例。太子太傅、太子少傅是太子的老师，负责太子教育事宜。《后汉书·百官志》载："太子太傅一人，中二千石。职掌辅导太子。""太子少傅，二千石。亦以辅导为职，悉主太子官属。""太子于二傅执弟子礼，皆为书，不曰令。"[①]汉代在太子师傅的选择上前后有明显不同。武帝以前多由"恭谨"之人担任，注重德行。如文帝时，任太子太傅的石奋，"无文学，恭谨"[②]。景帝时任太子太傅的卫绾，"以戏车为郎……醇谨无它"，被认为"敦厚可相少主"[③]。武帝以后则多由学识渊博的著名学者担任，强调文化水平。如宣帝时，先后担任太子师傅的有疏广、疏受、夏侯胜、夏侯建、萧望之、周堪等，都是学有所成的儒学名家。西汉后期任职者有《春秋》学大师严彭祖、《诗》学大师韦玄成、匡衡、师丹、孔光等。东汉有王丹、张湛、桓荣、张佚、甄宇、张兴、桓焉等。他们都有较高的学术水平，提供了高质量的儒学教育。《汉书·疏广传》："太子国储副君，师友必于天下英俊"。《后汉书·桓荣传》记光武帝诏问谁可傅太子者，"群臣承望上意，皆言太子舅执金吾原鹿侯阴识可。博士张佚曰：'今陛下立太子，为阴氏乎？为天下乎？为天下，则固宜用天下贤才。'帝称善，曰：'欲置傅者，以傅太子也。今博士不难正朕，况太子乎？'即拜佚为太子太傅，而以荣为少傅，赐以辎车、乘马"。可见，自武帝后，帝王为太子择师，主要标准是以熟悉经学的程度为根据，从此，经学成为帝王之学，成了太子登基前必不可少的功课。昭帝死，无后，霍光立宣帝的理由中特别强调："师受《诗》、《论语》、《孝经》，操行节俭，慈仁爱人，可以嗣孝昭皇帝后，奉承祖宗，子万姓"[④]。作为皇统的继承人，首先必须是受过严格的经学教育，并且具备优秀品德。儒家经籍成为君主的主要学习内容，既是儒学得以独尊的有力保证，也是经学教育得以兴盛的巨大动力。

除专门负责太子教育的太傅、少傅外，皇帝还经常选拔知名学者入禁中，在太子面前讲授儒家经典。如孔霸"宣帝时为太中大夫，以选授皇太子经"[⑤]。元帝时，博士郑宽中"以《尚书》授太子，荐言张禹善《论语》。诏令

① 《通典》卷三十《职官十二》，中华书局，1988年版，第821页。

② 《汉书》卷四十六《石奋传》，第2193页。

③ 《汉书》卷四十六《卫绾传》，第2200、2202页。

④ 《汉书》卷八《宣帝纪》，第238页。

⑤ 《汉书》卷八十一《孔光传》，第3352页。

禹授太子《论语》”[1]。光武帝最初选虎贲中郎将何汤，以《尚书》授太子。后来又拜通《欧阳尚书》的名儒桓荣，入内教授太子，经常让他住在太子宫中。五年后，桓荣荐门生胡宪侍讲，才得以离开太子宫，只须每日早晨侍讲一次。明帝时，任通《尚书》的张酺为郎，“令入授皇太子，酺为人质直守经义，每侍讲间隙，数有匡正之辞”，后来其子张蕃以郎侍讲于太子[2]。东汉和帝后，在位皇帝多无子嗣，因而太子教育实已废而不存。又因继位者多为幼年，仍需继续教育。除殇、少、冲、质在位时间太短，未有侍讲之事外，和、安、顺、桓、灵、献诸帝都有侍讲之制。如桓焉“永初元年，入授安帝”[3]。桓彬“桓帝初，为议郎，入授禁中”[4]。桓、灵二帝时侍讲之臣有刘宽、张济、黄琼、桓麟、杨秉、杨赐等。“侍讲制取代师傅制，意义深远。入宫侍讲者多由低品阶官员充任，而不再由东宫师傅重臣担任。师傅制的核心是师生关系，侍讲制的核心是君臣关系。君臣关系取代师生关系，是君权膨胀的必然结果”[5]。

由于汉代重视太子教育，因而诸帝中通经术、有学术造诣者大有其人，宣帝、元帝、明帝、章帝即是代表。宣帝“受《诗》、《论语》、《孝经》”[6]，“高材好学”[7]。元帝“多才艺，善史书”，“少而好儒，及即位，征用儒生，委之以政”[8]。明帝“治《尚书》，备师法，兼通四经，略举大义，博观群书，以助术学，无所不照”[9]。其师桓荣赞誉曰：“通明经义，观览古今，储君副主莫能专精博学若此者也”[10]。曾亲自撰写《五家要说章句》，诏令儒者桓郁于宣明殿校定，赞郁曰：“我为孔子，卿为子夏，起予者商也”[11]。章帝“降意儒术，特好《古文尚书》、《左氏传》”[12]。“始治《尚书》，遂兼五经，周览古今，无

---

① 《汉书》卷八十一《张禹传》，第 3347 页。
② 《后汉书》卷四十五《张酺传》，第 1529 页。
③ 《后汉书》卷三十七《桓荣传》，第 1257 页。
④ 《后汉书》卷三十七《桓荣传》，第 1260 页。
⑤ 周永卫：《略论汉代的皇家教育》，《江苏社会科学》2000 年第 4 期。
⑥ 《汉书》卷八《宣帝纪》，第 238 页。
⑦ 《汉书》卷八《宣帝纪》，第 237 页。
⑧ 《汉书》卷九《元帝纪》，第 298 页。
⑨ 《东观汉记校注》卷二《显宗孝明皇帝》，第 55 页。
⑩ 《后汉书》卷三十七《桓荣传》，第 1251 页。
⑪ 《后汉书》卷三十七《桓荣传》注引《华峤书》，第 1255 页。
⑫ 《后汉书》卷三十六《贾逵传》。

所不观。”[1]正如有的学者所指出：“明章为东汉治世，二帝都是博贯五经六艺、尊师崇儒的君主，其学识德行的养成，毫无疑问是得力于儒臣的侍讲”[2]。

汉代除立太子以继承帝位外，其他诸子多分到地方为诸侯王。为了加强对诸侯王的控制，天子专门置太傅以傅王。太傅秩二千石，其职责是“主导王以善，礼如师，不臣”[3]。太傅是诸侯王的老师，负责对诸侯王的教育事宜，多由儒士充任。如长沙王和梁怀王太傅贾谊、任东平王太傅的彭宣、苏隆，均为著名学者。据《汉书·东平思王宇传》载：“（宇）上疏求诸子及《太史公书》，上以问大将军王凤……对曰：‘王审乐道，傅、相皆儒者，旦夕讲诵，足以正身虞意。夫小辩破义，小道不通，致远恐泥，皆不足以留意。诸益于经术者，不爱于王’”。可见诸侯王的太傅都是儒生，传授的是儒家经学。除太傅外，有的诸侯王还另请教师，以讲授文化知识。如王式就曾担任昌邑王的老师，“以《诗》三百五篇朝夕授王，至于忠臣孝子之篇，未尝不为王反复诵也；至于危亡失道之君，未尝不流涕为王深陈之也”[4]。

诸侯王的师傅，其任务是对诸侯王进行文化知识教育和道德教育，遇王有不法行为，须劝谏或向朝廷举奏。若劝谏不力，王为非法，则要受到连坐。如“东平王以至亲骄奢不奉法度，傅、相连坐”[5]。

由于为诸侯王配置优秀的学者从事教育工作，因而诸侯王中不乏颇富学问者。如淮南王刘安、河间献王刘德就是他们中的佼佼者。再如“元王好《诗》，诸子皆读《诗》，申公始为《诗》传，号《鲁诗》。元王亦次之《诗》传，号曰《元王诗》，世或有之”[6]。武帝子燕刺王旦“为人辩略，博学经书杂说，好星历、数术”[7]。宣帝子淮阳宪王钦“好经书法律，聪达有材”[8]。光武帝子沛王刘辅“好经书，善说《京氏易》、《孝经》、《论语》传及图谶，作《五经

① 《太平御览》卷九十一《皇王部一六》引《东观汉记》，第436页。
② 郑钦仁主编：《中国文化新论·制度篇》，联经出版社，1983年版，第439页。
③ 《后汉书·百官志》第二十八《百官五》，第3627页。
④ 《汉书》卷八十八《儒林传·王式传》，第3610页。
⑤ 《汉书》卷七十六《王尊传》，第3230页。
⑥ 《汉书》卷三十六《楚元王传》，第1922页。
⑦ 《汉书》卷六十三《武五子传》，第2750页。
⑧ 《汉书》卷八十《宣元六王传》，第3311页。

论》,时号之曰《沛王通论》”[①]。东平宪王刘苍,“少好经书,雅有智思”,曾“与公卿共议定南北郊冠冕车服制度,及光武庙登歌八佾舞数”[②]。又作“《光武受命中兴颂》。(明)帝甚善之,以其文典雅,特令校书郎贾逵为之训诂”[③]。明帝子陈王刘羡“博涉经书,有威严,与诸儒讲论于白虎殿”[④]。乐成王刘党“聪慧,善《史书》,喜正文字”[⑤]。

汉代重视皇族的家庭教育,对于整个社会学风的树立,无疑具有积极的推动作用。胡美琦就曾言:“东汉皇室世传书香,不啻是一书生家庭,直至顺帝时尚余风未泯。皇室如此,则政府与社会其他家庭自可知。东汉风俗之美,此特其一例,所以政治虽坏,此后门第崛起,政府崩溃于上,而门第蔚兴于下,中国传统文化犹能在乱世延其一脉,历数百年而不衰,以待隋唐之复盛,光武重视家庭教育,要为有功。”[⑥]

第二节 家庭教育的特点

汉代家庭教育是在前人努力耕耘基础上有了进一步发展的,同前代相较,大致有如下特点。

一、崇尚经学风气的形成

儒学在汉初仅作为诸子百家中的一员而存在,并未受到特别礼遇,儒家学者也未得到重用。自武帝继位后,“卓然罢黜百家,表彰六经”[⑦],确立儒家思想为官方统治思想,并以布衣出身的儒者公孙弘为丞相,封为平津侯,由此“天下之学士靡然向风矣”[⑧]。“自孝武兴学,公孙弘以儒相,其后蔡义、韦贤、玄成、匡衡、张禹、翟方进、孔光、平当、马宫及当子晏咸以儒宗

---

① 《后汉书》卷四十二《光武十五王传》,第1427页。
② 《后汉书》卷四十二《光武十五王传》,第1433页。
③ 《后汉书》卷四十二《光武十五王传》,第1436页。
④ 《后汉书》卷五十《孝明八王传》,第1667页。
⑤ 《后汉书》卷五十《孝明八王传》,第1672页。
⑥ 胡美琦:《中国教育史》,三民书局,1978年版,第175页。
⑦ 《汉书》卷六《武帝纪》,第212页。
⑧ 《史记》卷八十八《儒林传》,第3593页。

居宰相位,服儒衣冠,传先王语”[①]。由于把读经与做官紧密地联在一起,只要能精通一经,便可飞黄腾达,得到高官厚禄,光耀门第,荫及子孙,所以仕宦之家、知识分子之家及有一定经济基础之家,在家庭教育中普遍重视经学知识的传授。如韦贤“笃志于学,兼通《礼》、《尚书》,以《诗》教授,号称邹鲁大儒。征为博士,给事中,进授昭帝《诗》,稍迁光禄大夫詹事,至大鸿胪”[②],后代蔡义为丞相,封为扶阳侯,食邑七百户。其子韦玄成复以明经历位至丞相。韦贤父子皆因通经而显达,以至邹鲁一带出现了一句民谚:“遗子黄金满籯,不如一经。”[③]财富再多,也难免不坐吃山空,而掌握一门经学,则可受用无穷。这反映了经学已在家庭文化知识的教育中占据了主导地位。崇尚经学之风自武帝时起愈演愈烈,至东汉达到“极盛时代”[④]。这种经学热,对推动汉代文化走向普及,以及促进学术繁荣,起到了积极的作用。

二、书面训诫有了进一步的发展

先秦时的训诫活动,多以口头的形式,书面训诫虽在《尚书》等文献中有所记载,但数量较少。“普遍存在家训创作者和记载者分立的现象,即大多家训都是由家训主体口头创作,经由他人记载、整理才使这些作品得以保存;即使一些具有家训性质的内容由著述者直接记录,这些记录也一般是零星散存著作中,作为表达其他思想内容的辅助材料而存在,并无比较确定的受文对象。这些都反映了先秦家训发轫期的原创性、不定型性和不成熟性”[⑤]。汉代口头训诫活动仍广泛存在,但以书面形式进行训诫已多有出现。书面训诫比之于口头训诫,显然是上了一个台阶,它可以长久地被保存下去,因而有着更为深远的影响。从概念上讲,“家训”、“家约”、“女诫”、“女训”等名称已经出现。就文体而言,写成家书的,有刘向、马援等人之作;留为遗诫的,有杨王孙、樊宏等人之言;编为故事的,有《韩诗外传》、“孟母断织”、《列女传》、“孟母三迁”等;咏为诗歌的,有东方朔《戒子诗》、韦

① 《汉书》卷八十一《匡张孔马传》,第3366页。
② 《汉书》卷七十三《韦贤传》,第3107页。
③ 《汉书》卷七十三《韦贤传》,第3107页。
④ 皮锡瑞:《经学历史》,中华书局,1959年版,第101页。
⑤ 付元琼:《汉代家训研究》,广西师范大学2008年硕士学位论文。

玄成的《戒子孙诗》等。据统计,西汉保存下来的家训文献共计二十一篇,家训作者十六位;东汉保存下来的家训文献五十一篇,家训作者四十三位。汉代的家教著作,内容具体,目的明确,形式短小,多为某人某事有针对性的具体论述,普遍意义性不强。但也出现了系统论述闺瑗之教的班昭所著《女诫》。

尽管汉代的书面训诫数量与后代相较还不是很多,然而已为后代文献家训的大量涌现奠定了基础。后世家训从形式到内容得益于汉代家训实不为小。如马援慎言之论,即为后世家教者所推崇。三国时的王昶效法,作《家诫》教训子孙,称马援慎言之诫为至理名言[①]。南朝史学家裴松之也称赞马援慎言之诫:“可谓切至之言,不刊之训也”。但又批评马援言行不一:“然援诫称龙伯高之美,言杜季良之恶,致使事彻时主,季良以败。言之伤人,孰大于此? 与其所诫,自相违伐!”[②]正是由于马援的诫侄书传到皇帝手中,龙伯高被提升重用,而杜季良却被撤职免官。马援诫侄慎言,自己却又不慎言,以至给他人带来不幸,裴松之因此感慨慎言之难。当然这种结局是马援始料不及的,他自以为诫书是给侄儿看的,是在家庭范围内流传的,没想到却流传到外面。朱熹同裴松之一样,对马援的诫侄书,既有指责,也有赞扬:“马援以讥议诫诸子,而不免于讥议”。又说:“马援之言自可为法”,“削去此段,后生又如何得闻此一段说话而以为戒乎?”[③]可见,马援谏侄书问世后产生了极大的影响。

汉代的书面训诫除诫子书、遗诫外,还有“家约”,即整个家族都需遵守的行为准则。最为典型的是任氏家约。任氏是秦汉时期的富商大户。秦末天下大乱,富贵人家都乘机搜取金玉,而任氏却大量收购粮食窖藏。因战争的破坏,使粮食奇缺,米价飞涨,任氏将所藏粮食抛售,由此而富。任氏发家后,子孙富而不奢,没有出现纵情享乐,挥金如土的败家子,原因就在于有“家约”对其进行约束。其家约规定:“非田畜所出弗衣食,公事不毕则身不得饮酒食肉”[④]。这两条规定使任氏子孙保持富而勤奋的家风,“以

① 《三国志》卷二十七《魏书·王昶传》,第746页。

② 《三国志》卷二十七《魏书·王昶传》裴注,第746页。

③ 《朱文公集》卷六十四《答易简》附来书,《四部丛刊初编集部》,上海商务印书馆缩印明刊本。

④ 《史记》卷一百二十九《货殖列传》,第3280页。

此为闾里率,故富而主上重之"[1]。后世家约、族规的风行,不能说没有受任氏家约的影响。

三、家庭女子教育理论开始出现

古代家庭教育,并不仅仅是针对男子的,女子也有受教育的权利,只不过二者所受教育的内容、目的不同而已。就男子方面,读书习礼或学习技术,为的是能出仕做官或有立身之本;而女子,则重在伦理说教,学习烹调、缝纫、纺织、家务之事等,为将来为人妇、为人母作准备。由于女子不能像男子一样,可以外出接受学校教育,因而其教育主要是在家庭中进行的。如《玉台新咏》中的《古诗为焦仲卿妻作》,记述建安年间,庐江府小吏焦仲卿妻刘氏年轻时所受的教育内容。刘母叙述为:"十三教汝织,十四能裁衣,十五谈箜篌,十六知礼仪,十七遣汝嫁,谓言无违誓"。这实际上是宗法社会中,男尊女卑,重男轻女的观念,及男主外女主内,男耕女织社会分工在家庭教育上的反映。以纺织为例,根据史籍记载,在汉代,无论是贵族妇女,还是一般劳动妇女,几乎没有不会纺织的。宣帝时的张安世,贵为公侯,家资丰殷,妻子仍纺织不辍。曹操夫人丁氏平时在家中,常在织布机上专心纺织。不过汉代上层妇女从事纺织劳动,并不是出于经济目的,而多是为了修养品性。至于一般的平民家庭,妇女从事纺织,更是经常性的工作,是家庭经济收入的重要来源。《汉书·食货志》记载:"一夫不耕,或受之饥,一女不织,或受之寒",便说明了这一点。汉代出土的画像石和画像砖中即有许多反映妇女从事纺织的场景。如徐州出土的一块《纺织图》画像石,画的上层刻画了四位妇女,有的纺线,有的织布,生动地再现了当时女性的纺织情景[2]。

女子教育的内容主要是伦理道德、家政,但中上层社会家庭,尤其是一些有文化背景的家庭,一般也会让女子读点书,识些字,学习一些儒家经典,以提高女子的品性修养。如汉成帝的妃子班婕妤,"诵《诗》及《窈窕》、《德象》、《女师》之篇"(师古注:"皆是古箴戒之书也。")[3]。刘向教授家庭

---

① 《史记》卷一百二十九《货殖列传》,第3280页。

② 徐毅英:《徐州汉画像石》,中国世界语出版社,1995年版,第46页。

③ 《汉书》卷九十七下《外戚传·班婕妤传》,第3984页。

中男女《左氏春秋》,“下至妇女,无不读论者”[①]。崔骃的孙子崔篆之母师氏“通经学、百家之言,(王)莽宠以殊礼,赐号义成夫人,金印紫绶,文轩丹毂,显于新世”[②]。显宗马皇后“能诵《易》,好读《春秋》、《楚辞》,尤善《周官》、《董仲舒书》”[③]。“常与(章)帝旦夕言道政事,及教授诸小王,论议经书”[④]。曾自称:“吾少壮时,但慕竹帛,志不顾命”[⑤]。和熹邓皇后“六岁能《史书》,十二通《诗》、《论语》。诸兄每读经传,辄下意难问。志在典籍,不问居家之事。母亲非之,曰:‘汝不习女工以供衣服,乃更务学,宁当举博士邪?’后重违母言,昼修妇业,暮诵经典,家人号曰诸生”[⑥]。顺烈梁皇后“少善女工,好《史书》,九岁能诵《论语》,治《韩诗》,大义略举。常以列女图画置于左右,以自监戒”[⑦]。韦逞母宋氏“博究经典,置生徒一百二十人”[⑧]。皇甫规妻“善属文,能草书,时为规答书记,众人怪其工”[⑨]。甚至一些奴婢也能读书,如郑玄:“家奴婢皆读书。尝使一婢,不称旨,将挞之,方自陈说,玄怒,使人曳著泥中。须臾,复有一婢来,问曰:‘胡为乎泥中?’答曰:‘薄言往愬,逢彼之怒。’”[⑩]婢女能运用《诗经·柏舟》诗句作答,其有文化底蕴是显而易见的。

正因为一些女子受到了一定程度的文化知识教育,这就使得她们中一些人能够把自己的生活经历、感受写入文学作品中,从而促成了汉代女子文学的繁荣。这些从事创作的女子,“她们或是宫廷闺阁中的后妃、贵族,如从唐山夫人之《房中歌》、戚夫人之《春歌》、乌孙公主细君《歌》等;或者是深受家学影响的名家之女,如班婕妤之《怨诗》、蔡琰之《悲愤诗》及《胡笳十八拍》、班昭等;或是才华出众的士子之妻,如卓文君之《白头吟》、徐淑之《答秦嘉诗》等”[⑪]。“检严可均辑《全上古三代秦汉三国六朝文》之《全汉

① 《太平御览》卷六百一十《学部四》引《新论·识通》,第2764页。
② 《后汉书》卷五十二《崔骃列传》,第1704页。
③ 《后汉书》卷十上《皇后纪·明德马皇后传》,第409页。
④ 《后汉书》卷十上《皇后纪·明德马皇后传》,第413页。
⑤ 《后汉书》卷十上《皇后纪·明德马皇后传》,第413页。
⑥ 《后汉书》卷十上《皇后纪·和熹邓皇后传》,第418页。
⑦ 《后汉书》卷十下《皇后纪·顺烈梁皇后传》,第438页。
⑧ 李亢:《独异志》,见《丛书集成初编》,中华书局,2010年版。
⑨ 《后汉书》卷八十四《列女传·皇甫规妻传》,第2798页。
⑩ 陈引驰、盛韵注译:《世说新语注译·文学》,花城出版社,2006年版,第130页。
⑪ 薛艳:《汉代女性的文学创作》,暨南大学2006年硕士学位论文。

文》、《全后汉文》，逯钦立辑校的《先秦秦汉魏晋南北朝诗》、费振刚等辑校的《全汉赋》等，得汉代女性今有作品流传者 38 人”[①]。不过汉代妇女的文化教育范围不广，只有少数富贵人家的妇女才有机会接受文化教育，她们在全体妇女中所占比例是极小的。至于广大劳动人民的女子，她们多与文化教育无缘，只能在生产生活中接受最基本的生产生活知识和封建伦理道德教育。尽管史书中亦有平民女子受教育的记载，如：“（寿张县）女子张雨，早丧父母，年五十，不肯嫁，留养孤弟二人，教其学问，各得通经”[②]。张雨能对两个弟弟进行经学教育，说明其自身是对经学十分了解的。但该类记载寥若晨星，由于家庭经济所限，绝大多数平民女子难有条件去接受正规的文化知识教育。

此外，中上流社会家庭也常把乐舞作为女子学习的内容。如富商卓王孙的女儿卓文君通晓音乐，司马相如就用弹琴的方法向她表达了爱慕之意，卓文君听出了相如的意思，两人最终喜结良缘。杨恽称自己“家本秦也，能为秦声。妇，赵女也，雅善鼓瑟”[③]。济南郡人王禁对女儿王政君进行家教时，“教书，学鼓琴”[④]。“由于汉代皇室贵族中观赏乐舞的风气尤其浓厚，宫廷乐舞表演盛行。因此，为了满足统治者这种喜好，当时有许多专门表演歌舞的艺人，如武帝的皇后卫子夫，汉成皇帝皇后赵飞燕等入宫前都是歌舞伎，她们凭借曼妙的身姿和舞蹈得宠，攀上高枝变凤凰。因此，有一些人家专门培养女儿能歌善舞以期能够凭借歌舞攀龙附凤”[⑤]。

先秦时已有对妇女言行做出种种规定的文献，《礼记》中的《内则》、《曲礼》即有这方面的内容。《礼记·内则》叙述了先秦时期女子教育的情况。“子能食食，教以右手；能言，男唯女俞。男鞶革，女鞶丝”。从儿童能自己吃饭时，就要培养正确的饮食习惯。从儿童能言，教育则要有男女之别了。男孩要应答恭敬，女孩则要柔顺。男孩佩带皮革制成的小囊，女孩则佩带用丝缯制成的小囊，以此显示男子阳刚，女子阴柔。“六年，教之数与方名”。六岁时，教记数和方位名称。“七年，男女不同席，不共食”。七岁起

① 鞠传文：《汉代女性教育与文学》，《中南民族大学学报》2007 年第 5 期。
② 《后汉书》卷八十二上《方术列传·谢夷吾传》注引《谢承书》，第 2714 页。
③ 《汉书》卷六十六《杨恽传》，第 2896 页。
④ 《汉书》卷九十八《元后传》，第 4014 页。
⑤ 项慧：《汉代女子家庭教育概说》，《群文天地》2011 年第 5 期。

分别男女,告诉男女授受不亲的道理。“八岁,出入门户及即席饮食,必后长者,始教之让。九年,教之数日”。八岁教以尊老敬长、谦卑礼让。九岁教计算日期。可见,十岁以前,家庭教育所注重的是基本生活常识、性别意识和初步的礼仪。十岁后,男子外出就傅,女孩则要深处闺房接受姆教,一直到出嫁前。姆教的内容是:“执麻枲,治丝茧,织纴组紃,学女事以供衣服。观于祭祀,纳酒浆笾豆菹醢,礼相助奠”。其主要内容是操持家务,为今后成为“贤妻良母”作准备。当然伦理道德教育是必不可少的,“三从”、“四德”的教育已经出现。《礼记·郊特牲》言:“妇人,从人者也。幼从父兄,嫁从夫,夫死从子”。《昏义》言:“古者妇人先嫁三月,祖庙未毁,教于公宫,祖庙既毁,教于宗室。教以妇德、妇言、妇容、妇功”。汉代的女子教育大体与此相同。作为真正意义上的家庭女教理论,是汉代才出现的,其代表就是班昭的《女诫》和蔡邕的《女训》。

西汉时的刘向,目睹外戚专权所带来的危害,为了给成帝后宫女子提供受教育的教材,撰写了《列女传》。《汉书·楚元王传》载:“向睹俗弥奢淫,而赵、卫之属起微贱,逾礼制。向以为王教由内及外,自近者始。故采取《诗》、《书》所载贤妃贞妇,兴国显家可法则,及孽嬖乱亡者,序次为《列女传》,凡八篇,以戒天子”。《列女传》按门类分为母仪、贤明、贞顺、仁智、节义、辨通、孽嬖七卷,列举古代杰出女子的事迹,作为女性学习的榜样,以弘扬女性的精神为主旨。《列女传》宣扬了“三纲五常”的伦理道德观念,认为“君臣、父子、夫妇三者,天下之大纲纪也”[①],要求妇女遵循“三从四德”之道,他说:“妇人无擅制之义,而有三从之道”[②]。“妇人有三从之义,而无专制之行。少系于父母,长系于夫,老系于子”[③]。这实际上是对广大妇女的精神压迫和道德束缚。不过,《列女传》中也有一些值得肯定的思想,如颂扬不为利动、果于行义的杰出妇女形象;承认妇女在家庭和社会发展中的地位和作用等。该书主要以罗列事实作为施教的方法,虽也提出了一些女教原则,但总的来看理论性不强。《列女传》是我国第一本女子教科书,开后代颂扬所谓列女并以此训诫女性之先河。

---

① 王照圆:《列女传补注》卷三《仁智传·魏曲沃负》,华东师范大学出版社,2012年版,第132页。

② 《列女传补注》卷一《母仪传·邹孟轲母》,第35页。

③ 《列女传补注》卷一《母仪传·鲁之母师》,第38页。

刘向生活的时代，封建礼仪制度还不像后世那样无孔不入，成为束缚妇女及一般人民群众的枷锁。刘向并不要求妇女众长皆备，只要有一善可录，即为其立传，对其赞颂。所以《列女传》取材广泛，既有教导有方的仪母范女，也有仗义行侠的奇妇侠女，既有严守贞节的节妇贞女，也有祸国败家的淫妇妖女，足见其立传标准之宽松。后世史家争相仿著《列女传》，但基本上以节烈为标准，从贞烈着眼，从守节载笔。清人章学诚曾指出："后世史家所谓列女，则节烈之谓，而刘向所叙，乃罗列之谓也"[①]。这是封建专制政治发展，纲常名教加强的结果。礼教虽是刘向对妇女进行评判、褒贬的重要标准，但不是唯一的标准。如刘向虽提倡贞节，在其所录的一百零五位女子中，节妇贞女，从一而终者很多，但寡妇再嫁或离婚改嫁，甚至一嫁三嫁的女子也不少见，反映出刘向宽泛的道德伦理观念。

刘向的《列女传》篇幅短小精悍，注意通过细节描写、文学语言的运用等来塑造典型，一般选取一个比较有代表性的事例为中心，以突出人物的性格特点，使作品更具表现力，同时刘向在采择先秦典籍时注意将古语改为今语，使之更加通俗易懂，这些特点在一定程度上推动了《列女传》的传播广度和速度。据《疏勒河流域出土汉简》中"分《列女传》书"的残简文来看，《列女传》的传播曾远及西域。在内地郡国，《列女传》也是流传极广，汉代盛行以它作为画像砖石的题材。山东嘉祥武氏祠画像石中有梁节姑姊、楚昭贞姜等九事，题材皆来源于《列女传》。至东汉，班昭、马融等还为之作注释，更是加快了《列女传》的传播[②]。

我国历史上第一部较为系统论述女子教育原则和规范的著作，是东汉班昭的《女诫》。

先秦时已有家长对即将出嫁女子的教诫，如《仪礼·士昏礼第二》曰："父送女，命之曰：'戒之敬之，夙夜毋违命！'母施衿结帨，曰：'勉之敬之，夙夜无违宫事！'庶母及门内，施鞶，申之以父母之命，命之曰：'敬恭听，宗尔父母之言。夙夜无愆，视诸衿鞶！'"但较为简略，至班昭时才将其系统化。班昭生长在儒学之家，很早就接受了封建的纲常礼教。她十四岁嫁于曹世叔为妻。世叔早亡，她守节至死，战战兢兢，含辛茹苦，担负起养子育女之

① 《文史通义》卷八外三篇《答甄秀才论修志第二书》，上海书店影印出版，1988年，第8页。

② 胡正娟：《汉代儒家女教研究》，湖南大学2006年硕士学位论文。

职。《女诫》是班昭为其家中女性所写，撰著的缘由是“诸女方当适人，而不渐训诲，不闻妇礼，惧失容它门，取耻宗族”[①]。女儿们到了出嫁的年龄，担心她们出嫁后，因缺乏礼仪的训练，做出给家族丢脸的事。于是总结自己出嫁四十余年的经验，作《女诫》。要求女儿们每人抄写一份，“庶有补益，裨助汝身”[②]。

《女诫》分为卑弱、夫妇、敬慎、妇行、专心、曲从、和叔妹七篇。概括论述了女子自身修养及与公婆、叔妹相处关系的准则。班昭把卑弱作为女子为人处世的根本原则。她说：“古者生女三日，卧之床下，弄之瓦砖，而斋告焉。卧之床下，明其卑弱，主下人也。弄之瓦砖，明其习劳，主执勤也。斋告先君，明当主继祭祀也。三者盖女人之常道，礼法之典教矣”[③]。这就是说女子从一出生起，就不能与男子平起平坐，享有同等的权利，而是低人一等之民。“女人首先应该从思想上认识到自己处于卑微的地位，清醒自己的性别角色，由此出发，应承担在家辛勤劳作，操持家务，侍奉丈夫，为祭祀活动做好一切准备等等由性别角色而决定的社会职责，此三者缺一不可”[④]。班昭以传统的阴阳说为依据，来说明卑弱是女子的天性。《周易·系辞下》云：“乾道成男，坤道成女。乾为天，为君，为父，为尊，为贵，为刚，为强，为表，为明，为上，为阳；坤为地，为臣，为妻，为卑，为贱，为柔，为里，为暗，为寒，为下，为阴。天尊地卑，乾坤定矣”。班昭继承了这一说法，认为：“夫妇之道，参配阴阳”，“阴阳殊性，男女异行，阳以刚为德，阴以柔为用；男以强为贵，女以弱为美”[⑤]。卑弱表现为：“谦让恭敬，先人后己，有善莫名，有恶莫辞，忍辱含垢，常若畏惧”[⑥]。此外还须“晚寝早作，勿惮夙夜”以侍奉丈夫。在这里班昭为妇女规定了两条为人准则：一是女人生来卑下，所以需要以谦卑的态度为人处世；二是女人应当勤劳。这种男尊女卑的观念，是父权制代替母权制，经济地位变化引起了社会地位变化的结果，是社会发展到私有制的必然产物。我们相信，随着人类社会的进步，妇女在经济领域、政治领域和家庭之中，都可以逐渐取得与男人平等的地位。

---

① 《后汉书》卷八十四《列女传·班昭传》，第 2786 页。

② 《后汉书》卷八十四《列女传·班昭传》，第 2786 页。

③ 《后汉书》卷八十四《列女传·班昭传》，第 2787 页。

④ 钟翠红：《〈女诫〉之女性观透视及其历史意义》，《中华女子学院学报》2006 年第 5 期。

⑤ 《后汉书》卷八十四《列女传·班昭传》，第 2788 页。

⑥ 《后汉书》卷八十四《列女传·班昭传》，第 2787 页。

男女平等，可以而且应该是人类社会发展的必然归宿。

夫妇篇主要讲夫妇之道的重要性。班昭把夫妇关系看成是最重要和最基本的一种人际关系，夫妇结合能参配阴阳，通达神明，所以夫妇之道不可不重。那么，夫妇之间究竟是一种怎样的关系呢？班昭认为是“御”与“事”的关系，即作为丈夫要懂得如何去统治与驾驭妻子，使之对自己唯命是从、俯首帖耳，而作为妻子要懂得如何专心去侍奉与服务丈夫、唯丈夫马首是瞻。夫如何御妇，妇又如何事夫的评判标准在于“贤”，即夫妻二人都应有良好德行，否则“夫不贤，则无以御妇；妇不贤，则无以事夫”[①]。要实现这一目标，班昭认为需要对男女都开展必要的伦理道德教育。

敬慎篇是在夫妇篇的基础上，对于如何处理好夫妻关系，班昭又提出了女子的敬顺报恩思想。男子的阳刚决定了其是强势和尊贵的，因此女子与男子不能对等相处，而要“修身莫若敬，避强莫若顺”，认为“敬顺之道”是“妇人之大礼也”[②]。“敬”就是持久、知足，“顺”就是宽裕、恭下。夫妇之间要修终身之好，互不分离。但是夫妻要相伴终生，就难免会出现矛盾；矛盾既出，则在言语上必然有不当和偏激之处，这样就会产生放纵的行为，滋生轻慢侮辱丈夫的心理，这是不“敬”的结果。此外，任何事情都有是非曲直之别，语言也有是非正误之分，遇有理之事必然会争执，受到委屈必然会申辩。若在争执与申辩之间纠缠不清，不肯妥协退让，就会产生忿怒的情绪而做出出格的事情，这是不“顺”的结果。总之，夫妇双方矛盾的出现，一切错误的根源均在女子，而男子却无丝毫责任，女子既不能“争”，也不能“讼”。妻子所要做的只有处处听从丈夫，是非曲直，皆由丈夫决断。班昭还认为维系夫妻情意的纽带并非两人之间相互的恩爱之情，而是所谓的“恩”与“义”。“义”使得二人有婚姻之约，结为夫妻，而“恩”则使二人得以百年好合，共度一生。所以要做到夫妻和好，对于丈夫来说，所做的应是对妻子施舍、给予“恩”、“义”，而作为妻子，应该对丈夫“报恩”、“还义”。如果做不到，就会“恩义俱废”，最后必然导致夫妇离异悲剧的发生。

妇行，指的是女人所应具有的四种行为道德：妇德、妇言、妇容、妇功。先秦时“四德”的名称已经出现，《周礼·天官冢宰》言：“九嫔：掌妇学之法，

① 《后汉书》卷八十四《列女传·班昭传》，第2788页。

② 《后汉书》卷八十四《列女传·班昭传》，第2788—2789页。

以教九御妇德、妇言、妇容、妇功,各帅其属而以时御叙于王所”。《礼记·昏义》亦曰:“是以古者妇人先嫁三月……,教以妇德、妇言、妇容、妇功”。但此时只提出了“四德”的概念,其具体内容如何未作说明。直到班昭的《女诫》才有具体的诠释。妇德“不必才明绝异”,只要“清闲贞静,守节整齐,行己有耻,动静有法”。即女子不必才华过人,而要具有清雅、娴静的气质,严守贞节,妆容整齐,要常怀羞辱之心,一动一静要有法度。妇言“不必辩口利辞”,只要“择辞而说,不道恶语,时然后言,不厌于人”。即女子不必伶牙俐齿,善于言辞,而要择辞而说,不可胡言乱语,说长道短,拨弄是非,看清情况后再说话,所说的话不讨人厌烦。妇容“不必颜色美丽”,只要“盥浣尘秽,服饰鲜洁,沐浴以时,身不垢辱”。即女子虽不必倾城倾国、耀眼夺目,但要时常保持仪容整洁,穿戴干净,装扮得体。妇功“不必技巧过人”,只要“专心纺织,不好戏笑,洁齐酒食,以奉宾客”[①]。即女子不必心灵手巧,而要专心于纺织之事,不要在做事时嬉笑追逐,招待客人要齐备酒食,力尽家庭主妇之责。班昭认为四种“妇行”是“女人之大德”,强调女子必须要在日常生活中时刻牢记于心,严格要求和不断提醒自己,切不可使其缺乏和遗失,如此才能在实际生活中自如地加以运用。

专心说的是要从一而终,不生二心。所谓“夫有再娶之义,妇无二适之文,故曰夫者天也。天固不可逃,夫固不可离也”[②]。即男子可以一夫多妻,女子则必须保守贞节,从一而终。丈夫即是妻子的天,天是无法逃开的,故丈夫也是不可以离弃的,如果违背了这一点,就如同违背神的旨意,上天就会予以惩罚。这种道德伦理观念先秦时开始萌芽,《易·恒卦》载:“妇人贞节,从一而终”。《礼记·郊特牲》讲:“一与之齐,终身不改”。这种极端不合理的主张,由于班昭作为女性现身说法,并且作为母亲对女儿的谆谆教诲,对后世产生了恶劣的影响。班昭引用《女宪》:“得意一人,是谓永毕;失意一人,是谓永讫”[③]。强调作为女子必须要去讨丈夫之欢心。那么,如何去做呢?班昭认为不能通过献媚的途径,而是要专心正色,即遵守“礼”、“义”的要求,不道听途说,目不邪视,出门不要有妖冶的打扮,在家时始终朴素利落,不和别人轻易聚会,不随便走家串户。做到了这些,就是

① 《后汉书》卷八十四《列女传·班昭传》,第2789页。
② 《后汉书》卷八十四《列女传·班昭传》,第2790页。
③ 《后汉书》卷八十四《列女传·班昭传》,第2790页。

"专心正色"了。相反,若女子的举动轻佻随便,视听不定,在家蓬头垢面,衣冠不整,出门又妖冶作态,说不该说的话,看不该看的东西,则是不能专心正色的表现,必然得不到丈夫的赏识。

妻子顺从丈夫固然可以赢得其欢心,但如果不能处理好与公婆的关系,那么,家庭和谐的局面就难以出现,妻子也随时都有被丈夫休弃的危险。曲从篇讲的就是作为媳妇要想获得公婆对自己的认可,就必须做到在公婆面前俯首听命,不能争分曲直。"姑云不尔而是,固宜从令;姑云尔而非者,犹宜顺命"①。某事应该做,但婆婆反对,就要听婆婆的;某事不该做,但婆婆主张做,也应该听她的。做媳妇的在婆婆面前不能有任何主见。黄涛指出:"传统社会中媳妇对公婆的顺服主要是由两种力量制约的结果:一是文化规则系统的制约。父统子,夫统妇,媳妇在父系家族体系居于丈夫附庸的地位,她是作为丈夫的附属品孝顺公婆的。二是经济利益的制约。文化规则是有经济利益分配规则做保障的。在封建社会,父亲是地产、房产及其它家产的拥有者,一般直到他离世时才把这些财产分给儿子,他在世时是否分家以及分家时财产如何分配都由他说了算,所以子媳的生存条件是受制于父母的,这对子媳的行孝具有决定性作用。同时由于财产的父系传承制度,儿子是财产的继承人,从夫妇关系看,丈夫是家产的所有者,如妻子被休弃并不能平分丈夫的家产,所以这决定着媳妇从属于丈夫对公婆行孝"②。在现代社会,完全屈从公婆的现象已经非常少见,相反,公公婆婆在家中得不到尊重和抚养,蛮横无理的媳妇大有其人。如何搞好婆媳关系,是研究家庭教育学者需要深思的一个问题。

和叔妹篇说的是以谦顺求叔妹之欢心。妻子要想在丈夫的家庭中站稳脚跟,除了曲从公婆外,还必须和小叔、小姑等人搞好关系。之所以要与叔妹搞好关系,是因为"妇人之得意于夫主,由舅姑之爱己也;舅姑之爱己,由叔妹之誉己也。由此言之,我臧否誉毁,一由叔妹,叔妹之心,复不可失也"③。班昭认为,妻子能否得到丈夫的喜爱,除了必须遵守的礼教教条外,还取决于叔妹等人对自己的看法,如果叔妹对自己评价不高,那么就得不到舅姑之欢心,最终难以得丈夫之爱。所以,自己应该得到如何的评价,

① 《后汉书》卷八十四《列女传·班昭传》,第2790页。
② 黄涛:《语言民俗与中国文化》,人民出版社,2002年版,第47—48页。
③ 《后汉书》卷八十四《列女传·班昭传》,第2791页。

“臧否”、“誉毁”全由叔妹决定，故“叔妹之心，复不可失也”。那么如何才能赢得叔妹对自己的好感呢？班昭提出谦顺之道，“然则求叔妹之心，固莫尚于谦顺矣。谦则德之柄，顺则妇之行。凡斯二者，足以和矣”①。只有用谦顺的态度与叔妹相处，才能得到他(她)们对自己的认可。

班昭从维护封建礼教出发，以男尊女卑观念为理论基础，以“三从四德”为核心，对女子教育从形式到内容，进行了规范，成为两千年来女子教育经典之作。后世推出的女子教育教材和读物，多以其为蓝本。注释之作，代不乏人。如明代慈圣皇太后曾因皇上即将结婚“虑民间女子未娴姆训”，故命张居正为《女诫》注解。由于历代统治者的表扬和御用文人的鼓吹，广大妇女一步步从心理上认可、从行动上屈从于《女诫》为女性所界定的卑下地位，从而失去了反抗意识，妇女地位愈加沦落。时至今日，其说教仍有遗存，并不时影响着人们的思想及行为。

陈东原曾言：“二千年来关于女子生活的书籍，不仿《列女传》的体裁，便仿《女诫》的体裁，他们的影响，可想见了”②。清末翰林院庶吉士吴庆坻亦曰：“自两汉以至前明，虽无明立女学之文，然六籍古训颁在学官，肄于士夫，留心内德之贤莫不取以教家；而历朝之所旌扬，载在彤史，尤足以风示闺门。至耆儒邦媛勤为撰著，援据圣法，搜采懿行，用以范当时而戒后世者代不乏人，亦有裨于风教。若刘向《列女传》、曹大家《女诫》其最著也，而后人为书之体亦无过此两类。采行实者宗刘，则吕新吾《闺范》、王节妇《女范》、蓝鹿洲《女学》之类是也；陈义理者宗曹，则蔡中郎《女训》、陈郑氏《女孝经》、宋若昭《女论语》、明文皇后《内训》、章实斋《妇学》之类是也；惟任钧台《女教经传通纂》，陈文恭《教女遗规》则兼之”③。据初步统计，今存的女性著作尚有三十余种，这些著作糟粕不少，但也有一些合理的材料和思想，可以为当代社会所利用，因此值得我们去重视。

尽管《女诫》“系统的把压抑妇女的思想编撰起来，使他成为铁锁一般的牢固，套上了妇女的颈子”④。包括不少糟粕，其主旨是对女性个性的扭曲和禁锢，使女子永远成为丈夫的附属品。它的问世为后来的统治者奴役

① 《后汉书》卷八十四《列女传·班昭传》，第2791页。

② 陈东原：《中国妇女生活史》，《民国丛书》第二编，上海书店，1990年版，第46页。

③ 曹大为主编：《中国古代女子教育》，北京师范大学出版社，1996年版，第266—267页。

④ 陈东原：《中国妇女生活史》，第47—48页。

女性提供了理论依据。但我们也要看到，班昭是我国古代最早号召要重视并亲自从事女子教育的人。她说："察今之君子，徒知妻妇之不可不御，威仪之不可不整，故训其男，检以书传，殊不知夫主之不可不事，礼义之不可不存也。但教男而不教女，不亦蔽于彼此之数乎？《礼》八岁始教之书，十五至于学矣。独不可依此以为则哉！"[①]主张女子应与男子一样接受书本知识教育，这在当时来说是卓识之见。只不过班昭把女子教育目的，仅局限于"事夫"上，是以贯彻封建礼教为指归的。班昭主张妇女应该与男子一样接受教育，在后世的家训著作中产生了良好反响。如明代刘氏《女范捷录》云："女子无才便是德，斯语殊非。盖不知才德之经与邪正之辨也。夫德以达才，才以成德，故女子之有德者故不必有才，而有才者必贵乎有德。德本而才末，固理之宜然，若夫为不善，非才之罪也。"[②]由此可见，班昭关于女子应该接受教育的主张，客观上有助于造就德才兼备的女性人才。在《女诫》中有不少闪光之处，如强调谦让恭敬，讲究清洁卫生，提倡语言美，重视家务的操持等内容，对于现代女性的品德修养及如何搞好夫妻关系，和睦家庭都有借鉴启迪作用。

蔡邕为东汉末文学家、书法家，精通经史、天文、数术、音律等，学问博大深厚。为对女儿蔡文姬进行教育，特作《女训》篇："夫心，犹首面也，是以甚致饰焉。面一旦不修饰，则尘垢秽之；心一朝不思善，则邪恶入之。人咸知饰其面，而莫修其心，惑矣。夫面之不饰，愚者谓之丑；心之不修，贤者谓之恶。愚者谓之丑，犹可；贤者谓之恶，将何容焉？故览照拭面，则思其心之洁也；傅脂，则思其心之和也；加粉，则思其心之鲜也；泽发，则思其心之顺也；用栉，则思其心之理也；立髻，则思其心之正也；摄鬓，则思其心之整也。"[③]蔡邕所强调的是外表仪容和内心和谐统一。爱美之心人皆有之，尤其是女子追求外在容貌美更属正常之举。但在修饰外表时，不应忽视对心灵道德的修饰，且后者比前者更重要。要求女儿在日常梳理打扮时，随处注意道德修养的问题，把美化容貌与修养道德联系起来，以达到身心皆美之目的。蔡文姬的成功是与其父所施此种教育有极大关系。

蔡邕强调内在美的重要，即高尚品德重要的思想，以及把品德修养与

---

① 《后汉书》卷八十四《列女传·班昭传》，第2788页。

② 王相笺注：《女四书》，江南城李光明庄，清光绪六年版。

③ 《全上古三代秦汉三国六朝文》第一册《全后汉文》卷七十四，第878页。

日常生活融为一体的教育方法，至今仍有现实意义。当今社会，随着经济的发展，生活水平的提高，人们对子女衣着装饰较为重视。但家长在美化孩子外表的同时，也要时刻注意培养孩子具有良好的道德修养。“要让他们认识到，真正的美并不仅仅意味花容月貌与华丽的服饰，只有内在的心灵美才会永恒”[①]。读读蔡邕《女训》会有所收获。

汉代的女教文献还有杜泰姬的《戒诸女及妇》，这是她为家中女儿及儿媳立下的规章、戒律：“吾之妊身，在乎正顺，及其生也，思存于抚爱。其长之也，威仪以先后之，礼貌以左右之，恭敬以监临之，勤恪以劝之，孝顺以内之，忠信以发之。是以皆成，而无不善。汝曹庶几勿忘吾法也。”[②]杜氏从胎儿、婴孩、青少年三个阶段总结了她成功的教子之道，要求女儿和儿媳们，也用这种方法来教诫子弟。

总之，先秦时的典籍中，虽有一些关于女子教育的语句，但总起来看，这些语句比较零乱，思想也比较模糊。到汉代，由于政治大一统和思想上“独尊儒术”的氛围，家庭女子教育思想更加明朗化，逐步形成了以道德礼仪为主，技能教育、文化教育为辅的理论体系。其根本目的是让妇女自觉接受礼教对她们的角色定位，培养符合儒家礼教的所谓贤良妇女。从此，“三从四德”遂成为“为妇之道”的基本准则。

四、胎教理论开始形成

所谓胎教：“主要是指在孕妇怀孕期间，除重视身体的保健外，还要重视精神、情操以及外界环境条件对孕妇的影响。通过各种外界条件对母亲耳、眼、口、鼻等感觉器官的刺激所形成的母亲大脑的思维和心理活动，来对胎儿发生作用，进行教育，以便生育出聪明的后代”[③]。日本教育理论家小原国芳指出：“母亲的腹部是人类最初的学校。没有比这更宝贵的学校。一名学生、一间教室、一位校长，而且二十四小时从不间断，无报酬，不罢工，真是世界难得的第一流学校”[④]。说明了实施胎教的重要性。据说西

---

① 时习之：《蔡邕〈女训〉》，《现代养生》2006年第2期。

② 《华阳国志》卷十《汉中士女》，第172页。

③ 张新生：《略谈中国古代胎教学说》，《陕西师范大学学报》1982年第4期。

④ 刘剑桥等译、吴光威等校：《小原国芳教育论著选》（下卷），人民教育出版社，1993年版，第212—213页。

周时已有胎教实践，文王之母、武王之母就曾有过这方面的活动。但这均来自后人的记载，在未获得直接的证据前，对其真实与否，我们尚难做出结论。从现有的史料来看，胎教理论的初步形成是在汉代，这可从《新书》、《大戴礼记》、《列女传》、《论衡》等书对胎教的阐述中得到证明。

中国历史上最早系统论述胎教问题的是贾谊。在《新书》中他专设“胎教”一章，来论述胎教之道。贾谊之所以重视胎教，是因为他认为万事想要有一个好的结果，必先有一个好的开端。胎儿是人生的初始时期，他发育是否良好，与他未来的发展前途关系极大，因而要“慎始”。所谓“正其本而万物理，失之毫厘差以千里”，“《春秋》之元，《诗》之关雎，《礼》之冠婚，《易》之乾坤，皆慎始敬终云尔”①。贾谊胎教思想的核心是德育，通过母亲良好道德修养去影响肚子里的孩子，使其符合儒家礼教的道德素质。具体来说，主要包括两方面内容：

一是慎选婚配对象。他认为要生育良好的后代，就要重视婚嫁。因为“凤凰生而有仁义之意，虎狼生而有贪戾之心，两者不等，各以其母”。所以“谨为子孙婚妻嫁女，必择孝悌世世有行义者。如是，则其子孙慈孝，不敢淫暴”②。认识到父母的道德品质，对子女会产生重大影响，主张把道德的好坏，作为选择配偶的标准，显然具有合理性。但他把子女的仁义或贪戾，完全看作是由其父母遗传的，则是血统论，是没有科学根据的。杜钦也认为：“故后妃有贞淑之行，则胤嗣有圣贤之君”。并建议择妇应“详择有行义之家，求淑女之质，毋必有色声音技能，为万世大法”③。匡衡上书成帝，劝其选妃应“采有德，戒声色，近严敬，远技能”④。均强调了对女子德行的重视。有学者对东汉皇帝选择皇后的标准进行了分析，指出：“东汉皇帝通过才、貌、德三方面选取皇后，而十二位女性中，以德选入掖庭的有九位；以才华入选的有七位；以貌入选的有六位。东汉皇后的选拔标准虽带有一定的片面性，但这也可以反映出汉代人在择妇品德方面的高度重视”⑤。

二是给胎儿提供一个良好的生长环境。胎儿的生长环境，包括孕妇周

---

① 《新书》卷十《胎教》，中华书局，2012年版，第327页。
② 《新书》卷十《胎教》，第328页。
③ 《汉书》卷六十《杜周传》，第2668页。
④ 《汉书》卷八十一《匡衡传》，第3342页。
⑤ 刘宁：《汉代母教研究》，中央民族大学2010年硕士学位论文。

围的外界环境和孕妇自身环境。孕妇在怀孕七个月后，就要住在专门的居室，由专人为其服务，保证她吃味道纯正、营养丰富的食品，听合乎礼乐的优美音乐。孕妇本人还须做到“立而不跛，坐而不差，笑而不喧，独处不倨，虽怒不骂”[①]。以保持良好的姿态与平和的心绪。

贾谊的胎教思想，包含有不少合理因素，这已为现代科学研究所证明。法国的托马蒂斯通过研究发现：“胎儿意识的萌发期是怀孕7—8个月”，“胎儿具有思维、感觉和记忆的能力，尤其是胎生7个月后更是如此”[②]。这就是说，胎教开始的时间，为怀孕七个月。这和贾谊的主张有着惊人的一致。孕妇的精神、情绪以及外界环境，会影响胎儿的生命过程。有人做实验发现，外界的声音可以传入子宫，并使胎儿有所反应。和谐优美的音乐，恬静舒适的环境，会使胎儿感到安全愉快，有促进发育之功；相反，嘈杂纷乱，可使胎儿发育受到影响。饮食质量对胎儿的健康也有影响。一般认为，大脑细胞的有丝分裂在妊娠后期最为活跃，这种发育活动需要丰富的营养，主要是蛋白质、维生素和微量元素等。因此，孕妇的营养十分重要，实验证明，营养缺乏和失调会导致生后小儿惊厥和智力发育不全[③]。“为什么音乐会对胎儿产生奇特的影响和作用呢？我们知道，从生理上说孕妇的情绪，会使身体内部产生生理变化，这种变化，使神经系统控制的内分泌腺分泌出各种不同种类和数量的激素，引起血液成分的改变。孕妇的这种变化自然会刺激胎儿的活动，一般胎儿发育到五个月左右，就有了听觉，可听到母体器官的嘈杂声音，到八个月时，开始萌发意识，有了记忆能力。专家们认为，胎儿的感觉思维和记忆能力，使其有可能与母体相互传递信息，产生具有导致暗示作用的情绪联系——‘感通’。这种感通，直至胎儿出生并长大后，仍能发挥作用。由此看来。这时候，母亲如能接受健康、优美的音乐熏陶，也会使自己体内的胎儿受到影响，而这种影响，对胎儿的未来是大有裨益的”[④]。贾谊虽然不可能做出如此科学的理解，但他的胎教思想肯定是建立在某些事实、经验基础上的。

刘向在《列女传》中也谈到他对胎教的看法。他认为，胎儿能够感知母

① 《新书》卷十《胎教》，第332页。

② 娜丽：《胎教方法》，中央民族学院出版社，1988年版。

③ 林巧稚：《家庭教育顾问》，中国青年出版社，1981年版，第10—11页。

④ 陈辉：《音乐与胎教》，《音乐世界》1995年第2期。

体内外的一些刺激，因此，妇女一旦有娠要“慎所感”。他说：“妊子之时，必慎所感，感于善则善，感于恶则恶。人生肖万物者，皆其母感于物，故形音肖之”。承认外界事物通过母体对胎儿可产生影响，为了胎儿的健康成长，母亲应有选择地感知外界事物。这种认识无疑具有合理性，但把外界的好坏与人的善恶完全混同起来，则是非科学的。同时孕妇要注重食、行、住等，以利胎儿的生长发育。即要做到“寝不侧，坐不边，立不跸，不食邪味，割不正不食，席不正不坐，目不视于邪色，耳不听于淫声。夜则令瞽诵诗，道正事”。认为这样生出的孩子“形容端正，才德必过人矣”①。

王充《论衡》中也有涉及胎教的内容，还把胎教上升到哲学的高度。他认为，世界上的万物均由气组成，人也是禀气而生，但人的禀气有厚薄，这与父母，尤其是母亲的身体状况有极大关系。如果父母的身体不好，所生的孩子就禀气薄，可能体弱多病。妇女生孩子太频繁，也是造成孩子禀气薄的原因。他说：“妇人疏字者子活，数乳者子死，何则？疏而气渥，子坚强；数而气薄，子软弱也”②。意思是妇女生育的时间间隔疏远，孕妇就有充足的时间恢复体力，再怀孕时，小孩所禀之气就渥厚，身体强壮，容易成活。如果生育太密，小孩所禀之气就薄，出生后体质差，容易夭折。这说明王充已经认识到节育是优生的前提条件。这在推崇“多子多福”的古代，是难能可贵的。王充也认为孕妇精神状态对胎儿的生长发育有着极大影响：“怀子而前已产子死，则谓所怀不活。名之曰怀，其意以为已产之子死，故感伤之子失其性矣”。即是说，母亲的悲伤和忧虑，会导致“气薄而不能成也”，或者“虽成人形，则易感伤，独先疾病，病独不治”③。另外，如果怀胎时，遭遇到恶劣的环境，也会影响新生儿的正常发育。如打雷时怀孕，生子形体会有缺陷。丹朱、商均等人都是“气遭胎伤”，生来就是性恶之人。盲人、跛脚、聋哑，都是由于“气遭胎伤，故受性狂悖”④。这种说法显然是不科学的。为了保证优生，受孕时，不要胡思乱想。如果“母不谨慎，心妄虑邪，则子长大，狂悖不善，形体丑恶”⑤。怀孕后则要实施胎教：“子在身时，

① 王照圆：《列女传补注·周室三母》，华东师范大学出版社，2012年版，第14页。

② 《论衡》卷第一《气寿》，第12页。

③ 《论衡》卷第一《气寿》，第12页。

④ 《论衡》卷第二《命义》，第20页。

⑤ 《论衡》卷第二《命义》，第20页。

席不正不坐，割不正不食，非正色目不视，非正声耳不听”[1]。

对于恶劣天气时妇女受孕会影响到胎儿健康的说法，汉代人多有认同。《淮南子·时则训》载仲春之月的月令：“是月也，日夜分，雷始发声，蛰虫咸动苏。先雷三日，振铎以令与兆民曰：‘雷且发声，有不戒其容止者，生子不备，必有凶灾’。”旧注谓：“以雷电合房室者，生子必有耳聋通精痴狂之疾”。《天平经》亦云：“先时为恶，殃咎下及，故令生子，必不良之日；或当怀妊之时，雷电霹雳，弦望朔晦，血忌反支，以合阴阳。生子不遂，必有祸殃”。这说明汉代的人们已注意到了自然环境对优生的作用。

汉代人已认识到妊娠期间，若有房事发生将会对胎儿产生不利影响。“马王堆出土的帛书《胎产书》曰：‘二月始膏，毋食辛臊，居处必静，男子勿劳，百节皆病，是谓始藏。’这就是说妇女怀孕第二个月开始，居处之所要安静，避免与男子交合。无数临床实践证明，妊娠头三个月应避免性生活，以防流产；临产的一个月严禁房事，以防感染和流产。由此可见，这些主张十分正确”[2]。

汉代的胎教思想，不乏肤浅、粗疏之处，甚至有迷信的色彩，然而也有符合一定科学性的内容，如注意孕妇心身卫生与外界环境的影响，重视父母道德素质和身体素质对胎儿的影响，认识到孕妇的饮食情况是影响胎儿发育的重要因素等，在今天看来，仍然是合理的。汉代的胎教思想为后世胎教理论的进一步完善奠定了基础。

第三节 家庭教育的作用

以上我们对汉代家庭教育的形式、主要特点进行了阐述，那么其时家庭教育究竟在社会发展中扮演了怎样的角色，起了什么作用，对于这一问题，似乎有探讨必要。

家庭是社会的组成细胞，是社会的基本组织和生产单位，是把生物人变成社会人的主要场所。家庭不仅以血缘关系为纽带，而且以经济关系为辅助，结成了紧密的休戚与共的特殊群体，这种关系体现在对受教育者的

① 《论衡》卷第二《命义》，第 20 页。

② 孟建国、王贞琴：《解读汉代言语胎教理论》，《新疆师范大学学报》2005 年第 3 期。

控制力量上是现实的、巨大的，因而使家庭教育同样具有现实的和巨大的特点。从教育的主体与客体来看，是家庭中长辈对晚辈的教育，有血缘亲情性，易于感化和沟通。从教育的方式上看，家庭教育是与家庭日常生活紧密联系的，易于理解、接受和操作。从教育的内容来看，在传授知识的同时，承担着教以为人之道，培养符合社会要求的道德品质等任务。教育家蔡元培曾说："家庭者，人生最初之学校也。一生之品性，所谓百变不离其宗者，大抵胚胎于家庭之中。习惯固能成性，朋友亦能染人，然较之家庭，则其感化之力远有及者。社会、国家之事业，繁矣，而成此事业之任务，孰非起于家庭中呱呱之小儿乎？虽伟人杰士，震惊一世之意见及行为，其托始于家庭中幼年所受之思想者，盖必不鲜。幼儿受于家庭之训，虽薄物细故，往往终其生而不忘。故幼儿之于长者，如枝干之于根本然，一日之气候，多定于崇朝；一生之事业，多决于婴孩。甚矣，家庭教育之不可忽也"[①]。教育社会学家雷通群亦指出："家庭教育之所以重要，一因人生在家之时期最长，所受之刺激最多，而感化力亦最大；二因家庭各分子间，主观的感情最浓厚，一方的刺激必受他方的反应，所以易养成习惯及性格；三因家庭中有强制的反应作用，即父兄常用严格手段矫正子弟之行为，此为他团体所不及之点。此外凡各团体之活动，大多数可以在家庭表现，或藉家庭中讨论而知其真相一二。吾人直可以说家庭是全社会之缩图。且家中集男女老少于一堂，互相接触，因此可以知各人之年龄与性别不同，故行为与兴趣亦互异。凡此诸点，实可养成社会生活之基本常识"[②]。可见，家庭教育具有学校教育、社会教育不可替代的功能。尤其在古代社会更是如此。

在中国古代社会，生产组织形式是以家庭为基本单位。在这种经济结构方式下，几乎各个家庭的存在都是以自我生产、自我满足为前提的，生产和交换以及社会联系极不广泛，交往的范围极其狭窄，大多数人的生活经验、生产知识、社会规范和准则靠家庭教育获得。因此家庭教育的好坏，关系到家庭的盛衰，所谓："一人得道，鸡犬升天"，"一人获罪，株连九族"，即是古代家庭成员之间荣辱与共密切关系的生动写照。家庭某一成员的发

① 刘梦溪主编：《中国现代学术经典·蔡元培卷·中学修身教科书》，河北教育出版社，1996年版，第155页。

② 雷通群：《教育社会学》，福建教育出版社，2010年版，第38页。

展对家庭其他成员、对整个家庭都会产生影响；关系到国家和社会的稳定和发展。古人对此早有认识："天下之本在国，国之本在家"[①]。"欲治其国者，先齐其家"，"家齐而后国治。"[②]只有搞好家教，才能把家庭治理好；只有通过治理家庭，才能提高教育和管理水平，从而具备治国能力，实现"国治天下平"。所以《孝经》上说："居家理，故治可移于官"。《礼记·大学》云："一家仁，一国兴仁，一家让，一国兴让"。也就是通过协调家庭关系，进而协调社会关系，以至于使国家社会生活形成和谐稳定的格局。

古代家庭的凝聚力主要依靠两种力量：一是靠血脉的天然纽带。二是靠道德的认同。家庭关系是一种包括血缘亲爱在内的伦常关系，个体成员对家庭的义务，主要是一种道德义务。家庭成员之间的矛盾冲突以及维持家庭内部秩序，主要靠家庭道德认同。这种家庭道德最根本的内容，是要求家庭成员认同和遵从以家长权威为核心的家庭秩序。而古代社会的宗法等级制框架与血缘宗法制的家庭结构恰好形成同构性，在家维护父父子子的家庭秩序与在国维护君君臣臣的政治秩序是一致的。在家若能事亲，在官必能事君；在家若能尽孝，在国则必能尽忠。家庭教育既能为小家培养孝顺之子，又能为国家培养尽忠之臣。因此搞好家庭教育不仅成为个人的需要、家庭的需要，更成为国家的需要。"齐家"的关键在于"修身"，所以古代家庭教育把每个家庭成员的良好道德培养放在首位，汉代亦不例外。汉代每个家庭教育内容虽各不相同，有传授谋生技能的、有讲授文化知识的、有训诫处世哲学的，但伦理道德教诲则是必不可少的。伦理道德教育的内容主要是儒家纲常名教，即君为臣纲、父为子纲、夫为妻纲之"三纲"，仁、义、礼、智、信之"五常"。纲常名教的核心，在于维护封建等级制，维护君权、父权、夫权的绝对统治。儒家的伦理道德思想，正是通过家庭教育而得以普及，使人们能自觉地把其作为行事之总则。这对维护社会的稳定无疑具有重要作用。

社会化指的是："个体通过学习知识、技能和社会规范，取得社会生活和正式社会成员的资格，形成和完善个体社会性的过程"[③]。人的社会化是随着人的身心不断发展成熟，而不断向纵深发展的过程。家庭教育在人

① 《孟子·离娄上》，《四书五经》，第 54 页。

② 《大学》，《四书五经》，第 1 页。

③ 季诚钧：《家庭教育学》，南方出版社，1998 年版，第 32 页。

的社会化过程中起着重要的作用。瞿同祖指出:“家族教育职能首当其冲的表现是,它是儿童进入社会的首要媒介;换句话说,正是通过家庭,每个人才学会扮演社会所要求于他的那种角色。……长辈的言谈举止,父母的温严厉色,都会对孩子产生莫大的影响。如此说来,儿童早期的社会化过程主要是发生于戚属组织之内,其他一些媒介,比如学校或者私塾,作用倒是次要的”[①]。古代家庭结构与我们现代家庭有很大不同。现代家庭子女成人后,多另立门户,单独生活。而古代家庭子女在成家立业后,往往仍与父母生活在一起,从官僚豪门到庶族百姓,大都是两代或三代同居,即父母辈与子辈,或祖辈与子女、孙子女辈生活在一起。其所受家庭教育是终身教育,只要父母、长辈在世,晚辈就有接受教诲义务[②]。如汉昭帝时隽不疑为京兆尹,负责京畿地区的治安与刑狱等事。隽不疑每次复审完案件回到家中,其母辄问不疑:“有所平反,活几何人?”隽不疑说多有平反,母喜笑,饭吃得多,话也多。如果说没有平反的,“母怒,为之不食”。在母亲督导之下,隽不疑为官,执法公允,“严而不残”,“京师吏民敬其威信”。[③] 正因汉代家庭教育从胎儿到垂老贯穿人的一生,生命不息家教不止,故它对社会的影响是远非现代家教所能比拟。

汉代家庭教育,除通过向子孙灌输伦理道德知识、生产技术、生活经验,即把一个生物人培养成一个社会人,来对社会产生影响外,还通过世代相承的家教门风,来影响社会风尚。“家风是一个家庭经过历代积累而形成的对本家庭成员有约束作用的一整套人生观、价值观所反映出来的行为习惯。家风是维系家门的纲,看起来是个无形的东西,却是靠着家庭内部的血缘关系和价值取向所形成的文化秩序”[④]。汉代人在进行家庭教育时,特别强调要为孩子创设良好的受教育环境。家庭是人生活的重要场所,日复一日的家庭琐事对子女影响是潜移默化的,同时作用也是极大的。

---

① 瞿同祖:《汉代社会结构》,上海人民出版社,2007 年版,第 36 页。

② 战国时商鞅变法,推行家庭分异政策:“民有二男以上者,倍其赋。”结果出现了“家富子壮则出分,家贫子壮则出赘”的现象(《史记·商君列传》),迫使大家庭分解为兄弟分居、父子异室的个体小家庭。而在汉代却出现了一批聚居的大家庭,如石奋,有四子,数代同居;张释之,兄弟同居;蔡邕与叔父同居,三世不分财,“乡党高其义”。这种家庭结构的变化,是与汉代统治者推行“以孝治天下”的政策分不开的。汉代是孝观念兴盛的时代,家庭和睦,同产共居成为孝道对有血缘关系家庭成员的要求。汉代大家庭的增多,奠定了家庭教育的社会基础。

③ 《汉书》卷七十一《隽不疑传》,第 3036—3037 页。

④ 李建业:《孝文化与汉代社会》,山东师范大学 2007 年硕士学位论文。

因此汉代人非常重视家长自身素质的提高，强调家长的言传身教作用。家长要求子孙后代做到的，自己首先做到，以身作则，把律己与教子统一起来。这不仅对子女、对父母，而且对形成良好的家庭风貌，都有着重要的作用。如石奋是西汉初人，官居太子太傅，他的四子均官至二千石，父子五人的官俸加起来恰好万石，故被称为万石君。石家以“恭谨”家风著称。万石君年老退休归家后，每次“过宫门阙必下车趋”，以示对朝廷恭敬。做官的儿孙们来看望他，万石君“必朝服见之，不名”，以示对朝廷官员尊重。子孙有错失，他“不诮让，为便坐，对案不食。然后诸子相责，因长老肉袒固谢罪，改之，乃许”[①]。万石君的家教主要以“身教”为主，即通过日常生活中一举一动给儿孙所起的表率作用来施教。当然也有言教的时候。其子内史石庆有一次喝醉了酒回家，到巷门口也没有下车，一直坐到了家门口。石奋听到了这件事，气的没有吃饭。石庆酒醒后非常惶恐，肉袒前去请罪，老父却不肯原谅他。石庆又拉来哥哥石建及闾里宗亲，在众人面前再向父亲认错。石奋这才批评他说：“内史贵人。入闾里，里中长老皆走匿。而内史坐车中自如，固当！”[②]此后石奋的子孙们进巷口时，总是下车小心恭顺地走回家。正因为万石君为子孙们做出了良好的榜样，子孙们在潜移默化中受到了教育，故“万石君家以孝谨闻于郡国，虽齐鲁诸儒质行，皆自以为不及也”[③]。其家教的影响可谓不小，以至于出现了石庆任齐相，“齐国慕其家行，不治而齐国大治，为立石相祠”之事[④]。

再如杨震，少好学，“明经博览，无不穷究”，被称为“关西孔子”[⑤]。曾任东莱太守。当他前去赴任，途经昌邑时，昌邑令王密为报知遇之恩，夜里带着十斤黄金要送给杨震。杨震很生气地问道：“故人知君，君不知故人，何也？”王密说：“暮夜无知者”。杨震厉声斥道：“天知，神知，我知，子知。何谓无知！”[⑥]王密满面羞愧地带着黄金离去，这就是杨震著名的“四知”。面对故人送来的黄金，杨震丝毫不为所动，断然拒绝，体现了一个官僚士大夫所具有的高尚的清廉品格。杨震因只靠官俸度日，从不接受私人馈赠，

---

① 《汉书》卷四十六《万石君传》，第 2194 页。
② 《汉书》卷四十六《万石君传》，第 2196 页。
③ 《汉书》卷四十六《万石君传》，第 2194 页。
④ 《汉书》卷四十六《万石君传》，第 2197 页。
⑤ 《后汉书》卷五十四《杨震列传》，第 1759 页。
⑥ 《后汉书》卷五十四《杨震列传》，第 1760 页。

生活清苦,"子孙常疏食步行"。一些故旧长者常劝杨震为子孙置办产业,杨震不为所动,他说:"使后世称为清白吏子孙,以此遗之,不亦厚乎!"[①]宁愿留给子孙清白的声名,也不愿为子孙谋些许私利,此种做法令人钦敬。后来,由于杨震刚直不阿,多次上疏批评中常侍樊丰等人,被樊丰所诬,罢官自杀。死时留下遗嘱,叫子孙将自己薄葬。杨震清廉耿直的为官作风,对子孙产生了深刻影响。如其子杨秉"少传父业,兼明《京氏易》,博通书传"[②],曾任侍御史,豫、荆、徐、兖四州刺史。他曾经从容地对人说:"我有三不惑:酒、色、财也"[③]。"自为刺史、二千石,计日受俸,余禄不入私门。故吏赍钱百万遗之,闭门不受,以廉洁称"[④]。杨秉为官也以刚直著称:"每朝廷有得失,辄忠规谏,多见纳用"[⑤]。完全继承了其父高尚的人格风范。杨秉敢于同专权的宦官集团作斗争。延熹五年,杨秉担任太尉。当时宦官的气焰嚣张:"任人及子弟为官,布满天下,竞为贪淫,朝野嗟怨"[⑥],杨秉遂与司空周景联名上书劝谏说:"内外吏职,多非其人,自顷所征,皆特拜不试,致盗窃纵恣,怨讼纷错。旧典,中臣子弟不得居位秉势,而今枝叶宾客布列职署,或年少庸人,典据守宰,上下忿患,四方愁毒。可遵用旧章,退贪残,塞灾谤"[⑦]。要求桓帝罢免宦官充斥在朝廷内外的势力以清明政治,稳定朝纲,桓帝从之。于是杨秉"条奏牧守以下匈奴中郎将燕瑗、青州刺史羊亮、辽东太守孙諠等五十余人,或死或免,天下莫不肃然"[⑧]。当时中常侍侯览的弟弟侯参为益州刺史,贪赃枉法,为非作歹。杨秉上书弹劾侯参,指出:"参取受罪臧累亿。牂柯男子张攸,居为富室,参横加非罪,云造讹言,杀攸家八人,没入庐宅。又与同郡诸生李元之官,共饮酒,醉饱之后,戏故相犯,诬言有淫慝之罪,应时捶杀。以人臣之势,行桀纣之态,伤和逆理,痛感天地,宜当槛持,以谢一州"[⑨]。侯参结果被"槛车征诣廷尉"[⑩],侯参自知

① 《后汉书》卷五十四《杨震列传》,第1760页。
② 《后汉书》卷五十四《杨震列传》,第1769页。
③ 《后汉书》卷五十四《杨震列传》,第1775页。
④ 《后汉书》卷五十四《杨震列传》,第1769页。
⑤ 《后汉书》卷五十四《杨震列传》,第1774页。
⑥ 《后汉书》卷五十四《杨震列传》,第1772页。
⑦ 《后汉书》卷五十四《杨震列传》,第1772页。
⑧ 《后汉书》卷五十四《杨震列传》,第1772页。
⑨ 《后汉书》卷五十四《杨震列传》注引《谢承书》,第1774页。
⑩ 《后汉书》卷五十四《杨震列传》,第1773页。

罪大恶极，于途中自杀。杨秉的孙子杨彪亦能秉承门风，为官清正廉明，敢于同宦官集团的不法行为作斗争。灵帝时他曾任京兆尹，光和中，“黄门令王甫使门生于郡界辜榷官财物七千余万，彪发其奸，言之司隶。司隶校尉阳球因此奏诛甫，天下莫不惬心”[①]。正是由于杨彪勇敢地揭发出王甫的罪行，才使权倾一时的大宦官王甫受到了应有的惩处。杨震的曾孙杨奇灵帝时为侍中，不肯随便奉承灵帝，灵帝感叹道：“卿强项，真杨震子孙”[②]。从杨震到杨彪，杨家“四世为太尉，德业相继，与袁氏俱为东京名族”[③]。杨震及其子孙“一直秉承其家族的家学和传统，清正廉明，不卑不亢。即使在宦官、外戚交替轮流执政的东汉后期，在朝廷内外，人人明哲保身，趋炎附势的浊流中，弘农杨氏子孙也始终坚守着自己的名节和尊严，不畏权势，不趋富贵，并积极地带领党人和士大夫同宦官和外戚集团做坚决的斗争，矢志不渝，真正地做到了一个儒家士大夫应尽的本分，他们是东汉士人集团中最优秀的代表，也是东汉经学世家中的佼佼者！”[④]杨家清白的门风对后世社会也有影响。如南朝梁人徐勉就曾效杨震，“虽居显位，不营产生，家无蓄积”。“门人故旧或从客致言，勉乃答曰：‘人遗子孙以财，我遗之以清白’”[⑤]。从此教子廉洁者，代不乏人。

总之，汉代家庭教育以自己别具特色的教育功能和方式促进了家国整合机制的形成和巩固，保证了家庭生活、社会生活的稳定，一定程度上推动了农耕社会的进步和发展。汉代家庭教育在先秦的基础上有了进一步发展，形成了以儒家思想为主导，以官僚士大夫为主体，包括帝王家教、女子家教、胎教等在内的家教框架，从形式到内容为两千年封建社会家庭教育的发展奠定了基础。其重视伦理道德与行为规范教育，培养子弟具有自立自强、吃苦耐劳、廉洁奉公、谦虚谨慎等品格的做法，对于我们现代的家庭教育，仍有启迪借鉴作用。

在当代的家庭教育中，大多数家长被一般的社会期望和价值观所左右，往往从提高学业成绩的角度来关心子女的成长，很少顾及孩子的个性

① 《后汉书》卷五十四《杨震列传》，第 1786 页。
② 《后汉书》卷五十四《杨震列传》，第 1768 页。
③ 《后汉书》卷五十四《杨震列传》，第 1790 页。
④ 杨振梅：《东汉经学世家述论》，曲阜师范大学 2006 年硕士学位论文。
⑤ 《梁书》卷二十五《徐勉传》，中华书局，1973 年版，第 383 页。

成熟和社会化问题。“望子成龙”、“望女成凤”成为许多家长的教育价值目标，因而出现了“重智轻德”的现象。他们对知识、才能十分看重，以为考高分、上名校便成了才，不考虑孩子的兴趣爱好，一味施加以学习的重任。许多父母按照学校的要求给子女补课辅导，命题考核，检查作业，改正错误，家庭教育成了学校教育的继续和延伸，变为学校的第二课堂。而忽视孩子个性、精神面貌和道德观的培养，致使孩子获得科学文化知识的同时，缺乏“为人之道”的引导。在孩子身上出现了道德、品质、意志、情操等方面的许多弱点，诸如不同程度的自私、任性、骄傲、脆弱等，影响了健全人格的形成。重温汉代家教中重视道德教育等内容，无疑有助于改善当前家庭教育的状况。

第三章　社会教育

我国是一个文明古国，学校教育、家庭教育和社会教育都有着悠久的发展历史。在汉代，这三种教育形式广泛存在于社会之中，它们相互配合、相互促进，构成了一个庞大的教育网络，共同为维护封建统治发挥着积极的作用。由于兴办和维持学校教育，需要一定的人力、物力，即使有幸办起来，也存在着学校数量有限，招生规模有限的问题，因此，能够进入学校接受教育者，只是人口中的少数。而家庭教育仅局限在家庭范围之内，并因家长身份、地位的不同而有教育内容的差异。社会教育则面向全体臣民，通过多种途径向他们传播和灌输封建的道德准则和伦理规范，使其能发自内心地认同封建专制的等级秩序，最终达到所谓“长治久安”。正因为社会教育弥补了学校教育、家庭教育的不足，在巩固封建统治上有着不可替代的作用，所以受到了历代统治阶级的重视，汉代的统治者也不例外，无论是在社会教育的理论认识上，还是在社会教育的实践上，均比前代进了一步。

第一节　社会教育的概念界定及历史回顾

在现代社会，社会教育是一个使用频率极高的概念，可以说达到了耳熟能详的地步，然而对其内含所指，人们存在着不尽相同的认识。大致来说有以下三种意见：

其一，认为社会教育就是“整个社会生活影响于个人身心发展的教育”①。“社会教育就是通过学校及学校以外的社会文化教育机构对青少年和人民群众进行的教育”②。

其二，认为“社会教育是学校与家庭以外的社会文化机构以及有关的社会团体或组织对社会成员，特别是青少年所进行的教育”③。

---

① 李冀主编:《教育管理辞典》，海南人民出版社，1989 年版，第 15 页。

② 张念宏主编:《教育百科辞典》，中国农业科技出版社，1988 年版，第 382 页。

③ 厉以贤:《现代教育原理》，北京师范大学出版社，1988 年版，第 334 页。

其三，认为社会教育的概念有广义和狭义之分。广义的“指一切社会生活影响于个人身心发展的教育”。狭义的则“指学校教育以外的一切文化教育设施对青少年、儿童和成人进行的各种教育活动”①。

综合分析、比较上述意见，我们认为第三种看法较为全面、科学。实际上，古代的社会教育已有广义、狭义之别。考查儒经不难发现，儒家所言之“教”，通常并非仅以学校教育为限，而是包括一切教育形式在内，即是就整个社会教育而言，亦即“教化”。《白虎通义·三教》概括了儒家经典关于教化的基本观点：“教者，效也。上为之，下效之。民有质朴，不教不成。故《孝经》曰：‘先王见教之可以化民。’《论语》曰：‘不教民战，是谓弃之。’《尚书》曰：‘以教祗德。’《诗》云：‘尔之教矣，欲民斯效。’”从广义而言，社会教育包括学校教育、家庭教育及社会生活中一切具有教育意义的活动。既包括有目的、有计划、有组织的教育影响，又包括自发的社会环境的熏陶和影响。从狭义而言，社会教育“应限定在有意识、有目的地改善社会习俗的带教育性质的制度措施范围内，包括推广礼教，宣传有关伦理道德，厉行劝善惩恶、尤其是旌德扬善，作为表率和示范，以供民众效法”②。本章所讨论的主要指狭义的社会教育。

社会教育活动是随着人类社会的产生而出现的，与人类历史一样悠久。在原始社会，人们共同生产、共同生活，年长的一代为了保证氏族社会生产和生活的不断发展，便将他们积累的生产、生活经验传授给年轻一代。这种有目的、有意识的传授活动即是社会教育。这种教育活动始终都是与生产劳动和社会生活紧密联系在一起的。在古代文献中有关于原始社会教育活动的记载。如：“上古之世，人民少而禽兽众，人民不胜禽兽虫蛇。……有圣人作，钻燧取火，以化腥臊，而民悦之，使王天下，号曰燧人氏”③。“伏羲氏之世，天下多兽，故教民以猎”④。“古者，民茹草饮水，采树木之实，食蠃蛖之肉，时多疾病毒伤之害。于是神农乃始教民播种五谷，相土地之宜，燥湿肥硗高下；尝百草之滋味、水泉之甘苦，使民知所辟就”⑤。

---

① 《中国大百科全书·教育》，中国大百科全书出版社，1985 年版，第 313 页。

② 李国钧、王炳照主编：《中国教育制度通史》(第一卷)，山东教育出版社，2000 年版，第 404 页。

③ 《韩非子校注·五蠹》，江苏人民出版社，1982 年版，第 661 页。

④ 《尸子·君治》，华东师范大学出版社，2010 年版。

⑤ 《淮南子》卷十九《修务》，中华书局，2009 年版，第 263 页。

"上古皆穴处，有圣人教之巢居，号大巢氏。今南方人巢居，北方人穴处，古之遗俗也"[①]。

到原始社会末期，随着私有制的出现，家庭的诞生，家庭教育应运而生。同时，专门的学校教育也已产生。但社会教育活动并未就此消失，而是依然存在。如西周时期，统治者就非常重视对整个社会，尤其是对广大劳动人民进行所谓"教化"。《周礼·地官》记载有"聚民读法"的规定，由大司徒、州长、党正等官员于正月、七月、十一月的初一日，集合所辖之民，宣讲朝廷政策法令，并对教化的效果当场进行检验，扬善惩恶。《周礼》列有社会教化的十二项内容，它们是：一、以祀礼（指祭祀之礼）教敬则民不苟；二、以阳礼（指乡饮酒礼）教让则民不争；三、以阴礼（指婚姻之礼）教亲则民不怨；四、以乐礼教和则民不乖；五、以仪辨等则民不越；六、以俗教安则民不揄；七、以刑教中则民不暴；八、以誓教恤则民不怠；九、以度教节则民知足；十、以世事教能则民不失积；十一、以贤制爵则民慎德；十二、以庸制禄则民兴功。分析这些内容可以看出，社会教育的中心思想是等级社会的伦常观念，施行教化的基本形式则是礼教。通过社会教育，使全体成员心悦诚服地接受这些体现尊卑长幼等级秩序的规范体系，成为"不苟"、"不争"、"不怨"、"不乖"、"不越"、"不揄"、"不暴"、"不怠"、"知足"、"慎德"的忠臣顺民，以维护君主专制统治。

秦代实行"以吏为师，以法为教"的政策，不设官学，又禁私学，企图以社会教育代替学校教育。秦于地方基层，设有专门负责教化的三老一职。陈胜起义时就曾召集三老及地方豪杰议事。《汉书·高帝纪》原注宗祁曰："三老掌教化，秦制也"。秦始皇统一天下后，曾先后五出巡天下，在多处刻石记功。刻石文辞虽主要是颂扬秦始皇的丰功伟绩，但也明显含有凭借皇帝的最高权威来一法度、正异俗的社会教化意图。如泰山刻石："从臣思迹，本原事业，祗颂功德。治道运行，诸产得宜，皆有法式。大义休明，垂于后世，顺承勿革。皇帝躬圣，既平天下，不懈于治。夙兴夜寐，建设长利，专隆教诲。训经宣达，远近毕理，咸成圣志。贵贱分明，男女礼顺，慎遵职事。昭隔内外，靡不清静，施于后嗣"[②]。芝罘刻石："作立大义，昭设备器，咸有

① 《太平御览》卷七十八《皇王部三》，第363页。

② 《史记》卷六《秦始皇本纪》，第243页。

章旗。职臣遵分，各知所行，事无嫌疑。黔首改化，远迩同度，临古绝尤。常职既定，后嗣循业，长承圣治”[1]。刻石本身就是一种教化措施，石刻立于野外，人人可得观看，故公开性强；石体沉重，文字难以篡改，故可靠性强；坚固结实，不易磨损，故保存性强[2]。

秦统治者也重视对各种基本人际关系的规范。云梦秦简《为吏之道》表述了社会伦理关系的准则："为人君则鬼，为人臣则忠，为人父则慈，为人子则孝。能审行此，无官不治，无志不彻，为人上则明，为人下则圣。君鬼臣忠，父慈子孝，政之本也。上明下圣，治之纪也。"[3]对君臣、父子、上下双方都提出了道德规范的要求，并把其作为治国行政的纲纪。有人认为，孝是儒家奉行的道德规范，秦朝崇尚法家，以法治国，不可能提倡孝道。我们赞同秦朝是重视孝道的观点，这可从秦始皇自身的奉行家教，秦朝的政策、法律、习俗等方面得到反映[4]。如峄山刻石中有"廿有六年，上荐高庙，孝道显明"[5]之语，说明秦始皇是身体力行宣传孝道的。夫妻关系是家庭内最重要的人际关系。《周易·序卦》曰："有男女然后有夫妇，有夫妇然后有父子，有父子然后有君臣，有君臣然后有上下，有上下然后礼义有所顺，夫妇之道，不可不久也"。因此规范夫妇关系中的道德准则，是社会教育的一个重要内容。秦代在这方面有具体的要求："饰省宣义，有子而嫁，倍死不贞。防隔内外，禁止淫佚，男女洁诚。夫为寄豭，杀之无罪，男秉义程。妻为逃嫁，子不得母，咸化廉清。大治濯俗，天下承风，蒙被休经"[6]。维护一夫一妻的伦理原则，严加防止男女间发生淫乱之事。丧夫而有子者如再嫁，就是不贞。与他人私奔者，原生子女不能承认她是母亲。用国家法令的形式来强调女子贞操，是前所未有的。对与他人之妻通奸者，被捉住后杀死，官方将不予追究。秦始皇还以朝廷名义表彰守洁不嫁的寡妇。如巴寡妇清"能守其业，用财自卫，不见侵犯。秦始皇以为贞妇而客之，为筑女

---

① 《史记》卷六《秦始皇本纪》，第 250 页。

② 李国钧、王炳照主编：《中国教育制度通史》（第一卷），山东教育出版社，2000 年版，第 195—196 页。

③ 《睡虎地秦墓竹简》，文物出版社，1978 年版，第 285 页。

④ 冯一下：《秦朝的孝道》，《中学历史教学参考》1997 年第 5 期。

⑤ 严可均辑：《全秦文》卷一，中华书局，1958 年版，第 121 页。

⑥ 《史记》卷六《秦始皇本纪》，第 262 页。

怀清台”[①]。开了政府表彰贞妇、烈女的先河。

从上述可知，秦代开展社会教育活动可谓不遗余力，然其失误就在于单纯依赖社会教育，而忽视学校在推广社会教化中的作用，秦的速亡不能说与此无关。汉代吸取了秦的教训，在实施社会教育的同时，也重视学校教育和家庭教育，充分发挥三者在推广教化中的作用，使其成为巩固专制统治的有力手段，并取得了显著成效。

第二节 社会教育的内容

社会教育，一般是指统治者对整个社会，尤其是广大劳动人民实施的道德教育。社会教育之目的，就是要实现“化民成俗”。所谓化民，就是侧重于用统治阶级的道德观念来训练老百姓的思想、情感，达到“一民心”的结果；所谓成俗，就是侧重于以统治阶级的道德准则来整肃民风、民习，实现“齐风俗”[②]，从而达到“俗齐则和，心一则固，人于是乎可任使也”[③]的专制统治之目的。汉代社会教育的内容丰富多彩，一部分来自官方的政治性教化，一部分属于社会生产和社会生活所需的各种知识、技能及习俗规范，其中最主要的就是“三纲五常”封建伦理规范，它是经由董仲舒、班固等人加工而成的一套定型封建礼教。

君臣、父子、夫妇是封建社会中三种最基本的伦常关系，君臣关系是政治关系的核心；父子关系是血缘关系的核心；夫妇关系是男女关系的核心。董仲舒把它们和天道阴阳五行相类比，使其披上了神秘主义色彩，进一步肯定君臣、父子、夫妇间的尊卑、主从关系。他认为对立的事物是相互依存的，即“物必有合”，但这种合总是单向的、带主从关系的而不是双向的、平等的，在下者被合于在上者，阴总是被兼于阳：“阴者，阳之合；妻者，夫之合；子者，父之合；臣者，君之合。物莫无合，而合各有阴阳。阳兼于阴，阴兼于阳；夫兼于妻，妻兼于夫；父兼于子，子兼于父；君兼于臣，臣兼于君。君臣、父子、夫妇之义，皆取诸阴阳之道。君为阳，臣为阴；父为阳，子为阴；夫为阳，妻为阴。阴阳无所独行，其始也不得专起，其终也不得分功，有所

① 《史记》卷一百二十九《货殖列传》，第 3260 页。

② 毛礼锐主编：《中国教育史简编》，教育科学出版社，1984 年版，第 387 页。

③ 《全唐文》卷六百七十《白居易十五·策林一》，中文百科在线网。

兼之义。是故臣兼功于君，子兼功于父，妻兼功于夫，阴兼功于阳，地兼功于天”[①]。臣对君，子对父，妻对夫都是处于从属的地位，后者依附于前者。他说：“丈夫虽贱皆为阳，妇人虽贵皆为阴，阴之中亦相为阴，阳之中亦相为阳。诸在上者皆为其下阳，诸在下者皆为其上阴”[②]。认为君对臣，父对子，夫对妻的统治和后者对前者的服从，是绝对的、无条件的。他还说：“仁义制度之数，尽取之天。天为君而覆露之，地为臣而持载之。阳为夫而生之，阴为妇而助之；春为父而生之，夏为子而养之，秋为死而棺之，冬为痛而丧之。王道之三纲，可求于天”[③]。将君臣、父子、夫妇与天地、阴阳、四时相比附，将社会伦理与自然法则合一，把人世间的伦常属性说成来源于天。

孝是调节家庭关系的道德范畴，忠是调节政治关系的道德范畴，前者主要在家庭范围内发挥作用，后者则主要在国家之中发生作用。但忠和孝所调节的君臣关系、父子关系均是一种尊卑、主从的不平等关系，都要求作为被统治的子孙、臣民能够心悦诚服地忠实、顺从父家长、君主的统治。因此，在家国同构的封建社会中，忠与孝是密切联系不能分割的。国家是家庭的扩大，皇权是父家长权的扩大。封建君主和各级地方官吏总是以“君父”、“父母官”自称，就是企图把国家的政治关系和家族的血缘关系混同起来，要求臣民用对父家长的孝敬、顺从态度，来对待各级统治者，从而维护君主专制集权统治秩序。正因为忠道、孝道是维护专制统治的重要工具，故董仲舒予以特别强调。他用五行相生关系论证《孝经》中孝是“天之经，地之义”的思想。他说：“天有五行：木、火、土、金、水是也。木生火，火生土，土生金，金生水……是故父之所生，其子长之；父之所长，其子养之；父之所养，其子成之。诸父所为，其子皆奉承而续行之，不敢不致如父之意，尽为人之道也。故五行者，五行也。由此观之，父授之，子受之，乃天道也。故曰‘夫孝者，天之经也。’”又说：“土者，火之子也，五行莫贵于土。土之于四时，无所命者，不与火分功名。……忠臣之义，孝子之行取之土。土者，五行最贵者也，其义不可以加矣”[④]。认为子之孝父就是取法于地之事天，土之奉火的。董仲舒用同样的方式论证了忠道。他说：“圣人之行，莫贵于

① 《春秋繁露·基义》，中华书局，2012年版，第464—465页。
② 《春秋繁露·阳尊阴卑》，第414页。
③ 《春秋繁露·基义》，第465页。
④ 《春秋繁露·五行对》，第394—396页。

忠，土德之谓也”[1]。“事君，若土之敬天也。”[2]“五行者，乃孝子、忠臣之行也”[3]。

在封建社会中，维系“三纲”的道德范畴，除了忠孝，尚有“五常”。“如果说，‘三纲’规定了上下等级之间的伦理关系，那么，‘五常’则是作为个人处理人际关系，从而得以实行‘三纲’的五种根本的道德要求和道德意识”[4]。仁、义、礼、智、信虽早已提出，但把它们概括为“五常之道”则是董仲舒。董仲舒在《对贤良策》中指出：“夫仁义礼智信五常之道，王者所当修饬也；五者修饬，故受天之祐，而享鬼神之灵，德施于方外，延及群生也”[5]。即是说“三纲”与“五常”一起，同为封建伦理和教化的核心内容。

所谓仁，董仲舒认为：“仁者憯怛爱人，谨翕不争，好恶敦伦，无伤恶之心，无隐忌之志，无嫉妒之气，无感愁之欲，无险诐之事，无辟违之行，故其心舒，其志平，其气和，其欲节，其事易，其行道，故能平易和理而无争也。如此者，谓之仁”[6]。即是说能为他人的不幸而悲痛忧伤，以敬慎和顺的态度对待人，不争强好胜，与人和睦相处，无害人之心，不胡乱猜忌他人，真诚待人，不做违背道义之事，如此，他就能做到心情舒畅，能对自己的欲望有所节制，做事稳当，好行义，这样的人就是仁人。董仲舒继承先秦儒家的传统，把仁作为五常之首，并与天道相联系。他说：“仁之美者在于天。天，仁也”[7]。天意至仁，在于养人。“生育养长，成而更生，终而复始，其事所以利活民者无已。天虽不言，其欲赡足之意可见也”[8]。天之目的是以利活民，使民赡足，这就决定了它的一切活动都是善之体现。既然天意爱人，而人又受命于天，所以人之仁德亦取法于天，仁也就是最高的道德原则，人应该去爱人，“仁之法在爱人，不在爱我；……人不被其爱，虽厚自爱，不予为仁”[9]。“故仁者所以爱人类也”[10]。仁就是指爱别人，不爱别人，只爱自己，

---

① 《春秋繁露·五行之义》，第 408 页。
② 《春秋繁露·五行之义》，第 407 页。
③ 《春秋繁露·五行之义》，第 405 页。
④ 朱贻庭主编：《中国传统伦理思想史》，华东师范大学出版社，1989 年版，第 212 页。
⑤ 《汉书》卷五十六《董仲舒传》，第 2505 页。
⑥ 《春秋繁露·必仁且智》，第 327 页。
⑦ 《春秋繁露·王道通三》，第 421 页。
⑧ 《春秋繁露·诸侯》，第 392 页。
⑨ 《春秋繁露·仁义法》，第 314 页。
⑩ 《春秋繁露·必仁且智》，第 325 页。

不能算仁。

所谓义，董仲舒认为，“言义者，合我与宜以为一言，以此操之，义之为言我也。故曰：有为而得义者，谓之自得；有为而失义者，谓之自失；人好义者，谓之自好；人不好义者，谓之不自好。以此参之，义，我也，明矣”[①]。就是说，我做了我应该做的事，我走了我应该走的路，即为义。能否“好义”、“行义”，完全取决于自己。他说：“义之法在正我，不在正人。我不自正，虽能正人，弗予为义”[②]。义要求用封建伦理来纠正自己的错误，如果自己行为不端正，即使能够整治别人，也不能算义。如何才能达到义呢？董仲舒认为，要“躬自厚而薄责于外”[③]，即严于律己，宽于待人。对于自己的错误，即使很小，也要主动揭露出来加以批判。他指出：“自称其恶，谓之情；称人之恶，谓之贼。求诸己，谓之厚；求诸人，谓之薄。自责以备，谓之明；责人以备，谓之惑。是故以自治之节治人，是居上不宽也；以治人之度自治，是谓礼不敬也”[④]。如果人人都能自责、自治，社会自然安定。他认为，揭露错误后，就要“反理以正身”[⑤]。即使自己的言行回到封建伦理上来，用封建伦理来严格要求自己，这样就能实现正身之目的。

董仲舒已认识到伦理道德教育的核心，是正确处理人我关系问题，因此，对于仁与义、修己与治人的区别，进行了阐述。他说：“《春秋》之所治，人与我也。所以治人与我者，仁与义也。以仁安人，以义正我。故仁之为言人也，义之为言我也，言名以别矣。仁之于人，义之于我者，不可不察也”[⑥]。仁是对待别人要宽厚，义是对待自己要严格。正因为仁义是应用于不同对象的道德规范，其侧重点不同，如果弄颠倒了，反以仁自裕，就会对自己过于放任，而以义责人，又会对别人过于苛求，这样，必然“诡其处而逆其理，鲜不乱矣”[⑦]。因此必须“求仁义之别，以纪人我之间，然后辨乎内外之分，而著于顺逆之处也。是故内治反理以正身，据礼以劝福；外治推恩

① 《春秋繁露·仁义法》，第319页。
② 《春秋繁露·仁义法》，第314页。
③ 《春秋繁露·仁义法》，第321页。
④ 《春秋繁露·仁义法》，第321页。
⑤ 《春秋繁露·仁义法》，第321页。
⑥ 《春秋繁露·仁义法》，第314页。
⑦ 《春秋繁露·仁义法》，第314页。

以广施,宽制以容众"[1]。自董仲舒以后,这种说法相当流行。如东方朔《答客难》中有"引义以正其身,推恩以广其下"之言。《汉书·杜钦传》载钦对策曰:"王者法天地,非仁无以广施,非义无以正身。克己就义,恕以及人,六经之所上也。"

董仲舒对"义"以及"仁"、"义"关系的解释,为中国伦理思想史所仅见,确是他的独特见解。他把社会人际关系最后归结为"人我之间",并把处理这一关系分析为对人和对己两个方面,认为只要做到"正我"、"爱人"就能使社会关系"顺"而不乱,从而把自我修养与待人处事统一起来。这作为处理人际关系的一种模式,不无合理之处[2]。

董仲舒认为礼的根源在于天,"礼者,继天地,体阴阳,而慎主客,序尊卑、贵贱、大小之位,而差内外、远近、新旧之级者也"[3]。明确指出,礼是区分人与人之间的规范,是等级制的象征。每个人必须根据自己的等级地位,享受不同的衣食住行用,使等级地位的名与衣食住行用之实相符合。他说:"礼,体情而防乱者也。民之情,不能制其欲,使之度礼。目视正色,耳听正声,口食正味,身行正道,非夺之情也,所以安其情也"[4]。以礼规范制约言行,非礼勿言听视动,使人性中的恶质得到抑制,性善才有保证。他认为定礼节之目的在于使"贵贱有等,衣服有制,朝廷有位,乡党有序,则民有所让而不敢争,所以一之也"[5]。就是要使人人都安于本分,天下也就太平了。

董仲舒认为,要真正做到仁义,还必须有智,因为"仁而不智,则爱而不别也"[6]。那么什么是智呢?他说:"何谓之智?先言而后当。凡人欲舍行为,皆以其智,先规而后为之。其规是者,其所谓得其所事,当其行,遂其名,荣其身,故利而无患,福及子孙,德加万民,汤、武是也。其规非者,其所为不得其所事,不当其行,不遂其名,辱害及其身,绝世无后,残类灭宗亡国,桀、纣是也。故曰:'莫急于智。'智者见祸福远,其知利害早,物动而知其化,事兴而知其归,见始而知其终。言之无敢哗,立之而不可废,取之而

---

① 《春秋繁露·仁义法》,第 321 页。
② 朱贻庭主编:《中国传统伦理思想史》,华东师范大学出版社,1989 年版,第 213 页。
③ 《春秋繁露·奉本》,第 354 页。
④ 《春秋繁露·天道施》,第 654—655 页。
⑤ 《春秋繁露·度制》,第 289 页。
⑥ 《春秋繁露·必仁且智》,第 325 页。

不可舍,前后不相悖,终始有类,思之而有复,及之而不可厌。其言寡而足,约而喻,简而达,省而具,少而不可益,多而不可损。其动中伦,其言当务。如是者,谓之智”[①]。智并非一般意义上的智慧、才能,而是专指是非和道德的洞察、判断和预见力。如果没有智的指导,就没有正确行为,因此智也是人们必须具备的品德。他认为,仁与智在道德教育中,都是非常重要的,二者是相济相成的关系,是不可或缺的。他说:“不仁而有勇力材能,则狂而操利兵也;不智而辩慧狷给,则迷而乘良马也。故不仁不智而有材能,将以其材能,以辅其邪狂之心,而赞其僻违之行,适足以大其非,而甚其恶耳”[②]。不仁不智,是十分危险的、有害的。因此,只有“必仁且智”,即把德育与智育结合起来,重视智力因素在道德修养中的作用,才能修成完美的人生。

所谓信,董仲舒一方面指信义,他说:“伐丧无义,叛盟无信,无信无义,故大恶之”[③]。信是对义的保证。另一方面也指诚实专一。董仲舒认为履行道德行为时不能左顾右盼,要孜孜不倦地完善自己的本性。同时,躬行礼义也需要在至诚无妄的心理状态下才能完成,“竭愚写情,不饰其过,所以为信也”[④]。这样,持之以恒,忠诚专一,就能继续为善,成就自己的德性了。

总之,董仲舒认为:“三纲五常”这一系统的伦理道德规范,既是进行社会教化的具体内容,又是个人修养的必要手段与途径,通过教化与修养,使其内化为人的本质存在,从而达到人性善。这样便可实现维护封建纲常秩序,巩固封建宗法制度之目的。

《白虎通》认为,封建时代的社会关系网千头万绪,无论什么人都生活在这个罗网之中,只有抓住纲纪,网目自然张开,才能统领一切,治理天下,因此纲纪是教化的核心。它说:“三纲者,何谓也?谓君臣、父子、夫妇也。六纪者,谓诸父、兄弟、族人、诸舅、师长、朋友也。故《含文嘉》曰:‘君为臣纲,父为子纲,夫为妻纲’”。“何为纲纪?纲者,张也。纪者,理也。大者为纲,小者为纪。所以张理上下,整齐人道也。人皆怀五常之性,有亲爱之

① 《春秋繁露·必仁且智》,第327—328页。

② 《春秋繁露·必仁且智》,第325页。

③ 《春秋繁露·竹林》,第65页。

④ 《春秋繁露·天地之行》,第632页。

心，是以纲纪为化，若罗网之有纪纲而万目张也”[①]。

三纲不是并列的关系，其中君为臣纲最重要，居于首位。君权至高无上，所有臣民都要服从君主的支配，在事君与事父发生矛盾时，父权要服从君权，所谓“不以父命废王命”[②]，子女固然是父母所生，但社会性的教化、养育则属于王，“故父不得专也”[③]。还把君主父亲化，君主就是天下之父母，因此，“臣子之于君父，其义一也”[④]，“夫臣之事君，犹子之事父”[⑤]。对于父子关系，《三纲六纪》篇作了理论上的规定：“父子者，何谓也？父者，矩也，以法度教子也。子者，孳也，孳孳无已也”[⑥]。父的任务是教子以法度，而子则必须老老实实地接受父亲的管教，学习和遵守封建法度，显然这是为维护封建统治秩序服务的。对于夫妇关系，《白虎通》也作了诠释：“夫妇者，何谓也？夫者，扶也，以道扶接也。妇者，服也，以礼屈服也”[⑦]。丈夫要用封建道德要求妻子，妻子则必须绝对服从。“男女者，何谓也？男者，任也，任功业也。女者，如也，从如人也。在家从父母，既嫁从夫，夫没从子。《传》曰‘妇人有三从之义’焉”[⑧]。这样，女子的一生都必须从属于男子，妇女日益处于被奴役屈辱的地位。

同董仲舒一样，《白虎通》也以天人合一、阴阳五行作为三纲的证明与依据：“子顺父，妻顺夫，臣顺君，何法？法地顺天也”[⑨]。“君臣法天，取象日月屈信，归功天也。父子法地，取象五行转相生也。夫妇法人，取象人合阴阳，有施化端也”[⑩]。“五行者，何谓也？谓金木水火土也。言行者，欲言为天行气之义也，地之承天，犹妻之事夫，臣之事君也。其位卑，卑者亲视事，故自同于一行尊于天也”[⑪]。这样将“三纲”说成是天意的体现，是永恒的自然法则，以此证明它的神圣性、绝对性。

---

① 陈立：《白虎通疏证》卷八《三纲六纪》，中华书局，1994年版，第373—374页。
② 《白虎通疏证》卷四《五行》，第197页。
③ 《白虎通疏证》卷五《诛伐》，第216页。
④ 《白虎通疏证》卷五《诛伐》，第219页。
⑤ 《白虎通疏证》卷十二《朝聘》，第581页。
⑥ 《白虎通疏证》卷八《三纲六纪》，第376页。
⑦ 《白虎通疏证》卷八《三纲六纪》，第376页。
⑧ 《白虎通疏证》卷十《嫁娶》，第491页。
⑨ 《白虎通疏证》卷四《五行》，第194页。
⑩ 《白虎通疏证》卷八《三纲六纪》，第375页。
⑪ 《白虎通疏证》卷四《五行》，第166页。

《白虎通》对“六纪”的规范也作了说明，即：“敬诸父兄，六纪道行，诸舅有义，族人有序，昆弟有亲，师长有尊，朋友有旧”[①]。“六纪”是处理君臣、父子、夫妇以外的各类人际关系标准，为“三纲”的辅助。综括起来看，人的家族及社会关系中，最主要的关系有两个：一是君臣之间的政治关系，即贵贱关系，由君来统领；二是父子、夫妇、诸父、兄弟、族人、诸舅之间的血缘关系，即亲疏、长幼关系，由父权来统领。只要把这两种关系处理得当，那么封建统治的稳定就不成问题，这也是《白虎通》为什么特别强调君权、父权之原因所在。

五常是三纲得以实现的道德保证。《白虎通》认为五常是人性所固有，称其为五性。《性情》篇说：“五性者何谓？仁义礼智信也。仁者，不忍也，施生爱人也。义者，宜也，断决得中也。礼者，履也，履道成文也。智者，知也。独见前闻，不惑于事，见微知著也。信者，诚也，专一不移也。故人生而应八卦之体，得五气以为常，仁义礼智信是也”[②]。在这五种伦理规范中，礼处于主要地位，因为“夫礼者，阴阳之际也，百事之会也，所以尊天地，傧鬼神，序上下，正人道也”[③]。《白虎通》对爵禄、朝聘、宗庙、祭礼、婚丧嫁娶、服饰等，一一作了详细具体的规定。礼是必须执行的，所以说“礼之为言履也”[④]。“仁是履行过程中必须贯注的一种脉脉温情，义是判断等级名分的是非标准，智是对于这些规定的正确的认识理解，信是履行过程中的忠诚专一。因此，五常就和三纲紧密联系在一起，成了维护封建宗法等级制度的核心思想”[⑤]。

人虽怀五常之性，但五常并不能自成还需要经过圣人的教化，才能发扬出来，“人情有五性，怀五常不能自成，是以圣人象五常之道而明之，以教人成其德也”[⑥]。这样五常就成为在上者施行教化必不可少之内容。

由上述可见，以董仲舒、班固等人为代表，用“天人合一”与“阴阳五行”相结合，对以“三纲五常”为核心的儒家伦理思想作了神学化的论证，赋予封建道德以至高无上的神圣品格，将先秦以来的封建伦理道德规范和礼节

---

① 《白虎通疏证》卷八《三纲六纪》，第 374 页。
② 《白虎通疏证》卷八《性情》，第 381 页。
③ 《白虎通疏证》卷三《礼乐》，第 95 页。
④ 《白虎通疏证》卷三《礼乐》，第 93 页。
⑤ 任继愈主编：《中国哲学发展史》(秦汉卷)，人民出版社，1985 年版，第 490 页。
⑥ 《白虎通疏证》卷九《五经》，第 447 页。

进一步系统化、条理化，使封建礼教从此定型。此后，这种以“三纲五常”为核心的封建礼教被奉为圣典，在社会上广泛传播，既是中国封建社会教育总的指导思想，又是社会教育的主要内容。汉代以“三纲五常”作为道德教化的具体内容，对于维护巩固封建统治秩序起了积极作用。韦政通曾指出：三纲产生之前，忠孝只是文化的“理想范型”；后由董仲舒的“私言”化为《白虎通》的“公论”之后，忠孝便由“理想范型”发展为“实在范型”，开始对臣民产生实际的规范作用而成为伦理教化之大本。此后精心塑造权威性格的文化工程，才算奠定了坚实的基础[①]。这些封建规范严重地压抑束缚了人的人性，导致了中国封建社会中严重的伦理异化。然而，另一方面，“三纲五常”中也有许多合理之处。如强调仁与义，提倡正己正人，以身作则，发挥道德自律的作用；强调仁智统一，认为既仁且智的人，才是对国家有用的真正人才等，这些观点在历史上对于陶冶民族精神，形成中华民族美德起了巨大的积极作用。

汉代重视社会道德教育有两方面的内容尤为突出。

其一，在对待“义”、“利”关系的问题上，把“义”放在首位。义利之辨在中国古代思想史上始终是一个重大论题。孔子最早提出义利问题，并以此作为划分、衡量君子与小人的标准。他说：“君子喻于义，小人喻于利”[②]。主张“见利思义”、“义然后取”[③]，由此奠定了儒家重义轻利的传统。孟子更强调义的重要性，认为人的一切言行完全以合义为标准，合义者而言、动，否则不为。他说：“大人者，言不必信，行不必果，惟义所在”。“非礼之礼，非义之义，大人弗为”[④]。如果以利己作为处理人伦关系的准则，其结果必然会导致亡国：“为人臣者，怀利以事其君；为人子者，怀利以事其父；为人弟者，怀利以事其兄；是君臣、父子、兄弟终去仁义，怀利以相接；然而不亡者，未之有也”[⑤]。表现了反利的倾向性。当然，孔子、孟子并非完全否定利，只是强调对于利益的追求必须合乎道义。翟志成即指出：“严格说来，孔孟并不排斥一切功利。整个先秦儒家，也不排斥一切功利。在孔孟

① 韦政通：《中国文化与现代生活》，水牛出版社，1974年版，第101页。
② 《论语·里仁》，《四书五经》，第12页。
③ 《论语·宪问》，《四书五经》，第26页。
④ 《孟子·离娄下》，《四书五经》，第56—57页。
⑤ 《孟子·告子下》，《四书五经》，第68页。

的体系中，义和利并不一定处于水火不相容的对立状态。对于经过‘义利之辨’后个人适当的(合于义的)利益，孔子孟子无不加以承认。对造福整个社会的和群众的利益，孔子孟子更不可能会加以反对”[①]。荀子认为：“义与利者，人之所两有也。虽尧、舜不能去民之欲利，然而能使其欲利不克其好义也。虽桀、纣亦不能去民之好义，然而能使其好义不胜其欲利也”[②]。明确肯定义、利乃是人生而固有的两种需要。人既“欲利”，又“好义”，故应当义利兼顾。兼顾义利并非是义利并重，而是以义为重，先义后利。他说：“国者巨用之则大，小用之则小。……巨用之者，先义而后利，……小用之者，先利而后义”[③]。

汉代儒家学者尽管在许多问题上都有自己的看法，甚至有时分歧很大，但于义利之辨上的认识却几乎一致，都强调义的重要性。陆贾说：“君子笃于义而薄于利”，主张“先道而后利”[④]。并未否定利，只是要“薄”，要“后”。刘向说：“凡人之性，莫不欲善其德，然而不能为善德者，利败之也。故君子羞言利名。言利名尚羞之，况居而求利者也?”[⑤]把利看做是人追求善德的阻力。王符说：“自古于今，上以天子，下至庶人，蔑有好利而不亡者，好义而不彰者也”[⑥]。好义和好利是兴衰存亡的重要因素。他还列举了历史上一些正反两方面的例证。如西周的厉王、春秋的虞公等，都贪图财货，结果“皆以货自亡，用财自灭”[⑦]。而楚令尹子文“面有饥色”、子罕归玉等，皆能“弃利约身”，故流芳百世。因此，他提出“遏利”的主张，即抑制、限制利，以免因利而害义。他说：人们“知脂蜡之可以明灯也，而不知其甚多则冥之。知利之可娱己也，不知其积而必有祸也”[⑧]。点灯照明需要脂蜡，但不能太多；利对个人是有好处，但一味求利也会遭殃。王符并未取消和否定利，只是强调必须服从义，适可而止。

义、利关系，实际上就是精神生活与物质生活的关系。汉儒并非把义

① 翟志成：《“以宜为义”与“以利为义”——先秦儒墨义利观之比较研究》，新加坡：东亚哲学研究所，1986年，第23页。

② 《荀子评注·大略》，第606页。

③ 《荀子评注·王霸》，第231页。

④ 《新语·本行》，《诸子集成》(第七册)，上海书店，1986年版，第17页。

⑤ 向宗鲁校正：《说苑校正》卷第五《贵德》，中华书局，1987年版，第110页。

⑥ 《潜夫论笺校正·遏利》，第26页。

⑦ 《潜夫论笺校正·遏利》，第27页。

⑧ 《潜夫论笺校正·遏利》，第24页。

与利对立起来，实际上没有物质生活就根本谈不上精神生活，而只是更强调义，反对不符合义的利罢了。论者往往以董仲舒所言“正其谊不谋其利，明其道不计其功”[①]为代表，认为汉儒是把道义与功利对立起来的。只要我们仔细阅读一下《春秋繁露》就不难发现，董仲舒并没有把义、利对立起来，而是把二者统一起来。指出它们都是天生的、是人所必需的，又各有不同的用处：“天之生人也，使人生义与利。利以养其体，义以养其心。心不得义，不能乐；体不得利，不能安”[②]。董仲舒虽然主张义利两有，但并不是把他们等量齐观，而是主张义重于利。他说：“义者，心之养也；利者，体之养也。体莫贵于心，故养莫重于义。义之养生人大于利矣”[③]。他列举像孔子的弟子原宪、曾参等人，他们“有义而甚无利，虽贫与贱，尚荣其行以自好，而乐生”[④]。生活虽然很难，但精神上却是充实的。相反，另外一些人“甚有利而大无义”，物质上虽然富裕，精神上却是贫乏的。他们由于干了许多的坏事，“非立死其罪者，即旋伤殃忧尔，莫能以乐生而终其身”[⑤]。因此他得出的结论是：“义之养生人，大于利而厚于财也”[⑥]。义对于人的生活比物质财富更为重要。

在义利之辨上，汉儒把义放在首位，其目的就在于想用封建道德的义来约束人们对非义利的欲望和追求，它既是针对被统治阶级成员的，也是针对统治阶级成员的。对统治阶级来说，要求他们不能急功近利、见利忘义，不能与民争利而破坏了封建统治的秩序。对被统治阶级而言，则要求他们恪守封建道德规范，做安于贫困的顺民。归根结底，是为了维护封建王朝根本的、长远的利益。

这种大力提倡义的做法，对维持封建王朝统治秩序的稳定起着积极的作用，同时在物质生活与精神生活的关系中，强调追求高尚的精神生活，也是有意义的。我们今天搞社会主义现代化建设，就是要通过大力发展生产力而达到国富民强的目的，为此国家采取了各种政策，允许一部分人先富起来。但我们必须注意，在鼓励人们提高物质生活水平的同时，决不能为

---

① 《汉书》卷五十六《董仲舒传》，第 2524 页。
② 《春秋繁露·身之养重于义》，第 330 页。
③ 《春秋繁露·身之养重于义》，第 330 页。
④ 《春秋繁露·身之养重于义》，第 330 页。
⑤ 《春秋繁露·身之养重于义》，第 330 页。
⑥ 《春秋繁露·身之养重于义》，第 331 页。

了达到致富之目的而不择手段，不能见利忘义或非其道而谋利。只有把物质文明建设与精神文明建设有机地结合起来，才能保证社会主义现代化建设沿着正确的轨道前进。

其二，汉代在选拔人才时，往往注重“德”的要求。

作为汉代选举重心的孝廉科，即是以德行方面堪称典范者为主要选拔对象的。颜师古曰：“孝谓善事父母，廉谓清洁有廉隅者。”[①]《周礼・地官・乡大夫》疏引汉司农郑众语：“孝悌廉洁，人之德行，故以孝廉况贤者。”如江革、刘茂均因孝行著于乡里而被举为孝廉。东汉建立后，刘秀公开下诏要求辟召的官吏必须有“孝悌廉公之行”[②]。顺帝时，左雄改革孝廉之科，增加了考试的内容，但不久尚书令黄琼“以前左雄所上孝廉之选，专用儒学文吏，于取士之义，犹有所遗，乃奏增孝悌及能从政者为四科，事竟施行”[③]。由于孝廉是常举之科，且按人口比例分配察举名额，故而此科不仅得人盛，且遍布全国。这不但有文献为证，马端临在《文献通考》中就列了一百一十四位，而且也有汉碑等实物为证，如《孝廉柳敏碑》、《车骑将军冯绲碑》[④]，《司隶校尉杨淮碑》[⑤]。其所造成的社会影响实不为小。在汉代各科的选举中，德行的好坏始终是能否被录用的其本前提，若德行上有遭人非议之处，则很难被举或进身。如陈汤“少好书，博达善属文”。“富平侯张勃与汤交，高其能。初元二年，元帝诏列侯举茂才，勃举汤。汤待迁，父死不奔丧。司隶奏汤无循行，勃选举故不以实，坐削户二百。……汤下狱论”[⑥]。汉代统治者重视以伦常道德准则选用官员，必然会对全社会的道德行为和价值观念产生重大的影响。只有恪守君臣纲纪及忠孝伦常的士人才有可能得到荐举或征选，从而获得功名与富贵。在这种选官制度的作用之下，纲常名教愈来愈为世人认可与尊崇，在社会上造成了“在家为孝子，出仕为廉吏”的风尚。

在汉代，不少人把有才无德者视为危险分子，认为绝对不能用。如翼

① 《汉书》卷六《武帝纪》注，第160页。
② 孙星衍等辑：《汉官六种》，中华书局，1990年版，第125页。
③ 《后汉书》卷六十一《黄琼传》，第2034页。
④ 《隶释、隶续》之《隶释》卷七，第86页。
⑤ 《隶释、隶续》之《隶续》卷十一，第397页。
⑥ 《汉书》卷七十《陈汤传》，第3007页。

奉说:“人诚向正,虽愚为用;若乃怀邪,知益为害”[①]。翟方进说:“不仁之人,亡所施用;不仁而多材,国之患也。”[②]刘向说:“巧伪不如拙诚”[③]。这说明德而无智可用,智而无德不可用,宁要有德无才,不要有才无德之人的思想,已在汉代流行。不过在当时也有对德重于才的思潮,予以反驳者,徐幹即是代表。他说:“管仲背君事仇,奢而失礼,使桓公有九合诸侯一匡天下之功,仲尼称之曰:‘微管仲,吾其被发左衽矣!’……是故圣人贵才智之特能立功立事益于世矣。如愆过多,才智少,作乱有余而立功不足。……汉高祖数赖张子房权谋以建帝业,四皓虽美行,而何益于倒悬,此固不可用日而论矣”[④]。强调管仲和张良皆凭才智立功而有益于社会,说明才智是重要的、不容忽视的。管仲虽有不义、非礼之举,与他使桓公“九合诸侯,一匡天下”之功相比,就微不足道了。四皓虽然道德高尚,但对缓解社会危机却起不了多少作用。因此,他认为智多德少之人要比德多智少之人更能为社会做出有益的贡献。当然这种反对重德轻才的思想,只是微弱的呼声,不占主导地位,而德重于才的思想成了主流,深入人心。

汉代统治阶级在育人和用人时突出对道德品质、道德行为的要求,而把对才能的要求放在其次。这种人才标准的确立,固然与统治者的主观意向有关,但起根本的、决定作用的则是社会经济基础。我国封建社会是自给自足自然经济占统治地位的社会,在这个时代中,商品经济一直在初级阶段中徘徊,社会分工亦不精细,社会生产仅能维持于一种简单再生产的水平上。当时社会所需要的是如何维护这种封建自然经济统治,如何维护社会的简单再生产,如何维护封建统治秩序,为此就需要用封建伦理道德来约束臣民的思想行为,使之各守其业,各安其本分,这种社会经济结构的要求,决定了汉代人才模式的标准是以伦理道德为主。

所谓道德教育,就是指一定社会为了使人们接受和遵循其道德体系,自觉履行某种道德义务,对人们实行有目的、有计划、有组织地施加影响,使之形成一定社会所要求的道德品质的一种活动。汉代重视道德教育,这是正确的。德育对于塑造人的灵魂,使其具有高尚的情操和奋发向上的进

---

① 《汉书》卷七十五《翼奉传》,第3167页。

② 《汉书》卷八十四《翟方进传》,第3420页。

③ 《说苑校正》卷第十六《谈丛》,第387—388页。

④ 《中论·智行》,《百子全书》(第一册),浙江人民出版社,1984年版。

取精神，起着相当大的作用。没有精神支柱的人，不能成为对社会有用的人才。重视道德的培养，是中国教育的优良传统，是可借鉴的。不过封建时代教育把道德培养置于了绝对支配的地位，主要只是进行忠孝节义之类的封建伦理教育，忽视生产知识、自然科学和技术训练，这样培养出来的人只能是单一型的，不能适应社会发展对多样性人才的要求。在中国封建社会中自然科学技术始终得不到应有的重视，中国封建社会发展的缓慢，是与教育的这种消极作用有着一定干系的。

第三节 社会教育的途径和形式

社会教育之目的，是要把封建伦理纲常灌输给社会的每一个成员，使人们形成良好的道德习惯，自觉地遵守统治者所规定的各项规章制度和行为准则，从而确保封建王朝的长治久安。为此，汉代统治者采取了多种途径和形式，来实施社会教化。

一、设官任职，以行政手段推行教化

汉代在基层的县乡，设有“三老”一职，负责地方教化事务。三老的名号起源很早，在西周时就出现了。《礼记·文王世子》载：“天子视学，大昕鼓征，所以警众也。众至，然后天子至，乃命有司行事，兴秩节，祭先师先圣焉。有司卒事反命，始之养也。释东序，释奠于先老，遂设三老五更群老之席位焉”。《礼记·乐记》亦有“食三老五更于大学”之语。说明周代时三老作为养老的对象已被天子供养于太学，并给予极高的礼遇。至春秋战国时，有关三老活动的记载渐多。《管子·度地》中有“三老、里有司、伍长”等乡里官员系统的记载。《墨子·号令》称：“吏卒民无符节，而擅入里巷官府，吏、三老守闾者失苛心（止），皆断”。《史记·滑稽列传》有“西门豹往会之河上，三老、官属、豪长者、里父老皆会”之记载。秦统一王朝存在的时间虽短，但在地方基层亦有三老一职。如《史记·陈涉世家》载陈涉入据陈县数日后，即“号令召三老、豪杰与皆来会计事”。《汉书·高帝纪》载刘邦自关中挥军东进，“至洛阳，新城三老董公遮说汉王”，为义帝发丧。汉代以前的三老制，因相关史料记载之不足，我们难知其详，而汉代的三老制是在继承前代制度基础上发展来的，这一点则是毫无异议的。

汉王二年(前205)楚汉相争期间,刘邦即已在所辖地区的县、乡正式建立了三老制度。该年二月,刘邦诏曰:“举民年五十以上,有修行,能率众为善,置以为三老,乡一人。择乡三老一人为县三老,与县令丞尉以事相教,复勿徭戍”[①]。这个诏令确定了三老选择的标准及待遇。“‘三老’的记载,除文献资料外,在汉代石刻中也有反映。《汉书补注》沈钦韩说仓颉庙碑阴有‘衙县三老上官风’,‘衙县乡三老时勤’。《金石萃编》汉十四曹全碑阴有‘县三老商量’,‘乡三老司马集’题名等,这说明乡、县三老之设,在汉代已较普遍”[②]。三老是根据行政单位来设立的,据尹湾1号木牍云“县三老三十八人,乡三老百七十人”[③],正好与东海郡县、乡总数(三十八个县邑侯国、一百七十个乡)相合。关于三老的身份,长期以来众说纷纭,莫衷一是。根据牟发松的总结,主要有三种说法:其一,三老是在编的正式乡官。其二,三老不是在编的正式乡官,而是荣誉头衔、民意代表。其三,“非吏而得与吏比”[④]。本人赞同第一种观点。理由是《汉书·百官公卿表》载:“乡有三老、有秩、啬夫、游徼。三老掌教化。啬夫职听讼,收赋税。游徼徼循禁贼盗”。这是把三老看做是乡官的最直接的、第一手的资料。《后汉书·百官志》亦载:“乡置有秩、三老、游徼”。《续汉志》记载:“三老、游徼,郡所属也,秩百石,掌一乡人”。《册府元龟》肯定了这一说法:“乡三老游徼百石,乡户五千则置有秩”。这说明三老为百石吏。三老为乡官,亦可从当时的“三老官属”用语中得到证明。“汉代皇帝诏书、官方文献常见有‘三老官属’的用语,如西汉元帝诏书有‘三老官属、有识之士咏颂其美’之句。东汉和帝永元三年(公元91年)十月行幸长安后,诏曰:‘其赐行所过二千石长吏已下三老官属钱帛,各有差。’特别是1973年甘肃居塔县肩水金关遗址出土的汉宣帝《甘露二年丞相御史律令》,是丞相、御史两府为追捕一名宫廷逃犯而联合下达给张掖太守的命令,其中写道:‘严教属县官令以下啬夫、吏正、三老,杂验问乡里吏民。’这有力地说明从汉中央最高行政部门和监察机构看来,三老也是县令官属之一,所以严令他们必须和其他官属一

① 《汉书》卷一上《高帝纪》,第33－34页。

② 黄今言:《汉代三老、父老的地位与作用》,《江西师范大学学报》2007年第5期。

③ 《尹湾汉墓简牍》,中华书局,1997年版,第77页。

④ 牟发松:《汉代三老:“非吏而得与吏比”的地方社会领袖》,《文史哲》2006年第6期。

样负起协助追查逃犯的责任”[1]。

根据刘邦的诏令可知，担任三老者至少需具备以下条件：一是年龄要在五十岁以上；二是道德品质要好，“有修行，能帅众为善”。即在德高望重、对当地民众具有相当号召力、能够服众的老者中推举。《后汉书·樊宏传》载：宏“赀至巨万，而赈赡宗族，恩加乡闾……县中推美，推为三老”。秦彭任山阳太守，“有遵奉教化者，擢为乡三老，常以八月致酒肉以劝勉之”。吕思勉先生说：“汉世三老，体制多尊，其人亦多智”[2]。担任三老者几乎都有一定的文化修养，如三老椽赵宽碑中提到，三老赵宽“后习典艺，既敦诗书，悦志礼乐，由复研机篇籍，博贯史略，雕篆六体，稽呈前人，吟口成章，弹翰为法，虽杨贾班杜，弗或过也”。“教诲后生，百有余人，皆成俊乂”[3]。

三老最主要的职能就是教化万民，宣扬孝悌礼义。《汉书·百官志》载：“三老，掌教化。”《后汉书·百官志》：“三老掌教化，凡有孝子顺孙，贞女义妇，让财救患，及学士为民法式者，皆扁表其门，以兴善行”。通过发现和表扬孝顺、贞节、仁义和知书达理的榜样，来劝导乡里中各个家庭，以便形成整体的良好社会风尚。如果三老尽到了教育民众遵循礼仪、改善民风的责任，政府会对其进行表彰。在两《汉书》中多有赐三老钱帛、酒肉的诏令。反之，若民风不正，则三老要受责罚。武帝时曾遣司马相如晓谕巴蜀曰：“让三老、孝悌以不教诲之过”[4]。韩延寿为左冯翊，属下高陵县有两兄弟为争田而起诉讼，韩延寿耻其骨肉相争，自责“不能宣明教化，致令民有骨肉相讼”，于是该县“令丞、啬夫、三老亦皆自系待罪”[5]。宣帝时，范延寿为廷尉，“时燕赵之间，有三男共娶一妻，生四子，长，各求离别，争财分子，至闻于县。县不能决断，谳之于廷尉。于是延寿决之，上言以为男子贵信，妇人贵贞，今三男一妻，悖逆人伦，比之禽兽，生子属其母。于是以四子并付母，尸三男于市，奏免郡太守、令、长等，切让三老无帅化之道”[6]。

除三老外，在乡以下，还设置里正、伍长、父老等，其职能也主要是“劝

① 陈明光：《汉代“乡三老”与乡族势力蠡测》，《中国社会经济史研究》2006年第4期

② 吕思勉：《秦汉史》，上海古籍出版社，1983年版，第644页。

③ 王昶：《金石萃编》，中国书店，1985年版。

④ 《汉书》卷五十七下《司马相如传》，第2580页。

⑤ 《汉书》卷七十《韩延寿传》，第3213页。

⑥ 周天游辑注：《八家后汉书辑注》，上海古籍出版社，1986年版，第7页。

导乡里，助成风化也”[1]。韩延寿任颍川太守时，曾“置正、伍长，相率以孝弟，不得舍奸人”[2]。黄霸在颍川太守任上，同样设条教“置父老师帅伍长，班行之于民间”[3]。三老、里正、伍长、父老的共同职责就是推行教化，为民表率。

汉代各级官吏，尤其是地方各级官吏均承担着教化民众的职责，必须要做到“以礼义伦理教训人民”[4]，这样就可实现“正身行，广教化，修礼乐，以美风俗；兼领而和一之，以合治安”[5]。据《后汉书·百官志五·州郡条》载：郡国守相“皆掌治民，进贤劝功，决讼检奸。常以春行所主县，劝民农桑，振救乏绝。秋冬遣无害吏案讯诸囚，平其罪法，论课殿最。岁尽遣吏上计。并举孝廉，郡口二十万举一人”。县令长“皆掌治民，显善劝义，禁奸罚恶，理讼平贼，恤民时务，秋冬集课，上计于所属郡国”。这说明郡县官员负有教化之责。汉代皇帝多有强调推行教化为官员基本职责的诏令发布。如景帝中六年（前 144）诏言：“夫吏者，民之师也”[6]。武帝元朔元年（前 128）诏言：“公卿大夫，所使总方略，壹统类，广教化，美风俗也”[7]。元帝初元元年（前 48）诏言：“相守二千石诚能正躬劳力，宣明教化，以亲万姓，则六合之内和亲，庶几乎无忧矣”[8]。

由于汉武帝接受了董仲舒独尊儒术的建议，从此，汉代就确立了以教化治国的方针，重视教化逐渐成为社会的共识，并成为衡量官员政绩好坏的一个重要尺度。因此，汉代的不少地方官员在任期间，积极从事对所辖民众进行社会教育的工作，让儒家之伦理道德、孝悌观念成为人们普遍的价值标准和行为准则，并且使之潜移默化到民间的风俗信仰和人们的日常生活中。如韩延寿任颍川太守，鉴于当地民风强悍，仇怨甚多，欲教以礼让。他深知移风易俗绝非易事，在宗法关系盘根错节的民间，要使改革能为广大百姓所认同，必须首先要获得地方长老的信任。于是他特意把郡中

---

① 《后汉书》卷二《明帝纪》注，第 97 页。
② 《汉书》卷七十《韩延寿传》，第 3211 页。
③ 《汉书》卷八十九《黄霸传》，第 3629 页。
④ 《新书·辅佐》，第 174 页。
⑤ 《新书·辅佐》，第 169 页。
⑥ 《汉书》卷五《景帝纪》，第 149 页。
⑦ 《汉书》卷六《武帝纪》，第 166 页。
⑧ 《汉书》卷九《元帝纪》，第 279 页。

几十位为乡里所信任享有威望的老人请来，做他们的思想工作，以取得他们的支持。“设酒具食，亲与相对，接以礼意，人人问以谣俗，民所疾苦，为陈和睦相爱销除怨咎之路”[①]。老人们都认为能使百姓相亲相爱，和睦相处，改变过去相互仇恨的坏风气，这样做对百姓有好处，可以实行。于是韩延寿从与百姓生活密切相关的婚丧嫁娶入手，以古礼为范本，制定了相应的礼仪规范，以简明不繁杂，便于推广实行为宗旨。制定礼仪规章是必要的，但如何能使百姓了解其内容，从而遵照执行，亦即如何能使其落到实处，则更为重要。于是韩延寿令“文学校官诸生皮弁俎豆，为吏民行丧嫁娶礼，百姓遵用其教”[②]。民风又变得淳朴起来，以致出现了“卖偶车马下里伪物者，弃之市道”[③]的现象。韩延寿调任东郡太守后，继续采取各种措施，利用一切机会来推广教化。他每到一处必聘请当地之贤士，以礼相待，加以任用，并广泛地征求意见，接受批评。他举荐在丧事中让先人遗产之子弟，表彰“孝悌有行”。修建和整顿学校，举行春秋乡射，“陈钟鼓管弦，盛升降揖让”[④]。举办都试讲武，设斧钺旌旗，演习射箭、驾车等技艺。韩延寿在东郡任职三年，治理效果相当明显，令行禁止，犯罪案件大为减少，“为天下最”[⑤]。

何敞为汝南太守，“立春日，常召督邮还府，分遣儒术大吏案行属县，显孝悌有行义者。及举冤狱，以《春秋》义断之。是以郡中无怨声，百姓化其恩礼。其出居者，皆归养其父母，追行丧服，推财让者二百许人。置立礼官，不任文吏”[⑥]。秦彭任山阳太守，“以礼训人，不任刑罚。崇好儒雅，敦明庠序。每春秋飨射，辄修升降揖让之仪。乃为人设四诫，以定六亲长幼之礼。有遵奉教化者，擢为乡三老”[⑦]。刘宽任南阳太守，“每行县止息亭传，辄引学官祭酒及处士诸生执经对讲。见父老慰以农里之言，少年勉以孝悌之训。人感德兴行，日有所化”[⑧]。这是郡守对民间父老子弟灌输封

① 《汉书》卷七十《韩延寿传》，第3210页。
② 《汉书》卷七十《韩延寿传》，第3210页。
③ 《汉书》卷七十《韩延寿传》，第3210页。
④ 《汉书》卷七十《韩延寿传》，第3211页。
⑤ 《汉书》卷七十《韩延寿传》，第3212页。
⑥ 《后汉书》卷四十三《何敞传》，第1487页。
⑦ 《后汉书》卷七十六《循吏列传・秦彭传》，第2467页。
⑧ 《后汉书》卷二十五《刘宽传》，第887页。

建伦理道德的显例。县令也大兴教化。刘矩任雍丘令,“以礼让化之,其无孝义者,皆感悟自革。民有争讼,矩常引之于前,提耳训告,以为忿恚可忍,县官不可入,使归更寻思。讼者感之,辄各罢去。其有路得遗者,皆推寻其主”①。童怀任不其令,“吏人有犯违禁法,辄随方晓示。若吏称其职,人行善事者,皆赐以酒肴之礼,以劝励之”②。甚至地方小吏也多有化民成俗之事。如第五伦为乡啬夫,“平徭赋,理怨结,得人欢心”③。爰延为乡啬夫,“仁化大行,人但闻啬夫,不知郡县”④。仇览为蒲亭长,“劝人生业,为制科令。……农事既毕,乃令子弟群居,还就黉学。其剽轻游恣者,皆役以田桑,严设科罚。躬助丧事,赈恤穷寡,期年称大化”⑤。曾有陈元之母告子不孝,仇览惊曰:“吾近日过舍,庐落整顿,耕耘以时,此非恶人,当是教化未及至耳。母守寡养孤,苦身投老,奈何肆忿于一朝,欲致以不义乎?”⑥使其母感悔而去。仇览又亲至家,“为陈人伦孝行,譬以祸福之言”⑦,使陈元最终成为孝子。

汉代官吏往往把辖区内吏民不符合儒家道德原则的行为看成教化不行的结果,又把教化不行视做自己的失职而加以自责。如鲁恭任中牟令,有“亭长从人借牛而不肯还之,牛主讼于恭。恭召亭长,敕令归牛再三,犹不从。恭叹曰:‘是教化不行也。’欲解印绶去。掾史泣涕共留之,亭长乃惭愧,还牛,诣狱受罪,恭贳不问。于是吏人信服”⑧。许荆为桂阳太守,“尝行春到耒阳县,人有蒋均者,兄弟争财,互相言讼。荆对之叹曰:‘吾荷国重任,而教化不行,咎在太守。’乃顾使吏上书陈状,乞诣廷尉。均兄弟感悔,各求受罪”⑨。胶东相吴祐,“民有争讼者,辄闭阁自责,然后断其讼,以道譬之”⑩。严翊为颍川太守,“掾吏有过,辄闭阁自责”⑪。

---

① 《后汉书》卷七十六《循吏列传·刘矩传》,第2476页。
② 《后汉书》卷七十六《循吏列传·童怀传》,第2482页。
③ 《后汉书》卷四十一《第五伦传》,第1396页。
④ 《后汉书》卷四十八《爰延传》,第1618页。
⑤ 《后汉书》卷七十六《循吏列传·仇览传》,第2479—2480页。
⑥ 《后汉书》卷七十六《循吏列传·仇览传》,第2480页。
⑦ 《后汉书》卷七十六《循吏列传·仇览传》,第2480页。
⑧ 《后汉书》卷二十五《鲁恭传》,第874页。
⑨ 《后汉书》卷七十六《循吏列传·许荆传》,第2472页。
⑩ 《后汉书》卷六十四《吴祐传》,第2101页。
⑪ 《北堂书钞》卷七十四引谢承《后汉书》,《四库全书》文渊阁本。

从上述可见,汉代各级官吏,上至郡守,下到亭长都以推行教化为己任,积极对民众进行道德教化,从而使伦理道德教育渗透到民间生活之中。

汉代已把是否推行教化及实施教化效果的状况,作为考核官员政绩的一个基本尺度,并对优秀者给予奖励。如宣帝就曾下令嘉奖黄霸:“颍川太守霸,宣布诏令,百姓乡化,孝子弟弟贞妇顺孙日以众多。田者让畔,道不拾遗,养视鳏寡,赡助贫穷,狱或八年亡重罪囚,吏民乡于教化,兴于行谊,可谓贤人君子矣。《书》不云乎:‘股肱良哉!’其赐爵关内侯,黄金百斤,秩中二千石”[①]。这种奖惩措施的实施,对于推动教化活动的普遍开展,具有积极的作用。

二、通过奖德励善活动来扩大教化的影响

激励是一种积极的社会控制手段,它与惩罚等措施交互为用,相反相成,被有识之士看成“治乱之枢机”[②]。汉代统治者非常重视对三老、孝悌、力田的表彰活动,此类诏书俯拾即是,几与两汉王朝相始终。奖励的方式多种多样,有“复其身”、“赐帛”、“赐爵”等。如惠帝四年“举民孝弟力田者复其身”[③]。所谓“复其身”,师古注云:“复其身及一户之内皆不徭赋也”[④]。文帝十二年“赐三老、孝者帛人五匹,悌者、力田二匹……以户口率置三老、孝悌、力田常员,令各率其意以道民焉”[⑤]。武帝元狩元年“赐县三老、孝者帛,人五匹;乡三老、弟者、力田帛,人三匹”[⑥]。元帝初元元年赐“三老、孝者帛五匹,弟者、力田三匹”[⑦]。成帝绥和二年赐“三老、孝弟、力田、鳏寡孤独帛”[⑧]。章帝建初三年“赐爵,人二级,三老、孝悌、力田,人三级”[⑨]。安帝永初三年赐“三老、孝悌、力田爵,人二级”[⑩]。

从尹湾汉简来看,孝弟力田确实是以户口而置。据1号木牍云:“孝弟

① 《汉书》卷八十九《循吏传·黄霸传》,第3631页。
② 《潜夫论笺校正·三式》,第207页。
③ 《汉书》卷二《惠帝纪》,第90页。
④ 《汉书》卷一下《高帝纪》注,第55页。
⑤ 《汉书》卷四《文帝纪》,第124页。
⑥ 《汉书》卷六《武帝纪》,第174页。
⑦ 《汉书》卷九《元帝纪》,第279页。
⑧ 《汉书》卷十一《哀帝纪》,第334页。
⑨ 《后汉书》卷三《章帝纪》,第136页。
⑩ 《后汉书》卷五《安帝纪》,第212页。

力田各百二十人”，即东海郡266200余户中共有孝弟力田360人，平均每县邑侯国约9.47人，每乡约2.1人，每739.69户中约有1人，每3881.5人中约有1人。这说明汉代孝弟力田的设置还是相当普遍的[①]。

三老的职责是“掌教化”，即从思想上领导乡里的成员。三老既是教化的实施者，本人又是人品上的表率。孝悌是伦理道德的体现者，是品行优良者，力田是努力生产者。作为乡官，他们担负着从精神意识和物质生产方面维护封建制的责任。汉代统治者力图通过三老、孝悌、力田的民师身份和教导作用，从政治上、思想上控制封建乡里之民，以稳固封建统治的社会基础。对此汉代皇帝是有清醒认识的。文帝诏曰：“孝悌，天下之大顺也。力田，为生之本也。三老，众民之师也。廉吏，民之表也，朕甚嘉此二三大夫之行。”[②]章帝诏曰：“三老，尊年也。孝悌，淑行也。力田，勤劳也。国家甚休之。其赐帛一匹，勉率农功”[③]。即是说，这些人是民众的表率、模范，对他们进行表彰，目的是要通过所树立的榜样，来影响改变人们的观念，从而形成良好的社会风俗习惯。这些人以操行与务实直接影响了下层民众，从而发挥了敦化风俗，促进社会生产的作用。

“‘力田’是汉代乡村中劝导乡里，助成农桑风化的基层农官，是政府为劝民归农、努力耕稼而树立的农耕典型。他们自身积极从事农业生产，有一定的文化和丰富的农业生产知识、技术，拥有一定的土地、资金等生产条件，在农业生产中起着风化乡里百姓的作用，代表了农村中的中、小地主这一广大社会阶层，是推动汉代农业技术进步和农业生产稳定发展的重要力量”[④]。提倡“力田”一直是秦朝的传统，汉代则把“力田”与“孝悌”结合起来，这是统治成熟的一个重要表现。进行“孝悌”教化，对维护统治是有利的，然而要民众接受这种教化，就必须要首先解决他们的生存问题。只有民财充足，才可以养老、事上，“民财内足以养老尽孝，外足以事上”。[⑤] 财足既为知礼提供基础，又为尽孝提供必要的物质准备。可以说“力田”为“孝悌”的生长提供了丰富的土壤。把“孝悌”教化建立在努力生产的基础

① 卜宪群：《秦汉官僚制度》，社会科学文献出版社，2002年版，第320页。

② 《汉书》卷四《文帝纪》，第124页。

③ 《后汉书》卷三《章帝纪》，第149页。

④ 黄富成：《略论汉代乡村农官——力田》，《农业考古》2006年第4期。

⑤ 《汉书》卷二十四上《食货志》，第1137页。

上，使其避免流于空谈，成为空中楼阁。这是一种切实可行的办法，因而取得了积极的效果。

三、提倡孝道，奖励名节

孝是儒家伦理道德的一项重要内容，其基本内涵就是要人们绝对遵从父家长，表现出一种"服从权威"的基本精神。"在《论语》中十九次出现了'孝'及与'孝'有关的词语，孔子探讨了孝与礼、孝与仁等方面的关系，对孝敬、孝养、孝思、孝顺等作了系统的论述，奠定了儒家孝道的理论基础"[①]。孔子说过："孝慈，则忠"[②]。孔子的弟子有子认为："其为人也孝弟，而好犯上者鲜矣；不好犯上，而好作乱者，未之有也。"[③]《孝经》更是明确提出了"故以孝事君则忠"。可见，孝对于巩固封建王朝的统治极为有利，由此而受到汉代统治者的高度重视。提倡孝道，褒奖孝悌，是汉以孝治天下最明显的标志之一。"据两《汉书》帝王纪中记载，自西汉惠帝至东汉顺帝，全国性对孝悌褒奖、赐爵达 32 次"。"对于著名的孝子，皇帝更加重视，把其作为弘扬孝道的榜样，宣传孝道的工具，精心扶植"[④]。陈寡孝妇，丈夫不幸早逝，父母劝其改嫁，她以死来拒绝，奉养其姑二十八年。"淮阳太守以闻，汉孝文皇帝高其义，贵其信，美其行，使使者赐之黄金四十斤，复之终身，号曰孝妇"[⑤]。陈寡孝妇被树立为女性"孝道"的典型，以此激励更多的女性能够遵从孝道。《后汉书·江革传》载："建武末年，与母归乡里。每至岁时，县当案比，革以母老，不欲摇动，自在辕中挽车，不用牛马，由是乡里称之曰：'江巨孝。'……元和中，天子思革至行，制诏齐相曰：'谏议大夫江革，前以病归，今起居何如？夫孝，百行之冠，众善之始也。国家每惟志士，未尝不及革。县以见谷千斛赐'巨孝'，常以八月长吏存问，致羊酒，以终厥身。如有不幸，祠以中牢。"经过皇帝的亲自表彰，江革被树为孝道的典范，他的知名度凭借政治权力的媒介而剧增，"由是'巨孝'之称，行于天下"[⑥]。安阳尉毛义"家贫，以孝行称"。南阳人张奉慕名来访，恰巧"府檄适至，以

---

① 秦进才：《两汉〈孝经〉传播与孝行管窥》，《社会科学战线》2005 年第 1 期。
② 《论语·为政》，《四书五经》，第 10 页。
③ 《论语·学而》，《四书五经》，第 9 页。
④ 孙筱：《两汉经学与社会》，中国社会科学出版社，2002 年版，第 337—338 页。
⑤ 《列女传补注·贞顺传》，第 180 页。
⑥ 《后汉书》卷三十九《江革传》，第 1302—1303 页。

义守令”，毛义“奉檄而入，喜动颜色。”张奉很不以为然，“心贱之，自恨来，固辞而去”。后来毛义母卒，他“去官行服”，再举贤良则不至。张奉由此大为叹服：“贤者固不可测。往日之喜，乃为亲屈也。斯盖所谓‘家贫亲老，不择官而仕’者也。”对于毛义的行为章帝大为赞赏，下诏“褒宠”，“赐谷千斛，常以八月长吏问起居，加赐羊酒”[①]。安帝时，汝南人薛包好学笃行，“丧母，以至孝闻”。“建光中，公车特征，至，拜侍中。包性恬虚，称疾不起，以死自乞。有诏赐告归，加礼如毛义”[②]。桓帝时，对大臣们举荐的孝子，一律“以安车玄纁，备礼征之”[③]，对不愿应征的人，竟“使画工图其形状”，宣示朝野[④]。

民间的孝子会得到朝廷的推崇，而皇族中孝行突出者更会受到朝廷的奖励。如东汉东平王刘敞：“丧母至孝，国相陈珍上其行状。永宁元年，邓太后增邑五千户，又封苍孙二人为亭侯。”[⑤]济北王刘次“九岁丧父，至孝。建和元年，梁太后下诏曰：济北王次以幼年守藩，躬履孝道，父没哀恸，焦毁过礼，草庐土席，衰杖在身，头不枇沐，体生疮肿。谅闇已来二十八月，自诸国有忧，未之闻也，朝廷甚嘉焉。《书》不云乎：‘用德章厥善。’《诗》云：‘孝子不匮，永锡尔类。’今增次封五千户，广其土宇，以慰孝子恻隐之劳”[⑥]。

孝不仅受到最高统治者的重视，也成为地方官吏推行道德教化的重要内容。汉代地方官员对孝行突出者，常予以表彰、举荐，把他们作为进行道德教化的生动教材。汝南人蔡顺以“至孝”著称。蔡顺早年丧父，母子二人相依为命，蔡顺对母亲非常孝敬，可以说是到了无微不至的地步。其母年九十，以寿终。太守韩崇“召为东阁祭酒”。蔡顺母生前害怕雷声，自去世后每有雷震，蔡顺都绕着坟墓哭泣，说：“顺在此”。韩崇听说后，“每雷辄为差车马到墓所”。后任太守鲍众举其为孝廉，蔡顺因不能远离坟墓，“遂不就”[⑦]。许昌人陈纪亦为孝子，其父死后，“每哀至，辄欧血绝气，虽衰服已

① 《后汉书》卷三十九《毛义传》，第 1294 页。
② 《后汉书》卷三十九《薛包传》，第 1294—1295 页。
③ 《后汉书》卷五十三《徐稚传》，第 1746 页。
④ 《后汉书》卷五十三《姜肱传》，第 1750 页。
⑤ 《后汉书》卷四十二《光武十王列传》，第 1442 页。
⑥ 《后汉书》卷五十五《章帝八王传》，第 1807 页。
⑦ 《后汉书》卷三十九《蔡顺传》，第 1312 页。

除，而积毁消瘠，殆将灭性。豫州刺史嘉其至行，表上尚书，图象百城，以厉风俗”[①]。豫州刺史把陈纪的孝行上报朝廷，经批准后，在其所辖的郡县范围内“图象百城”，加以广泛宣传。

孝的精神还体现在法律制度上，《孝经·五刑章》称：“五刑之属三千，而罪莫大不孝。要君者无上，非圣人者无法，非孝者无亲，此大乱之道也。”汉王朝引孝入律，以孝为根据来立法并定罪量刑，不孝在法律上要处以重刑。《张家山汉墓竹简》中的《奏谳书》有“教人不孝，次不孝之律。不孝者弃市。弃市之次，黥为城旦舂”的规范[②]。《二年律令·贼律》亦规定：“子牧杀父母，殴詈泰父母、父母叚(假)大母、主母、后母，及父母告子不孝，皆弃市”。即子女谋杀父母，殴打、辱骂祖父母、父母、继祖母、主母、后母，皆为不孝行为，及父母告子不孝，要处以弃市之刑。“贼杀伤父母，牧杀父母、殴詈父母，父母告子不孝，其妻子为收者，皆锢，令毋得以爵、免除及赎”[③]。若儿子故意杀伤父母、谋杀父母、殴打辱骂父母，被父母指控为不孝罪，那么他的妻子要被连坐治罪，收为官奴婢。不准以爵位、金钱赎罪。景帝三年冬十二月，诏曰：“襄平侯嘉子恢说不孝，谋反，欲以杀嘉，大逆无道。其赦嘉为襄平侯，及妻子当坐者复故爵。论恢说及妻子如法”[④]。师古曰：“恢说有私怨于其父，而自谋反，欲令其父坐死也”。如淳曰：“律，大逆不道，父母妻子同产皆弃市。今赦其余子不与恢说谋者，复其故爵”[⑤]。恢说欲谋反杀死其父，结果他和妻子被处死。《汉书·王尊传》记载：“美阳女子告假子不孝，曰：‘儿常以我为妻，妒笞我。’尊闻之，遣吏收捕验问，辞服。尊曰：‘律无妻母之法，圣人所不忍书，此经所谓造狱者也。’尊于是出坐廷上，取不孝子县著磔市，使骑吏五人张弓射杀之。吏民惊骇。”

《礼记·祭义》称：“孝有三：大孝尊亲，其次弗辱，其下能养”。供养父母是最基本的孝行，如果做不到，将被处以弃市之罪。《张家山汉简·奏谳书》：“有生父而弗食三日，吏且何以论子？……当弃市”[⑥]。父母长辈生病时不侍奉或侍奉不周被看做是不孝行为而加以治罪。如梁平王刘襄之后

① 《后汉书》卷六十二《陈纪传》，第2067—2068页。
② 张家山汉墓竹简整理小组：《张家山汉墓竹简》，文物出版社，2001年版，第227页。
③ 《张家山汉墓竹简》，第139页。
④ 《汉书》卷五《景帝纪》，第142页。
⑤ 《汉书》卷五《景帝纪》，第142页。
⑥ 《张家山汉墓竹简》，第227页。

曰任后，祖母曰李太后，李太后“病时，任后未尝请疾，死，又不侍丧”。被人告发，“公卿治，奏以为不孝”，最终“枭任后首于市”[①]。常山宪王刘勃在父亲生病时不侍奉、不亲尝汤药，被人告发，有司依律请求处以死刑，皇上不忍诛，后被废徙处房陵[②]。

为父母报仇者，常常会得到社会舆论的支持和肯定，政府对其行为常给予宽大处理。如桥元迁齐国相，辖区内有一孝子为父报仇，已被囚禁在狱中。桥元愍其孝，打算给其减刑。“县令路芝酷烈苛暴，因杀之，惧玄收录，佩印绶欲走。玄自以为深负孝子，捕得芝，束缚藉械以还，笞杀以谢孝子冤魂”[③]。女子缑玉为父报仇而把夫家的亲戚杀死，外黄县令梁配审理此案时打算依法判处缑玉死刑。当时年仅十五岁的诸生申屠蟠进谏说：“玉之节义，足以感无耻之孙，激忍辱之子。不遭明时，尚当表旌庐墓，况在清听，而不加哀矜！”梁配觉得他言之有理，奏谳朝廷，缑玉“得减死论，乡人美称之”[④]。钟离意任堂邑令时，“县人防广为父报仇，系狱，其母病死，广哭泣不食。意怜伤之，乃听广归家，使得殡敛”。“广敛母讫，果还入狱。意密以状闻，广竟得以减死论”[⑤]。赵娥的父亲被人杀死后，她苦苦等候十余年才得以手刃仇人。随后其前往县衙自首，“曰：‘父仇已报，请就刑戮。’禄福长尹嘉义之，解印绶，欲与俱亡，娥不肯去，曰：‘怨塞身死，妾之明分；结罪理狱，君之常理。何敢苟生，以枉公法！’后遇赦得免。州郡表其闾。太常张奂嘉叹，以束帛礼之”[⑥]。东汉甚至一度制定法律，对复仇者加以保护。“建初中，有人侮人父者，而其子杀之，肃宗贯其死刑而降宥之”[⑦]，后来便依此例判案。和帝时，又被整理成《轻侮法》对复仇者给予宽纵。但尚书张敏提出驳议，认为：“《春秋》之义，子不报仇，非子也。而法令不为之减者，以相杀之路不可开故也”[⑧]。这项法令不久即被取消了。不过实际上两汉对复仇一般都是减免其罪的，这是国家大力提倡孝影响的结果。复仇

① 《汉书》卷四十七《文三王传·梁孝王刘武传》，第2214—2215页。
② 《汉书》卷五十三《景十三王·常山宪王刘舜传》，第2434—2435页。
③ 《太平御览》四八一引谢承《后汉书》，第2204页。
④ 《后汉书》卷五十三《申屠蟠传》，第1751页。
⑤ 《后汉书》卷四十一《钟离意传》，第1407页。
⑥ 《后汉书》卷八十四《列女传·赵娥传》，第2797页。
⑦ 《后汉书》卷四十四《张敏传》，第1502页。
⑧ 《后汉书》卷四十四《张敏传》，第1503页。

已在事实上被儒家伦理披上了合法的外衣。因为复仇虽不利于社会秩序的稳定，却是孝悌之道的最好表现。“汉代通过对不孝行为的惩罚，要求人们在父母生前要赡养、侍奉，不可殴辱父母、控告父母，父母死后要居丧尽礼。通过‘不孝入律’，将孝伦理贯彻于法律惩罚的标准中，是汉代强化孝伦理的一个极其重要的行政措施，其目的不外乎使做人之基、立国之本的‘孝’家庭伦理深植于广大百姓的思想中，即以国家法律强力将孝伦理推向社会”①。

西汉的一些思想家已强调忠孝观念的重要性。陆贾说：“老者息于堂，在朝者忠于君，在家者孝于亲，于是赏善罚恶而润色之”②。贾谊说：“君仁臣忠，父慈子孝，兄爱弟敬，夫和妻柔，姑孳妇听，礼之至也”③。晁错说：“其行赏也，非虚取民财妄予人也，以劝天下之忠孝而明其功也。……其行罚也，非以忿怒妄诛而从暴心也，以禁天下不忠不孝而害国者也”④。董仲舒根据阴阳五行理论，把忠孝都论证为“土德”，对家国同构做出了比较全面的论述，基本完成了忠孝观念的整合。孝成了忠在家庭领域里的缩小；忠变为孝在社会层面上的扩展。从此，这种家国同构、由孝劝忠的理论体系便成为汉代政治理论的一个主要内容，受到了统治者的高度重视。如桑弘羊称：“天子者，天下之父母也。四方之众，其义莫不愿为臣妾”⑤。严助说：“臣事君，犹子事父母”⑥。张敞曰：“臣闻忠孝之道，退家则尽心于亲，进宦则竭力于君”⑦。

由于统治者的提倡和奖掖，使孝的观念成为一种舆论导向和社会认可的价值原则，成为一种现实的道德控制的社会力量，制约着人们的生活，重孝行孝蔚然成风。“两汉是孝子辈出、孝行兴盛的朝代，古代二十四孝，汉代就占有九孝，占三分之一以上”⑧。《孝经·丧亲章》曰：“生事爱敬，死事哀戚，生民之本尽矣，死生之义备矣，孝子之事亲终矣”。《礼记·祭统》称：

① 刘厚琴、田芸：《汉代“不孝入律”研究》，《齐鲁学刊》2009年第4期。

② 《新语·至德》，《诸子集成》(第七册)，第14页。

③ 《新书》卷六《礼》，第179页。

④ 《汉书》卷四十九《晁错传》，第2294页。

⑤ 《盐铁论译注》卷七《备胡》，冶金工业出版社，1975年版，第325页。

⑥ 《汉书》卷六十四上《严助传》，第2790页。

⑦ 《汉书》卷七十六《张敞传》，第3219页。

⑧ 秦进才、张玉：《〈孝经〉与两汉的孝行》，《河北师范大学学报》2005年第5期。

“孝子之事亲也，有三道焉：生则养，没则丧，丧毕则祭。养则观其顺也，丧则观其哀也，祭则观其敬而时也。尽其三道者，孝子之行也”。概括了孝行的主要内容，两汉孝子的孝行完全符合这些说教。在两《汉书》中记载了不少这方面的事例。《孝经·庶人章》言：“用天之道，分地之利，谨身节用，以养父母”。奉养父母，是孝最基本的含义。对贵族、官僚阶层来说，他们生活富裕，奉养没有任何问题。但对普通的老百姓而言，必须通过自己的辛勤劳动才能赡养父母以尽孝道。如孙期“家贫，事母至孝，牧豕于大泽中，以奉养焉”①。陈长“昼则躬耕，夜则赁书以养母”②。孔奋“事母孝谨，虽为俭约，奉养极求珍膳，躬率妻子，同甘菜茹”③。刘茂“少孤，独与母居。家贫，以筋力致养。孝行著于乡里”④。杨震“少孤贫，独与母居，假地种殖，以给供养，诸生尝有助种蓝者，震辄拔，更以距其后，乡里称孝”⑤。父母如果生病，儿女能够在身边精心照料也是孝行的要求。朱穆“年五岁，便有孝称。父母有病，辄不饮食，差乃复常”⑥。鲍昂侍父鲍德“有孝义节行。初，德被病数年，昂俯伏左右，衣不缓带”⑦。蔡邕“性笃孝，母常滞病三年，邕自非寒暑节变，未尝解襟带，不寝寐者七旬。母卒，庐于冢侧，动静以礼”⑧。

孔子曰：“今之孝者，是谓能养。至于犬马，皆能有养；不敬，何以别乎？”⑨这就是说，作为儿女，只做到了从物质上奉养父母是不够的，还需要在精神上使父母得到最大的慰藉。即要尊敬父母，这亦是“孝”行的重要表现。周燮“居家清处，非法不言，兄弟、父子、室家相待如宾，乡曲不善者皆从其教”⑩。姜肱“性笃孝，事继母恪勤。母既年少，又严厉。肱感恺风之孝，兄弟同被而寝，不入房室，以慰母心”⑪。“传统的‘孝’，其合理性最突

① 《后汉书》卷七十九上《儒林列传·孙期传》，第2554页。
② 《北堂书钞》卷一〇一引谢承《后汉书》，《四库全书》文渊阁本。
③ 《后汉书》卷三十一《孔奋传》，第1098页。
④ 《后汉书》卷八十一《独行列传·刘茂传》，第2671页。
⑤ 《后汉书》卷五十四《杨震列传》注引《续汉书》，第1760页。
⑥ 《后汉书》卷四十三《朱穆传》，第1461页。
⑦ 《后汉书》卷二十九《鲍永传》，第1023页。
⑧ 《后汉书》卷六十下《蔡邕传》，第1980页。
⑨ 《论语·为政》，《四书五经》，第10页。
⑩ 《后汉书》卷五十三《周燮传》注引谢承《后汉书》，第1742页。
⑪ 《后汉书·姜肱传》卷五十三注引谢承《后汉书》，第1749页。

出的表现在对父母的'养'和'敬'两方面。人之初生主要是靠父母的供养、教育才能长大成人。在长期的共同生活和潜移默化中,子女对父母必然会产生依赖、信任、尊敬和感激之情。以'养'和'敬'为主要内容的'孝',包含着人类的自然心理和起码的道德准则。父母的养育之恩、抚育之情,人们是永远不应该忘记的,这也是人类社会持续发展的需要。劳动人民正是从这个角度接受'孝'的道德规范的"①。

至于父母去世后,子女同样需要尽最大努力去安葬、服丧。如公孙弘"养后母孝谨,后母卒,服丧三年"②。范训"母亡,以布囊盛土,负以成圹"③。原涉出名后,"自认为前让南阳赙送,身得其名,而令先人坟墓俭约,非孝也。乃大治其冢舍,周阁重门"④。崔寔在其父卒后,乃"剽卖田宅,起冢茔,立碑颂。葬讫,资产竭尽,因穷困"⑤。董永"少失母,独养父。父亡无以葬,乃从人贷钱一万。永谓钱主曰:'后若无钱还君,当以身作奴。'"⑥东汉时多有在服丧期表现出不同寻常的悲伤,悲伤的程度越高被认为是越孝,甚至不惜损伤身体之事例。如韦彪"孝行纯至,父母卒,哀毁三年,不出庐寝。服竟,羸瘠骨立异形,医疗数年乃起"⑦。张表"遭父丧,疾病旷年,目无所见,耳无所闻。服阕,医药救疗,历岁乃瘳。每弹琴恻怆不能成声,见酒肉未尝不泣,宗人亲厚节会饮食宴,为其不复设乐"⑧。

汉代官僚阶层在父母去世后均要辞官奔丧,待守丧期满后政府会重新加以录用。如霍谞"仕郡,举孝廉,稍迁金城太守。性明达笃厚,能以恩信化诱殊俗,甚为羌胡所敬服。遭母忧,自上归行丧。服阕,公车征,再迁北海相,入为尚书仆射"⑨。陈蕃"初仕郡,举孝廉,除郎中。遭母忧,弃官行丧。服阕,刺史周景辟别驾从事"⑩。

孝在汉代已成为为官的必要条件,作为察举重要科目的孝廉,其选举

---

① 安作璋:《说"孝"》,《山东师范大学学报》2003年第5期。

② 《汉书》卷五十八《公孙弘传》,第2619页。

③ 谢承《后汉书》卷八《范训传》,《八家后汉书辑注》,第273页。

④ 《汉书》卷九十二《游侠传·原涉传》,第3716页。

⑤ 《后汉书》卷五十二《崔寔传》,第1731页。

⑥ 《太平御览》卷四百一十一《人事部五十二》,第1899页。

⑦ 《后汉书》卷二十六《韦彪传》,第917页。

⑧ 《东观汉记校注》卷十六《张表传》,第714页。

⑨ 《后汉书》卷四十八《霍谞传》,第1617页。

⑩ 《后汉书》卷六十六《陈蕃传》,第2159页。

的条件就是孝行突出者，此方面的例子颇多。若一个官员不符合孝道的要求，就要被免职。如《汉书·何武传》：哀帝亦欲改易大臣，遂策免武曰："君举错烦苛，不合众心，孝声不闻，恶名流行，无以率示四方，其上大司空印绶，罢归就国"。

但这种以推崇孝道为手段，达到倡导人们尽忠目的之做法，也存在着某些问题。由于父子是血亲关系，君臣则是社会关系，二者不能完全等同，过分强调孝的作用，使现实生活中的许多人视孝重于忠，在忠孝不能两全时，他们往往会舍忠而取孝。据《后汉书·王尊传》载："（王）尊迁益州刺史。先是琅邪王阳为益州刺史，行部至邛崃折阪，叹曰：'奉先人遗体，奈何数乘此险！'后以病去。及尊为刺史，至其阪，问吏曰：'此非王阳所畏道邪？'吏对曰：'是。'尊叱其驭曰：'驱之！王阳为孝子，王尊为忠臣。'"

忠君观念淡薄的恶果在王莽代汉过程中得以暴露。顾炎武指出："汉自孝武表彰六经之后，师儒虽盛，而大义未明。故新莽居摄，颂德献符者遍于天下"[①]。在《汉书》中为王莽代汉摇旗呐喊的屡见不鲜。面对西汉政府遗留下来的忠君观念淡薄的历史教训，东汉统治者在继承孝治主义的基础上，尤其注重加强君臣纲纪和礼制规范，"光武有鉴于此，故尊崇节义，敦厉名实"[②]。皮锡瑞亦指出："后汉取士，必经明行修，盖非专重其文，而必深考其行。前汉匡、张、孔、马皆以经师居相位，而无所匡救。光武有鉴于此，故举逸民，宾处士，褒崇节义，尊经必尊其能实行经义之士"[③]。光武帝曾对冯勤说："人臣放逐受诛，虽复追加赏赐赙祭，不足以偿不訾之身。忠臣孝子，览照前世，以为镜诫。能尽忠于国，事君无二，则爵光乎当世，功名列于不朽，可不勉哉！"[④]《白虎通·三教》："夏人之王，教以忠，其失野，救野之失莫如敬。殷人之王，教以敬，其失鬼，救鬼之失莫如文。周人之王，教以文，其失薄，救薄之失莫如忠。继周尚黑，制与夏同"。按照三统循环的历史观，汉朝代周而兴，与夏同教，即应"教以忠"。为了鼓励忠道，马融参照《孝经》的格式撰写了《忠经》一书，并把"忠"提到了"天地神明"的高度。

① 《日知录集释》卷十三《两汉风俗》，第469页。
② 《日知录集释》卷十三《两汉风俗》，第469页。
③ 皮锡瑞：《经学历史》，中华书局，1959年版，第124页。
④ 《后汉书》卷二十六《冯勤传》，第910页。

他说:“天之所覆,地之所载,人之所履,莫大乎忠”[①]。希望忠在理论上能与孝的“天经地义”相抗衡。可见,东汉的纲常名教在于强化君臣尊卑等级,强化人们服从权威,忠顺长上的社会伦常行为规范,以巩固统治秩序。

东汉统治者征辟聘用讲究名节,遵守封建道德者,作为天下民众学习的榜样。“汉室中微,王莽篡位,士之蕴藉义愤甚矣! 是时,裂冠毁冕,相携持而去之者,盖不可胜数”[②]。如卓茂“与同县孔休、陈留蔡勋、安众刘宣、楚国龚胜、上党鲍宣六人同志,不仕王莽时,并名重当时”[③]。对于这些能够坚守“不仕二姓”理念,讲究气节之人,刘秀大力加以表彰。他在封卓茂的诏文中说:“前密令卓茂,束身自修,执节淳固,诚能为人所不能为。夫名冠天下,当受天下重赏,故武王诛纣,封比干之墓,表商容之闾。今以茂为太傅,封褒德侯,食邑二千户,赐几杖车马,衣一袭,絮五百斤”。卓茂去世后,刘秀“车驾素服亲临送葬”[④]。对于不仕王莽又不仕汉的士人给以理解和尊重,曾诏曰:“自古明王圣主必有不宾之士。伯夷、叔齐不食周粟,太原周党不受朕禄,亦各有志焉。其赐帛四十匹”[⑤]。“若薛方、逢萌聘而不肯至,严光、周党、王霸至而不能屈。群方咸遂,志士怀仁,斯固所谓‘举逸民天下归心’者乎!”[⑥]周党被迫入殿,却“伏而不谒”;王霸“拜称名,不称臣。有司问其故。霸曰:‘天子有所不臣,诸侯有所不友。’”[⑦]最有名的是严光,他曾“与光武同游学。及光武即位,乃变名姓,隐身不见”。后为刘秀访得,三聘方至,仍高卧不起。刘秀亲临卧所,“抚光腹曰:‘咄咄子陵,咄不可相助为理邪?’光又眠不应,良久,乃张目熟视,曰:‘昔唐尧著德,巢父洗耳。士故有志,何至相迫乎?’帝曰:‘子陵,我竟不能下汝邪?’于是升舆叹息而去”[⑧]。对于刘秀尊重隐逸之士的举动,南宋张南轩给予极高的评价,认为这对培养东汉重名节的风俗,起了积极的作用:“在光武时,虽曰举遗逸,然

① 《忠经·天地神明章》,《百子全书》(第一册)。
② 《后汉书》卷八十三《逸民列传》,第 2756 页。
③ 《后汉书》卷二十五《卓茂传》,第 872 页。
④ 《后汉书》卷二十五《卓茂传》,第 871 页。
⑤ 《后汉书》卷八十三《逸民列传·周党传》,第 2762 页。
⑥ 《后汉书》卷八十三《逸民列传》,第 2757 页。
⑦ 《后汉书》卷八十三《逸民列传·王霸传》,第 2762 页。
⑧ 《后汉书》卷八十三《逸民列传·严光传》,第 2762 页。

固有召而不能至，至而不能用者，而其流风余韵，犹足以革西京之陋，而起名节之俗，则其为益，固岂浅哉！”[①]此后的章帝、和帝、安帝也都曾下诏礼遇坚守个人节操，不为利禄所动，遵守儒家名教的典范。同时，东汉各级官府也特辟有德行儒术之人。徐天麟指出：“东汉之世，公卿尤以辟士相高。卓茂习《诗》《礼》为通儒，而辟丞相府史；蔡邕少博学好辞章，而辟司徒桥玄府；周举博学洽闻，为儒者宗，为辟司徒李郃府。又有五府俱辟如黄琼者，四府并命如陈纪者。往往名公钜卿，以能致贤才为高；而英才俊士，以得所依秉为重。是以誉望日隆，而一洗末世苟合轻就之风”[②]。可以说重名节已成了东汉士人中普遍存在的一股风气，是他们极力追求的一种人生境界。对此，后人多有较高的评价，如朱熹说：“三代而下，惟东汉人才，大义根于其心，不顾利害，生死不变其节”[③]。梁启超亦称：“名节者，实东汉儒教一最良之结果也，虽其始或为‘为名为利’之一念所驱而非其本相乎；至其寖成风俗，则其欲利之第一性，或且为欲名之第二性所掩夺，而舍利取名者往往然矣。是孔学所以坊民之要具也”[④]。

统治者还极力提倡妇德，对所谓的贞女烈妇给予表彰。宣帝神爵四年（前58），诏“赐贞妇顺女帛”[⑤]，这是汉代朝廷第一次褒奖贞节的记载，是以经济奖励的形式出现的。平帝元始元年（1），“复贞妇，乡一人”[⑥]。即免除贞妇的徭役。“东汉时期，对贞节妇女的经济赏赐较为频繁，国家遇到重大的政治事件，新皇帝登基、改元、立皇太子等，都要大赦天下，贞节妇女也往往会得到一些赏赐”[⑦]。东汉安帝元初元年（114），诏赐“贞妇帛，人一匹”[⑧]。元初六年（119），安帝再次诏赐“贞妇有节义十斛，甄表门闾，旌显厥行”[⑨]。既有物质的奖励，又有“甄表门闾”的精神奖励，其目的就是要把

① 张栻：《南轩文集》，台湾“国立”故宫博物院影印宋印本卷十七《光武崇隐逸》。

② 《东汉会要》卷二十七《公府辟除》，上海古籍出版社，2006年版，第404页。

③ 《朱子语类》卷三十五《论语十七》，中华书局，1986年版，第923页。

④ 梁启超：《论中国学术思想史变迁之大势》，上海古籍出版社，2001年版，第68页。

⑤ 《汉书》卷八《宣帝纪》，第264页。

⑥ 《汉书》卷十二《平帝纪》，第351页。

⑦ 张小稳：《贞节观念历史演进轨迹的重构——汉唐间贞节观念的不断加强》，《妇女研究论丛》2008年第6期。

⑧ 《后汉书》卷五《安帝纪》，第220页。

⑨ 《后汉书》卷五《安帝纪》，第230页。

贞妇树为人们学习的榜样。延光元年(122),安帝又诏赐“贞妇帛,人二匹”[①]。顺帝永建元年(126),诏赐“贞妇帛,人三匹”[②]。桓帝建和元年(147),诏赐“贞妇帛,人三匹”[③]。西汉前期,夫妻关系比较松弛,贞节观不浓,改嫁之风盛行。如户牖富人张负的孙女曾五次改嫁,最后嫁与陈平[④]。武帝姐阳信长公主因其夫平阳侯曹寿有病,与曹寿离异,改嫁大将军卫青[⑤]。外黄女子因其夫平庸无才,自求贤夫,改嫁张耳[⑥]。随着统治者的提倡,西汉中期后,贞妇开始出现并逐渐增多。据近人董家遵统计,汉代节妇共有二十二人,其中绝大多数是西汉后期和东汉时人[⑦]。东汉时期,儒家的贞烈观念已逐渐成为广大妇女的内在信仰和追求,守节的妇女往往能够得到地方长官的认可与表彰。如乐羊子的妻子,当她遇到盗贼要非礼自己的时候,便“仰天而叹,举刀刎颈而死”。当地太守得知此事后,“即捕杀贼盗,而赐妻缣帛,以礼葬之,号曰‘贞义’”[⑧]。沛县刘长卿之妻在丈夫和儿子死后,剪去自己的耳朵,以示不再嫁人的决心。“沛相王吉上奏高行,显其门闾,号曰‘行义桓厘’”[⑨]。荀爽之女荀采嫁给阿瑜,不久瑜卒,荀爽迫她再嫁郭奕,荀采誓死不从,自缢身亡,死前还在门上书“尸还阴”数字。纪配年十六嫁于廖伯为妻。廖伯早亡,纪配因为长得漂亮,担心人们前来求婚,“作诗三章自誓心。而求者犹众。父母将许,乃断指明情,养子猛终义。太守薛鸿图像府庭”[⑩]。正流的丈夫死后,“父欲改嫁。乃自沉水中。宗族救之,几死,得免。太守五方为之图象”[⑪]。贞玦十九岁时嫁给张惟,不久张惟去世。“无子,养兄子悦,供养舅姑,夙夜不怠。资中王冲欲娶玦,玦叔父肱答以女志不可夺。冲为太守李严督邮,严记县遣孝义掾奉羔雁,宣太

① 《后汉书》卷五《安帝纪》,第235页。

② 《后汉书》卷六《顺帝纪》,第252页。

③ 《后汉书》卷七《桓帝纪》,第289页。

④ 《汉书》卷四十《陈平传》,第2038页。

⑤ 《汉书》卷五十五《卫青传》,第2490页。

⑥ 《汉书》卷三十二《张耳传》,第1829页。

⑦ 《中国妇女史论集·历代节妇烈女的统计》,转引自施红:《试论西汉前、中期妇女地位》,《北京师院学报》1989年第2期。

⑧ 《后汉书》卷八十四《列女传·乐羊子妻传》,第2793页。

⑨ 《后汉书》卷八十四《列女传·刘长卿妻传》,第2797页。

⑩ 《华阳国志·先贤士女总赞中·广汉士女》,第154页。

⑪ 《华阳国志·先贤士女总赞中·广汉士女》,第154页。

守命聘之。玦乃自投水，救援，不死。后太守苏高为立表，太守蜀郡遣仁恕掾论曰‘贞玦’，太守章陵刘威又为作颂，故称述也”[①]。

西汉中期后贞节现象的出现，是与独尊儒术政策的确立，孝观念逐步加深分不开的。维持家庭稳定是提倡孝道的前提，如果家庭分合频繁，则孝就无从谈起。而婚姻是家庭关系的基础，“夫婚姻之礼，人伦之大者也”[②]。“盖夫妇正则父子亲，人伦定矣”[③]。维持夫妻关系的稳定关乎家庭的稳定，而家庭的稳定又与国家的稳定相联结，这就是汉代统治者为什么极力倡导贞节的原因。正如有的学者所指出：“伴随着西汉中期‘独尊儒术’的推行，经董仲舒、刘向、班固、班昭等人的发挥，贞节观念得到进一步的完善；在朝廷和官府对贞节的褒奖和世家大族推动之下，贞节观念由社会上层开始，逐渐向社会中下阶层传播；到了东汉时期，女性寡居守节、遇暴殉节已成为社会所推崇的做法，即使出身社会下层的女性，一旦条件允许，也能恪守贞节、维护贞操。由此可以看出，两汉时期贞节观念呈现出一种世俗化的趋势”[④]。

总之，汉代统治者力图通过提倡“亲亲”来达到“尊尊”之目的，用温情脉脉掩盖等级森严，其结果是极大地加强了皇权的统治。黑格尔称这种统治模式为“家庭的客观孝敬”。他说：“中国纯粹建筑在这一种道德的结合上，国家的特性便是客观的‘家庭孝敬’。中国人把自己看作属于他们家庭的，而同时又是国家儿女。在国家之内，他们一样缺乏独立人格，因为国家内大家长关系最为显著，皇帝犹如严父，为政府的基础，治理国家的一切部门”[⑤]。汉代统治者通过表彰和奖励孝子、节义之士等为全社会树立了名教的样板。这些样板在伦常道德上符合汉以来儒家文化的一般标准，很容易得到社会各阶层人们的认可与拥护；在政治上则更为合乎统治者的利益需要，他们是君臣纲纪、尊卑秩序的人格化，是天下民众学习的榜样，以此建立起循规蹈矩的顺民社会[⑥]。这一措施对淳厚民风，移风易俗显然具有

① 《华阳国志·先贤士女总赞中·犍为士女》，第 162 页。

② 《汉书》卷八《宣帝纪》，第 265 页。

③ 《汉书》卷十二《平帝纪》，第 356 页。

④ 郭玉峰：《两汉时期贞节观念的世俗化趋向》，《天津师范大学学报》2005 年第 2 期。

⑤ 黑格尔：《历史哲学》，生活·读书·新知三联书店，1956 年版，第 165 页。

⑥ 刘泽华主编：《中国政治思想史》（秦汉魏晋南北朝卷），浙江人民出版社，1996 年版，第 338—339 页。

积极的影响。司马光《稽古录》卷三十指出，光武帝刘秀进士劝其行，“天下已定，不失旧物。乃偃武修文，崇德报功，勤政治，养黎民，兴礼乐，宣教化，表行义，励风俗。继以明章，守而不失，于是东汉之风，忠信廉耻及于三代矣”。

在中国漫长的历史发展中，忠孝伦理道德教育对于协调家庭关系，维护社会稳定，培养人们对国家、对社会、对家庭的义务感和责任心等方面发挥了重要作用。当然，我们也不能无视传统忠孝教育中所存在的弊端，如强调对长官权威、家长制的绝对服从，一味要求幼者对长者、被统治者对统治者的义务和牺牲，完全剥夺了臣、子作为人的独立人格和自由，窒息了他们的朝气和聪明才智。这些都是今天我们必须抛弃的糟粕。继承和弘扬孝亲忠国的传统美德，对于建设有中国特色的社会主义文明，具有十分重要的现实意义。只有在家庭中做到孝敬父母，才能在社会关系领域达到“老吾老以及人之老，幼吾幼以及人之幼”的境界。从尽心竭力，诚厚待人，到忠于职守，勤于事业，再到忠于祖国，这是我们建设社会主义现代化迫切需要的时代精神。

四、以图画、碑刻形式进行封建忠孝节义等道德伦理观念的教育

忠臣孝子图主要见于画像石、壁画上，是将忠臣孝子图刻画于建筑之上，以激励和教育人们以他们为榜样，孝亲忠君，由此达到治国平天下之目的。王延寿《鲁灵光殿赋》曰：“忠臣孝子，烈士贞女，贤愚成败，靡不载叙。恶以诫世，善以示后”。曹植亦曰：“观画者，见三皇五帝，莫不仰戴；见三季异主，莫不悲惋；见篡臣贼嗣，莫不切齿；见高节妙士，莫不忘食；见忠臣死难，莫不抗首；见放臣逐子，莫不叹息；见淫夫妒妇，莫不侧目；见令妃顺后，莫不嘉贵。是知存乎鉴戒者，图画也”①。说明汉代的绘画之所以选择这些题材，其用意不仅在于装饰，更主要在于封建伦理道德的宣传。汉宣帝曾在长安宫的麒麟阁，绘出霍光、张安世、苏武等十一人画像，因为他们“皆有功德，知名当世，是以表而扬之”②。东汉明帝追怀前世功臣，乃图画邓禹、吴汉等中兴二十八将于南宫云台。“其外又有王常、李通、窦融、卓茂，

---

① 张彦远：《历代名画记》，见《隋唐文明》（第四十四卷），古吴轩出版社，2005年版，第603页。

② 《汉书》卷五十四《苏武传》，第2469页。

合三十二人”[①]。唐代张彦远赞曰:“以忠以孝,尽在于云台;有烈有勋,皆登于麟阁。见善足以戒恶,见恶足以思贤。留乎形容,式昭盛德之事;具其成败,以传既往之踪。记传所以叙其事,不能载其容;赋颂有以咏其美,不能备其象,图画之制所以兼之也”[②]。“两汉各州郡及封国在殿堂、祠庙、宫署、府第、驿站的壁画上皆图绘名人肖像。西汉景帝之子鲁恭王刘余建灵光殿绘的壁画就有《人皇九头》、《伏羲鳞身》、《女娲蛇躯》、《皇帝唐虞》、《淫妃乱主》、《忠臣孝子》、《烈士贞女》。东汉各州郡也利用壁画图绘当地历代地方官吏的图像和事迹。据《后汉书》志第十九《郡国一》引应劭《汉官》说:‘郡府厅事壁诸尹画赞,肇自建武,讫于阳嘉,注其清浊进退。所谓不隐过,不虚誉,甚得述事之实。后人是瞻,足以劝惧。’延熹末年,司隶校尉应奉‘下诸官府郡国,各上前人像赞。’汉献帝时,益州刺史在成都学堂画有盘古、三皇五帝、三代君臣、孔子及七十二弟子于壁间”[③]。此外,民间的冢墓、祠堂也多有“忠臣孝子,烈士贞女”图。郦道元《水经注》引戴延之《西征记》曰:“焦氏山北数里,有汉司隶校尉鲁恭冢……冢前有石祠、石庙,四壁皆青石隐起,自书契以来,忠臣、孝子、贞妇、孔子及弟子七十二人形象,像边皆刻石记之,文字分明。”瞿中溶曾言:“汉人于冢墓、祠堂多刻古来帝王圣贤及孝子忠臣、烈士贞妇故事,以教诫其子孙。即上而朝廷之宗庙、明堂,与夫燕处之宫殿,亦皆图画于其壁”[④]。内容主要有:周公辅成王、二桃杀三士、豫让刺赵襄子、荆轲刺秦王、完璧归赵、赵氏孤儿、李善保幼主、孝子图、贞妇图等。

周公辅成王图见于画像石上,如武氏左石室第八石上有刻。画面中间为正面站立的周成王,身侧有一侍者恭身打着伞盖将成王罩住,以显其尊贵和威严。两旁以周公为首的大臣们一个个恭敬虔诚,或跪或恭立,正在向成王汇报工作,请求指示。赵氏孤儿图也见于画像石上。武氏左石室第八石上的赵氏孤儿图刻着程婴以己子易赵氏孤儿的场面。李善保幼主也见于画像石上。武梁祠后壁上的李善保幼主图刻的是李善侧身站立,手抚着躺在摇篮里的幼主李续。

---

① 《后汉书》卷二十二《马武传》,第789—790页。

② 张彦远:《历代名画记》,见《隋唐文明》(第四十四卷),古吴轩出版社,2005年,第603页。

③ 刘太祥:《汉代政治社会化的途径和形式》,《史学理论研究》2007年第4期。

④ 瞿中溶:《汉武梁祠画像考·序》,北京图书馆出版社,2004年版。

孝子图和贞妇图主要见于山东嘉祥武氏画像石祠、内蒙古和林格尔壁画墓。其中孝子图有丁兰侍木人、老莱子娱亲、闵子骞失棰、韩伯榆悲亲、董永卖身侍父等;贞妇图有贞妇、京师节女、七女为父报仇等。武梁祠的“孝子图不是零星、孤立出现,而是孝子系列图,且榜题清楚,场景丰富,可视为中国古代孝子图发展演变过程中重要的里程碑之一。祠堂东、西、北三面墙壁刻有孝义故事 17 幅”。“加上前石室、左石室的 8 幅孝子图,武氏祠孝子图共有 20 余幅”①。

丁兰年少时就父母双亡,长大成人后,一直以未能侍奉父母为憾事,便刻了一尊形似父亲的木人,在木人前好菜好饭供奉不断。丁兰夫妇俩还一早一晚跪在木人前,凡事无论大小都要向木人禀告,“事之若生”。山东嘉祥武氏祠刻画有丁兰及妻二人跪在一木人像前的图景。事见孙盛的《逸人传》。有人认为:“如此孝行即使不是虚伪做作,也仅仅是为了在世人面前表现自己的孝心”②。这一说法未免有些偏颇,难道其中就没有作为人内发而至诚的爱的情感在内吗?如果丁兰夫妇这样做是别有所图,或望得到乡里的赞誉而被举为孝廉,或望得到政府的奖励,那么史书中对此应该有所记载,然而我们却找不到任何信息。当然本人并不否认,由于汉代政府把能否行孝与仕进制联系起来,一些人为了能步入仕途,不惜在孝行上标新立异,甚至弄虚作假,自毁身体者有之,延长服孝期限者有之。但同时也应看到,在汉代有相当一部分人行孝,仅仅是为了报答长辈的养育之恩,而并无他图。

武氏祠还有表彰节女舍身救父亲和丈夫的石刻图。画中一女子躺在屋里的床上,上有标题“京师节女”四字,左边有一人正挥刀向床上之人砍去。汉代京师长安有一家人,男的与外人结下了怨仇。对方打听到怨家的妻子“仁孝有义”,便劫持了她的父亲作为人质,要她交出丈夫以换取父亲。她想倘若不听从歹徒的,则父亲性命难保,这是不孝;如果听从他们,则丈夫会被杀掉,这是不义。不孝不义,活在世上还有什么脸面?她假装答应条件,并告诉仇人:当天夜里睡在楼上东头的是我丈夫,为便于你们下手,我把窗户打开。回到家后,她让丈夫睡到别处,自己一人到楼上,打开窗

① 黄婉峰:《汉代孝子图与孝道观念》,中华书局,2012 年版,第 50—51 页。

② 陈苏镇:《汉代政治与〈春秋〉学》,中国广播电视出版社,2001 年版,第 442 页。

户,闭门睡觉。半夜时分,仇人来了,看到一睡觉之人便一刀砍去,割下人头带走。第二天一看,原来是女人头颅,仇人因自己的误杀而懊悔莫及,更为此女子舍己救人的“有义”行为感动,于是释放了她父亲,也不再去杀她的丈夫了。事见刘向《列女传》。

武氏祠还刻画有伯榆悲亲的图像。画中一妇人立着,左手前指,右手扶木杖,上有榜题“榆母”二字。双手掩面跪地之人即韩伯榆,上方有标题“柏榆伤亲年老,气力稍衰,笞之不痛,心怀楚悲”十八字。韩柏榆的母亲向来对自己的儿子要求很严,儿子有过错必责罚之。一次他又犯错,母亲照打不误。打着打着,韩伯榆哭了起来。母亲奇怪地问道:“过去打你从来不哭,这次你为什么要哭?”韩伯榆边哭边答:“往日我犯了错,你打我时常会感到疼痛,而现在你的气力已不能再使我感到疼痛了,所以才悲伤。”事见刘向《说苑》[①]。武氏祠画像石还刻画了老莱子娱亲的故事:画面上,老莱子父、母坐在一木榻上,老莱子扑地,刚刚坐起。老莱子父母下方题榜曰:“老莱子楚人也,事亲至孝,衣服斑连,婴儿之状,令亲有欢。君子嘉之,孝莫大焉”。“武氏墓群石刻中也刻有董永鹿车载父、田间劳作的情景:树下一鹿车,一老人坐于车上,左手执鸠杖,右手前伸,似是指点董永劳作,老人上方刻‘永父’二字。左边为董永,右手执农具,回首望其父,身旁刻有‘董永,千乘人也’六字。董永左边画有一象,体态粗壮,大耳如扇,长鼻高昂;右上方画有一鸟,张开双翼,作飞舞状,乃取‘象耕鸟耘’之意,此画生动地表现了董永‘肆力田亩’供养老父的形象”[②]。“从出土的汉代画像石、画像砖看,其内容基本囊括了汉代社会的全部孝亲活动:有反映孝子事亲的,有葬之尽哀的,还有葬后设祠祭祀的。无论什么画面,大都以孝行为主题,可以说汉画是汉代人孝亲伦理的一个缩影”[③]。

这种以生动的人物故事来宣传忠孝节义等伦理道德的方式,具有形象、具体和可仿效的特点,且教材刻于石上,便于多人观看,可进行集体讲解,更有突出的效果。“这些广泛存在于两汉宫殿、祠堂乃至讲堂的历史人物画像及其负载的故事,在汉帝国以文教策略重新整理地方社会的政治权力秩序,并使其意识形态向下层社会渗透的过程中,是主要的文教通俗形

① 吴曾德:《汉代画石像》,文物出版社,1984年版,第132—152页。
② 李建业:《孝文化与汉代社会》,山东师范大学2007年硕士学位论文。
③ 刘建:《汉画中的孝亲伦理及其成因》,《理论学刊》2008年第6期。

式之一，也是帝国权力表达的文学形式。它在使普通的民众接受儒家观念的过程中起了不可估量的作用”①。

除画像石、壁画外，乡里著名孝子死后，有的还直接以“孝子”题名墓碑，如《都乡都里孝子严举碑》②，通过颂扬孝行，对活人进行“孝”的教育。立碑对行孝之人进行表彰的例子尚有：西汉宣帝时期东海郡的一位孝妇，“少寡，亡子，养姑甚谨，姑欲嫁之，终不肯”。婆婆为避免拖累孝妇自杀而死。“姑女告吏：‘妇杀我母。’吏捕孝妇，孝妇辞不杀姑。吏验治，孝妇自诬服……太守竟论杀孝妇。郡中枯旱三年”。新太守上任后“杀牛自祭孝妇冢，因表其墓，天立大雨，岁孰”③。有学者认为：“表墓的方式之一是立碑”④。“孝女曹娥者，会稽上虞人也。父盱，能弦歌，为巫祝。汉安二年五月五日，于县江溯涛婆娑迎神，溺死，不得尸骸。娥年十四，乃沿江号哭，昼夜不绝声，旬有七日，遂投江而死。至元嘉元年，县长度尚改葬娥于江南道傍，为立碑焉”⑤。在碑文中对碑主的孝行加以颂扬的例子还有很多，如《夏承碑》：“所在执宪，弹绳纠柱，忠洁清肃，进退以礼，允道笃爱，先人后己，克让有终，察孝不行”⑥。《梁相费汎碑》记费汎出仕前，“以孝友行闻于乡邑”⑦。“在碑铭文中的孝体现在对祖宗的颂德，对于子嗣的教化，对于孝行的宣扬等等，由于碑石不容易腐朽损害，再加上立碑容易使其声名远扬，孝子贤孙们不惜花费钱财，立碑崇孝。碑文中对碑主事迹的颂扬，体现了宣德崇孝的意思。不但立碑动机出于孝，就连碑文本身也处处显示出传统的孝文化精神”⑧。

五、通过提倡尊老养老以强化孝的观念⑨

尊老养老是中华民族自古以来的优秀传统和高尚美德。据《礼记·王制》载：“有虞氏养国老于上庠，养庶老于下庠。夏后氏养国老于东序，养庶

① 徐建委：《画像故事与两汉地方社会的文明进程》，《东岳论丛》2012年第5期。
② 《隶释、隶续》之《隶续》卷十一，第394页。
③ 《汉书》卷七十一《于定国传》，第3041—3042页。
④ 韩帅：《汉代旌表女性考论》，《社会科学家》2010年第6期。
⑤ 《后汉书》卷八十四《列女传·孝女曹娥传》，第2794页。
⑥ 高文：《汉碑集释》，河南大学出版社，1997年版，第348页。
⑦ 《全上古三代秦汉三国六朝文》第一册《全后汉文》卷一〇六，第1043页。
⑧ 高英：《汉代铭文研究》，南京师范大学2011年硕士学位论文。
⑨ 参见郝建平：《汉代尊老养老风尚及其启示》，《信阳师范学院学报》2008年第1期。

老于西序。殷人养国老于左学，养庶老于右学。周人养国老于东胶，养庶老于虞庠。”汉代继承了这一优良传统，很早就开展了养老活动。汉高祖入关时，就“存问父老，置酒”[①]。吕后二年施行的《张家山汉简·二年律令·傅律》规定：“大夫以上（年）九十，不更九十一。簪袅九十二，上造九十三，公士九十四，公卒、士五（伍）九十五以上者，禀鬻米月一石”。到文帝时，进一步以“令”的形式规定了养老的具体措施标准。诏曰：“老者非帛不暖，非肉不饱。今岁首，不时使人存问长老，又无布帛酒肉之赐，将何以佐天下子孙孝养其亲？今闻吏禀当受鬻者，或以陈粟，岂称养老之意哉！县为令”。所以“有司请令县道，年八十已上，赐米人月一石，肉二十斤，酒五斗。其九十已上，又赐帛人二匹，絮三斤。赐物及当禀鬻米者，长吏阅视，丞若尉致。不满九十，啬夫、令史致。二千石遣都吏循行，不称者督之。刑者及有罪耐以上不用此令”[②]。在这里，文帝指出了养老之目的是“佐天下子孙孝养其亲”，“称养老之意”，借以鼓励人们养成孝顺父母尊敬老人的好风尚。不仅规定具体的赏赐粟帛数目，而且强调了实施程序和施用范围，即施用于“刑者及有罪耐以上”之外的所有八十岁以上的老人。让县丞、县尉、令史等官吏亲自把慰问品送到老人家中，这更能表达一种极为敬重的姿态，属于提高老人社会地位的突出举措。这一诏令使养老得以制度化，并为后继者所继承，成为汉代统治者一项重要政策[③]。

汉代养老制度的具体措施表现在多个方面：

1.赐予老人一定数量的布帛、粟米、酒肉等物

汉代对老人的赐物十分频繁，仅据两《汉书》的记载，西汉有三十次，东汉有二十五次。这在中国古代是相当突出的。汉武帝元狩元年（前122）赐“年九十以上及鳏寡孤独帛，人二匹，絮三斤；八十以上米，人三石”[④]。

---

① 《汉书》卷一上《高祖纪》，第45页。

② 《汉书》卷四《文帝纪》，第113页。

③ 赵凯先生认为：《汉书·文帝纪》所载“养老令”，“存在着一些令人生疑并且经不起推敲的地方，比如80岁以上老人与90岁以上老人一样，成为‘受鬻法’的福利对象；又如皇帝对高年的赐物不是一次性的行为，而是每月重复的常设制度。而其中赐物价值即‘赐格’之高，尤其令人难以置信。参照武帝元狩元年四月诏、顺帝阳嘉三年五月诏的相关内容，推测‘养老令’‘年八十已上，赐米人月一石，肉二十斤，酒五斗。其九十已上，又赐帛人二匹，絮三斤’中的‘月’字为衍字。正是‘月’字之衍导致文献信息失真，歧义纷生。”（见《〈汉书·文帝纪〉“养老令”新考》，《南都学坛》2011年第6期）此种看法可作参考。

④ 《汉书》卷六《武帝纪》，第174页。

以后在东封泰山，亲临瓠子堵塞黄河决口时，都曾诏令赐予天下老人粟帛。宣帝在位期间，先后十二次下诏书赐予老人物品。光武建武六年(30)诏曰："往岁水旱蝗虫为灾，谷价腾跃，人用困乏。朕惟百姓无以自赡，恻然愍之。其命郡国有谷者，给禀高年、鳏、寡、孤、独及笃癃无家属贫不能自存者，如律。二千石勉加循抚，无令失职！"[①]要求郡国照西汉王朝的有关养老法令办事。建武二十九年、三十年、三十一年，每一年都下令赐予鳏寡孤独笃癃、贫不能自存者粟若干斛。顺帝阳嘉三年(134)"赐民年八十以上米，人一斛，肉二十斤，酒五斗；九十以上加赐帛，人二匹，絮三斤"[②]。桓帝建和二年(148)"年八十以上赐米、酒、肉，九十以上，加帛二匹，绵三斤"[③]。汉朝赐物养老有着严格的年龄限制，只有当年龄达到一定标准时，才能享受到这种优惠政策。年龄多大才能被视为老人呢？《汉仪注》记载："民年二十三为正，一岁为卫士，一岁为材官骑士，习射御骑驰战阵。……年五十六衰老，乃得免为庶民，就田里"[④]。即是说百姓年满二十三岁为成年人，要开始服兵役，超过五十六岁就成为老人，因其年老体衰，则可以免除服役。《盐铁论·未通篇》亦曰："今陛下哀怜百姓，宽力役之政(征)，二十三始傅，五十六而免，所以辅耆壮而息老艾也"。由上述记载可知，五十六岁以后在汉朝被看做是老人，可享受免除服役的待遇，但这并非受赐物的年龄底线[⑤]。从两汉所辖的诏令可以看出，其时能够被赐物的对象一般须年满八十岁，且必须是无犯罪记录之人。汉文帝颁布赐物诏时规定："刑者及有罪耐以上，不用此令"。师古注曰："刑谓先被刑也。有罪在吏未决者也。言八十九十虽合加赐，其中有被刑罪者，不在此赐物令条中也。"

向老人赐物，不仅见于文献记载，而且有出土文物为证。四川彭县出土了《养老》画像砖。画像砖正面有一座上有天窗，下有台阶的粮仓，仓前放置量器。右边一执鸠杖的老人，躬身坐于地面，手扶粮袋；中间一人正从

① 《后汉书》卷一下《光武帝纪》，第47页。

② 《后汉书》卷六《顺帝纪》，第264页。

③ 《后汉书》卷七《桓帝纪》，第292页。

④ 《史记》卷七《项羽本纪》注引《汉仪注》，第324页。

⑤ 王文涛先生在《秦汉社会保障研究》(中华书局，2007年版，第140页)中认为："在汉代人的观念里，一般认为'老'是指70岁以上的老人。《说文解字》卷八上：'老，考也。七十曰老。'《礼记·曲礼》：'七十以上曰老。'这与汉代'七十受王杖'和高级官吏'七十致仕'的规定是一致的。"此说可供参考。

仓里拿出粮食，倒于老人的袋里；左边一身着长服之人，正坐于方毡上，挥手示意。成都市郊土桥东汉砖石墓中后壁也有一《养老》石刻画像，画面上有一仓房，仓前一人手中捧器皿，向树旁执鸠杖的老者走去[①]。1985年从河南郑州荥阳河王村东汉墓中出土两件彩陶仓楼，在正面平座之上绘有养老图。图上共有五人：左侧站立两位戴着红袍的人物，手中各捧一简牍之类的公文，似正在宣读。中间一位头裹白巾、穿黑衣的老者，面向左侧二人跪拜。右侧站立两布衣装束的人物，前边一人双手捧斛，后边一位双手掂着装粮口袋。根据一般常识，只有官吏才能戴冠穿红色袍子、宣读公文，因而可以断定左边两人是官吏。右边拿斛和口袋的两人应该是官吏侍从，而中间跪拜的老者，从其粗糙的面部和裹巾的方式，可以断定他是劳动者，是养老图中的养老对象。这幅养老图是东汉养老仪式的一个场面：地方官吏宣读朝廷诏令并送去粮食，老人正跪拜感谢皇恩[②]。“老年人由于生理和心理的限制，在经济上处于劣势地位，失去了劳动能力，只能依附于他人。汉代政府实施的赐物政策，给予他们生活中所需的物品，满足了他们的基本生活需求，充分体现了汉代政府对老年人的关心和优待，有益于引导民众自发地尊老养老，从而在整个社会层面形成尊老养老的社会传统”[③]。

2.赐高年以几杖

《礼记·月令》载：每年仲秋之月，“养衰老，授几杖，行麋粥饮食”。几是凭几，供老人倚伏休息之用；杖是手杖，供老人行路时作扶助与支撑之用。由周代倡导的高年授几杖一事，一直延续到唐代，其中汉代有突出表现。据《后汉书·礼仪志》记载：“仲秋之月，县、道皆案户比民，年始七十者，授之以王杖，餔之糜粥。八十、九十，礼有加赐。王杖长九尺，端以鸠鸟为饰。鸠者，不噎之鸟也，欲老人不噎。是月也，祀老人星于国都南郊老人庙”。即每年秋八月，县级政府调查户口，登记高龄老人，向年七十以上的老人授鸠杖，配给糜粥，并有祭祀老人星的活动。杖头饰鸠，象征着老人饮食如鸠鸟，咽而不噎，这是一种健康祝福；所授之杖，乃当朝皇帝所赐，故称王杖。1959年在甘肃武威县磨咀子汉墓曾出土鸠杖三根，一根残长四十

---

① 刘志远等：《四川汉代画像砖与汉代社会》，文物出版社，1983年版，第94—95页。

② 王学敏：《荥阳东汉仓楼彩绘养老图》，《中原文物》1996年第4期。

③ 吕文静：《论两汉时期的尊老养老传统》，山东师范大学2012年硕士学位论文。

厘米，“平置棺盖上，有鸠一端向棺首伸出，墓18在鸠杖上还缠有木简十枚”①。史学界称其为“王杖十简”。

向高年授王杖，应开始于汉高祖时，理由有二：一是“王杖十简”中有简文曰：“制诏丞相御史：高皇帝以来，至本[始]二年，(朕)甚哀[怜]老小，高年受王杖，上有鸠，使百姓望见之”。这是宣帝追述高祖时即有高年赐杖的制度。二是应劭在《风俗通义》中指出：“俗说高祖与项羽战，败于京索，遁丛薄中，羽追求之。时鸠正鸣其上，追者以为鸟在无人，遂得脱。及即位，异此鸟，故作鸠杖以赐老人也”②。认为西汉赐杖之制始于高祖。张家山汉简《二年律令·傅律》规定：“大夫以上年七十，不更七十一，簪袅七十二，上造七十三，公士七十四，公卒、士五(伍)七十五，皆受仗(杖)。”③对受杖者所应具有的年龄、爵位条件做出了要求，但受杖者享有何种权益我们不得而知。

到宣帝、成帝时对受杖者所享有的权益则有了明确的规定。1981年，武威县文物管理委员会在进行文物调查时，收到该县缠山村农民交来近年在磨咀山汉墓出土的“王杖诏书令”木简二十六枚，较1959年出土的王杖十简内容更加丰富，字迹清晰，编联完整，次第分明，补充了“王杖十简”的不足④。王杖诏书令，主要是宣帝、成帝发布的有关授王杖、养老的诏书。诏令中规定了持杖者所享有的多项特权。如本始令：“高年赐王杖，上有鸠，使百姓望见之，比于节”。“得出入官府节第，行驰道中；列肆贾市，毋租”。持王杖相当于持节，是权力的象征，可以自由出入官府，可以行走驰道的旁边，经商不征市税。汉代奉行重农抑商的政策，但政府允许持王杖者经商且免税收，此可谓不小之优容。驰道是天子驰走车马之道，未经天子特许任何人不得行走。《汉书·鲍宣传》注引如淳曰：“令：诸使有制得行驰道中者，行旁道，无得行中央三丈也”。持王杖的老人被允许能在驰道的旁边行走，这是极高的优待。元延令：“年七十以上杖王杖，比六百石，入官府不趋。”持王杖者的地位，比于六百石之官吏，因此，进入官府不必趋俯。

① 甘肃省博物馆：《甘肃武威磨咀子汉墓发掘》，《考古》1960年第9期。

② 《全上古三代秦汉三国六朝文》第一册《全后汉文》卷三十六，第674页。

③ 《张家山汉墓竹简(二四七号墓)》，文物出版社，2001年版，第181页。

④ 武威县博物馆：《武威新出王杖诏令册》，见《汉简研究文集》，甘肃人民出版社，1984年版，第34—61页。

根据诏令，七十岁以上受王杖，但是否所有七十岁以上的人都可以受王杖，而享受一系列的政治经济特权？连云港市尹湾西汉中晚期汉墓出土的《集簿》为我们提供了相关材料："[年]八十以上：三万三千八百七十一，六岁以下：廿六万二千五百八十八，凡廿九万六千四百五十九。""年九十以上：万一千六百七十人，年七十以上受杖：二千八百廿三人，凡万四千四百九十三，多前七百一十八"[①]。有的学者据此认为受王杖者只是老年群体的一少部分，仅限于里父和乡县三老这一特殊阶层。笔者赞同这一观点。实行王杖制度有着尊崇老年的目的，但这并不是其全部之目的，甚至不是主要目的。其主要目的是要使老年人垂范乡里、纯洁风俗、教导乡民；作为官府治民的一个补充，他们是乡民尊敬效法的榜样，也是其他老人模仿的对象。两汉政府对年七十岁以上高年群体的尊崇和奉养并非以赐王杖的形式实现的，而是以不定期除其赋税徭役来进行的。这固然是为了解决老年群体生活的实际困难，但更主要的还是向天下表明皇恩浩荡，激励尊老、养老的风气[②]。"就王杖制施行的广度而言，甘肃武威出土的有关王杖制的简牍文书及王杖实物，江苏连云港尹湾汉墓所出《集簿》中载有的东海郡受杖人数之统计，可说明从东海之滨到西北边陲都有王杖制留下的踪迹。'王杖十简'及'王杖诏书令'中记载的案件当事人也涉及汝南、长安、云阳、陇西等诸多地区。可见其施行范围之广几乎遍及汉代全境"[③]。"近年在全国各地出土的汉代画像石中也发现多幅高年长者持鸠杖图，如滕县古庙老人持鸠杖汉画像石；山东泰山及嘉祥'董永力田'汉画像石，董永父持鸠杖坐在手推车上；四川汉画像石中的持鸠杖图等等，都可见到王杖的影响。由此可见汉代社会对老年人的尊重和爱护"[④]。

秋季"养衰老，授几杖"之礼每年定期举行，但在政治黑暗、吏治腐败之时，其实行则会大打折扣。如安帝元初四年(117)就曾特别下诏重申养老："《月令》：'仲秋养衰老，授几杖，行糜粥'。方今案比之时，郡县多不奉行。虽有糜粥，糠秕相半，长吏怠事，莫有躬亲，甚违诏书养老之意"[⑤]。这也反

① 滕昭宗：《尹湾汉墓简牍释文选之集簿》，《文物》1996年第8期。

② 臧知非：《"王杖诏书"与汉代养老制度》，《史林》2002年第2期。

③ 魏燕利：《汉代"王杖制"新探》，《许昌学院学报》2005年第1期。

④ 张如栩：《从出土汉简看汉代尊老养老制度》，《黑龙江史志》2010年第19期。

⑤ 《后汉书》卷五《安帝纪》，第227页。

衬出秋季养老的制度一直在正常实施中。

3.减免赋税

中国历代封建王朝的赋役普遍繁重，汉代也不例外。除交田租外，还要交纳口赋、算赋、军赋、更赋等税钱，并要为官府服各种徭役。因此，从汉代开始的对老人家庭赋役减免措施，对于老人赡养具有十分重要的意义。如果说对老人赐予布帛粟米，只是临时性的，属于治标，那么对老人家庭的赋役减免则是长期性的，带有治本意义。汉文帝规定："九十者一子不事，八十者二算不事"。师古曰："一子不事，蠲其赋役。二算不事，免二口之算赋也"①。汉武帝即位后，又重申文帝优待老人的这些规定，并在建元元年诏云："古之立教，乡里以齿，朝廷以爵，扶世导民，莫善于德。然则于乡里先耆艾，奉高年，古之道也。今天下孝子顺孙愿自竭尽以承其亲，外迫公事，内乏资财，是以孝心缺焉。朕甚哀之。民年九十以上，已有受鬻法，为复子若孙，令得身率妻妾遂其供养之事"②。宣帝时下诏对祖父母、父母去世者给予优抚："导民以孝，则天下顺。今百姓或遭衰绖凶灾，而吏徭事，使不得葬，伤孝子之心，朕甚怜之。自今诸有大父母、父母丧者勿徭事，使得收敛送终，尽其子道"③。以减免赋税的形式鼓励对父母的养老送终，以尽孝道。成帝时将减免赋役的年龄降至六十岁。《王杖诏令》曰："年六十以上者毋子男为鳏，女子六十以上毋子男为寡，贾市毋租，比山东复"（第二简）。男女六十以上无子男，为鳏、寡，免除终身赋役，经商免税。"复人有养谨者扶持，明著令"（第三简）。凡能谨善扶养老人和鳏寡者，即使是非亲子，也给予免除赋役的待遇。"夫妻俱毋子男为独寡，田毋租，市毋赋，与归义同；沽酒醪列肆"（第五简）。鳏寡之人配成夫妻后，双方俱无子男，为"独寡"，与归附的少数民族一样，种田免租、市卖免税。允许在市中自由开店卖酒。汉代造、卖酒颇受限制，国家常实行垄断经营政策。允许独寡之人卖酒，实为一种特殊的待遇。有敢征召持王杖者做力役之事的，即处以"弃市"罪。"云阳白水亭长张熬，坐殴受王杖主，使治道，男子王汤告之，即弃市"（第八、九简）。汝南地区白水亭长张熬，殴辱了受杖者，还拉他去修治道路，被平民王汤告发，查证属实。汝南太守判决不了，上报廷尉，廷尉又

① 《汉书》卷五十一《贾山传》，第2335—2336页。

② 《汉书》卷六《武帝纪》，第156页。

③ 《汉书》卷八《宣帝纪》，第250—251页。

奏闻宣帝，宣帝裁定这没有什么好争议的，就该弃市。从此以后，犯此令者一律弃市。

4.刑法上的优免

《周礼·秋官·司寇》中，已有对七岁以下的儿童、八十岁以上的老人及智力低下者，给予刑法减免的主张。汉王朝继承了先秦这一敬老传统，并把它进一步以诏令的形式固定下来。惠帝时下诏："民年七十以上若不满十岁有罪当刑者，皆完之。"[①]孟康释曰："不加肉刑髡剃也"[②]。即减轻七十岁以上老人的刑罚，不对他们行肉刑。张家山汉简《二年律令·具律》中记载："公士、公士妻及□□行年七十以上，若年不盈十七岁，有罪当刑者，皆完之。……城旦舂有罪耐以上，黥之。其有赎罪以下，及老小不当刑、刑书者，皆笞百"。规定年七十以上，有罪当刑可以免之。景帝后元三年(前141)诏曰："高年老长，人所尊敬也；鳏寡不属逮者，人所哀怜也。其著令：年八十以上，八岁以下，及孕者未乳，师、朱儒当鞠系者，颂系之"[③]。颜师古注："颂读曰容。容，宽容之，不桎梏"[④]。即是说，八十岁以上的老人和八岁以下的儿童，以及孕妇、盲乐师、侏儒，如因犯罪而应当审讯关押的，都予以宽容，不加以桎梏。宣帝元康四年(前62)进一步下诏曰："朕惟耆老之人，发齿堕落血气衰微，亦亡暴虐之心，今或罹文法，拘执囹圄，不终天命，朕甚怜之。自今以来，诸年八十以上，非诬告杀伤人，它皆勿坐"[⑤]。八十岁以上的老人，只要没有诬告和杀人，都不再予以治罪。成帝时的《王杖诏书令》曰："制诏御史：年七十以上，人所尊敬也，非首杀伤人，毋告劾，它毋所坐。年八十以上，生日久乎?"(第一简)成帝把老人的司法免刑特权由八十岁降到七十岁，凡七十岁以上者，不是首恶罪和故意伤人罪即不追究法律责任。有敢侮辱、殴打持王杖者，将以"不道"罪弃市论处。"吏民敢骂詈长者，逆不道"(第十简)。"吏民有敢殴辱者，逆不道"(第廿一简)。《王杖诏书令》中记载了一些这方面的案例：汝南郡男子张安世，凶恶残暴，殴打持杖老人，并折断其鸠杖，处以弃市。长安东乡啬夫田宣，缚执鸠杖主，

① 《汉书》卷二《惠帝纪》，第85页。
② 《汉书》卷二《惠帝纪》注，第85页。
③ 《汉书》卷二十三《刑法志》，第1106页。
④ 《汉书》卷二十三《刑法志》注，第1108页。
⑤ 《汉书》卷八《宣帝纪》，第258页。

处以弃市。亭长二人，乡啬夫二人，平民三人，他们都动手殴打了王杖主，被弃市。这表明，无论是官吏，还是百姓，敢对持杖者施暴，都将受到刑法的严惩。

5.提倡尊老、敬老之礼仪

西汉时未举行正式的敬老仪式，到东汉明帝时始有国家的敬老仪典。《后汉书》志第四《礼仪上》载："明帝永平二年三月，上始率群臣躬养三老、五更于辟雍"。从宋均的注引中可知："三老，老人知天、地、人事者。……五更，老人知行更代之事者"①。即充任三老五更者，必须是具备上知天文，中晓人事，下通地理的知识渊博、德高望重年高之人。明帝率群臣在太学中所举行的敬老典礼十分隆重。首先是选择吉祥之日，从曾担任过三公官，现已致仕的官吏中选择李躬为三老，又从卿大夫中选择曾担任过明帝老师的桓荣为五更。对于为什么选择李躬、桓荣为三老五更，明帝在诏书中有明确说明："三老李躬，年耆学明。五更桓荣，授朕《尚书》"②。他们"皆服都纻大袍单衣，皁缘领袖中衣"③，头戴进贤冠，手持王杖，集于太学讲堂。皇帝车乘来到辟雍礼殿，在东厢入座，然后派遣使者用蒲裹轮的安车迎接三老、五更。明帝在辟雍的门屏亲自迎接，三老五更下车，向天子答拜。然后由礼官把他们引导到宾位台阶站立，天子向他们按照礼节作揖。三老坐于殿中的西面，五更坐于礼殿的北面。三公九卿为三老五更陈设几案，整理衣履。宴会开始，皇帝亲自挽起袖子割下祭肉，"执酱而馈，执爵而酳，祝鲠在前，祝饐在后"④。宫廷乐队高唱由《鹿鸣》诗篇谱写的歌曲，舞队则舞起八佾之舞。气象肃穆，礼仪庄严。第二天，李躬和桓荣都到宫阙下谢恩，以感谢皇帝对他们的尊敬和礼遇。明帝还下诏赐桓荣"爵关内侯，食邑五千户。三老五更皆以二千石禄终其身"⑤。可见明帝对三老五更的优宠。对明帝实行的养老礼，宋人叶适给与了很高的评价："孝明行养老礼，意既笃实，文亦丁宁，可谓三代之后，旷千载而一遇也"⑥。

为什么敬老仪式要在学校中举行呢？《古今图书集成·礼仪典·养老

① 《后汉书》志第四《礼仪上》注引，第3108页。

② 《后汉书》卷二《明帝纪》，第102页。

③ 《后汉书》志第四《礼仪上》，第3109页。

④ 《后汉书》志第四《礼仪上》，第3109页。

⑤ 《后汉书》卷二《明帝纪》，第102页。

⑥ 叶适：《习学记言序目》卷二十四，知识出版社，1978年版。

部》有如下解释:“王者之养老,所以教天下之孝也。而必于学者,学,所以明人伦也。人伦莫先于孝弟。人君致孝弟于其亲长,下之人无由以见也,故于学校中行养老之礼,使(庶民)得于听闻观感。一礼之行,所费者饮食之微,而所致者治效之大也”。可见,统治者选择学校举行敬老仪式,目的是为了实施封建统治者的伦理道德观念和政治教化,从而以广视听、扩大影响达到对天下提倡“孝道”,以稳固尊卑贵贱的社会秩序和加强其统治。

自明帝确立以三老五更为中心的皇帝敬老礼仪后,后代君主纷纷仿效,以之为实行伦理道德教育的传统方式。据洪适《隶释》卷六《国三老袁良碑》:“群司以君父子俱列三台,夫人结发,上为三老。使者□节安车,亲□几杖之尊、袒割之养,君实飨之”[①]。袁良“载八十五,久病致仕,永建六年二月戊辰卒”[②],其为“国三老”当在安、顺之世。此碑证明,文献中所谓安车薄轮、天子亲袒割及授以几杖的记载,均是可信的。灵帝时期,“行辟雍礼,引赐为三老”[③]。皇帝置三老、五更,以父、兄之礼事之,其目的是为了给天下做出表率。《白虎通·乡射》对此解释道:“王者父事三老,兄事五更者何?欲陈孝弟之德以示天下也。故虽天子必有尊也,言有父也,必有先也,言有兄也。天子临辟雍,亲袒割牲,尊三老,父象也。谒者奉几杖,授安车软轮,供绥执授,兄事五更,宠接礼交加,客谦敬顺貌也”。郑玄亦曰:“三老五更各一人也。皆年更致仕也。天子以父兄养之,示天下之孝悌也。以三、五者,取象三辰五更,天所因之照明天下者”[④]。由于最高统治者的亲自倡导,上行下效,必然会对在全社会形成尊老、养老风气,起到积极的推动作用。

汉代除在朝廷举办“养老礼”外,还在地方上举行“乡饮酒礼”以敬老养老。“乡饮酒礼”这一敬老养老仪式至少在周代时就已实施,据《礼记·乡饮酒义》记载:“乡饮酒之义,主人拜迎宾于庠门之外,三揖而后至阶,三让而后升,所以致尊让也。六十者坐,五十者立侍,以听政役,所以明尊长也。六十者三豆,七十者四豆,八十者五豆,九十者六豆,所以明养老也。民知尊长、养老,而后乃能入孝弟,民入孝弟,出尊长养老,而后成教,成教而后

① 《全上古三代秦汉三国六朝文》第一册《全后汉文》卷九十八,第 999 页。
② 《全上古三代秦汉三国六朝文》第一册《全后汉文》卷九十八,第 999 页。
③ 《后汉书》卷五十四《杨震列传》,第 1782 页。
④ 《礼记正义·文王世子》,《四库全书》文渊阁本。

国可安也”。这就是说参加了乡饮酒礼，人们就会懂得尊长养老的道理，回去之后就会有孝悌的行动。人们在家里懂得孝悌，出外懂得尊长养老，就能形成良好的风气。有了良好的社会风气，国家就安定了。“汉代以孝悌治天下，仅从大家熟知的举孝廉和对孝悌的褒奖不绝于书就可见一斑。汉代统治者在全社会张扬孝悌尊老，自然会在各个方面不遗余力地采取措施向全社会贯彻，而乡饮酒礼的作用恰恰满足了统治者的需要，当属不遗余力的范畴”[①]。按照常理，西汉应该继续实行乡饮酒礼，只是史书尚无明确之记载。不过有的学者经过考证认为汉代皇帝通过赐酺即行乡饮酒礼，文帝、景帝、武帝均有此举动[②]。《史记正义》释酺说：“古者祭酺，聚钱饮酒，故后世听民聚饮，皆谓之酺。《汉书》每有嘉庆，令民大酺，是其事也。彼注云，因祭酺而与其民长幼相酬。郑注，所谓祭酺、合醵也，酺音蒲”[③]。乡饮酒礼以尊老敬老为主旨，目的是为了教化社会。东汉光武帝刘秀接受伏湛的建议下令施行乡饮酒礼，建武三年(27)，“湛虽在仓卒，造次必于文德，以为礼乐政化之首，颠沛犹不可违。是岁奏行乡饮酒礼，遂施行之”[④]。此后乡饮酒礼逐步普及起来。明帝时对乡饮酒礼作了进一步的完善与发展，永平二年三月，明帝率群臣举行“养老礼”，同时规定：“郡、县、道行乡饮酒于学校，皆祀圣师周公、孔子，牲以犬”[⑤]。乡饮酒礼的实行对于稳定地方统治秩序具有积极的意义，否则正如班固说：“乡饮之礼废，则长幼之序乱，而争斗之狱蕃”[⑥]。

6.对年老致仕官员给予礼遇

这是古代一种特殊的敬老方式。致仕即退休制度。“‘致仕’这一名词早在我国先秦历史文献中就有记载：‘退而致仕。’[⑦]书中注为：‘致仕，还禄于君。’可见，致仕有交还权利于君王之意。《礼记·曲礼上》记载：‘大夫七十而致仕。’注曰：‘致其所掌之事于君而告老。’可见在我国先秦时期就已经存在着官吏致仕的现象，因此可以说我国是最早出现退休政策的国家。

① 李俊方：《汉代的赐酺与养老礼》，《兰州学刊》2008年第4期。
② 李俊方：《汉代的赐酺与养老礼》，《兰州学刊》2008年第4期。
③ 《资治通鉴》卷十五《汉纪七》注引，中华书局，1956年，第502页。
④ 《后汉书》卷二十六《伏湛传》，第895页。
⑤ 《后汉书》志第四《礼仪上》，第3108页。
⑥ 《汉书》卷二十二《礼乐志》，第1028页。
⑦ 《春秋公羊传·宣公元年》，《四库全书》文渊阁本。

致仕制度在我国真正形成一种制度则是在汉朝”[①]。汉代官吏致仕年龄尚未有固定的规定，一般是七十岁以上，自感年老体衰或有病在身，就可向皇帝请求致仕。汉宣帝时韦贤，年已七十多岁，任丞相已有五年之久，地节三年以老病为由，向皇帝“乞骸骨”。乞骸骨是臣下告老的谦称，意思是请求君主让自己回归故里，以便埋骨于桑梓之地。宣帝赐予韦贤黄金百斤，宏大宅第一所，“丞相致仕自贤始”[②]。对于皇帝特别信任的大臣，如有致仕的请求，天子往往要挽留一番，若一再坚持则予以批准。如杜延年为御史大夫，视事三岁，以老病乞骸骨。宣帝因延年是良吏，派光禄大夫为使者，持节赐黄金百斤、酒，并加赐医药，以示慰问。延年自称病笃，宣帝遂“赐安车驷马，罢就第”[③]。对于致仕官员的待遇，情况不尽相同。太尉邓彪“以疾乞骸骨。元和元年，赐策罢，赠钱三十万，在所以二千石奉终其身，又诏太常四时致宗庙之胙，河南尹遣丞存问，常以八月旦奉羊、酒”[④]。司马均“位至侍中，以老病乞身，(和)帝赐予大夫禄，归乡里”[⑤]。刘恺为司徒，“视事五岁，永宁元年，称病，上书致仕，有诏优许焉，加赐钱三十万，以千石禄归养，河南尹常以岁八月致羊酒”[⑥]。

以上事例说明，汉代公卿大臣老病退休，国家在俸禄上给予优厚的待遇。有的三公享二千石俸，有的可以享受全俸。在一般情况下，二千石以上退休官吏可以享受原官职俸禄的三分之一。汉平帝元始元年下令说：“天下吏比二千石以上年老致仕者，三分故禄，以一与之，终其身”[⑦]。除终身享有这种退休俸禄外，如上例所举，皇帝还对恩宠的退休公卿大臣，额外赏赐，或金钱、或宅院、或车马等。

汉代退休老臣还有悬车之礼。《汉书·薛广德传》载：“与丞相定国、大司马车骑将军史高俱乞骸骨。皆赐安车驷马、黄金六十斤，罢。广德为御史大夫，凡十月免。东归沛，太守迎之界上。沛以为荣。悬其安车传子孙”。师古曰：“悬其所赐安车以示荣也。致仕悬车，盖亦古法。韦孟诗云

① 尹怡朋：《秦汉养老政策研究》，山东师范大学2006年硕士学位论文。
② 《汉书》卷七十三《韦贤传》，第3107页。
③ 《汉书》卷六十《杜延年传》，第2666页。
④ 《后汉书》卷四十四《邓彪传》，第1495页。
⑤ 《后汉书》卷三十六《贾逵传》，第1240页。
⑥ 《后汉书》卷三十九《刘恺传》，第1308页。
⑦ 《汉书》卷十二《平帝纪》，第349页。

'悬车之义,以洎小臣'也"[①]。大臣退休回归故乡,地方长官迎接,表示欢迎。退休大臣把皇帝所赐安车挂起,表示从此安心休息。《白虎通·致仕》对悬车致仕进行了阐释:"臣年七十,悬车致仕者,臣以执事趋走为职,七十阳道极,耳目不聪明,跂踦之属,是以退老去,避贤者路,所以长廉远耻也。悬车,示不用也。致仕者,致其事于君,君不使退而自去者,尊贤者也"。《后汉书·梁冀传》:郎中汝南袁著上书曰:"今大将军位极功成,可为至戒,宜遵悬车之礼,高枕颐神"。当然能得到安车之赐的,仅限于皇帝恩宠者。

汉代的致仕官员,地方官吏要定期去问候。还有一些功高望重的老臣,致仕后仍可依时朝见皇帝,继续对政治发生影响。汉成帝时,张禹为相六年,鸿嘉元年,以老病乞骸骨。成帝再三挽留,把奏章退回,而张禹坚持退休。成帝只好同意,"赐安车驷马,黄金百斤",特许张禹以列侯的身份,在每月的朔望日,与现任官员一起朝见皇帝,"位特进,见礼如丞相"[②]。李通"自为宰相,谢病不视事,连年乞骸骨,帝每优宠之。令以公位归第养疾,通复固辞。积二岁,乃听上大司空印绶,以特进奉朝请"[③]。总之,汉代官吏年老致仕后,在政治上或经济上可享受不同的待遇,这种待遇既是对其为官政绩的肯定,又含有尊老、养老的意味,是皇恩浩荡的体现。

汉代统治者之所以如此重视尊老、养老,并采取了一些具体措施以保证这一政策的贯彻落实,力图使全社会形成尊老、养老的风尚。其原因主要有二:首先,尊老养老是社会文明传播的客观需要。在古代农业社会中,由于学校教育的不发达及所授内容的局限,维系社会延续的基本生产技能与经验,主要是以老一代人传给年轻一代的形式来完成的,因此,老年人在古代农业社会文明传播中起着承上启下的作用。农业生产的经验积累与年龄成为正比,年龄愈长,往往经验愈多,在农业生产中的价值愈高。所以老就是资本,老人就是权威,他是"一本字典,一本历书,一个历史学家,一个应付危难的舵手,一个血族间'传道、授业、解惑'的导师"[④]。老年人承担了教育下一代的义务,他们在家教育子弟,在乡教化青年,一身兼家教与社会教育二重责任。其次,尊老养老是家庭和谐与社会稳定的需要。在古

---

① 《汉书》卷七十一《薛广德传》注,第3048页。

② 《汉书》卷八十一《张禹传》,第3349页。

③ 《后汉书》卷十五《李通传》,第576页。

④ 殷海光:《中国文化的展望》,中国和平出版社,1988年版,第143页。

代社会中,六十五岁以上的老年人占总人口的百分之一、二左右,而汉代人口的最多时达到五千余万,老人的绝对数量显然不少,如果他们得不到应有的赡养,安度晚年,必然会形成严重的社会问题,从而影响到社会的稳定与发展。如果一个人在家庭里能很好地敬养自己的长辈,那么他必然能处理好与他人的关系,即《孝经》所谓"爱亲者不敢恶于人,敬亲者,不敢慢于人"。"所谓平天下在治其国者:上老老而民兴孝,上长长而民兴弟"[①]。这就是说,尊老养老是同治国平天下联系在一起的,如果整个社会形成了"老有所养"、"老有所终"的良好风尚,必然有利于民生,有利于社会安定,有利于巩固封建统治秩序。正因为如此,汉政府才大力提倡尊老养老,期望通过社会秩序的整合,达到国家秩序的稳定。国家的大力倡导无疑会对尊老养老形成社会风气起一定作用。

汉代尊老养老风尚给我们留下了深刻的启示意义。

第一,国家必须高度重视尊老养老的重要性。人进入老年以后,随着体力的下降,其劳动能力和自我扶养能力都会逐渐减弱以至消失。由于他们年轻时为国家和社会做出了巨大的贡献,他们年老时的基本生活理应受到社会的保障。如果对老龄人口不关心、不赡养,势必造成严重的社会问题。这样的社会,是无论如何都不会长治久安的,更谈不上繁荣昌盛了。

汉代的统治者对此有较为清醒的认识。宣帝曰:"导民以孝,则天下顺"[②]。章帝认为:"夫孝,百行之冠,众善之始也"[③]。从思想上重视尊老养老问题固然必要,但更重要的是能把其落到实处。为此,汉代制订了尊老养老制度,并有相关的法令予以保障。武帝在诏书中曾提到"民年九十以上,已有受鬻法"[④]。光武曾下诏,要求郡国给予遭受水、旱、蝗虫之灾的人群以救助,对高年、鳏、寡、孤、独及笃癃、无家属不能自存者的救助标准按《律》施行。从这两次的诏书中我们可以看出,当时的养老行为已经有《受鬻法》、《律》等,可以说完全是一种法制行为。对于尊老养老措施的具体实施,汉代把其作为地方一把手的重要任务来抓。首先是县令或长考察抚恤的对象条件是否合适,抚恤标准是否如《律》之规定等。然后是县之属丞或

① 《大学》,《四书五经》,第 2 页。

② 《后汉书》卷八《宣帝纪》,第 250 页。

③ 《后汉书》卷三十九《江革传》,第 1303 页。

④ 《汉书》卷六《武帝纪》,第 156 页。

乡官啬夫去落实老人的抚恤物品发放。最后郡守派手下官员，督察郡内各县落实情况。有时中央政府也派遣大员到地方检查巡视。

我国60岁以上的老年人口已于1999年12月达到总人口的10%，这标志着我国正式进入了人口老年型国家。“目前，我国人口老龄化已经进入快速发展期。截至2011年底，我国60岁及以上老年人口达1.85亿，预计到‘十二五’期末，全国老年人口将增加4300多万，达到2.21亿，届时80岁及以上的高龄老人将达到2400万，65岁以上空巢老人将超过5100万”[①]。老年人是一个庞大的社会群体，是社会的重要组成部分。他们既是和谐社会的建设者，也是和谐社会的共享者。切实维护老年人的合法权益，确保老年人和其他社会成员一起共享经济社会发展成果，是各级党委和政府义不容辞的责任。维护老年人合法权益，必须出台相关的政策法规，必须有制度作为保障。维护老年人合法权益，必须建立和健全养老保障体系。应当进一步加快城镇职工基本养老保险、城乡居民最低生活保障和农村养老保障，切实解决好城乡老年人的“养”的问题。

第二，倡导全社会尊老、养老的良好风尚。汉代生产力水平低下，国家尚无足够的财力把全体老人赡养起来，因此，在对老人进行物质救济的同时，通过政治、经济、思想文化等多种途径，有意识地培养人们的尊老、养老的意识，倡导全社会尊老、养老的良好风尚。汉代对孝敬老人者不仅给予选拔为官吏、赏赐钱帛、免除赋役等物质待遇，而且给予扁表其门、树为道德典型的精神奖励。而对不孝之徒，统治者又用法律手段加以严惩。汉代统治者正是依靠社会舆论、榜样感化和思想教育等手段，使尊老、养老观念渗透到人们的生活中去，成为了人们行为的自觉。

由于经济等其他方面的原因，目前我们的社会养老事业并没有充分发展起来，根本应付不了日益增多的老年人问题。家庭养老是我国的传统养老方式和生活方式，老人乐于接受这种养老方式，这也是当代中国在很长一段时间内解决养老问题的主要选择。这就需要国家和政府采取多种政策与措施，倡导全社会尊老、养老的良好风尚。

尊老养老是中华民族的传统美德，也是中国礼仪之邦的文明标志。在现代社会中，随着老年人的增加和人的寿命的延长，人口老龄化将会成为

---

① 《全国60岁以上老年人口达1.85亿，占总人口13.7%》，《北京晨报》2012年3月2日。

严重的社会问题。而要解决这一问题，继承和发扬中华民族的尊老养老传统美德，显然是十分必要的。

六、统治者的示范教育

“历代儒学教育家都强调以德治国，在理论上把国家政治的统治者设计为道德教化的行为主体。在他们的心目中，统治者的道德品质之优劣是关涉以德治国这一治国方略能否得到落实具有决定意义的因素”[①]。孔子说：“政者，正也。子帅以正，孰敢不正？”[②]“其身正，不令而行；其身不正，虽令不从”，“不能正其身，如正人何？”[③]“上好礼，则民莫敢不敬；上好义，则民莫敢不服；上好信，则民莫敢不用情”[④]。孟子说：“君仁莫不仁，君义莫不义，君正莫不正。一正君而国定矣”[⑤]。荀子曰：“君者，仪也，民者，景也；仪正而景正。君者，盘也。民者，水也；盘圆而水圆”[⑥]。《大戴礼记·主言》：“上敬老则下益孝，上顺齿则下益悌，上乐施则下益谅，上亲贤则下择友，上好德则下不隐，上恶贪则下耻争，上强果则下廉耻”。都要求统治者成为社会道德的表率，以言传身教形式达到社会教化之目的。

汉代的人们特别强调作为担负全国最大教育责任的帝王在教化民众中所应起到的带头、表率作用。陆贾指出：“夫王者之都，南面之君，乃百姓之所取法则者也，举措动作，不可以失法度”。“故君之御下也，民侈应之以俭，骄淫者统之以理，未有上仁而下贼，让行而争路者也”[⑦]。他还以一些历史事例来说明君王的行为对整个社会风气所产生的巨大影响：“昔者，周襄王不能事后母，出居于郑，而下多叛其亲。秦始皇骄奢靡丽，好作高台榭，广宫室，则天下豪富制屋宅者，莫不仿之，设房闼，备厩库，缮雕琢刻画之好，博玄黄琦玮之色，以乱制度。齐桓公好妇人之色，妻姑姊妹，而国中多淫于骨肉。楚平王奢侈纵恣，不能制下，检民以德，增驾百马而行，欲令

① 黄明喜：《儒学教育社会化的理论基础与基本形态》，《华南师范大学学报》2003 年第 6 期。
② 《论语·颜渊》，《四书五经》，第 23 页。
③ 《论语·子路》，《四书五经》，第 24 页。
④ 《论语·子路》，《四书五经》，第 24 页。
⑤ 《孟子·离娄上》，《四书五经》，第 55 页。
⑥ 《荀子评注·君道》，第 262 页。
⑦ 王利器：《新语校注》卷上《无为》，中华书局，1986 年版，第 77 页。

天下人饶财富利，明不可及，于是楚国逾奢，君臣无别”[①]。刘向说：“天子好利则诸侯贪，诸侯贪则大夫鄙，大夫鄙则庶人盗。上之变下，犹风之靡草也”[②]。

汉代也重视各级官吏在施行伦常教化过程中的表率作用。《淮南子》指出：“英俊豪杰，各以小大之材处其位，得其宜，由本流末，以重制轻，上唱而民和，上动而下随，四海之内，一心同归。背贪鄙而向义理，其于化民矣，若风之摇草木，无之而不靡”[③]。认为教育者的表率作用是社会教化的重要环节，其影响广泛而迅速。董仲舒说：“今之郡守、县令，民之师帅，所使承流而宣化也；故师帅不贤，则主德不宣，恩泽不流。今吏既亡教训于下，或不承用主上之法，暴虐百姓，与奸为市，贫穷孤弱，冤苦失职，甚不称陛下之意”[④]。强调推行教化是地方官吏的主要职责。因为教育者是“下民之所视效，远方之所四面而内望也。近者视而放之，远者望而效之”。“尔好谊，则民乡仁而俗善；尔好利，则民好邪而俗败。”[⑤]所以要取得好的教育效果，教育者必须处处以身作则。刘恺说：“今刺史一州之表，二千石千里之师，职在辩章百姓，宣美风俗，尤宜尊重典礼，以身先之”。否则“是犹浊其源而望流清，曲其形而欲景直，不可得也”[⑥]。荀爽认为：“今公卿群僚皆政教所瞻，而父母丧不得奔赴，夫仁义之行，自上而始；敦厚之俗，以应乎下。……《春秋传》曰：‘上之所为，民之归也’”[⑦]。他们都把统治者的道德示范作用看做是进行道德教化的重要途径，要求受教育者做到的自己首先做到，为受教育者树立良好形象。决不能光说不做，甚至说的与做的不一致，就会败坏教育者的名声，引起人们的反感。强调政治权威在伦常教化中的引导作用与影响力。

汉代最高统治者主要从以下两个方面发挥自身在社会教育中的表率、示范作用：

一是皇帝以身作则，带头行孝悌。汉代皇帝除高祖刘邦、世祖刘秀外，

① 《新语·无为》，《诸子集成》（第七册），第7页。
② 《说苑校正》卷第五《贵德》，第110页。
③ 《淮南子》第二十卷《泰族训》，中华书局，2012年版，第1207页。
④ 《汉书》卷五十六《董仲舒传》，第2512页。
⑤ 《汉书》卷五十六《董仲舒传》，第2521页。
⑥ 《后汉书》卷三十九《刘恺传》，第1307页。
⑦ 《后汉书》卷六十二《荀爽传》，第2051页。

自西汉惠帝、东汉明帝以下，帝王谥号无不标以“孝”字。颜师古说：“孝子善述父之志，故汉家之谥，自惠帝以下皆称孝也”①。汉皇帝以孝为谥，就是要通过世代不绝的尊祖爱亲，以维护刘姓统治权的安享延续。“由于谥号是生者给予死者评价的特殊称号，体现着政治舆论的时代导向，不仅影响着当时的社会政治，也影响着人们的思想意识和道德观念。汉代统治者用皇帝的行为为社会树立了榜样，力图上行下效，影响整个社会，想依靠社会舆论和榜样感化的手段来固化人们内心的孝道信念”②。汉高祖刘邦平定天下，定都关中后，将父亲接到京城长安，下诏说：“人之至亲，莫亲于父子，故父有天下传归于子，子有天下尊归于父，此人道之极也。……今上尊太公曰太上皇”。起初每相遇还先行父子之礼，后因大臣提醒，“天亡二日，土亡二王。皇帝虽子，人主也；太公虽父，人臣也。奈何令人主拜人臣！如此，则威重不行”③。太上皇才有所感悟，与刘邦先行君臣之礼。据宋人王益之《西汉年纪》卷二记载：“太上皇徙居长安深宫，凄惨不乐。帝窃因左右问其故，以平生所好，皆屠贩少年，沽酒斗鸡蹴鞠，以此为欢。今咸无焉，以故不乐。”为了让父亲高兴，刘邦在长安城东设了一个新丰县，一切仿照故乡情趣建设，使太上皇觉得如居故里。刘邦的孝父可谓是竭尽封建帝王之所能了。惠帝以“仁孝”著称，即位元年便“令郡国诸侯各立高祖庙，以岁时祠”④。其对待兄长也颇为尊敬。齐王入朝觐见时，惠帝“以为齐王兄，置上坐，如家人礼”⑤。文帝更是以“仁孝闻于天下”⑥。袁盎对文帝之孝曾有过描述：“陛下居代时，太后尝病，三年，陛下不交睫解衣，汤药非陛下口所尝弗进。夫曾参以布衣犹难之，今陛下亲以王者修之。过曾参远矣”⑦。文帝“亲尝汤药”的事迹被后人列入著名的二十四孝当中。景帝即位初，为孝文立太宗庙，并要求“天子宜世世献祖宗之庙。郡国诸侯宜各为孝文皇帝立太宗之庙。诸侯王列侯使者侍祠天子所献祖宗之庙”⑧。景帝为了太

① 《汉书》卷二《惠帝纪》注，第 86 页。
② 余从荣：《汉代推行孝道教化的途径及启示》，《南昌大学学报》2005 年第 1 期。
③ 《汉书》卷一下《高帝纪》，第 62 页。
④ 《史记》卷八《高祖本纪》，第 392 页。
⑤ 《史记》卷九《吕太后本纪》，第 398 页。
⑥ 《史记》卷九《吕太后本纪》，第 410 页。
⑦ 《汉书》卷四十九《袁盎传》，第 2269 页。
⑧ 《汉书》卷五《景帝纪》，第 138 页。

后甚至可摒弃爱妾的生命，“贾姬如厕，野彘卒入厕”，上欲救之，郅都在旁劝道：“陛下纵自轻，奈宗庙太后何？”于是“上还”①。对待太后喜爱的梁孝王，景帝也倍加宠爱，“王入则侍景帝同辇，出则同车游猎”②。梁孝王与景帝的仪仗基本相同：“得赐天子旌旗，出从千乘万骑。东西驰猎，拟于天子”③。梁孝王死后，太后“哭极哀，不食，曰：‘帝果杀吾子！’”景帝亦“哀惧，不知所为”，遂与长公主商议，为取悦母亲窦太后，决定分梁为五国，“尽立孝王男五人为王，女五人皆食汤沐邑。”④王莽“事母及寡嫂，养孤兄子，行甚敕备”。“阳朔中，世父大将军凤病，莽侍疾，亲尝药，乱首垢面，不解衣带连月”。⑤ 明帝“性孝爱，追慕无已”⑥。他十分推崇孝道，并为此创建了上陵礼。永平元年春正月，明帝“率公卿已下朝于原陵，如元会仪”⑦。对于上陵礼所体现的孝道，蔡邕有如下分析：“今见[其]仪，察其本意，乃知孝明皇帝至孝恻隐，不可易旧……以明帝圣孝之心，亲服三年，久在园陵，初兴此仪，仰察几筵，下顾群臣，悲切之心，必不可堪”⑧。由此可见，“明帝想通过创制此礼表达他对光武帝父子血缘亲情的眷顾，树立孝子的垂范作用，以此教化天下臣民行孝道之礼”⑨。

二是皇帝带头躬行节俭。高帝七年（前200）刘邦见萧何负责修建的未央宫过于“壮丽”，曾责备萧何说：“天下匈匈，劳苦数岁，成败未可知，是何治宫室过度也！”⑩惠帝、吕后及景帝皆无过分铺张豪华之举，形成了节俭的风气，其中尤以文帝最为突出。文帝在位二十三年，史称其“宫室苑囿车骑服御无所增益。有不便，辄弛以利民。尝欲作露台，召匠计之，直百斤，上曰：‘百斤，中人十家之产也。吾奉先帝宫室，常恐羞之，何以台为！’身衣弋绨，所幸慎夫人衣不曳地，帷帐无文绣，以示敦朴，为天下先。治霸

① 《史记》卷一百二十二《酷吏列传·郅都传》，第3132页。
② 《史记》卷五十八《梁孝王世家》，第2084页。
③ 《史记》卷五十八《梁孝王世家》，第2083页。
④ 《史记》卷五十八《梁孝王世家》，第2086页。
⑤ 《汉书》卷九十七上《王莽传》，第4039页。
⑥ 《后汉书》卷十上《皇后纪·光烈阴皇后纪》，第407页。
⑦ 《后汉书》卷二《明帝纪》，第99页。
⑧ 《后汉书》志第四《礼仪上》注引《谢承书》，第3103—3104页。
⑨ 张爽：《汉代礼制及其推行》，东北师范大学2005年硕士学位论文。
⑩ 《汉书》卷一下《高帝纪》，第64页。

陵，皆瓦器，不得以金银铜锡为饰，因其山，不起坟”[①]。他临终前的遗诏说，死是天地间的自然现象，不要为他过分悲哀。丧服的麻带不要超过三寸，送葬时不要列车驾和兵器。不要发动民众来哭祭，宫中应当哭祭的人，只要在早晚各哭十五声，礼毕就停止。并“布告天下，使知朕意”[②]。司马迁赞曰：“汉兴，至孝文四十有余载，德至盛也”[③]。贡禹亦曰：“至高祖、孝文、孝景皇帝，循古节俭，宫女不过十余，厩马百余匹。孝文皇帝衣绨履革，器亡雕文金银之饰”[④]。翼奉亦称：“窃闻汉德隆盛，在于孝文皇帝躬行节俭，外省徭役。其时未有甘泉、建章及上林中诸离宫馆也。未央宫又无高门、武台、麒麟、凤皇、白虎、玉堂、金华之殿，独有前殿、曲台、渐台、宣室、温室、承明耳”[⑤]。元帝时“又罢建章、甘泉宫卫，角抵，齐三服官，省禁苑以予贫民，减诸侯王庙卫卒半”[⑥]。王莽虽出生在专权的外戚王氏之家，但因其父早亡，未及封侯，故早年的王莽只能和其母过着清贫的生活，这种经历使他养成了俭朴的作风。史载，他早年“折节为恭俭”[⑦]。这种俭约的作风并未因其地位的不断升高而有所改变，“爵位益尊，节操愈谦。散舆马衣裘，振施宾客，家无所余”[⑧]。每当听到地方发生灾害时，“莽辄素食”[⑨]。王莽不仅自己厉行节俭，而且也要求家人过俭朴的生活。有一次，王莽母亲生病，“公卿列侯遣夫人问疾，莽妻迎之，衣不曳地，布蔽膝，见之者以为僮使，问知其夫人，皆惊”[⑩]。“为抑制奢侈世风，长期以来，王莽虽身居高位却以身作则，坚持节俭，这种行为非常难得，有其历史合理性，值得后人学习与借鉴，绝不能简单的视之为‘匿情求名’、‘虚伪奸诈’之举”[⑪]。葛剑雄的评论可谓中肯：“王莽的这些行为，就是在一个风调雨顺、国泰民安的时代也已够得上典范了，何况是处在一个乱世和一群禽兽般的贵族之

① 《汉书》卷四《文帝纪》，第 134 页。
② 《汉书》卷四《文帝纪》，第 134 页。
③ 《史记》卷十《孝文本纪》，第 437 页。
④ 《汉书》卷七十二《贡禹传》，第 3069—3070 页。
⑤ 《汉书》卷七十五《翼奉传》，第 3175 页。
⑥ 《汉书》卷二十四上《食货志》，第 1142 页。
⑦ 《汉书》卷九十九上《王莽传》，第 4039 页。
⑧ 《汉书》卷九十九上《王莽传》，第 4040 页。
⑨ 《汉书》卷九十九上《王莽传》，第 4050 页。
⑩ 《汉书》卷九十九上《王莽传》，第 4041 页。
⑪ 陈忠锋：《王莽理想政治研究》，华东师范大学 2008 年博士学位论文。

中？要说这是作假，如果政治家都愿意付出如此大的代价来作假，政治一定会清明得多，道德水平也一定会提高很多，至少比一帮贪官污吏要好得多”①。

光武帝刘秀在位期间一直提倡节俭，他自己“身衣大练，色无重采，耳不听郑卫之音，手不持珠玉之玩，宫房无私爱，左右无偏恩，建武十三年，异国有献名马者，日行千里，又进宝剑，贾兼百金，诏以马驾鼓车，剑赐骑士。损上林池御之官，废聘望弋猎之事。其以手迹赐方国者，皆一札十行，细书成文，勤约之风，行于上下”②。建武二十六年作寿陵，刘秀下诏要效法文帝霸陵的俭朴，令“制地不过二三顷，无为山陵，陂池裁令流水而已”③。死前遗诏曰：“朕无益于百姓，皆如孝文皇帝制度，务从约省。刺史、二千石长吏皆无离城郭，无遣吏及因邮奏”④。直到生命的最后，刘秀也没有忘记嘱咐臣下，不要为他的葬仪铺张，不要因此影响日常的工作。明帝颇有其父节俭之风，“身御浣衣，食无兼珍”⑤。在给自己修寿陵时，“制令流水而已，石椁广一丈二尺，长二丈五尺，无得起坟。万年之后，扫地而祭，杅水脯糒而已。过百日，唯四时设奠，置吏卒数人供给洒扫，勿开修道。敢有所兴作者，以擅议宗庙从事”⑥。他在死前遗诏“无起寝庙，藏主于光烈皇后更衣别室”⑦。明帝马皇后也有节俭之风，她曾诏曰：“吾为天下母，而身服大练，食不求甘，左右但著帛布，无香薰之饰者，欲身率下也”⑧。章帝亦“遗诏无起寝庙，一如先帝法制”⑨。邓太后临朝称制后，十分注意制止奢侈浪费的行为，以便节约国库开支，减轻百姓之负担。史载：诏“减大官、导官、尚方、内者服御珍膳靡丽难成之物，自非供陵庙，稻粱米不得导择，朝夕一肉饭而已。旧太官汤官经用岁且二万万，太后敕止，日杀省珍费，自是裁数千万。及郡国所贡，皆减其过半。悉斥卖上林鹰犬。其蜀、汉釦器九带佩刀，并不复调。止画工三十九种。又御府、尚方、织室锦绣、冰纨、绮縠、金

① 葛剑雄：《泱泱汉风》，长春出版社，1997 年版，第 205 页。

② 《后汉书》卷七十六《循吏列传》，第 2457 页。

③ 《后汉书》卷一下《光武帝纪》，第 78 页。

④ 《后汉书》卷一下《光武帝纪》，第 85 页。

⑤ 《后汉书》卷三《章帝纪》，第 130 页。

⑥ 《后汉书》卷二《明帝纪》，第 123—124 页。

⑦ 《后汉书》卷二《明帝纪》，第 123 页。

⑧ 《后汉书》卷十上《皇后纪·明德马皇后纪》。

⑨ 《后汉书》卷三《章帝纪》，第 159 页。

银、珠玉、犀象、玳瑁、雕镂玩弄之物，皆绝不作。离宫别馆储峙米糒薪炭，悉令省之”①。

由上述可见，至少两汉前期最高统治者注重以身作则，以封建伦常约束自己的言行，这种作风自不免要对全国的吏治、民风产生影响。因此，在汉代的各级官吏中，不乏遵守道德楷模者、不乏言传身教而对民众进行道德教化者。如黄霸为郡小吏时，掌钱谷出入之数，“簿书正，以廉称”②。朱邑为大司农，虽身为列卿，然“居处俭节，禄赐以共九族乡党，家亡余财”。对朱邑廉洁的为官作风，宣帝特下诏予以褒扬：“大司农邑，廉洁守节，退食自公，亡疆外之交，束修之馈，可谓淑人君子。遭离凶灾，朕甚闵之。其赐邑子黄金百斤，以奉其祭祀”③。张堪任蜀郡太守，不仅“仁以惠下，威能讨奸”，“赏罚必信，吏民皆乐之为用”，而且廉洁自守，离职时，仅仅“乘折辕车，布被囊而已”，光武帝“下诏褒扬，赐帛百匹”④。宣秉建武初任御史中丞、司隶校尉、大司徒司直，非常节俭，“常服布被，蔬食瓦器”。“所得禄奉，辄以收养亲族。其孤弱者，分与田地，自无担石之储”⑤。刘宠为牂牁太守，“初乘一马之官，布衣疏食，俭以为教。居郡九年，乘之而还，吏人为之立铭”⑥。第五伦为会稽太守时，“虽为二千石，躬自斩刍养马，妻执炊爨”。后因犯法征廷尉，当永平五年离任时，当地“老小攀车叩马，啼呼相随，日裁行数里不得前。伦乃伪止亭舍，阴乘船去，众知，复追之。及诣廷尉，吏民上书守阙者千余人”⑦。李恂章帝时为兖州刺史，“以清约率下，常席羊皮，服布被”⑧。《全后汉文》卷一〇一《冀州从事张表碑》：“俾守犁阳，正身帅下，神化□通”。魏霸和帝时为巨鹿太守，“临郡，终不遣吏归乡里，妻子不到官舍。常念兄嫂在家勤苦，己独尊乐，故常服粗粝，不食鱼肉之味。妇亲蚕桑，子躬耕，与兄弟同苦乐，不得自异。乡里慕其行，化之”⑨。张纲为广

① 《后汉书》卷十上《皇后纪·和熹邓皇后纪》，第 422 页。
② 《汉书》卷八十九《循吏传·黄霸传》，第 3628 页。
③ 《汉书》卷八十九《循吏传·朱邑传》，第 3636 页。
④ 《后汉书》卷三十一《张堪传》，第 1100—1101 页。
⑤ 《后汉书》卷二十七《宣秉传》，第 927—928 页。
⑥ 《华阳国志》卷十《广汉士女》，第 147 页。
⑦ 《后汉书》卷四十一《第五伦传》，第 1397 页。
⑧ 《后汉书》卷五十一《李恂传》，第 1683 页。
⑨ 汪文台辑、周天游校：《七家后汉书》，河北人民出版社，1987 年版，第 6 页。

陵太守,“正身导下,班宣德信”[①]。桓帝时任南阳太守的王畅,在“帝乡”南阳贵戚众多,奢靡成风的情况下,自己“常布衣皮褥,车马羸败,以矫其敝”[②]。灵帝时李咸为太尉,“自在相位,约身率下,常食脱粟饭、酱菜而已。不与州郡交通。刺史、二千石笺记,非公事不发省。以老乞骸骨,见许,悉还所赐物,乘敝牛车,使子男御。晨发京师,百僚追送盈途,不能得见。家旧贫狭,庇阴草庐”[③]。刘宠,先后为豫章、会稽太守,山里的老百姓朴实拘谨,“乃有白首不入市井者,颇为官吏所扰。宠简除烦苛,禁察非法,郡中大化”。他被征召任将作大匠,老百姓送他礼物,他只“选一大钱受之”,“前后历宰二郡,累登卿相,而清约省素,家无货积”[④]。灵帝时,羊续为南阳太守,为官清廉,安于清贫。“时权豪之家多尚奢丽,续深疾之,常敝衣薄食,车马羸败。府丞尝献其生鱼,续受而悬于庭;丞后又进之,续乃出前所悬者以杜其意。续妻后与子秘俱往郡舍,续闭门不内,妻自将秘行,其资藏唯有布衾,敝祗裯,盐、麦数斛而已,顾敕秘曰:‘吾自奉若此,何以资尔母乎?’使与母俱归。”[⑤]陈寔在桓帝时,做过太丘县令,修德清静,百姓以安。“年八十有三,中平三年八月丙午遭疾而终。临终顾命,留葬所卒。时服素棺,椁材周梓,丧事维约,用过乎俭。群公百僚,莫不咨磋。岩薮知名,失声挥涕。大将军吊祠,锡以嘉谥,曰:‘征士陈君……’。遣官属椽吏,前后赴会,刊石作铭。府丞与比县会葬,荀慈明、韩元长等五百余人,缌麻设位,哀以送之。远近会葬,千人以上。河南尹种府君临郡,追叹功德,述录高行,以为远近鲜能及之。重部大椽,以时成铭,可谓存荣没衰死而不朽者已”[⑥]。

总之,汉代上自皇帝下到一般官吏,不少人已认识到,统治者的道德示范对于民众的道德教化具有重要的影响作用,并身体力行,力图实现道德教化之功,维护封建统治的长治久安。考察汉代的历史,我们会发现,这种道德示范教育在一定程度上起到了化民成俗的积极作用。因此,我们不同意一些学者所下的结论:“这种依赖统治者言传身教而对人

---

① 《后汉书》卷五十六《张纲传》,第 1819 页。

② 《后汉书》卷五十六《王畅传》,第 1825 页。

③ 《后汉书》卷四十四《胡广传》注引《谢承书》,第 1511 页。

④ 《后汉书》卷七十六《循吏列传·刘宠传》,第 2478—2479 页。

⑤ 《后汉书》卷三十一《羊续传》,第 1110 页。

⑥ 《全上古三代秦汉三国六朝文》第一册《全后汉文》卷七十八,第 892 页。

民进行道德教化并无多少功效，其原因在于在上位的统治者并不能真正起到这种道德示范作用，专制主义的政治权力是他们必然堕落的根本原因”[①]。这种观点似乎有绝对化之嫌，似乎在封建时代的官员就没有真正道德楷模者，如果真的是这样，那么文景之治、昭宣中兴、光武明章之治的产生及循吏的涌现，又将如何解释？显然对不同历史时期应有具体分析，不能一概而论[②]。

七、发布诏书，宣传教化

诏书，亦有诏策、诏令之称，是中国古代最高统治者发布的重要文告。《说文解字》解释“诏”：“告也，从言从召”。其起源很早，据刘勰《文心雕龙·诏策》载：“皇帝御寓，其言也神，渊嘿黼扆，而响盈四表，唯诏策乎！昔轩辕唐虞，同称为命。命之为义，制性之本也。其在三代，事兼诰誓，誓以训戎，诰以敷政，命喻自天，故授官锡胤。《易》之《姤》象：‘后以施命诰四方’。诰命动民，若天下之有风矣。降及七国，并称曰令”。战国以前，上下相告常用诏字；秦统一六国后，规定诏字为皇帝发布命令的专用词，他人不得使用，诏书亦成为皇帝布告臣民的专用文书。秦亡后，继起的汉朝，基本上承袭了秦朝的制度。东汉蔡邕在《独断》指出：“汉天子正号曰‘皇帝’，自称曰‘朕’，臣民称之曰‘陛下’。其言曰‘制诏’，史官记事曰‘上’。车马、衣服、器械百物曰‘乘舆’。所在曰‘行在所’，所居曰‘禁中’，后曰‘省中’。印曰‘玺’。所至曰‘幸’，所进曰‘御’。其命令一曰‘策书’，二曰‘制书’，三曰‘诏书’，四曰‘戒书’”[③]。《后汉书·光武帝纪》李贤引《汉制度》注曰：“帝之下书有四：一曰策书，二曰制书，三曰诏书，四曰诫敕。策书者，编简也，其制长二尺，短者半之，篆书，起年月日，称皇帝，以命诸侯王。三公以罪免亦赐策，而以隶书，用尺一木，两行，唯此为异也。制书者，帝者制度之命，

---

① 朱汉民：《忠孝道德与臣民精神——中国传统臣民文化论析》，河南人民出版社，1994 年版，第 153 页。

② 我们也承认封建道德有其虚伪的一面，汉代许多儒者虽然口头上讲修身、讲道德，一旦进入官场便不能保持他们的节操。如叔孙通“所事者且十主，皆面谀以得亲贵”（《史记·叔孙通传》）。公孙弘“徒怀诈饰智以阿主取容”（《史记·汲黯传》）。九江太守戴圣“行治多不法”（《汉书·何武传》）。贾逵“不修小节，当世以此颇讥焉”（《后汉书·贾逵传》）。马融“达生任性，不拘儒者之节”，“为梁冀草奏李固，又作《大将军西弟颂》，由是颇为正直所羞”（《后汉书·马融传》）。但廉洁奉公、勤于政事良吏的大量存在，同样也是不容否认的事实。

③ 《蔡中郎集》外集卷四《独断》，咸丰二年东郡杨氏海源阁仿宋刻本。

其文曰制诏三公,皆玺封,尚书令印重封,露布州郡也。诏书者,诏,告也,其文曰告某官云云,如故事。诫敕者,谓敕刺史、太守,其文曰有诏敕某官。它皆仿此"。相对其他三种文告,诏书在《汉书》、《后汉书》中不仅出现的次数较多,而且应用的范围较广,因此在皇帝发布的文告中居于主导地位。"由于诏书地位的重要性,从秦朝开始诏书便成为了皇帝、皇后、太子发布指令的专用文书,并渐渐成为御用文告的统称,在中国古代的政治舞台上被历代政权相沿使用,一直到清宣统帝发布退位诏书"①。

汉代诏书的内容十分丰富,包括政治、经济、文化、军事、司法、外交等。其中不少内容含有教化的意义,如尚贤、养老、重农、尊师、孝道、轻刑、薄赋、从谏等诏书的颁布,对于民众了解国家的政策导向,形成政府所倡导的儒家价值观具有积极的推动作用。

诏书之所以对民众具有教化作用,是与诏书发布流程有关。诏书"发布范围带有全国性,它的发布对象是天下的百姓子民"②。"诏书经审核颁布后,须逐级下达,一般不越级行移。首先一般是由中央的御史大夫审阅,再发往丞相府,然后由相府向各部门和各郡传达,郡是最重要的公文转录、发布、处理的机构。郡太守收到后即抄录数份再由郡派人按照诏书的不同内容向其所管辖的不同部门下达。县乡是两汉时期诏书落实的重要环节,许多诏书需要发到县乡执行或公布到全体居民,县乡都要认真办理。在边塞地区则由郡国都尉传达给部都尉,部都尉见到后分抄传至所属各侯官,侯官传达到所辖部,部再向燧传达"③。在汉代诏书的结尾多有"布告天下,使咸知朕意"、"请宣布天下"、"布告天下,令明知之"等字句。这说明,汉代诏书是需要逐级下传,令全体国民知晓的。

汉代诏书下达之后,还需要对民众进行宣读。《汉书·黄霸传》载:"时上垂意于治,数下恩泽诏书,吏不奉宣。太守霸为选择良吏,分部宣布诏令,令民咸知上意"。《汉书·贾山传》:"臣闻山东吏布诏令,民虽老羸癃疾,扶杖而往听之"。可见诏书下达后,基层官吏要把民众召集在一起,进行口头宣读和宣讲,以使民众能够明白无误地知晓诏书所表达的信息。宣读诏书"属于一种一对多的人际传播,具有很强的灌输性、鼓动性。当时政

---

① 张庆杭:《诏书与两汉政治》,江西师范大学2008年硕士学位论文。

② 黄春平:《从出土简牍看汉帝国中央的信息发布》,《新闻与传播研究》2006年第4期。

③ 张庆杭:《诏书与两汉政治》,江西师范大学2008年硕士学位论文。

府之所以施行这种方式，目的都是为了利用人际传播来实现传播内容最广范围的知情，以取得预期的宣传效果”①。

诏书在宣讲后，还需要将载有诏书的简册或木版挂于乡亭、市门、里门等人口密集、人们来往较为频繁的公共场所。在汉简中即有这方面的记载，如“知令，重写令，移书到，各明白大扁书市里、官所、寺舍、门亭、燧堠中，令吏民卒尽讼知之，且遣鄣吏循行问吏卒，凡知令者案论，尉丞令以下毋忽，如律令，敢告卒人”②。“五月壬辰，敦煌太守彊、长史章、丞敞下都护西域骑都尉、将田车师戊己校尉、部都尉、小府官县，承书从事下当用者。书到明白大扁书乡亭市里高显处，令亡人命者尽知之，上赦者人数太守府别之，如诏书”③。

西汉中期后，由于最高统治者普遍受到儒家教育的熏陶，并把儒家学说作为治国的指导思想，因而出现了在诏书中引用儒家经典以增强说理效果之现象。以《诗经》为例，两汉帝王在诏书中引用《诗经》共计八十九次，其中《汉书》二十九次，《后汉书》六十次。在四十四次直接引用诗经的帝王诏书中，西汉十九次，东汉二十四次，分别是：文帝一次，武帝四次，宣帝二次，元帝五次，成帝一次，哀帝二次，王莽五次，光武三次，明帝一次，景帝八次，和帝二次，殇帝一次，安帝二次，顺帝三次，桓帝四次④。“儒学化诏书的出现，不仅是西汉中后期主流政治价值观转向的体现，也是政府意欲推行儒学以教化民间的措施。政府以诏书形式参与儒学的政治社会化过程，促进了儒学对当时民间社会的‘涵化’，推进了汉代社会以儒家价值观为核心的共同价值观的形成”⑤。

八、皇帝巡行或派遣使者巡行天下，察民情，览风谣，举贤俊，宣明德化

帝王巡行地方行政自先秦已有之，或称为巡狩、巡幸、巡游等。其在古代文献中多有记载。《孟子·梁惠王下》曰：“天子适诸侯曰巡狩，巡狩者，巡所守也”。《白虎通·巡狩》曰：“巡者循也，狩者牧也，为天下巡行守牧民

① 黄春平：《从出土简牍看汉帝国中央的信息发布》，《新闻与传播研究》2006年第4期。

② 吴礽骧等：《敦煌汉简释文》，甘肃人民出版社，1991年版，第142页。

③ 胡平生、张德芳编撰：《敦煌悬泉汉简释粹》，上海古籍出版社，2001年，第115页。

④ 欧阳艳玉：《两汉帝王诏令引〈诗经〉考察——基于两汉书记载的研究》，《经济与社会发展》2009年第11期。

⑤ 夏增民：《诏书与西汉时期的儒学传播》，《南都学坛》2008年第5期。

也”。《礼记·王制》记周代巡狩制度曰:“天子五年一巡守:岁二月,东巡守至于岱宗,柴而望祀山川。觐诸侯,问百年者就见之。命大师陈诗,以观民风;命市纳贾,以观民之所好恶、志淫好辟;命典礼,考时月,定日,同律、礼乐、制度、衣服,正之。山川神祇,有不举者,为不敬,不敬者,君削以地。宗庙,有不顺者为不孝,不孝者君绌以爵。变礼易乐者为不从,不从者君浪。革制度衣服者为畔,畔者君讨。有功德于民者,加地进律。五月,南巡守至于南岳,如东巡守之礼。八月,西巡守至于西岳,如南巡守之礼。十有一月,北巡守至于北岳,如西巡守之礼。归假于祖祢,用特”。从上述记载可以看出,周天子巡行地方的目的是为了了解各地的民风,整顿吏治,推广教化。

汉代的一些皇帝也有巡行地方之举。据统计:“汉武帝巡行 34 次,宣帝巡行 15 次,成帝巡行 13 次,光武帝巡行 8 次,明帝巡行 7 次,章帝巡行 8 次,和帝巡行 4 次,安帝巡行 6 次,顺帝巡行 1 次,桓帝巡行 3 次,灵帝巡行 1 次”[①]。汉代诸帝巡行地方时,除祭祀天地诸神、祖先,考察吏治得失、奖勤罚懒外,推广教化是其重要内容。如明帝永平十年(67),“南巡狩,幸南阳,祠章陵。日北至,又祠旧宅。礼毕,召校官弟子作雅乐,奏《鹿鸣》,帝自御埙篪和之,以娱嘉宾。还,幸南顿,劳飨三老、官属”[②]。章帝元和三年(86),北巡狩,曾下诏曰:“朕惟巡狩之制,以宣声教”[③]。皇帝在巡行中往往要对高年及鳏、寡、孤独弱势社会群体进行抚恤,其目的就是要在社会上树立尊老敬老、关注社会弱势群体的风尚,借以稳定社会秩序。如汉武帝元封元年(前 110)登封泰山,诏曰:“行所巡至,博、奉高、蛇丘,历城、梁父,民田租逋赋贷,已除。加年七十以上孤寡帛,人二匹”[④]。元封二年(前 109)汉武帝祠泰山,“赐孤独高年米,人四石”[⑤]。章帝元和元年(84),南巡狩,“赐鳏、寡、孤独、不能自存者粟,人五斛。”[⑥]和帝永元十五年(103),南巡狩,“赐所过二千石长吏以下、三老、官属及民百年者钱布,各有差”[⑦]。

---

① 刘太祥:《试论秦汉行政巡视制度》,《郑州大学学报》2004 年第 5 期。
② 《后汉书》卷二《明帝纪》,第 113 页。
③ 《后汉书》卷三《章帝纪》,第 154 页。
④ 《汉书》卷六《武帝纪》,第 191 页。
⑤ 《汉书》卷六《武帝纪》,第 193 页。
⑥ 《后汉书》卷三《章帝纪》,第 147 页。
⑦ 《后汉书》卷四《和帝纪》,第 191 页。

顺帝永和二年(137),“行幸长安,所过鳏、寡、孤独、贫不能自存者赐粟,人五斛”[①]。皇帝在巡行中也常有大赦、减刑、赎刑之举。为什么要这样做?《汉书·平帝纪》为我们道出了个中的缘由:“夫赦令者,将与天下更始,诚欲令百姓改行洁己,全其命也。往者有司多举奏赦前事,累增罪过,诛陷亡辜,殆非重信慎行,洒心自新之意也”。即希望通过此举使犯罪者能够改过自新,重新做人,以便有助于形成稳定的社会秩序,其所蕴含的教化成分是不言而喻的。如武帝元封五年、太始四年、后元元年,巡行中都曾“赦天下”。《后汉书·明帝纪》:明帝永平十五年(72),“东巡狩。辛丑,幸偃师。诏亡命自殊死以下赎:死罪缣四十匹,右趾至髡钳城旦舂十匹,完城旦至司寇五匹;犯罪未发觉,诏书到日自告者,半入赎”。章帝元和二年(85),东巡狩,诏曰:“大赦天下。诸犯罪不当得赦者,皆除之”[②]。章和元年(87),南巡狩,“诏郡国中都官系囚减死罪一等,诣金城戍;犯殊死者,一切募下蚕室;其女子宫;系囚鬼薪、白粲已上,减罪一等,输司寇作。亡命者赎:死罪缣二十匹,右趾至髡钳城旦舂七匹,完城旦至司寇三匹;吏民犯罪未发觉,诏书到自告者,半入赎”[③]。

由于皇帝是全国的最高统治者,可谓事务繁忙,不可能经常抽出时间去地方进行实地考察,这样就有了皇帝遣使巡行的制度,即派遣使者持节代表皇帝巡行地方。

汉代遣使巡行盛行于武帝之后,武帝之前见于记载例子很少。武帝元狩六年(前117)诏曰:“今遣博士大等六人分循行天下,存问鳏寡废疾,无以自振业者贷与之。谕三老孝弟以为民师,举独行之君子,征诣行在所。朕嘉贤者,乐知其人,广宣厥道,士有特召,使者之任也。详问隐处亡位,及冤失职,奸猾为害,野荒治苛者,举奏。郡国有所以为便者,上丞相、御史以闻”[④]。这道诏书给予使者的职责是:救助社会弱势群体,举荐人才,平理冤狱,推广教化。武帝以后各朝均有类似的遣使巡行措施。“据《汉书》和《后汉书》本纪所载,西汉遣出巡行使45次,东汉一代达44次”[⑤]。如昭帝

① 《后汉书》卷六《顺帝纪》,第267页。
② 《后汉书》卷三《章帝纪》,第150页。
③ 《后汉书》卷三《章帝纪》,第158页。
④ 《汉书》卷六《武帝纪》,第180页。
⑤ 刘太祥:《汉代巡行使的职能和作用》,《史学月刊》1997年第1期。

始元元年(前 86),“遣故廷尉王平等五人,持节行郡国,举贤良,问民所疾苦、冤、失职者”[①]。宣帝本始元年(前 73),“遣使者持节诏郡国二千石谨牧民而风德化”[②]。元康四年(前 62),“遣大中大夫强等十二人循行天下,存问鳏寡,览观风俗,察吏治得失,举茂材异伦之士”[③]。元帝初元元年(前 48),诏曰:“方田作时,朕忧蒸庶之失业,临遣光禄大夫褒等十二人循行天下,存问耆老鳏寡孤独困乏失职之民,延登贤俊,招显侧陋,因览风俗之化。相守二千石诚能正躬劳力,宣明教化,以亲万姓,则六合之内和亲,庶几乎无忧矣。书不云乎?‘股肱良哉,庶事康哉!’布告天下,使明知朕意”[④]。建昭四年(前 35),“遣谏大夫博士赏等二十一人循行天下,存问耆老鳏寡孤独乏困失职之人,举茂材特立之士。相将九卿,其帅意毋怠,使朕获观教化之流焉”[⑤]。成帝永始三年(前 14),“遣太中大夫嘉等循行天下,存问耆老、民所疾苦。其与部刺史举淳朴逊让有行者各一人”[⑥]。平帝元始四年(4),“遣太仆王恽等八人置副,假节,分行天下,览观风俗”[⑦]。王莽篡汉后,“遣五威将帅行天下风俗”[⑧]。

东汉亦有遣使巡行之制。如“和帝即位,分遣使者,皆微服单行,各至州县,观采风谣”[⑨]。对把官位作为聚敛财富、中饱私囊的贪赃枉法之徒,巡行使可收案举劾,对勤于政事,造福一方者,巡行使可直接向皇帝推荐。如顺帝时,雷义“为守灌谒者,使持节督郡国行风俗,太守令长坐者凡七十人”[⑩]。顺帝汉安元年(142),“遣侍中杜乔、光禄大夫周举、守光禄大夫郭遵、冯羡、栾巴、张纲、周栩、刘班等八人分行州郡,班宣风化,举实臧否”[⑪]。《后汉书·周举传》详载其事:“时诏遣八使巡行风俗,皆选素有威名者。乃拜举为侍中,与侍中杜乔、守光禄大夫周栩、前青州刺史冯羡、尚书栾巴、侍

---

① 《汉书》卷七《昭帝纪》,第 220 页。
② 《汉书》卷八《宣帝纪》,第 239 页。
③ 《汉书》卷八《宣帝纪》,第 258 页。
④ 《汉书》卷九《元帝纪》,第 279 页。
⑤ 《汉书》卷九《元帝纪》,第 295 页。
⑥ 《汉书》卷十《成帝纪》,第 323 页。
⑦ 《汉书》卷十二《平帝纪》,第 357 页。
⑧ 《汉书》卷七十二《龚胜传》,第 3084 页。
⑨ 《后汉书》卷八十二上《方术列传·李郃传》,第 2717 页。
⑩ 《后汉书》卷八十一《独行列传·雷义传》,第 2688 页。
⑪ 《后汉书》卷六《顺帝纪》,第 272 页。

御史张纲、衮州刺史郭遵、太尉长史刘班并守光禄大夫，分行天下。其刺史、二千石有臧罪显明者，驿马上之；墨绶以下，便辄收举。其有清忠惠利，为百姓所安，宜表异者，皆以状上。于是八使同时俱拜，天下号曰'八俊'。举于是劾奏贪滑，表荐公清，朝廷称之"。

可见汉代遣使巡行天下，主要是为了观览风俗，了解民情，考察吏治得失，奖善惩恶以督促各地整齐风俗，这一措施显然是有利于宣行德教，美化风俗的。正如有的学者所指出："汉代遣使巡行，采获地方的民风地情，并布施政府所提倡的儒家的道德价值观。在观览地方风俗的基础上，儒学化的或认同儒学的地方官员因俗施政，把儒家的价值观贯彻于地方行政过程之中；而与此同时，中央政府也不遗余力地采取各种措施促进王朝疆域内各个地方的风俗改观。在这个儒学社会化的过程中，使得儒学向底层社会传播、浸润，底层的社会文化不断地被涵化，民间社会逐渐接受了儒家的思想，儒家的价值观越来越普及，渐成其时共同的社会价值观"①。

综上所述，社会教育在汉代受到了上自最高统治者下到地方官吏的普遍重视，把其作为建国安民，整饬风俗的根本措施。通过多种多样的形式和手段，不拘一格地大力推行道德教化，使儒家的伦理道德深入人心，使社会上形成了以忠孝、仁爱、礼义为荣的风气。《南史·孝义传论》："汉世士务修身，故忠孝成俗"。邓子琴赞道："德行之君子，乃云兴霞蔚，几于比屋可封，可谓中国历史上之伦理时代，诚可称述者矣"②。尽管这种伦理道德教育，不可能从根本上遏制政治的黑暗、统治的腐败，挽救不了国家的衰亡，但它使社会矛盾在一定时期内得到缓和，从而对巩固和延缓汉王朝的封建统治起了重要作用。可以说，伦理道德教育作用的发挥是有条件的，它要受到政治的制约。当政治清明之时，道德教育可以促进良好道德风尚的形成和社会的安定；而在政治腐败之际，道德教育则显得苍白无力。只有刷新政治，道德教育的作用才能最大限度地发挥出来。这是值得我们特别注意的经验。

汉代社会教育不仅对当时社会稳定和发展起了积极的作用，也对我们今天开展社会教育工作有一定的借鉴价值。对于社会教育的作用，教育社

---

① 夏增民：《遣使巡行制度与汉代儒学传播》，《华中科技大学学报》2008年第4期。

② 邓子琴：《中国风俗史》（第一章），巴蜀书社，1987年版。

会学家雷通群曾指出:“无论学校教育或家庭教育,均需藉社会教育的补助,方能完全收功,此人之所同认也。惟是学校与家庭的教育是有意识的,具几分强迫性质,社会教育是无意识的,略具放任的性质。成人与儿童,除家庭、学校及职业三种生活外,其余之时日,即在社会上费去。常人之在家庭、学校及职业三种生活中,均多少感受束缚,独在社会生活,精神较觉畅快。因此,若社会上诸种设施,无一毫教育意味,纵使学校与家庭之教育力异常伟大,亦被其打消殆尽。反之,若社会诸种设施,能凑合一般的教育理想,则在学校与家庭中,历尽艰苦的训练而尚未彻底感化之人物,往往于不觉间受社会之潜移默化。人性固厌闻直接的训诫,但于无意识的暗示,独喜领略。果使一国之中,整理种种社会环境,至少能令学校与家庭的教育,容易收功一半”[①]。和学校教育相比,社会教育有自己的特点:一是在社会教育中,教育者是社会的每一个成员和教育机构;二是社会教育的对象包括全体社会成员;三是社会教育的内容比学校教育的内容广博得多、丰富得多、现实得多;四是社会教育的方法措施具有多途径性和多样性。社会教育的广泛开展,对改变社会的不良风气,提高社会全体成员的思想觉悟和道德水平,普及先进的科学技术,建设高度的精神文明,推动现代社会的发展,发挥着重要的作用。汉代社会教育之所以起了重要作用,是和统治者对这项工作的高度重视分不开的。所以,今天我们开展社会教育工作,也必须既要从思想上对其予以高度重视,又要采取一些切实的措施,如制定颁布有关的政策和法规,使社会教育工作的管理和开展有章可循,有法可依;建立和完善社会教育管理体制,使社会教育的开展日趋制度化;要实施学校教育、家庭教育、社会教育密切配合的系统工程。家庭教育是基础,父母及其他亲人是道德社会化的启蒙导师,家庭道德教育良好,可从根本上保证孩子的向善。学校道德教育是道德教育的主要基地,要特别注意学品与人品的结合,把求知与做人结合起来。社会教育则是巩固家庭教育和学校教育成果、完成人的终身教育的重要保证,三者相辅相成,缺一不可。在开展社会教育的方法上,要采取加强激励措施和控制手段紧密配合的教育方法,一方面应充分利用激励措施,来引导人们扬善弃恶,弘扬社会主义道德风尚和文明礼貌,另一方面也要加强和完善监督控制体系,加大对违

---

① 雷通群:《教育社会学》,福建教育出版社,2010年版,第170页。

法犯罪现象的打击力度，宽猛相济才会达到理想的教育效果。此外，还需利用各种传媒，以群众喜闻乐见的形式开展教育，避免空洞的说教，从而增强社会教育的效果。

第四章　汉代的教育观

汉代教育之所以能显示出蓬勃发展的景象，是与其时统治阶级对教育的认识分不开的。思想、文化的发展是具有承继性的。汉代思想家对教育的认识在不少方面承袭了前人的观点，但这并不是些微不变的照搬照抄，而是对它们进行了加工改造，使其更加完善，更加适合于维护封建统治的需要。

第一节　关于教育对人发展的作用

教育是人的活动，离开了人教育便无从谈起。是人人皆可教，还是尚有不可教之人？教育在人的发展过程中起怎样的作用？对于这些问题，汉代思想家承袭了先秦儒家从人性的善与恶角度出发，去分析说明的方式，不过在理论深度上有所展开。

一、教育对大多数人起作用的“性三品”说

先秦思想家已对人性的善恶问题展开了讨论。孔子首先提出了“性相近也，习相远也”[①]的观点，肯定人生来差别是不大的，人的差别是后天教育和学习的结果。说明了教育、环境对人性培养与发展所起的作用。至于人性有无善恶，教育对人性中的善恶起什么作用，孔子没有阐述。在诸子百家的争鸣中，对后世影响最大的是孟子的性善论和荀子的性恶论。孟子认为，人性生来就是善的，他说：“恻隐之心，人皆有之。羞恶之心，人皆有之。恭敬之心，人皆有之。是非之心，人皆有之”[②]。这就是仁、义、礼、智“四端”，即四种道德的萌芽，它们是人生而就有的。既然人人具有先天的善性，何以社会上还有恶人呢？孟子认为这是受了不良社会环境的影响，

---

① 《论语·阳货》，《四书五经》，第 31 页。

② 《孟子·告子上》，《四书五经》，第 65 页。

丧失了善端所致。所以教育的作用就在于找回丧失的善端,“学问之道无他,求其放心而已矣”[①]。荀子认为,人的本性生来就是恶的,人之所以能为善,全靠后天的努力。因此荀子非常重视教育的作用,他认为人与禽兽的区别以及人与人之间的区别,不决定于天生的本性,而决定于人的学习和教育。他说:“为之,人也;舍之,禽兽也”[②]。由于不同环境与教育的影响,人的发展亦不同:“可以为尧舜,可以为桀跖,可以为工匠,可以为农贾,在注错习俗之所积耳”[③]。人们通过主客观的积极努力,就可以“习俗移志,安久移质”[④],所以教育的作用就在于改变人的恶性之质而迁之善。

孟子、荀子虽在人性善恶的问题上持对立意见,但他们均肯定教育在人性的改变上起着重要作用。

汉代思想家在先秦时期人性学说的基础上,围绕着人性善恶这个中心问题,进行了新的研究、探索,并提出了新的论证。在汉代诸种人性论中最为盛行者,当推“性三品”说,董仲舒、王充、王符、荀悦等人均持这种观点。

目前学术界多把董仲舒视为“性三品”说的开山祖[⑤],实际上,早在汉初这一学说已发端。如贾谊认为性是有善有恶的,他说:“抑臣又窃闻之曰,有上主者,有中主者,有下主者。上主者,可引而上,不可引而下;下主者,可以引而下,不可引而上;中主者,可引而上,可引而下。……故材性乃上主也,贤人必合,而不肖人必离,国家必治,无可忧者。若材性下主也,邪人必合,贤正必远,坐而须亡耳,又不可胜忧矣。故其可忧者,唯中主尔,又似练丝,染之蓝则青,染之缁则黑,得善佐则存,不得善佐则亡,此其不可不忧者耳”[⑥]。上主、中主、下主三个不同等级划分的根据,在于他们“材性”不同,即先天的素质不同。上主的材性是善的,下主的材性是恶的,教育对这两种人已不起任何作用。至于中主,其材性则是可为善亦可为恶,取决于受怎样的教育或环境的影响,教育对这部分人是起作用的。中主是这样,民亦如是。“夫民者,贤、不肖之材也,贤、不肖兼具焉”[⑦]。民之性有善

① 《孟子·告子上》,《四书五经》,第66页。
② 《荀子评注·劝学》,第2页。
③ 《荀子评注·荣辱》,第62页。
④ 《荀子评注·儒效》,第139页。
⑤ 王永祥:《董仲舒评传》,南京大学出版社,1995年版,第253页。
⑥ 《新书》卷五《连语》,第165—166页。
⑦ 《新书》卷九《大政下》,第289页。

的一面，但不能自明，有待王者之教化。“人有仁、义、礼、智、信之行，行和则乐兴，乐兴则六，此之谓六行”。“然而人虽有六行，微细难识，唯先王能审之。凡人弗能自至，是故必待先王之教，乃知所从事”[①]。贾谊提出的“材性”有三等之说，在教育思想史上首开“性三品”说之先河。此后，不少思想家对此作了进一步的论证。

《淮南子》也把人性分为三等[②]：“性命可说，不待学问而合于道者，尧、舜、文王也。沉湎耽荒，不可教以道，不可喻以德，严父弗能正，贤师不能化者，丹朱商均也”。“夫上不及尧、舜，下不若商均，美不及西施，恶不若嫫母，此教训之所谕也，而芳泽之所施”[③]。上等者不须教化，他们本身就是行教化之人。下等者不可教也。只有中等人具有“仁义之资”，故可教其成善。“人之性有仁义之资，非圣王为之法度而教导之，则不可使乡方。故先王之教也，因其所喜以劝善，因其所恶以禁奸”[④]。人之善性只是一种潜在的资质，要使其成为现实之善，则只有依靠教化。“故无其性，不可教训；有其性无其养，不能遵道。茧之性为丝，然非得工女煮以热汤，而抽其统纪，则不能成丝”[⑤]。并以孔墨弟子为例：“民无廉耻，不可治也，非修礼仪，廉耻不立”。“孔子弟子七十，养徒三千人，皆入孝出悌，言为文章，行为仪表，教之所成也；墨子服役者百八十人，皆可使赴火蹈刃，死不还踵，化之所致也”[⑥]。

《淮南子》对“人性各有修短，若鱼之跃，若鹊之驳，此自然者，不可损益”的所谓人性不可改变论进行了驳斥。认为：“马之为草驹之时，跳跃扬蹄，翘尾而走，人不能制。……及至圉人扰之，良御教之，掩以衡扼，连以辔衔，则虽历险超堑弗敢辞。故其形之为马，马不可化；其可驾御，教之所为也”。马的形体是不可改变的，但马的天生野性是可以通过调教改变的。作者进而指出：“马，聋虫也，而可以通气志，犹待教而成，又况人乎！”[⑦]人

① 《新书》卷八《六术》，第 257—258 页。

② 由于《淮南子》是集体著作，因此在许多问题上的观点多有矛盾之处，人性论也不例外。除性三品说之外，尚有自然人性论，认为人性是天然纯朴的自然本性，如同镜子一样，没有尘垢，这种人性是无善无恶的、无私无欲的。但在外物的诱惑、习俗的影响下，人性又是可变化的。

③ 《淮南子》卷十九《修务训》，第 270 页。

④ 《淮南子》卷二十《泰族训》，第 1180 页。

⑤ 《淮南子》卷二十《泰族训》，第 1180 页。

⑥ 《淮南子》卷二十《泰族训》，第 1204 页。

⑦ 《淮南子》卷十九《修务训》，第 268—269 页。

性是可以通过教育而得到改变和塑造的。

董仲舒把人性分为上、中、下三等，即“圣人之性”、“中民之性”与“斗筲之性”[①]。认为圣人之性是至善的，他以教民成性为己任，因此他的性不可以名性。这实际上是说圣人生来是教育别人的天赋性善，无须后天的教化。斗筲之性至恶而不可改，是天生的恶，近于禽兽，是“弗系人数”[②]，不堪教化，故不可名性。只有中民之性，有善质尚未为善，经过教育便可引导为善。这种中民之性是大量的，是圣人教化的对象。他说：“圣人之性，不可以名性；斗筲之性，又不可以名性；名性者，中民之性”[③]。在董仲舒看来，教育的作用只限于“中民之性”，不包括圣贤和小人。

董仲舒将人性论纳入天道阴阳学说的理论体系。他说：“性者，生之质也”[④]。这种生而有之的资质得之于天：“人受命于天，有善善恶恶之性”[⑤]，“今善善恶恶，好荣憎辱，非人能自生，此天施之在人者也”[⑥]。天生人性中既有善质也有恶质。他说：“人之诚，有贪有仁。仁、贪之气，两在于身，身之名，取诸天。天两有阴阳之施，身亦两有贪、仁之性”[⑦]。即是说，由于天施阴阳之气而使人身具有贪仁之性。他进而指出：“天地之所生，谓之性、情。性、情相与为一瞑。情亦性也，谓性已善，奈其情何？故圣人莫谓性善，累其名也。身之有性、情也，若天之有阴、阳也。言人之质而无其情，犹言天之阳而无其阴也”[⑧]。认为天生之质包括性与情二者，且“情亦性也”[⑨]。人的性和情与天的阳和阴相当。仁、善与贪、恶分别来自性与情。但性为善质，情为恶质，而非已善或已恶。董仲舒把人性与天道相联系，即从宇宙生成的高度来说明人的本性及存在，将儒家人性理论提高到了一个新的水平。

人性中虽含有善的因素，但其并非即是善，善的因素必须通过人为的

---

① 对于“圣人”、“中民”、“斗筲”，究竟指社会上的哪些人？目前学界意见尚不统一。可参阅王永祥：《董仲舒评传》，第257—265页。

② 《春秋繁露·玉杯》，第45页。

③ 《春秋繁露·实性》，第388页。

④ 《汉书》卷五十六《董仲舒传》，第2501页。

⑤ 《春秋繁露·玉杯》，第33页。

⑥ 《春秋繁露·竹林》，第62页。

⑦ 《春秋繁露·深察名号》，第376页。

⑧ 《春秋繁露·深察名号》，第380页。

⑨ 《春秋繁露·深察名号》，第380页。

教育，才能使它进而为善。他说："今万民之性，待外教然后能善，善当与教，不当与性"[①]。性是自然所生之质，而善则是教育的结果。他打比喻说："性如茧、如卵，卵待覆而为雏，茧待缫而为丝，性教而为善"[②]。茧缫了以后才能成为丝，卵孵了以后才能成为小雏，性待教了以后才能成为善。"性比于禾，善比于米：米出禾中，而禾未可全为米也；善出性中，而性未可全为善也"[③]。性和善犹禾与米，禾经过加工为米，性经过加工为善，说明善虽由性出，但善与性有区别，犹如米出禾中而与禾有区别一样。善形成于后天，天赋之性不包含现成的善。这就是说，性有变善的可能，但可能并不就是现实，也不一定能成为现实，要使这种可能转化为现实，就要实行教化："今万民之性，有其质而未能觉，譬如瞑者待觉，教之然后善。当其未觉，可谓有善质，而不可谓善。与目之瞑而觉，一概之比也"[④]。"善，教训之所然也，非质朴之所能至也"[⑤]。

董仲舒认为，万民性中善的因素，若不及时加以引导、施以教育，就会向恶的方面转化，而使人成为"奸邪"，以至祸乱社会。他说："教化立而奸邪皆止者，其堤防完也；教化废而奸邪并出，刑罚不能胜者，其堤坊坏也。古之王者明于此，是故南面而治天下，莫不以教化为大务"[⑥]。强调实施教育的必要性。

董仲舒认为，给民以教化，使其为善的工作，应由上天在人间的代表——帝王来进行。他说："天生民性有善质而未能善，于是为之立王以善之，此天意也。民受未能善之性于天，而退受成性之教于王，王承天意以成民之性为任者也"[⑦]。在这里董仲舒借助上天的力量，来强调教化的重要性，把它看做是上天赋予帝王不可推卸的责任，是天意的体现，从而说明这一工作是神圣的、不可违背的。他指责孟子的性善论说："今按其真质，而谓民性已善者，是失天意而去王任也。万民之性苟信已善，则王者受命尚

① 《春秋繁露·深察名号》，第 381 页。
② 《春秋繁露·深察名号》，第 380—381 页。
③ 《春秋繁露·深察名号》，第 378 页。
④ 《春秋繁露·深察名号》，第 378 页。
⑤ 《春秋繁露·实性》，第 388 页。
⑥ 《汉书》卷五十六《董仲舒传》，第 2503 页。
⑦ 《春秋繁露·深察名号》，第 381 页。

何任也?"[1]王者受天命,其任务就是教化民性使之为善。

由此可见,董仲舒否定人性本自善,强调后天教而成善,肯定教育对形成个性起着巨大作用,这无疑是正确的。

王充在《论衡·本性篇》中列举了先秦以来各家的人性理论,如世硕的性有善有恶论,孟子的性善论,荀子的性恶论,陆贾的性待察而顺论,董仲舒的性阳为善、情阴而恶论,刘向的情阳发于外、性阴存于内论等等,逐一加以剖析,指出其优缺点,在分析、比较基础上得出自己的结论。指出:"自孟子以下至刘子政,鸿儒博生,闻见多矣。然而论情性,竟无定是。唯世硕、公孙尼子之徒颇得其正"。明确表示要承继世硕一派的人性思想,主张"人性有善恶,犹人才有高下也"[2]。

王充认为,人性之所以有善恶,不是天意的原因,而是由于人所禀元气不同的结果。他说:"禀气有厚薄,故性有善恶。""人之善恶,共一元气,气有少多,故性有贤愚"[3]。由于禀气之多少、厚薄不同,而使人性有善恶的不同,就像酿酒中曲糵多少决定酒味好坏一样。

根据人性善恶之分,王充把人分为三类:生来就善者、生来就恶者和善恶相混者。他认为生来就善或恶之人是极少数的,绝大多数是中人,中人之性则可通过教育使之定型,"夫中人之性,在所习焉。习善而为善,习恶而为恶也"[4]。

王充已认识到人性不是一成不变、凝固的东西,人性的善、恶都具有向其反面转化的可能性,重要的是后天教育而不是先天本性。他说:"在化不在性"[5],"在于教不独在性"[6]。"论人之性,定有善恶。其善者,固自善矣;其恶者,故可教告率勉,使之为善。凡人君父审观臣子之性,善则养育劝率,无令近恶;近恶则辅保禁防,令渐于善。善渐于恶,恶化于善,成为性行。"[7]只要教育适当,天下无不可教之人。他说:"夫铁石天然,尚为锻炼

---

① 《春秋繁露·深察名号》,第381页。
② 《论衡》卷第三《本性篇》,第46—47页。
③ 《论衡》卷第二《率性篇》,第28页。
④ 《论衡》卷第三《本性篇》,第45页。
⑤ 《论衡》卷第二《率性篇》,第25页。
⑥ 《论衡》卷第二《率性篇》,第28页。
⑦ 《论衡》卷第二《率性篇》,第24页。

者变易故质，况人含五常之性，贤圣未之熟锻炼耳，奚患性之不善哉？”[①]教育对性恶能起医治作用，“夫人有不善，则乃性命之疾也，无其教治，而欲令变更，岂不难哉！”[②]因此王充极力鼓励人们去学习、接受教育。他说：“教导以学，渐渍以德，亦将日有仁义之操”。[③] 又说：“夫学者所以反情治性，尽材成德也”[④]。

王充认为，环境对人的影响极大。他说：练丝“染之蓝则青，染之丹则赤”，人之性“善可变为恶，恶可变为善，犹此类也”。“蓬生麻间，不扶自直；白纱入缁，不染自黑”[⑤]，人的本性，也和麻蒿、白纱一样，由于受不同环境的影响，“而善恶变矣”[⑥]。又说：“楚、越之人，处庄、岳之间，经历岁月，变为舒缓，风俗移也”[⑦]。楚越之人长期生活在齐都临淄城庄街、岳街上，性格会由急躁变为平和。这就充分肯定了生活环境在人性改变过程中的巨大作用。

王充肯定教育在人发展过程中起着重大的作用。他一方面认为施教具有可能性，因为人性可以改变，善的可以变得更善，恶的也可以变善。另一方面又以大量事例说明了教育的功效，从而肯定了教育的必要性。如子路未入孔门时，“戴鸡佩豚，勇猛无礼，闻诵读之声，摇鸡奋豚，扬唇吻之音，聒贤圣之耳，恶至甚矣”。但经过孔子的精心教诲，循循善诱，使子路猛气消损，骄气屈折，成为擅长政事之人。不仅子路，七十子之徒，后来“皆任卿相之用”，这都是“被服圣教，文才雕琢，知能十倍，教训之功而渐渍之力也”[⑧]。

王符赞同“性三品”论。他说：“上智与下愚之民少，而中庸之民多。中民之生世也，犹铄金之在炉也，从笃变化，惟冶所为，方圆薄厚，随熔制尔”[⑨]。“上智之民”，实际上即董仲舒所言“圣人之性”者。但王符认为圣

① 《论衡》卷第二《率性篇》，第 26 页。
② 《论衡》卷第二《率性篇》，第 26 页。
③ 《论衡》卷第二《率性篇》，第 26—27 页。
④ 《论衡》卷第二十《量知篇》，第 192 页。
⑤ 《论衡》卷第二《率性篇》，第 24—25 页。
⑥ 《论衡》卷第二《率性篇》，第 25 页。
⑦ 《论衡》卷第二《率性篇》，第 27 页。
⑧ 《论衡》卷第二《率性篇》，第 25 页。
⑨ 《潜夫论笺校正·德化》，第 378 页。

人也要接受教育，这与董仲舒的“圣人之性”者不待教而善论，有明显的不同。他指出：“圣人之所尚者义也，德义之所成者智也，明智之所求者学问也。”即使“上圣”，“犹待学问”①。他认为：“下愚之民”，“居家不孝悌，出入不恭敬，轻薄傲慢，凶悍无辨，明以威侮侵利为行，以贼残酷虐为贤，故数陷王法者，此乃民之贼，下愚极恶之人也。虽脱桎梏而出囹圄，终无悔改之心，自诗以赢敖头，出狱踧踖，复犯法者何不然”②。他们是少数一贯作恶的坏人，对待这种人只能用严刑峻法惩罚。“中庸之民”生来都有一种善性，所谓“仁义之心，廉耻之志，骨著脉通，与体俱生”③。但这种先天善性能否变成现实之善，则取决于受怎样的环境、教育影响。若环境、教育好，民性就朝善的方向发展；反之，则朝恶的方向发展。他说：“民蒙善化，则人有士君子之心；被恶政，则人有怀奸乱之虑”④。充分肯定了环境、教育在占人口绝大多数中民品质形成中所起的决定作用。

荀悦同王充一样，对先秦以来各家的人性理论进行了评述。他说：“孟子称性善，荀卿称性恶，公孙子曰性无善恶，扬雄曰人之性善恶浑，刘向曰性情相应、性不独善、情不独恶。曰：‘问其理。’曰：‘性善则无四凶，性恶则无三仁人，无善恶，文王之教一也，则无周公管蔡；性善情恶，是桀纣无性而尧舜无情也；性善恶皆浑，是上智怀惠而下愚挟善也。理也，未究也，惟向言为然”⑤。通过对各种人性说的分析、批判而赞同刘向性情均各有善恶的观点。他认为：“生之谓性也，形神是也”⑥。性就是人生来具有的形体和精神，而形神来自所禀之气。“凡言神者，莫近于气，有气斯有形，有神斯有好恶喜怒之情矣”⑦。肯定性是自然的产物。

荀悦认为，由于人性有善恶，所以人性分为上、中、下三品。他说：“有三品焉，上下不移，其中则人事存焉”⑧。对教育与刑法在人性善恶形成中所起的作用，他作了具体的分析：“性虽善，待教而成；性虽恶，待法而消。

① 《潜夫论笺校正·赞学》，第1页。
② 《潜夫论笺校正·述赦》，第182页。
③ 《潜夫论笺校正·德化》，第375页。
④ 《潜夫论笺校正·德化》，第377页。
⑤ 《申鉴》，《诸子集成》（第七册），第25—26页。
⑥ 《申鉴·杂言下》，《诸子集成》（第七册），第25页。
⑦ 《申鉴·杂言下》，《诸子集成》（第七册），第26页。
⑧ 《申鉴·杂言下》，《诸子集成》（第七册），第25页。

唯上智下愚不移，其次善恶交争。于是教扶其善，法抑其恶，得施之九品：从教者半，畏刑者四分之三，其不移大数九分之一也。一分之中，又有微移者。然则法教之化于民也，几尽之矣”[①]。这就是说，教育的作用在于扶善，而刑法的作用则在于抑恶。认为有一半人可以受教为善，其余的又有四分之三因畏刑而不敢为恶，只有九分之一为不移者，这一分之不移者，又有些微移者，所以只要教育和法制得到合理的运用，就可以使几乎所有的人都化而成善。

先秦的性善论者提出了人向善的原始根据，为道德教育取得成效提供了可能性。而性恶论者则提出了人向善必须经过教育过程，为道德教育的必要性提供了人性依据。但这两种学说都有其局限性。如果说人性都是善的，并且是与生俱来的，那么就没有教育的必要了；如果说人性是恶的，并且是与生俱来的，那么教育虽然是必要的，但也是多余的，因为人的本质中缺乏善，没有向善的依据。性三品说者则看到了社会生活中人性的差异性，将其归纳为三大类，比起先秦思想家单纯的性善论或性恶论更有说服力。这无疑是对人性认识的深化。在现实生活中确有少数人生性善良，不沾恶习；也确有少数人生性恶劣，必须绳之以法；而大多数人则善恶相兼，可教而为善，亦可诱而为恶。这种教育为主法令为辅的社会控制对策具有现实的可操作性。

二、教育对所有人都起作用的“性善恶混”论

扬雄不赞同“性三品”说，他在综合孟子性善说和荀子性恶说的基础上，提出了人性善恶混论。他说：“人之性也善恶混，修其善则为善人，修其恶则为恶人”[②]。认为人性中同时具有与生俱来的善恶两种因素，这两种因素不是固定不变的，而是可变的。人性的发展有着为善人或为恶人两种可能性，但究竟往哪一方向发展，则完全取决于后天人们的学习与教育。只要人们不断地去学习，去恶兴善，就能成为善人。所以他说：“学者，所以修性也。视、听、言、貌、思，性所有也。学则正，否则邪”[③]。强调人只有接受正确的教育，才能达到“正”而免于“邪”。扬雄认为社会所需要的人是以

① 《申鉴·杂言下》，《诸子集成》（第七册），第27页。

② 《法言·修身》，中华书局，2012年版，第56—57页。

③ 《法言·学行》，第10页。

仁、义、礼、智、信规范行事的人，因而人们应该用这些规范来修养自己。他说："仁，宅也；义，路也；礼，服也；智，烛也；信，符也。处宅，由路，正服，明烛，执符，君子不动，动斯得矣"①。只有按这五种规范不断修养自己，才能成为符合社会要求的人，成为善人君子。

总之，尽管汉代学者对人性的看法尚存在着分歧，但在强调教育对绝大多数人的决定性作用这一点上却基本一致。持性三品学者，把人分为三等，并以不须教、不可教、可教相区别，虽不是科学的方法，但把占人口绝大多数的"中人"作为教育对象，肯定他们的可教性，则是有积极意义的。因为中品之人是社会的根基，他们趋于善或恶的倾向会极大地影响国家统治基础和社会生活秩序。由于中品之人是善恶相混的，不施以严格的教化，便会使人心向恶。如荀悦称："若教化之废，推中人而坠于小人之域；教化之行，引中人而纳于君子之途，是谓章化"②。扬雄则突破了性三品的界限，认为人人皆有善恶，皆可为善为恶③，人的善恶，完全是教育和环境的结果，肯定了人人都有接受教育的可能性和必要性。这就为统治者重视教育、开展教育活动，提供了理论根据。

人性问题是我国古代思想家最为关注的一个重要问题，也是教育思想的重要理论基础。传统儒学对人性中的灵性与兽性的矛盾有所察觉，强调人性应当去恶扬善，通过教育和修身不断向高层次发展。这是值得肯定的有价值的见解。他们把人性善恶作为思考问题的出发点，也为后来的教育家们提出了进一步科学认识人性，并在此基础上建构科学的教育理论体系的研究基础。当然他们对人性的论述还很肤浅，基本上停留在对人的属性、特征的认识，没有真正达到对人的本质的认识。第一次科学地揭示人的本质是马克思。马克思认为，人的本质是人在使用工具改造世界的劳动中创造的，人的有意识的、自由的、普遍的活动，把人与动物区别开来。人性即人的属性，是受人的本质支配的。劳动是社会性的活动，因此，现实人的本质是由人的社会关系决定的。马克思指出："人的本质不是单个人所

---

① 《法言·修身》，第64页。

② 《后汉书》卷六十二《荀悦传》，第2060页。

③ 王充认为："扬雄言人性善恶混者，中人也。"（《论衡·本性篇》）实际上，扬雄论性时根本没有上、中、下三品之分，因此，他的人性善恶混，是指所有的人，而不是指所谓的中人。

固有的抽象物，在其现实性上，它是一切社会关系的总和”[①]。社会关系是发展变化的，人的本质、人性也是发展变化的。道德品质和人的本质属性，是后天实践的产物，因此对人们进行道德教育，使之养成符合一定社会关系要求的道德品质，自觉维护其所反映的社会关系或改变不良的道德品质是完全可能的。现阶段我国的社会关系十分复杂，既有社会主义性质的社会关系，也有资本主义的社会关系，还有封建社会性质的社会关系的残存。其中社会主义性质的社会关系居于统治的、主导的地位，这就决定了我国现阶段要把社会主义的人性理想作为对人性的基本要求。江泽民在庆祝中国共产党成立八十周年大会上的讲话中指出：“我们建设有中国特色社会主义的各项事业，我们进行的一切工作，既要着眼于人民现实的物质文化生活需要，同时又要着眼于促进人民素质的提高，也就是要努力促进人的全面发展。这是马克思主义关于建设社会主义新社会的本质要求。我们要在发展社会主义社会物质文明和精神文明的基础上，不断推进人的全面发展。”[②]因此教育目标的设定要符合人全面发展的需要。

第二节 关于教育的社会作用

自从人类进入阶级社会后，教育便被统治阶级所利用，作为维护其统治必不可少的工具。对教育在治国中的作用，先秦思想家多有关注，特别是儒家在这方面的言论最多，他们多从教育与法律的关系进行论证。汉代思想家承袭了先秦儒家的这一传统，对这一问题作了深入的分析与论述。

一、教主法辅思想的初步形成

汉代思想家从秦王朝推崇刑罚，忽视教化而导致迅速灭亡的事实中，吸取了教训，在教、法关系问题上一开始就特别强调教的主导作用。陆贾说：“夫法令者所以诛暴也，故曾、闵之孝，夷、齐之廉，此宁畏法教而为之者哉？故尧、舜之民，可比屋而封，桀、纣之民，可比屋而诛，何者？化使其然

① 《马克思恩格斯选集》(第一卷)，人民出版社，1973年版，第18页。

② 江泽民：《在庆祝中国共产党成立八十周年大会上的讲话》，新华网，http://news.xinhuanet.com/ziliao/2001－12/03/content_499021.htm。

也”[①]。他强调教化的重要性，认为要使人民具有良好的道德，行善为仁，只有依靠教化。教化实施的方法主要依靠统治者个人的示范，统治者必须十分注意以自身的模范行为使被教育者潜移默化。“故上之化下，犹风之靡草也。王者尚武于朝，则农夫缮甲兵于田。故君子之御下也，民奢应之以俭，骄淫者统之以理，未有上仁而下贼，让行而争路者也。故孔子曰：‘移风易俗。’岂家令人视之哉？亦取之于身而已矣”[②]。即统治者通过表率作用，行仁义、尚道德，使上行下效，以达到移风易俗、建立良好社会风尚之目的。以学校为基地实施教化，是我国传统教育的宝贵经验。陆贾也看到了这一点，在《新语》中两次提到“兴学校”。《道基篇》云：“民知畏法而无礼，于是中圣乃设辟雍庠序之教，以正上下之仪，明父子之礼，君臣之义，使强不凌弱，众不暴寡，弃贪鄙之心，兴清洁之行”。《至德篇》云：“于是赏善罚恶而润色之，兴辟雍庠序而教诲之。然后贤愚异议，廉鄙异科，长幼异节，上下有差，强弱相扶，小大相怀，尊卑相承，雁行相随，不言而信，不怒而成。岂恃坚甲利兵，深刑刻法朝夕切切而后行哉”。把教育视为治国之本。

陆贾虽然以仁义教化为治国之本，但并不否认法令刑罚的作用，只不过是反对专恃刑罚、以“深刑刻法”为治世之道。刑罚只能用作治国的辅助之术，其成效远不及推行道德教化，“怀德者众归之，恃刑者民畏之，归之则充其侧，畏之则去其域”[③]。刑罚只能消极地惩治犯罪活动，而不能积极地劝人为善。而治国的根本大计是劝善，劝善只能通过教化的途径。陆贾把这种德教为主、刑罚为辅的思想称之为“中和”。他说：“是以君子尚宽舒以苞其身，行身中和以致疏远；民畏其威而从其化，怀其德而归其境，美其治而不敢违其政。民不罚而畏，不赏而劝，渐渍于道德，被服于中和之所致也”[④]。

贾谊特别强调礼的作用，把其作为一切社会制度和行为规范的准则。他说：“道德仁义，非礼不成；教训正俗，非礼不备；分争辩讼，非礼不决；君臣、上下、父子、兄弟，非礼不定；宦学事师，非礼不亲；班朝治军、莅官行法，非礼威严不行；祷祠祭祀，供给鬼神，非礼不诚不庄。是以君子恭敬、撙节、

---

① 《新语校注》卷上《无为》，第 75 页。
② 《新语校注》卷上《无为》，第 77 页。
③ 《新语校注》卷上《至德》，第 131 页。
④ 《新语校注》卷上《无为》，第 74 页。

退让以明礼。礼者,所以固国家、定社稷,使君无失其民者也”[①]。认为礼与法具有不同的功效、作用:“夫礼者禁于将然之前,而法者禁于已然之后,是故法之所为用易见,而礼之所为生难知”[②]。礼的作用是防患于未然,它所达到的境界,远比刑罚相威慑要佳。要实现礼治,必须借助于教化的手段。教化的作用在于“贵绝恶于未萌,而起教于微渺,使民日迁善远罪而不自知也”[③]。即从提高人们的思想水准入手,断绝人们犯上作乱的思想根源,使百姓在不知不觉中迁善避恶。因为教化的效果,需经历一个长过程后才能呈现出来,不像刑罚禁邪行、惩恶人那样立竿见影,而被大多数君主所忽视。作为明智的统治者,决不能以短视的态度来责备德教政治之欲速不达。治国的途径有二:或道之以德教,或驱之以法令,然而其实行的后果却截然不同:“道之以德教者,德教洽而民气乐;驱之以法令者,法令极而民风衰”[④]。国家的安危,就在于统治者对这两种治民之术的选择取舍。即主张文武并用,教法兼施,而重点在道德教化,强调先德后刑。

《淮南子》认为:“民无廉耻,不可治也。非修礼义,廉耻不立。民不知礼义,法弗能正也;非崇善废丑,不向礼义。无法不可以为治也,不知礼义,不可以行法”[⑤]。承认治国离不开法,但行法须以民知礼义廉耻为前提,否则,就难以达到刑法应具有的客观效果。何况“法能杀不孝者,而不能使人为孔、曾之行;法能刑窃盗者,而不能使人为伯夷之廉”[⑥]。刑法只能从反面惩治罪犯,给有违法动机者以警戒,而不能给人以正面的榜样和影响。法是强制性的,其作用是消极的。因此,它得出的结论是:“刑罚不足以移风,杀戮不足以禁奸,唯神化为贵”[⑦]。强调改变人的道德品性需赖移风易俗,而风俗的改变则要靠教化。

汉初思想家在谈及教育作用时,几乎均以反思秦朝灭亡的教训作为立论前提,而加以展开陈述的。秦用短短十年时间扫灭群雄,一统天下,其力量之雄厚可谓惊人。但貌似强大的秦王朝,仅仅统治了十五年,就在农民

① 《新书》卷六《礼》,第177—178页。
② 《汉书》卷四十六《贾谊传》,第2252页。
③ 《汉书》卷四十六《贾谊传》,第2252页。
④ 《汉书》卷四十六《贾谊传》,第2253页。
⑤ 《淮南子》卷二十《泰族训》,第1204页。
⑥ 《淮南子》卷二十《泰族训》,第1204页。
⑦ 《淮南子》卷第九《主术训》,第423页。

起义的声浪中覆灭了。为了避免重蹈秦之覆辙，使新生的政权能长治久安，汉初思想家对秦二世而亡的原因进行了认真的思考。他们形成较为一致的看法是，秦统治者不懂得“攻守异势”之理，在守天下时，仍一味依恃刑罚的威慑力量，忽视教化的作用，从而导致了统治的崩溃。

西汉王朝建立之初，陆贾常在刘邦面前称道《诗》、《书》的价值，引起了刘邦的反感，大骂道：“乃公居马上得之，安事《诗》、《书》！”陆贾反驳道：“马上得之，宁可以马上治之乎？且汤武逆取而顺守之，文武并用，长久之术也。昔者吴王夫差、智伯极武而亡；秦任刑法不变，卒灭赵氏。乡使秦已并天下，行仁义，法先圣，陛下安得而有之？”①在陆贾看来，秦取天下时可以利用法家思想，但在建立政权后就要根据守的要求，转变统治思想，以儒家的仁义道德、德教作为指导思想。陆贾还以历史上贤明的统治者尧、舜、周公为例，说明他们能使天下大治，完全得益于实行仁义德化。而秦的速亡就在于片面崇尚法治、废弃仁义的结果。“秦以刑罚为巢，故有复巢破卵之患”②。“秦非不欲治也，然失之者，乃举措太众、刑罚太极故也”③。

贾谊对陆贾“逆取顺守”的思想作了进一步论述：“秦以区区之地至万乘之势，序八周而朝同列，百有余年矣。然后六合为家，崤函为宫。一夫作难而七庙隳，身死人手，为天下笑者，何也？仁义不施，而攻守之势异也”④。“夫并兼者高诈力，安危者贵顺权，推此言之，取与守不同术也。秦虽离战国而王天下，其道不易，其政不改，是其所以取之也。孤独而有之，故其亡可立而待也。借使秦王论上世之事，并殷、周之迹，以制御其政，后虽有淫骄之主，犹未有倾危之患也”⑤。认为打天下时，法术诈力是必要的，但在守天下时就应该改弦更张，以仁义教化为本。秦的速亡，就在于取得政权后，还想仅凭借严刑苛法等暴力手段来维持统治，而漠视道德教化的作用。同陆贾一样，贾谊也以历史上治国成败的例子，来说明以仁义教化或法令刑罚治国而产生的不同结果。“汤、武置天下于仁义礼乐，而德泽洽，禽兽草木广裕，德被蛮貊四夷，累子孙数十世，此天下所共闻也。秦王

---

① 《汉书》卷四十三《陆贾传》，第2113页。

② 《新语校注》卷上《辅政》，第59页。

③ 《新语校注》卷上《无为》，第71页。

④ 《新书》卷一《过秦上》，第7页。

⑤ 《新书》卷一《过秦中》，第10页。

置天下于法令刑罚，德泽亡一有，而怨毒盈于世，下憎恶之如仇雠，祸几及身，子孙诛绝，此天下所共见也”[①]。

可见，汉初的思想家，不论其主要思想倾向如何，他们都在惩亡秦之弊的基础上，主张把道德教化作为社会整合的一种主要方法，同时也不忽视刑罚的作用，初步开辟了汉代教主法辅思想进一步发展的道路。

二、教主法辅思想的进一步发展

西汉中期，随着社会经济的发展，贵族官僚、地主、富商大贾兼并土地之风更加盛行起来，而且法律日益严峻。武帝“招进张汤、赵禹之属，条定法令，作见知故纵、监临部主之法，缓深故之罪，急纵出之诛。其后奸猾巧法，转相比况，禁网浸密。律令凡三百五十九章，大辟四百九条，千八百八十二事，死罪决事比万三千四百七十二事。文书盈于几阁，典者不能遍睹”[②]。实际上又蕴藏着一次社会危机。于是，大儒董仲舒承继前人，总结和反思了先秦诸子关于教化和法律的各种思想，并结合汉代实际，用“天人相与”的理论，来阐释教主法辅的关系，将其进一步系统化、理论化、神秘化，赋予神权的光环，成为神圣、不可动摇的原则。他说：“天道之大者在阴阳。阳为德，阴为刑；刑主杀而德主生。是故阳常居大夏，而以生育养长为事；阴常居大冬，而积于空虚不用之处，以此见天之任德不任刑也”[③]。又说：“天出阳为暖以生之，地出阴为清以成之。不暖不生，不清不成。然而计其多少之分，则暖暑居百而清寒居一，德教之与刑罚犹此也”[④]。这就是说上天是好仁恶戾，贵阳贱阴的。既然君主是秉承天意而治理的，那么就应当“近天之所近，远天之所远；大天之所大，小天之所小。是故天数右阳而不右阴，务德而不务刑。刑之不可任以治世也，犹阴之不可任以成岁也。为政而任刑，谓之逆天，非天道也”[⑤]。但这并不等于可以不要法，他认为德教与刑罚，对于维持封建统治来说都是必要的，不能缺少的。这是因为“天地之数，不能独以寒暑成岁，必有春夏秋冬；圣人之道，不能独以威势成

① 《汉书》卷四十六《贾谊传》，第2253页。
② 《汉书》卷二十三《刑法志》，第1101页。
③ 《汉书》卷五十六《董仲舒传》，第2502页。
④ 《春秋繁露·基义》，第465页。
⑤ 《春秋繁露·阳尊阴卑》，第417—418页。

政，必有教化”[①]。“天之志，常置阴空处，稍取之以为助。故刑者德之辅，阴者阳之助也”[②]。德教与刑罚均为治国的有效手段，但二者不能平列，而有多少之别。他说：“天出阳为暖以生之，地出阴为清以成之。不暖不生，不清不成。然而计其多少之分，则暖暑居百而清寒居一。德教之于刑罚犹此也。故圣人多其爱而少其严，厚其德而简其刑，以此配天”[③]。他做出的结论是：“教，政之本也；狱，政之末也。其事异域，其用一也，不可不以相顺，故君子重之也”[④]。虽然它们在不同领域里，都起着巩固封建统治的作用，但二者为“本”、“末”关系。这一治世主张满足了统治者维护君主专制，巩固政治一统，追求长治久安的迫切需要，因而迅速得到统治者的赏识和采纳。

刘向认为，治理国家的机要，在于德教和刑罚二者。他说：“治国有二机，刑德是也”[⑤]。但主张把德教放在首位，只有在教化无效的情况下，才施之以刑。“夫化之不变，而后威之，威之不变，而后胁之，胁之不变，而后刑之。夫至于刑者，则非王者之所得已也。是以圣王先德教而后刑罚，立荣耻而明防禁，崇礼义之节以示之，贱货利之弊以变之，修道理内，政橛机之礼，壹妃匹之际，则莫不慕义礼之荣，而恶贪乱之耻。其所由致之者，化使然也”[⑥]。在给汉成帝的上疏中，刘向表达了类似观点。他对当时重刑法轻教化的现象作了批评，认为教化应该是君主治理好国家的主要依靠，刑法只能起到辅助的作用：“夫教化之比于刑法，刑法轻，是舍所重而急所轻也。且教化，所恃以为治也，刑法所以助治也。今废所恃而独立其所助，非所以致太平也”[⑦]。

王充认为，治理国家必须以教化为主，即“任德”。他说：“治国犹治身也。治一身，省恩德之行，多伤害之操，则交党疏绝，耻辱至身。推治身以况治国，治国之道，当任德也”[⑧]。他指出，要实行“德治”，就必须使民知礼

---

① 《春秋繁露·为人者天》，第 401 页。
② 《春秋繁露·天辩在人》，第 436 页。
③ 《春秋繁露·基义》，第 465 页。
④ 《春秋繁露·精华》，第 96 页。
⑤ 《说苑校证》卷第七《政理》，第 144 页。
⑥ 《说苑校证》卷第七《政理》，第 143 页。
⑦ 《汉书》卷二十二《礼乐志》，第 1034 页。
⑧ 《论衡》卷第十《非韩》，第 153 页。

义。他说:“国之所以存者,礼义也。民无礼义,倾国危主”[①],“使礼义废,纲纪败,上下乱而阴阳谬;水旱失时,五谷不登,万民饥死,农不得耕,士不得战也”。因此,“礼仪至重,不可失也。”[②]

实行“德治”,也离不开法。王充对独任德教的观点进行了批判,说:“尧、舜虽优,不能使一人不刑;文、武虽盛,不能使刑不用。言其犯刑者少,用刑希疏,可也;言其一人不刑,刑措不用,增之也”[③]。原因就在于社会上存在着“教而终不善者”[④],没有法就不能有效地惩治犯罪行为,社会的安定也就不能保障。因此他主张国家和社会应该用法律形式作为教育工作的保障。他说:“是故王法不废学校之官,不除狱理之吏,欲令凡众见礼义之教。学校勉其前,法禁防其后,使丹朱之志亦将可勉”[⑤]。把教化与刑法二者结合起来使用。

三、要因时而变化的教法关系论

东汉末年社会动荡不安,统治危机日益严重,在这种情况下,一些思想家大力强调法治的作用,但他们同时也并不否认教化的作用,只不过是强调要因“时”而变通。

王符认为,治理国家最主要、最理想的方法是“道德教化”。他说:“人君之治,莫大于道,莫盛于德,莫美于教,莫神于化”[⑥],“道之以德,齐之以礼,务厚其情而明则务义,民亲爱则无相害之意,动思义则无奸邪之心。夫若此者,非法律之所使也,非威刑之所强也,此乃教化之所致也”[⑦]。正因为如此,所以“圣帝明王皆敦儒而薄威刑”[⑧]。

“德化”是治国的理想方略,但仅有“德化”是不行的。因为人的思想、行为,有些可以用道德礼教引导,有些却是道德礼教约束不了的。他说:“先王因人情喜怒之所不能已者,则为之立礼制崇德让;人所可已者,则为

---

① 《论衡》卷第十《非韩》,第 150 页。
② 《论衡》卷第十《非韩》,第 149 页。
③ 《论衡》卷第七《儒增》,第 121 页。
④ 《论衡》卷第一《命禄》,第 11 页。
⑤ 《论衡》卷第二《率性》,第 27 页。
⑥ 《潜夫论笺校正·德化》,第 371 页。
⑦ 《潜夫论笺校正·德化》,第 376 页。
⑧ 《潜夫论笺校正·德化》,第 378 页。

之设法禁而明赏罚”[①]。教、法具有各自的适用范围和不同功能。当国家走向衰落、出现混乱时，则必须实行“法治”。他说：“法令赏罚者，诚治乱之枢机也，不可不严行也”[②]，“罚不重则恶不惩。故凡欲变风改俗者，其行赏罚者也，必使足惊心破胆，民乃易视”[③]。通过赏善罚恶，把人们的思想和行为纳入封建统治规范之中，以达到消除社会动乱，维护封建秩序，保持国家安定之目的。王符反对弃刑不用，独任德化的说法，指出：“论者必将认为刑杀当不用，而德化可独任，此非变通之论也，非救世之言也。夫上圣不过尧、舜，而放四子；盛德不过文、武，而赫斯怒。……故有以诛止杀，以刑御残”[④]。这说明他已认识到德化若无刑罚的辅助，则难以发挥其效用。

荀悦认为，教法二者是治理人民最基本的手段。他说：“故凡政之大经，法教而已矣”[⑤]。教刑对于上、中、下三品之人是区别对待的：教对君子，刑对小人，中人则刑礼兼施。他说：“故礼教荣辱以加君子，化其情也，桎梏鞭朴以加小人，治其刑也”，“若夫中人之伦，则刑礼兼焉”[⑥]。至于教法二者孰主孰次，孰先孰后，他认为不能拘泥，应根据“时”“势”的变化，采取不同对策。他说：“先王之道上教化而下刑法，右文德而左武功，此其义也。或先教化，或先刑法，所遇然也”。“安平之世则刑教并用，大乱无教，大治无刑。乱之无教，势不行也，治之无刑，时不用也”[⑦]。

仲长统也主张教法二者是治理社会必不可少的手段。他说：“情无所止，礼为之俭；欲无所齐，法为之防。越礼宜贬，逾法宜刑，先王之所以纲纪人物也。若不制此二者，人情之纵横驰骋，谁能度其所极者哉？”[⑧]但二者并非处在同等的位置，而是有主次之分：“德教者，人君之常任也，而刑罚为之佐助焉”、“教化以礼义为宗，礼义以典籍为本。常道行之百世，权宜用于一时”[⑨]。可见仲长统是强调教化在治国中主体地位的。但如果社会是处

① 《潜夫论笺校正·断讼》，第 235 页。
② 《潜夫论笺校正·三式》，第 207 页。
③ 《潜夫论笺校正·三式》，第 209 页。
④ 《潜夫论笺校正·衰制》，第 242 页。
⑤ 《申鉴》卷一《政体》，《百子全书》（第二册）。
⑥ 《申鉴》卷一《政体》，《百子全书》（第二册）。
⑦ 《申鉴》卷一《政体》，《百子全书》（第二册）。
⑧ 《全上古三代秦汉三国六朝文》第一册《全后汉文》卷八十九《群书治要》，第 953 页。
⑨ 《全上古三代秦汉三国六朝文》第一册《全后汉文》卷八十八仲长统《昌言》，第 848 页。

在乱世、革命时期，则必须毫不动摇地使用刑罚："至于革命之期运，非征伐用兵，则不能定其业，奸仇之成群，非严刑峻法，则不能破其党"①。

总之，如何实现国家安定、有秩序，即"治"之目的，先秦各派学者提出了不同的主张。其中有代表性的是儒、法两家，儒家提倡道德教化，法家则强调法令赏罚。汉代思想家在讨论教法的关系时，没有将二者割裂开来，而是特别强调它们之间相辅相成的关系，或曰教为本，法为末；或言教为先，法为后；亦或言教为主，刑为辅。既突出了教化在治理国家中的主导地位，又不忽视刑法的辅助作用，它们都是维护封建统治不可或缺的工具，只不过二者地位不同，有先后主次罢了。道德教育的重要内容就是使规定着封建社会贵贱、尊卑、亲疏等统治秩序的"礼"，成为人人必须遵守的行为规范。先用"礼"来教导民众，使之不敢犯法，如果这样做还不能使其驯服，那么就要动用刑罚了。所谓："礼之所去，刑之所取，失礼则入刑，相为表里者也"②。"教"与"法"两者并用，前者禁锢民众的精神，防患于未然；后者惩治民众的犯禁行动，镇压于已然，两手并用互为表里，以维持社会秩序的稳定。这样就较为辩证地解决了教法关系的认识问题，从而为统治者采取两手统治策略，提供了理论依据：即一方面大力兴办教育，推广教化；另一方面则加强法制建设，使法成为教化的辅助工具和手段。正如列宁所言："所有一切压迫阶级，为了维护自己的统治，都需要有两种职能：一种是刽子手的职能，一种是牧师的职能"③。汉宣帝自称："汉家自有制度，本以霸王道杂之"④。这表明法治和德治相结合的思想已转化为统治者的治国方略。此后的历代王朝都实行了这一治国方式。

实际上，在现代社会，德教与刑罚仍然是整合社会的两大法宝。它们如同鸟之双翼，车之两轮，不可偏废。如果忽视其中任何一个，社会秩序就不可能和谐、稳定、发展。一个国家如果缺乏完善的社会道德及其运行机制，人们就没有向善前进的方向，全体社会成员素质不高，也就不可能有良好的社会秩序。同样，一个国家如果缺乏完善的法律及其运行机制，少数邪恶之徒就会为所欲为，没有法律规范，良好的社会秩序也难以形成。对

---

① 《全上古三代秦汉三国六朝文》第一册《全后汉文》卷八十八仲长统《昌言》，第 848 页。

② 《后汉书》卷四十六《陈宠传》，第 1554 页。

③ 《列宁全集》(第二卷)，人民出版社，1959 年版，第 638 页。

④ 《汉书》卷九《元帝纪》，第 277 页。

于维系社会秩序来说，法律是必不可少的。然而法律不可能对社会生活的一切都给以规范。在人们的日常生活中，经常的、大量的事情并不是靠法律调节的，而是靠道德教育。江泽民同志关于“要把依法治国同以德治国结合起来，保证良好的社会秩序和营造高尚的社会风气”的理论，就是在对古代治国传统批判继承的基础上提出来的。这是在发展社会主义市场经济的新形势下，搞好社会主义文明建设的新思路、新举措。社会主义市场经济不仅要以道德的感召力和劝导力提高市场主体的思想觉悟和道德观念，使公平竞争、诚实守信的市场经济规则为市场主体所认同，并转化为外在的自觉行动，而且要以法律的权威性和强制性来规范市场主体的行为，保障公平竞争、诚实守信。即以德治促进法治，以法治保障德治，德治与法治并举。

第三节 关于君主教育

在封建君主专制时代，君主集中了国家一切权力，因而君主个人素质的好坏关系着国家的治乱安危。所谓“国之所以治者君明也，其所以乱者君暗也”①。因而，君主及其继承人太子的教育历来受到重视。汉代思想家对此也给予一定的关注，提出了一些主张。

文帝即位的次年，下诏举贤良方正能直言极谏者。而被举出来的人，每日只陪皇帝打猎游宴，为此，贾山上书劝谏道：“今陛下念思祖考，求追厥功，图所以昭光洪业休德，使天下举贤良方正之士，天下皆欣欣焉。曰将兴尧舜之道，三王之功矣”。“今功业方就，名闻方昭，四方乡风；今从豪俊之臣、方正之士，直与之日日猎射，击兔伐狐，以伤大业，绝天下之望，臣窃悼之。诗曰：‘靡不有初，鲜克有终。’臣不胜大愿，愿少衰射猎，以夏岁二月，定明堂，造太学，修先王之道。风行俗成，万世之基定。然后唯陛下所幸耳”②。贾山希望皇帝及贤良方正，不要把心思放在游猎上，而应该从事学问，提倡教化。仿商周之制，定明堂，造太学，以为皇帝修学之所。

晁错曾上书文帝，对太子的教育问题发表意见：“人主所以尊显功名扬

① 《潜夫论笺校正》卷二《明暗》，第 54 页。

② 《汉书》卷五十一《贾山传》，第 2335—2336 页。

于万世之后者，以知术数也。故人主知所以临制臣下而治其众，则群臣畏服矣；知所以听言受事，则不欺蔽矣；知所以安利万民，而海内必从矣；知所以忠孝事上，则臣子之行备矣。此四者，臣窃为皇太子急之”。“上世之君，不能奉其宗庙而劫杀于其臣者，皆不知术数者也。皇太子读书多矣，而未深知术数者，不问书说也。夫多颂而不知其说，所谓劳苦而不为功。臣窃观皇太子材智高奇，驭射技艺过人绝远，然于术数未有所守者，以陛下为心也。窃愿陛下幸择圣人之术可用今世者，以赐皇太子，因时使太子陈明于前”①。晁错认为，皇太子应学习、掌握术数，以便为将来继位后熟练运用打下基础。所谓“术数”，张晏注曰：“刑名之术”②，即君主驾驭臣下的手段和策略。也就是韩非所言：“术者，因任而授官，循名而责实，操杀生之柄，课群臣之能者也”③。

对君主教育的意义及实施方法进行系统论述的是贾谊。贾谊对太子教育的重要性予以特别强调。他说：“天下之命，县于太子；太子之善，在于早谕教与选左右。心未滥而先谕教，则化易成也；夫开于道术，知义之指，则教之功也。若其服习积贯，则左右而已矣”。“夫教得而左右正，则太子正矣，太子正而天下定矣”。“夫存亡之反，治乱之机，其要在是矣”④。把对太子实施早期教育看成是关乎国家治乱存亡之大计，是国家长治久安之关键。以现代人的目光来看，似乎有夸大个人作用之嫌，然而在封建时代，这一看法无疑具有合理性。

贾谊把太子的教育过程大体上分为胎教、早期教育、学校教育、成人教育四个阶段。胎教已见于前述。胎教是通过母体施与胎儿的间接影响，婴儿出生后，直接的教育正式开始。他说：“古之王者，太子初生，固举以礼，使士负之，有司肃端冕，见之南郊，见于天也。过阙则下，过庙则趋，孝子之道也，故自为赤子而教固已行矣。昔者周成王幼在襁褓之中，召公为太保，周公为太傅，太公为太师。保，保其身体；傅，傅之德义；师，道之教训；三公之职也。于是为置三少，皆上大夫也，曰少保、少傅、少师，是与太子燕者也。故孩提有识。三公、三少固明孝仁礼仪，以道习之，逐去邪人，不使见

① 《汉书》卷四十九《晁错传》，第 2277 页。
② 《汉书》卷四十九《晁错传》注，第 2278 页。
③ 《韩非子校注·定法》，江苏人民出版社，1982 年版，第 589 页。
④ 《新书》卷五《保傅》，第 160 页。

恶行。于是皆选天下之端士，孝悌博闻有道术者，以卫翼之，使与太子居处出入。故太子初生而见正事，闻正言，行正道，左右前后皆正人也"[①]。主张对儿童"保其身体"、"傅之德义"和"道之教训"，即按体、德、智顺序进行全面的早期教育。除了定时的正规教育外，在儿童游玩或闲居时，也应有专人给予指导。这样一天到晚儿童均处在一个"左右前后皆正人"的健康环境中，通过环境的熏陶感染，就能达到"习与正人居之不能无正也"，"少成若天性，习惯如自然"[②]了。

贾谊也重视学校教育，认为太子到了入学年龄就要进入学校学习。他引《学礼》所载古代之制："帝入东学，上亲而贵仁，则亲疏有序，而恩相及矣；帝入南学，上齿而贵信，则长幼有差而民不诬矣；帝入西学，上贤而贵德，则圣智在位而功不遗矣；帝入北学，上贵而尊爵，则贵贱有等而下不逾矣；帝入太学，承师问道，退习而考于太傅，太傅罚其不则而匡其不及，则德智长而治道得矣：此五学既成于上，则百姓黎民化辑于下矣"[③]。东、南、西、北四学内容大体属于礼的范畴，偏重于德育。太学的内容则主要是治理国家的一些基本原则和方法，偏重于智育。只有把二者结合起来，才能获得"德智长而治道得"之效果。

太子走出学校、步入成人后，并不意味着教育的结束，只不过是教育方式的转变。由于其身心已长大成熟，具备了左右自己行为的能力，因而严格的管教已失去意义，应当免去"保傅之严"，代之以"记过之史，彻膳之宰，进善之旌，诽谤之木，敢谏之鼓。瞽史诵诗，工诵箴谏，大夫进谋，士传民语。习与智长，故切而不愧，化与心成，故中道若性"[④]。即在太子有过错时予以劝谏，并通过多种途径提出合理化建议。贾谊这种根据不同年龄阶段的特点，采取不同的教育方法，是有一定科学性的。

贾谊的君主教育思想，对后代封建帝王教育产生了很大影响。正如有的学者所言："这种以太子教育为主的帝王教育思想，认为人君不可以不学，实为我国政治中极重要的特色。君主制度不致流于黑暗专制，仍能保持其清明与理性，且历代不乏垂情古典游意经艺的君主，他们的学识德行，

① 《新书》卷五《保傅》，第 153 页。
② 《新书》卷五《保傅》，第 153 页。
③ 《新书》卷五《保傅》，第 155 页。
④ 《汉书》卷四十八《贾谊传》，第 2249 页。

正是经由教育而来的"[①]。

从上述可知,文帝时出现了一股探讨君主教育问题的思潮。为什么会产生这一现象?这与当时的政治状况有关。

商周王朝以分封制、宗法制来实现政治统治,但天子只是名义上天下诸侯的共主,地方诸侯具有相当大的独立性,中央集权的统一国家尚未形成。秦灭六国后,废分封而为郡县,结束了割据状态,正式建立了统一的中央集权国家,成为文明进步的一大标志。然而在楚汉战争期间,刘邦为了能战胜项羽,曾被迫或自愿地分封几个有实力的将领为王,以争取他们的支持。这一做法在当时确实产生了很大的效果,刘邦最终消灭了项羽,如愿以偿地登上了皇帝的宝座。西汉政权诞生后,刘邦认识到异姓诸侯王的存在,是专制主义中央集权和国家统一的严重障碍,于是寻找借口,用六、七年的时间将他们一一铲除。

刘邦在消灭异姓诸侯王的过程中,错误地总结历史教训,认为秦的灭亡,是与秦始皇不分封子弟为王,以致孤立无援有着极大的关系。所以刘邦大封刘氏宗室子弟为王,希望他们能在屏藩皇室,维护刘家天下上起到积极的作用。如果说刘邦分封异姓诸侯王尚出于无奈的话,那么他分封同姓诸侯王,则完全是主动向分封制靠拢,从政治体制来看,这不能不说是一大退步。正是刘邦的失误,给他的后继者们带来了很大麻烦。同姓诸侯王占据着全国大部分的国土和人口。不过,他们初封时或年岁尚小,或羽翼未丰,尚未对中央政权构成威胁。但到文帝即位后,经过二十余年的休养生息,诸侯王国初封时人口少,经济凋敝的状况已得到了极大改善,势力迅速膨胀起来。"大者跨州兼郡,连城数十,宫室百官同制京师"[②],甚至"不用汉法,出入称警跸,称制,自为法令,拟于天子"[③],俨然独立于西汉朝廷之外。窥视皇位者也大有其人,济北王刘兴居和淮南王刘长就曾先后发动叛乱。诸侯王已成为威胁皇权,影响封建国家统一的障碍。为此贾谊、晁错等有识之士,纷纷发表意见,希望文帝能采取措施以削弱诸侯王的势力。贾谊曾把愈来愈大的诸侯王国势力,比喻为:"天下之事,方病大瘇,一胫之大几如腰,一指之大几如股,平居不可屈伸,一二指搐,身虑亡聊。失今不

① 郑钦仁主编:《中国文化新论・制度篇》,联经出版事业公司,1983年版,第439页。

② 《汉书》卷十四《诸侯王表序》,第394页。

③ 《史记》卷一百一十八《淮南衡山列传》,第3076页。

治，必为痼疾，后虽有扁鹊，不能为已”[①]。但文帝以黄老之学作为指导政治的主导思想，大力推行无为政治，对于诸侯王，只要他们不反叛，则不予干涉。在这种情况下，贾谊、晁错等人就把希望寄托在皇位未来继承人——太子的身上，希望太子即位后，变无为为有为，解决诸侯割据问题，以实现政治势力之真正统一，加强中央集权。这便是文帝时君主教育思潮出现的主要原因。

第四节 关于教学思想

先秦时，各派学者尤其是儒家学者，在长期从事教学的实践中，积累了丰富的教学经验，初步认识到教学的一些特点和规律，对于教学的理论、原则和方法提出了不少颇富价值的见解，从而为后代教学理论的发展打下了广泛的基础。汉代思想家在继承前人研究成果的基础上，而有了进一步的发展。他们从多个角度对教学作用、教学内容、教学过程、教学原则和方法等教学的基本理论问题，进行了论析，从而使中国古代教学思想体系的基本框架得以定型。现择其要者概述如下。

一、关于教学作用

汉代思想家认为教学具有发展智能、培养德行的重要作用，因而特别予以强调。

陆贾说：“夫学者通于神灵之变化，晓于天地之开阖，□□□之弛张，性命之短长，富贵之所在，贫贱之所亡”[②]。学习可以通晓天地万物的变化规律，了解人生命运的曲折，为实现富贵、避免贫贱提供正确的决策。

贾谊指出：“舜何人也？我何人也？夫启耳目，载心意，从立移徙，与我同性。而舜独有贤圣之名，明君子之实；而我曾无邻里之闻，宽徇之智者。独何与？然则舜僶俛而加志，我儃僈而弗省耳”[③]。舜之所以有“贤圣之名”，是由于他努力学习的结果。而一般人之所以“无邻里之闻”，则是由于他们放纵自己，不努力学习的结果。所以他大声疾呼：“时难得而易失。学

---

① 《汉书》卷四十八《贾谊传》，第2239页。

② 《新语校注》卷下《思务》，第185页。

③ 《新书》卷八《劝学》，第245页。

者勉之乎！天禄不重”[①]。学习和接受教育的机会是难得的，人们要抓住时机，勤奋学习，否则机会一旦错失将不会再来。

韩婴说：“玉不琢，不成器。人不学，不成行。”[②]玉不经雕刻不能成为有用之器物，人不经学习则难以在社会上立足。又说：“剑虽利，不厉不断。材虽美，不学不高。虽有旨酒嘉肴，不尝不知其旨。虽有善道，不学不达其功。故学然后知不足，教然后知不究。不足，故自愧而勉。不究，故尽师而熟。由此观之，则教学相长也”[③]。一个人的先天素质很好，如果在后天不注重学习，则不会有大的发展。只有通过学习，才能了解自己的不足之处，从而努力学习加以弥补。也只有通过教别人，才能发现自己尚有不明白的知识，从而继续学习，以丰富自己的知识结构。

《淮南子》批判了“学无益”的观点，从各个不同的角度说明了学习的重要性。认为“欲弃学而循性，是谓犹释船而欲蹍水也。夫钝钩、鱼肠之始下型，击则不能断，刺则不能入，及加之砥砺，摩其锋锷，则水断龙舟，陆剸犀甲。明镜之始下型，朦然未见形容，及其粉以玄锡，摩以白旃，鬓眉微毫，可得而察。夫学，亦人之砥锡也，而谓学无益者，所以论之过”[④]。宝剑、铜镜在初型阶段时，几乎没有什么用处，只有在经过匠人对它们进行反复加工后，才能成为有用之物。人要成才，只有通过学习、教育的必由之路。指出：“不学之与学也，犹瘖聋之比于人也。凡学者能明于天下之分，通于治乱之本，澄心清意以存之，见其终始，可谓智略矣”[⑤]。学习和不学习的差别就像瘖者、聋者和正常人的差别一样。学习能使人变得聪明，明了自然与社会的关系，通晓治乱的根本所在。作者还认为，“知者之所短，不若愚者之所修；贤者之所不足，不若众人之有余”[⑥]，这说明愚者、众人只要肯学习、努力，他们在某些方面也可以超过智者、贤人。并举例加以说明，如“宋画吴冶”，非常微妙，而“尧舜之圣不能及”[⑦]；蔡、魏之国的幼女，善织绚丽

---

① 《新书》卷八《劝学》，第248页。
② 许维遹校释：《韩诗外传集释》卷二，中华书局，1980年版，第76页。
③ 《韩诗外传集释》卷三，第98页。
④ 《淮南子》卷十九《修务训》，第1135页。
⑤ 《淮南子》卷二十《泰族训》，第1223－1224页。
⑥ 《淮南子》卷十九《修务训》，第1139页。
⑦ 《淮南子》卷十九《修务训》，第1139页。

花纹彩带的才能,“禹汤之智不能逮”[①],鼓励人们通过勤奋学习,以求使自己的潜能得到最大程度发挥。

董仲舒特别强调学习的重要性,他说:“常玉不琢,不成文章;君子不学,不成其德”[②],即是说普通的玉石不经雕刻,就没有花纹,有志之士不经学习,就不能成就其功德。认为只要努力学习,就可以“闻见博而知益明”[③]。学习可以使人知识广博,智慧睿明。正因为学习有如此重要的意义,所以他极力提倡:“君子不隐其短,不知则问,不能则学”[④]。每个人不可能全知全能,总有知识的空白、欠缺之处,一旦有不明白的知识,就要主动向别人请教、努力去学习。

刘向认为学习具有提高个人智慧的作用:“汤称学圣王之道者,譬如日焉;静居独思,譬如火焉,夫舍学圣王之道,若舍日之光,何乃独思,若火之明也?可以见小耳,未可用大知,惟学问可以广明德慧也”[⑤]。他引用晋平公的故事,说明学习对各个年龄段的人都有着重要的作用,“晋平公问于师旷曰:‘吾年七十,欲学,恐已暮矣。’师旷曰:‘暮何不炳烛乎?’平公曰:‘安有为人臣而戏其君乎?’师旷曰:‘盲臣安敢戏其君乎?臣闻之,少而好学,如日出之阳;壮而好学,如日中之光;老而好学,如炳烛之明。炳烛之明,孰与昧行乎?’平公曰:‘善哉!’”[⑥]这种终生学习的思想,至今仍有着极大的现实意义。

《白虎通义》认为,学习可以使人觉悟,懂得前所不晓的知识,“学之为言觉也。以觉悟所不知也”[⑦]。学习也可以陶冶人的性情,使人晓识伦理道德,“学以治性,虑以变情。故玉不琢不成器,人不学不知义”[⑧]。

王充反对那种鼓吹圣人能前知千岁,后知万世的说法,他认为“不学自知,不问自晓”[⑨]之事是古今所没有的。他列举了大量历史材料,说明生而

---

① 《淮南子》卷十九《修务训》,第1139页。
② 《汉书》卷五十六《董仲舒传》,第2510页。
③ 《汉书》卷五十六《董仲舒传》,第2498页。
④ 《春秋繁露·执贽》,第575页。
⑤ 《说苑校证·建本》卷第三,第69页。
⑥ 《说苑校证·建本》卷第三,第69页。
⑦ 《白虎通疏证》卷六《辟雍》,第254页。
⑧ 《白虎通疏证》卷六《辟雍》,第254页。
⑨ 《论衡》卷第二十六《实知》,第397页。

知之者根本不存在，他得出的结论是："天地之间，含血之类，无生知者"。他说："人才有高下，知物由学，学之乃知，不问不识"[①]。人的先天素质虽有差异，但要认识事物，途径则只有一条，那就是学习。王充已认识到知识就是力量，他说："人有知学，则有力矣"[②]。这比英国培根要早一千六百多年。他指出，没有学问的人，好像谷和米不能食用，价值不大；有学问的人，好像谷已成粟，米已成饭，可以直接利用了。他又打比喻说："胸中不学，犹手中无钱也"。"手中无钱之市，使货主问曰：'钱何在?'对曰：'无钱'，货主必不与也"[③]。手中无钱买不到东西，胸中无知识学问，就无法为社会多服务、多效力。他认为人之所以在天地万物中处于优越的地位，就是因为人有知识、智慧，"天地之性人为贵，贵其识知也"[④]，"人、物也，万物之中有智慧者也"[⑤]。

王符重视学习的作用，这从他把《潜夫论》首篇题名为《赞学》上可得到反映。他认为成就"德义"的途径是"智"，是"学问"："天地之所贵者人也，圣人之所尚者义也，德义之所成者智也，明智之所求者学问也"[⑥]。"明智"是依靠学问获得的，"德义"又是在"智"的基础上培养造就出来的，因而只有通过学习打好文化知识的坚实基础，道德修养才能向更高的境界升华。他将人之有学与物之有冶类比，"人之有学也，犹物之有冶也"[⑦]。人之所以需要学习，就好像材料有待于加工。他举例说："夏后之璜，楚和之璧，虽有玉璞卞和之资，不琢不错，不离砾石。夫瑚簋之器，朝祭之服，其始也，乃山野之木、蚕茧之丝耳。使巧倕加绳墨而制之以斤斧，女工加五色而制之以机杼，则皆成宗庙之器，黼黻之章，可羞于鬼神，可御于王公"[⑧]。和氏之璧，如果不经人工琢磨，不过是普通的一块砾石。人如果不去学习的话，也不能成为国家有用之才。王符否定生而知之，他指出："虽有至圣，不生而知；虽有至材，不生而能"[⑨]。这就是说至圣之人，并非一生下来就什么都

① 《论衡》卷第二十六《实知》，第 402 页。
② 《论衡》卷第十三《效力》，第 201 页。
③ 《论衡》卷第十二《量知》，第 195 页。
④ 《论衡》卷第十三《别通》，第 209 页。
⑤ 《论衡》卷第二十四《辨祟》，第 374 页。
⑥ 《潜夫论笺校正》卷一《赞学》，第 1 页。
⑦ 《潜夫论笺校正》卷一《赞学》，第 1 页。
⑧ 《潜夫论笺校正》卷一《赞学》，第 3 页。
⑨ 《潜夫论笺校正》卷一《赞学》，第 1 页。

懂，至材之人并非一生下来就什么都会。他举例说："黄帝师风后，颛顼师老彭，帝喾师祝融，尧师务成，舜师纪后，禹师墨如，汤师伊尹，文、武师姜尚，周公师庶秀，孔子师老聃。……夫此十一君者，皆上圣也，犹待学问，其智乃博，其德乃硕，而况于凡人乎？"[①]强调无论是圣人，还是凡人，要想增长知识，提高智慧，博广道德，就必须通过"学问"。

荀悦强调学习的意义，他说："生而知之者寡矣，学而知之者众矣。悠悠之民，泄泄之士，明明之治，汶汶之乱，皆学废兴之由，敦之不亦宜乎？"[②]承认绝大部分人需学而知之，并把个人的智愚、国家的治乱均归于学之废兴。

徐幹重视学习的作用，把劝学的内容集中在《中论》的首篇。他说："昔之君子，成德立行，身没而名不朽，其故何哉？学也。学也者，所以疏神达思，怡情理性，圣人之上务也"[③]。学习可以调理人的精神、思维，陶冶人的情感、个性。他还用许多形象生动的语言来说明学习的重要性。如："学犹饰也，器不饰则无以为美观，人不学则无以为懿德"。"民之初载，其曚未知，譬如宝在于玄室，有所求不见，白日不照焉，则群物斯辩矣。学者，心之白日也"[④]。如同太阳照到黑暗的屋室里，所存器物立刻昭然可观一样，学习就像照亮内心的太阳，可以启蒙开智。只有学才能"有懿德"。

从上述可知，汉代思想家重视教学的作用，认为学习是人获取知识的根本途径，学习可以开阔人的眼界，提高人的智力水平，使人逐步具有善良的品性、高尚的道德情操，从而成为有益于社会、国家的人才。这些思想至今仍闪耀着智慧的光芒。这种重学的主张，对推动汉代文化教育的发展，无疑具有积极的作用。

二、关于教学内容

教学内容是保证实现教育目标和任务的重要条件，从事教学活动，离不开教材的选定、内容的取舍，从施教者的教学内容中即可反映出其学术思想的倾向。

由于先秦儒家在长期的教学实践中，形成了较为系统的知识体系，因

---

① 《潜夫论笺校正》卷一《赞学》，第1页。

② 《申鉴·杂言上》，《诸子集成》（第七册），第19页。

③ 《中论·治学》，《百子全书》（第二册）。

④ 《中论·治学》，《百子全书》（第二册）。

此，汉代思想家从一开始就主张以儒家学说作为教学的重要内容。陆贾强调教育必须以仁义作为根据和最高指导，他说："阳气以仁生，阴节以义降，鹿鸣以仁求其群，关雎以义鸣其雄。《春秋》以仁义贬绝，《诗》以仁义存亡，乾坤以仁和合，《八卦》以义相承，《书》以仁叙九族，君臣以义制忠，《礼》以仁尽节，《乐》以礼升降。仁者道之纪，义者圣之学。学之者明，失之者昏，背之者亡"①。仁义既是教育的指导思想，又是教育的内容。他进而指出："定《五经》，明《六艺》，承天统地，穷事察微，原情立本，以叙人伦，宗诸天地，纂修篇章，垂诸来世"②。教学的内容可谓丰富，既有偏重德育的五经，又有包含德、智、体、美四育的六艺。在强调以圣人之道、经艺之术、仁义之行作为学习内容的同时，陆贾坚决反对当时一些学者迷惑于灾异怪变之术。他说："夫世人不学《诗》、《书》，存仁义，尊圣人之道，极经艺之深，乃论不验之语，学不然之事，图天地之形，说灾变之异，乖先王之法，异圣人之意，惑学者之心，移众人之志"。"故事不生于法度，道不本于天地，可言而不可行也，可听而不可传也，可小玩而不可大用也"③。

贾谊所主张的教学内容，同样以儒家经典为主。他指出："或称《春秋》，而为之耸善而抑恶，以革劝其心。教之《礼》，使知上下之则。或为之称《诗》，而广道显德，以驯明其志。教之《乐》，以疏其秽，而填其浮气。教之语，使明于上世，而知先王之务明德于民也。教之故志，使知废兴者而戒惧焉。教之任术，使能纪万官之职任，而知治化之仪。教之训典，使知族类疏戚，而隐比训焉"④。把教育内容分成几项科目：有属于历史科的《春秋》、训典、故志；属于政治法律科的《礼》、术；属于文学科的《诗》、语；属于音乐科的《乐》。各科都有自己独立的内容和任务，给被教育者以相应的知识。但它们又有共同的一面，即均以道德教育为核心。

《淮南子》是以道家学说为主而综合各家观点的著作，主张在学习道家学说的同时，还应学习儒、法、墨等各家学说，其中儒家学说被置于重要的位置上。对儒家六经的特点、学习价值以及它们长短之处进行了概括："六艺异科而皆同道。温惠柔良者，《诗》之风也；淳庞敦厚者，《书》之教也，清

---

① 《新语校注》卷上《道基》，第 35－39 页。

② 《新语校注》卷上《道基》，第 21 页。

③ 《新语校注》卷下《怀虑》，第 153－154 页。

④ 《新书》卷五《傅职》，第 143 页。

明条达者，《易》之义也；恭俭尊让者，《礼》之为也；宽裕简易者，《乐》之化也；刺几辩义者，《春秋》之靡也。故《易》之失鬼，乐之失淫，《诗》之失愚，《书》之失拘，《礼》之失忮，《春秋》之失訾。六者圣人兼用而财制之。失本则乱，得本则治"[①]。

汉初百家争鸣，各家融合的趋势十分明显，受此风气的影响，思想家关于教学的内容，并不完全以儒家经典为限。陆贾曾说："故制事者因其则，服药者因其良。书不必起仲尼之门，药不必出扁鹊之方。合之者善，可以为法，因世而权行"[②]。主张只要是合理的、有用的东西都可以学。贾谊则把法家所主张的统治之术，列为太子所应学习的内容。他说："教子任术，使能纪万官之职任，而知治化之仪"[③]。尽管如此，有一点则是可以肯定的，即他们都把儒家学说作为教学的重要内容。

自汉武帝接受董仲舒"罢黜百家，独尊儒术"的建议后，几乎所有的思想家都主张以儒家学说作为教学的主要内容。

董仲舒将经传视为教学的"大本"："夫义出于经。经，传大本也"[④]。主张以"六经"为教材，并说明了六经各自独具的特点和培养任务。他说："君子知在位者之不能以恶服人也，是故简六艺以赡养之。《诗》、《书》序其志，《礼》、《乐》纯其美，《易》、《春秋》明其智。六学皆大，而各有所长。《诗》道志，故长于质；《礼》制节，故长于文；《乐》咏德，故长于风；《书》著功，故长于事；《易》本天地，故长于数；《春秋》正是非，故长于治人。能兼得其所长，而不能遍举其详也"[⑤]。他特别强调六学各有长处，教学的重点应在于此，决不能繁琐教学。

匡衡把六经看做是无所不包的学问。他说："六经者，圣人所以统天地之心，著善恶之归，明吉凶之分，通人道之正，使不悖于其本性者也。故审六艺之指，则人天之理可得而和，草木昆虫可得而育，此永永不易之道也"[⑥]。

扬雄认为，如天地之包容万物一样，五经包容一切学说："大哉！天地

① 《淮南子》卷二十《泰族训》，第1189页。
② 《新语校注》卷上《术事》，第51页。
③ 《新书》卷五《傅职》，第143页。
④ 《春秋繁露·重政》，第167页。
⑤ 《春秋繁露·玉杯》，第35—36页。
⑥ 《汉书》卷八十一《匡衡传》，第3342页。

之为万物郭，五经之为众说郛”[①]。把五经视为无所不包的普遍真理。他还以沧海、东岳喻儒经，土丘、枯泽喻诸子之书，对两者作了比较，说明了它们的优劣之别：“观书者譬诸观山及水：升东岳而知众山之逦迤也，况介丘乎！浮沧海者而知江河之恶沱也，况枯泽乎！”[②]他甚至认为：“书不经，非书也；言不经，非言也。言、书不经，多多赘矣”[③]。书、言违背五经之义，就不能称作书、言，而且越多越有害。他对五经的特长作了具体的阐述：“说天者莫辩乎《易》，说事者莫辩乎《书》，说体者莫辩乎《礼》，说志者莫辩乎《诗》，说理者莫辩乎《春秋》”[④]。五经分别是天道、政事、万事之体、心志、事理的最高真理。

王充在教学内容上主张突破五经的限制，学习“圣人之言，贤者之语，上自黄帝，下至秦、汉，治国肥家之术，刺世讥俗之言”[⑤]。认为学习百家之言才能像大海容纳百川流水那样，成为识广智博之人：“大川相间，小川相属，东流归海，故海大也。海不通于百川，安得巨大之名？夫人含百家之言，犹海怀百川之流也”[⑥]。百家的书能够锻炼人的思维，提高分析问题的能力，“百家之言令人晓明”[⑦]。即提倡“博览古今，众流百家”之言。但作为一个儒者，他不可能完全摆脱儒家的影响，从他把礼乐列为重要教学内容上即可看出这一点。他说：“情性者，人治之本，礼乐所由生也。……性有卑谦辞让，故制礼以适其宜；情有好恶喜怒哀乐，故作乐以通其敬”[⑧]。把礼乐教育看做是调节人的行为，陶冶人的情感之手段。

王符也主张以儒家经典作为教学的主要内容。他说：“天地之道，神明之为，不可见也。学问圣典，心思道术，则皆来睹矣。此则道之材也，非心之明也，而人假之，则为己知矣。是故索物于夜室者，莫良于火；索道于当世者，莫良于典。典者，经也”[⑨]。认为学习经典是掌握治国之道的必由之

① 《法言》卷第五《问神》，第 123 页。
② 《法言》卷第二《吾子》，第 41 页。
③ 《法言》卷第五《问神》，第 130 页。
④ 《法言》卷第七《寡见》，第 174 页。
⑤ 《论衡》卷第十三《别通》，第 206 页。
⑥ 《论衡》卷第十三《别通》，第 206 页。
⑦ 《论衡》卷第十三《别通》，第 207 页。
⑧ 《论衡》卷第三《本性》，第 43 页。
⑨ 《潜夫论笺校正·赞学》，第 11 页。

途。道术不是人可以本心自明的东西，只有通过学习圣典，才能变成“已知”。

徐幹坚持以儒家经典作为教学所用教材的蓝本。他说：“六籍者，群臣相因之书也。其人虽亡，其道犹存。今之学者，勤心以取之，亦足到昭明而成博达矣”①。当然徐幹并不满足于只学六经，他指出：“大乐之成非取乎一音，嘉善之和非取乎一味，圣人之德非取乎一道。故曰：学者，所以总群道也。群道统乎已心，群言一乎已口，唯所用之故”②。所谓群道，主要是指《周礼》中所言的“六德”（智、仁、圣、义、中、和）、“六行”（孝、友、睦、姻、任、恤）和“六艺”（礼、乐、射、御、书、数）。实际上，仍然属于儒家传统教学内容的范围之内。

总之，汉代的教学内容思想，经历了一个以儒家学说为重要内容到作为主要内容的转变过程。汉初思想家虽主张把儒家学说作为教学的重要内容，但同时也不排斥法、道、墨等学说的学习。到西汉中期后，几乎所有的思想家均主张将儒家经籍作为教学的“大本”，尽管其间个别人有冲破儒家经典束缚的言论，但他们只不过是呼吁把知识的范围进一步扩大而已，并没有否定儒家经典的学习价值。这正是“独尊儒术”在教学内容思想上的反映。

三、关于教学过程

中国古代思想家很早就认识到，教学过程是教师教导过程和学生学习过程的统一，而且以学生的学习过程为主体。他们总是把解决如何教的问题建立在研究学生如何学的基础上。

孔子最早把教学过程概括为三个紧密联系的环节：学—思—行，即掌握知识、进行思考、见诸行动。奠定了后世教学过程思想的基础。汉代思想家正是在这一原则的指导下，对教学过程作了一定程度的论述。《淮南子·原道训》指出：“内不得于中，禀授于外而以自饰也。不浸于肌肤，不浃于骨髓，不留于心志，不滞于五藏。故从外入者，无主于中，不止；从中出者，无应于外，不行。……夫内不开于中而强学问者，不入于耳而不著于心，此何异于聋者之歌也？效人为之而无以自乐也。声出于口，则越而散

---

① 《中论·治学》，《百子全书》（第二册）。

② 《中论·治学》，《百子全书》（第二册）。

矣。……是故不得于心,而有经天下之气,是犹无耳而欲调钟鼓,无目而欲喜文章也。亦必不胜其任矣"。"强调把对外在知识的学习和学习主体的思考紧密联系起来,从而使知识得到消化吸收,在此基础上,再将得到的知识从内心发散出去,'应于外'而行之,与实践相结合,真正实现内外贯通"①。刘向把教学过程归结为学—习—行的过程。他说:"君子博学,患其不习。既习之,患其不能行之。既能行之,患其不能以让也"②。这就是说学习要广泛涉猎,以扩大知识面,开阔视野,而且对已学过的知识经常复习,以便巩固、消化,使其内化成自己的知识。还要能把所掌握的知识运用到实践中去,学以致用,在实践中要勇于承认自己的不足之处,从而不断追求。只有这样,才能成为一个真正有学问的人。刘向对学习过程的看法,虽然也符合认识发展的规律,但由于没有展开论述,因而显得有些肤浅,缺乏理论高度。

对教学过程进行了充分论述,并上升到一定理论高度的是东汉王充。王充认为,教学过程是由"任耳目(感知)——开心意(思维)——验效证(实践)"三个不断上升的环节组成。他认为感知是认识的基础,即使是圣贤也不能不从耳闻目见出发,"圣贤不能生知,须任耳目以定情实"③。任何人要想获得知识,就必须首先用人的感觉器官去接触客观事物,在人的头脑中产生映象,使人感知其状貌和存在,这样才可能获得知识。所谓:"不目见口问,不能尽知"④,"如无闻见,则无所状"⑤,就是这个意思。

王充也认识到,感性经验有很大的局限性,仅凭感觉还不能揭示事物的本质,有时会被假象或错觉所迷惑。他说:"夫论不留精澄意,苟以外效立事是非,信闻见于外,不诠订于内,是用耳目论,不以心意议也。夫以耳目论,则以虚象为言;虚象效,则以实事为非,是故是非者不徒耳目,必开心意"⑥。即是说要获得比较全面、真实地反映事物本质的知识,辨别是非,光靠耳目感觉经验是不够的,必须"开心意"、"诠订于内",充分发挥理性思

---

① 林飞飞:《〈淮南子〉的教育教学思想》,《河北工程大学学报》2011 年第 1 期。
② 《说苑校正》卷第十六《谈丛》,第 408 页。
③ 《论衡》卷第二十六《实知》,第 403 页。
④ 《论衡》卷第二十六《实知》,第 401 页。
⑤ 《论衡》卷第二十六《实知》,第 398 页。
⑥ 《论衡》卷第二十三《薄葬》,第 353 页。

维的作用，经过一番分析、比较、归纳、综合，“订其真伪，辩其实虚”[1]，排除假象，以揭示规律和本质，使认识由感性认识上升到更高的层次——理性认识的高度。

王充认为，经过上述两阶段后，学习的过程并未就此停止，因为尚需对所获知识的真伪做出准确判断，而这一目的实现，要靠实践，通过事实和效果加以检验。他说：“事莫明于有效，论莫定于有证”[2]。即凡是与客观事实符合，有确实证据的认识就是正确的认识，否则就是错误的认识。他还说：“凡论事者，违实不引效验，则虽甘义繁说，众不见信”[3]。认识的正确与否，不在于言语是否华丽、篇幅是长是短，而在于有无实际效果。如果没有效果，即理论与事实相矛盾，说得再好听，也难以令人信服。

王充关于教学过程三段论的观点，在今天看来仍然是符合规律的认识。

总的来看，汉代思想家有关教学过程的论述，并未突破先秦儒家所建立的纲领，不过在论说上他们也各有自己的特点，在不同程度上揭示了教学过程的本质。尤其是王充的论述深刻而充实，在继承前人的基础上向前迈进了一步，达到了当时此领域的最高认识水平，并对后代思想家产生了重要的影响。

四、关于教学方法

教学方法是保证教学内容及教育目标、宗旨使学习者深刻理解并去按之实践的重要手段。先秦教育家在长期的教学实践中，摸索并总结出一些切合实际、行之有效的教学方法。汉代教育家、思想家在前人经验的基础上，对教学方法进行了探讨，提出了一些看法。这里仅就最具代表性者，略作概述。

在教的方面，主要有以下几点：

1.因材施教。

就是对学生既要有基本的共同的要求，又要从实际出发，根据学生的不同才能和个性差异，有的放矢地进行教育，使学生各尽其才，发挥开发人才的作用。王充认为教育对象的个性是有差异的，因而要想取得良好教育效果，

---

① 《论衡》卷第二十九《对作》，第443页。
② 《论衡》卷第二十三《薄葬》，第352页。
③ 《论衡》卷第二十六《知实》，第404页。

就必须在充分了解学生个性特点的基础上，有针对性地施教。他说："西门豹急，佩韦以自缓；董安于缓，带弦以自促。急之与缓，俱失中和，然而韦弦附身，成为完具之人。能纳韦弦之教，补接不足，则豹、安于之名，可得参也"①。

郑玄的教育思想，主要是通过他的经注来体现的，他对因材施教的看法同样如此。孔子在教学中非常重视因材施教，并取得了显著的效果。他曾说："求也退，故进之；由也兼人，故退之。"郑玄注曰："言冉有性谦退，子路务在胜尚人，各因其人之失而正之"②。把孔子的教育方法概括为"正其失"，可以说是切中了要害。《学记》中列举了学生学习存在着的四种缺点："学者有四失，教者必知之。或失则多，或失则寡，或失则易，或失则止"。郑玄对此作了具体阐释和发挥。他说："失于多谓才少者，失于寡谓才多者，失于易谓好问不识者，失于止谓好思不问者。救其失者，多与易则抑之，寡与止则进之"③。分析了学者"四失"形成的原因，并提出相应的解决办法。比起《学记》仅罗列现象，在理论高度上是进了一步。

徐幹提出："导人必因其性"。他说："大禹善水，君子善导，导人必因其性，治水必因其势，是以功无废而言无弃也"④。把导人与治水相比较，可谓形象而生动。指出，"君子将语人以大本之源，而谈性义之极者，必先度其心志，本其器量，视其锐气，察其堕衰"⑤，既要首先了解学生的兴趣、志向及个性特点，在此基础上，本着既要充分调动学生的积极性，又不能强其所难的原则施教，"使辞足以达其智虑之所至，事足以合其性情之所安，弗过其任而强牵制也"⑥。还要"闿张以致之，因来以进之，审谕以明之，杂称以广，立准以正之，疏烦以理之"⑦。即开辟通往目标的途径，根据学生已有的基础掌握教学进度，对难以理解的地方要详细讲解使其明了，多方引证使其渊博，同时又要建立标准使其学有正规，疏理烦乱使其学有条理。

2.循序渐进

就是要求教师根据知识的逻辑系统和学生智力水平发展程度进行教

① 《论衡》卷第二《率性》，第 28 页。

② 《论语注疏》卷十一《先进》引郑玄注，《四库全书》文渊阁本。

③ 《礼记正义》卷三十六，《四库全书》文渊阁本。

④ 《中论·贵言》，《百子全书》(第二册)。

⑤ 《中论·贵言》，《百子全书》(第二册)。

⑥ 《中论·贵言》，《百子全书》(第二册)。

⑦ 《中论·贵言》，《百子全书》(第二册)。

学活动。知识是有系统性的，是由浅入深，由易到难，而构成系统的。人的智力发展也是由简单到复杂，由低级到高级的有序进程。只有遵循这些规律才能搞好教学工作，否则，必将是欲速而不达。扬雄以水的流动和树木的生长为喻，来说明教学是一个逐渐长进的过程。水的前进，不仅在于“不舍昼夜”地流动，而且在于“满而后渐”[①]，即填满所有的坑坑洼洼，再继续前进，最终流到大海。树木的生长是“止于下而渐于上”[②]，自下而上、自小而大逐渐长大成材。

王充也以大量的事例来强调循序渐进的重要性。他说：“河冰结合，非一日之寒；积土成山，非斯须之作。干将之剑，久在炉炭，铦锋利刃，百熟炼厉”[③]。学习犹如河水结冰，积土成山，要想达到目的就须日积月累，不断进取。他还用枫树桐树生长快，但木质较软，檀树生长虽慢，但木质坚固为例，说明学习若不脚踏实地循序渐进，则“其进锐者退速”[④]。欲速不达，所谓“酒暴熟者易酸，醢暴酸者易臭”[⑤]，就是这个道理。

郑玄认为掌握知识是一个渐进的过程，主张“先易后难以渐入”。《学记》中有“不陵节而施”的观点，是指教学应遵从循序渐进的原则，郑玄进一步阐发为：“不教长者、才者以小，教幼者、钝者以大也”[⑥]。他非常赞同《礼记·内则》中关于不同年龄阶段的学习安排，如对“十有三年，学乐诵诗、舞勺。成童，舞象，学射御”，郑玄注曰：“先学勺后学象，文武之次也。成童，年十五以上”[⑦]。

3.“圣化”

这是多种教学原则综合运用的方法。最早提出者是贾谊。他说：“师傅之道，既美其施，又慎其齐；适疾徐，任多少；造而勿趣，稍而勿苦；省其所省，而堪其所堪，故力不劳而身大盛，此圣人之化也”[⑧]。要求教师，既敬重育才之道，热爱自己的工作，又以身作则，身体力行，为人师表。教学内容

① 《法言》卷第一《学行》，第 15 页。
② 《法言》卷第一《学行》，第 15 页。
③ 《论衡》卷第十四《状留》，第 219 页。
④ 《论衡》卷第十四《状留》，第 219 页。
⑤ 《论衡》卷第十四《状留》，第 219 页。
⑥ 《礼记正义》卷三十六，《四库全书》文渊阁本。
⑦ 《礼记正义》卷二十八，《四库全书》文渊阁本。
⑧ 《新书》卷六《容经》，第 201 页。

的分量多少、教学进度的快慢，要根据学生的年龄特点及接受能力，量力而行，循序渐进。既要对学生严格要求，适时检查，使其不断有所长进，又不能逼迫学生使其感到压力过重而失去学习的兴趣。不仅要教给学生能够理解的知识，而且要教给他们力所能及的知识，也就是要最大限度地发挥学生的智力潜能。在这里，贾谊指明了教师教书育人的职责，提出了教学的以身作则原则、循序渐进原则、启发性原则、因材施教原则，这些都是合乎教学规律的有价值的见解。贾谊的可贵之处就在于，他已认识到，要教好学生，单凭一种教学原则是不行的，而必须依靠多种教学原则的合理运用才行。这种认识无疑是合理的。

董仲舒在《春秋繁露·玉杯》中收录了贾谊的“圣化”之论，仅在个别字词上有改动，而在整体意思上没有变化。他明确表示“吾取之”，说明他是完全赞同贾谊的观点，这也反映了“圣化”教学方法论在当时产生了很大的影响。

在学的方面有以下几点：

1.学贵专一

所谓专一，主要是指学习时要专心致志，精力集中，全神贯注，排除杂念，不要三心二意。董仲舒认为学习必须专一，否则难有成就。他说：“目不能二视，耳不能二听，一手不能二事。一手画方，一手画圆，莫能成”①。正因为如此，在学习方法上他主张“君子贱二而贵一”②。

王充也认为，学习必须专心一志。他说：“称干将之利，刺则不能击，击则不能刺，非刃不利，不能一旦二也。……方圆画不俱成，左右视不并见，人才有两为，不能成一”③。名剑干将虽然锋利，但不能同时用于刺杀和锤击，一只手不能同时画出圆形和方形，同一时刻，既看左又看右是看不见的，培养人才如果不使他们专一，那就连一种本领也学不成。可见，王充反对学习时三心二意而注重专心一意的。

现代心理学研究证明，人的注意力在一定时间内集中于一定的对象，是顺利完成某种活动的必要前提。人在学习时，只有集中注意才能加深对知识的理解，从而收到好的学习效果。反之，则难以排除杂念，整日三心二

① 《春秋繁露·天道无二》，第 455 页。

② 《春秋繁露·天道无二》，第 455 页。

③ 《论衡》卷第二十八《书解》，第 434 页。

意是无法完成学业的。

2.勤勉有恒

即要求在学习的过程中,有坚强的意志力、不达目的誓不罢休的恒心,不怕困难,刻意进取,从而学有所成。陆贾指出:“凡人莫不知善之为善、恶之为恶;莫不知学问之有益于己,怠戏之无益于事也。然而为之者情欲放溢,而人不能胜其志也”[①]。纵情放任,追求享乐是影响学习的不利因素,必须以坚强的意志对其加以抑制,做到“口诵圣人之言,身学贤者之行,久而不弊,劳而不费,……朝夕不休,尽力不倦”[②]。通过刻苦用功才能有所成就。《淮南子》说:“人才之所能逮,然而莫能至焉者,偷慢懈惰,多不暇之故。夫瘠地之民多有心者,劳也;沃地之民多不才者,饶也。由此观之,知人无务,不若愚而好学。自人君公卿至于庶人,不自强而功成者,天下未之有也。《诗》云:‘日就月将,学有缉熙于光明。’此之谓也”[③]。许多人本来可以成为人才,但因其懒惰,没有把大好的时光用在学习上,故只能做庸人。上自帝王将相,下至普通百姓,只要努力学习便可获得功名。

董仲舒认为,一个人要学有所得,必须具有刻苦努力、勤奋钻研的精神,才能达到“博”与“明”的境地。他说:“事在强勉而已矣。强勉学问,则闻见博而知益明;强勉行道,则德日起而大有功:此皆可使还至而有效者也。《诗》曰:‘夙夜匪解’,《书》云:‘茂哉茂哉!’皆强勉之谓也”[④]。即是说,做任何事情关键在于勤勉努力。在学习上能够勤勉努力、锐意进取,那么就会广博知识、聪明智慧;在修身进德上能够勤勉努力,就能使自己的德性日趋完善。董仲舒还认识到,一时努力不足为奇,持之以恒才是最可贵的,强调“积渐”。他说:“臣闻众少成多,积小致巨,故圣人莫不以晻致明,以微致显”[⑤]。他以尧舜成德至圣为例,“非一日而显也,盖有渐以致之矣”[⑥]。圣贤尚需如此,常人就更不用说了。学问、德行不是一蹴而就的,必须兢兢业业长期努力,方能取得大的成就。

扬雄也强调学习必须坚持不懈、持之以恒。他说:“百川学海而至于

---

① 《新语校注》卷下《资质》,第 129 页。

② 《新语·思务》,《诸子集成》(第七册),第 21 页。

③ 《淮南子》卷十九《修务训》,第 1144 页。

④ 《汉书》卷五十六《董仲舒传》,第 2498 页。

⑤ 《汉书》卷五十六《董仲舒传》,第 2517 页。

⑥ 《汉书》卷五十六《董仲舒传》,第 2517 页。

海，丘陵学山而不至于山，是故恶夫画也”①。江河奔腾不息，故最终能流入大海；丘陵静止不长，故永远不能与山比齐。学习也是如此，持之以恒就能达到目的；停滞不前则难有收获。

王符认为一切事物的发展，都有一个由少到多、由微见著的过程：“凡山陵之高，非削成而崛起也，必步增而稍上焉。川谷之卑，非截断而颠陷也，必陂池而稍下焉。是故积上不止，必到嵩山之高；积下不已，必极黄泉之深”②。学习的过程也是一样的，“积善不怠，必致颜、闵之贤，积恶不休，必致桀、跖之名”③。徐幹强调学须不懈：“君子之于学也，其不懈，犹上天之地，犹日月之行，终身亹亹，没而后已”④。只有坚持不懈，持之以恒，才有成功之日。

勤勉有恒，就是现代心理学所说的意志力。意志就是人自觉地根据已确定的目的来调节、支配自己的行为，克服各种困难，从而实现目的的一种心理活动。学习是一个相当漫长而艰辛的过程，其间难免会有诸多曲折、困难，如果没有持之以恒或坚忍不拔的毅力，是难以有所作为的。

3.学思结合

学习和思考是学习过程中的两个决定性环节。若只学习而不思考，就不能深刻理解和掌握所学的知识；反之，只思考而不学习，就会陷入空想、幻想中而难以思有所得。只有把两者紧密结合起来，才能获得比较好的成绩。孔子最早提出“学而不思则罔，思而不学则殆”⑤的学思结合、都不偏废的观点，汉代学者基本上继承了这一思想，强调在学习过程中要把学习与思考结合起来。董仲舒认为，学习若离开了思考就难有所获。他说：“夫目不视，弗见；心弗论，不得”。并进而阐述道：“虽有天下至味，弗嚼，弗知其旨也；虽有圣人之道，弗论，不知其义也”⑥。说明如同吃饭要经过咀嚼、消化以吸收养分的道理一样，学习时，要把学与思结合起来，通过分析、思考来探明所学的问题。

刘向认为，多问是求知的根本，思考则是求知之道，尽管前者比后者更

---

① 《法言》卷第一《学行》，第 21 页。
② 《潜夫论笺校正·慎微》，第 142 页。
③ 《潜夫论笺校正·慎微》，第 143 页。
④ 《中论·治学》，《百子全书》(第二册)。
⑤ 《论语·为政》，《四书五经》，第 10 页。
⑥ 《春秋繁露·仁义法》，第 321 页。

重要，但二者都是学习知识不可缺少的途径。他说："君子不羞学，不羞问。问讯者，知之本；念虑者，知之道也"[①]。

扬雄重视学思结合，他说："学以治之，思以精之"[②]。扬雄对于思的认识，已不限于对知识理解的透彻和认识的飞跃，认为更重要的是发展智能。这可从他对"哲"的解释上得到反映。他说"哲"就是"旁明厥思"[③]。即能辩察细微，博通广大。这正是人的智能发展的重要表现[④]。

王充认为学是思的基础。他说："性敏才茂，独思无所据，不睹兆象，不见类验，却念百世之后，有马生牛，牛生驴，桃生李，李生梅，圣人能知之乎？"[⑤]思考只能以感觉经验为依据，否则便是凭空瞎想，胡思乱想，什么奇谈怪论都可产生。光学习而不去积极思考也难真有所得，因此主张学习时"必开心意"，也就是要把学习与思考结合起来。

郑玄认为要深刻理解、牢固把握所学的知识，就必须经过一番个人认真思考的功夫，即所谓："学不心解，则亡之易"，"思而得之则深"[⑥]。

徐幹同样主张学思结合。他说："夫独思则滞而不通，独为则困而不就"。所以必须"学于圣人"[⑦]。

总之，学习是基础和前提，思考是深化和提高，只有把二者结合起来，才能取得好的学习效果。这一认识至今仍有适用价值。

通过以上的论述我们可以看出，汉代的教学思想在继承先秦研究成果的基础上，有了进一步的发展，形成了具有时代特色的较为完善的体系。找到了中国古代教学论发展的指导原则和发展道路。这就是：以儒家教学思想为主流，包融各家教学思想的模式；坚持"尊孔崇儒"的指导原则；采取继承、改造、发展的道路。其后，中国古代教学论的发展基本上没有偏离这一方向，是沿着这一轨迹前进的。

综上所述，汉代思想家对教育的诸多问题进行了探讨，虽然在某些

---

① 《说苑校正》卷第十六《谈丛》，第 409 页。

② 《法言》卷第一《学行》，第 6 页。

③ 《法言》卷第六《问明》，第 168 页。

④ 参见毛礼锐、沈灌群主编：《中国教育通史》（第二卷），山东教育出版社，1986 年版，第 208—209 页。

⑤ 《论衡》卷第二十六《实知》，第 400 页。

⑥ 《礼记正义》卷三十六，《四库全书》文渊阁本。

⑦ 《中论・治学》，《百子全书》（第二册）。

问题的认识上尚有分歧存在，但他们均承认教育不仅对个人的发展是至关重要的，个体通过自身的努力或外界环境、教育的影响，其个性是可以改变和重新塑造的；而且教育也是社会发展所必不可少的，教育具有防微杜渐，潜移默化，使人弃恶从善，移风易俗之功能。尽管这种认识由于时代、阶级的局限，有其不完善的地方（如把人分为可教者与不可教者，即是一例），而且他们对教育的认识也是从维持封建专制统治这一根本目的出发的，深深地打上了时代与阶级的烙印。但这种认识在当时是有积极意义的，它或多或少地影响了当时的统治政策。两汉政府之所以能采取一系列兴学重教的措施，与汉人对教育的此种认识有着不可分割的关系。

下编　教育与汉代社会的整合

第五章　教育与政治的互动

所谓社会整合，是指社会的不同因素、部分结合为一个统一、协调整体的过程及结果，亦称社会一体化。在社会学研究中，美国社会学家帕森斯明确提出社会整合概念并将其纳入自己的结构功能主义理论构架之中。在《社会体系和行动理论的演进》一书中，他把社会整合概念规定为如下含义：第一，社会体系内各部门的和谐关系，使体系达到均衡状态，避免变迁；第二，体系内已有成分的维持，以对抗外来的压力。帕森斯还认为，一个社会要达到整合的目的，必须具备两个不可或缺的条件：一是有足够的社会成员作为社会行动者受到适当的鼓励并按其角色体系而行动；二是使社会行动控制在基本秩序的维持之内，避免对社会成员作过分的要求，以免形成离异或冲突的文化模式①。此后，整合的概念遂被广泛地应用于政治学、经济学、文化学、教育学等学科研究之中。

人类社会是一个系统，是一个由多种要素构成的整体，它具有一定的结构和功能，按照一定的规律而运动变化。教育就是社会系统中的要素之一。它是培养人的一种社会活动，是个体的社会化过程。具体来说，教育就是由教育者根据社会的要求和人的身心发展的规律，对受教育者所施加的一种影响活动。在这一活动中，既要体现出社会的要求，又要反映出人的身心发展的规律。正因为如此，教育在社会系统中并非是孤立存在的，而是与社会的其他要素之间存在着有机的联系，它们彼此间相互依赖、相互影响，共同构成社会的统一体。本编所要探讨的就是汉代教育在与当时政治、经济、文化等要素的相互依赖、相互影响关系中，如何使各种要素达到协调一致，从而共同推动社会发展的历史事实。

政治是一种社会现象，任何社会成员或社会组织都以一定的方式与政治发生关系，教育也不例外。在历史上，曾有一些哲学家或教育家主张政教分离，以便获得真正的人类思想解放和学术自由。如蔡元培说："教育的

---

① 《中国大百科全书·社会学》，中国大百科全书出版社，1991年版，第351页。

成效不是一时能达到的。政党不能常握政权，往往不出数年，便要更迭。若把教育权也交与政党，两党更迭的时候，教育方针也要跟着改变，教育就没有成效了。所以，教育事业不可不超然于各派政党以外"①。教育脱离政治而独立，在理论上是有缺陷的，在实践上是行不通的。美国的教育政治学就曾指出："在美国社会存在着一条信念，即教育事业应是不同政治超党派的。然而仔细观察一下便可看出，这一要求不过是一种由于人们的短见和沉默而变得永恒的神话"②。教育作为一项社会事业，深受政治的制约，任何社会的教育都体现着该社会的政治特征。纵观教育发展史，任何时期的教育都无法摆脱政治而独立。教育目的、教育政策、教育制度、课程教材等，常因政治制度不同而异。教育作为一种政治工具，在影响社会政治生活，维护社会稳定，促进社会发展方面起着不容忽视的作用。

第一节　政治对教育的影响

恩格斯在给施米特的信中说，经济发展对于各种意识形态的"最终的支配作用"是无疑的，但是这种"经济影响多半又只是在它的政治等等外衣下起作用"③。列宁也说："政治是经济的集中表现"④。对社会生活各个方面都具有指导性的影响。"在阶级社会中，教育总是与一定阶级的利益相关。政治是阶级利益的直接反映，所以，政治对教育不但有着直接的制约作用，而且这种制约作用波及教育的一切方面。从教育的领导权到教育的享受权，从教育事业发展的规模到速度，从教育的总目标到各级各类学校教育的具体目标，从国家教育制度到学校管理制度，从教育内容到教育方法，从学校教育到非学校教育，无不承载、反映、渗透着政治对教育的作用"⑤。教育既然是人类传授生产经验和社会生活经验的工具，必然要为政治服务，并受政治的强烈影响。

夏、商、周时期虽已有官方教育产生，然其时政教不分，教育只是作为

① 高平叔编：《蔡元培教育论著选》，人民教育出版社，1991 年版，第 377 页。
② 转引自吴铎、张人杰：《教育与社会》，中国科学技术出版社，1991 年版，第 46 页。
③ 《马克思恩格斯选集》(第四卷)，人民出版社，1972 年版，第 485 页。
④ 《列宁全集》(第三十二卷)，人民出版社，1957 年版，第 71 页。
⑤ 叶澜：《教育概论》，人民教育出版社，2006 年版，第 143 页。

政治的一个组成部分而存在，没有丝毫独立性可言，故尚不能称作完全意义上的教育。至秦代，取缔私学，“以吏为师”，更是走向了极端。只是到了汉代才逐步建立起教育制度和体系，教育虽有了自身发展的规律，但其为政治服务的属性并未改变，政治从多个方面对教育施加着影响。

一、统治思想变迁对教育的影响

1.从崇尚黄老之学到“独尊儒术”

马克思在《〈黑格尔法哲学批判〉导言》中指出：“理论在一个国家的实现程度决定于理论满足这个国家的需要程度”[①]。汉初六、七十年，黄老学说之所以受到统治者的青睐，成为治国的指导思想，在社会上居于支配地位，被视为时代精神之主流，就是因为黄老无为而治的主张，满足了汉王朝的某些需要。

首先，汉初社会经济凋敝的现实使统治者不得不行“黄老政治”。由于秦王朝的横征暴敛及秦亡后的连年战乱，使社会经济陷入崩溃的境地，到处是一片荒凉、衰败的景象。“汉兴，接秦之弊，诸侯并起，民失作业，而大饥馑。凡米石五千，人相食，死者过半”[②]。能否使残破的社会经济恢复起来，如何稳定社会秩序，这关系到新生政权能否存在下去。由于黄老之学提倡清静无为，正适合了汉初“黎民得离战国之苦，君臣俱欲休息乎无为”[③]的恢复经济生产的需要，因而为当时的统治者所奉行。

其次，汉初选定黄老之学作为统治思想，是学术思想发展的必然结果。诸子百家在经历了长期的争鸣、融合，到战国末期实际上只有儒、法、道三家学说显于世。秦主要依靠法家学说完成了全国的统一，建立了封建专制主义的中央集权政体。这种政体模式不仅为汉代所继承，而且为后来的封建王朝所承袭。然而秦统治者没有正视连绵不断战争给人民带来了无穷无尽的灾难，人民希望休养生息，安居乐业的现实，“其道不易，其政不改”[④]，实行残酷的政治压迫、超额的经济剥削和极端的文化专制主义，结果使社会矛盾日益激化，在统一后仅十余年的功夫，就在农民起义狂飙中

---

① 《马克思恩格斯选集》(第一卷)，人民出版社，1972年版，第10页。

② 《汉书》卷二十四上《食货志》，第1127页。

③ 《史记》卷九《吕太后本纪》，第412页。

④ 《新书》卷一《过秦中》，第10页。

顷刻瓦解了，这样的剧变不能不给刚刚建立西汉政权的统治者以极大震撼。通过对秦速亡教训进行深入的反思，他们认识到专任刑法的危险性，必须改弦更张，这样，在治国思想的选择上，法家便失去了成为主导力量的可能性。儒学在秦朝焚书坑术士政策的打击下，元气大伤，经典几乎丧失殆尽，而且先秦儒学繁琐的礼仪形式，也与汉初经济凋敝的社会现实不相合拍。司马谈就曾指出："夫儒者以六艺为法。六艺经传以千万数，累世不能通其学，当年不能究其礼"①。因此儒学要想用世还必须经过一番加工改造的工作，尽管汉初的陆贾、贾谊在这方面作了一些努力，然而真正成熟思想理论体系的形成是由董仲舒完成的。

这样，只有黄老之学的主张与汉初统治者的要求相符合。黄老之学是战国后期以道法为主兼采儒墨、阴阳、名家的某些思想，而形成以黄帝、老子名义传播的学说。即司马谈所言："因阴阳之大顺，采儒墨之善，撮名法之要"②。白奚指出："黄老之学的学术特征应确定为道法结合、兼采百家，其中，道家是其哲学基础，法家是其基本的政治主张，兼采百家是其政治主张的辅翼。这样的学术特征使黄老之学具有了不同于其他各家的鲜明特点"③。1973年长沙马王堆汉墓出土的帛书中有《经法》、《十六经》、《称》和《道原》四篇古佚书，即为汉初黄老学派的重要著作，为我们了解黄老之学的主要内容提供了宝贵材料。考察黄老帛书，我们会发现至少有两方面的内容对汉初政治产生了影响。

其一，主张刑德并用，以德为主。《十六经·姓争》说："天德皇皇，非刑不行，穆穆天刑，非德必倾。刑德相养，逆顺若成。刑晦而德明，刑阴而德阳，刑微而德彰"。刑德虽相辅相成，但德为先，起主导作用。《十六经·观》说："春夏为德，秋冬为刑，先德后刑以养生"，又说："是故为人主者，时适三乐，毋乱民功，毋逆天时。然则五谷溜熟，民乃蕃滋。君臣上下，交得其志。天因而成之。夫并时以养民功，先德后刑，顺于天"。

其二，主张清静无为，节俭有度。"黄老所谓的清静无为并非一切不管，放任自流，而是要求在统治秩序已定前提下的清静无为，上层统治者的

① 《史记》卷一百三十《太史公自序》，第3290页。

② 《史记》卷一百三十《太史公自序》，第3289页。

③ 白奚：《先秦黄老之学源流述要》，《中州学刊》2003年第1期。

无为是以各级官吏循名责实、各自有为为基础的”[①]。《十六经·无题》说："欲知得失，请必审名察刑(形)。刑(形)恒自定，是我愈静。事恒自施，是我无为”。《道原》也说:“上虚下静而道得其正。信能无欲，可为民命。上信无事，则万物周遍。分之以其分，而万民不争；授之以其名，而万物自定”。强调官吏各司其职，按规定办事，在规定以外不另增其他活动，为民的才能安心生产生活，社会才能稳定，经济才能发展。司马迁将其概括为：“以虚无为本，以因循为用”[②]。

正因为黄老之学的这些主张适合于汉初的具体历史条件，能满足其时统治者的需要，所以被选中，成为汉初数十年的统治思想。姜辰英《黄老论》言:“盖汉当秦焚书之后，《诗》、《书》放失，其一时之人，心志耳目，荡焉无所寄，而黄老之教，不言而躬行，缙绅先生之所以口传而心授者，所在皆是，则乘其隙而用之，以施于极乱思治之后，以其致理之盛，几及于古淳之风”[③]。

黄老政治自惠帝、吕后时发端。司马迁说:“孝惠皇帝、高后之时，黎民得离战国之苦，君臣俱欲休息乎无为，故惠帝垂拱，高后女主称制，政不出房户，天下晏然。刑罚罕用，罪人是稀。民务稼穑，衣食滋殖”[④]。到文帝、景帝时，黄老之学在政治上的影响达到高峰。《风俗通义》说:“文帝本修黄老之言，不甚好儒，其治尚清静无为”。《史记·儒林列传》说:“孝文帝本好刑名之学，及至景帝，不任儒者，而窦太后又好黄老之术”。《汉书·外戚传》说:“窦太后好黄帝、老子言，景帝及诸窦不得不读《老子》，尊其术”。文景二帝采取了一系列轻徭薄赋、约法省禁、躬修节俭的措施。文景时期，由于比较认真地实行了符合汉初实际情况的黄老政治，社会更加安定，经济也有了很大的发展，形成了所谓“文景之治”的兴盛局面。史称:“汉兴，扫除烦苛，与民休息。至于孝文，加之以恭俭，孝景遵业，五六十载之间，至于移风易俗，黎民醇厚。周云成康，汉言文景，美矣!”[⑤]可以说黄老之学作为汉初治国指导思想，为促进社会经济的恢复、发展和维持政治安定发挥了

① 梁宗华:《汉初社会对黄老之学的选择和应用》,《管子学刊》1995年第2期。
② 《史记》卷一百三十《太史公自序》,第3292页。
③ 姜辰英:《湛园未定稿》卷一,中国书店,1994年版。
④ 《史记》卷九《吕太后本纪》,第412页。
⑤ 《汉书》卷五《景帝纪》,第153页。

相当大的作用。

经过汉初的恢复和发展，至武帝即位时，“七十年间，国家亡事，非遇水旱，则民人给家足，都鄙廪庾尽满，而府库余财。京师之钱累百巨万，贯朽而不可校。太仓之粟陈陈相因，充溢露积于外，腐败不可食”[①]。经济的好转，改变了人们的精神面貌，“故人人自爱而重犯法，先行义而后绌耻辱焉”[②]。尽管黄老政治所产生的积极效果是不容否认的，但“无为而治”下的不干预和少干预政策，也积累了诸多的矛盾。首先，富商、豪强地主阶级势力膨胀，土地兼并加剧，造成大量农民的破产，增加了社会的不安定因素，小规模的农民起义已不断爆发。其次，地方诸侯王的割据势力膨胀并与中央政权相抗衡。至景帝时，终于爆发“七国之乱”。叛乱虽然旋即被平定，却给当权者留下一个难题：怎样才能有效地巩固中央集权，防范帝国分裂？再次，在西汉王朝妥协退让政策下，匈奴势力一天天扩大，对西汉北地侵扰一直不断，给西汉的统治造成严重的威胁。因此，从政治上和经济上进一步强化专制主义中央集权制度已成为封建统治者的迫切需要。

武帝认为，提倡大一统天下、君臣伦理有别且又讲究盛大礼仪的儒学比黄老思想更适合于他的需要，于是逐步采取措施把儒家学说扶上统治思想的宝座。建元元年（前140），下诏举贤良方正直言极谏者。丞相卫绾奏言：“所举贤良，或治申、商、韩非、苏秦、张仪之言，乱国政，请皆罢”[③]。武帝批准了这一建议。纵横家、法家人士不得参选，从此成为选用人才的重要政策。武帝任用好儒术的窦婴为丞相，田蚡作太尉，主持朝廷的要害部门。窦婴、田蚡又“推毂赵绾为御史大夫，王臧为郎中令”[④]。由于“魏其、武安、赵绾、王臧等务隆推儒术，贬道家言”，更有赵绾不避风险，“请无奏事东宫”，[⑤]引起了窦太后的不满，她不仅责备了武帝，而且逮捕了赵绾、王臧，令其自裁，窦婴、田蚡被罢免。武帝第一次崇儒活动失败了。

武帝面对多年来重权在握老祖母的压力，只好以退为进，静待势变，好几年不在意识形态领域做敏感的大文章，直到建元五年（前136），窦太后

---

① 《汉书》卷二十四上《食货志》，第1135页。
② 《汉书》卷二十四上《食货志》，第1136页。
③ 《汉书》卷六《武帝纪》，第156页。
④ 《史记》卷一百七《魏其武安侯传》，第2842页。
⑤ 《史记》卷一百七《魏其武安侯传》，第2843页。

生命垂危之际，才采取了一项重要的措施，“置五经博士”①。西汉初年，博士之职百家都有，儒学只有《诗》和《春秋》等设置博士，现在增加到五经，表示儒家学说被尊为唯一的、官方认可的学说，也意味着黄老之学退出统治地位。虽然《史记》和《汉书》中未有武帝立五经博士的同时罢黜了各家博士的记载，但从武帝后史书中只见儒经博士，而再看不到百家博士记载的事实来看，罢黜百家博士之举应该是存在的。

建元六年（前135），窦太后去世，尊儒的最大阻力消失了，汉武帝放手提倡儒学，既以田蚡为相，窦婴为太常，又“绌黄老刑名百家之言，延文学儒者数百人”②，从而实现了独尊儒术的政治完成。政治胜利只是为理论实践开辟了道路，儒学要取得实际的统治地位，必须依靠自身的理论价值。元光元年（前134），武帝下令举贤良，并亲自策问古今治道，其中董仲舒解答得最好，武帝对他进行了三次策问，他一一对答，武帝“贤其对而异之”③。

武帝时期，客观形势要求其“更化”，对于这一点，董仲舒在对策中阐述得甚为清楚，他说：“今汉继秦之后，如朽木粪墙矣，虽欲善治之，亡可奈何。法出而奸生，令下而诈起，如以汤止沸，抱薪救火，愈甚亡益也。窃譬之琴瑟不调，甚者必解而更张之，乃可鼓也；为政而不行，甚者必变而更化之，乃可理也。当更张而不更张，虽有良工不能善调也；当更化而不更化，虽有大贤不能善治也。故汉得天下以来，常欲善治而至今不可善治者，失之于当更化而不更不化也”④。武帝本人颇具雄才大略，富有进取精神，不愿因循守旧，但要想干一番事业，没有大量人才的辅佐，显然是不行的。汉初大批军功大臣，此时已先后谢世。据《汉书·高惠高后文功臣表》载，刘邦所封

---

① 《汉书》卷六《武帝纪》，第159页。

② 《史记》卷一百二十一《儒林列传》，第3118页。

③ 关于董仲舒对策的时间问题，史书的记载并不一致。《汉书·武帝纪》系之于元光元年，而《资治通鉴》则系之于建元元年。此后尚有元光五年说（李迎春《董仲舒上“天人三策”时间考》，《郑州航空工业管理学院学报》2006第2期）；元朔五年说（苏诚鉴：《董仲舒对策在元朔五年议》，《中国史研究》1984年第3期）。赞同建元元年说的有马端临、沈钦韩、苏舆、钱穆、范文澜、顾颉刚、翦伯赞、侯外庐等。赞同元光元年五月说的有洪迈、王先谦、吕思勉、郭沫若、金春峰、林剑鸣、周桂钿、黄开国等。周桂钿先生在《董学探微》一书中，对董仲舒对策时间在“元光元年五月”的论点，进行了详尽而全面的论证，材料翔实，说理充分，笔者完全赞同。而且作为记载汉代历史第一手资料的《汉书》，其可靠性也远优于《资治通鉴》。徐复观曾指出：“《汉书·武帝纪》于元光元年，记武帝策问之文，甚为明备；不以此为断定董生对策之年的基准，而另作摸索，将皆流于穿凿。”（徐复观著：《两汉思想史》，华东师范大学出版社，2001年版，第265页。）

④ 《汉书》卷五十六《董仲舒传》，第2504—2505页。

列侯一百四十三人，景帝时只剩下五人，到武帝时更是“元功宿将略尽”。而旧有的“任子”、“訾选”等选官诸途，所选之人，虽未必尽为庸碌之辈，然才德高者却甚少。“累日以取贵，积久以致官，是以廉耻贸乱，贤不肖浑殽，未得其真”[①]。因此如何培养、选拔适应于封建统治的人才，就成为当时迫切需要解决的问题。

董仲舒在对策中提出了三大文教政策，为武帝设计了求贤的具体方案，即兴太学、重选举和独尊儒术。董仲舒认为要振兴国家，进行改革，就必须重视和广积人才，他说：“圣人积众贤以自强……是以建治之术，贵得贤而同心”[②]。为此他提出必须由国家有目的有计划地兴办培养人才的学校，首先是设置国立的中央高等学校——太学，以培养高级人才：“夫不素养士而欲求贤，譬犹不琢玉而求文采也。故养士之大者，莫大乎太学；太学者，贤士之所关也，教化之本原也。今以一郡一国之众，对亡应书者，是王道往往而绝也。臣愿陛下兴太学，置明师，以养天下之士，数考问以尽其材，则英俊宜可得矣”[③]。

在这里董仲舒把办太学的目的言之甚明：一是通过办教育，培养、选拔符合统治阶级需要的“英俊”人才。二是通过办教育达到利用统一政治思想对全国臣民进行“教化”之目的。董仲舒的这段话是国家主办教育的根本理论。

董仲舒主张养士与选士并举，提出了一套选士的方案：“使诸列侯、郡守、二千石，各择其吏民之贤者，岁贡各二人以给宿卫，且以观大臣之能；所贡贤者有赏，所贡不肖者有罚。夫如是，诸侯、吏二千石皆尽心于求贤，天下之士可得而官使也。遍得天下之贤人，则三王之盛易为，而尧舜之名可及也。毋以日月为功，实试贤能为上，量材而授官，录德而定位，则廉耻殊路，贤不肖异处矣”[④]。把培养人才与选拔人才结合起来，认为这样才可以遍得天下之贤士。而且注意到在实践中考察人才的贤德与才能，反对凭资历、熬年头、论资排辈。

建立人才培养的基地，改革选举制度，关键在于统一认识、统一思想。

---

① 《汉书》卷五十六《董仲舒传》，第2513页。

② 《春秋繁露·立元神》，第199页。

③ 《汉书》卷五十六《董仲舒传》，第2512页。

④ 《汉书》卷五十六《董仲舒传》，第2513页。

董仲舒认为，孔子作《春秋》最强调的就是大一统观念，所以成为“天地之常经，古今之通谊也”[①]。指出当时思想的不统一，对于政治的统一是很有妨碍的：“今师异道，人异论，百家殊方，指意不同，是以上亡以持一统；法制数变，下不知所守”[②]。为了保证政治法纪的大一统，国家必须有正确的、统一的指导思想，因此他建议：“诸不在六艺之科孔子之术者，皆绝其道，勿使并进”，如此，则“邪辟之道灭息，然后统纪可一而法度可明，民知所从矣”[③]。明确地提出要以“独尊儒术”作为统一的指导思想，用来维护封建中央集权的大一统，而使臣民知其所守与所从。

在“天人三策”中，董仲舒从天人关系的角度论证了封建政权及其伦理道德的合理性，提出了君权神授和王道之三纲皆源于天等重要命题。反映了董仲舒是以儒家思想为基础，吸收法、道、阴阳、名诸家思想中为己所用的因素，而创立以“天人感应”为核心的新儒学思想体系。这一学说不仅为武帝强化中央集权提供了最适用的思想武器，也从理论上最终完成了独尊儒术的历史任务。武帝接受了董仲舒的建议：“卓然罢黜百家，表彰六经”[④]。《汉书·董仲舒传》亦云：“及仲舒对册，推明孔氏，抑黜百家，立学校之官，州郡举茂材孝廉，皆自仲舒发之”。从此儒学便有了官方身份，走上与政权相结合的道路，成为我国两千年封建专制国家的统治思想。周予同先生指出：“董仲舒主张尊崇孔学，罢黜百家，还只是表面的文章；最有关于中国社会组织的，是他主张设学校，立博士弟子，变春秋、战国的‘私学’为‘官学’，使地主阶级的弟子套上‘太学生’的外衣，化身为官僚，由经济权的获取进而谋教育权的建立与政治权的分润。董仲舒是官僚政治的定型者”[⑤]。

2.统治思想转变对教育的影响

西汉初年统治者以黄老学说作为政治的指导思想，对其他学术流派的存在和发展，既不排斥，也不干预，在思想文化领域里实行了宽松的政策。汉高祖时处于长期战乱之后，急于休养生息，恢复经济，再加上忙于平定异

① 《汉书》卷五十六《董仲舒传》，第2523页。

② 《汉书》卷五十六《董仲舒传》，第2523页。

③ 《汉书》卷五十六《董仲舒传》，第2523页。

④ 《汉书》卷六《武帝纪》，第212页。

⑤ 周予同：《〈春秋〉与〈春秋〉学》，《周予同经学史论著选集》，上海人民出版社，1996年版，第502页。

姓诸侯王的叛乱，无暇于文治。但于晚年在鲁南宫接见儒者申公和他的弟子，还亲自到曲阜祭祀孔子，成为帝王祀孔之始。从惠帝开始政府采取了一些有利于文化教育发展的措施。秦王朝统治时期，为了钳制人们的思想，实行愚民政策，禁止人们收藏、携带、讨论《诗》、《书》等书籍，违者予以惩处，这就是所谓的"挟书律"，使上古典籍惨遭浩劫。而项羽的一把大火又使秦宫廷藏书尽毁。尽管秦汉间一些士人冒着生命的危险，或藏书于屋壁，或记诵于心间，艰难地保存下一些典籍，但毕竟数量有限。所以汉初流传民间、藏于官府的书籍很少。惠帝四年（前191），废除挟书律，允许人们自由收藏、流传、学习《诗》、《书》等百家著作，这就为文化教育事业的发展扫除了一道人为障碍。与此同时，汉政府还"改秦之败，大收篇籍，广开献书之路"[①]，号召民间向政府献书。至文帝时"天下众书往往颇出，皆诸子传说，犹广立于学官，为置博士"[②]。国家藏书大有增加。据《汉旧仪》说，文帝时设置的诸子专书博士和儒家专经博士有七十余人。《汉书·儒林传》言儒生在文帝时"颇征用"。贾谊即因能诵《诗》、《书》，颇通诸家之书，被任命为博士。韩婴以治《诗》而为博士。当时"天下亡治《尚书》者"[③]，文帝听说济南人伏生精通《尚书》，曾为秦博士而教学于齐鲁之间时，就请他入京治学，当时伏生"年九十余，老不可征。乃诏太常，使人受之。太常遣错受《尚书》伏生所，还，因上书称说。诏以为太子舍人、门大夫，迁博士"[④]。文帝还废除诽谤妖言之罪，征求直言，实际上是取消了思想言论方面的控制，允许不同派别的学者同堂辩论学术。景帝时，一些治经的儒生又被置为博士，以备朝廷顾问。辕固以治《诗》为博士，胡毋生以治《公羊春秋》为博士。景帝还让儒者王臧做太子少傅，用儒学去教育他的下一代，使刘彻具有了较高的儒学修养。

除朝廷外，一些爱好文化的诸侯王在自己所辖地域积极推进学术。刘邦的弟弟楚元王刘交，秦时习经，封爵后不仅以当年的几位同学为王国官吏，而且尊礼儒生，使诸子皆读《诗》，并亲自传释之，号"元王诗"[⑤]。淮南

① 《汉书》卷三十《艺文志》，第1701页。

② 《汉书》卷三十六《刘歆传》，第1969页。

③ 《汉书》卷四十九《晁错传》，第2277页。

④ 《汉书》卷四十九《晁错传》，第2277页。

⑤ 《汉书》卷三十六《楚元王传》，第1922页。

王刘安“为人好书”，“招致宾客方术之士数千人，作为《内书》二十一篇，《外书》甚众，又有中篇八卷，言神仙黄白之术，亦二十余万言”①。其内书即为《淮南子》，是汉初黄老之学集大成之作，杂以儒学。河间献王刘德“修学好古，实事求是。从民得善书，必为好写与之，留其真，加金帛赐以招之。由是四方道术之人不远千里，或有先祖旧书，多奉以奏献王者，故得书多，与汉朝等”。“献王所得书皆古文先秦旧书，《周官》、《尚书》、《礼》、《礼记》、《孟子》、《老子》之属，皆经传说记，七十子之徒所论。其学举六艺，立《毛氏诗》、《左氏春秋》博士。修礼乐，被服儒术，造次必于儒者。山东诸儒多从而游”②。搜集文献，礼贤下士，使各种学术并存共进。

从上述可见，黄老政治并不压抑社会文化学术活动，正是这种宽松的思想意识环境，使汉初诸子及各种学派再度兴起，司马迁对当时各学派的发展状况评论说：“汉兴，萧何次律令，韩信申军法，张苍为章程，叔孙通定礼仪，则文学彬彬稍进。《诗》、《书》往往间出。自曹参荐盖公言黄老，而贾谊、晁错明申韩，公孙弘以儒显，百年之间，天下遗文古事靡不毕集”③。汉朝建立后，因把主要精力放在恢复、发展社会经济，稳固统治上，没有建立正式的官方学校教育制度，培养人才，传授学术，全仰赖于私学。私学教授的内容不拘一格，不仅有经学，还有黄老、刑名、法律等。“私人讲学活动不仅没有受到统治者的干预，相反，朝廷对其中一些著名学者的礼遇，加上皇帝接连不断颁发的求贤诏书，实际上是对私学的一种无声鼓励，私学因此蓬勃地发展起来”④。

汉武帝时确立独尊儒术的政策，是封建大一统的需要，有其历史、文化发展的必然性。此后儒学便成为封建社会正统的统治思想和社会意识形态，对社会的各个方面，尤其是对教育的发展起着支配作用。

首先，确立了教育为治国之本的地位。儒家的治国方略概括起来就是“德治礼教”。提倡和实施教育，以培养“修身、齐家、治国、平天下”的具有儒家政治、道德理想的人才，被认为是巩固封建统治同时也是保证儒学永远立于不败之地的最可靠、最完善的堤防。儒家为此把教育摆在相当重要

① 《汉书》卷四十四《淮南王传》，第2145页。
② 《汉书》卷五十三《景十三王传·河间献王刘德传》，第2410页。
③ 《汉书》卷六十二《司马迁传》，第2723页。
④ 孙培青：《中国教育史》，华东师范大学出版社，1992年版，第181页。

的地位，所谓“建国君民，教学为先”、“化民成俗，其必由学”[①]。因此，尊儒必定重教。

董仲舒在对策中反复强调要任“德教”，说：“道者，所由适于治之路也，仁义礼乐皆其具也。故圣王已没，而子孙长久安宁数百岁，此皆礼乐教化之功也”[②]。又说：“古之王者明于此，是故南面而治天下，莫不以教化为大务。立大学以教于国，设庠序以化于邑，渐民以仁，摩民以谊，节民以礼，故其刑罚甚轻而禁不犯者，教化行而习俗美也”[③]。教育被视为立国之本：“教，政之本也，狱，政之末也”[④]的思想日益深入人心。王符也赞同以教为本的观点，他说：“以目所见，耕，食之本也。以心原道，即学又耕之本也”[⑤]。把教化视为本中之本。他指出：“人君之治，莫大于道，莫盛于德，莫美于教，莫神于化。道者所以持之也，德者所以苞之也，教者所以知之也，化者所以致之也。民有性，有情，有化，有俗。情性者，心也，本也。化俗者，行也，末也。末生于本，行起于心，是以上君抚世，先其本而后其末，慎其心而理其行。心精苟亡，则奸匿所作邪意无所载矣”[⑥]。既然人的行为皆出于心，并由心所支配，那么行为的教化及行为习惯的形成，必须从治心作起。“故上圣不务治民事而务治民心”[⑦]。只有内心消除了一切邪念，行为才能合乎礼教，因此教化是治理国家的根本手段。郑玄也认为：“本立而道生。言以学为本，则其德于民无不化，于俗无不成”[⑧]。主张在上者对下民应积极施教，“事未至，则豫教之，临事则诲之”[⑨]。强调教化要顺应人情，“顺其性而动者，莫不得其所”[⑩]，“圣人因人情而教民，民皆乐之，故不肃而成也”[⑪]。只有顺应人情，才能使教化活动具有可接受性，进而逐步达到移风易俗。

---

① 《礼记·学记》，《四书五经》，第 282 页。
② 《汉书》卷五十六《董仲舒传》，第 2499 页。
③ 《汉书》卷五十六《董仲舒传》，第 2503—2504 页。
④ 《春秋繁露·精华》，第 96 页。
⑤ 《潜夫论笺校正》卷七《释难》，第 329 页。
⑥ 《潜夫论笺校正》卷八《德化》，第 371—372 页。
⑦ 《潜夫论笺校正》卷八《德化》，第 376 页。
⑧ 《礼记正义》卷三十六，《四库全书》文渊阁本。
⑨ 《毛诗正义》卷十五，《四库全书》文渊阁本。
⑩ 《郑氏佚书·易注》卷二，清光绪十四年浙江书局刊本。
⑪ 《郑氏佚书·孝经注》，清光绪十四年浙江书局刊本。

在皇帝的诏书中也屡有这方面的表述。汉武帝元朔五年(前124)诏书中强调:"导民以礼,风之以乐","其令礼官劝学,讲议洽闻,举遗兴礼,以为天下先"①。汉章帝建初四年(79)诏书强调:"盖三代导人,教学为本"②。重视教育从此成为我国的优秀传统,成为历代的一项基本国策。

汉代自武帝后,一直把兴办教育事业当做一项重要国策来抓,并且把教育的领导权牢牢地控制在国家的手中。元朔五年,汉武帝批准公孙弘等关于设博士弟子员的建议,正式建立了以学习、研究儒家经典,培养统治人才为目标的最高学府——太学。此后,历代皇帝几乎均重视太学的建设工作,使其规模日益扩大,制度渐趋完善。武帝还"令天下郡国皆立学校官"③。元帝时在郡国置《五经》百石卒史。平帝元始三年(3),制定了地方上的郡国学校制度,把学校分成太学、学、校、庠、序五级三种程度(即大学、中学、小学),为后代学校制度的发展奠定了基础。东汉时地方学校相当普遍,各地方乃至边远地区的郡太守都重视兴学。任延在九真、武威,寇恂在汝南,卫飒在桂阳,伏恭在常山,宋均在辰阳都兴办学校。汉代中央官学是由皇帝下诏兴建,郡国学则根据朝廷的指令,由地方主管官员负责兴建。"汉代开放了民间教育,私学虽然不由政府直接管理,但国家以儒家的德教方针和伦理纲常来统一思想,并通过选士制度广泛吸收具有道德和经术造诣之士入仕为官,从而对私学的办学宗旨和教育内容保持着有效的控制"④。

由国家来掌管教育事业,对教育的兴办与发展有其积极的一面。兴办教育需要一定的人力、物力,而国家在这方面则有着个人或团体所无法比拟的优势,但由此而导致使教育完全纳入封建政治的轨道,对教育的发展则又产生了消极的影响。特别是官学,其教学活动完全依照政府的规定进行,受政治局势的左右。凡政治动乱时官学往往要荒废,例如东汉安帝末年发生了一系列宫廷内乱事件,统治者无暇顾及太学,结果太学"学舍颓敝,鞠为园蔬。牧儿荛竖,至于薪刈其下"⑤。桓、灵二帝时的"党锢"事件,

① 《汉书》卷六《武帝纪》,第171—172页。

② 《后汉书》卷三《章帝纪》,第137页。

③ 《汉书》卷八十九《循吏传·文翁传》,第3626页。

④ 李国钧、王炳照主编:《中国教育制度通史》(第一卷),山东教育出版社,2000年版,第246页。

⑤ 《后汉书》卷七十九上《儒林列传序》,第2547页。

也给太学以沉重的打击。

汉代重视教育还表现在对孔子的尊崇上。元帝封孔子十三世孙孔霸为关内侯，号“褒成君”，开始了尊孔的举动。成帝时“封孔子世为殷绍嘉公”[①]，把孔子作为殷商王室后裔加以尊崇。汉平帝时，“封周公后公孙相如为褒鲁侯，孔子后孔均为褒成侯，奉其祀。追谥孔子曰褒成宣尼公”[②]。为古代帝王正式册以孔子封号之始。孔子和周公一起，被列入国家的正式祀典。尊孔总是和劝学连在一起。建武五年(29)光武帝刘秀亲帅大军东征，讨伐董宪、庞萌等割据势力。取得胜利后，西归经过孔子故里曲阜时，“使大司空祠孔子”[③]，即派遣司空宋弘，代表自己祠祭孔子。祭祀孔子完毕，回洛阳后立即重建太学。建武十四年(38)，“封孔子后志为褒成侯”[④]。命孔子第十七代孙孔志袭封褒成侯，主持祭祀孔子之事。明帝于永平十五年(72)，“幸孔子宅，祠仲尼及七十二弟子。亲御讲堂，令皇太子、诸王说经”[⑤]。这是东汉皇帝对孔子的首次亲祭。章帝于元和二年(85)，“幸阙里，以太牢祠孔子及七十二弟子，作六代之乐，大会孔氏男子二十以上者六十三人，命儒者讲《论语》”[⑥]。这次事件，章帝和孔僖还有一段对话。章帝问：“今日之会，宁于卿宗有光荣乎？”孔僖答道：“臣闻明王圣主，莫不尊师贵道。今陛下亲屈万乘，辱临敝里，此乃崇礼先师，增辉圣德。至于光荣，非所敢承”[⑦]。即是说，祭祀孔子乃是尊师重道之举。安帝于延光三年(124)，“祀孔子及七十二弟子于阙里，自鲁相、令、丞、尉及孔氏亲属、妇女、诸生悉会，赐褒成侯以下帛各有差”[⑧]。从刘秀开始，东汉皇帝祭祀孔子，是代表国家对先师的尊崇，故成为常例。

其次，促进了教育的儒学化。董仲舒在《贤良对策》中提出的三大文教政策，以“独尊儒术”为纲，兴学校与重选举是服从并服务于总纲的。培养和选拔人才须在儒学指导下进行，必须以儒家经典和儒家伦理道德为依据

① 《汉书》卷六十七《梅福传》，第2927页。
② 《汉书》卷十二《平帝纪》，第351页。
③ 《后汉书》卷一上《光武帝纪》，第40页。
④ 《后汉书》卷一下《光武帝纪》，第63页。
⑤ 《后汉书》卷二《明帝纪》，第118页。
⑥ 《后汉书》卷七十九上《儒林列传·孔僖传》，第2562页。
⑦ 《后汉书》卷七十九上《儒林列传·孔僖传》，第2562页。
⑧ 《后汉书》卷五《安帝纪》，第238页。

和标准。学校教儒学、官吏选儒生，才能保证儒家思想成为国家的指导思想，达到全国上下思想的统一。学校讲坛为儒家学者所占领从而使教育逐步儒学化。

建元五年“置五经博士”后，博士一职就完全为儒家所独占，他们成为汉朝官方学术的代言人。当时不仅中央官学的教师全为儒家经师，他们教授的内容自然是儒家经籍，而且地方官学亦是如此。同时私学的绝大多数也是以教授儒家经典为任的，非但如此，儒家教育还扩展到蒙学、家庭教育、君主教育、外戚皇族教育等领域。西汉中期后，经学作为官方文化，已成为衡量知识分子的主要标准。成帝时，东平王刘宇上疏求诸子及《太史公书》。成帝与大将军王凤商议。王凤认为：“诸子书或反经术，非圣人，或明鬼神、信物怪；《太史公书》有战国纵横权谲之谋，汉兴之初谋臣奇策，天官灾异，地形厄塞，皆不宜在诸侯王。不可予”。建议成帝告诫该王：“《五经》圣人所制，万事靡不毕载。王审乐道，傅相皆儒者，旦夕讲诵，足以正身虞意。夫小辩破义，小道不通，致远恐泥，皆不足以留意。诸益于经术者，不爱于王”①。扬雄认为：“师之贵也，知大知也。小知之师，亦贱矣”②。张衡说：“通经释义，其事尤大，文武之道，所宜从之。乃若小能小善，虽有可观，孔子以为致远恐泥，君子当致其大者远者也”③。徐幹将“多技艺，好小智，而不通大伦者”视为“足以追亡国之迹，而背安家之轨也”④。他们都将儒家经学作为正宗之学，贬低和排斥其他学术技艺。

汉武帝以后，诸子百家学说依然存在。吕思勉先生指出：“《汉书·艺文志》诸子十家，惟名、墨二家无秦汉人著述，《兵书略》中兵阴阳家及《数术略》、《方技略》各四家，有无秦汉人著述不明，余率皆有，或颇多”。“秦汉之世，百家之学见于《史记》、《汉书》、《三国志》纪传者如此，合《汉书·艺文志》所载之书观之，诸学未尝废绝，弥可见矣。安得谓一经汉武帝之表章罢黜，而百家之学遂微不足道邪？”⑤柳诒徵先生亦指出：“武帝以后，学者犹兼治诸子百家之学”。“汉人之学，不专治儒也，周秦诸子之学，汉时实能综

① 《汉书》卷八十《宣元六王传·东平思王刘宇传》，第3324－3325页。

② 《法言》卷第六《问明》，第144页。

③ 《通典》卷一六《选举四》，第383页。

④ 《中论·务本》，《百子全书》（第二册）。

⑤ 吕思勉：《秦汉史》，上海古籍出版社，1983年版，第762页。

括而彰明之"①。周桂钿先生说:"先秦所谓诸子百家,经过争鸣的洗礼,到了秦汉时代,只剩下六家。司马谈所论的六家,在儒学独尊两千年以后,它们都依然存在。这说明,独尊儒术,并不能消灭百家"②。诸子百家的典籍亦受到官方的重视。武帝时,鉴于"书缺简脱,礼坏乐崩"③,于是"博开艺能之路,悉延百端之学,通一伎之士咸得自效"④。并建立藏书制度,设置写书之官,"下及诸子传说,皆充秘府"⑤。《隋书·经籍志》说:"武帝置太史公,命天下计书,先上太史,副上丞相,开献书之路,置写书之官,外有太常、太史、博士之藏,内有延阁、广内、秘室之府"。从此,收集、整理图书就成为汉代的文化制度,成了一项日常性工作。成帝时,以书颇散亡,于是派谒者陈农求遗书于天下,并令光禄大夫刘向校经传、诸子、诗赋之书,步兵校尉任宏校兵书,太史令尹咸校数术,侍医李柱国校方技,对学术、文艺进行整理。"每一书已,向辄条其篇目,撮其指意,录而奏之"⑥。"刘向所写的《别录》共20卷,是我国古代第一部详尽的书目编辑提要,总结了先秦以来的学术发展情况,同时也可称为我国最早的编辑理论专著。刘向首创的叙录体,影响了2000年来的图书导读形式,今人的解题、提要、评述、序、跋、出版说明等都是对这种叙录体的继承和发展"⑦。刘向卒后,哀帝复使其子歆卒父之业,"歆是总群书而奏其《七略》,故有《辑略》,有《六艺略》,有《诸子略》,有《诗赋略》,有《兵书略》,有《术数略》,有《方技略》"⑧。"著录603家,共13129卷。《七略》在中国目录学史上具有开创之功。它在校勘整理文化古籍的基础上创立了撰写叙录、总序、大序、小序等方法。它著录了数以万卷计的图书,实际上是一部古代文化史。此书虽然早已亡佚,但其基本内容却在《汉书·艺文志》中被保存下来"⑨。光武帝在位时,采取了"采求阙文,补缀漏逸"的图书政策,致使四方学士"莫不抱负坟策,云会

---

① 柳诒徵:《中国文化史》,中国大百科全书出版社,1988年版,第312、319页。
② 周桂钿:《董学探微》,北京师范大学出版社,1989年版,第341页。
③ 《汉书》卷三十《艺文志》,第1701页。
④ 《史记》卷一百二十八《龟策列传》,第3224页。
⑤ 《汉书》卷三十《艺文志》,第1701页。
⑥ 《汉书》卷三十《艺文志》,第1701页。
⑦ 鲁玉玲:《刘向、刘歆的编辑学成就》,《中国出版》2010年5月下。
⑧ 《汉书》卷三十《艺文志》,第1701页。
⑨ 马会敏:《刘歆创新目录学之功》,《河南图书馆学刊》2009年第4期。

京师。一时献书之风大振”[①]。“迁还洛阳，其经牒秘书载之二千余两，自此以后，参倍于前”[②]。此后各朝皇帝均重视图书的搜求与整理。“章、和以后，图籍盛于东观”[③]，藏书机构的图书与日俱增，“兰台、石室，鸿都、东观，秘牒填委，更倍于前”[④]。和帝在永元十三年(101)亲自到国家藏书的地方——东观“览书林，阅篇籍，博选术艺之士以充其官”[⑤]。安帝永初四年(110)，诏谒者刘珍和五经博士们，“校定东观《五经》、诸子、传记、百家艺术，整齐脱误，是正文字”[⑥]。顺帝永和元年(136)，命伏无忌与议郎黄景，“校定中书、《五经》、诸子百家、艺术”[⑦]。桓帝时，“复诏无忌与黄景、崔寔等共撰《汉纪》”[⑧]。灵帝时令卢植“与谏议大夫马日磾、议郎蔡邕、杨彪、韩说等并在东观，校中书《五经》记传，补续《汉记》”[⑨]。汉代对图书的大规模收集和整理，不仅保存了先秦以来诸子百家的学术成就，使其得绵延不绝，而且有利于教育事业多方位的发展。

我们说汉武帝后，研习、传播诸子杂学的不乏其人，但其声势、规模已远不能与儒家的经学教育相较。其所以如此，主要是由于汉的崇儒政策，各家学说被排斥在官方学校教育之外，儒学成了官方学术，官学以学习儒经为主体。而且汉代的选士制度是以儒术为主要标准的，以利禄引诱士人研究儒术，这样，研究儒学成为时髦，使儒学逐渐兴盛起来。诸子杂学学者的发展前途则受到了一定的限制，故而研究的人就少了，难与儒学家并进了。因此，汉代教育的主流是儒家教育，诸子百家教育处于从属地位。刘泽华先生即指出：“在儒家的言论中虽不乏对非儒学派的指斥、批评以及要求禁绝的呼声，但在实际上未见统治者对非儒学派著作和学人进行禁毁和囚戮的记载。罢黜百家主要表现在立官学和选举上，不用或少用非儒之士。在利禄的导引下，形成了士人趋儒若骛之势，因为当时学人除了仕途

---

① 《后汉书》卷七十九《儒林列传》，第 2545 页。
② 《后汉书》卷七十九《儒林列传》，第 2548 页。
③ 《四库全书总目提要》卷五十《史部六》，第 446 页。
④ 《隋书》卷四十九《牛弘传》，中华书局，1973 年版，第 1298 页。
⑤ 《后汉书》卷四《和帝纪》，第 188 页。
⑥ 《后汉书》卷五《安帝纪》，第 215 页。
⑦ 《后汉书》卷二十六《伏湛传》，第 898 页。
⑧ 《后汉书》卷二十六《伏湛传》，第 898 页。
⑨ 《后汉书》卷六十四《卢植传》，第 2117 页。

之外是很少出路的。不过仕途的引诱并不能包容一切文化追求，有些文人不慕仕途而追求他所喜欢的思想和学说。从当时的情况看，主要是黄老之学。在两汉黄老之学一直绵延不断，而且还有新发展。法家也没有沉寂，从表面看是时伏时起，内里则大用法家”①。

总之，我们承认经济发展在统治思想变迁中所起的重要作用，但在王权支配社会的传统时代，统治思想的最终确认离不开王权，从西汉初的黄老无为而治到中期后的独尊儒术，统治思想的这一变迁，王权在其中起了关键的作用。统治思想的变迁，对教育产生了重要的影响。在黄老无为而治、少干预的政策下，私学得以重新复兴。私学作为汉初文化教育的主体，在收集、整理和传播古代文化典籍方面颇有建树，并为汉初统治集团输送了大量人才。汉武帝采取的“罢黜百家，独尊儒术”政策确立了儒家经学的政治思想文化统治地位，从此，以教立国、重视教育成为汉代的一项基本国策。不仅兴办和发展官学，而且也鼓励私学的发展，官学与私学相辅相成、互为补充，使汉代的教育呈现出繁荣的局面。为了保证“独尊儒术”政策的贯彻落实，统治者采取“明经取士”等多种措施，来加强对教育的控制，使教育逐步走向儒学化。不过，我们也要看到“两汉统治者对思想文化统而不死，对微学、异端、异义、异家、刑名、法理、文赋、神仙、方术等等，非但没有过分的干预，有些皇帝也相当喜好。汉武、昭、宣帝杂王霸而用之，东汉的光武帝、明帝、章帝也是杂王霸而兼用”②。这就为文化教育的多元与多样的发展保留了一席之地。

二、官学管理制度的确立

“政治通过一定的组织手段对教育实现控制。政府、执政党往往对教育机构从组织上进行直接的领导。尽管组织领导的形式可以各不相同：有些国家实行中央集权领导，如法国；有些国家由地方分权管理，如美国、德国。虽然形式各异，但实质上都是一种控制”③。

汉代建立了中央和地方两级官学制度，为后代封建官学发展奠定了基础，并提供了初步的管理经验。

① 刘泽华：《士人与社会》（秦汉魏晋南北朝卷），天津人民出版社，1992年版，第197页。

② 刘泽华：《中国的王权主义》，上海人民出版社，2000年版，第481页。

③ 叶澜：《教育概论》，人民教育出版社，2006年版，第143页。

汉代尚无专门的主管教育事业的机构，太学由九卿之一的太常兼管。《汉书·百官公卿表上》载："奉常，秦官，掌宗庙礼仪，有丞。景帝中六年更名太常。属官有太乐、太祝、太宰、太史、太卜、太医六令丞，又均官、都水两长丞，又诸庙寝园食官令长丞，有痈太宰、太祝令丞，五畤各一尉。又博士及诸陵县皆属焉。景帝中六年更名太祝为祠祀，武帝太初元年更曰庙祀，初置太卜。……王莽改太常曰秩宗"。《后汉书·百官志》载："太常，卿一人，中二千石。本注曰：掌礼仪祭祀。每祭祀，先奏其礼仪；及行事，常赞天子。每选试博士，奏其能否。大射、养老、大丧，皆奏其礼仪。每月前晦，察行陵庙。丞一人，比千石。本注曰：掌凡行礼及祭祀小事，总署曹事。其署曹掾史，随事为员，诸卿皆然"。太常除主管礼仪祭祀外，太学的管理及教师和学生的选拔考核，都由其主持。"选任太常的条件是很高的，一般都是学问深厚，品行高尚的人才能担任。如曾任太常的赵典、杨秉、桓荣、桓焉、丁鸿等都是当时名望很高的大儒"[①]。

1.太学的管理

其一，太学教师管理。汉代太学的教师称为博士。"博士，秦官，掌通古今"[②]，战国时期魏、鲁等国已有博士之职。《史记·循吏列传》载："公仪休者，鲁博士也。以高弟为鲁相"。《汉书·贾山传》载："山祖父祛，故魏王时博士弟子也"。秦统一天下后正式建立了博士制度，其时博士的成分较杂，有文学、占梦、方伎等，主要职责为备君主咨询，同时也教授弟子。如叔孙通秦二世时为博士，及降汉为博士，身边还有弟子百余人，此则秦博士聚徒讲授之例。汉承秦制，据《太平御览》卷二三六引《汉旧仪》曰："孝文皇帝时，博士七十余人"。博士中不仅有儒家、黄老家，而且还有五行家、刑名家和杂家的代表。其中晁错、贾谊堪为典型。汉武帝建元五年，置五经博士，罢去诸子传记博士，从此博士一职就为儒家所独占。元朔五年，政府为博士官置弟子五十人，正式成立太学。此后博士就由原来备咨询的官吏，变成了太学的专门教官，主要担任太学的教学工作，但同时也参加政府的议政、制礼活动或奉使巡查地方政教之类的工作。博士职掌的这一变化，亦可从《后汉书·百官志》中得到明证，其曰："（博士）掌教弟子，国有疑事，掌

---

① 魏惠霞：《东汉太学与太学生运动》，郑州大学2009年硕士学位论文。

② 《汉书》卷十九上《百官公卿表》，第726页。

承问对”,已把从事教学工作作为博士的首要职责。博士有首领,“博士祭酒一人,六百石。本仆射,中兴转为祭酒”①。

西汉时博士选拔的途径主要有三:一为荐举。成帝阳朔二年(前23)有要求荐举博士的诏书:“丞相、御史其与中二千石、二千石杂举可充博士位者,使卓然可观”②。如梁丘贺为少府,荐同学施仇为博士,称“结发事师数十年,贺不能及”③,诏拜为博士。宣帝时,诸博士素闻王式贤,遂共荐王式,征为博士。二为朝廷直接征召。如疏广“明《春秋》,家居教授,学者自远方至”④,征为博士。贡禹“以明经絜行著闻”⑤,征为博士。三为由贤良文学、明经诸科拜选或由其他官员升迁转任而来。如公孙弘“武帝初即位,招贤良文学士,是时弘年六十,以贤良征为博士”⑥。平当“以明经为博士”⑦。张禹由郡文学升为博士,翼奉、匡衡、姚平由中郎、郎中升为博士。

博士是太学的教师,其素质的高低,直接关乎太学的办学质量。因此,两汉政府非常重视对博士的选拔。西汉时对博士的任职条件已有明确要求,这从成帝阳朔二年的举博士诏书中可以看出:“古之立太学,将以传先王之业,流化于天下也。儒林之官,四海渊原,宜皆明于古今,温故知新,通达国体,故谓之博士。否则学者无述焉,为下所轻,非所以遵道德也”⑧。即要求博士必须德才兼备,不仅要有广博的知识,而且更能运用这些知识为现实社会服务,可以为人师表,可以尊为道德的风范。由于严格的挑选,西汉太学的博士,一般说来都是德才兼备,学有专长的。

东汉时博士选拔制度更加严密,建立了选拔博士的考试制度。《文献通考》卷四十《学校一》载:“西京博士,但以名流为之,无选试之法。中兴以来,始试而后用,盖既欲其为人之师范,则不容不先试其能否也”。实际上西汉时亦有选试博士的例子,如张禹“试为博士”⑨,但并不常见。到东汉时则成为一种制度了。《后汉书·百官志》明确规定博士选试由太常卿负

---

① 《后汉书》志第二十五《百官二》,第3572页。
② 《汉书》卷十《成帝纪》,第313页。
③ 《汉书》卷八十八《儒林传·施仇传》,第3598页。
④ 《汉书》卷七十一《疏广传》,第3039页。
⑤ 《汉书》卷七十二《贡禹传》,第3069页。
⑥ 《汉书》卷五十八《公孙弘传》,第2613页。
⑦ 《汉书》卷七十一《平当传》,第3048页。
⑧ 《汉书》卷十《成帝纪》,第313页。
⑨ 《汉书》卷八十一《张禹传》,第3347页。

责:"太常,卿一人……每选试博士,奏其能否"。通过考试任命博士的例子很多。如"建武中,太常选试博士四人,陈元为第一。张元举孝廉为郎,会颜氏博士缺,元策试第一,拜为博士,蔡茂试博士,对策陈灾异,以高第擢拜议郎"[①]。伏恭建武间,"太常试经第一,拜博士"[②]。《水经注》卷二十三:"郭城东有文穆冢碑,三世二千石,穆郡户曹史,征试博士太常丞"。东汉初年,考选博士的范围仅限于京城,朱浮认为这样会使京城之外有真才实学的人不能参选,因此上书请求扩大考试的地区范围:"博士之官,为天下宗师,使孔圣之言,传而不绝。旧事,策试博士,必广求详选,爰自畿夏,延及四方。是以博举明经,惟贤是登,学者精励,远近同慕。伏闻诏书更试五人,惟取见在洛阳城者。臣恐自今以往,将有所失。求之密迩,容或未尽,而四方之学,无所劝乐。凡策试之本,贵得其真。非有期会,不及远方也"[③]。当然东汉也有通过征召或荐举而为博士的。如卢植、樊英,本传皆云"征为博士"。杨震"荐杨仲桓等五人,各从家拜博士"[④]。周防、张禹皆以荐补博士。

荐举博士需具保状,对于被举者必须保证他具有封建道德和博深的学问,有一定的教学经验,身体健康,家庭社会关系清白、遵纪守法等。其举状云:"生事爱敬,丧没如礼。通《易》、《尚书》、《孝经》、《论语》,兼综载籍,穷微阐奥,师事某官,见授门徒五十人以上。隐居乐道,不求闻达。身无金痍痼疾三十六属。不与妖恶交通、王侯赏赐。行应四科(指东汉选拔人才的淳厚、质朴、谦逊、节俭四项条件),经任博士"[⑤]。举状书后要写明荐举者的官职与姓名,推荐的是否得当,将受到相应的奖罚。此外,东汉还有任博士须在五十以上的规定。杨仁习《韩诗》,静居教授,"太常上仁经中博士,仁自以年未五十不应旧科(原注引《汉官仪》:"博士限年五十以上"),上府让选"[⑥]。

可见汉代对博士有政治、学术、道德、身体等方面的严格要求,从这些要求来看,当时选任博士是十分慎重而严肃的。"由于经过严格的挑选,在

① 《文献通考》卷四十《学校一》,第 384 页。
② 《后汉书》卷七十九下《儒林列传·伏恭传》,第 2571 页。
③ 《后汉书》卷三十三《朱浮传》,第 1144 页。
④ 《后汉书》卷五十四《杨震传》注引《谢承书》,第 1761 页。
⑤ 《通典》卷十三《选举一》,第 319 页。
⑥ 《后汉书》卷七十九下《儒林列传·杨仁传》,第 2574 页。

汉代太学执教的博士，一般说质量较高，其中许多是一代儒宗和学者。例如辕固生、申培公、韩婴、欧阳高、夏侯胜、夏侯建、戴德、戴圣、梁丘贺、京房等人，都曾担任博士，他们的学问都博大精深，由他们执教，对提高教学质量，起了保证作用”①。

其二，太学学生管理。太学的学生，西汉时称为“博士弟子”，东汉时称作“太学生”。西汉时，博士弟子招生的途径，从公孙弘的奏议中可知有二：一是“太常择民年十八以上仪状端正者，补博士弟子”②。条件是限年十八岁以上、仪表和举止端正者，为正式生，有名额的限制。正式博士弟子的选拔需要经过太常较为严格的考试。《汉书·儒林传·王式传》载：“唐生、褚生应博士弟子选，诣博士，抠衣登堂，颂礼甚严，试诵说，有法，疑者丘盖不言。诸博士惊问何师，对曰事式”。二是“郡国县官有好文学，敬长上，肃政教，顺乡里，出入不悖，所闻，令相长丞上属所二千石。二千石谨察可者，常与计偕，诣太常，得受业如弟子”③。即郡国长官经过考察，选择有良好的学习志向，尊长敬上的谦恭态度，躬行政教，遵纪守法者，报送到太常处，可以相当于博士弟子而在太学受业，为特别生，不规定名额，要成为正式生，则还须太常选补。由地方选送至太学学习的例子很多，如萧望之“家世以田为业，至望之，好学，治《齐诗》，事同县后仓且十年。以令诣太常受业”④。杨终“为郡小吏，太守奇其才，遣诣京师受业，习《春秋》”⑤。陈寔“为都亭佐。而有志好学，坐立诵读。县令邓邵试与语，奇之，听受业太学”⑥。博士弟子，无论是由太常选择，还是由地方选送，都要符合规定，若选补不实则要受到处罚。如武帝时太常、山阳侯张当居就曾“坐为太常择博士弟子故不能实”⑦，而受到除国、免职、完为城旦的处罚。可见博士弟子的录取从一开始就受到朝廷的高度重视。

太学生享有免除赋税徭役，不缴纳学费的待遇，正式生还有官俸，但特别生则需自费上学，日常学习和生活的费用都由自己负担。戴封“年十五

---

① 张荣芳：《论汉代太学的学风》，《中山大学学报》1998年第1期。
② 《汉书》卷八十八《儒林传》，第3594页。
③ 《汉书》卷八十八《儒林传》，第3594页。
④ 《汉书》卷七十八《萧望之传》，第3271页。
⑤ 《后汉书》卷四十八《杨终传》，第1597页。
⑥ 《后汉书》卷六十二《陈寔传》，第2065页。
⑦ 《汉书》卷十七《景武昭宣元成功臣表》，第639页。

诣太学，……时同学石敬平温病卒，封养视殡敛，以所赍粮市小棺，送丧到家。更敛，见敬平行时书物皆在棺中，乃大异之”[①]。这是粮食书物由自己备办的。梁鸿少孤，“诣太学受业，同房先炊已，呼鸿及热釜炊。鸿曰，童子不因人热者也。灭灶更燃火”[②]。可见太学生需自己做饭。一些家境贫寒的学生，为了维持生计、完成学业，或受人资助，或自食其力，采用半工半读的形式。受人资助者，如仇览是在考城令王涣的资助下得至太学就读的，“涣谢遣曰：‘枳棘非鸾凤所栖，百里岂大贤之路？今日太学曳长裾，飞名誉，皆主簿后耳。以一月奉为资，勉卒景行。’览入太学”[③]。半工半读者，如儿宽“以郡国选诣博士，受业孔安国。贫无资用，尝为弟子都养，时行赁作，带经而锄，休息辄读诵”[④]。《汉书·司马相如传》颜师古注曰：“佣，即为赁作者”。“带经而锄”即是被人雇佣去进行农耕。何谓“都养”？颜师古注曰：“都，凡众也。养，主给烹炊者也。贫无资用，故供诸弟子烹炊也”[⑤]。就是为其他学生担任做饭的工作。匡衡“家贫，佣作以供资用”[⑥]。桓荣受业太学，“贫窭无资，常客佣以自给”[⑦]。公沙穆“来游太学，无资粮，乃变服客佣，为(吴)祐赁舂”[⑧]。有的则要靠家人陪读照料。如翟方进，家世微贱，“西至京师受经。母怜其幼，随之长安，织屦以给方进”[⑨]。

既然汉代太学负有养士和带动社会教化的职责，那么它所招学生必然不会仅局限于贵族、官僚阶层，而是向全社会敞开大门。公孙弘奏议中所言博士弟子的两个来源，对出身条件未有规定，说明太学是面向社会全体成员的。而博士弟子“复其身”，即免除赋税徭役的待遇，则是针对非特权阶层而言(汉代宗室、贵族，有高爵的官僚均享有蠲免赋役的特权)，同时贵族官僚的子弟可以通过承袭爵位、“任子”等途径步入政坛，因而在太学建立初期，公卿子弟对其并无多大的兴趣，太学生多为出身中下层者。早期高官子弟入太学者的记载寥若晨星，而家世卑微入学者则多有所见。马端

① 《后汉书》卷八十一《独行列传·戴封传》，第2683页。
② 《太平御览》卷七五七《器物部二》引《东观汉记》，第3359页。
③ 《后汉书》卷七十六《循吏列传·仇览传》，第2480—2481页。
④ 《汉书》卷五十八《儿宽传》，第2628页。
⑤ 《汉书》卷五十八《儿宽传》注，第2628页。
⑥ 《汉书》卷八十一《匡衡传》，第3331页。
⑦ 《后汉书》卷三十七《桓荣传》，第1249页。
⑧ 《后汉书》卷六十四《吴祐传》，第2100页。
⑨ 《汉书》卷八十四《翟方进传》，第3411页。

临曾言:“公卿子弟不养于太学,而任子尽隶光禄勋”[①]。陈东原亦曰:“谓太学目的,初系专为平民而设,亦无不可”[②]。俞启定先生也指出:“查两《汉书》中所记载受业博士或太学者,除宣帝时光禄大夫冯奉世之子冯野王曾‘受业博士,通《诗》’一例外,即再无注明为高级官员子弟者。在重视宗族家世谱系的古代,史书对贵胄子弟一般不会漏记他们的门第,尽管这些儒生原来未必都是劳动者出身,但必非身份性的官僚地主阶级”[③]。这种情况到西汉末年有所变化。王莽秉政时,“增元士之子得受业如弟子,勿以为员”。颜师古注:“常员之外,更开此路”[④]。即不占正式弟子的名额,实为特殊资格的学生。

那么,王莽为什么要让官僚贵族子弟以“得受业如弟子”者的身份进太学学习呢?其原因主要是王莽自幼即深受儒家学说的熏陶,对文化教育有着特殊的偏爱,因而在其执政后必然要在这方面有所动作。而太学作为为国家培养人才的最高学府,不能不引起王莽的重视。随着社会政治、经济与文化的发展,社会上对儒学人才的需求日益增加,而太学的学生在成帝时仅有三千人,这样小的规模难以满足社会对人才的需求。扩大太学的招生规模成为了时代之要求。因为正式生享有免除赋税徭役,不缴纳学费的待遇,如果一味扩大正式生的名额,必然要加重国家财政的负担。而特别生学习与生活的费用需全部自理,太学只是给他们提供一个接受听讲的场所,这便大大减轻了国家财政的压力,缓解了教育经费的不足。官僚贵族子弟本来就有免除徭役的特权,他们的家庭经济状况普遍较好,完全有能力支付学习的一切费用。随着朝廷对儒学的重视,许多平民子弟以儒学擢升高位,通过儒学试经升迁的速度较快,因而官僚贵族子弟便有了这方面的要求。但一时又难以通过正规的入学考试,因此,他们愿意以特别生的名义入太学读书。

顺帝时,重建太学,左雄“奏征海内名儒为博士,使公卿子弟为诸生”[⑤],正式确定了高官子弟具有当然太学生的资格。质帝时诏:“自大将

① 《文献通考》卷四十《学校一》,第 383 页。

② 陈东原:《中国教育史》,台湾商务印书馆,1980 年版,第 54 页。

③ 俞启定:《略论“公卿弟子不养于太学”》,《中国教育史研究》1989 年第 2 期。

④ 《汉书》卷八十八《儒林传序》,第 3596 页。

⑤ 《后汉书》卷六十一《左雄传》,第 2020 页。

军至六百石，皆遣子受业，岁满课试，以高第五人补郎中，次五人太子舍人”[①]。要求中级以上官员将子弟送往太学读书，官员子弟和一般太学生一样有考试选用的规定，为分别课试，各有入仕名额。这样做，一方面意在维护封建特权，另一方面也有避免后者入仕名额被前者挤占的考虑，以体现网罗民间贤才的原则。献帝时鲍衡再次提出：“公卿二千石、六百石子弟在家及将校子弟见为郎、舍人，皆可听诣博士受业”[②]。朝廷屡次提出要贵族子弟入学，说明这一措施实行得并不顺利。而平民子弟入学，既可享有种种优待，又能以此作为进身之阶，获取功名富贵，所以入学积极性甚高。这正是太学办学以养士为宗旨的反映[③]。西汉时“特别生”要由郡太守考核选拔，加以推荐，东汉时名士亦可直接推荐。如孟敏“客居太原。荷甑堕地，不顾而去。林宗见而问其意。对曰：‘甑以破矣，视之何益？’林宗以此异之，因劝令游学”[④]。庾乘“林宗见而拔之，劝游学官，遂为诸生庸”[⑤]。岑晊，“[宗]慈与语，大奇之，遂将俱至洛阳，因诣太学受业”[⑥]。“到东汉后期，‘自诣太学’，‘游太学’的人数急剧增加。全国各地的知识士人都可以通过名人推荐、介绍到太学来游学拜师，或者纯粹来太学发表政论见解。《后汉书》各传中存在大量‘自诣太学’者，而史书上大量的‘游太学’者更占到东汉太学生的主要部分。根据《后汉书》与《三国志》各卷的不完全统计，得出王莽新朝与东汉时期的太学生名数共有100余人，其中可考确证为‘游学’者或‘自诣’太学者有60多人，占总数的60%以上”[⑦]。

太学生可以住在校外，如李固为司徒李郃之子，“每到太学，密入公府，定省父母，不令同业诸生知是郃子”[⑧]。但相当一部分太学生是住校学习的。如仇览“入太学，时诸生同郡符融有高名，与览比宇，宾客盈室。览常自守，不与融言。融观其容止，心独奇之，乃谓曰：‘与先生同郡壤，邻房牖，

① 《后汉书》卷六《质帝纪》，第281页。

② 《通典》卷五十三《礼十三》，第1459页。

③ 李国钧、王炳照主编：《中国教育制度通史》（第一卷），山东教育出版社，2000年版，第346—349页。

④ 《后汉书》卷六十八《郭太传》，第2229页。

⑤ 《后汉书》卷六十八《郭太传》，第2229页。

⑥ 《后汉书》卷六十七《党锢列传·岑晊传》，第2212页。

⑦ 胡克森：《汉代太学入学方式演变考察》，《邵阳学院学报》2004年第5期。

⑧ 《后汉书》卷六十三《李固传》注引《谢承书》，第2073页。

今京师英雄四集，志士交结之秋，虽务经学，守之何固?'览乃正色曰:'天子修设太学，岂但使人游谈其中!'高揖而去，不复与言"①。还可以携带妻、儿、母、弟等家属同住校内。如鲁恭"(年)十五，与母及(弟)丕俱居太学，习《鲁诗》"②。范式"到京师，受业太学。时诸生长沙陈平子亦同在学，与式未相见，而平子被病将亡，谓其妻曰:'吾闻山阳范巨卿，烈士也，可以托死。吾殁后，但以尸埋卿户前。'乃裂素为书，以遗巨卿。既终，妻从其言。时式出行适还，省书见瘗，怆然感之，向坟揖哭，以为死友。乃营护平子妻儿，身自送丧于临湘"③。

汉代太学由于教师少，学生多，教师讲大课的时间有限，因此学生有大量自由支配的时间，或自学研究，如魏应"建武初，诣博士受业，习《鲁诗》。闭门诵习，不交僚党，京师称之"④。或向校外经师求学。如郑玄"造太学受业，师事京兆第五元先"⑤。王充"受业太学，师事扶风班彪"⑥。符融"游太学，师事少府李膺"⑦。西汉博士弟子多以修一经为主，东汉以后，太学生通数经者越来越多，政府公开鼓励学生成为通才，通经越多，官做得越大。太学生中的优秀者于学习《五经》外，还根据自己的兴趣去研究其他学科。如张衡与同学崔瑗在课外研究天文、数学，后来张衡成为发明浑天仪和候风地动仪的大科学家，而崔瑗"明天官、历数、《京房易传》、六日七分。诸儒宗之"⑧。由此可见，汉代太学生有较多自主权利，有充裕时间进行自学和研究，发展自己的爱好与特长，这对于促成汉朝学术的发展和造就出一批大学问家和科学家都起了积极的作用。汉代太学提倡自学、鼓励自由探讨，褒奖学成通才的教学方法，对于改革我们今天的大学教育，培养学识渊博、思路开阔，具有研究能力的创造性人才，仍有启发意义。

汉代太学已有了请假制度，如果太学生外出有事或回家需履行请假手续，文献中称其为"告归"。据《后汉书·范式传》载:"少游太学为诸生，与

---

① 《后汉书》卷七十六《循吏列传·仇览传》，第2481页。
② 《后汉书》卷二十五《鲁恭传》，第873页。
③ 《后汉书》卷八十一《独行列传·范式传》，第2678页。
④ 《后汉书》卷七十九下《儒林列传·魏应传》，第2571页。
⑤ 《后汉书》卷三十五《郑玄传》，第1207页。
⑥ 《后汉书》卷四十九《王充传》，第1629页。
⑦ 《后汉书》卷六十八《符融传》，第2232页。
⑧ 《后汉书》卷五十二《崔瑗传》，第1722页。

汝南张劭为友,劭字元伯,二人并告归乡里。”对于告归二字的含义,《史记·高祖本纪》孟康注曰:“古者名吏休假曰告。”《汉书·爰盎传》师古注曰:“告者,请谒之言,谓请休耳。”《后汉书·樊准传》注曰:“告归,谓休假归也。”可见,告归就是请假而归[①]。

考试是教学的重要环节之一,也是督促和检查学生的学习成绩,从而达到选拔人才目的之手段,故汉代太学非常重视考试。太学未规定修业年限,只要通过考试就可毕业,并依考试成绩授予一定官职。当时的考试方法,主要是设科射策。所谓射策,颜师古在《汉书·萧望之传注》中解释道:“射策者,谓为难问疑义书之于策,量为大小署为甲乙之科,列而置之,不使彰显。有欲射者,随其所取得而释之,以知优劣。射之,言投射也”。类似我们今天的抽签考试,这是汉代太学的创举。马端临评论道:“按此即后世糊名之意。但糊名则是隐举人之名,以防嘱托徇私,此则似是隐问难之条,以防假手宿构”[②]。即用以防止考试的作弊行为。武帝建立太学时,设甲乙两科,每年考试一次,“通一艺以上者,补文学掌故缺;其高第可以为郎中,太常籍奏”[③]。如有秀才异等,太常须将姓名奏闻于皇帝,因材定秩,授以更高的官职。对学习不用功,不能通一艺者,令其退学,由能胜任者补用。两汉时以博士弟子入官的著名人物有:息夫躬、兒宽、终军、朱云、眭弘、萧望之、匡衡、马宫、翟方进、何武、王嘉、施雠、房凤、召信臣等。其中绝大多数都以射策甲科入仕,如萧望之“以射策甲科为郎”[④]。何武“诣博士受业,治《易》,以射策甲科为郎”[⑤]。也有以乙科入仕者,如房凤“以射策乙科为太史掌故”[⑥]。

王莽时,改为甲乙丙三科,仍是每岁一试,并确定了选拔补官的名额:“甲科四十人为郎中,乙科二十人为太子舍人,丙科四十人补文学掌故”[⑦]。东汉初年又恢复了甲乙二科。桓帝时在太学生猛增到三万多人的情况下,每年考试要增加许多官吏是困难的,旧的考试办法已不能适应当时的要

① 高慧斌:《汉代太学管理体制管窥》,《河南教育学院学报》2006年第5期。
② 《文献通考》卷四十《学校一》,第383页。
③ 《汉书》卷八十八《儒林传序》,第3594页。
④ 《汉书》卷七十八《萧望之传》,第3272页。
⑤ 《汉书》卷八十六《何武传》,第3481页。
⑥ 《汉书》卷八十八《儒林传·房凤传》,第3619页。
⑦ 《汉书》卷八十八《儒林传序》,第3596页。

求，因而改革了课试之法：每两年考一次，不限制录取名额，只要入太学有满二岁的资格，便可应试，按通经多少授官，以五经为止。已授官者还可应试加官，不及格者可随下届再考。《文献通考》卷四十《学校一》载其制度曰："学生满二岁试，通二经者，补文学掌故。其不能通二经者，须后试，复随辈试之，通二经者亦得为文学掌故。其已为文学掌故者满二岁，能通三经者擢其高第为太子舍人。其不得第者后试，复随辈试，复高第者亦得为太子舍人。已为太子舍人，满二岁试，能通四经者，推其高第为郎中。其不得第者后试，复随辈试，第复高者亦为郎中。满二岁试，能通五经者，推其高第补吏，随才而用。其不得第者后试，复随辈试，第复高者亦得补吏"。这种改革后的新办法，使得太学的考试制度臻于完善，它允许太学生参加多次考试，直到通五经为止，对于鼓舞太学生继续不断地研习儒家经典，养成通才开了方便之门。

总之，汉代太学重视考试，并建立了一套较完善且严格的考试制度，弥补了教学制度不严密的缺陷，对保证教学质量，缓和太学师生比例失调有重要作用；同时太学既是国家教育的教学机关，也是代表国家选拔人才的考试机关，社会上具有同等学历的自学者，亦可直接参加考试授官，这就鼓励了社会上大量自学成才者，促进了汉代教育事业的发展，有助于在全社会形成崇教好学之风。当然，太学生的入仕并非只有考试一途，还可通过荐举、征辟或参加选举而取得官职。被州郡举孝廉、茂才者，如程曾"受业长安，习《严氏春秋》，积十余年，还家教授。……建初三年，举孝廉"①。范式"少游太学，为诸生，……仕为郡功曹，……举州茂才，四迁荆州刺史"②。因名高望重、德明学显而被皇帝征召者，如终军"少好学，以辩博能属文闻于郡中。年十八，选为博士弟子。至府受遣，太守闻其有异材，召见军，甚奇之，与交结。军揖太守而去，至长安上书言事。武帝异其文，拜军为谒者给事中"③。伏湛"成帝时，以父任为博士弟子。……光武即位，知湛名儒旧臣，欲令干任内职，征拜尚书，使典定旧制"④。张衡"少善属文，游于三辅，因入京师，观太学，遂通《五经》，贯六艺。虽高才于世而无骄尚之

① 《后汉书》卷七十九下《儒林列传·程曾传》，第2581页。
② 《后汉书》卷八十一《独行列传·范式传》，第2676—2678页。
③ 《汉书》卷六十四下《终军传》，第2814页。
④ 《后汉书》卷二十六《伏湛传》，第893—894页。

情。……永元中，举孝廉，不行，连辟公府不就。……安帝雅闻衡善术学，公车特征拜郎中”[①]。因素质较高成为公府与州郡辟除者，如何颙“少游学洛阳。颙虽后进，郭林宗、贾伟节与之相好，显名太学”。后遭党锢，“及党锢解，颙辟司空府”[②]。魏朗“少为县吏。兄为乡人所杀，朗白日操刃报仇于县中，遂亡命到陈国。从博士郤仲信学《春秋图纬》，又诣太学受《五经》，京师长者李膺之徒争从之。初辟司徒府，再迁彭城令”[③]。王充“少孤，乡里称孝。后到京师，受业太学。……好博览而不守章句，……博通众流百家之言。后归乡里，屏居教授，……刺史董勤辟为从事”[④]。

不过由于东汉时太学生源扩大，太学生人数骤增，特别是东汉中期后，外戚、宦官专政，他们到处安插宗亲势力，使太学生的仕途之路日渐窘迫，不少人长期滞留在学校而无官可做，因而出现了不少花甲老生。为了对他们表示安抚，灵帝熹平五年(176)特别给了这些老生以考试的机会，考中的给以官职：“试太学生年六十以上百余人，除郎中、太子舍人至王家郎、郡国文学吏”[⑤]。献帝初平四年(193)，下诏说：“今耆儒年逾六十，去离本土，营求粮资，不得专业。结童入学，白首空归，长委农野，永绝荣望，朕甚愍焉。其依科罢者，听为太子舍人”[⑥]。可见此时太学生入仕已相当艰难。

尤其值得一提的是，汉代太学注意了对才能优异少年儿童的特殊培养、破格推举及任用。当时出现了“奇童”、“圣童”等称号，用来褒扬一些有特别才能的少年太学生。如“黄婉以公孙为童子郎。藏洪年十五以父功拜童子郎，知名太学。任延年十二为诸生，显名太学中，号为任圣童。张堪年十六受业长安，志美行厉，诸儒号曰圣童。杜安年十三入太学，号奇童。黄香年十二，博学经典，京师号曰：‘天下无双，江夏黄童。’”[⑦]这些人后来均有所作为，说明太学对他们的培养是颇有成效的。我们今天在一些大学里所开办的少年班，溯其源，实来自汉代的太学。

其三，视学制度。太学是汉代官办的最高学府，担负着为国家培养中

① 《后汉书》卷五十九《张衡传》，第1897页。
② 《后汉书》卷六十七《党锢列传·何颙传》，第2217—2218页。
③ 《后汉书》卷六十七《党锢列传·魏朗传》，第2200—2201页。
④ 《后汉书》卷四十九《王充传》，第1629—1630页。
⑤ 《后汉书》卷八《灵帝纪》，第338页。
⑥ 《后汉书》卷九《献帝纪》，第374页。
⑦ 《文献通考》卷三十五《选举八》，第329页。

高级统治人才的重任，因而受到最高统治者的重视。汉代皇帝在一定时期要亲自到太学视察，谓之视学。西汉诸帝虽不十分讲求，但亦有这方面之举动，到东汉时则形成一种制度。东汉初太学建成时光武帝就视察了太学，建武五年（29），“初起太学。车驾还宫，幸太学”[①]。皇帝视察太学时，往往要招集博士诸生讲论经义，考察教师的讲经水平和学生的学业程度，并对成绩优秀者给予奖赏。据《后汉书·桓荣传》载：建武十九年（43），“车驾幸太学，会诸博士论难于前，荣被服儒衣，温恭有蕴藉，辩明经义，每以礼让相猒，不以辞长胜人，儒者莫之及，特加赏赐。又招诸生雅吹击磬，尽日乃罢”。皇帝能和太学师生一起唱歌作乐，这对太学师生来说既是一种无上的荣耀，又是一种巨大的鼓舞。

光武以后诸帝也常去太学视察。和帝永元十二年（100）视察太学，“赐博士员弟子在太学者布，人三匹”[②]。安帝延光三年（124）“车驾还京师，幸太学”[③]。灵帝光和五年（182）十二月“幸太学”[④]。即使在汉末政局动荡之时，献帝还观看了太学的行礼仪式。初平四年（193）“冬十月，太学行礼，车驾幸永福城门，临观其仪，赐博士以下各有差”[⑤]。这种视学制度，表示了统治者对培养人才的关切，它在一定程度上调动了太学师生教学的积极性，对太学的发展起了推动作用。国家高级领导人，择期到一些学校进行考察，以了解师生的教学情况，并据情给予奖惩，这种做法在今天看来，仍不失为一种可行的管理办法。

2.地方学校的管理

汉代没有专门的地方教育行政机构或长官，地方官学由各级地方长官兼管。

汉代在郡国中设有“文学”一职，其既是郡国长官的学术顾问，也是郡国学中教授诸生的教师。在两《汉书》及汉代碑刻中有关“文学”的记载很多。如盖宽饶“明经为郡文学，以孝廉为郎”[⑥]。张禹“至长安学，从沛郡施

---

① 《后汉书》卷一上《光武帝纪》，第40页。
② 《后汉书》卷四《和帝纪》，第187页。
③ 《后汉书》卷五《安帝纪》，第238页。
④ 《后汉书》卷八《灵帝纪》，第247页。
⑤ 《后汉书》卷九《献帝纪》，第375页。
⑥ 《汉书》卷七十七《盖宽饶传》，第3243页。

仇受《易》，琅琊王阳、胶东庸生问《论语》。既皆明习，有徒众，举为郡文学”[①]。梅福“少学长安，明《尚书》、《榖梁春秋》，为郡文学”[②]。从上述诸例可以看出，担任地方文学，必须要通明经学。文学是郡国学教师的简称，此外还有文学掾史、文学掾等多种称呼。如杨厚“教授门生，上名录者三千余人。……年八十二，卒于家。……门人为立庙，郡文学掾史，春秋乡射常祠之”[③]。杨伦“少为诸生，师事司徒丁鸿，习古文《尚书》。为郡文学掾”[④]。《学师宋恩等题名碑》署有文学主事掾、文学主事吏、文学掾、文学师、文学孝掾等学官名称[⑤]。

文学的设置数量，依各地教育发达程度不同，而有差异。有的郡可能未设，如张霸任会稽太守，“立文学，学徒以千数，风教大行”[⑥]。在这之前文学官缺编。在郡学规模较大的地方，文学设置则必定较多。如《巴蜀太守张纳碑》署有文学主事掾、史各一人，还有文学掾二人、文学史一人[⑦]。《学师宋恩等题名碑》中列师二十人，孝义掾一人，《易》掾二人，《易》师三人，《尚书》掾三人，《尚书》师三人，《诗》掾四人，《春秋》掾一人，文学掾一人，文学孝掾一人，文学师四人[⑧]。

郡文学官的来源主要有三：一是由郡太守自行辟除有一定学术水平的士人担任。严耕望在《秦汉地方行政制度》中指出：“州郡国县道侯国政府之属吏皆由长官自辟本域人，各以本州、本郡国、本县道侯国所辖之境为准，不得用辖境之外人”。廖伯源根据《尹湾汉墓简牍》所载郡太守文学十例，其中九例在他郡任职，只有一例在本郡任职，因此认为郡太守文学并无籍贯限制。“郡太守文学为学官，职在教授经学，必求经学通明之君子，限于地域难得佳选；且学官职不在治民，籍贯限制盖为防范治民官吏之徇私，用于学官反而妨碍求才”[⑨]。这从一个方面反映了汉政府对教育的重视。

---

① 《汉书》卷八十一《张禹传》，第3347页。
② 《汉书》卷六十七《梅福传》，第2917页。
③ 《后汉书》卷三十上《杨厚传》，第1050页。
④ 《后汉书》卷七十九上《杨伦传》，第2564页。
⑤ 《隶释、隶续》之《隶释》卷十四，第156页。
⑥ 《华阳国志》卷十《蜀郡士女志》，第132页。
⑦ 《隶释、隶续》之《隶释》卷五，第63页。
⑧ 《隶释、隶续》之《隶释》卷十四，第157页。
⑨ 廖伯源：《简牍与制度——尹湾汉墓简牍官文书考证》，文津出版社，1998年版，第113页。

二是由朝廷派遣。武帝时规定博士弟子“一岁皆辄课,能通一艺以上,补文学掌故缺”①。王莽时太学生岁试分甲乙丙三科录用,“丙科四十人补文学掌故”②。东汉时,“学生满二岁试,通二经者补文学掌故”③。如匡衡为博士弟子,“才下,数射策不中,至九,乃中丙科。其经以不中科故明习,补平原文学卒史。”④可见,任郡国文学官是太学中成绩一般者的一个出路。三是由明经科察举选任。如魏应“少好学,建武初,诣博士受业,习《鲁诗》。闭门诵习,不交僚党,京师称之。后归为郡吏,举明经,除济阴王文学”⑤。张玄“少习《颜氏春秋》,兼通数家法。建武初,举明经,补弘农文学”⑥。文学官是郡国政府的属吏,吏秩为一百石,在正式官员中属最低一级,虽然地位不高,但有机会接近地方长官,有获得荐举的便利。如崔篆“王莽时为郡文学,以明经征诣公车。太保甄丰举为步兵校尉”⑦。吴祐自幼孤贫,“不受赡遗,常牧豕于长垣泽中,行吟经书”⑧,“太守冷宏召补文学,宏见异之,擢举孝廉”⑨。朝廷也经常对有一定学术造诣、教学效果好的郡国文学予以特选,以示激励。如昭帝始元五年(前 82),“令三辅、太常举贤良各二人,郡国文学高等各一人”⑩。宣帝本始元年(前 73),“诏内郡国举文学高第各一人”⑪。正如有的学者所指出的:“在汉代尤其是东汉重儒的风气下,地方文学地位颇为重要。从文学的升迁看,不乏由察举而迅速升入朝廷乃至为公卿者,成绩平常者也可依功次而升为长吏,再依次迁补,其仕进之路也是颇为优越的”⑫。

汉代郡国学的学生称“文学弟子”或称“学官弟子”、“郡学生”。1959年,在甘肃武威磨咀子六号汉墓出土了大批珍贵的竹简,其中覆盖于墓主人身上的竹简,经鉴定,是一部完整的《仪礼》,属于《庆普礼》版本。简册上

① 《汉书》卷八十八《儒林列传》,第 3594 页。
② 《汉书》卷八十八《儒林列传》,第 3596 页。
③ 《文献通考》卷四十《学校一》,第 387 页。
④ 《史记》卷九十六《张丞相列传》后褚少孙补记,第 2688 页。
⑤ 《后汉书》卷七十九下《儒林列传·魏应传》,第 2571 页。
⑥ 《后汉书》卷七十九下《儒林列传·张玄传》,第 2581 页。
⑦ 《后汉书》卷五十二《崔骃传》,第 1703 页。
⑧ 《后汉书》卷六十四《吴祐传》,第 2099 页。
⑨ 《后汉书》卷六十四《吴祐传》注引《陈留耆旧传》,第 2100 页。
⑩ 《汉书》卷七《昭帝纪》,第 223 页。
⑪ 《汉书》卷八《宣帝纪》,第 241 页。
⑫ 姚宏杰:《汉代官学教师制度述论》,《河池学院学报》2006 年第 6 期。

有过削改和读书的记号。由此推论，这部《仪礼》是墓主人生前阅读的经书。与竹简放在一起的一片日忌木简的背后，有一行文字："河平□年四月四日诸文学弟子出谷五千余斛"。由此推论，墓主人很可能是西汉末期武威郡传授《庆普礼》之文学官，其学生即为文学弟子[①]。陈直先生亦曰："两汉经师传经，在官学者两个系统：属于汉廷者，太常属官有博士，其下有弟子员；属于郡国者，有郡文学官，其下有学官弟子。……文学弟子，当即学官弟子之异称"[②]。另据《后汉书·郭符许列传》载："左原者，陈留人也，为郡学生，犯法见斥"。

汉代地方官学学生的来源不像太学那样有朝廷规定的标准，全由地方长官自行掌握。一般来说，招生主要以郡县官吏子弟为主[③]。如任延办武威郡学就规定："自掾史子孙，皆令诣学受业"[④]。栾巴办桂阳郡学，也要求："虽干吏卑末，皆课令习读，程式殿最，随能升授"[⑤]。当然也有出身寒微而入地方官学学习者，如王尊"少孤，归诸父，使牧羊泽中。尊窃学问，能史书。……事师郡文学官，治《尚书》、《论语》，略通大义"[⑥]。黄昌"本出孤微。居近学官，数见诸生修庠序之礼，因好之，遂就经学"[⑦]。地方官学学生享有"复其身"，即免除徭役的待遇。文翁在蜀郡兴学，"招下县子弟以为学官弟子，为除更徭"[⑧]。任延办武威郡学，学生均"复其徭役"。地方官学的学生虽没有太学生那样优越的条件和优厚的待遇，但其出路也颇宽。不少地方官员，为了推广教化，提高士人求学的积极性，常常采取鼓励的措施，或任为本地属吏，或向朝廷推荐。如文翁对郡学生"高者以补郡县吏，次为孝弟力田"[⑨]。任延在武威，凡郡学生"章句既通，悉显拔荣进之"[⑩]。杨仁在什邡，县学生"有通明经术者，显之右署，或贡之朝"[⑪]。

---

① 甘肃省博物馆：《武威汉简在学术上的贡献》，《考古》1968 年第 8 期。

② 陈直：《文史考古论丛》，天津古籍出版社，1988 年版，第 282 页。

③ 郭海燕不同意这种观点，认为地方官学"既然是着眼于教化，自然是面向广大民众"（郭海燕：《汉代平民教育研究》，山东大学 2011 年博士学位论文）。

④ 《后汉书》卷七十六《循吏列传·任延传》，第 2463 页。

⑤ 《后汉书》卷五十七《栾巴传》，第 1841 页。

⑥ 《汉书》卷七十六《王尊传》，第 3226—3227 页。

⑦ 《后汉书》卷七十七《酷吏列传·黄昌传》，第 2496 页。

⑧ 《汉书》卷八十九《循吏传·文翁传》，第 3626 页。

⑨ 《汉书》卷八十九《循吏传·文翁传》，第 3626 页。

⑩ 《后汉书》卷七十六《循吏列传·任延传》，第 2463 页。

⑪ 《后汉书》卷七十九下《儒林列传·杨仁传》，第 2574 页。

汉代地方官学的教育活动，主要有二：一是行礼，推行道德教化。郡国学定期举行“乡饮酒”、“乡射”等传统的典礼活动。每当举行典礼时，郡守长吏等就率领郡学的文学先生及弟子进行具体的示范活动。这种典礼活动旨在以礼乐形象手段向社会百姓宣扬敬老尽孝、礼让忠君等封建道德观念[①]。如鲍德为南阳太守，“时郡学久废，德乃修起横舍，备俎豆黻冕，行礼奏乐。又尊飨国老，宴会诸儒。百姓观者，莫不劝服”[②]。杨厚卒，“门人为立庙，郡文学掾史春秋飨射常祠之”[③]。二是传授经学，以达到开发和造就人才之目的。如张玄为弘农文学，“专心经书，方其讲问，乃不食终日。及有难者，辄为张数家之说，令择从所安。诸儒皆伏其多通，著录千余人”[④]。

总之，汉代统治者利用国家政权，初步建立起了管理官学，特别是管理太学的制度，从教师的选拔，到学生的招生，以及教学活动，都有明确的规定。尤其是教师于教育目的实现关系颇大，列宁就曾指出：“在任何学校里最重要的是课程的思想政治方向，这个方向是由什么决定的呢？完全只能由教学人员来决定，……任何‘监督’，任何‘领导’，任何‘教学大纲’、‘章程’等等……绝对不能改变由教学人员所决定的课程方向”[⑤]。因此，汉代对太学教师的选拔非常重视，规定了许多严格的标准，除德、智、体的要求外，“政治上的忠诚”亦为重要条件。而地方官学的教师，不论是地方长官自行辟任的，还是由朝廷派遣的，他们都属于国家公职人员，由学术、道德皆有一定造诣的儒生来充任，从而保证了官学教育循着统治者规定的轨道运行。

三、以经学为教育主要内容局面的确立

“有什么样的政治，就有什么样的教育，这在教育内容上体现得非常具体明确。在阶级社会里，当统治阶级把自己的意志上升为国家的意志之后，为了巩固自己的统治地位，就要把他们所倡导和认可的价值强加和渗透到教育内容中去，利用教育这一工具，来传播统治阶级的政治思想观念，

---

① 参见江铭：《两汉地方官学考论》，《华东师范大学学报》（教育科学版）1986年第1期。

② 《后汉书》卷二十九《鲍德传》，第1023页。

③ 《后汉书》卷三十上《杨厚传》，第1050页。

④ 《后汉书》卷七十九下《儒林列传·张玄传》，第2581页。

⑤ 《列宁全集》（第十五卷），人民出版社，1972年版，第438页。

从思想上来支配和钳制被统治阶级”[①]。汉代统治者创办学校之目的，就是要依靠国家的力量，按照特定的思想要求，培养、选拔社会所需要的人才，以为推广教化、统一思想和皇权政治服务。教育内容是实现教育目的之主要媒介。为了保证教育内容能为教育目的服务，汉代自武帝立太学，就明确规定太学以儒家的《五经》为教材。由于朝廷实行独尊儒术政策和太学的示范，不仅地方官学教授的是清一色儒经，而且连私学中的绝大部分也是以讲授儒家经典为主要内容的。而儒家经典既有为官从政，治理国家所必需的基本知识，又有各种伦理道德观念和作为人们思想方法和行为准则的丰富内容，讲授儒家经籍，就是为了“修己”以至达到“治人”的政治目的。这样，在教学内容上，就体现并保证了教育为独尊儒术的政治服务。

1.统一经学内容

在汉代儒家的经学教育中有今文经学、古文经学之分。汉代被立于学官的十四家博士，全部是今文经学，古文经学虽在王莽执政时被立于学官，但仅昙花一现，随着王莽政权的垮台，至东汉初就被取消了。是以今文经学垄断了汉代官学的讲坛，古文经学则以私学为阵地进行传播。

从表面上来看，今、古文经学的区别是在文字不同上，即“今文者，今所谓隶书，世所传熹平《石经》及孔庙等处汉碑是也。古文者，今所谓籀书，世所传岐阳石鼓及《说文》所载古文是也。隶书，汉世通行，故当时谓之今文；犹今人之于楷书，人人尽识者也。籀书，汉世已不通行，故当时谓之古文；犹今人之于篆、隶，不能人人尽识者也”[②]。但仅有文字差异是构不成学派之分的。实际上由于籀书不易识别，为了传授方便，必然要改成当时通行的隶书。《史记·儒林传》云：“孔氏有古文《尚书》，而安国以今文读之”。皮锡瑞亦指出：“凡文字必人人尽识，方可以教初学。许慎谓孔子写定六经，皆用古文；然则孔氏与伏生所藏书，亦必是古文，汉初发藏以授生徒，必改为通行之今文，乃便学者诵习”[③]。除了《春秋》和《礼》二经今古文在内容上有较大差异外，其余诸经文字没有多少差别。如《汉书·艺文志》载：“刘向以中古文《易经》校施、孟、梁丘经，或脱去‘无咎’、‘悔亡’，唯《费氏

① 王守恒、查啸虎、周兴国：《教育学新论》，中国科学技术大学出版社，2005年版，第64页。

② 皮锡瑞：《经学历史》，中华书局，2012年版，第54页。

③ 皮锡瑞：《经学历史》，中华书局，2012年版，第54—55页。

经》与古文同”。“刘向以中古文校欧阳、大小夏侯三家经文,《酒诰》脱简一,《召诰》脱简二。率简二十五字,脱亦二十五字,简二十二字,脱亦二十二字”。可见经文虽有个别差异,但皆无关宏旨。因而文字差异不为两者区别之理由。实际上,今古文经学之分,主要是对经义理解的不同,特别是治学的方式和风格上的不同。吕思勉曾说:“今古学之异,实不在经文,而在经说”①。今文经学注重从经典里发掘微言大义,侧重于联系实际进行发挥,迷信色彩较浓;古文经学则注重名物训诂和考证,较为朴实,迷信较少。由于今文经学现实性的特点,更适合统治者的需要,所以受到了汉代皇帝的特别青睐,被立于学官,成为官学。攻读今文经学成了入仕的正途。但古文学派是决不甘心一直处于“在野”地位的,他们为了能在官学中争得一席之地,以开辟仕进之途,必然要起来同今文经学进行斗争,而今文家们为了维护自己的既得利益,也绝不会允许古文经学染指博士之位,这就产生了历史上所谓的经今古文学之争。

经今古文学之争是从西汉末年刘歆提议为古文经学设立博士开始的。成帝时,刘向父子受诏校勘皇家书籍。刘歆发现了古文经《左传》,并大好之。他一反前代学者只给《左传》作训释解说的惯例,而用《左传》来解释《春秋》,于是经传得以相互补充,彼此融会贯通起来。史称:“及歆治《左氏》,引传文以解经,转相发明,由是章句义理备焉”②。哀帝时,刘歆请求将《左传》、《毛诗》、《逸礼》及《古文尚书》皆列于学官。哀帝让刘歆与五经博士“讲论其义”,可是诸博士以“不肯置对”的冷处理消极对抗。于是刘歆写了一篇《移让太常博士书》的文章,指出今文经传残缺,古文经传可靠,正可补充今文经的脱误。就《春秋》三传而言,刘歆认为:“左丘明好恶与圣人同,亲见夫子,而《公羊》、《穀梁》在七十子后,传闻之与亲见之,其详略不同”③。谴责博士们“犹欲保残守缺,挟恐见破之私意,而无从善服义之公心,或怀嫉妒,不考情实,雷同相从,随声是非”④。刘歆的文章论说有据,说理充分,批评可谓切中要害,由于“其言甚切”,引起了今文家的怨恨,有

---

① 吕思勉:《秦汉史》,上海古籍出版社,1983年版,第757页。

② 《汉书》卷三十六《刘歆传》,第1967页。

③ 《汉书》卷三十六《刘歆传》,第1967页。

④ 《汉书》卷三十六《刘歆传》,第1970页。

的以罢官威胁，有的弹劾刘歆"改乱旧章，非毁先帝所立"①。在一片反对的浪潮面前，刘歆不得不请求到地方做官，以避祸端。

东汉光武帝时，取消王莽时立于学官的古文经博士，恢复了原来的今文十四博士。建武四年(28)，尚书令韩歆上书提议为《左传》、《费氏易》立博士，光武帝诏下公卿、大夫、经学博士，集会云台，商议其事，结果引起了一场激烈的争论。《梁丘易》博士范升以《左传》"不祖孔子"，"无本师而多反异"等理由加以反对，并奏上《左传》失误十四事。说各家纷纷争立，"从之则失道，不从则失人"②。古文家陈元上疏驳斥，认为左丘明"亲受孔子，而《公羊》、《穀梁》传闻于后世"，范升所言，"皆断截小文，媟黩微辞，以年数小差，掇为巨谬，遗脱纤微，指为大尤，抉瑕擿衅，掩其弘美，所谓'小辩破言，小言破道'者也。……建立《左氏》，解释先圣之积结，淘汰学者之累惑，使基业垂于万世，后进无复狐疑，则天下幸甚"③。"范升复与(陈)元相辩难，凡十余上"④。光武帝为了调和两方的矛盾，对古文经学作了让步，立李封为《左氏》博士。此举遭到了今文家的激烈反对，"论议讙哗，自公卿以下，数廷争之"⑤。适遇李封病卒，《左氏》博士复废。这说明今文学派在政治上占有极大的优势，他们不愿意古文学派同其分享政治地位。而汉朝的最高统治者，出于政治上的利害得失，鉴于古文经学涉足博士官学造成思想动荡不利于政治稳定，所以也愿意维持今文经学的正宗地位。

章帝即位，"特好《古文尚书》、《左氏传》"⑥，遂诏古文学家贾逵入讲。贾逵的讲授使章帝对《左传》兴趣更浓，于是命贾逵"发出《左氏传》大义长于二传者"⑦。贾逵上书，力陈《左传》之长处，并摘出合乎"君臣之正义，父子之纪纲"的三十多条，强调《左传》"崇君父，卑臣子，强干弱枝，劝善戒恶，至明至切，至直至顺"⑧，甚至说"五经家皆无以证图谶明刘氏为尧后者，而

① 《汉书》卷三十六《刘歆传》，第 1972 页。
② 《后汉书》卷三十六《范升传》，第 1228 页。
③ 《反汉书》卷三十六《陈元传》，第 1230—1232 页。
④ 《反汉书》卷三十六《陈元传》，第 1233 页。
⑤ 《反汉书》卷三十六《陈元传》，第 1233 页。
⑥ 《后汉书》卷三十六《贾逵传》，第 1236 页。
⑦ 《后汉书》卷三十六《贾逵传》，第 1236 页。
⑧ 《后汉书》卷三十六《贾逵传》，第 1237 页。

《左氏》独有明文。五经家皆言颛顼代黄帝,而尧不得为火德。《左氏》以为少昊代黄帝,即图谶所谓帝宣也。如令尧不得为火,则汉不得为赤"[①]。请章帝"复留意废学,以广圣见"[②]。博士李育作《难左氏义》,提出四十一个问题反诘。章帝虽未立《左氏》博士,但"赐布五百匹,衣一袭。令逵自选《公羊》严、颜诸生高才者二十人,教以《左氏》,与简纸经传各一通"[③]。建初八年(83),又"诏诸儒各选高才生,受《左氏》、《穀梁春秋》、《古文尚书》、《毛诗》,由是四经遂行于世。皆拜逵所选弟子及门生为千乘王国郎,朝夕受业黄门署,学者皆欣欣羡慕焉"[④]。古文经虽未争得博士之位,但却获得了公开传授的权利[⑤]。汉灵帝时,卢植再次提出古文经立博士的问题,他上书说:"臣少从通儒故南郡太守马融受古学,颇知今之《礼记》特多回冗。臣前以《周礼》诸经,发起秕谬,敢率愚浅,为之解诂,而家乏,无力供缮写上。愿得将能书生二人,共诣东观,就官财粮,专心研精,合《尚书》章句,考《礼记》失得,庶裁定圣典,刊正碑文。古文科斗,近于为实,而厌抑流俗,降在小学,中兴以来,通儒达士班固、贾逵、郑兴父子,并敦悦之。今《毛诗》、《左氏》、《周礼》各有传记,其与《春秋》共相表里,宜置博士,为立学官,以助后来,以广圣意"[⑥]。对于卢植的上书灵帝有何反应,史书并未记载。不过,因古文经学本身注重经义训诂和典章制度的考证,政治色彩较淡而学术气息较浓的特点,所以他的影响日渐扩大,到东汉中后期其学术地位就逐渐超过了今文经学。东汉最有名的学者,如班固、贾逵、服虔、许慎、马融等都是古文家,或兼通今古文。如"许慎的《说文解字》是古文经学著作,却在诸多地方融会了今文经学家对字义的解释和理解,今文经学的《公羊传》、《欧阳尚书》等常常被其引用,又多采三家《诗》说。更重要的是,许慎的另一部著作《五经异议》,更体现了对今、古文经学的不偏不倚,择善而从

---

① 《后汉书》卷三十六《贾逵传》,第1237页。

② 《后汉书》卷三十六《贾逵传》,第1238页。

③ 《后汉书》卷三十六《贾逵传》,第1239页。

④ 《后汉书》卷三十六《贾逵传》,第1239页。

⑤ 有学者称:"太学此时虽未立《左氏》博士,实已开设《左氏》课程,且选《公羊》学之高才生以教授之,由此开了东汉太学教授古文经学的先例。"(杨天宇:《略论汉代今古文经学的斗争与融合》,《郑州大学学报》2001年第2期。)贾逵以《左氏》教授《公羊》学之高才生,是在太学里,还是在太学外,史书未明言,对此,尚需作进一步的考证。

⑥ 《后汉书》卷六十四《卢植传》,第2116页。

的精神,这是一种兼收并蓄的融合精神”[①]。其中尤以郑玄成就最著,他游学在外二十余年,遍访名师大儒,因而博通今古文学,尤以古文经学造诣最深。他遍注群经,不为门户所囿,能广采众家之精华,择善而从。清人段玉裁就曾指出:“郑君择善而从,绝无偏执”[②]。郑玄注经一改过去旧有的逐字逐句进行解说之章句形式,本着“文义自解,故不言之,凡说不解者耳”[③]的精神进行注解,故他的注释相当精炼,其字数往往比经文还少。郑玄的训释集汉代经学之大成,成为后来“汉学”的代表。范晔评论道:“自秦焚六经,圣文埃灭。汉兴,诸儒颇修艺文;及东京,学者亦各名家。而守文之徒,滞固所禀,异端纷纭,互相诡激,遂令经有数家,家有数说,章句多者或乃百余万言,学徒劳而少功,后生疑而莫正。郑玄括囊大典,网罗众家,删裁繁诬,刊改漏失,自是学者略知所归”[④]。

由于郑玄的学说体系,是在吸收各家长处基础上加以发展而成的,故而博大精深,学术水平很高,得到了学术界的广泛推崇,被誉为“名冠华夏,世为儒宗”。[⑤] 皮锡瑞就曾指出:“郑君博学多师,今古文道通为一,见当时两家相攻击,意欲参合其学,自成一家之言。虽以古学为宗,亦兼采今学以附益其义。学者苦其时家法繁杂,见郑君闳通博大,无所不包,众论翕然归之,不复舍此趋彼。于是郑《易注》行而施、孟、梁丘、京之《易》不行矣;郑《书注》行而欧阳、大小夏侯之《书》不行矣;郑《诗笺》行而鲁、齐、韩之《诗》不行矣;郑《礼注》行而大小戴之《礼》不行矣;郑《论语注》行而齐、鲁之《论语》不行矣”[⑥]。从而结束了二百余年的今古文争辩,实现了所谓的“经学小统一时代”。

今古文经学之争,实际上是儒家内部争夺“利禄之路”的斗争,是统治阶级内部不同派别间争权夺利斗争在学术上的反映。钱穆说:“博士经生之争今古文者,其实则争利禄,争立官与置博士弟子,非真学术之争也”[⑦]。顾颉刚在《汉代学术史略》里亦曰:“刘歆在秘府里找得几部古书,正如我

---

① 焦中信:《略论两汉今、古文经学的斗争与融合》,《魅力中国》2009 年第 1 期。
② 《周礼汉读考》卷一,清嘉庆刻本。
③ 《毛诗正义》卷一,《四库全书》文渊阁本。
④ 《后汉书》卷三十五《郑玄传》,第 1212—1213 页。
⑤ 《三国志》卷四《三少帝帝纪》注引《魏名臣奏》华歆语,第 142 页。
⑥ 皮锡瑞:《经学历史》,中华书局,1959 年版,第 149 页。
⑦ 钱穆:《国学概论》,商务印书馆,1997 年版,第 81 页。

们今日在敦煌千佛洞中找出许多唐人写本，在北平图书馆的乱书堆中找出几部内库的旧藏的宋版本一样，照现在看来，只该庆幸，那有受怨恨攻击的道理。所以会如此者，在汉儒大底出于嫉妒，怕古代的详细的东西立了博士，就把现代残缺的东西打倒了，把他们的饭碗摔碎了”。尽管他们各立门户，互不相让，但在为封建统治服务这一点上却是一致的。所以古文经学，尽管未被立于学官，但朝廷也容许其在私学中进行研究，古文经学家同样可以做官，受到重视。光武即位之初，召集经学大师范升、刘昆、桓荣、陈元、郑兴、杜林、卫宏会晤京师，其中后四人即为古文家。杜林“博洽多闻，时称通儒”①，尤以传授漆书《古文尚书》而闻名于世，曾官至光禄勋、大司空。他去世后，刘秀“亲自临丧送葬”②。郑兴“好古学，尤明《左氏》、《周官》”③，刘秀“征为太中大夫”④。卫宏精于古文《毛诗》学，后从杜林学《古文尚书》，并为之作《训旨》，致使“古学大兴”⑤，刘秀征拜其为议郎。陈元，“父钦，习《左氏春秋》”⑥。陈元少传父业，“为之训诂，锐精覃思”⑦。后来“元以才高著名”⑧，辟到司空李通府任职，“后复辟司徒欧阳府”⑨。白虎观议经时，今文经学代表有桓郁、丁鸿等人，而古文家也有贾逵参加。安帝延光二年(123)，“诏选三署郎及吏人能通《古文尚书》、《毛诗》、《穀梁春秋》各一人”⑩。灵帝光和三年(180)，“诏公卿举能通《古文尚书》、《毛诗》、《左氏》、《穀梁春秋》各一人，悉除议郎”⑪。东汉中叶后所选博士多兼习古文者。据《后汉书·儒林传》：周防、杨伦皆习《古文尚书》，后皆拜博士；李育“颇涉猎古学，尝读《左氏传》……后拜博士”。灵帝中平五年(188)诏曰：“处士荀爽、陈纪、郑玄、韩融、李楷，耽道乐古，志行高洁，清贫隐约，为众所归。其以爽等各补博士”⑫。此次所征博士多兼习古文者。

---

① 《后汉书》卷二十七《杜林传》，第935页。
② 《后汉书》卷二十七《杜林传》，第939页。
③ 《后汉书》卷三十六《郑兴传》，第1223页。
④ 《后汉书》卷三十六《郑兴传》，第1220页。
⑤ 《后汉书》卷七十九下《儒林列传·卫宏传》，第2576页。
⑥ 《后汉书》卷三十六《陈元传》，第1229页。
⑦ 《后汉书》卷三十六《陈元传》，第1230页。
⑧ 《后汉书》卷三十六《陈元传》，第1233页。
⑨ 《后汉书》卷三十六《陈元传》，第1234页。
⑩ 《后汉书》卷五《安帝纪》，第237页。
⑪ 《后汉书》卷八《灵帝纪》，第344页。
⑫ 《全上古三代秦汉三国六朝文》第一册《全后汉文》卷八，第513页。

荀爽传古文《费氏易》，为之作传，又通《左氏》。陈纪通《齐诗》、《左氏》。韩融“少能辩理而不为章句”[①]。郑玄学综古今，尤以古文名家。可见最高统治者对今古文学采取的是兼容态度。对于统治者来说，他们对经学最感兴趣的仅仅是能拿来为现实政治服务的那一部分内容。武帝对《公羊传》情有独钟，宣帝垂青于《穀梁传》，王莽热衷于古文经学，皆出于一定的社会政治需要。

经今文学家重在经义，古文学家重视文字、训诂，两派各有所长，都对经学的发展做出了重大贡献。儒术独尊之后，儒学已不再面临来自外部学派致命的威胁与挑战，儒学内部的分歧与辩难客观上起到了自我完善的作用，这是儒学内在的生命机制。经今古文之争，虽有门户之见，但却能畅所欲言。汉代君主提倡互相问难，辩论经义的学风。武帝时，有公羊大师董仲舒与韩诗创始人韩婴“论于上前，其人精悍，处事分明，仲舒不能难也”[②]。又有仲舒与穀梁博士江公的论辩，“仲舒通《五经》，能持论，善属文。江公呐于口，上使与仲舒议，不如仲舒。而丞相公孙弘本为《公羊》学，比辑其议，卒用董生。于是上因尊《公羊》家，诏太子受《公羊春秋》，由是《公羊》大兴”[③]。可见，经典若能得到最高统治者的认可与支持，对于推动其快速发展具有至关重要的作用。“是时，少府五鹿充宗贵幸，为《梁丘易》。自宣帝时善梁丘氏说，元帝好之，欲考其异同，令充宗与诸《易》家论。充宗乘贵辩口，诸儒莫能与抗，皆称疾不敢会。有荐云（按，指朱云）者，召入……既论难，连拄五鹿君，故诸儒为之语曰：‘五鹿岳岳，朱云折其角。’由是为博士”[④]。光武帝尤倡论辩之风，“每临朝日，辄延群臣讲论圣道”[⑤]，甚至“夜分乃寐”，“皇太子见帝勤劳不怠，承闲谏曰：‘陛下有禹汤之明，而失黄老养性之福，黄帝、《老子》。愿颐爱精神，优游自宁。’帝曰：‘我自乐此，不为疲也。’”[⑥]每年正旦朝贺，百官聚会，光武帝都要让群臣能说经者互相辩论，如果某人义有不通，就撤去他的坐席，移到胜者席下。侍中戴凭创获

① 《后汉书》卷六十二《韩融传》，第2063页。
② 《汉书》卷八十八《儒林传·韩婴传》，第3613页。
③ 《汉书》卷八十八《儒林传·瑕丘江公传》，第3617页。
④ 《汉书》卷六十七《朱云传》，第2913－2814页。
⑤ 《后汉书》卷三十六《陈元传》，第1230页。
⑥ 《后汉书》卷一下《光武帝纪》，第85页。

五十余张坐席的纪录，被誉为“解经不穷戴侍中”[①]。和帝时“因朝会，召见诸儒，丕与侍中贾逵、尚书令黄香等相难数事，帝善丕说”[②]。各派学者为了能在论辩中取胜，就不得不去了解、研究对手的学术观点，从而为最终的融合创造了条件。观韩歆与范升的辩难，李育与贾逵的论辩即可知。今文家何休为攻驳《左传》、《穀梁传》，特作《左氏膏肓》与《穀梁废疾》、《公羊墨守》。古文学大师郑玄则针锋相对地写了《针膏肓》、《起废疾》、《发墨守》，因其熟悉今文学，故批驳能够击中要害，以至于何休看了郑玄的著作后，惊叹：“康成入吾室，操吾矛，以伐我乎！”[③]《后汉书·郑玄传》称：“初，中兴之后，范升、陈元、李育、贾逵之徒争论古今学，后马融答北地太守刘环及玄答何休，义据通深，由是古文遂明”。各派为了取得学术上和政治上的地位，均重视收徒讲学，积极扩大影响。通过争辩，不仅活跃了学术空气，而且激发了后学者学习研究的兴趣，有利于学者开阔视野，深入思考，这也是汉代经学教育昌盛的一个重要原因。

经学内部的分歧，影响了儒学的统一，妨碍了为大一统政治服务，为此，汉代统治者采取了如下措施：

首先，召开大型经学会议，审定五经异同。西汉宣帝甘露三年（前51），在皇宫中秘藏典籍的石渠阁召开经学讨论会。参加会议的几乎包括了当时各经在朝的大师，如《诗》博士张生、韦玄成，《书》博士欧阳地余、林尊，《易》博士施雠，《礼》博士戴圣、太子舍人通汉，《春秋》公羊学博士严彭祖，穀梁学议郎尹更始、待诏刘向、周庆等。会议任务是“讲五经同异”。由“太子太傅萧望之平奏其议”[④]，宣帝亲自裁决。会议留下的文件，据《汉书·艺文志》载有《五经杂议》十八篇，《书议奏》四十二篇，《礼议奏》三十八篇，《春秋议奏》三十九篇，《论语议奏》十八篇，包括了五经的全部内容。议经的史料早已亡佚，今仅存有片断材料。清人马国翰《玉函山房辑遗书》辑有《石渠礼论》，《通典》亦存《石渠礼论》的部分资料。这次会议取得了一些成果：一是通过讲论五经异同，从各派经学中选择确定了一超越各派之上的经说，形成了一些共同的结论，为建立统一经学打下了基础。二是确定

---

① 《后汉书》卷七十九上《儒林列传·戴凭传》，第2554页。

② 《后汉书》卷二十五《鲁丕传》，第884页。

③ 《后汉书》卷三十五《郑玄传》，第1208页。

④ 《汉书·宣帝纪》卷八，第272页。

了一些可以推行的礼仪规范，推动了经学、经义和礼制建设的结合，经义向现实生活的介入。三是增加大小夏侯《尚书》、梁丘《易》和《穀梁春秋》，作为太学的学习科目。石渠阁会议“可以说是中国高等教育史上第一次由中央政府组织的大学教材审定会议”①。

章帝建初四年(79)，校书郎杨终建议说：“宣帝博征群儒，论定五经于石渠阁。方今天下少事，学者得成其业，而章句之徒，破坏大体。宜如石渠故事，永为后世则”②。章帝接受了这一建议，亲自主持召开著名的白虎观会议，历时数月。会议之目的主要是解决“五经章句烦多”的问题，使经学统一到官方认定的轨道上来。参加会议的有数十人，包括今古文经各派知名学者，如李育、魏应、丁鸿、楼望、鲁恭、班固、贾逵等。他们“讲议《五经》同异，使五官中郎将魏应承制问，侍中淳于恭奏，帝亲称制临决”③。白虎观会议产生了统一的经学著作，这就是班固根据会议的议奏和皇帝裁定结论写成的《白虎通义》。全书汇集四十三条名词解释，内容涉及社会、礼仪、风习、国家制度、伦理道德等各个方面。对于这种公开的经学讨论会的意义，李威熊认为：“这种集思广益的学术讨论，一来可以反映当时的经学概况，二来可藉着彼此的切磋，以开拓学术研究的视野。再者，这种客观的讨论方式，也是解决问题的好方法。所以这两次会议，对后世的学术研究有很大的启示”④。这种见解有一定道理，学术讨论对于学术发展所具有的重要意义是不言而喻的。但必须指出，统治者的最终目的还是要通过论辩推出统一的经学教育原则，以加强思想统治。皇帝给讨论最后下结论，皇权就是真理，这对学术来说未尝不是一件悲哀之事。由于皇帝亲临裁决而使之具有官方经学和权威法典的性质，政治权力与思想解释权合而为一，其结果极大地提高了经学的地位，有利于维系思想大一统局面，为官学私学的经学教育确立了共同标准和统一内容。

其次，镌刻标准经书。汉代学生读经，主要靠教师口授和辗转传抄，错讹自不能免，经字出现异文，各家所取不同经文解说经义，故而出现分歧，这是不利于经学教育的。加上经学成为获取禄利的工具后，出现了在经籍

① 熊明安：《中国高等教育史》，重庆出版社，1988年版，第114页。

② 《后汉书》卷四十八《杨终传》，第1599页。

③ 《后汉书》卷三《章帝纪》，第138页。

④ 李威熊：《中国经学发展史论》，文史哲出版社，1988年版，第138页。

文字上搞小动作以从中牟利的现象，甚至篡改官方用漆书写的经文。《后汉书·儒林传》称："党人既诛，其高名善士多坐流废，后遂至纷争，更相言告，亦有私行金货，定兰台漆书经字，以合其私文"。议郎蔡邕认为："经籍去圣久远，文字多谬，俗儒穿凿，疑误后学"①。熹平四年(175)，遂与五官中郎堂谿典、光禄大夫扬赐、谏议大夫马日磾、议郎马驯、韩说，太史令单飏联名上奏，要求正定六经文字。灵帝批准了这一建议。蔡邕对《诗经》、《尚书》、《周易》、《礼记》、《春秋》、《论语》六经"逐一进行校勘，其方法是广采当时立于学官的今文派各家的本子，选其中一家为主，将其他各家的本子上不同的文字作附论注于书后，作为校勘记。例如，《尚书》一经采用了欧阳、大、小夏侯三家的本子，以欧阳家《尚书》本为主，而校以大、小夏侯本"②。蔡邕用隶书写经于石碑上，使工匠镌刻并立于太学门前，作为太学的标准教材。石经自开工到完成共历九年之久，共有石碑四十六座，约二十余万字。石经刻成后，引起了朝野的轰动："于是后儒晚学，咸取正焉。及碑始立，其观视及摹写者，车乘千余辆，填塞街陌"③。熹平石经为学校及自学者提供了标准、规范的教科书，成为封建国家重视教育、独尊儒术和统一思想的一种象征。

由上述可知，汉朝统治者非常重视选择适合他们政治需要的教科书。这种由政府正式审定全国统一教科书的办法，是世界古代教育史上最早和极为罕见的记录。

2.重视师法、家法

为了确保师徒相传的经学不致"走样"，促成学术思想的高度统一，汉代统治者规定传授经书必须严守师法、家法。因此重视师法、家法就成为汉代经学教育中的一个显著特点。皮锡瑞说："前汉重师法，后汉重家法。先有师法，而后能成一家之言。师法者，溯其源；家法者，衍其流也。师法、家法所以分者：如《易》有施、孟、梁丘之学，是师法；施家有张、彭之学。孟有翟、白之学，梁丘有士孙、邓、衡之学，是家法，家法从师法分出"④。就是

① 《后汉书》卷六十下《蔡邕传》，第1990页。

② 曹喜琛：《〈熹平石经〉的刊刻——我国汉代一次别具特色的文献公布》，《北京档案》1998年第9期。

③ 《后汉书》卷六十下《蔡邕传》，第1990页。

④ 皮锡瑞：《经学历史》，中华书局，1959年版，第136页。

说师法是源，家法是流，师法是干，家法是枝[①]。

西汉前期，书写材料主要是简牍、丝帛，简册制作不易，且携带不便，而丝帛成本又太高，因而当时书籍是很珍贵难得的。在此情况下，要获得知识，只有通过求师，通过教师的口授心传而获致。正如皮锡瑞所说："汉人无无师之学，训诂句读皆由口授；非若后世之书，音训具备，可视简而诵也。书皆竹简，得之甚难，若不从师，无从写录"[②]。同时，经学教育传授的是体现圣贤之道的古代典籍，在学术传授靠手抄甚至口授的条件下，要防止杜撰经文和主观臆断的解说，有效的保障就是严格辩明师传体系并恪守师说，师法的观念就是在这样的状态下产生的。

随着经学研究和传授的广泛开展，一些有造诣的经师创立了自己的一家之说，如《书》有大、小夏侯，《礼》有大、小戴，《公羊春秋》有颜、严等。这些学派均有专门的经籍内容和固定的说经方式和风格，从而形成各自的家法，其在形式上的体现即是章句，为传授经学的讲义。在编纂成书后，既可以面授及门弟子，又可供私塾弟子传抄攻读。特别是造纸术的发明，为书籍制作提供了廉价的原材料，至东汉时书籍大增，甚至有了卖书的市场。例如王充"家贫无书，常游洛阳市肆，阅所卖书"[③]。在书籍来源比较丰富的情况下，甚至不必通过拜师的途径也可掌握一家之学，使考察直接的师传关系逐渐失去了原有的意义，这是后汉重家法而少言师法的原因[④]。

---

① 对于师法、家法的含义，自清代以来，学者多有阐述者，但至今仍存在着不同的认识。如沈文倬以是否被立于学官(即博士)来区分师法和家法，他说："师法家法既都是某人的解说，它被立于学官，即是师法；未立之时，即是家法，施、孟、梁丘三家《易》说未立是为家法，故孟喜以'改师法'被黜、甘露三年立于学官，都是师法了"(沈文倬：《黄龙十二博士的定员和太学郡国学校的设置》，《宗周礼乐文明考论》，浙江大学出版社，1999 年版，第 466 页)。丁进认为："经学师法是汉武帝设立师法博士的产物。家法一词东汉中期后才出现，可以指章句，也可以指称师法。师法包括经文本的文字、篇卷以及师法博士关于经的各种解说，重在经学的恢复和创新；家法重在经学的传承，家法一词的流行与东汉十四博士之后不再增设师法博士有关。夸大师法和家法的区别不符合两汉经学实际情况"(《汉代经学中的家法和师法辨析》，《湖南大学学报》2011 年第 5 期)。蒋国保认为："'家法'出于'师法'，不违背'师法'，但'师法'指本门诸师的经说，'家法'特指亲炙老师的经说。西汉儒者只讲'师法'，东汉儒者主要讲'家法'。'师法'不排斥兼(本门)诸师说，'家法'则排斥兼(本门)诸师说。较之'师法'，'家法'是更为严格的身份认同，目的就是杜绝不具备这一身份的人担任某名分下的博士官，将担任某名分下博士官的权利只给予某博士亲授的弟子"(《汉儒之"师法"、"家法"考》，《中山大学学报》2011 年第 3 期)。本文采纳皮锡瑞之说。

② 皮锡瑞：《经学历史》，中华书局，1959 年版，第 131 页。

③ 《后汉书》卷四十九《王充传》，第 1629 页。

④ 俞启定：《先秦两汉儒家教育》，齐鲁书社，1987 年版，第 186－188 页。

汉代重视师法家法表现在多方面：

其一，在汉代，博士是官方学术的正宗代表，所谓“博士之官，为天下宗师”①，充任其需严守师法家法，否则便不能担任博士，即或当上了也有被罢免的可能。如西汉时，孟喜杜撰师承关系，“博士缺，众人荐喜。上闻喜改师法，遂不用喜”②。张禹因有师法被推荐，“甘露中，诸儒荐禹，有诏太子太傅萧望之问。禹对《易》及《论语》大义，望之善焉，奏禹经学精习，有师法，可试事”③。东汉时张玄混淆家法，虽以试策第一拜为博士，然而“居数月，诸生上言玄兼说严氏、颜氏，不宜专为颜氏博士。光武且令还署，未及迁而卒”④。

其二，博士讲经要守家法。光武帝立今文十四家博士，规定“各以家法教授”⑤。安帝元初四年(117)，“以经传之文多不正定，乃选通儒谒者刘珍及博士良史诣东观，各仇校家法”⑥，以使讲授有正本。

其三，在选举考试中也重视家法。和帝永元十四年(102)，司空徐防上书尖锐指出太学考博士弟子皆以意说的严重情况，要求遵守家法。他说：“伏见太学试博士弟子，皆以意说，不修家法，私相容隐，开生奸路。每有策试，辄兴诤讼，论议纷错，互相是非。……今不依章句，妄生穿凿，以尊师为非义，意说为得理，轻侮道术，浸以成俗，诚非诏书实选本意。改薄从忠，三代常道，专精务本，儒学所先。臣以为博士及甲乙策试，宜从其家章句，开五十难以试之。解释多者为上第，引文明者为高说。若不依先师，义有相伐，皆正以为非”⑦。和帝把徐防的意见交众大臣讨论，大家“皆从防言”⑧。左雄上书改革选举制度时，特别强调举孝廉要“诸生试家法”⑨。质帝时令选举明经科也要守家法：“千石、六百石、四府掾属、三署郎、四姓小侯先能通经者，各令随家法，其高第者上名牒，当以次赏进”⑩。

---

① 《后汉书》卷三十三《朱浮传》，第1144页。

② 《汉书》卷八十八《儒林传·孟喜传》，第3599页。

③ 《汉书》卷八十一《张禹传》，第3347页。

④ 《后汉书》卷七十九下《儒林传·张玄传》，第2581页。

⑤ 《后汉书》卷七十九上《儒林传》，第2545页。

⑥ 《后汉书》卷七十八《宦者列传·蔡伦传》，第2513页。

⑦ 《后汉书》卷四十四《徐防传》，第1500—1501页。

⑧ 《后汉书》卷四十四《徐防传》，第1501页。

⑨ 《后汉书》卷六十一《左雄传》，第2020页。

⑩ 《后汉书》卷六《质帝纪》，第281页。

汉代经师各以师法、家法教授，保证了经学的继承性，为后人研究他们的学术渊流及承继关系提供了便利条件。清人赵春沂说："夫家法明则流派著，可以知经学之衍别，可以知经文之异同，可以知众儒之授受，可以存周秦之古谊。汉学之盛，盛于家法也"①。同时，对儒家各派的定向发展也起了一定的促进作用。但严守师法、家法，各欲成一家之言，弄得枝叶蔓衍，逐渐形成门户之见，造成"经有数家，家有数说"，章句烦琐的现象。《汉书·儒林传》说："秦恭延君守小夏侯说文，增师法至百余万言"。桓谭《新论》记载："秦延君能说《尧典》篇目两字之谊，至十余万言。但说'曰若稽古'，三万言"。汉末的应劭也在《风俗通义序》中指出："训注说难，转相陵高，积如丘山，可谓繁复者矣"②。尽管有部分学者作了删繁就简的努力，如张霸就樊儵受《公羊尹氏春秋》，"以为犹多繁辞，乃减定为二十万言，更名《张氏学》"③。桓荣受博士朱普学章句四十万言，以其"浮辞繁长，多过其实"，减为二十三万言。荣子郁"复删省定成十二万言，由是有《桓君大小太常章句》。"④张奂以"《牟氏章句》浮辞繁多，有四十五万言，奂减为九万言"⑤。但章句繁琐的局面未能有根本转变。

浩繁的章句成为学者的沉重负担，有的人从小到老还学不会一经。刘歆批评今文学者，"不思废绝之阙，苟因陋就寡，分文析字，烦言碎辞，学者罢老且不能究其一艺"⑥。班固也指出："古之学者耕且养，三年而通一艺，存其大体，玩经文而已，是故用日少而畜德多，三十而五经立也。后世经传既已乖离，博学者又不思多闻阙疑之义，而务碎义逃难，便辞巧说，破坏形体，说五字之文，至于二三万言。后进弥以驰逐，故幼童而守一艺，白首而后能言；安其所习，毁所不见，终以自弊。此学者之大患也"⑦。徐幹说："凡学者大义为先，物名为后，大义举而物名从之。然鄙儒之博学也，务于物名，详于器械，矜于诂训，摘其章句而不能统其大义之所极，以获先王之心。此无异乎女史诵诗，内竖传令也。故使学者劳思虑而不知道，费日月

① 赵春沂：《两汉经师家法考》，阮元编《诂经精舍文集》卷十一，嘉庆六年刻本，第 322 页。
② 《全后汉文》卷三十三，第 658 页。
③ 《后汉书》卷三十六《张霸传》，第 1242 页。
④ 《后汉书》卷三十七《桓荣列传》，第 1256 页。
⑤ 《后汉书》卷六十五《张奂传》，第 2138 页。
⑥ 《汉书》卷三十六《刘歆传》，第 1970 页。
⑦ 《汉书》卷三十《艺文志》，第 1723 页。

而无成功”[①]。章句繁琐的弊端，就连最高统治者也感觉到了，王莽就曾将五经章句删节为二十万字。光武帝曾诏令钟兴“定《春秋》章句，去其复重，以授皇太子”[②]。章帝建初四年召集诸儒于白虎观，讲论五经异同，明确指出其目的就是要纠正由于经师们专己守残，党同伐异而造成的章句烦多、说解杂乱之弊病，以确立对儒家经典统一的、权威的解释标准。诏书说：“盖三代导人，教学为本。汉承暴秦，褒显儒术，建立五经，为置博士。其后学者精进，虽曰承师，亦别名家。孝宣皇帝以为去圣久远，学不厌博，故遂立大、小夏侯《尚书》，后又立《京氏易》。至建武中，复置颜氏、严氏《春秋》，大、小戴《礼》博士，此皆所以扶进微学，尊广道艺也。中元元年诏书，五经章句烦多，议欲减省。至永平元年，长水校尉樊儵奏言，先帝大业，当以时施行。欲使诸儒共正经义，颇令学者得以自助”[③]。

恪守师法家法，严重地限制了学者主观能动性和聪明才智的发挥，不利于他们开阔眼界，增长知识，同时这种墨守成规的做法，也使经学步入了僵化的死胡同。因而突破师法、家法的束缚和今古文经间的界限，已成为时代之要求，一大批兼通古今、融合各家的通儒遂应运而生。如桓谭“博学多通，遍习五经，皆训诂大义，不为章句”[④]。班固“博贯载籍，九流百家之言，无不穷究。所学无常师，不为章句，举大义而已”[⑤]。尹敏“初习《欧阳尚书》，后受古文，兼善《毛诗》、《穀梁》、《左氏春秋》”[⑥]。梁鸿“博览无不通，而不为章句”[⑦]。贾逵“弱冠能诵《左氏传》”，“虽为古学，兼通五家《穀梁》之说”[⑧]。曾受章帝诏“撰《欧阳》、《大小夏侯尚书古文》同异。逵集为三卷，帝善之。复令撰《齐》、《鲁》、《韩诗》与《毛氏》异同。并作《周官解故》。”[⑨]崔骃“年十三能通《诗》、《易》、《春秋》，博学有伟才，尽通古今训诂百家之言”[⑩]。张衡

① 《中论·治学》，《百子全书》(第二册)。
② 《后汉书》卷七十九下《儒林列传·钟兴传》，第2579页。
③ 《后汉书》卷三《章帝纪》，第137—138页。
④ 《后汉书》卷二十八上《桓谭传》，第955页。
⑤ 《后汉书》卷四十上《班固传》，第1330页。
⑥ 《后汉书》卷七十九上《儒林列传·尹敏传》，第2558页。
⑦ 《后汉书》卷八十三《逸民列传·梁鸿传》，第2765页。
⑧ 《后汉书》卷三十六《贾逵传》，第1235页。
⑨ 《后汉书》卷三十六《贾逵传》，第1239页。
⑩ 《后汉书》卷五十二《崔骃传》，第1708页。

“通五经,贯六艺”[①]。卢植“能通古今学,好研精而不守章句”[②]。而郑玄更是在外游学近二十余年,遍访名师大儒,精通今古文经学,以及天文、律历、算学、图谶等,成为当时学问最为渊博的学者。他遍注群经,糅合各家学说之精华,最终在学术界打破了宗派门户的界限,实现了今古文各家的融合。郑学也就成了以后很长一段时间经学教育的主要内容,这在古代教育发展史上是一个巨大贡献。

四、选士制度的逐步完善

汉代统治者重视培养人才,建立了一套学校制度。中央的太学生学成后,固然可以按成绩优劣获得一定的官职,但太学的学生数量有限,远不及地方学校学生众多,而地方学校的学生,虽可补充到地方政府中,但毕竟机会不多。同时汉代私学相当发达,著名的经师大儒,弟子往往成千上万,远远超过了官学生的数量。因而就必须有一种制度来保证这批人才能够被选拔出来,发挥他们的才能,使其能够为巩固发展封建王朝的统治服务,否则,学校教育将失去活力,亦很难维持下去。为此,汉代统治者逐渐建立起了一套独尊儒术指导下的、以察举制为核心的选拔人才制度,把培养人才与选拔人才结合起来。通过规定国家公职录用标准和挑选方式来左右教育的方向和对教育内容的选取,从而将教育纳入符合封建统治需要的轨道。

汉初建国后,即重视选举取士。汉高祖十一年(前196),下诏求贤:“盖闻王者莫高于周文,伯者莫高于齐桓,皆待贤人而成名。今天下贤者智能岂特古之人乎?患在人主不交故也,士奚由进!今吾以天之灵,贤士大夫定有天下,以为一家,欲其长久,世世奉宗庙亡绝也。贤人已与我共平之矣,而不与吾共安利之,可乎?贤士大夫有肯从我游者,吾能尊显之。布告天下,使明知朕意。御史大夫昌下相国,相国酂侯下诸侯王,御史中执法下郡守,其有意称明德者,必身劝为之驾,遣诣相国府,署行、义、年。有而弗言,觉,免。年老癃病,勿遣”[③]。这道求贤诏,对象是具有治国才能的“贤士大夫”,并要求登记“行”(品行)、“义”(仪表)和“年”(年龄),虽未指明“贤

① 《后汉书》卷五十九《张衡传》,第1897页。

② 《后汉书》卷六十四《卢植传》,第2113页。

③ 《汉书》卷一下《高帝纪》,第71页。

者”的具体标准，但规定了一些举贤的具体程序和要求，因而它是开了汉代选士制度的先河。

汉文帝二年(前 178)和十五年(前 165)两次诏令公卿郡守举贤良方正。十五年这一次，文帝还亲自策问贤良，要求他们针对时政提出建议。诏书还要求写出文章后要“周之密之”，封好后由皇帝亲自拆看，评定高下，这不仅是对策射策的起源，也是后世科举的端绪。据《汉书·晁错传》载，当时“对策者百余人，唯错为高第，由是迁中大夫”。文帝实行贤良对策，是汉代选士制度的开端，但这只是偶一为之，还未形成制度。当时选士既无一定标准，亦无时间和名额的规定。究其原因，大致在于汉初处于守成时期，统治者推行清静无为的黄老政策，对尚贤使能还不甚看重，同时，跟随刘邦打天下的功臣将士，尚占据着各级官位，因而对选士的需要还不迫切。

选士成为一种较完备的制度，是在汉武帝时代。当时不仅确立了以儒家经术和对伦理道德的要求为选士之主要标准，而且有了时间和名额的规定。

贤良方正是汉代地位最高的选举科目，为天子亲自取士的科目。贤良方正的选举无定期，一般是在国家遇有重大问题需要解决时，皇帝亲自下诏，由公卿、郡守等高级官员负责推荐贤良方正，让他们就这些问题发表看法、提出建议。《通典》卷十三言：“汉诸帝凡日蚀地震、山崩川竭、天地大变，皆诏天下郡国举贤良方正极言直谏之士，率以为常”。贤良方正一般均由皇帝亲自策问。在汉代的察举诏令中，常有“朕将亲览”之句，如武帝元光五年诏、成帝建始三年诏、光武建武七年诏，均是如此。所以这样，无非是表示皇帝对选拔人才的重视。贤良方正的对策一旦和皇帝思想相合拍，就会得到重用。如董仲舒前后三次对策，很得武帝的赞赏，被任为江都相，年老退休后，朝廷每有大事，还常派人到其家请教。公孙弘因对策第一，被拜为博士，后来升到丞相、封侯，成为汉代第一个以布衣擢居相位的人。所以徐天麟认为汉世诸科“以贤良方正为至重”[①]。

孝廉是汉代经常性的选士科目，始于武帝元光元年(前 134)，“初令郡国举孝廉各一人”[②]。然而岁举孝廉的工作初始时开展得并不顺利，原因

---

① 《东汉会要》，上海古籍出版社，1978 年版，第 391 页。

② 《汉书》卷六《武帝纪》，第 160 页。

是汉承秦法，举人不当者要治罪，所以各郡国对察举孝廉并不积极，“或至阖郡而不荐一人”①。为此，武帝于元朔元年(前128)下了一道相当强硬的诏书：“不举孝，不奉诏，当以不敬论。不察廉，不胜任也，当免”②。此后岁举孝廉的制度才得以贯彻执行。孝廉是按郡国选举的，不论郡国人口多少，所举孝廉的人数是一样的。这对于人口多的大郡国来说，显然是有失公平的。因而在东汉和帝时对其进行了改进：“时大郡口五六十万举孝廉二人，小郡口二十万并有蛮夷者亦举二人。帝以为不均，下公卿会议”③。于是司徒丁鸿与司空刘方上疏：“凡口率之科，宜有阶品，蛮夷错杂，不得为数。自今郡国率二十万口岁举孝廉一人，四十万二人，六十万三人，八十万四人，百万五人，百二十万六人。不满二十万二岁一人，不满十万三岁一人”④。和帝批准了这一建议，从此开始按郡国人口比例岁举孝廉。但这样一来，人口稀少的边远地区，每两三年才能举一孝廉，不利于当地人才的发展，故和帝于永元十三年下诏对边郡给以特殊照顾：“缘边郡口十万以上岁举孝廉一人，不满十万二岁举一人，五万以下三岁举一人”⑤。使选士制度更加完善和规范。

据黄留珠先生统计，两汉孝廉中，资历明确记载和可以断定的为二百三十四人，其中儒生占32.1%，儒吏(兼有儒生及州郡吏双重身份)占13.2%，这两者的总数在孝廉中占45.3%，约有二分之一。另外，处士在孝廉中占25.6%。而儒生、处士、儒吏合起来，比例占孝廉的70.9%，可见通晓经书的儒生与州郡属吏，为孝廉之主体⑥。孝廉的任用，在中央则多以郎署为主，再迁为尚书、侍御史、侍中等官。如王吉“少好学明经，以郡吏举孝廉为郎”⑦。韦彪“好学洽闻，雅称儒宗。建武末举孝廉，除郎中”⑧。在地方则为令、长、丞，再迁为太守、刺史。如霍谞“少为诸生，明经。……仕郡

① 《汉书》卷六《武帝纪》，第166页。

② 《汉书》卷六《武帝纪》，第167页。

③ 《后汉书》卷三十七《丁鸿传》，第1268页。

④ 《后汉书》卷三十七《丁鸿传》，第1268页。

⑤ 《后汉书》卷四《和帝纪》，第189页。

⑥ 黄留珠：《秦汉仕进制度》，西北大学出版社，1985年版，第143页。

⑦ 《汉书》卷七十一《王吉传》，第3058页。

⑧ 《后汉书》卷二十六《韦彪传》，第917页。

举孝廉，稍迁金城太守”[①]。蔡衍“少明经，……举孝廉，稍迁冀州刺史”[②]。可见孝廉一科为汉代儒生或低级官吏向上攀登的一个重要阶梯。孝廉是岁举常科，从取士的人数上远远超过贤良方正，所以徐天麟认为汉世诸科“得人之盛，则莫如孝廉”[③]。汉武帝后，不少著名的公卿大臣是从孝廉入仕的，如萧望之、薛宣、黄霸、张敞等皆以察廉补长丞，而后位登公卿。马端临亦指出：“按东都选举，孝廉一科为盛，名士多出其中”[④]。

孝廉科设立的本意，是在选拔德行高尚之人。顾名思义，孝为孝子，廉为廉吏，孝为立身之本，廉为从政之方，它们都是儒家所提倡的最基本道德规范。但德行不比学术，没有可以直接检验、明确把握的衡量标准，考察起来有一定难度。当时评价一个人的德行往往依据其人的声望，一些人为了求得好名声，不惜行伪作假。如东汉初年孝廉许武“以二弟晏、普未显，欲令成名，乃请之曰：‘礼有分异之义，家有别居之道。’于是共割财产以为三分，武自取肥田广宅奴婢强者，二弟所得并悉劣少。乡人皆称弟克让而鄙武贪婪，晏等以此并得选举。武乃会宗亲，泣曰：‘吾为兄不肖，盗声窃位，二弟年长，未豫荣禄，所以求得分财，自取大讥。今理产所增，三倍于前，悉以推二弟一无所留。’于是郡中翕然，远近称之。位至长乐少府”[⑤]。所以孝廉科逐渐转向以选拔经术之士为主。如张霸博览五经，“举孝廉光禄主事”[⑥]。张兴“习《梁丘易》以教授，建武中，举孝廉为郎”[⑦]。殇帝延平元年(106)，尚敏建议：“自今官人，宜令取经学者，公府孝廉皆应诏，则人心专一，风化可淳也”[⑧]。这是公开要求以经学统一选士标准。

后汉选士制度在顺帝阳嘉元年(132)发生了重大变革，这次改革是由尚书令左雄倡议。左雄上书指斥当时官场良莠不分：“言善不称得，论功不据实，虚诞者获誉，拘检者离毁”[⑨]，强调“宁人之务，莫重用贤，用贤之道，

① 《后汉书》卷四十八《霍谞传》，第1615、1617页。
② 《后汉书》卷六十七《党锢列传·蔡衍传》，第2208—2209页。
③ 《东汉会要》卷二十六《选举上》，第391页。
④ 《文献通考》卷三十四《选举七》，第321页。
⑤ 《后汉书》卷七十六《循吏列传·许武传》，第2471页。
⑥ 《后汉书》卷三十六《张霸传》，第1241页。
⑦ 《后汉书》卷七十九《儒林列传·张兴传》，第2552页。
⑧ 李兴和点校：《后汉纪集校》卷十五《孝殇皇帝纪》，云南大学出版社，2008年版，第189页。
⑨ 《后汉书》卷六十一《左雄传》，第2017页。

必存考黜”[①]。由此,他提出选举孝廉限制年龄并要经过考试:“郡国孝廉,古之贡士,出则宰民,宣协风教。若其面墙,则无所施用。孔子曰:‘四十不惑。’《礼》称‘强仕’。请自今孝廉年不满四十,不得察举,皆先诣公府,诸生试家法,文吏课笺奏,副之端门,练其虚实,以观异能,以美风俗。有不承科令者,正其罪法。若有茂才异行,自可不拘年齿”[②]。顺帝纳左雄之议,于同年下令执行。就是说从这时起举孝廉要有年龄限制,且对举来之人要先在公府考试,原属儒生的按所习学派的章句考试经学,原属官府吏员的考试公文章奏的写作,然后在端门由尚书复试,才能录用。形成了以选举为前提、以考试定取舍、选举与考试相结合的选士体制。这是汉代选士制的一个里程碑。据《后汉书·左雄传》载:“明年,有广陵孝廉徐淑,年未及举,台郎疑而诘之。对曰:‘诏书曰有如颜回、子奇,不拘年齿,是故本郡以臣充选。’郎不能屈。雄诘之曰:‘昔颜回闻一知十,孝廉闻一知几邪?’淑无以对,乃谴却郡。于是济阴太守胡广等十余人皆坐谬举免黜,……自是牧守畏栗,莫敢轻举”。由此可见,左雄的改制是得到认真贯彻的。

左雄创立的考试制度,对革除选举流弊,防止求名作伪,营私舞弊,选拔真正人才起到了积极的作用。范晔论曰:“汉初诏举贤良方正,州郡察孝廉、秀才,斯亦贡士之方也。中兴以后,复增敦朴、有道、贤能、直言、独行、高节、质直、清白、敦厚之属。荣路既广,觖望难裁。自是窃名伪服,浸以流竞。权门贵仕,请谒繁兴。自左雄任事,限年试才,虽颇有不密,固亦因识时宜。……故雄在尚书,天下不敢妄选,十余年间,称为得人”[③]。这一评论是较公允的。

秀才(东汉时避光武帝刘秀讳改称茂才)一科,西汉时也和贤良方正一样属于特举科目,由皇帝下诏选举。察举秀才,亦始于汉武帝。因当时名臣凋谢,需要人才,恐优秀者受舆论影响不被推举,特下诏举秀才。元封五年(前106)诏曰:“令州郡察吏民有茂才异等,可为将相及使绝国者”[④]。其后,宣帝、元帝时均有察举茂才异等的诏令,如宣帝元康四年(前62)“遣太

① 《后汉书》卷六十一《左雄传》,第2015页。
② 《后汉书》卷六十一《左雄传》,第2020页。
③ 《后汉书》卷六十一《左周黄传论》,第2042页。
④ 《汉书》卷六《武帝纪》,第197页。

中大夫强等十二人循行天下，……举茂才异能之士”[①]。元帝初元二年(前47)诏“丞相、御史、中二千石举茂才异等直言极谏之士”[②]。西汉名儒中，如龚胜、师丹等都是通过举秀才入仕的。

东汉建武十二年(36)，下诏：“三公举茂才各一人，廉吏各一人；左右将军岁察廉吏各二人；光禄岁举郎、茂才、四行各一人，察廉吏三人；中二千石岁察廉吏各一人；廷尉、大司农二人；将兵将军岁察廉吏各二人；监御史、司隶、州牧岁举茂才各一人”[③]。此后，茂才和孝廉一样成为岁举。章帝建初元年(76)诏书中即有“茂才、孝廉岁以百数”[④]之语。不过孝廉是属于郡举，而茂才是州举，故茂才的数目要比孝廉为少。

明经亦为汉代选士的重要科目。明经即通晓经学，它是专门为儒家经术之士开设的。明经取士西汉时即很盛行，如贡禹、夏侯胜、孔安国均以明经为博士；韦贤、韦玄成父子以明经先后历位丞相。但西汉时尚未有限定郡国依人口贡举之制，至东汉章帝元和二年(85)，始对州郡所举明经科的名额作了明确规定：“令郡国上明经者，口十万以上五人，不满十万三人”[⑤]。顺帝时明文规定明经科下第的可补弟子，阳嘉元年(132)，“以太学新成，试明经下第者补弟子，增甲、乙科员各十人”[⑥]。质帝本初元年(146)，“令郡国举明经，年五十以上、七十以下诣太学”[⑦]。由此可见统治者对明经之士的重视。

除各科选士外，皇帝有时还采用直接征召的方式，征聘某些有名望且品学兼优之士，或备顾问，或委以政事。如“武帝自为太子，闻(枚)乘名，及即位，乘年老，乃以安车蒲轮征乘”[⑧]。“博士公车连征(韩康)不至，桓帝乃备玄纁之礼，以安车聘之。”[⑨]当然能够得到皇帝征聘者极少，但它向天下人表明了皇帝对人才的重视，对士人来说未尝不是一种激励。

---

① 《汉书》卷八《宣帝纪》，第258页。
② 《后汉书》卷九《元帝纪》，第281—282页。
③ 《通典》卷十三《选举一》，第315页。
④ 《后汉书》卷三《章帝纪》，第133页。
⑤ 《后汉书》卷三《章帝纪》，第152页。
⑥ 《后汉书》卷六《顺帝纪》，第260页。
⑦ 《后汉书》卷六《质帝纪》，第281页。
⑧ 《汉书》卷五十一《枚乘传》，第2365页。
⑨ 《后汉书》卷八十三《逸民列传・韩康传》，第2771页。

汉代从武帝时起逐步确立了以儒家经学和儒家伦理道德为选拔人才的主要标准，但这并不等于说对其他人才加以排斥。实际上，对能满足皇帝个人的爱好和兴趣、有利于维护封建统治的各方面人才，当时的统治者都加以选拔任用。特别是汉代推行“霸王道杂之”的政治。故在选官时，除重视儒生外，也重视文法吏。当时就有专门以通晓法律者为察举对象的明法科。两汉以明法被举者，如郑崇“父宾，明法令，为御史”①。薛宣“以明习文法诏补御史中丞”②。陈宠“曾祖父咸，成哀间以律令为尚书”③。汉武帝虽表章六经，提高儒者的地位，但同时也“悉延百端之学，通一伎之士咸得自效”④。平帝元始五年王莽执政时，曾“征召天下通知逸经、古记、天文、历算、钟律、小学、《史篇》、方术、《本草》及五经、《论语》、《孝经》、《尔雅》教授者，在所为驾一封轺传，遣诣京师。至者数千人”⑤。从汉代的选士情况看，并非仅局限于儒家学者的范围。例如：谢夷吾学风角占侯，华佗精于方药，均被举为孝廉。单飏“善明天官、算术，举孝廉”⑥。

汉代选士制度处在我国封建社会的最初阶段，还不大成熟，存在着一些弊病：察举大权操纵在少数高级官员的手中，且重名声、舆论，而考试因素较少，因此必然带来许多消极影响。比如主管官员在选士中趋炎附势，扶植亲信，而士人为了被举不得不奔走权门，请托贿赂，甚至求名作伪，弄虚作假。其结果是被官僚大族所利用，朝廷得不到真正的人才。不过从西汉到东汉初，察举制在实行时还较严格，如中选者德才不合格，推举人要承担责任，故官吏常因“选举不实”而遭贬秩、免官。这一时期，通过察举，确实为汉室选拔出一批济世之材。东汉前期后，随着政治的日益腐败，察举不实的情况渐趋严重，就连最高统治者也意识到了这一点，曾多次下诏予以申斥。如章帝诏书说：“茂才孝廉岁以百数，既非能显，而当授之政事，甚无谓也”⑦。和帝诏书曰：“在位不以选举为忧，督察不以发觉为负，非独州

---

① 《汉书》卷七十七《郑崇传》，第 3254 页。

② 《西汉会要》卷四十四《选举上》，上海人民出版社，1977 年版，第 515 页。

③ 《后汉书》卷四十六《陈宠传》，第 1547 页。

④ 《史记》卷一百二十八《龟策列传》，第 3224 页。

⑤ 《汉书》卷二十《平帝纪》，第 359 页。

⑥ 《后汉书》卷八十二下《方术列传·单飏传》，第 2733 页。

⑦ 《后汉书》卷三《章帝纪》，第 133 页。

郡也，是以庶官多非其人”[①]。桓帝诏书说：“选举乖错，害及元元”[②]。灵帝诏书说：“顷选举失所，多非其人”[③]。然而这些申斥多仅停留在口头上。东汉中叶后，除左雄为尚书令的十余年间“察选清平，多得其人”外，选举完全为势家大族所把持，流弊百出，权门请托，贵戚书命，成一时社会风气。在此情况下，某些以尚贤为务的较正直官员，也很难有所作为。桓帝时河东太守史弼，在举孝廉时，拒绝权贵的请托，得罪宦官侯览，结果被陷害几乎丧命。灵帝时，陈蕃、黄婉在负责选举时不偏权贵，选用德才兼备之人，结果被免官禁锢。当然像他们在选举中不怕丢官、杀头，而坚持选贤举能，顶住权势请托的歪风，在当时是并不多见的。绝大部分人诚如王符所言：“今当涂之人，既不能昭练贤鄙，然又劫于贵人之风指，胁以权势之属托，请谒填门，礼贽辐凑，迫于目前之急，然且先之。此正士之所独蔽，而群邪之所党进也”[④]。当时的一首民谣也形象地揭露了东汉末年选举腐败情况：“举秀才不知书，察孝廉父别居，寒素清白浊如泥，高等良将怯如鸡”[⑤]。

总之，汉代通过博士弟子制为太学的学生敞开了仕进的大门，又通过贤良方正、孝廉、明经等科的察举为地方官学、私学及自学者提供了入仕的机会。这极大地调动了知识分子学习的积极性，有力地推动了教育的发展，从而为国家造就了大批有用之才。汉代选士考察内容丰富，但就政治标准而言，要求“皆有孝悌廉公之行”，致使儒家的思想和价值观念，得到广泛普及，深入人心。这对学校教育、社会教育和家庭教育的培养目标，都起着导向的作用。这种“劝以官禄”的政策，对文化教育的推动作用是十分明显的。由于读经与从政、富贵连在一起，只要读好经书，就可以获取一定的政治和经济利益，因而研习儒家经典遂成为一时社会之风尚，不少人虽处于险恶的环境中，仍能潜心向学，孜孜不倦。以桓荣为例，据《后汉书·桓荣传》载：“（桓）荣初遭仓卒，与族人桓元卿同饥厄，而荣讲诵不息。元卿嗤荣曰：但自苦气力，何时复施用乎？荣笑不应。及为太常，元卿叹曰：我农家子，岂意学之为利，乃若是哉！”一语道出了学习目的之所在。夏侯胜曾

① 《后汉书》卷四《和帝纪》，第 176 页。
② 《后汉书》卷七《桓帝纪》，第 288 页。
③ 《全上古三代秦汉三国六朝文》第一册《全后汉文》卷八，第 513 页。
④ 《潜夫论笺校正》卷二《本政》，第 93－94 页。
⑤ 《抱朴子》卷十五《审举篇》，《诸子集成》（第八册），第 127 页。

直言不讳地对诸生说:“士病不明经术,经术苟明,其取青紫如俯拾地芥耳。经术不明,不如归耕”[①]。说明通达经术已成为士子择师求学的主要目的,也是一些名师大儒的办学指导思想。当时在各级各类学校中接受教育的,既有贵族官僚的子弟,也有平民百姓的后代。“社会各阶层的人们想方设法通过各种途径求得对知识的学习,或入官学,或入私学,或在他人的资助下求学,或边耕边读,或靠给人帮佣来完成学业,甚至不惜数十年、不远千里去寻访名师”[②]。“在汉代,读书求学没有身份地位限制,尤其是私学师生的政治身份没有任何人为的约束,这就为下层劳动人民通过读书改变身份地位提供了可能。他们经过艰苦努力,获得知识,然后入仕,成为统治阶级的成员,从而改变自己的社会属性和身份地位。这种情况相当普遍,在《汉书》记载的属于士人出身的一百八十六名官员中,有明确记载出身于下层劳动人民的二十七人,约占士人官员的15%”[③]。通过选士制度,国家把大批有德行道艺、学术水平的人才简选出来,充实到了各级行政部门,这不仅扩大了统治者的社会基础,使它能够从中下层不断得到新的力量来补充自己。仅以孝廉为例,黄留珠先生对两汉家世可考的孝廉进行大略统计,计得一百八十四人,其中出身官宦之家的有一百二十八人,占可考总数的69.9%,出身富豪的有十一人,占6%,出身平民的有二十九人,占15.7%,出身贫民的有十六人,占8.7%。[④] 阎步克认为:“在正常情况下,察举制能够依照德行、经术、文法和政略标准录用文官,因而造成了社会上下层较为活跃的对流,和官僚家族较大的‘更新率’。父祖无任何官位的平民、贫民以24.4%的比例,经孝廉一途经常地加入政府,并且能够得到迁至高位的机会,这实际意味着身份制、世袭制的削弱”[⑤]。可见汉代已有相当数量的出身下层者参与到了国家政权的建设中。而“一个统治阶级越能把被统治阶级中最杰出的人物吸收进来,它的统治就越巩固、越险恶”[⑥]。而且保证了“独尊儒术”政策的贯彻和落实。

---

① 《汉书》卷七十五《夏侯胜传》,第3159页。

② 郭海燕:《汉代教育平民化现象探析》,《理论学刊》2010年第11期。

③ 刘泽华:《士人与社会》(秦汉魏晋南北朝卷),天津人民出版社,1992年版,第238页。

④ 黄留珠:《秦汉仕进制度》,西北大学出版社,1985年版,第142页。

⑤ 阎步克:《察举制度变迁史稿》,中国人民大学出版社,2009年版,第25页。

⑥ 马克思:《资本论》(第三卷),人民出版社,1975年,第679页。

五、尊师风尚的形成[①]

汉代重视教师的培养和选拔，大力宣扬师道尊严，尊师无非是为了重道，教师总是要为一定的阶级立言，替一定的阶级培养人。

汉以前还没有哪一个时期的教师在经济上、政治上处于比较优裕的地位。武帝初置五经博士，定禄四百石，宣帝时增秩至六百石，尽管他们的俸禄不高，属中级官员，但其地位却优崇于其他同级甚至高级官员。博士有特制的衣冠，它是博士身份和荣誉的象征。如王式服刑获释被征为博士后，“衣博士衣而不冠。曰：‘刑余之人，何亦复充礼官’”[②]。《汉官仪》载冠冕之制：“天子冠通天，诸侯王冠远游，三公、诸侯冠进贤三梁，卿、大夫、尚书、二千石、博士冠两梁，千石以下至小吏冠一梁”[③]。博士与二千石一级的官员同等待遇，这亦可从汉代皇帝的诏书中得到证明。在汉代当皇帝遇有重大问题，需下诏延问群臣时，每每把经学博士与列侯、二千石相并列：“与列侯、吏二千石、博士议”、“与列侯、中二千石、二千石、博士议”，此种诏书格式在汉代史籍中是常见的。汉代，尤其是西汉时的博士除教授弟子外，还常参与国家重大政事的讨论，如改历、制仪，对诸侯王、列侯、公卿一类重大案件的断决，皇帝对臣下的封赏乃至行废立之事，均有博士参与讨论。博士还常受皇帝派遣巡视各地，行风俗，录冤狱、赈赡流民，体察吏治民情。

博士官除固定俸禄外，还可按期得到一定赏赐：“汉制，每腊，诏赐博士羊”[④]。《后汉书·儒林传·甄宇传》注引《东观汉记》谓：“建武中每腊，诏书赐博士羊。羊有大小肥瘦，时博士祭酒议欲杀羊分肉，又欲投钩，(甄)宇因先自取最瘦者，由是不复有争讼。后召会，问‘瘦羊博士’所在，京师因以号之”。博士有时还能得到额外的赠予，如王莽使兄子学博士门下，“莽休沐出，振车骑，奉羊酒，劳遣其师，恩施下竟同学。诸生纵观，长老叹息”[⑤]。建武五年，刘秀过鲁，还行至洛阳，适值太学落成，遂“幸太学，赐博士弟子

① 参见郝建平：《论汉代尊师风尚》，《徐州师范大学学报》2010年第6期。

② 《汉书》卷八十八《儒林传·王式传》，第3610页。

③ 《后汉书》卷二《明帝纪》注引，第100页。

④ 《语林》卷一，上海古籍出版社，1983年版。

⑤ 《汉书》卷九十九上《王莽传》，第4040页。

各有差”[①]。经学博士更是荣升高官的阶梯。《汉书·孔光传》载:“博士选三科,高为尚书,次为刺史,其不通政事,以久次补诸侯太傅”。《汉官仪》亦言:“博士入平尚书,出部刺史、诸侯相,次转谏大夫”[②]。西汉时,由经学博士递升为公卿者甚多。《汉书·匡张孔传》赞曰:“自孝武兴学,公孙弘以儒相,其后蔡义、韦贤、玄成、匡衡、张禹、翟方进、孔光、平当、马宫及当子晏,咸以儒宗居宰相位”。所列十一位宰相中,除蔡义、韦贤、韦玄成、平当、平晏未做过经学博士,其余均当过经学博士。至于由经学博士升任他职者就更多了。据统计:“汉代中央博士共计一百七十八人,其初迁之职可考者五十人,其中直迁九卿者四人,郡守、尉、诸侯王国相、太傅者十五人,诸大夫、侍中者十八人,刺史州牧者五人。以秩叙之,秩比二千石以上者三十六人,八百石以上者八人,超迁者占 88%”[③]。可见充任博士是士人获取高职的重要阶梯。

我国自古就有尊师的传统,汉代尊师更蔚为成风。上至天子、王侯,下到普通士人均行尊师之道。先秦时的思想家已重视教育的作用,把教师视为应受社会推崇和尊敬的人。《尚书·泰誓》有“天佑下民,作之君,作之师”的说法,首先将君师并称。荀况更明确地提出了“天、地、君、亲、师”的说法,把师与君、亲等并提到同样崇高的地位。《礼记·学记》曰:“学其为师则弗臣也。大学之礼,虽诏于天子无北面,所以尊师也”。就是说皇帝也不能把自己的老师按一般臣下对待,老师见天子可免行臣子之礼。汉代也十分推崇教师的主导作用和崇高地位。元帝诏书称“国之将兴,尊师重傅”[④]。把尊师与否与国家的兴衰相联系。《白虎通·辟雍》言:“虽有自然之性,必立师傅焉。……天子、太子、诸侯世子皆就师于外,尊师重先王之道也”。作为最高统治者也需要由教师对其加以教导,这是尊师重道的表现。扬雄在《法言·学行》中指出:“务学不如务求师。师者,人之模范也。模不模,范不范,为不少矣。一哄之市,不胜异意焉;一卷之书,不胜异说焉。一哄之市,必立之平;一卷之书,必立之师”。教师是学生的模范,学生

① 《后汉书》卷一上《光武帝纪》,第 40 页。

② 《北堂书钞》卷六七设官部,《四库全书》文渊阁本。

③ 安作璋、熊铁基:《秦汉官制史稿》(上册),齐鲁书社,1984 年版,第 440 页。

④ 《汉书》卷九《元帝纪》,第 283 页。

要想获得知识，必须通过向教师学习的方式。桓谭亦有“三岁学，不如一岁择师”[①]的看法。

汉代尊师之风盛行，与最高统治者以身作则、以礼待师的做法分不开。汉代十分重视君主教育，贾谊专门写有关于太子教育重要性及教育内容的文章。汉代自昭帝时起，历朝均择名儒大师作为太子之师，至东汉时，设侍讲为皇帝或太子讲解儒经更成为定制，徐天麟称其为“帝学”。汉代皇帝对其师傅，不仅给以极高地位，如韦贤、匡衡、张禹、贡禹、孔光等人就曾因教授人主而位极人臣，且礼遇甚厚。元帝即位后，孔霸“以师赐爵关内侯，食邑八百户，号褒成君，给事中，加赐黄金二百斤，第一区，徙名数于长安”。孔霸去世后，元帝“素服临吊者再，至赐东园秘器钱帛，策赠以列侯礼，谥曰烈君”[②]。初元二年（前47），元帝又下诏赐萧望之关内侯爵：“国之将兴，尊师而重傅。故前将军望之傅朕八年，道以经书，厥功茂焉。其赐爵关内侯，食邑八百户，朝朔望”[③]。夏侯胜卒后，“赐冢茔，葬平陵。太后赐钱二百万，为胜素服五日，以报师傅之恩，儒者以为荣”[④]。郑宽中有俊材，元帝时以博士的身份授太子《尚书》，成帝即位后，赐爵关内侯，食邑八百户，迁光禄大夫，领尚书事，甚尊重。不久郑宽中因病去世，“谷永上疏曰：‘臣闻圣王尊师傅，褒贤俊，显有功，生则致其爵禄，死则异其礼谥。昔周公死，成王葬以变礼，而当天心。公叔文子卒，卫侯加以美谥，著为后法。近事，大司空朱邑、右扶风翁归德茂夭年，孝宣皇帝愍册厚赐，赞命之臣靡不激扬。关内侯郑宽中有颜子之美质，包商、偃之文学，严然总《五经》之眇论，立师傅之显位，入则乡唐、虞之闳道，王法纳乎圣听，出则参冢宰之重职，功列施乎政事，退食自公，私门不开，散赐九族，田亩不益，德配周、召，忠合《羔羊》，未得登司徒，有家臣，卒然早终，尤可悼痛！臣愚以为宜加其葬礼，赐之令谥，以章尊师褒贤显功之德。’上吊赠宽中甚厚”[⑤]。包咸在建武中，入授皇太子《论语》，明帝即位后，迁其为大鸿胪，“每进见，锡以几杖，入屏不趋，赞事不名”[⑥]。对桓荣，明帝更是礼遇非凡：“尊以师礼，甚见亲重”，“乘舆尝

① 朱谦之校辑：《新辑本桓谭新论》卷七《启寤》，中华书局，2009年版，第26页。
② 《汉书》卷八十一《孔霸传》，第3353页。
③ 《汉书》卷九《元帝纪》，第283页。
④ 《汉书》卷七十五《夏侯胜传》，第3159页。
⑤ 《汉书》卷八十八《儒林传·郑宽中传》，第3605—3606页。
⑥ 《后汉书》卷七十九下《儒林列传·包咸传》，第2507页。

幸太常府，令荣坐东面，设几杖，会百官骠骑将军东平王苍以下及荣门生数百人，天子亲自执业，每言辄曰'大师在是'"。"封荣为关内侯，食邑五千户。""荣每疾病，帝辄遣使者存问，太官、太医相望于道。及笃，上疏谢恩，让还爵土。帝幸其家问起居，入街下车，拥经而前，抚荣垂涕，赐以床茵、帷帐、刀剑、衣被，良久乃去。自是诸侯将军大夫问疾者，不敢复乘车到门，皆拜床下。荣卒，帝亲自变服，临丧送葬，赐冢茔于首山之阳。除兄子二人补四百石，都讲生八人补二百石，其余门徒多至公卿"[①]。章帝元和二年(85)，乘巡狩之便到东郡时，召集曾为其师的东郡太守张酺及门生、郡县官吏于庭中，"帝先备弟子之仪，使酺讲《尚书》一篇，然后修君臣之礼。赏赐殊特，莫不沾洽"[②]。邓太后对班昭也甚为尊重，为了表彰班昭在皇宫内做教育工作的贡献，特封其子曹成为关内侯。班昭死后，邓太后特穿孝服为她举哀，并派专人去监督办理丧事。

上行下效，遂成风气。如于定国为廷尉，"迎师学《春秋》，身执经，北面备弟子礼"[③]。谒焕曾为廖扶的学生，任汝南太守后，"未到，先遣吏修门人之礼"[④]。就连反抗统治者的农民起义军对教师也倍加尊重。如郑玄自徐州还高密，途遇黄巾军数万人，"见玄皆拜，相约不敢入县境"[⑤]。黄巾军经过经学大师孙期之乡，"相约不犯孙先生舍"[⑥]。可见尊师的意识观念已渗透到两汉社会各阶层之中。学生一旦步入仕途，有所成就，往往能不忘授业恩师，极力加以推荐。如何汤任职虎贲中郎将，以《尚书》授太子，"世祖从容问汤，本师为谁，汤对曰：'事沛国桓荣。'帝即召荣，令说《尚书》，甚善之。拜为议郎，赐钱十万，入使授太子"[⑦]。老师一旦有难弟子门生常竭力相救，不避危难甚至生命。范升下狱，弟子杨政"乃肉袒，以箭贯耳，抱升子潜伏道旁，候车驾，而持章叩头大言曰：'范升三娶，唯有一子，今适三岁，孤子可哀。'武骑武贲怯惊乘舆，举弓射之，犹不肯去。旄头又以戟叉政，伤

---

① 《后汉书》卷三十七《桓荣传》，第 1252－1253 页。
② 《后汉书》卷四十五《张酺传》，第 1530 页。
③ 《汉书》卷七十一《于定国传》，第 3042 页。
④ 《后汉书》卷八十二上《方术列传·廖扶传》，第 2720 页。
⑤ 《后汉书》卷三十五《郑玄传》，第 1209 页。
⑥ 《后汉书》卷七十九上《儒林传·孙期传》，第 2554 页。
⑦ 《后汉书》卷三十七《桓荣传》，第 1249－1250 页。

胸，政犹不退。哀泣辞请，有感帝心。诏曰：‘乞杨生师’”[①]。郑弘“师同郡河东太守焦贶。楚王英谋反发觉，以疏引贶，贶被收捕，疾病于道亡没，妻子闭系诏狱，掠考连年。诸生故人惧相连及，皆改变名姓，以逃其祸，弘独髡头负鈇锧，诣阙上章，为贶讼罪。显宗觉悟，即赦其家属，弘躬送贶丧及妻子还乡里，由是显名”[②]。汉顺帝时代，司隶校尉虞诩因与利用权势、贪赃枉法的宦官首领张防抗争被治罪。“于是诩子与门生百余人，举幡候中常侍高梵车，叩头流血，诉言枉状。梵乃入言之，防坐徙边，贾朗等六人或死或黜，即日赦出诩。程复上书陈诩有大功，语甚切激。帝感悟，复征拜议郎。数日，迁尚书仆射”[③]。汉代师长去世后，弟子门生不论身在何方，位居何职，均有奔丧和服丧的义务。如戴纣“年十五，诣太学，师事鄮令东海申君。申君卒，送丧到东海，道当经其家。父母以封当还，豫为娶妻。封暂过拜亲，不宿而去。还京师卒业”[④]。桓荣师事博士朱普，后普卒，“荣奔丧九江，负土成坟，因留教授”[⑤]。任末奔师丧，于途中病重，临终前告诫其侄：“必至我尸于师门，使死而有知，魂灵不惭，如其无知，得土而已”[⑥]。至死都不忘尊师之道。有些儒学名师弟子数百上千计，丧事规模极为浩大。如楼望“年八十，永元十二年，卒于官，门生会葬者数千人，儒家以为荣”[⑦]。郑玄死，“自郡守以下尝受业者，缞绖赴会千余人”[⑧]。陈寔卒后，“海内赴者三万余人，制衰麻者以百数。共刊石立碑，谥为文范先生”[⑨]。有的弟子甚至为奔师丧而去官，如桓帝时延笃任平阳侯相，“以师丧弃官奔赴，五府并辟不就”[⑩]。孔昱“灵帝即位，公车征拜议郎，补洛阳令，以师丧弃官，卒于家”[⑪]。

学生对教师的尊崇不仅是针对教师本人，甚至还延及教师家人，从李

---

① 《后汉书》卷七十九上《儒林传·杨政传》，第 2552 页。
② 《后汉书》卷三十三《郑弘传》，第 1155 页。
③ 《后汉书》卷五十八《虞诩传》，第 1871 页。
④ 《后汉书》卷八十一《独行列传·戴封传》，第 2683 页。
⑤ 《后汉书》卷三十七《桓荣传》，第 1249 页。
⑥ 《后汉书》卷七十九下《儒林传·任末传》，第 2572 页。
⑦ 《后汉书》卷七十九下《儒林传·楼望传》，第 2580 页。
⑧ 《后汉书》卷三十五《郑玄传》，第 1211 页。
⑨ 《后汉书》卷六十二《陈寔传》，第 2067 页。
⑩ 《后汉书》卷六十四《延笃传》，第 2103 页。
⑪ 《后汉书》卷六十七《党锢列传·孔昱传》，第 2213 页。

固门生王成仗义救孤子的故事中即可反映出这方面的事实。李固因敢于直谏而得罪了掌权的外戚大将军梁冀，李固深知梁冀肯定不会放过自己。为了不使孩子们受到牵连，遂将三个儿子送回家乡。李固的女儿也在家乡，她与两个哥哥商量，认为大家如果待在一起的话，一旦有难，谁也跑不掉，于是他们就把小弟李燮藏了起来。不久，李固被害。梁冀为了斩草除根，派人到乡下抓捕李固的三个儿子，李燮的两个哥哥被抓住遇害，李燮幸免于难。为了保住李固的血脉，门生王成仗义而出，带李燮出逃。临行前，李固的女儿对王成说："君执义先公，有古人之节。今委君以六尺之孤，李氏存灭，其在君矣"。王成"将燮乘江东下，入徐州界内，令变名姓为酒家佣，而成卖卜于市"[①]。十多年后，梁冀被诛，朝廷大赦天下，寻找李固后人，王成与李燮才得以回到家乡。

汉代对教师的尊崇，不仅大量见诸文献记载，而且也为出土实物所证实。四川广汉出土的"拜谒砖"，就形象生动地展现出一幅尊师的图景。画面上一长者坐于席上，头戴进贤冠，正接受拜谒，右侧四人，衣冠整饬，手中持牍，拱手跪拜。德阳出土的"讲学图"画像砖也反映了这方面的内容。画面上右侧一人端坐席上，似在教授；左侧二人面向右，各执书简跪坐，虔诚肃穆，恭恭敬敬听经师讲解[②]。河南省南阳市出土的汉画《讲经图》亦从一个侧面反映了汉代教师地位之尊。画面右刻一经学大师，戴冠着袍，扶几端坐，其右手伸出，似正侃侃而谈，旁立一侍者，左手为经学大师打扇，右手操棰以镇学规。图左刻七人，依次席地跽坐，恭听教诲。从画面上有两点值得我们注意：一是画中的教师盘腿而坐，而学生侧依次跽坐（跪坐）；二是教师身边所立者，专门为教师服务和维持教学秩序。这说明汉代教师很受尊重、享有很高的地位。

教师有良好的品行，为人师表，有渊博的知识，是思想品德的教育者，是社会文化、伦理道德、价值观念的传授者。马融说："师者，教人以事而谕诸德也"[③]。郑玄也指出："师，教人以道者之称也。"[④]教师担负着提高人的

① 《后汉书》卷六十三《李固传》，第 2090 页。

② 袁曙光：《从几方画像砖看四川汉代教育》，《文物天地》1985 年第 1 期。

③ 《通典》卷五十三《礼十三》，第 1460 页。

④ 郑玄注、贾公彦疏：《周礼注疏》卷九，《四库全书萃要》（第十四册），吉林人民出版社，1997 年版，第 171 页。

道德素质，为国家培养人才的重任，所以受到尊重。尊重教师，就是肯定教育，就是重视知识，这种尊师的风尚，成为汉代教育发展的一股强大动力。不过我们也应看到，汉代的尊师重道，所尊的是宣扬正统儒家伦理道德之经师，所重视的是儒家忠孝伦理之道，其目的是为维护封建专制统治服务。同时尊师重道在学术思想上的表现即为严守师法、家法，它在一定程度上阻碍了汉代学术的自由发展，促使汉代学术研究逐渐趋向僵化。

总之，汉初黄老政治的开明态度，使一度遭秦文化专制压抑的私学得以重新复兴，西汉中期后儒家学说成为正统学术和统治思想，儒家兴学重教的主张得以贯彻落实，兴学重教从此成为历朝政府的一项基本国策。汉朝政府还通过建立对官学特别是中央太学的管理制度，包括教师、学生、教学的管理，来为其他学校提供示范。尤其是以儒家经术和伦理道德作为选拔官吏主要标准的确立，为儒家思想和价值观念成为学校教育、社会教育和家庭教育的根本指导思想，提供了重要的保证，经学从此成为教育的主要内容，从而推动了独尊儒术政策的施行，逐渐使儒家思想成为全国上下统一的思想和是非标准。

第二节　教育对政治的反作用

教育并不是消极地接受政治的制约，它作为一种能动的社会因素，对政治产生巨大影响。这种影响表现在对维护、巩固、强化政治体系的作用，传播、发展政治文化的作用，还表现在为政治服务，按照一定的政治需要培养人才等方面。在汉代除了传播统治思想外，教育对政治的作用主要是通过所培养人才的政治行为而得到体现的，诸如以经义决事、博士议政、太学生干政等即其表现。

一、“大一统”、“尊君”等统治思想的广为传播实有赖于教育

每个时代的统治者都需要有与其相适应的统治思想，来作为社会政治和社会生活等各方面的准则，从而为维护其统治服务。汉代也不例外。

汉初由于百废待兴，需要休养生息的客观现实，使统治者选择了以“清静无为”为主要特征的黄老思想作为指导思想。但随着社会的发展，到西汉中期，这种黄老思想已不能适应时代的需要，在此情况下，经过董仲舒改

造过的儒家思想代之而起。这套新儒家思想体系，符合统治者的要求，而被选中成为占统治地位的正统思想。董仲舒这套理论的中心内容有三：一是适应加强中央集权的需要，宣传“大一统”的思想。他说：“《春秋》大一统者，天地之常经，古今之通义也”①。把“大一统”说成是天下普遍适用的道理，用来作为汉代统一封建国家的理论依据。二是鼓吹君权神授，以维护皇帝绝对权威。董仲舒认为天是自然界和人类社会的创造者、最高主宰，人世间的一切都是天有意识的安排，因此“天意”不可违背。皇帝是天的儿子，是天派下来统治万民的，是“天意”唯一合法的执行人。他说：“受命之君，天命之所予也”②，“王承天意，以成民之性为任者也”③，因此他主张“以人随君”，“屈民伸君”④，即臣民都要无条件地服从君主的统治，这就为君权和封建中央集权制披上了神圣的光环，而变得不可动摇。三是宣扬“三纲五常”的封建伦理道德，并把它与“天”、“神”联系起来，使君权、父权、夫权和神权结合起来，其目的就是从理论上证明专制君主的绝对权威和封建宗法的统治秩序。

选择合适的统治思想固然重要，但更重要的是如何把它传播开来，为广大臣民所接受，从而发挥其应有的社会功能，使臣民能自觉地按封建纲常伦理的要求约束规范自己的言行，知父子之道，长幼之序，明君臣之义，上下之位，以达到维护巩固封建统治之目的。为此汉代统治者看中了教育，把教育作为传播、加强儒家思想统治的有力手段和工具。他们不仅大力兴办官学，而且通过种种方式鼓励私学的发展，把学校变成传播儒家经典和进行封建伦理道德教育的重要场所。与此同时，他们还不遗余力地开展广泛的社会教育，通过设置掌教化的三老，旌表贞节、忠孝、义烈，祭祀天地鬼神等多种途径向社会的全体成员灌输封建伦理纲常。汉代的学校教育、社会教育和家庭教育对儒学的传播和普及发挥了决定性作用。以家庭教育为例，汉代儿童首先要接受识字教育，“儒家学说的精神实质被深刻地渗透到两汉蒙学识字读本的内容当中，如在《急就篇》中就直接介绍和倡导儒家经典的学习，曰：‘宦学讽《诗》、《孝经》、《论》、《春秋》、《尚书》、《律令

① 《汉书》卷五十六《董仲舒传》，第2523页。

② 《春秋繁露·深察名号》，第368页。

③ 《春秋繁露·深察名号》，第381页。

④ 《春秋繁露·玉杯》，第30页。

文》。治《礼》掌故砥砺身，智能通达多见闻。’蒙学识字读本的内容体现出明显的儒家伦理价值取向，汉代儒学思想是以‘忠孝’、‘道德’为核心的，所谓‘忠、恕、孝、悌’，‘仁、义、礼、智、信’，‘温、良、恭、俭、让’，都从不同侧面诠释以‘忠孝’为中心的思想道德文化。例如《急就篇》姓名中体现出的儒家忠孝观念，如‘桓贤良、董奉德、桥温舒、霍圣宫、程忠信、樊爱君、崔孝让、祝恭敬、苗涉臧、慈仁他、邵守实。’还有反映儒家传统道德观念的字眼，如‘赖政仁、李结仁、莫罕仁、许仁字、谭仁杰、茹政义、黄心义、甄义勇、陈国道、林颖惠、廖玉惠、戴惠添、叶汉惠、许贵贤、郭伟贤、江永贤、刘梦贤、陈文忠、林志忠、李国忠、吴忠生’等等。这种孝悌忠义的道德规范，是儒家伦理道德日常生活化的体现。由于儿童极易受到外界的熏染，这些儒家基本的道德观念，蕴含在汉代蒙学识字读本之中，以潜移默化的方式传达给了少年儿童，使他们在幼儿时期就受到了儒学思想的深刻影响”[①]。儿童在识字后，接着学习《孝经》、《论语》。《孝经》虽仅一千余字，却是一篇专谈孝道的论著，《汉书·艺文志》说："夫孝，天之经，地之义，民之行也。举大者言，故曰《孝经》"。《论语》最核心的内容也是伦理道德，而孝悌为其根本。家庭是汉代童蒙教育实施的基本场所，从这个角度说，汉代孝的观念之所以能渗透整个社会生活，家庭教育的作用颇大。在统治者的提倡下，随着教育的普及，儒学的基本社会规范和行为准则为全体社会成员认同和接受，成为他们的内在信仰和人生目标。讲究礼仪，追求孝悌成为普遍的社会风尚。从察举制的变迁中即可反映出这一点。武帝元朔元年(前128)，诏举孝廉，结果是"或至阖郡而不荐一人"[②]，说明西汉前期，儒学还没有成为广大社会成员的行为准则，因而符合条件的人缺乏。但到西汉后期，尤其是东汉时期，情况为之一变，章帝建初元年(76)，诏曰："夫乡举里选，必累功荣。今刺史、守相不明真伪，茂才、孝廉岁以百数"[③]。从"不荐一人"到"岁以百数"，反映了儒教影响下社会风尚发生根本变化的历史事实。

"忠"的观念也逐渐成为民众政治意识的重要内容，被确定为公共的道德定式。这可从汉代人名取用"忠"字者极多的现象中窥出一点端倪。汉代人名使用"忠"字，是自武帝时代起逐渐增多的。《汉书》中的事例有：董

① 贺科伟：《汉代蒙学识字读本出版及其特点浅述》，《出版发行研究》2011年第11期。
② 《汉书》卷六《武帝纪》，第166页。
③ 《后汉书》卷三《章帝纪》，第133页。

忠、孔忠、郑忠、李忠、杨忠、杜忠等。《后汉书》中,人名使用“忠”字的计二十六例,如王忠、宋忠、韩忠、黄忠等。在居延汉简、敦煌汉简中,“忠”是使用频率最高的人名用字,更充分地说明了当时“忠”观念的普及[①]。

统治思想的广为传播且深入人心,对维护和巩固封建统治起了重要作用。两汉王朝能维持四百年之久,特别是东汉王朝乱而不亡,与长期的儒家教育是分不开的。这一点范晔也认识到了,他在《儒林列传》中写道:“自桓、灵之间,君道秕僻,朝纲日陵,国隙屡启,自中智以下,靡不审其崩离;而权强之臣,息其窥盗之谋,豪俊之夫,屈于鄙生之议者,人诵先王言也,下畏逆顺势也。至如张温、皇甫嵩之徒,功定天下之半,声驰四海之表,俯仰顾眄,则天业可移,犹鞠躬于昏主之下,狼狈折札之命,散成兵,就绳约,而无悔心。暨乎剥桡自极,人神数尽,然后群英乘其远,世德终其祚。迹衰弊之所由致,而能多历年所者,斯岂非学之效乎?”这一评论是较为中肯的。儒学教化的社会功效,只要我们看一看东汉末期历史便会清楚这一点。

东汉王朝到灵帝末年实已面临崩溃的边缘,当时政局混乱,不仅统治阶级内部争权夺利的斗争激烈,而且阶级矛盾也日益尖锐,终于爆发了大规模的农民起义。皇甫嵩作为将军,因镇压黄巾起义有功而“威震天下”[②]。当时阎忠劝他“推亡汉已坠”,“南面称制”,但皇甫嵩认为:“人未忘主,天不祐逆。若虚造不冀之功,以速朝夕之祸,孰与委忠本朝,守其臣节。虽云多谗,不过放废,犹有令名,死且不朽。反常之论,所不敢闻”[③]。可见儒家忠君教育对其影响之深。189年,出生于陇西边陲、受儒家思想影响较浅的董卓率兵入洛阳,一度想取刘氏而代之,但由于受到朝中官僚的强烈反对,不得不立献帝作为傀儡。虽然董卓权高拟主,但最后还是被忠于汉室的官僚、士人联合起来除掉了。这说明在儒家教育的长期熏陶下,儒家的思想、道德规范在人们心目中有着广泛影响,这就使极度虚弱的东汉王朝,仍具有一定政治凝聚力,能在政治的风浪中得以苟延残喘。

最突出的例子是曹操,如果说赤壁之战前,曹操保存汉献帝这块招牌,是为了利用人们心目中“正统”的思想,以降服群雄,扩充自己的实力,最后达到一统天下的话,那么赤壁之战后,三国鼎立的局面形成,任何一方想统

---

① 参见王子今:《“忠”观念研究》,吉林教育出版社,1999年版,第163—179页。

② 《后汉书》卷七十一《皇甫嵩传》,第2302页。

③ 《后汉书》卷七十一《皇甫嵩传》,第2303页。

一天下，绝非短期之事，因此汉献帝已失去了利用的价值，但曹操直到死，仍保留着汉献帝之位。曹操作为一个豪强军阀自然有当皇帝的念头，其由"魏公"而"魏王"，就露出了这种端倪。当时一些人也竭力劝曹操称帝，但这种主张受到了儒生官吏的强烈反对。同时，由于曹操从小受儒家思想的教育，儒家的忠君思想和纲常伦理观念给其打上了较深的烙印，使他终未能取汉帝而代之，曹操始终以东汉皇室的忠臣而自居。建安二十四年，孙权上书向曹操称臣，建议曹操称帝，曹操对此评论说："是儿欲踞我著炉火上邪！"[①]这句话道出了这样一个事实，那就是深入人们心中的忠君观念在社会上形成的强大舆论声势。教育对政治的影响，从这里我们可以窥知一二。

"谏诤是指在人们的政治生活以及日常生活中，对某一事物的看法因所处的地位、观察角度、认识水平、评价标准等不同而发生歧异，甚至'口角'，下级或晚辈以一定的社会规范、道德或法律制度等对上级或长辈进行说服、劝谏以达成统一认识或双方观点未有歧义的情况下，下级或晚辈仅向上级或长辈提出有益的建议和意见"[②]。儒家历来就把谏诤作为人臣的一种职责和义务，孟子曾说："责难于君谓之恭，陈善闭邪谓之敬"[③]。荀子说："君有过谋过事，将危国家、陨社稷之惧也；大臣父兄有能进言于君，用则可，不用则去，谓之谏；有能进言于君，用则可，不用则死，谓之争"[④]。《孝经·事君》："君子之事上也，进思尽忠，退思补过，将顺其美，匡救其恶，故上下能亲也"。儒家认为，在君主有过失时，臣下不能恭顺苟且，必须谏诤。谏诤是君臣上下之间互动的准则，是实现理想政治的必由之路。进入汉代后，随着儒家教育的广泛开展及官吏群体的儒学化，这种风气更加盛行。汉儒虽强调君权至上，但他们也不愿意君主权力无限膨胀，为所欲为而损害了统治阶级的整体利益和长远利益。为了使君主的行为不致危害封建统治的根本利益，他们就借用"天"威，规谏皇帝不要过分残暴，否则将要受到天的惩罚。所谓"天地之物有不常之变者，谓之异，小者谓之灾。灾常先至而异乃随之。灾者，天谴也；异者，天之威也。谴之而不知，乃畏之

① 《三国志》卷一《魏书·武帝纪》注引《魏略》，第52页。

② 韦庆远：《中国政治制度史》，中国人民大学出版社，1989年版，第162页。

③ 《孟子·离娄上》，《四书五经》，第53页。

④ 《荀子评注·臣道》，第282页。

以威。《诗》云：'畏天之威。'殆此谓也。凡灾异之本，尽生于国家之失。国家之失乃始萌芽，而天出灾害以谴告之。谴告之而不知变，乃见怪异以惊骇之。惊骇之尚不知畏恐，其殃咎乃至"[①]。汉代儒家把"道"、"天"作为最高的信仰，作为绝对效忠的对象，认为人主不过是天帝之子，受命于天，"天子受命于天，天下受命于天子"[②]，天子并非可以为所欲为，他的行为要受到"天"的约束和制约，要按"天意"实行统治，即"以君随天"、"屈君而伸天"[③]。实际上，所谓的"天"，只不过是封建统治秩序、封建国家整体利益的代名词而已。正因为汉儒把封建国家的整体利益置于君主个人权威和利益之上，把君主看做是替天统治万民的，故他们要求帝王"开道而求谏，和颜色而受之"[④]，作为臣下，在君主有过失时应"以直谏主，不避死亡之诛"[⑤]。

自西汉中期以后，最高统治者普遍接受了系统的儒家教育，他们已日趋儒化，因此他们对臣下的谏诤常能持理解的态度，赵翼《廿二史札记》中的"汉重日食"、"汉诏多惧词"、"上书无忌讳"条为我们说明了这一点。汉代的最高统治者常以天意灾异为忧，并且能下诏罪己，在汉帝的诏书中每多"朕甚自愧"，"是皆朕之不明"，"朕晦于王道"等语，这就为汉儒进言谏诤创造了条件。"据统计，两汉帝王因灾异下诏分别达40次以上，灾异有日食、月食、星孛、星陨、彗星、地震、旱灾、水灾、火灾、蝗灾、牛疫、无麦苗、陨霜不杀草等，采取的补救措施有赈灾、进贤、免租、免贷、赐爵、大赦、禁杀奴婢、理讼、禁卖酒、派使者体察民情、整肃吏治、释放后宫、驰苑囿之禁、省宫省之用等，几乎涉及到政治生活的各个方面"[⑥]。如汉成帝永始二年（前15）星陨，下诏说："天著变异，以显朕尤，朕甚惧焉。公卿申敕百寮，深思天诫，有可省减便安百姓者，条奏。所赈贷贫民，勿收"[⑦]。将抚恤百姓作为修政的根本性措施。光武帝建武五年（29）诏曰："久旱伤麦，秋种未下，朕甚忧之。将残吏未胜，狱多冤结，元元愁恨，感动天气乎？其令中都官、三

① 《春秋繁露·必仁且智》，《儒家经典》，团结出版社，1997年版，第1163页。
② 《春秋繁露·为人者天地》，第400页。
③ 《春秋繁露·玉杯》，第30页。
④ 《汉书》卷五十一《贾山传》，第2330页。
⑤ 《汉书》卷五十一《贾山传》，第2327页。
⑥ 王保顶：《汉代灾异观略论》，《学术月刊》1997年第5期。
⑦ 《汉书》卷十《成帝纪》，第321页。

辅、郡、国出系囚，罪非犯殊死一切勿案，见徒免为庶人。务进柔良，退贪酷，各正厥事焉”[①]。因灾异而检查吏治，宽囚减刑，释放奴婢。永元七年(95)，日食，和帝“引见公卿问得失，令将、大夫、御史、谒者、博士、议郎、郎官会廷中，各言封事”。并下诏自责曰：“元首不明，化流无良，政失于民，谪见于天”[②]。元初二年(115)，发生旱、蝗灾，安帝诏曰：“朝廷不明，庶事失中，灾异不息，忧心悼惧”[③]。阳嘉三年(134)，顺帝因灾自责：“朕秉事不明，政失厥道，天地谴怒，大变仍见。”[④]每当有灾异发生时，汉帝还常下诏举贤良对策，举直言极谏之士，鼓励吏民上书言事，这就更促进了进言谏诤活动的开展。君主能躬身自问，检点过失；臣下则可借机忠言直谏，条陈方略，对政治及时修复补救，从而有利于君权的巩固和国家的安定。

汉代儒者官吏多能表现出敢于犯颜直谏君主和当权者的风格。如元帝时珠崖反叛，朝廷意欲出兵镇压，贾捐之以民困财乏为由极力劝谏，最终使元帝发出“夫万民之饥饿，与远蛮之不讨，危孰大焉”[⑤]的感叹，下诏罢珠崖郡。元帝生活奢侈，皇室“一岁费数巨万”。贡禹上书说：“今民大饥而死，死又不葬，为犬猪所食。人至相食而厩马食粟，苦其太肥，气盛怒，至乃日步作之。王者受命于天，为民父母，固当若此乎！……方今天下饥馑，可亡大自损减以救之，称天意乎？天生圣人，盖为万民，非独使自娱乐而已也”[⑥]。元帝阅奏章后，忙下诏削减食谷马和食肉兽的数目，并罢角抵诸戏及齐三服官，以节省开支。成帝诏举贤良方正能直言极谏之士，谷永就借地震之机，指责后宫女宠太盛，嫉妒专上，批评成帝好色。成帝不仅未怒，反而在白虎殿与直言之士对策，擢升谷永为光禄大夫。谷永在以后的二十余年中，前后上书四十余事，“略相反覆，专攻上身与后宫而已”[⑦]，批判时政、指斥人君，无所掩饰。揭露当时的社会危机：“百姓财竭力尽，愁恨感天，灾异屡降，饥谨仍臻，流散冗食，喂死于道，以百万数。公家无一年之

---

① 《后汉书》卷一上《光武帝纪》，第39页。
② 《后汉书》卷四《和帝纪》，第180页。
③ 《后汉书》卷五《安帝纪》，第222页。
④ 《后汉书》卷六《顺帝纪》，第264页。
⑤ 《汉书》卷六十四下《贾捐之传》，第2834页。
⑥ 《汉书》卷七十二《贡禹传》，第3070—3072页。
⑦ 《汉书》卷八十五《谷永传》，第3473页。

畜，百姓无旬日之储，上下俱匮，无以相救”[①]。指出国家要“去无道，开有德，不私一姓，明天下乃天下人之天下，非一人之天下也”[②]。斥责汉成帝“独违道纵欲，轻身妄行”，“积失君道，不合天意，亦已多矣。为人后嗣，守人功业，岂不负哉！”[③]抨击皇室“养生太奢，奉终太厚”，“轻夺民财，不爱民力”，“重征赋敛，征发如雨”[④]，这正是“日食雨雪”奇异现象产生的原因，造成“积异塞于上，祸乱伏于下”[⑤]。鲍宣“每居位，常上书谏争”[⑥]，曾有“七亡”、“七死”之谏，指陈哀帝时由于政治不良而引起的严重社会危机：“民有七亡而无一得，欲望国安，诚难；民有七死而无一生，欲望刑措，诚难”[⑦]。“七亡”、“七死”是指土地兼并，徭役沉重，官吏腐败，灾荒不断等。规谏“天下，乃皇天之天下也。陛下上为皇天子，下为黎庶父母，为天收养元元，视之当如一，合《尸鸠》之诗。今贫民菜食不厌，衣又穿空，父子夫妇不能相保，诚可为酸鼻。陛下不救，将安所归命乎？”[⑧]他强调“治天下者当用天下之心为心，不得自专快意而已也。上之皇天见谴，下之黎庶怨恨，次有谏争之臣，陛下久欲自薄而厚恶臣，天下犹不听也”[⑨]。哀帝时宠幸董贤，对其大加封赏，丞相王嘉借发生日食之际上书谏道：“孔子曰：‘危而不持，颠而不扶，则将安用彼相矣！’臣嘉幸得备位，窃内悲伤不能通愚忠之信；身死有益于国，不敢自惜。唯陛下慎己之所独乡，察众人之所共疑。往者宠臣邓通、韩嫣骄贵失度，逸豫无厌，小人不胜情欲，卒陷罪辜。乱国亡躯，不终其禄，所谓爱之适足以害之者也。宜深览前世，以节贤宠，全安其命”[⑩]。

汉安帝亲政后，大封祖母宋贵人家，并重用舅舅耿宝及皇后兄弟阎显等来执政。尚书翟酺上书谏议说：“今外戚宠幸，功均造化，汉元以来，未有等比。陛下诚仁恩周洽，以亲九族。然禄去公室，政移私门，覆车重寻，宁无摧折。……自去年以来，灾谴频数，地坼天崩，高岸为谷。修身恐惧，则

① 《汉书》卷八十五《谷永传》，第 3462 页。
② 《汉书》卷八十五《谷永传》，第 3467 页。
③ 《汉书》卷八十五《谷永传》，第 3463 页。
④ 《汉书》卷八十五《谷永传》，第 3462 页。
⑤ 《汉书》卷八十五《谷永传》，第 3472 页。
⑥ 《汉书》卷七十二《鲍宣传》，第 3087 页。
⑦ 《汉书》卷七十二《鲍宣传》，第 3088 页。
⑧ 《汉书》卷七十二《鲍宣传》，第 3089 页。
⑨ 《汉书》卷七十二《鲍宣传》，第 3090－3091 页。
⑩ 《汉书》卷八十六《王嘉传》，第 3497 页。

转祸为福;轻慢天戒,则其害弥深。愿陛下亲自劳恤,研精致思,勉求忠贞之臣,诛远佞谄之党,损玉堂之盛,尊天爵之重,割情欲之欢,罢宴私之好。帝王图籍,陈列左右,心存亡国所以失之,鉴观兴王所以得之,庶灾害可息,丰年可招矣”[①]。汉顺帝时,郎𫖮因灾异屡见而上书曰:“臣闻天垂妖象,地见灾符,所以谴告人主,责躬修德,使正机平衡,流化兴政也。《易内传》曰:‘凡灾异所生,各以其政。变之则除,消之亦除。’伏惟陛下躬日昊之听,温三省之勤,思过念咎,务消祇悔”[②]。桓帝曾微服出宫,住在河南尹梁胤府第,该日,大风拔树,天色昏暗。杨秉因上疏谏曰:“臣闻瑞由德至,灾应事生。《传》曰:‘祸福无门,唯人所召。’天不言语,以灾异谴告,是以孔子迅雷风烈必有变动。《诗》云:‘敬天之威,不敢驱驰。’王者至尊,出入有常,警跸而行,静室而止,自非郊庙之事,则銮旗不驾。故《诗》称‘自郊徂宫’,《易》曰‘王假有庙,致孝享也’。诸侯如臣之家,《春秋》尚列其诫,况以先王法服而私出盘游!降乱尊卑,等威无序,侍鞴守空宫,绂玺委女妾,设有非常之变,任章之谋,上负先帝,下悔靡及”[③]。桓帝依靠宦官单超等诛杀梁冀后,单超等五人因功封列侯。不久,桓帝又立邓氏为皇后,“数月间,后家封者四人,赏赐巨万”[④]。白马令李云借地震等灾异之机,上书桓帝:“臣闻皇后天下母,德配坤灵,得其人则五氏来福,不得其人则地动摇宫。比年灾异,可谓多矣;皇天之戒,可谓至矣……。孔子曰:‘帝者,谛也。’今官位错乱,小人谄进,财货公行,政化日损,尺一拜用不经御省。是帝不欲谛乎?”[⑤]

由此可见,汉代以政治批判为责任、面折廷争为职事的儒士,为了加强他们对时政的批评力量,往往借助有无上尊严的上天之威,这既使他们得以言之深切著明,少有忌讳,又易产生令人信服的客观效果。他如:承宫“陈政,论证切悫,朝臣惮其节”[⑥];赵典“朝廷每有灾异疑议,辄谘问之。典据经正对,无所曲折”[⑦];张酺“每侍讲间隙,数有匡正之辞”[⑧]。此类事例在

① 《后汉书》卷四十八《翟酺传》,第 1603—1605 页。
② 《后汉书》卷三十下《郎𫖮传》,第 1054 页。
③ 《后汉书》卷五十四《杨秉传》,第 1969—1770 页。
④ 《后汉书》卷五十七《李云传》,第 1851 页。
⑤ 《后汉书》卷五十七《李云传》,第 1851—1852 页。
⑥ 《后汉书》卷二十七《承宫传》,第 945 页。
⑦ 《后汉书》卷二十七《赵典传》,第 948 页。
⑧ 《后汉书》卷四十五《张酺传》,第 1529 页。

汉代是较多的，所以王充说："案世间能建蹇蹇之节，成三谏之义，令将检身自敕，不敢邪曲者，率多儒生"[①]。

儒者官吏的直言谏诤活动，对匡救时政、维护统治起了积极作用。两汉之衰，但有庸主，而无暴君，与传统的儒家教育及儒士的谏诤不无关系。当然，也不能过分夸大儒士谏诤活动在汉代政治整合中所起的作用。以天的权威来制约君主，实际上，是用理论约束权力，这就决定了纳谏在实际的政治运行中缺乏强制性。作为拥有至高无上权力的君主，对士人的劝谏或置之不理，或把政治失误的原因推在臣下的身上，每有灾异则免三公以推卸责任。正如张分田先生所言："谏议，作为调节君主政治的杠杆，其支点完全操纵在帝王个人手中。当帝王自觉运用谏议手段调节和控制政治时，君主政治体系会由于增加了安全系数和理性色彩而更加巩固。当君主一意孤行时，谏臣又束手无策而徒叹奈何。历史事实早已反复证明：纳谏和进谏不可能防止君主政治的腐败和暴虐"[②]。

二、以经义断事是汉代教育对社会反馈功能的又一表现

自汉武帝"独尊儒术"后，儒家思想便成为封建社会的指导思想，成为人们思想行为的支配力量。而作为儒家思想主要体现者的儒家经典，便被抬到极其崇高的位置上，具有了法典的性质。正如《汉书·儒林传》所言："六艺者，王教之典籍，先圣所以明天道，正人伦，致至治之成法也"。以经义决事，成为汉代政治的一大特色。

首先，无论是皇帝的诏书，还是公卿大臣的奏议，无不引经据典。据粗略统计，《汉书》诸帝纪中保存西汉诏书一百八十篇，这些诏书共征引经文三十五次，如武帝时凡引八次，成帝时引十次。《后汉书》诸帝纪保存东汉诏书约一百二十篇，征引约五十次，征引次数最多的是汉章帝，约二十余次。被征引的经典中，以《诗经》、《尚书》征引频率较高。诏书征引儒经言论的主题，范围十分广泛，主要涉及重农、举贤、治吏、宽刑、攘灾异、应祥瑞、施惠政、申礼制、倡伦理、示谦惧等方面。其目的是为了论证君主的政治举措乃发自经典本义，依据于圣人之法，因而是毋庸置疑天经地义的[③]。

---

① 《论衡》卷第十二《程材》，第188页。

② 张分田：《中国帝王观念》，中国人民大学出版社，2004年版，第539页。

③ 王健：《汉代君主研习儒学传统的形成及其历史效应》，《中国史研究》1996年第3期。

如武帝即位，举贤良文学之士前后百数，董仲舒以贤良对策。武帝对董仲舒的对策很感兴趣，但觉得意犹未尽，还有一些问题不明白，于是下诏引《诗经》要求董仲舒放开手脚，畅所欲言，再次对策。诏曰："盖闻'善言天者必有征于人，善言古者必有验于今。'故朕垂问乎天人之应，上嘉唐虞，下悼桀纣，浸微浸灭浸明浸昌之道，虚心以改。今子大夫明于阴阳所以造化，习于先圣之道业，然而文采未极，岂惑乎当世之务哉？条贯靡竟，统纪未终，意朕之不明与？听若眩与？夫三王之教所祖不同，而皆有失，或谓久而不易者道也，意岂异哉？今子大夫既已著大道之极，陈治乱之端矣，其悉之究之，孰之复之。《诗》不云乎，'嗟尔君子，毋常安息，神之听之，介尔景福。'朕将亲览焉，子大夫其茂明之"①。元朔元年（前128），武帝在颁布的孝廉举荐诏中征引《论语》以训斥惩罚那些荐举不力的官吏，诏曰："公卿大夫，所使总方略，一统类，广教化，美风俗也。夫本仁祖义，褒德禄贤，劝善刑暴，五帝三王所由昌也。朕夙兴夜寐，嘉与宇内之士臻于斯路。故旅耆老，复孝敬，选豪俊，讲文学，稽参政事，祈进民心，深诏执事，兴廉举孝，庶几成风，绍休圣绪。夫十室之邑，必有忠信；三人并行，厥有我师。今或至阖郡而不荐一人，是化不下究，而积行之君子雍于上闻也。二千石官长纪纲人伦，将何以佐朕烛幽隐，劝元元，厉蒸庶，崇乡党之训哉？且进贤受上赏，蔽贤蒙显戮，古之道也。其与中二千石、礼官、博士议不举者罪"②。

地节三年（前67），宣帝为了改善社会风俗，特引《论语》令地方荐举孝弟者，其诏曰："朕既不逮，导民不明，反侧晨兴，念虑万方，不忘元元。唯恐羞先帝圣德，故并举贤良方正以亲万姓，历载臻兹，然而俗化阙焉。传曰：'孝弟也者，其为仁之本与！'其令郡国举孝弟、有行义闻于乡里者各一人"③。五凤二年（前56），针对郡国禁民嫁娶不得具酒食相贺召的做法，宣帝下诏引《诗经》诫郡国官吏勿行苛政。诏曰："夫婚姻之礼，人伦之大者也；酒食之会，所以行礼乐也。今郡国二千石或擅为苛禁，禁民嫁娶不得具酒食相贺召。由是废乡党之礼，令民亡所乐，非所以导民也。《诗》不云乎，'民之失德，干糇以愆。'勿行苛政"④。永光四年（前40）六月，发生日蚀，元

① 《汉书》卷五十六《董仲舒传》，第2513－2514页。

② 《汉书》卷六《武帝纪》，第166页。

③ 《汉书》卷八《宣帝纪》，第250页。

④ 《汉书》卷八《宣帝纪》，第265页。

帝下诏引《诗经》告诫群臣，应加强自身修养，关注民生，要敢于直言，以匡时政。诏曰："盖闻明王在上，忠贤布职，则群生和乐，方外蒙泽。今朕暗于王道，夙夜忧劳，不通其理，靡瞻不眩，靡听不惑，是以政令多还，民心未得，邪说空进，事亡成功。此天下所著闻也。公卿大夫好恶不同，或缘奸作邪，侵削细民，元元安所归命哉！乃六月晦，日有蚀之。诗不云乎？'今此下民，亦孔之哀！'自今以来，公卿大夫其勉思天戒，慎身修永，以辅朕之不逮。直言尽意，无有所讳"①。永始四年（前13），针对奢侈僭越之风的盛行，成帝下诏引《诗经》要求有关部门加以禁止。诏曰："圣王明礼制以序尊卑，异车服以章有德，虽有其财，而无其尊，不得逾制，故民兴行，上义而下利。方今世俗奢僭罔极，靡有厌足。公卿列侯亲属近臣，四方所则，未闻修身遵礼，同心忧国者也。或乃奢侈逸豫，务广第宅，治园池，多畜奴婢，被服绮縠，设钟鼓，备女乐，车服嫁娶葬埋过制。吏民慕效，浸以成俗，而欲望百姓俭节，家给人足，岂不难哉！《诗》不云乎？'赫赫师尹，民具尔瞻。'其申敕有司，以渐禁之。青绿民所常服，且勿止。列侯近臣，各自省改。司隶校尉察不变者"②。

建武二年（26），光武帝引《论语》要求臣下简省刑法。诏曰："顷狱多冤人，用刑深刻，朕甚愍之。孔子云：'刑罚不中，则民无所措手足。'其与中两千石、诸大夫、博士、议郎议省刑法。"③建武二十六年（40），光武帝诏太仆张纯议禘、祫之礼，说："禘、祫之祭，不行久矣"。并且引《论语》之辞："三年不为礼，礼必坏；三年不为乐，乐必崩"，下令"宜据经典，详为其制"④。建初五年（80）二月，"日有食之"，章帝下诏引《诗经》要求臣下推荐直言极谏、能指出其过失者。诏曰："朕新离供养，愆咎众著，上天降异，大变随之。《诗》不云乎？'亦孔之丑。'又久旱伤麦，忧心惨切。公卿已下，其举直言极谏、能指朕过失者各一人，遣诣公车，将亲览问焉。其以岩穴为先，勿取浮华"⑤。同年章帝又引孔子语责令有关部门对不依法办案、乱施刑罚之官，加以检举揭发。其诏曰："孔子曰：'刑罚不中，则人无所措手足。'今吏多不

① 《汉书》卷九《元帝纪》，第291页。
② 《汉书》卷十《成帝纪》，第324—325页。
③ 《后汉书》卷一上《光武帝纪》，第29页。
④ 《后汉书》卷三十五《张纯传》，第1195页。
⑤ 《后汉书》卷三《章帝纪》，第139页。

良，擅行喜怒，或案不以罪，迫胁无辜，致令自杀者，一岁且多于断狱，甚非为人父母之意也。有司其议纠举之”①。“两汉皇帝在诏书中征引儒家经典，突出表现了政治与学术的互动。经学是两汉经学大师对儒家经典的诠释，它显然具有学术的特质。但是，由于经师对经典的诠释，特别是对其中所谓的‘微言大义’的开掘，越来越有意识地向为汉皇朝服务的方向倾斜，这必然日益增强儒学政治化即学术政治化的特色。而自武帝开始的两汉统治者正是看中了儒学为政治服务的功能，所以有意识地使自己的行政展现‘以经治国’的特色。在诏书中频频征引经书正是其重要表征之一。这也就使得两汉政治日益彰显儒学化”②。

官僚士大夫在上疏言事和讨论政事时也竞相引经据典，“这种现象的形成有两种原因，一是借助经典的权威，因为在国家的政治生活中，尤其在意识形态领域，儒家经典形成了一种无形的权威，任何事理只要与经相符，就是正确的，在议论中有经典为据就有说服力，一般情况下，皇帝也容易信从和接受。二是可以保护自己，在论奏中引经为据，即使有冒犯龙颜之处，但有儒家经典这个护身符，不至于受到惩处”③。唐晏指出：“汉儒通经以致用，盖无人不以经学为尚。朝廷法律，本之六经，故其时臣下奏议，亦纯本经义”④。如成帝时，匡衡上疏戒嫔妃，即引《诗》说：“孔子论《诗》以《关雎》为始，言太上者民之父母，后夫人之行不侔乎天地，则无以奉神灵之统而理万物之宜。故《诗》曰：‘窈窕淑女，君子好逑。’”⑤在盐铁会议上，贤良文学引用《春秋》共三十二次，大夫引《春秋》也有二十次。⑥ 双方引《诗》数量达七十四次。⑦ 双方“直接或间接引用《论语》达 97 次之多，涉及到 60 篇中的 38 篇”⑧。宣帝时，西羌反，汉遣后将军征之。为减轻边郡民众转运粮饷的负担，张敞上书提出：“愿令诸有罪，非盗受财杀人及犯法不得赦者，皆

① 《后汉书》卷三《章帝纪》，第 140 页。

② 孟祥才：《从秦汉时期皇帝诏书称引儒家经典看儒学的发展》，《孔子研究》2004 年第 4 期。

③ 刘泽华主编：《士人与社会》（秦汉魏晋南北朝卷），天津人民出版社，1992 年版，第 128 页。

④ 唐晏：《两汉三国学案》，中华书局，1986 年版，第 239 页。

⑤ 《汉书》卷八十一《匡衡传》，第 3342 页。

⑥ 吴涛：《论西汉的穀梁学》，复旦大学 2007 年博士学位论文。

⑦ 龙文玲《〈盐铁论〉引书用书蠡测》，《中国典籍与文化》2010 年第 1 期。

⑧ 唐明贵：《〈论语〉学的形成、发展与中衰——汉魏六朝隋唐〈论语〉学研究》，中国社会科学出版社，2005 年版，第 247 页。

得以差入谷此八郡赎罪。务益致谷以豫备百姓之急”[1]。对此，萧望之引用《诗经》予以反对，他上书说：“古者臧于民，不足则取，有余则予。《诗》曰‘爰及矜人，哀此鳏寡’，上惠下也。又曰‘雨我公田，遂及我私’，下急上也。今有西边之役，民失作业，虽户赋口敛以赡其困乏，古之通义，百姓莫以为非。以死救生，恐未可也”[2]。宣帝最终采纳了萧望之的意见。元帝时，丞相韦玄成，奏罢太上皇寝庙园，平当提出反对意见，并征引《孝经》中的言论作为根据：“《孝经》曰：‘天地之性人为贵，人之行莫大于孝，孝莫大于严父，严父莫大于配天，则周公其人也。’夫孝子善述人之志，周公既成文武之业而制作礼乐，修严父配天之事，知文王不欲以子临父，故推而序之，上极于后稷而以配天。此圣人之德，亡以加于孝也。高皇帝圣德受命，有天下，尊太上皇，犹周文武之追王太王、王季也。此汉之始祖，后嗣所宜尊奉以广盛德，孝之至也”。结果，“上纳其言，下诏复太上皇寝庙园”[3]。成帝时谷永征引《诗》、《易》、《论语》等经典作为反对增加赋税的理论依据，他上书说：“诸夏举兵，萌在民饥馑而吏不恤，兴于百姓困而赋敛重，发于下怨离而上不知。《易》曰：‘屯其膏，小贞吉，大贞凶。’传曰：‘饥而不损兹谓泰，厥灾水，厥咎亡。’《訞辞》曰：‘关动牡飞，辟为无道，臣为非，厥咎乱臣谋篡。’……《诗》云：‘凡民有丧，扶服救之。’《论语》曰：‘百姓不足，君孰予足？’臣愿陛下勿许加赋之奏，益减大官、导官、中御府、均官、掌畜、廪牺用度，止尚方、织室、京师郡国工服官发输造作，以助大司农”[4]。书奏后，“天子甚感其言。”[5]章帝时由于天旱，粮价暴涨，又连续兴起大狱，“徙者万数，又远屯绝域，吏民怨旷”。为此，杨终上书引儒家经典进谏说：“臣闻‘善善及子孙，恶恶止其身’，百王常典，不易之道也。……臣窃按《春秋》水旱之变，皆应暴急，惠不下流。自永平以来，仍连大狱，有司穷考，转相牵引，掠考冤滥，家属徙边。加以北征匈奴，西开三十六国，频年服役，转输烦费。又远屯伊吾、楼兰、车师、戊己，民怀土思，怨结边域。传曰：‘安土重居，谓之众庶。’昔殷民近迁洛邑，且犹怨望，何况去中土之肥饶，寄不毛之荒极

---

① 《汉书》卷七十八《萧望之传》，第 3275 页。
② 《汉书》卷七十八《萧望之传》，第 3276 页。
③ 《汉书》卷七十一《平当传》，第 3049 页。
④ 《汉书》卷八十五《谷永传》，第 3470－3471 页。
⑤ 《汉书》卷八十五《谷永传》，第 3472 页。

乎？且南方暑湿，障毒互生。愁困之民，足以感动天地，移变阴阳矣。陛下留念省察，以济元元”。章帝接受了杨终的意见，“听还徙者，悉罢边屯”[①]。灵帝时党锢株连五族，上禄长和海上言：“礼，从祖兄弟别居异财，恩义已轻，服属疏末。而今党人锢及五族，既乖典训之文，有谬经常之法”。结果，“帝览而悟之，党锢自从祖以下，皆得解释”[②]。灵帝时荀爽引《礼》对策匡失救俗：“礼者，尊卑之差，上下之制也。……今臣僭服，下食上珍，所谓害于而家，凶于而国者也。宜略依古礼尊卑之差，及董仲舒制度之别，严督有司，必行其命。此则禁乱善俗足用之要”[③]。对此皮锡瑞指出：“汉崇经术，实能见之施行”，“皇帝诏书群臣奏议，莫不援引经义以为据依”[④]。

其次，汉代以经术处理政务并解决疑难问题的事例很多。经学在汉代有很强的适用价值。自从汉武帝提倡经学以来，经学著作不但在意识形态具有很高的权威，而且成了统治者制定各种政策，处理具体政务的重要依据。

元狩元年（前122），武帝首次于救灾诏书中称引经义。这一年，发生雪灾，大批百姓冻饿而死。武帝为此下诏：“君者心也，民犹支体，支体伤则心憯怛。……《诗》云：‘忧心惨惨，念国之为虐。’已赦天下，涤除与之更始。朕嘉孝弟力田，哀夫老眊孤寡鳏独，或匮于衣食，甚怜愍焉。其遣谒者巡行天下，存问致赐”[⑤]。宣帝时，魏相上疏，提出：“王法必本于农而务积聚，量入制用以备凶灾”[⑥]，并称述《礼记·王制》和《穀梁传》“国无九年之蓄曰不足，无六年之蓄曰急，无三年之蓄曰国非其国”之意，强调：“今岁不登，谷暴腾踊，临秋收敛犹有乏者，至春恐甚，亡以相恤。……唯陛下留神元元，帅由先帝盛德以抚海内”[⑦]。他呼吁统治者平时要注意节俭、积蓄，以备将来救灾之用。东汉初年，魏郡、平原一带因黄河泛滥，“深者成渊，浅则泥涂”，土地荒废。章帝于元和三年（86）下诏：“《月令》，孟春善相丘陵土地所宜。

---

① 《后汉书》卷四十八《杨终传》，第1597—1598页。

② 《后汉书》卷六十七《党锢列传》，第2189页。

③ 《后汉书》卷六十二《荀爽传》，第2056页。

④ 皮锡瑞：《经学历史》，中华书局，1959年版，第103页。

⑤ 《汉书》卷六《武帝纪》，第174页。

⑥ 《汉书》卷七十四《魏相传》，第3137页。

⑦ 《汉书》卷七十四《魏相传》，第3137—3138页。

今肥田尚多,未有垦辟。其悉以赋贫民,给与粮种,务尽地力,勿令游手”[①]。强调要把闲置的土地授予无地的贫民并提供粮种,使其能够有为生之本,而不致成为流民。永初初年,“连年水旱,郡国多被饥困”。樊准上疏安帝:“臣闻传曰:‘饥而不损兹曰太,厥灾水。’《春秋穀梁传》曰:‘五谷不登,谓之大侵。大侵之礼,百官备而不制,群神祷而不祠。’……朝廷虽劳心元元,事从省约,而在职之吏,尚未奉承。夫建化致理,由近及远,故《诗》曰:‘京师翼翼,四方是则’。今可先令太官、尚方、考功、上林池御诸官,实减无事之物,五府调省中都官吏京师作者。如此,则化及四方,人劳省息”[②]。强调整顿吏治,以遏制贪官污吏的私欲。这是以经学来指导救灾问题的处理。经学渗入到救灾活动中,起到了一些积极作用,客观上有利于缓和阶级矛盾,改善人民生活,开展灾后重建工作,恢复发展社会经济。

经学也是汉代处理民族关系的重要依据。汉武帝发动对匈奴的反击战争,就是依据儒家经义,他在诏书中说:“高皇帝遗朕平城之忧,高后时单于悖逆。昔齐襄公复九世之仇,《春秋》大之”[③]。这是取《公羊春秋》之义。《春秋·庄公四年》:“纪侯大去其国”。《公羊传》说:“大去者何,灭也。孰灭之,齐灭之,何为不言其灭之,为襄公讳也。《春秋》为贤者讳。何贤乎襄公,复仇也。何仇尔,远祖也。哀公亨乎周,纪侯谮之。以襄公之为于此焉者,事祖祢之心尽矣。尽者何?襄公将复仇乎纪。……远祖者几世乎?九世矣。九世犹可以复仇乎?虽百世可也”。武帝对匈奴的战争,制止了匈奴贵族对内地的骚扰、掠夺,保卫了内地人民生命财产的安全,维护了内地先进的农业生产,因而其积极意义是值得肯定的。

宣帝五凤年间,匈奴发生内乱,汉廷大臣多主张因其坏乱举兵灭之。萧望之则称引《公羊春秋》之义,表示反对。他说:“《春秋》晋士匄帅师侵齐,闻齐侯卒,引师而还,君子大其不伐丧,以为恩足以服孝子,谊足以动诸侯。前单于慕化乡善称弟,遣使请求和亲,海内欣然,夷狄莫不闻。未终奉约,不幸为贼臣所杀。今而伐之,是乘乱而幸灾也,彼必奔走远遁。不以义动兵,恐劳而无功。宜遣使者吊问,辅其微弱,救其灾患,四夷闻之,咸贵中

① 《后汉书》卷三《章帝纪》,第154页。
② 《后汉书》卷三十二《樊准传》,第1127页。
③ 《汉书》卷九十四上《匈奴传》,第3776页。

国之仁义。如遂蒙恩得复其位，必称臣服从，此德之盛也”[①]。宣帝从其议，派兵护辅呼韩邪单于定其国。当呼韩邪单于提出要亲至长安朝见天子时，宣帝令众臣商定进见礼仪。萧望之再次依经义而主张：“单于非正朔所加，故称敌国，宜待以不臣之礼，位在诸侯王上。外夷稽首称藩，中国让而不臣，此则羁縻之谊，谦亨之福也。《书》曰：‘戎狄荒服’，言其来服，荒忽亡常。如使匈奴后嗣卒有鸟窜鼠伏，阙于朝享，不为畔臣。信让行乎蛮貉，福祚流于亡穷，万世之长策也”。宣帝采纳了他的意见，下诏称：“盖闻五帝三王教化所不施，不及以政。今匈奴单于称北藩，朝正朔，朕之不逮，德不能弘覆。其以客礼待之，令单于位在诸侯王上，赞谒称臣而不名”[②]。从此，“边境安，四夷亲，单于款塞”[③]。元、成、哀帝之时，汉族与周边少数民族基本上继续保持着和平友好的关系。这对各族经济、政治、文化的交流，促进社会的发展与进步，是有好处的。

王莽统治时期，利用经义，推行大汉族主义，歧视、压迫少数民族。他下诏说：“天无二日，土无二王，百王不易之道也。汉氏诸侯或称王，至于四夷亦如之，违于古典，谬于一统。其定诸侯王之号皆称公，及四夷僭号称王者皆更为侯”[④]。他派出使者，“其东出者，至玄菟、乐浪、高句骊、夫余；南出者，逾徼外，历益州，贬句町王为侯；西出者，至西域，尽改其王为侯；北出者，至匈奴庭，授单于印，改汉印文，去‘玺’曰‘章’”[⑤]。他又改称单于为“降奴服于”，并引用《尚书·甘誓》“威侮五行”之语，对单于大加斥责。他还布告天下：“更名高句骊为下句骊”[⑥]。王莽错误的民族政策，引来了周边各族人民的反抗，王莽四处出兵予以镇压，使西汉后期以来汉族与周边少数民族间形成的和平友好关系遭到破坏，社会矛盾日益尖锐，从而促成王莽政权的迅速崩溃。

东汉时也多有依据儒家经义处理民族关系的事例，如永平年间羌族女首领比铜钳“将其众来依郡县”[⑦]，羌人有犯法者，临羌长残杀羌人六七百

---

① 《汉书》卷七十八《萧望之传》，第3279—3280页。
② 《汉书》卷七十八《萧望之传》，第3282—3283页。
③ 王利器校注：《风俗通义校注》卷二《正失》，中华书局，1981年版，第98页。
④ 《汉书·王莽传》卷九十九中《王莽传》，第4105页。
⑤ 《汉书·王莽传》卷九十九中《王莽传》，第4115页。
⑥ 《汉书·王莽传》卷九十九中《王莽传》，第4130页。
⑦ 《后汉书》卷八十七《西羌传》，第2880页。

人并将比铜钳打入监牢。为此,明帝下诏曰:"昔桓公伐戎而无仁惠,故《春秋》贬曰'齐人'。今国家无德,恩不及远,羸弱何辜,而当并命!夫长平之暴,非帝者之功,咎由太守长吏妄加残戮。比铜钳尚生者,所在致医药养视,令招其种人,若欲归故地者,厚遣送之"①。延熹元年,"南单于诸部并畔,遂与乌桓、鲜卑寇缘边九郡"。朝廷任命张奂为北中郎将加以讨伐,"单于诸部悉降"。张奂以匈奴单于居车儿"不能统理国事,乃拘之",并上书皇帝欲另立新单于。桓帝诏曰:"《春秋》大居正,居车儿一心向化,何罪而黜!其遣还庭"②。

统治者总是选取经学中有用内容来为现实政治服务的,武帝利用经义伐匈奴、拓疆土,昭宣后利用经学为民族友好政策提供根据,王莽则利用经义,推行粗暴的民族歧视和压迫政策,都说明了这一点。

经学还是汉代改制的理论依据。儒家经学认为,每个帝王的统治权力皆受命于"天"。但不同帝王的权力来自不同的"天命"。这种"天命"就是五行学说中的"德"。而每个帝王必须根据不同的"德"来制定服饰、历法等。儒生们认为,秦为水德,汉代秦应为土德。太初元年(前104),武帝宣布,改订礼制和历法,其主要内容为:"夏五月,正历,以正月为岁首。色尚黄,数用五,定官名,协音律"③。改变了汉初沿用秦正朔、服色、制度的情况,确立了汉朝自己的礼乐制度,有利于促进和巩固政治的统一。

王莽早年以陈参为师,主攻《仪礼》、《周礼》,后又从陈钦学习《左传》,因而他能兼纳经今古文两派之说,并且偏重于古文经学。新朝建立后,他立即依《周礼》设计了一套改制蓝图。主要包括政治改革和经济改革两个方面。这里仅就其政治改革略作介绍。王莽在政治方面的改革主要有:第一,更改中央和地方官制,增加了一些新官。如依《尚书·洪范》"敬用五事","貌曰恭,言曰从,视曰明,听曰聪,思曰睿"之文,置五司之官:司恭、司从、司明、司聪、司睿五大夫。依《周礼·宗伯·瞽矇》及《周礼·冢宰·膳夫》置诵诗工,彻膳宰以司过。依《周礼·王制》在地方置卒正、连率、大尹职如太守,属令、属长职如都尉。改变汉原来之官名。如中央官职更名太常曰秩宗,少府曰共工,光禄勋曰司中,卫尉曰太卫,大鸿胪曰典乐,大司农

① 《后汉书》卷八十七《西羌传》,第2880页。

② 《后汉书》卷八十九《南匈奴传》,第2963—2964页。

③ 《汉书》卷六《武帝纪》,第199页。

为羲和，中尉为军正等。地方官职改太守曰大尹(或卒正、连率)，都尉曰太尉，县令长曰宰等。这些增加和改易的名称皆出自《周礼》、《尚书》等典籍。第二，改置郡县。王莽以六为数分城置州郡县，下诏令："常安西都曰六乡，众县曰六尉。义阳东都曰六州，众县曰六队。粟米之内曰内郡，其外曰近郡。有鄣徼者曰边郡"[①]。这种以六为数对郡县的变动，主要是依据《周礼》"六乡之众庶"、"帅六遂之役"而改制的，"内郡"则是取义于《尚书·禹贡》。第三，立五等爵。王莽依据《礼记·王制》建立五等爵封制，即公、侯、伯、子、男，规定了食邑、户数及里数。他说："予制作地理，建封五等，考之经艺，合之传记，通于义理，论之思之，至于再三，自始建国之元以来九年于兹，乃今定矣"[②]。可见，王莽的改制皆有经文出处，正如史书所云："每有所兴造，必欲依古得经文"[③]。但是，王莽的改制或因不顺应社会发展的要求，或因用人不当而变质，因而先后宣告失败。其失败的教训值得后人深思。

汉代最高统治者在处理一些重大事务时，一般都引经书为据。汉武帝元朔元年(前128)春，立皇后卫氏诏说："朕闻天地不变，不成施化；阴阳不变，物不畅茂。《易》曰'通其变，使民不倦。'《诗》云'九变复贯，知言之选。'朕嘉唐虞而乐殷周，据旧以鉴新。其赦天下，与民更始。诸逋贷及辞讼在孝景后三年以前，皆勿听治"[④]。光武帝更换太子，其诏书先引《春秋》："《春秋》之义，立子以贵。东海王阳，皇后之子，宜承大统。皇太子强，崇执谦退，愿备藩国。父子之亲，重久违之。其以强为东海王，立阳为皇太子，改名庄"[⑤]。章帝想改变刑狱的办案时间，则考之于经典："《春秋》于春每月书'王'者，重三正，慎三微也。律十二月立春，不以报囚。《月令》冬至之后，有顺阳助生之文，而无鞠狱断刑之政。朕咨访儒雅，稽之典籍，以为王者生杀，宜顺时气。其定律，无以十一月、十二月报囚"[⑥]。章帝想立师傅之官以为股肱，则引《诗经》之意为据："朕以眇身，托于王侯之上，统理万机，惧失厥中，兢兢业业，未知所济。深惟守文之主，必建师傅之官。《诗》

① 《汉书》卷九十九中《王莽传》，第4136页。
② 《汉书》卷九十九下《王莽传》，第4149页。
③ 《汉书》卷二十四下《食货志》，第1179页。
④ 《汉书》卷六《武帝纪》，第169页。
⑤ 《后汉书》卷一下《光武帝纪》，第71页。
⑥ 《后汉书》卷三《章帝纪》，第152—153页。

不云乎：'不愆不忘，率由旧章。'行太尉事节乡侯喜三世在位，为国元老；司空融典职六年，勤劳不怠。其以喜为太傅，融为太尉，并录尚书事。'三事大夫，莫肯夙夜'，《小雅》之所伤也。'予违汝弼，汝无面从'，股肱之正义也。群后百僚勉思厥职，各贡忠诚，以辅不逮。申敕四方，称朕意焉"[①]。

需要指出的是，儒家经典的教育熏陶，不可能使儒家价值全部内化为君主的政治信念，决定君主施政实践的真正最高准则，是皇权的直接利益和根本利益。"所谓循经义施政的实质，则取决于儒经之义与君主之利的一致和重合；当儒家理想主义的治道主张与之发生偏离和矛盾时，君主无疑是从皇权直接利益出发，权衡现实利害施政，儒家经义便只剩下装潢门面的附会缘饰功能了"[②]。如哀帝宠幸董贤，"欲侯之未有所据"[③]。后就篡改东平王谋反案件检举人署名，"更言因董贤以闻"，妄为加功以封侯，被丞相王嘉上封事阻谏。但数月后仍下诏封之，诏书还切责"公卿股肱莫能悉心务聪明以销厌未萌"，"赖宗庙之灵，侍中驸马都尉贤等发觉以闻"。并征引经义："《书》不云乎'用德章厥善'，其封贤为高安侯"[④]。可以说是完全背离了儒经之本义。

自西汉中期后，儒家官吏比较普遍地自觉将经学运用到社会政治生活的各个方面。这方面的例子很多。例如昭帝时，有个男子身穿黄衣，头戴黄帽，乘车到宫门，自称是卫太子，围观者数万人，百官一时不明真伪，都不敢表态说话。京兆尹隽不疑赶到后，立即下令逮捕此人。有人劝他说，还不知道真假，最好先别忙动手。隽不疑引《春秋》答道："诸君何患于卫太子，昔蒯聩违命出奔，辄拒而不纳，《春秋》是之。卫太子得罪先帝，亡不即死，今来自诣，此罪人也"[⑤]，然后把此人送进诏狱。隽不疑的行动和提出的充足理由，帮助皇帝度过了骤然发生的帝位危机，昭帝和当时掌握朝政的大将军霍光得知，感慨地说："公卿大臣，当用经术，明于大谊"[⑥]。《汉书·夏侯胜传》记载，昭帝崩，昌邑王即位，数出行，夏侯胜谏曰："天久阴而不雨，臣下有谋上者，陛下出，欲何之？"这时霍光与车骑将军张安世密谋废

① 《后汉书》卷三《章帝纪》，第129—130页。
② 王健：《汉代君主研习儒学传统的形成及其历史效应》，《中国史研究》1996年第3期。
③ 《汉书》卷八十六《王嘉传》，第3492页。
④ 《汉书》卷八十六《王嘉传》，第3492—3493页。
⑤ 《汉书》卷七十一《隽不疑传》，第3037页。
⑥ 《汉书》卷七十一《隽不疑传》，第3038页。

黜昌邑王，遂召问夏侯胜，夏侯胜回答说他是依据《尚书·洪范传》："皇之不极，厥罚常阴，时则下人有伐上者，恶察察言"。故有此言相告。"光、安世大惊，以此益重经术士"。王式曾任昌邑王的老师，后来昌邑王由于"行淫乱废"，王式被捕下狱。朝廷使臣责问他为何不行王师之责写谏书规劝昌邑王，王式为自己辩解说："臣以《诗》三百五篇朝夕授王，至于忠臣孝子之篇，未尝不为王反复诵之也；至于危亡失道之君，未尝不流涕为王深陈之也。臣以三百五篇谏，是以亡谏书"①，使者以闻，亦得减死论。汉代以经术解释、指导政治实践的风气盛行，于此可见一斑。

再次，儒家经义还渗透到司法实践中，这就是所谓的"以《春秋》决狱"。"'春秋决狱'是中国古代的一种特殊断案方式，简言之，就是以《春秋》为代表的儒家经典来指导司法实践。具体而言，是指中国古代在司法实践中针对法无明文规定或适用法律有乖人情、有悖伦常的疑难案件，以《春秋》、《诗》、《书》、《易》、《礼》、《论语》、《孟子》等儒家经典中的故事、经文以及经义为指导思想进行审判的特殊断狱方式，又称'经义决狱'"②。最早对"经义决狱"进行阐发和论证的是董仲舒。据《后汉书·应劭传》载："故胶西相董仲舒老病致仕，朝廷每有政议，数遣廷尉张汤亲自陋巷，问其得失。于是作《春秋决狱》二百三十二事，动以经对，言之详矣。"《汉书·艺文志》著录有《公羊董仲舒治狱》十六篇。该书后来失传了，现在仅于其他古籍中见到零星的转载。此后就逐步形成了以经义附会法律的习尚，使儒家的经义法典化。武帝时"使仲舒弟子吕步舒持斧钺治淮南狱，以《春秋》谊颛断于外，不请。既还奏事，上皆是之"③。张汤为廷尉决大狱"欲傅古义，乃请博士弟子治《尚书》、《春秋》，补廷尉史"④。儿宽善决狱，张汤"以宽为奏谳掾，以古法义决疑狱，甚重之"⑤。一些出身狱吏的官员也热衷于研习儒家经典。如于定国"少学法于父"⑥，宣帝时任廷尉，"乃迎师学《春秋》，身执经，

① 《汉书》卷八十八《儒林传·王式传》，第3610页。
② 柳高平：《"春秋决狱"研究》，西南政法大学2010年硕士学位论文。
③ 《汉书》卷二十七上《五行志》，第1333页。
④ 《汉书》卷五十九《张汤传》，第2639页。
⑤ 《汉书》卷五十八《儿宽传》，第2629页。
⑥ 《汉书》卷七十一《于定国传》，第3042页。

北面备弟子礼"[①]。陈宠"虽传法律,而兼通经书"[②]。"统治者的提倡与肯定使得'春秋决狱'有了政治利益,成为官员脱颖而出,获得帝王赏识的最好手段。一些善于迎合的经学家和官吏趋之若鹜,这一断狱方式渐成风气"[③]。此外,引经解律、引经注律的"律学"也乘运而兴。东汉的叔孙宣、郭令卿、马融、郑玄等曾注汉律:"诸儒章句十有余家,家数十万言。凡断罪所当由用者,合二万六千三百七十二条,七百七十三万二千二百余言",以至"言数益繁,览者益难。天子于是下诏,但用郑氏章句,不得杂用余家"[④]。"汉儒殚精竭虑,立洋洋数百万言进行注解的目的便是为了将儒家学说的精义贯注到具体法律的条文上,这样,就在不现存法律形式的前提下,从精神内容上使法家之律成为儒家之律。随着注释章句的被认可并具有法律效力,中国法律的儒家化取得了实质性的进展"[⑤]。

汉代依"《春秋》决狱"主要有以下一些原则:

第一,"原心定罪"。就是定罪量刑时应基于犯罪的动机、心理,至于犯罪的行为、后果则是次要的。董仲舒解释这一原则说:"《春秋》之听狱也,必本其事而原其志。志邪者,不待成;首恶者,罪特重;本直者,其论轻"[⑥]。动机邪恶,就应该立即予以惩罚,而不必等待其发展成犯罪行为或造成犯罪后果;如果动机善良,就是犯了罪,也应从轻处罚。而判断善恶的依据即为儒家经典。《盐铁论·刑德》说得更为明确:"《春秋》之治狱,论心定罪。志善而违于法者免,志恶而合于法者诛"。哀帝时,博士申咸多次指责给事中薛宣在后母去世时未像其弟薛修那样服丧三年,认为这样不孝之人不宜在朝为官。薛宣之子薛况为报父怨,收买杨明割掉了申咸的鼻子和嘴唇,还将申咸打成重伤。在讨论如何惩办凶手时,大臣们的意见发生了分歧。以御史中丞为首的一部分人主张处以弃市之刑。而以廷尉为首的另一部分人则提出:"《春秋》之义,原心定罪。原况以父见谤发忿怒,无它大恶。加诋欺,辑小过成大辟,陷死刑,违明诏,恐非法意,不可施行"[⑦]。结果薛

---

① 《汉书》卷七十一《于定国传》,第 3042 页。
② 《后汉书》卷四十六《陈宠传》,第 1555 页。
③ 黄海涛:《汉代"春秋决狱"的原因探析》,《开封大学学报》2010 年第 4 期。
④ 《晋书》卷三十《刑法志》,中华书局,1974 年版,第 922 页。
⑤ 韩星:《儒法整合——秦汉政治文化论》,中国社会科学出版社,2005 年版,第 209 页。
⑥ 《春秋繁露·精华》,第 96 页。
⑦ 《汉书》卷八十三《薛宣传》,第 3395—3396 页。

况被减去死罪，改判戍边。据《论衡·恢国》载：“《春秋》之义，‘君亲无将，将而必诛。’广陵王荆迷于孽巫，楚王英惑于侠客。事情列见，孝明三宥，二王吞药。周诛管蔡，违斯远矣。楚外家许氏与楚王谋议，孝明曰：‘许氏有属于王，欲王尊贵，人情也。’圣心原之，不绳于法。”顺帝时，霍谞的舅父宋光以妄刊文章下狱，霍谞上书大将军梁商力辩其舅父无犯罪动机。他说：“谞闻《春秋》之义，原情定过，赦事诛意，故许止虽弑君而不罪，赵盾以纵贼而见书。此仲尼所以垂天法，汉世所宜遵前修也”[①]。结果“商高谞才志，即为奏原光罪”[②]。

第二，“君亲无将，将而必诛。”即凡是蓄意杀害君上、父母而谋乱的，即使并未付诸行动，也当与叛逆同罪，以保护君主和嫡亲尊长的特权。语出《春秋公羊传》。鲁国公子牙意欲谋反，季友令其饮鸩。对此，《公羊传》解释道：“公子牙今将尔，辞曷为与亲弑者同？君亲无将，将而诛焉”。汉武帝时，淮南王刘安谋反，胶西王刘端奏言：“安废法度，行邪辟，有诈伪心，以乱天下，营惑百姓，背叛宗庙，妄作妖言。《春秋》曰：‘臣毋将，将而诛。’安罪重于将，谋反形已定。臣端所见，其书、印、图及它逆亡道事验明白，当伏法”。武帝派宗正持节处理该案，“未至，安自刑杀。后、太子诸所与谋皆收夷”[③]。哀帝时，丞相王嘉因反对封董贤为侯，而以言事罔上触法被诛。哀帝的舅舅大司马丁明对王嘉之死深表同情，对皇帝宠爱董贤不满，哀帝罢免了丁明。理由是说他以前就同情反逆，嫉妒忠良，按照“君亲无将，将而诛焉”，应处刑，看在亲戚的份只予以罢官[④]。新莽时期，皇孙功崇公宗密谋篡位，制作了天子衣冠，私刻了三枚天子用的印章，意欲继莽为帝。同时，与犯罪被徙往合浦的宗室舅吕宽，私通信件，往来联系。其行为败露后，被逼自杀。王莽为此下诏：“宗属为皇孙，爵为上公，知宽等叛逆族类，而与交通，刻铜印三，交意甚害，不知厌足，窥欲非望。《春秋》之义，‘君亲无将，将而诛焉’。迷惑失道，自取此辜，呜呼哀哉！”[⑤]“广陵王荆有罪，帝(汉明帝)以至亲悼伤之，诏儵与羽林监南阳任隗杂理其狱。事竟，奏请诛

---

① 《后汉书》卷四十八《霍谞传》，第1615页。
② 《后汉书》卷四十八《霍谞传》，第1617页。
③ 《汉书》卷四十四《淮南衡山济北王传》，第2152—2153页。
④ 《汉书》卷九十三《佞幸传·董贤传》，第3735—3736页。
⑤ 《汉书》卷九十九下《王莽传》，第4153页。

荆。引见宣明殿，帝怒曰：'诸卿以我弟故，欲诛之，即我子，卿等敢尔邪！'儵仰而对曰：'天下高帝天下，非陛下之天下也。《春秋》之义，君亲无将，将而诛焉。是以周公诛弟，季友鸩兄，经传大之。臣等以荆属托母弟，陛下留圣心，加恻隐，故敢请耳，如令陛下子，臣等专诛而已。'"[①]。樊儵终据春秋之义，不顾皇帝的震怒，将广陵王荆处死。

第三，"恶恶止其身"。指断狱时只对犯罪者本人进行处罚，不株连无辜者。《春秋·昭公二十年》曰："曹公孙会自鄸出奔宋"。《公羊传》解："畔也，曷为不言畔？为公子喜时之后讳也。《春秋》为贤者讳也。何贤乎公子喜时？让国也。君子善善也长，恶恶也短，恶恶止其身，善善及子孙。贤者子孙，故君子为之讳"。成帝鸿嘉年间，广汉群盗蜂起，孙宝被任命为益州刺史，前往剿灭盗贼。孙宝到任后，通过调查了解到群盗蜂起的原因是由于广汉太守扈商"软弱不任职"，百姓对其失望才聚众起事。孙宝在掌握了情况后，"亲入山谷，谕告群盗，非本造意。渠率皆得悔过自出，遣归田里"[②]。在平定盗贼后，孙宝上书皇帝，指出："商为乱首，《春秋》之义，诛首恶而已"[③]。认为这次事件是由于扈商失职引起的，根据《春秋》之义，应只拿扈商问罪，百姓不必追究。光武帝时，平原郡太守赵熹讨捕盗贼，斩杀其头目，余党当判刑者达数千人。赵熹上书指出："恶恶止其身"[④]，赦免余党，光武帝从之。安帝时，居延都尉范邠犯了赃罪，按惯例父子两代不得为官。太尉刘恺"独以为《春秋》之义，善善及子孙，恶恶止其身"[⑤]，如果是赃吏都禁锢子孙，不符合先王详刑之意。结果，皇帝下诏认为他说得对。《后汉书·杨终传》载："建初元年，大旱谷贵。终以为广陵、楚、淮阳、济南之狱，徙者万数，又远屯绝域，吏民怨旷。乃上疏曰：臣闻'善善及子孙，恶恶止其身'，百王常典，不易之道也。臣窃按《春秋》水旱之变，皆应暴急，惠不下流。鲁文公毁泉台，《春秋》讥之曰，先祖为之，而己毁之，不如勿居而已，以其无妨害于民。襄公作三军，昭公舍之，君子大其复古，以为不舍则有害于民也。今伊吾之役，楼兰之屯，久而未还，非天意也"。杨终以春秋之义

---

① 《后汉书》卷三十二《樊儵传》，第1123页。
② 《后汉书》卷三十二《樊儵传》，第1123页。
③ 《汉书》卷七十七《孙宝传》，第3258页。
④ 《后汉书》卷二十六《赵熹传》，第914页。
⑤ 《后汉书》卷三十九《刘恺传》，第1308页。

为受广陵、楚、淮阳、济南案件牵连而远徙边地者求情，得到了皇帝的认可，“帝从之，听还徙者，悉罢边屯”。

第四，“以功覆过”。是指犯罪者如果曾对国家有功，审判时则可以将功折罪，得到宽大处理。《春秋》僖公十七年载：“夏灭项”。《公羊传》解释说：“孰灭之？齐灭之。曷为不言齐灭之？为桓公讳也。《春秋》为贤者讳。……桓公尝有继绝存亡之功，故君子为之讳也”。汉宣帝时，大司农田延年借公务之便，贪污公款三千万，被处以“不道”罪。御史大夫田广明认为：“《春秋》之义，以功覆过”①，当初在废昌邑王时，田延年有功，没有他当时就不能成就大事，要求大将军霍光给以宽大处理。“陈汤与西域都护甘延寿曾平定西域郅支单于之乱，得到朝廷表彰。事后朝内官员对平定叛乱之事有争议，如在石显、匡衡等官员看来，陈汤、甘延寿兴兵讨伐西域，没有奉令而行，是擅作主张的违令行为，不能加官晋爵而当治罪。与此观点相左，宗正刘向认为：虽然甘延寿、陈汤擅自兴师，违令矫制，但是，他们平定西域郅支单于之乱的行为，使汉王朝‘县旌万里之外，扬威昆山之西，扫谷吉之耻，立昭明之功，万夷慴伏，莫不惧震。’又‘呼韩邪单于见郅支已诛，且喜且惧，乡风驰义，稽首来宾，愿守北藩，累世称臣。’所以陈、甘二人可谓立千载之功，勋莫大焉。继而，他又援引周时大夫方叔、吉甫为宣王诛猃狁而百蛮从，得到周王厚赐，以及齐桓公虽有灭项之罪，但因其前有尊周之功，而《春秋》为之讳的故事，说明陈汤与甘延寿理应得到封赏，而不应该被治罪”②。元帝赞同刘向的意见，诏“拜延寿为长水校尉，汤为射声校尉”③。

第五，“父子相隐”。即亲属之间，尤其是父子之间应相互包庇隐瞒，不得相互揭发犯罪行为。《论语·子路》载：“叶公语孔子曰：‘吾党有直躬者，其父攘羊而子证之。’孔子曰：‘吾党之直者异于是：父为子隐，子为父隐，直在其中矣。’”董仲舒曾遇一案：甲无子，于道旁拾一弃儿乙，养之以为子，及乙长大而杀人，回家告实情于甲，甲藏匿之。甲的行为该当何罪？董仲舒断曰：“甲无子，振活养乙，虽非所生，谁与易之！《诗》云：‘螟蛉有子，蜾蠃负之。’《春秋》之义，‘父为子隐’。甲宜匿之”④。汉宣帝地节四年（前

① 《汉书》卷九十《酷吏传·田延年传》，第3666页。

② 柳高平：《春秋决狱研究》，西南政法大学2010年硕士学位论文。

③ 《汉书》卷七十《陈汤传》，第3020页。

④ 《通典》卷六十九《礼二十九》，第1911页。

66）下诏说："父子之亲，夫妇之道，天性也。虽有患祸，犹蒙死而存之。诚爱结于心，仁厚之至也，岂能违之哉！自今子首匿父母，妻匿夫，孙匿大父母，皆勿坐。其父母匿子，夫匿妻，大父母匿孙，罪殊死，皆上请廷尉以闻"[①]。看来在此诏之前，法律并不允许亲属相匿，而在此诏后，幼辈匿长辈者不负刑事责任，长辈匿幼辈者死罪以下不负刑事责任，死罪则上廷尉酌情处理。

"《春秋》决狱"是独尊儒术的产物，是儒家学说试图改造法律的一种反映，也是汉儒的主张应用于实际的一项实验。儒家经典不仅成为国家法律的理论基础和原则依据，而且它逐渐法典化，神圣不可侵犯，具有了至高无上的法律效力。所谓"春秋决狱"，不过是把儒家经典所体现的封建伦理观念，运用到司法审判中，其目的是维护君主专制统治的神圣地位，维护封建等级制度和封建伦常关系。其总的原则是原心定罪，重在考察当事人的主观动机的善恶，而轻视客观效果。实际上如果不从犯罪主观方面和客观方面通盘考虑，而单纯以主观动机作为量刑的标准，必然流于主观随意性，这就为统治者任意解释法律，滥用各种刑罚开了方便之门，其结果是助长了罪同论异与法令废弛。马端临就曾指出："汉人专务以《春秋》决狱，陋儒酷吏遂得因缘假饰"[②]。但由于儒家历来主张重德轻刑，在汉代有不少儒者呼吁"恤刑"、"刑中"，而且不少司法官员在司法实践中，行轻刑之政，如宣帝时，廷尉于定国"决狱平法，务在哀鳏寡，罪疑从轻"[③]。和帝时，廷尉陈宠，按照"应合经义"的原则重新删定汉律，"隆先王之道，荡涤烦苛之法"，并"数议疑狱，常亲自为奏。每附经典，务以宽恕，帝辄从之"[④]。因此，引经决狱，在一定程度上否定和改变了繁法严诛的局面，缓和了阶级矛盾，稳定了社会秩序，有利于社会经济的发展，同酷吏政治相比，有一定的积极意义。正如学者所言："就法律本身的发展而言，《春秋》决狱将儒家经义特别是其反复强调的道德原则引入司法实践，并进而通过'决事比'也就是判例法这种方式渗透到立法实践之中，由此开启了儒家经义、儒家道德法律化、法典化的进程。经学的介入，使儒家思想开始成为封建法律的指导思想，

---

① 《汉书》卷八《宣帝纪》，第 251 页。

② 《文献通考》卷一百八十二《经籍九·春秋决事比》，第 1567 页。

③ 《汉书》卷七十一《于定国传》，第 3042 页。

④ 《后汉书》卷四十六《陈宠传》，第 1554 页。

并使引礼入法开始成为中华法系的一个重要特征，在中国法制史上意义重大”[①]。

总之，以经义决事，固不免于附会，但由于儒家经典内容丰富，容量极大，包含有治国所必须掌握的基本知识，且汉儒阐述儒家经典的微言大义，往往是根据现实的需要加以发挥，是以为现实服务为目的，故其仍不失为一种处理政务、解决疑难问题的有效方法。正如刘泽华先生所言：“经义与实际相结合无疑是汉代的一大创造。它的最大效用是为政治认同和政治的价值取向找到了一个标准。这对统一人们的认识，保持社会的稳定有重要作用。由于经义对帝王也有指导意义，所以对皇帝也有相当的制约力”[②]。

三、博士议政，是知识分子介入封建政治的一种形式

“朝议是封建时代一种重要的政治制度，当国家面临重大事件时或君主遇到难断之事时，皇帝便会召集三公九卿等重要官员进行商议，商讨解决之策，但最终的决断权仍由皇帝掌控。这种制度可以使皇帝听取更多的合理建议，减少决策失误，对我国封建社会的发展起了很大的作用”[③]。朝议制度先秦时即已存在，在《左传》中有这方面的不少记载。秦代也建有朝议制度，博士往往参与。《说苑·至公》载：“秦始皇帝既吞天下，乃召群臣而议曰：‘古者五帝禅贤，三王世继，孰是？将为之。’博士七十人未对”。《史记·秦始皇本纪》载：“丞相绾、御史大夫劫、廷尉斯等皆曰：昔者五帝地方千里，其外侯服夷服，诸侯或朝或否，天子不能制。今陛下兴义兵，诛残贼，平定天下，海内为郡县，法令由一统，自上古以来未尝有，五帝所不及。臣等谨与博士议曰：‘古有天皇，有地皇，有泰皇，泰皇最贵。’臣等昧死上尊号，王为‘泰皇’。命为‘制’，令为‘诏’，天子自称曰‘朕’”。“始皇置酒咸阳宫，博士七十人前为寿。仆射周青臣进颂曰：‘他时秦地不过千里，赖陛下神灵明圣，平定海内，放逐蛮夷，日月所照，莫不宾服。以诸侯为郡县，人人自安乐，无战争之患，传之万世。自上古不及陛下威德。’始皇悦。博

① 张涛：《经学与汉代社会》，河北人民出版社，2001年版，第203页。

② 刘泽华主编：《中国政治思想史》（秦汉魏晋南北朝卷），浙江人民出版社，1996年版，第160页。

③ 部金山：《汉武帝时期朝议制度研究》，南昌大学2010年硕士学位论文。

士齐人淳于越进曰：'臣闻殷周之王千余岁，封子弟功臣，自为枝辅。今陛下有海内，而子弟为匹夫，卒有田常、六卿之臣，无辅拂，何以相救哉？事不师古而能长久者，非所闻也。今青臣又面谀以重陛下之过，非忠臣'"。汉代继承了这一制度，皇帝遇有重大问题，往往要召集全体朝臣会议。因为博士"掌通古今"、熟谙经典，"经术文雅足以谋王体，断国论"①，故多有博士参与。在皇帝所下的召集大议诏书中，博士常名列其中。"与列侯、吏二千石、博士议"，"与列侯、中两千石、两千石、博士议"的诏书格式，多见于汉代的史籍中。博士朝议涉及的范围极为广泛，今择其要者列举如下：

议选举制度。《汉书·武帝纪》：武帝元朔元年（前128），诏曰："朕深诏执事，举廉举孝。今或阖郡而不举一人，其与中二千石、礼官、博士议不举者罪"。

议封王皇子。《史记·三王世家》：武帝元狩六年（前117）三月，丞相庄青翟、御史大夫张汤等与谏大夫博士安奉诏议定皇子位。四月，庄青翟与博士庆等再议。由是"立皇子闳为齐王，旦为燕王，胥为广陵王"。

议改历。《汉书·律历志》：武帝元封七年（前104），诏下御史大夫儿宽"与博士共议"改正朔、易服色。儿宽与博士赐等皆曰："必改正朔，易服色，所以明受命于天"，遂有造汉《太初历》之举。《续汉书·律历志》：安帝延光二年（123），或言当改历，"诏书下公卿议……博士黄广、大行令任，议如《九道》"。

议皇位废立。《汉书·霍光传》：霍光秉政时，昌邑王即位，行淫乱，光召丞相、御史、将军、列侯、中二千石、大夫、博士会议未央宫。由是废昌邑王，立宣帝。

议处置大臣之罪。《汉书·朱博传》：哀帝时彭宣等劾奏丞相朱博"结信贵戚，背君向臣，倾乱政治，奸人之雄，附下罔上"，请诏谒者召博及合谋者"诣廷尉诏狱"，"制曰：将军、中二千石、二千石、诸大夫、博士、议郎议"。事下，朱博自杀，合谋者"罪皆不道"。

议天变灾异。《汉书·成帝纪》：元延元年（前12）秋七月，有星孛于东井，诏曰："今孛星见于东井，朕甚惧焉。公卿大夫、博士、议郎其各悉心，惟思变意，明以经对，无有所讳"。《后汉书·桓帝纪》：建和元年（147），夏四

---

① 《汉书》卷八十三《薛宣传》，第3392页。

月，京师地震，“命列侯、将、大夫、御史、谒者、千石、六百石、博士、议郎、郎官各上封事，指陈得失”。

议立经学博士。《后汉书・范升传》：光武时“尚书令韩歆上疏，欲为《费氏易》、《左氏春秋》立博士，诏下其议。四年正月，朝公卿、大夫、博士，见于云台”。

议省刑法。《汉书・成帝纪》：成帝河平年间，下诏曰：“今大辟之刑千有余条，律、令烦多，百有余万言，奇请它比，日以益滋，自明习者不知所由，欲以晓喻众庶，不亦难乎！于以罗元元之民，夭绝亡辜，岂不哀哉！其与中二千石、二千石、博士及明习律、令者议减死刑及可蠲除约省者，令较然易知，条奏”。《后汉书・光武帝纪》：建武二年(26)诏曰：“顷狱多冤人，用刑深刻，朕甚愍之……其与中二千石、诸大夫、博士、议郎议省刑法”。

议匈奴和亲。《汉书・张汤传》：“匈奴求和亲，群臣议前，博士狄山曰：‘和亲便’”。

博士参与朝议，乃是其对汉代政治施加影响的主要途径，此外，还有其他形式：一是博士对皇帝的某项举措个别进言。《后汉书・光武帝纪》载建武二年，“封功臣皆为列侯，大国四县，余各有差”，博士丁恭对光武帝封诸侯之制表示异议，认为“封诸侯四县，不合法制”。二是对朝廷某机构的行事决议提出批评。《通典》卷七十八：“献帝初平四年正月，当祠南郊。尚书八座议欲却郊日，又定冠礼。而月朔日食”，博士孙瑞认为尚书台定冠礼的日期不当而提出批评。这都是博士以议臣的身分对皇帝及朝廷尽言议之职。三是博士有备皇帝顾问咨询的责任，即“国有疑事，掌承问对”[①]。汉代皇帝咨询于博士者，多为朝廷大政。如《汉书・元后传》：“其夏，黄雾四塞终日。天子以问谏大夫杨兴、博士驷胜等。”《太平御览》卷二一九引谢承《后汉书》曰：“公孙晔拜博士、侍中，国有疑事，常使进见，问其得失。所陈皆据经义，补益国家，深见省纳”[②]。

总之，西汉中期太学建立后，博士的主要任务变为为封建统治培养人才，“职在教授及课试”[③]。但这并不意味着博士与政治的割裂。两汉时博士奉使出行地方乃经常之事。如成帝初即位，孔光被举为博士，奉使称旨，

① 《后汉书》志第二十五《百官二》，第3572页。

② 参见葛志毅：《汉代博士与朝议制度》，《北方论丛》1993年第5期。

③ 《王国维学术论著・汉魏博士考》，第98页。

由是知名。平当为博士，“所过见称，奉使者十一人为最，迁丞相司直”[1]。奉使巡行的内容包括存问抚慰百姓父老、举贤及考察地方治绩等。这表明西汉时博士有权参与国家统治管理活动。东汉时博士虽不再有奉使巡行之任，但博士仍象西汉那样可参与朝议，仍有以言议形式参与政事的机会。如上所述，博士朝议的内容颇为广泛，举凡国典朝章、经济民生，无不包于其中，其必对汉代政治产生一定的影响，对促使朝廷加快向儒家政治方面转化，起了相当的作用。当然，博士在朝议中所发表的意见，能否被采纳，则要看皇帝的旨意和朝中主要权臣的观点如何。不过在尊崇经学的氛围下，作为官方学术代表的博士，其言论往往要引经据典，因而其所具有的权威性是不容忽视的。汉代博士对政治的影响是后代所不及的，东汉后，博士日益变为太常掌礼之官及国子学、太学教官，几乎不再与闻政事了，因此不可能再对政治产生重要影响。

四、太学生的政治活动体现了教育对政治所具有的调节作用

由于太学是根据政治需要而设，学习的内容是圣贤之言和治国之道，学习目的是做官从政，因而政治形势的好坏遂成为太学生最为关切的问题。他们中的绝大多数人，能够以青年应有的满腔热情和强烈的社会责任感，去过问现实政治问题，通过发表自己见解的方式，来达到影响政治的目的。如梅福、孔僖、刘陶等人都曾上书言事，抒发政见，这些上书在当时引起了一定的反响。桓帝时，有人提出改铸大钱以解民贫困，事下四府群僚及太学能言之士。刘陶上书说：“盖以为当今之忧，不在于货在乎民饥。夫生养之道，先食后货。是以先王观象育物，敬授民时，使男不逋亩，女下不机。故君臣之道行，王路之教通”[2]。指出：“盖民可百年无货，不可一朝有饥，故食为至急也”。如今百姓食不果腹，“就使当今沙砾化为南金，瓦石变为和玉”[3]，又怎能解救危机呢？货币既不是解救百姓贫困的手段，也不是造成民贫的原因，民饥的根源在于苛政。他说：“伏念当今地广而不得耕，民众而无所食。群小竞进，秉国之位，鹰杨天下，乌钞求饱，吞肌及骨，并噬

① 《汉书》卷七十一《平当传》，第3050页。

② 《后汉书》卷五十七《刘陶传》，第1845页。

③ 《后汉书》卷五十七《刘陶传》，第1846页。

无厌”[①]。一旦官逼民反,“虽方尺之钱,何能有救!”[②]因此,“夫欲民殷财阜,要在止役禁夺,则百姓不劳而足”[③]。桓帝接受了刘陶的意见,“竟不铸钱”[④]。

太学生除上书言事、陈述政见之外,还集体行动起来,开展请愿运动,以干涉政治。我国历史上太学生第一次大规模介入政治斗争是在西汉末年。西汉哀帝时,外戚主政,政局不稳,司隶校尉鲍宣为人鲠直,敢于揭露黑暗,冒犯权贵,被陷下狱。博士弟子王咸闻讯,举旗于太学门下,大呼道:“欲救鲍司隶者会此下”,“诸生会者千余人。朝日,遮丞相孔光自言,丞相车不得行,又守阙上书”[⑤]。经太学生营救,鲍宣才得减死一等,改为髡钳。此次事件初次显示了太学生这一知识群体在政治上的自觉与自信。对于政治中的不平之争,他们自觉有责任去干预,自信其力量能够干预。东汉光武帝时,汝南太守欧阳歙因贪污罪下狱,“诸生守阙为歙求哀者千余人,至有自髡剔者”[⑥]。十七岁的太学生平原礼震上书曰:“伏见臣师大司徒欧阳歙,学为儒宗,八世博士,而以臧咎当伏重辜。歙门单子幼,未能传学,身死之后,永为废绝,上令陛下获杀贤之讥,下使学者丧师资之益。乞杀臣身以代歙命”[⑦]。不料欧阳歙已死狱中,光武帝决定赐以棺木,赠印绶和缣三千匹。

东汉桓灵时,宦官专权,政治腐败,社会矛盾日益尖锐,宦官“父兄子弟,布在州郡,竞为虎狼,噬食小人”[⑧],太学生和郡国生徒不能按照正常的途径进入政治舞台,遂引起他们的愤懑不平。他们为国家前途命运忧虑,为个人的仕途而担心,于是他们就和有着共同儒家理想、信念的正直官僚、名士相结合,与宦官等腐朽势力进行了坚决的斗争。《后汉书·党锢列传》载:“太学诸生三万余人,郭林宗、贾伟节为其冠,并与李膺、陈蕃、王畅更相褒重。学中语曰:‘天下楷模李元礼,不畏强御陈仲举,天下俊秀王叔茂。’

① 《后汉书》卷五十七《刘陶传》,第1847页。
② 《后汉书》卷五十七《刘陶传》,第1847页。
③ 《后汉书》卷五十七《刘陶传》,第1846页。
④ 《后汉书》卷七十二《刘陶传》,第1848页。
⑤ 《汉书》卷七十二《鲍宣传》,第3094页。
⑥ 《后汉书》卷七十九上《儒林列传·欧阳歙传》,第2556页。
⑦ 《后汉书》卷七十九上《儒林列传·欧阳歙传》,第2556页。
⑧ 《后汉书》卷四十三《朱穆传》,第1470页。

又渤海公族进阶、扶风魏齐卿，并危言深论，不隐豪强，自公卿以下，莫不畏其贬议，屣履到门”。汉末以太学为基地，形成了一股足以影响朝政的强大“清议”力量。清议的营垒，主要以官僚集团中的士大夫、太学生和郡国生徒为主体。设在京师的太学人才荟萃，太学生来自四面八方，数以万计。他们是当时一股势力颇强的在野政治势力，他们与朝臣互通声气，以太学为讲坛，抨击宦官掌权的腐朽政治。范晔指出：“故匹夫抗愤，处士横议，遂乃激扬名声，互相题拂，品核公卿，裁量执政，婞直之风，于斯行矣”[①]。桓帝时的宦官，炙手可热，“窃持国柄，手握王爵，口含天宪。运赏则使饿隶富于季孙，呼啸则令伊、颜化为桀、跖”[②]。太学生却并未俯首于强权之下，而是积极开展斗争，先后三次上书请愿，与黑暗势力斗争。

桓帝建和元年(147)，梁冀杀了质帝，欲立蠡吾侯志为帝，太尉李固、杜乔则主张立清河王蒜为帝。于是梁冀说服太后，将李固免职，立桓帝。随后以谋反罪诬陷李固下狱。李固的学生王调、赵承等数十人上书为他诉冤。太后赦李固出狱。当李固出狱后，“京师市里皆称万岁，冀闻之大惊，畏固名德终为己害，乃更据奏前事，遂诛之”[③]。李固死后，弟子郭亮不顾禁令亲往临哭，守丧不去。桓帝永兴元年(153)，朱穆出任冀州刺史。朱穆为官清正，听说朱穆将至，冀州一百县中解印逃走的贪污县官达四十多人。朱穆到任后，严惩贪官豪强。当时河水泛滥，数十万户百姓无家可归。而宦官赵忠丧父归葬，埋玉匣、偶人，僭越礼制。有人向朱穆检举揭发，朱穆下令案验，发墓剖棺，因而得罪宦官，被捕送京师，罚作刑徒。太学生刘陶等数千人至皇宫前请愿，并上书为朱穆诉冤，说：“伏见施刑徒朱穆，处公忧国，拜州之日，志清奸恶。……穆独亢然不顾身害，非恶荣而好辱，恶生而好死也，徒感王纲之不摄，惧天网之久失，故竭心怀忧，为上深计。臣愿黥首系趾，代穆校作”[④]。桓帝迫于太学生的压力赦免了朱穆。桓帝延熹四年(161)，皇甫规平羌有功，“论功当封，而中常侍徐璜、左悺欲从求货，数遣宾客就问功状，规终不答。璜等忿怒，陷以前事，下之于吏。官属欲赋敛请

① 《后汉书》卷六十七《党锢列传》，第 2185 页。
② 《后汉书》卷四十三《朱穆传》，第 1470 页。
③ 《后汉书》卷六十三《李固传》，第 2086 页。
④ 《后汉书》卷四十三《朱穆传》，第 1470—1471 页。

谢，规誓而不听，遂以余寇不绝，坐系廷尉，论输左校”[①]。于是太学生张凤等三百余人，走到皇宫之前请愿为他辩护，皇甫规因而得以赦免。

太学生参加政治斗争的高潮，集中表现在党锢之祸的著名事件中。官僚士大夫和太学生不仅在舆论上抨击宦官，还试图在政治上打击宦官势力，使双方的矛盾日益激化，而酿成党锢之祸。延熹九年(166)，司隶校尉李膺捕杀了与宦官勾结、教子杀人的方士张成。借此之机，宦官唆使张成弟子牢脩上书，控告李膺等“养太学游士，交结诸郡生徒，更相驱驰，共为部党，诽讪朝廷，疑乱风俗”[②]。桓帝遂兴大狱，诏令全国，逮捕“党人”，李膺、范滂等二百余人均被收执。在这次大搜捕中，不少太学生和名士视死如归，表现了英勇的士气。陈寔闻被捕者日众，自动去投案，宣称“吾不就狱，众无所恃”[③]。范滂被捕后带着刑具，桓帝令中常侍王甫至狱中审讯：“卿更相拔举，迭为唇齿，有不合者，见则排斥，其意如何?”范滂乃慷慨陈辞：“古之循善，自求多福；今之循善，身陷大戮。身死之日，愿埋滂于首阳山侧，上不负皇天，下不愧夷、齐”。这种精神，连王甫也为之改容“乃得并解桎梏”[④]。当时恐怖笼罩天下，“朝廷寒心，莫敢复言”[⑤]。太学生首领贾彪挺身而出，入洛阳，鼓动城门校尉窦武、尚书霍谞为党人讼冤，桓帝遂于次年下诏将“党人”赦免归田里，禁锢终身，不得做官。这就是第一次党锢事件。这一事件之后，引起了士大夫、太学生阶层的公愤，清议的浪潮更为高涨。太学生给陈蕃、李膺等士大夫领袖分别加上三君、八俊等名称，热情赞誉他们的反宦官之举。党人与把持朝政的宦官集团之间斗争更加激烈。

灵帝建宁二年(169)，张俭检举宦官侯览残害百姓，侯览扣住了张俭的检举章奏，因此结仇。于是侯览使人诬陷张俭与同乡二十四人“共为部党，图危社稷”[⑥]。宦官曹节又趁机奏捕“党人”，李膺、范滂等百余人俱死狱中，妻子皆徙边，其他因牵连至于被流放、禁锢、处死者不下六、七百人。但这种政治性的高压株连，并没有使太学生屈服。熹平元年(172)，窦太后死，有人在朱雀门书写反宦官的标语：“天下大乱，曹节、王甫幽杀太后，常

---

① 《后汉书》卷六十五《皇甫规传》，第 2135 页。

② 《后汉书》卷六十七《党锢列传》，第 2187 页。

③ 《后汉书》卷六十二《陈寔传》，第 2066 页。

④ 《后汉书》卷六十七《党锢列传・范滂传》，第 2205—2206 页。

⑤ 《后汉书》卷六十七《党锢列传・贾彪传》，第 2216 页。

⑥ 《后汉书》卷六十七《党锢列传》，第 2188 页。

侍侯览多杀党人，公卿皆尸禄无有忠言者”①。宦官又一次四出逐捕党人和太学生千余人。看来此匿名书确为太学生所写，而且非一人所为。熹平五年(176)，永昌太守曹鸾上书，为党人申冤，“言甚方切”，触犯宦官忌讳，将曹鸾“送槐里狱掠杀之。于是又诏州郡更考党人门生故吏父子兄弟，其在位者，免官禁锢，爰及五属”②。“于是天下豪杰及儒学行义者，一切结为党人”③。当时有气节的知识分子几乎被摧残殆尽，“太学诸生三万余人，其持危言核论，以激浊扬清自负者，诛戮禁锢殆靡孑遗”④。

在第二次党锢事件中，“党人”再次表现出无畏的精神。如范滂闻逮捕他的诏书已至，遂主动去投狱。县令郭揖见范滂来了，解下印绶，欲与其俱亡。范滂制止道：“滂死则祸塞，何敢以罪累君，又令老母流离乎！”⑤慷慨就义，年仅三十三岁。其侠肝义胆自在其中表露。李膺被捕前，已提前得知消息，乡人曾劝其赶快逃跑，他却大义凛然地说：“事不辞难，罪不逃刑，臣之节也。吾年已六十，死生有命，去将安之！”⑥而从容就义。表现出了宁折不屈捍卫正义的气节。

在两次党锢事件中，一些太学生和正直派官僚，虽遭禁锢、流放、处死，但他们面对现实，视死如归，英勇不屈，仍“以节气相尚，故各奋死与之搘柱，虽湛宗灭族，有不顾焉”⑦。表现了正直知识分子在混浊政局中所应有的骨气和勇气，此种精神一直流传下来，成为中华民族的优良传统。

太学生的干政之举，是教育对政治具有影响作用的重要表现。太学作为国立高等学府，既是传授知识、研习学问的场所，又被视为潜在官吏的集纳地，因而太学生和政治天然地具有紧密的联结。通经方能入仕的选官制度，使一批又一批的青年学子进入太学，接受正规的儒学教育，太学的规模不断扩大。儒学讲求“修身、齐家、治国、平天下”，具有强烈的参与意识和入世精神。太学生是深受儒家经学熏陶的群体，他们多数人具有对国家民

---

① 《后汉书》卷七十八《宦者列传·曹节传》，第2525页。

② 《后汉书》卷六十七《党锢列传》，第2189页。

③ 《后汉书》卷八《灵帝纪》，第330—331页。

④ 《文献通考》卷四十《学校一》，第387页。

⑤ 《后汉书》卷六十七《党锢列传·范滂传》，第2207页。

⑥ 《后汉书》卷六十七《党锢列传·李膺传》，第2197页。

⑦ 王树民校证：《廿二史札记校证》卷五《汉末诸臣劾治宦官》，中华书局，1984年版，第114页。

族的前途命运深表忧虑关切的忧患意识和历史使命感、责任感。作为青年学子，世故不深，对政治比较敏感。他们尚未步入官场，没有官位迁免之忧，较少顾忌，因而一些人敢于直面现实，对社会的黑暗面、腐败现象敢于揭露，对封建权贵敢于直言弹劾。甚至集会请愿，不怕坐牢，不怕杀头，表现了中华民族的浩然正气，表现了他们向往政治清明的爱国理想和威武不屈的战斗精神。从此，在我国历史上每每会看到这样的现象：当国家的利益受到侵害时，就会有学生斗争的身影出现。从北宋末年、南宋初年、明朝末年的学生运动到现代的"五四运动"，均说明了这一历史事实。

任何时代的统治者要想使政权延续下去，就必须不断地对统治进行自我调节，以缓和社会矛盾，学生运动即是这种调节机制中的重要一环。本来太学生的主要任务应该是从事学术研究和学习，掌握必要的文化知识，以便为将来从政打下基础。在政治清明、社会稳定之时，对他们提出这样的要求是可以理解的。但当政治昏暗、社会危机加剧之时，还要求他们闭门读书，埋头于故纸堆中，显然既有悖于情理，又与儒家的通经致用宗旨相左。学而优则仕，是多数太学生的追求。然而，当仕进之途被严重阻塞，学得再好也无用武之地时，这些思想敏锐、情绪激昂的青年学子，再也抑制不住他们的义愤，掀起了一次又一次的群体性的政治运动。由于学生手中无实权，因而他们对政治的干预往往以上书请愿或清议的形式出现。上书请愿能否达到目的，完全取决于最高统治者的态度，若最高统治者属贤明之人，有政治头脑之辈，那么学生的上书请愿活动会受到肯定，反之，则要招致打击和陷害。清议虽具有广泛的社会影响，能在很大程度上揭露朝政的种种弊端，但缺乏具体的措施和行动与之配合，因此也不能从根本上解决政治腐败和社会危机。党锢之祸的发生表明朝廷已不再有任何勇气来倾听不同的声音，并且已经失去了知识分子及其代表广大官僚的信任，其寿终正寝的日子已为时不远。太学生和官僚士大夫为政府所镇压或排斥，对封建政权和知识分子来说都是悲剧。"大一统政权的悲剧，在于排斥了由它扶植、培养的一批优秀知识分子，一批忠心耿耿于它的社会中坚，而听任宦官这一最腐朽的社会力量把持政权，结果自掘坟墓，迅速走向了自己的末日。太学生的悲剧，是他们以未来官僚的身份自居，自觉地将自己与国家的前途、命运结合起来，知大厦将倾，无力回天，但以其对政府的一片忠心，知其不可而为之，强扶持之，最终陷入深深的失望与痛苦"①。正如司马光所言："天下有道，君子扬于王庭以正小人之罪，而莫敢不服。天下无道，君子囊括不言以避小人之祸，而犹或不免。党人生昏乱之世，不在其位，四海横流，而欲以口舌救之，臧否人物，激浊扬清，撩虺蛇之头，跷虎狼之尾，以至身被淫刑，祸及朋友，士类歼灭而国随以亡，不亦悲乎！"②

五、文官制度的建立和健全是教育发展的结果

赵翼在《廿二史札记》论"东汉功臣多近儒"时指出："西汉开国功臣多出于亡命无赖，至东汉中兴，则诸将帅皆有儒者气象，亦一时风会不同也"。赵氏在这里为我们透露了一点关于汉官由无文或少文趋向群体知识化、儒学化的信息。

汉初统治者汲取秦朝排斥、打击知识分子的教训，开始吸收一些知识分子参加政权，不过由于当时国家总的指导方针是"无为而治"，因而对任职者文化、才能的要求尚不迫切，所以这一时期的知识分子多担任博士、礼官，或为帝王师傅，而很少作职事官、为公卿者。汉初控制政府各部门的官吏多为跟随刘邦打天下武力有功之人，他们或出身平民，根本没有文化；或出身低级官吏，虽有文化，但层次不高。如王陵"为人少文"③；周勃"不好文学，每召诸生说士，东乡坐责之：'趣为我语。'其椎少文如此"④；申屠嘉"无学术"⑤。所以班固描述汉初公卿的文化状况时说："将相皆旧功臣，少文多质"⑥。即所谓"布衣将相之局"，总体文化素质偏低。

但随着历史的发展，经济的恢复，社会问题日益增多，"无为"已无法满足时代的需要了，客观形势要求建设与发展，因此对官吏文化、才能的要求也就相应地提到议事日程上来。与此同时，随着时间的推移，开国后一直主政的军功元勋，先后谢世，因此必须选用一批新人来接替。汉初官吏之来源，除以军功做官，另一重要途径是以郎补官，但郎官多以父任或訾选，

① 黄宛峰：《汉代的太学生与政治》，《南都学坛》1996年第2期。

② 《资治通鉴》卷五十六《汉纪四十八》，中州古籍出版社，1994年版，第478页。

③ 《汉书》卷四十《王陵传》，第2047页。

④ 《汉书》卷四十《周勃传》，第2054页。

⑤ 《汉书》卷四十二《申屠嘉传》，第2103页。

⑥ 《汉书》卷二十三《刑法志》，第1097页。

"未必贤也"[①]。宣帝时，王吉上疏也指出："今使俗吏得任子弟，率多骄骜，不通古今，至于积功治人，无益于民"[②]。从高祖时起虽有察举之雏形，但并未形成制度，且多停留在书面文字上，未见多少行动，效果不佳。这从文帝十二年所下的诏书中可看出："今万家之县，云无应令，岂实人情？是吏举贤之道未备也"[③]。因此以国家力量兴建大规模的官吏培训基地，按照统治者的意图，有计划地培养在职和后备官吏，已成为当务之急。有鉴于此，汉武帝接受了董仲舒提出的兴太学、重选举的建议，"立学校之官，州郡举茂材孝廉"[④]，把培养人才与选拔人才结合起来，向一切学有所成者敞开了仕进之门，使他们能够凭自己的才学而跻身于政坛。这就改变了汉初军功地主掌政的局面，扩大了统治的社会基础。此后，官吏结构发生了重大的变化，"公卿大夫士吏彬彬多文学之士矣"[⑤]。自武帝时"公孙弘以《春秋》白衣为天子三公，封平津侯"[⑥]，以白衣为卿相遂成为制度。宣帝也积极擢用明经之士，如丞相韦贤、魏相、丙吉，御史大夫萧望之，皆一时名儒。元帝好儒，张禹、翟方进、孔光、平当、王嘉、马宫等一大批儒者占据了公卿要津。元、成时公卿基本以明经晋身，大小官吏普遍以经术之士为之。经明行修成为社会普遍认可的价值，也是士人入仕的基本条件。钱穆曾指出："自宣帝以下，儒者渐当路。至于元成哀三朝，为相者皆一时大儒。其不通经术为相者，如薛宣，以经术浅见轻，卒策免。朱博以武吏得犯自杀。盖非经术士，即不得安其高位"。"且昭宣以下，不仅丞相御史大夫重职，乃为儒生也。即庶僚下位，亦多名儒"[⑦]。西汉中衰，知识分子的地位并未降低，新莽对知识分子的重视可谓是空前罕见的。不仅增加了太学博士、学生的名额，而且征求通晓《礼经》、《古文尚书》、《周官》、《尔雅》、天文、图谶、钟律、月令、兵法等的人，由公车迎接至官府。当时"网罗天下异能之士，至者前后千数"[⑧]，并让入京的士人在朝廷上记述自己解说，订正流传的错

① 《汉书》卷五十六《董仲舒传》，第 2512 页。
② 《汉书》卷七十二《王吉传》，第 3065 页。
③ 《汉书》卷四《文帝纪》，第 124 页。
④ 《汉书》卷五十六《董仲舒传》，第 2525 页。
⑤ 《史记》卷一百二十一《儒林传序》，第 3119—3120 页。
⑥ 《史记》卷一百二十一《儒林传序》，第 3118 页。
⑦ 钱穆：《秦汉史》，生活·读书·新知三联书店，2004 年版，第 210—211 页。
⑧ 《汉书》卷九十九上《王莽传》，第 4069 页。

误，统一各种分歧。

光武中兴，对儒生优礼有加。刘秀君臣中，读诗书，有学问的人比较多，这与他们大多出身大族，习读儒经有关。如邓禹“世吏二千石”，“年十三，能诵《诗》，受业长安”[①]，与刘秀同学京师而交往甚密，自认为“少曾学问，可郡文学博士”[②]。贾复“少好学，习《尚书》，事舞阴李生，李生奇之，谓门人曰：贾君之容貌志气如此，而勤于学，将相之器也”[③]。冯异“好读书，通《左氏春秋》、《孙子兵法》”[④]。耿弇“少好学，习父业”[⑤]，“学《诗》、《礼》，有锐权谋”[⑥]，史称其“能画能兵”[⑦]。祭遵“少好经书，家富给，而遵恭俭”[⑧]。后“为将军，取士皆用儒术。对酒设乐，必雅歌投壶。又建为孔子立后，奏置《五经》大夫，可谓好礼悦乐，守死善道者也”[⑨]。其他名臣，如李忠、朱祐、景丹、刘隆、王霸等，也都通经习文。刘秀君臣的儒者气象，从一开始便奠定了东汉政权的士大夫色彩。明帝“垂情古典，游意经艺”，“多征名儒以充礼官”，“其余以经术见优者布在廊庙”[⑩]，就连期门、羽林介胄之士亦令通《孝经》。正如颜之推所言：“汉时贤俊皆以一经宏圣人之道，上明天时，下该人事，用此于卿相者多矣”[⑪]。如果我们对两汉时可考公卿作一统计的话，就可以清楚地看到：官吏群体知识化、儒学化的趋向（见书末附表一）。从表中可看出：1.武帝以前由于选官途径狭窄，且以军功地主为主，故公卿中没有文化或文化极低者所占的比例较大，吕后时40%，景帝时33.3%；从武帝开始，由于采取兴学的措施，同时把“明经取士”作为选官的主要途径，故使其比例大大下降，为10%，到宣帝时则仅为4.6%，此后公卿中几乎没有非文化者。2.武帝以前，儒家的势力较弱，惠帝时仅占公卿总数的11.1%，到武帝时，由于采取隆儒的政策，使儒家的势力得到了发

① 《后汉书》卷十六《邓禹传》，第599页。

② 《后汉书》卷二十二《马武传》，第785页。

③ 《后汉书》卷十七《贾复传》，第664页。

④ 《后汉书》卷十七《冯异传》，第639页。

⑤ 《后汉书》卷十九《耿弇传》，第703页。

⑥ 《后汉书》卷十九《耿弇传》注引《袁山松书》，第703页。

⑦ 《后汉书》卷十九《耿弇传》，第725页。

⑧ 《后汉书》卷二十《祭遵传》，第738页。

⑨ 《后汉书》卷二十《祭遵传》，第742页。

⑩ 《后汉书》卷三十二《樊准传》，第1125页。

⑪ 《颜氏家训·勉学》，《诸子集成》（第八册），第15页。

展，达到 40%，此后随着儒家教育的广泛开展，至元帝时儒家在公卿中已占有绝对优势，此后一直保持 70%—80%以上的比例。

不仅公卿走向知识化、儒学化，地方官吏亦如此。西汉初年，地方长吏以军功、事功、中央官外调、酷吏充任为主，尚未见儒生任职的记录。武帝时期，开始了地方政府官员的儒生化倾向。武帝行察举，使“经明行修”成为入仕的主要条件之一，为儒生的参政提供了制度上的保证。元朔四年(前 125)，公孙弘提出以通经者来担任地方官吏的建议：“选择其秩比二百石以上及吏百石通一艺以上补左右内史、大行卒史，比百石以下补郡太守卒史，皆各二人，边郡一人。先用诵多者，不足，择掌故以补中二千石属，文学掌故补郡属，备员”[①]。其理由是，朝廷下的诏书律令，文字典雅，且含有深刻的道理，一般小吏，浅陋寡闻，不能究明其意，也难以推行于天下。强调以通明儒经者来充当地方官吏。这一建议，得到了武帝的批准，从此在地方官员中开始有儒生的身影出现。“据《史记》、《汉书》中有载的 28 位地方长吏略加分析，以儒生而担任地方长官的约有 12 位，占 42%左右”[②]。如儿宽“治《尚书》，事欧阳生，以郡国选诣博士，受业孔安国”[③]，“见上语经学，上大说之，从问《尚书》一篇，擢为中大夫，迁左内史”[④]。“孔安国至临淮太守，周霸至胶西内史，夏宽至城阳内史，砀鲁赐至东海太守”[⑤]。“以军功、治功或者其他途径任地方长吏的有 16 位，占 58%”[⑥]。可见武帝时儒生虽尚未能成为地方长吏的主体，但已有相当的比例。昭、宣时儒生担任地方长吏的数量在逐渐增长，如魏相“少学《易》为郡卒史，举贤良，以对策高第，为茂陵令”[⑦]。贡禹“以明经洁行著闻，征为博士，凉州刺史，病去官。复举贤良为河南令”[⑧]。元、成时期，地方政府官员的儒生化的趋势更加明显。如尹湾汉墓出土的第三、第四号木牍记载了汉成帝时期东海郡所辖一百四十余位现任长吏名籍，其中绝大多数记载了原任官职、升迁原因(部分

---

① 《汉书》卷八十八《儒林传》，第 3594 页。

② 范学辉：《论儒学对秦汉地方行政的影响》，《江海学刊》1997 年第 2 期。

③ 《汉书》卷五十八《儿宽传》，第 2628 页。

④ 《汉书》卷五十八《儿宽传》，第 2629 页。

⑤ 《史记》卷一百二十一《儒林列传》，第 3122 页。

⑥ 范学辉：《论儒学对秦汉地方行政的影响》，《江海学刊》1997 年第 2 期。

⑦ 《汉书》卷七十四《魏相传》，第 3133 页。

⑧ 《汉书》卷七十二《贡禹传》，第 3069 页。

因简牍文字残缺或不清楚，无从考察)。其原任官职的性质可考见者可以分为如下几类：任朝廷命官者二十六人，为公卿掾吏者十一人，州郡县属吏者四十八人，列侯家臣者十八人，低级军吏者四人。其升任现职的原因可以考见者为：积功升迁者七十四人，秀才迁者三人，以廉迁者十四人，以孝廉迁者一人，以捕盗尤异迁者十一人，以方正迁者二人，以为军吏十岁迁者二人，以诏书迁者五人。根据牍文，东海郡一百四十余名现任长吏能推定为儒生出身的至少一半，其中可以确定为通过察举仕进者二十人，另有以诏书进者五人也可能是儒生，其余则难以明确认定①。元、成后地方小吏欲被举"孝廉"，一般须通儒学。举孝廉为郎一定期限便可补为县令、长，因此大批儒生沿着察举为郎再外任的途径进入地方政府。此外由儒生充任的博士、谏大夫等官也多外任郡县守令。如王章"稍迁至谏大夫，……以选为京兆尹"②。朱云"为博士，迁杜陵令"③。据统计："元、成后有传之30余位郡县长官中儒生占80%以上"④。可见儒生在地方长吏中已占绝对优势。

地方长官的儒学化，带动了地方属吏的儒学化。地方属吏不少是由儒生充任的，如东海相宗叔犀"广召幽隐，春秋会飨，设置三科，以第补吏。一府员吏，儒生什九"。陈留太守陈子瑀"开广儒路，列曹掾史，皆能教授。簿书之吏，什置一二"⑤。其他如任延、李忠、杨仁、刘梁等皆有擢儒生以充府吏之举，此不一一详列。可以说到东汉时，辅助守令直接处理地方政务的属吏已由习于文法的文吏控制，转而日益为儒生所取代。宋代的刘攽就曾指出："夫东西汉之时，贤士长者未尝不仕郡县也。自曹掾、书史、驭吏、亭长、门干、街卒、游徼、啬夫，尽儒生学士为之"⑥。

总之，汉代从武帝时起，在建设教育制度的基础上，逐步建立和完善了以儒生为主体的文官制度。知识分子参与了国家的管理和建设工作，由于他们有一定的历史文化知识，因此办起事来相对好一些。儒家有着比较系

---

① 连云港市博物馆、东海县博物馆、中国社会科学院简帛研究中心、中国文物研究所编：《尹湾汉墓简牍》，中华书局，1997年版，第85—95页。

② 《汉书》卷七十六《王章传》，第3238页。

③ 《汉书》卷六十七《朱云传》，第2914页。

④ 范学辉：《论儒学对秦汉地方行政的影响》，《江海学刊》1997年第2期。

⑤ 《论衡》卷第十二《程材》，第191—192页。

⑥ 刘攽：《送焦千之序》，《丛书集成初编》，中华书局，1985年版。

统、完整而又为儒者们共同信守的政治理论和社会理想目标。随着官吏群体的儒学化，儒家官吏们往往能在政治活动中将这种政治理论和社会理想目标化成为一种较统一的政治行动，以弥补封建政治管理的缺陷。如以儒家经典决狱，以弥补封建法制的不健全；地方官吏自设"条教"，作为中央政策的补充，等等。两汉盛世局面的出现，固然有多种因素，但知识分子参政与官吏的普遍知识化是一个极重要的原因。这种以儒家经学作为选拔官吏的主要工具的做法，被沿用了两千多年。"进'教化'，立官制，重文士，轻武夫；建构一个由'孝悌'、读书出身和经由推荐、考核而构成的文官制度，作为专制皇权的行政支柱。这个由董仲舒参预、确立于汉代的政治—教育（"士—官僚"）系统是中国历史上的一件大事，也是了解自秦汉以来中国历史的重大关键之一"①。汉代文官制度的确立，不仅是中国政治制度上的一件大事，而且也是对世界文明的重大贡献。美国当代著名学者赖肖尔曾指出："遵从儒家传统的学者们进入起初是纯粹法家类型的政府。……结果受过教育的人成为国家的支持者而不是反对者。更重要的是，通过一种新的教育制度和未来官员的选拔制度，一个有效率的官僚阶层开始发展起来。总之，中国早已开始发展一种以功绩为依据的现代类型的文官制度。只是几乎在两千年以后，西方才采用了与此相似并部分受到中国影响的文官制度"②。许倬云在《秦汉知识分子》一文中也指出："知识分子由汉初不足称道的社会地位，先以实用价值为政治权力提供了若干必要的服务。继而以天人感应的理论，知识分子获得了代社会立言的发言权，及对政治的监督权，再经过教育机构的扩大，知识分子成为汉帝国庞大官僚组织的参与者，其人数也越来越多。东汉时，知识分子已与专制君主平分政治权力"③。

知识分子官吏对当时国家的政治、经济、文化建设确实起了积极的作用。如叔孙通为汉制定礼仪制度；董仲舒为汉武帝变更制度提供了理论根据；公孙弘对太学学生的来源、待遇及考核提出了整套方案，最终完成了太学的建设工作；左雄力矫选举之流弊，而行考试之法。特别是当封建统治

---

① 李泽厚：《中国古代思想史论·秦汉思想简议》，人民出版社，1986年版，第153页。

② ［美］费正清、赖肖尔：《中国：传统与变革》（陈仲丹等译），人民出版社，1995年版，第71—72页。

③ 王元化主编：《释中国》（第三卷），上海文艺出版社，1998年版，第1904页。

出现危机，总有一批知识分子出身的官吏，挺身而出，力矫弊政。以东汉为例，东汉自和帝始，外戚、宦官轮流操纵政权，政治昏暗，矛盾尖锐，为了维护封建统治秩序，儒者官僚同外戚、宦官进行坚决的斗争。顺帝时有张纲、李固、杜乔反对外戚梁冀的斗争；桓帝时有李云、杜众反宦官的斗争；桓、灵时，士大夫和太学生结成了声势浩大的“党人”政治集团，同掌权宦官进行了不屈不挠的斗争。毋庸讳言，士大夫反对外戚、宦官的斗争，有争权夺利的一面，但并非都是如此，而且他们是为维护统治阶级的整体利益，维护整个封建国家利益而同集中代表腐朽、黑暗势力的外戚、宦官进行斗争的，因此这种斗争符合社会绝大部分人的愿望，具有积极的意义。范晔指出：“桓、灵之世，若陈蕃之徒，咸能树立风声，抗论惛俗。而驱驰险厄之中，与刑人腐夫同朝争衡，终取灭亡之祸者，彼非不能洁情志，违埃雾也。愍夫世士以离俗为高，而人伦莫相恤也。以遁世为非义，故屡退而不去；以仁心为己任，虽道远而弥厉。及遭际会，协策窦武，自谓万世一遇也。懔懔乎伊、望之业矣！功虽不终，然其信义足以携持民心。汉世乱而不亡，百余年间，数公之力也”①。司马光曰：“及孝和以降，贵戚擅权，嬖倖用事，赏罚无章，贿赂公行，贤愚混淆，是非颠倒，可谓乱矣。然犹绵绵不至于亡者，上则有公卿大夫袁安、杨震、李固、杜乔、陈蕃、李膺之徒面引廷争，用公义以扶其危，下则有布衣之士符融、郭泰、范滂、许劭之流，立私论以救其败。是以政治虽浊而风俗不衰，至有触冒斧钺，僵仆于前，而忠义奋发，继起于后，随踵就戮，视死如归。……当是之时，苟有明君作而振之，则汉之祚犹未可量也”②。陈明先生亦指出：“汉代政治，三代以下称美，关键即在于吏治队伍中存在一个由通经入仕形成的儒生群体。他们‘学大义，以道事将’，或在朝美政，或在乡美俗，是汉代政治中的清流”③。

综上所述，教育虽然受到社会政治的支配和制约，但教育并非消极、被动地接受这种支配和制约，而是能动地给社会政治以反作用，这种反作用主要是通过培养造就一大批知识分子，并通过他们的积极参政来实现的。汉代知识分子中有相当数量的人为政府所任用，他们自然要把所学的知识运用到施政纲领中去。以丞相为例，西汉中后期任丞相者有十八人，其中

---

① 《后汉书》卷六十六《陈蕃传》，第 2171 页。

② 《资治通鉴》卷六十八《汉纪六十》，第 584 页。

③ 陈明：《儒学的历史文化功能》，学林出版社，1997 年版，第 86 页。

绝大多数人能在政治实践中奉行经学。如翟方进，成帝晚年任相，“以儒雅缘饰法律，号为通明相”①。孔光，哀帝时为相，曾执掌枢密十余年，“上有所问，据经法以心所安而对”②。东汉丞相行经学者则更多。不可否认，儒学与仕途的结合，使教育滋生了一批阿世取荣的政治奴仆和御用文人，同时也培养造就了不少笃守儒家经义，敢于为民请命，直言极谏，又以儒学律己，修身砺志，保持高尚人格，清正无私的经学之士，他们成为维护封建大一统的中坚力量。随着官吏的普遍知识化、儒生化，儒学极广泛地应用于政治实践的各个方面，通经致用成为汉代知识分子的一大特色，这就从根本上保证了“独尊儒术”政策的贯彻和推行。汉代教育对于儒家思想的传播起了主要作用。当时的各类学校都曾竭力奖进礼乐，推广德教，尤其是地方官学，对此更是不遗余力。结果是儒学的知识和观念普及、传播到社会的各个角落，被广大社会成员接受和认同，转化为普遍的社会规范和价值体系。汉武帝以后众多循吏、忠臣、义士、孝子和贞妇的出现，即是重要表现，从而更有效地巩固了汉王朝的统治。

① 《汉书》卷八十四《翟方进传》，第3421页。

② 《汉书》卷八十一《孔光传》，第3353页。

第六章　教育与经济的互动

教育是教育者以人类社会所积累的知识经验授予受教育者，使之转化为受教育者个人精神财富的一种社会化过程。教育在社会中运动，必然要同社会多种因素发生相互作用，并形成多方面的职能。在教育与社会多种因素的相互作用中，它与社会经济的相互作用较为重要，在教育的多种社会职能中它的经济职能也是较为重要的。为此，教育与经济的关系，已成为普遍关心的问题，成为教育学、教育经济学和教育社会学研究的重要课题。

教育经济学是研究教育与经济的关系，以及教育领域内经济现象及其规律的科学。它产生于20世纪50年代末和60年代初，是一门介于教育学和经济学之间的新兴边缘科学。其特点是从教育学与经济学这两门科学中分化出来，但又在内容上使教育学的知识与经济学的知识综合起来，互相渗透，互相交叉，成为边缘性质的社会科学。教育经济学虽兴起时间不长，但它已经引起世界各国普遍重视。据英国伦敦大学教育经济学教授布劳格统计，到70年代末，全世界的教育经济学著作已近万种。从70年代开始，一些国家的高等学校已开设了教育经济学课程。我国在80年代初也开始在一些高等院校开设教育经济学课程。近年来，对教育经济学的研究，已从理论上的研究发展到实际应用。

在如何看待教育与经济的关系问题上，教育学、教育经济学、教育社会学的观点是一致的，即认为经济决定教育，教育反作用于经济。随着社会的发展，教育与经济的关系越来越密切：一方面，教育的发展和进步，越来越离不开经济和生产的发展；另一方面，经济和生产的发展越来越离不开教育的发展和进步。教育事业的发展要受到经济发展的制约，如果不顾经济为教育提供物质基础的能力，片面强调教育的发展，反而不利于经济的发展；反之，如果认识不到经济发展对教育的需求，不重视教育的发展，就会造成经济发展中所需劳动力的短缺，也会延缓经济的发展。只有使教育与经济协调发展，才能充分发挥教育对经济的促进作用。

第一节　经济对教育的制约作用

马克思认为:“物质生活的生产方式制约着整个社会生活、政治生活和精神生活的过程。不是人们的意识决定人们的存在,相反,是人们的存在决定人们的意识”[①]。列宁也认为:“人类社会的发展也是由物质生产力的发展所决定的”[②]。这就是说,物质资料的生产和再生产,是人类社会存在和发展的基础,生产活动是人类最基本的实践活动,是决定其他一切活动的东西,以生产力水平为主要标志的经济发展水平是推动整个社会发展的主要动因。教育的发展,归根到底是由物质生产力发展水平决定的。汉代经济对教育的制约作用主要表现是:经济发展既为教育发展提供物质基础,同时又对教育提出需求。

一、经济发展的水平影响着教育发展的速度和规模

社会物质生产的发展为教育的发展提供了人力与时间、物力和财力,这都是教育事业发展不可缺少的基础性条件。社会物质生产发展的趋势是把越来越多的人从直接为维持人类、社会存在与发展而进行的物质生产中解放出来,而且使社会每个工作者的劳动时间逐渐缩短、闲暇时间逐渐增多。这就为教育事业的发展提供了人力与时间的条件。从事教育活动必须有教育者与受教育者,这些人在进行教育活动时,需要在不同程度上,在一定时间内,脱离社会物质生产劳动。教育事业的发展需要有资金,需要国家的财政投入,因此,教育事业的发展受制于整个国家的经济发展水平和富裕程度,本质上与社会物质生产的水平相关。从个人来看,可以接受到何种程度的教育,与家庭的经济状况密切相关。在一个国家内,经济贫困地区常常是教育落后的地区,人们若连温饱的问题都未解决,就无暇顾及教育。在各类家庭中,经济富裕的家庭总能为孩子的教育提供更多的资金。社会物质生产力为教育发展提供物力,主要反映在教育物资的水平上。社会能否为教育提供数量充分的物资(如校舍、教室等)是与社会物质

---

① 《马克思恩格斯全集》(第十三卷),人民出版社,1972 年版,第 8 页。

② 《列宁全集》(第二卷),人民出版社,1959 年版,第 6 页。

生产发展水平相关的[①]。

教育事业的发展必须具备人力、物力、财力等各方面的物质条件，这些物质条件的好坏都是由经济发展水平决定的。在不同的经济发展水平下，教育的物质环境是不同的。只有在较良好的经济条件下，从事教育工作和受教育的人才可以增加，教育质量才可以提高，教育事业才可能有较快的发展。反之亦然。教育发展的规模和速度总是与社会经济发展水平成正比的。教育发展不能超越经济发展提供的可能限度，只有经济发展了，教育才有可能发展。经济发展过程中的停滞，也往往会导致教育发展的停滞。

秦始皇扫灭群雄，建立了中国历史上第一个封建专制主义中央集权的一统王朝，为社会生产力的进一步发展开辟了道路。但秦始皇不懂得安定社会、休养生息、发展生产是巩固政权的关键，却一味迷信权势暴力，"内兴功作，外攘夷狄，收泰半之赋，发闾左之戍。男子力耕不足粮饷，女子纺绩不足衣服。竭天下之资财以奉其政，犹未足以澹其欲也。海内愁怨，遂用溃畔"[②]。溃畔的结果，秦朝灭亡。接着是长达五年的楚汉战争。在这场战争中，生产力又遭到严重的破坏，"百姓骚动，海内摇荡，农夫释耒，工女下机，天下之心未有所定也"[③]。西汉政权在这种大破坏的废墟上建立起来。国民经济严重凋敝，民生极端困苦，"作业剧而财匮"，物资缺乏，物价飞腾，"米至石万钱，马一匹则百金"[④]，人口大量减少，"户口可得而数者十二三"[⑤]。高祖二年，"关中大饥，米斛万钱，人相食"[⑥]。天灾人祸连连，更加深了经济恢复工作的困难。政府财政困难，府库空虚，"自天子不能具钧驷，而将相或乘牛车，齐民无藏盖"[⑦]。新生的汉帝国面对着极其严峻的局面，如果不能迅速恢复国民经济，就难以支持下去，就会步秦帝国之后而"四海困穷，天禄永终"[⑧]。

---

① 叶澜：《教育概论》，人民教育出版社，1991年版，第121—123页。
② 《汉书》卷二十四上《食货志》，第1126页。
③ 《史记》卷九十七《郦生陆贾列传》，第2694页。
④ 《史记》卷三十《平准书》，第1417页。
⑤ 《史记》卷十八《高祖功臣侯者年表》，第877页。
⑥ 《汉书》卷一上《高帝纪》，第38页。
⑦ 《史记》卷三十《平准书》，第1417页。
⑧ 《论语·尧曰》，《四书五经》，第34页。

从汉高祖刘邦建立政权开始直到汉武帝刘彻统治的初期，汉帝国一直奉行与民休息的政策。楚汉战争一结束，汉高祖就裁减军队，即所谓“兵皆罢归家”①。同时，颁布诏令，其精神：一是恢复一批地主的地位和财产，并扶植一批新的军功地主；二是保护自耕农；三是释放因战争饥荒而沦为奴婢的百姓，这是解放生产力的重要措施。也就是对不同阶级、阶层的人均采取安抚政策。对地主，则保障其财产和政治特权，对农民则承认其对土地的所有权，对奴婢则有限度地提高其社会地位，从而缓和阶级矛盾，稳定新生的政权。这种政策对当时的社会发展是有积极作用的。

惠帝、吕后时期，“海内得离战国之苦，君臣俱欲无为”，人民得以休养生息，“而天下晏然，刑罚罕用，民务稼穑，衣食滋殖”②。此后经“文景之治”，社会经济全面复兴，史称其时，“百姓无内外之徭，得息肩于田亩，天下殷富，粟至十余钱，鸣鸡吠狗，烟火万里，可谓和乐者乎！”③到武帝初期，经济力量已有了很大的增长，人口已增加到超过秦王朝时的水平，估计已达三千多万人，并拥有了相当多的钱财粮食。

社会经济的繁荣冲昏了最高统治者的头脑，“及至孝武即位，外事四夷之功，内盛耳目之好，征发烦数，百姓贫耗，穷民犯法，酷吏击断，奸轨不胜”④。长期的战争和对人民剥削的加重，导致了生产衰退，人民大批死亡，生活极端痛苦，所谓“海内虚耗，户口减半”⑤。到武帝统治末期，国库空虚，各地农民起义风起云涌，阶级矛盾和统治阶级内部矛盾逐渐加剧，社会呈现动荡不安的局面。这种情况使汉武帝意识到国力急需恢复，人民需要休息。征和四年(前89)，他发表著名的《轮台诏书》，“深陈既往之悔”⑥，表示再派遣军队去新疆轮台屯田，“是扰劳天下，非所以优民也”⑦，并指出“当今务在禁苛暴，止擅赋，力本农，修马复令，毋乏武备而已”⑧。又封丞相田千秋为富民侯，“以明休息，思富养民也”⑨。停止了大规模战争，调整

① 《汉书》卷一下《高帝纪》，第54页。
② 《汉书》卷三《高后纪》，第104页。
③ 《史记》卷二十五《律书》，第1242页。
④ 《汉书》卷二十三《刑法志》，第1101页。
⑤ 《汉书》卷七《昭帝纪》，第233页。
⑥ 《汉书》卷九十六下《西域传》，第3912页。
⑦ 《汉书》卷九十六下《西域传》，第3913页。
⑧ 《汉书》卷九十六下《西域传》，第3914页。
⑨ 《汉书》卷九十六下《西域传》，第3914页。

了政策,使生产关系适应了生产力的发展。

昭帝时霍光秉政,执行"知时务之要,轻徭薄赋,与民休息"[①]的政策,使社会生产得到迅速发展。武帝末年的凋敝状况,到昭帝时就有了很大改变:"始元、元凤之间,匈奴和亲,百姓充实"[②]。"昭帝时,流民稍还,田野益辟,颇有蓄积"[③]。这些记载,反映了社会生产得到一定程度的恢复。宣帝继续实行"与民休息"政策,"用吏多选贤良,百姓安土,岁数丰穰"[④],又出现了繁荣、兴旺的社会景象。人口增加的情况,《汉书·张敞传》记载张敞为山阳郡守,向宣帝报告山阳郡"户九万三千,口五十万以上",大体为以后元始二年该郡人口户数的一半以上。《汉书·外戚恩泽侯表》载,营平侯赵充国宣帝本始元年封一千二百七十九户,元延三年(前10)国除时户两千九百四十四。本始元年赵充国所封地区的户数也已达到元始二年该地户数的44%左右。由此两例判断,大约在宣帝初期,从昭帝起约二十年间,人口已约略恢复到武帝初期三千万或稍多一点[⑤]。有的学者指出,昭帝初到平帝元始二年(2),人口年平均增长率约7‰,该阶段的初期近二十年间人口增长率高达12‰,至宣帝地节元年(前67)总人口达到约四千万。此后直到元始二年,年平均增长率略低于6‰[⑥]。这个时期国家的府库也充实起来,在元帝初,据王嘉的奏疏说:"都内钱四十万万,水衡钱二十五万万,少府钱十八万万"[⑦]。合计达八十三万万,已有相当储积了。这种经济繁荣的局面差不多延续到西汉末年。哀帝时,"宫室苑囿府库之藏已侈,百姓訾富虽不及文景,然天下户口最盛矣"[⑧]。

西汉初年,经济凋敝,不经过长时间恢复,根本无力创办官学。当时中央集权尚不巩固,统治者忙于解决诸侯王国的割据问题和应付匈奴的侵扰,无暇顾及兴学设教之事。至武帝时,生产恢复,经济得到初步的发展,国力充实,诸侯王国对汉王朝中央统治的威胁基本消除,才具备了兴办太

---

① 《汉书》卷七《昭帝纪》,第233页。
② 《汉书》卷七《昭帝纪》,第233页。
③ 《汉书》卷二十四上《食货志》,第1141页。
④ 《汉书》卷二十四上《食货志》,第1141页。
⑤ 曾延伟:《两汉社会经济发展史初探》,中国社会科学出版社,1989年版,第53页。
⑥ 葛剑雄:《中国人口发展史》,福建人民出版社,1991年版,第114页。
⑦ 《汉书》卷八十六《王嘉传》,第3494页。
⑧ 《汉书》卷二十四上《食货志》,第1143页。

学的条件。以后太学的规模随着经济实力的增长而不断扩大。

地方官学的出现，同样是在景帝末年经济状况已大为改善之后。西汉时地方官学兴办的史料记载很少，但在经济繁荣时期，郡学在一些地方确实兴办得较好。如昭帝时韩延寿任东郡太守，修治学官，崇礼义，尊谏铮，为后人所称道。成帝时何武任扬州刺史，每次出行，必先到学校考察诸生学习情况，说明当时扬州各郡均已有学。

西汉初年，已有私人从事办学活动，但在经济凋敝的形势下，规模一般较小，达到千人者，见于记载仅申公一例。在《汉书·儒林传》中，对汉初各家私学生的姓名、籍贯乃至出路都有较详细的记录，而对武帝之后的私学已难做到如此，一般仅大略地记述各家私学的大约人数，说明武帝之后，由于经济条件的改善，私学的规模比汉初要大。汉初私学的学生多在数十人或百人之内，而武帝以后则动辄上百、上千人。如眭弘，弟子百余人。董春，远方门徒学者常数百人。吴章，当世名儒，教授尤盛，弟子千余人。

王莽末年的苛政暴敛，以及随之而来的绿林赤眉大起义和各地军阀的割据混战，使长江以北，青、徐、兖、冀直至关中地区的社会经济受到了毁灭性的破坏。《后汉书·光武帝纪》载："王莽末，天下旱蝗，黄金一斤易粟一斛；至是野谷旅生，麻菽尤盛，野蚕成茧，被于山阜，人收其利焉"。《后汉书·刘盆子传》亦载："时三辅大饥，人相食，城郭皆空"。当时，社会经济的残破萧条是北方中原地区的普遍现象，《后汉书·公孙述传》载李熊曰："今山东饥馑，人庶相食，兵所屠灭，城邑丘墟"。

东汉王朝开国后"百姓虚耗，十有二存"①，就是说，东汉政府所能控制的人口只及西汉的20%。面对经济凋敝、民不聊生的局面，光武帝决定采取以"柔道"治理天下的方针。这一方针，实际上就是西汉初期"无为而治"的翻版。史载："光武长于民间，颇达情伪，见稼穑艰难，百姓病害，至天下已定，务用安静，解王莽之繁密，还汉世之轻法"②。所谓"务用安静"同西汉初年实行的"与民休息"是一致的。这是因为两个朝代当时所面临的形势大体相似，欲恢复经过长期战乱的社会安宁，采取休养生息的主张是最佳的选择。

① 《后汉书》志第十九《郡国一》注引《帝王世纪》，第3388页。
② 《后汉书》卷七十六《循吏传序》，第2457页。

首先是轻徭薄赋。建武六年(30),光武帝决定将田租降回到西汉水平,其诏曰:“顷者师旅未解,用度不足,故行什一之税。今军士屯田粮储差积。其令郡国收见田租三十税一,如旧制”[①]。史书还记载光武帝曾多次下诏减免各地徭役。其次,释放奴婢和提高奴婢的身份地位。光武帝从建武二年至十四年,连续下了九次释放和禁止虐杀奴婢的诏令。这些释奴诏令虽然是很不彻底的,但确有不少奴婢因此而获得自由,这对于缓和阶级矛盾,增加社会劳动力,促进封建经济的恢复和发展无疑是有一定积极作用的。再次,释放囚徒。大量囚徒被释放出来,无疑会增加劳动力,对生产发展必然带来一定好处。

上述缓和矛盾、促进生产恢复和发展的措施,在明帝中期即见成效。永平五年(66),农业获大丰收。至十二年,“天下安平,人无徭役,岁比登稔,百姓殷富,粟斛三十,牛羊被野”[②]。一片繁荣兴旺的景象。章帝、和帝时整个经济仍在向前发展。《帝王世纪》中说:“永平、建初之际,天下无事,务在养民,迄于孝和,民户滋殖”[③]。以后在安、顺、桓帝时经济就进入了时起时落,基本上停滞不前或稍有发展的状况,而到灵帝时则又开始下降。总的来看,东汉经济发展的水平超过了西汉,这不仅表现在垦田面积和人口数量的增加上,而且也反映在生产能力的提高上。

东汉时期经济发展的一个突出表现是江南经济的发展。西汉时期,我国的经济重心位于北方,包括关中在内的黄河中、下游地区,农业、手工业和商业最为发达,人口也最为稠密。而江南地区自然环境尚未得到改善,经济的发展和生活又都十分原始,所谓“江南卑湿,丈夫早夭”[④],是个荒地多、人口少的地区。可是到了东汉时期,南方经济取得了较为迅速的发展。据《后汉书・郡国志》记载,南方诸郡的人口普遍比西汉时增加:扬州人口从三百二十万增加到四百三十余万,益州人口从四百七十多万增加到七百二十多万,荆州人口从三百五十万增长到六百二十余万。南方人口的增加是经济发展的重要标志。当时湘、浙、闽、滇一带,昔日落后的少数民族多被编入了东汉政府的户籍,交纳赋税。如卫飒任桂阳太守时,使郡内的越

---

① 《后汉书》卷一下《光武帝纪》,第 50 页。

② 《后汉书》卷二《明帝纪》,第 115 页。

③ 《后汉书》志第十九《郡国一》注引《帝王世纪》,第 3388 页。

④ 《史记》卷一百二十九《货殖列传》,第 3268 页。

人“渐成聚邑，使输租赋，同之平民”[①]。《后汉书·南蛮传》亦载：“顺帝永和元年，武陵太守上书，以蛮夷率服，可比汉人，增其租赋。议者咸以为可”。表明那里的经济确有发展，因此东汉政府才有可能增加对他们的赋税征收。由于南方经济的发展，以至在北方郡国发生灾荒时则有调江南各郡租米来赡给之事。如永初元年(107)，“调扬州五郡租米，赡给东郡、济阴、陈留、梁国、下邳、山阳”。注曰：“五郡谓九江、丹阳、庐江、吴郡、豫章也”[②]。永初七年(112)，“调零陵、桂阳、丹阳、豫章、会稽租米，赡给南阳、广陵、下邳、彭城、山阳、庐江、九江饥民，又调滨水县谷输敖仓”[③]。

东汉前期，由于经济逐步得到恢复和发展，政治相对清明，社会一度比较安定，官学也因之得到了正常的发展。不仅太学得以重新建立并在稳步前进，而且出现了一个地方踊跃办学的高潮。当时郡国学设置比较普遍，边陲辟壤都建立了学校。例如西北的武威、东北的辽东、西南的九真等地都设立了郡国学。随着郡国一度出现兴学高潮，一些县令、长也在境内办起学校。如光武帝时辰阳长宋均、章帝时什邡令杨仁等，都热心于办学。东汉中叶以后，朝政动荡不已，经济时有起落，地方长官顾及教育的记载，已大不如前。至汉末天下大乱，天灾人祸接踵而来，国民经济陷入衰败和崩溃的境地，地方学校已是衰废不堪了。

东汉时期，随着社会经济实力的逐步增强，出现了私人讲学兴盛的局面。不仅从事讲学的名儒大师增多，而且他们门下的弟子人数众多。学生多不远万里来求教，经常有数百人，而在其门下著录者竟有万人之多。如夏恭、索卢放教授千人，魏应、丁恭的学生分别达数千人，张兴、牟长、蔡玄等人主持的私学学生分别达万人以上。

东汉时期，由于边疆地区逐渐得到开发，经济有了一定程度的发展，因而私学的范围已远远扩大。广泛分布于现在的河南、河北、陕西、安徽、江苏、四川、山西、浙江、湖北、江西、甘肃乃至广西、宁夏等地。任安，广汉绵竹(今四川德阳县)人，兼通数经，还家教授，诸生自远而至。桓荣，沛郡尤亢(今安徽怀远县)人，习《欧阳尚书》，奔丧九江，因留教授，后复客授江淮之间。张奂，敦煌渊泉(今甘肃安西县)人，学《欧阳尚书》，闭门不出，养徒

① 《后汉书》卷七十六《循吏列传·卫飒传》，第2459页。
② 《后汉书》卷五《安帝纪》，第208页。
③ 《后汉书》卷五《安帝纪》，第220页。

千人。程曾，豫章南昌(今江西南昌市)人，受业长安，习《严氏春秋》，还家讲授，会稽顾奉等数百人常居门下。王充，会稽(今浙江上虞县)人，博通众流百家之言，归乡里，屏居教授。梁竦，安定乌氏(今宁夏固原县)人，少习《孟氏易》，弱冠能教授，闭门自养①。据《华阳国志·先贤士女总赞》载："(牂牁)郡人尹珍自以生于荒裔，不知礼义，乃从汝南许慎、应奉受经书图纬，学成，还乡里教授，于是南域始有学"。这说明东汉时在贵州、云南一带已有私学的存在。

考索东汉私学的材料，可以看出：私人办学的高潮是在东汉前期。东汉中叶后，从事私人讲学的虽仍不乏其人，门下弟子也有上百千人的，但从总体上来看，不及前期为盛。这种现象的出现，当与其时的政治、经济状况有关。

发展教育事业离不开经费的投入，汉代每年用于教育方面的经费究竟有多少，史无明文，无从确知，但我们可以从下面的一些具体史实中，窥知一二。

首先，汉代太学教师、学生日益增加，校舍逐渐扩大的事实，反映了当时政府对教育投资不断增长的趋势。

太学的博士，武帝时为五经七家博士，宣帝时增为五经十二博士，元帝时又增一家为十三博士，王莽时增为六经三十博士，东汉则为五经十四博士。博士的官俸原为四百石，宣帝时增为六百石。太学的学生，武帝时为五十人，昭帝时为一百人，元帝时一千人，成帝时达三千人，王莽时增至一万多人，至东汉中后期则已有三万多人。他们享有"复其身"，即免除赋税徭役的待遇，并且有官俸。

汉代太学何时才有独立的校舍，对于这一问题，颇有争议。有人认为成帝兴辟雍后太学才有自己的校舍，有人认为在王莽建舍万区后，甚至有人认为是在东汉刘秀把太学和辟雍分立时才有校舍。通过考证史料，本人认为西汉建立太学时，就有独立的校舍，随着太学的发展，校舍的规模亦逐步扩大。元朔五年，公孙弘等为博士置弟子员的奏折中有"因旧官而兴焉"②的建议，马端临在《文献通考》中注释道："旧官为博士；旧，授徒之黉

① 李军：《论秦汉时期的私学》，《上海社会科学院学术季刊》1993年第3期。

② 《汉书》卷八十八《儒林传》，第3594页。

舍也。至是，官置弟子员，来者既众，故因旧黉舍而兴作之”。这就是说，在未配置博士弟子员之前，博士已有授徒的黉舍，到太学正式建立时，对旧有的学舍加以扩充，以作为太学之校舍。宣帝时，王式被征为博士，“既至，止舍中，会诸大夫博士”①。何武等人求学于长安，曾“歌太学下”②。哀帝时，鲍宣“下廷尉狱。博士弟子济南王咸举幡太学下，曰：‘欲救鲍司隶者会此下。’诸生会者千余人”③。太学舍下能聚集千余人，足见其时规模已不小。史书上有明确记载的，大规模修建太学校舍是在汉成帝时，当时，刘向上疏建议：“兴辟雍，设庠序，陈礼乐，隆雅颂之声，盛揖让之容，以风化天下。……成帝以向言下公卿议，会向卒，丞相大司空奏请立辟雍。案行长安城南，营表未作，遭成帝崩，群臣引以为定谥”④。

汉平帝时，王莽辅政，大力提倡发展教育事业。元始四年(4)，“王莽奏起明堂、辟雍、灵台，为学者筑舍万区，作市、常满仓，制度甚盛”⑤。《太平御览》卷五百三十四《礼仪部十三》引《三辅黄图》曰：“王莽为宰衡，……起国学于郭内之西南，为博士之宫。寺门北出，王于其中央为射宫。门西出，殿堂南向为墙，选士肆射于此中。此之外为博士舍三十区周环之。此之东为常满仓，之北为会市，但列槐树数百行为隧，无墙屋。诸生朔望会此市，各持其郡所出货物及经书、传记、笙磬乐相与买卖，邕邕揖让，或论议槐下。其东为太学宫。寺门南出，置令丞吏诘奸究理辞讼。五博士领弟子员三百六十六；经三十博士，弟子万八百人；主事、高弟、侍讲各二十四人，学士同舍，行无远近，皆随檐，雨不涂足，暑不暴首。”由此可见，其时太学的规模很大。既有教师、学生的讲堂和宿舍，又有交易的市场、射宫及处理词讼、奸宄的治安机构。这种情况有类近代欧美各国的大学城，不过它们的出现要比太学晚一千多年。“在公元初年就有如此巨大又完备的大学，不仅在中国教育史上是空前的，而且在当时世界教育史上也是仅有的”⑥。

上述记载已为当代考古发现所证实。20 世纪 50 年代后期，考古工作者在汉代长安城南郊进行了较大规模的发掘，认定“明堂、辟雍、太学、灵台

① 《汉书》卷八十八《儒林传》，第 3610 页。
② 《汉书》卷六十四下《王褒传》，第 2821 页。
③ 《汉书》卷七十二《鲍宣传》，第 3093—3094 页。
④ 《汉书》卷二十二《礼乐志》，第 1033—1034 页。
⑤ 《汉书》卷九十九上《王莽传》，第 4069 页。
⑥ 熊明安：《中国高等教育史》，重庆出版社，1988 年版，第 86 页。

的位置当在今西安西郊大土门村迤北任家口一带”,“这一事实也被发掘于它东面的隋李静训墓志铭及北面的北魏邵真墓志铭证实”[①]。日本现存的两面铜镜铭文,更是明确可靠的文物证明。日本考古学大系汉式镜第一卷第七十三图,始建国三年镜铭文:“新兴辟雍建明堂,然后举土列侯王,将军令尹民所行,诸生万舍在北方,乐中央”。(日本)汉三国纪年镜图说第一,汉代纪年镜,版图第三,规矩兽带镜铭文说:“始建三年新家尊,诏书□下大多恩,贾人事市不财啬,更作辟雍治校官。五谷成熟天下安,有知之士得蒙恩,宜官秩,葆子孙”[②]。只可惜盛景不长,随着王莽统治的垮台,西汉兴起的太学也就毁于一旦了。

东汉王朝建立后,光武帝于建武五年重建太学。陆机《洛阳记》载:“太学在洛城南开阳门外,讲堂长十丈,广二丈。堂前石经四部。本碑凡四十六枚,西行,《尚书》、《周易》、《公羊传》十六碑存,十二碑毁。南行,《礼记》十五碑悉崩坏。东行,《论语》三碑,二碑毁。《礼记》碑上有谏议大夫马日磾、议郎蔡邕名”[③]。《后汉书·翟酺传》也描述了东汉初年建太学的情况:“光武初兴,愍其荒废,起太学博士舍,内外讲堂,诸生横巷,为内外所集”。既有讲堂,又有博士、太学生用的房舍,较为完备,且规模不小。至安帝时太学校舍已破败不堪,“学舍颓敝,鞠为园蔬,牧儿荛竖,至于薪刈其下”[④]。顺帝时,将作大匠翟酺上奏“宜更修缮,诱进后学”[⑤],为顺帝所采纳,并责成他负责施工。据《太学碑》文记载,当时动“用作工徒十一万二千人”[⑥],历时八年方全部竣工,这是东汉中叶最大的一次修建太学的工程。共建造二百四十房,一千八百五十室,规模远远地超过了原来的学舍。学者们为了感激翟酺的复建太学之功,遂为他立碑于太学以志纪念。若以一室容纳五人计算,学舍共能容纳八千多人,这样一个巨大建筑的修造费及维持保养费肯定是巨大的。上述记载在考古发掘中亦有反映:经考古勘探和试掘,太学遗址主要由两个部分构成:一部分在辟雍之北,周围东西长约二百米,南北宽约一百米;另一部分在它的东北一百米处,南北长约二百米,东

① 《汉长安城南郊礼制建筑群的位置及其有关的问题》,《考古》1960年第9期。

② 许道龄:《关于西安西郊发现的汉代建筑遗址是明堂或辟雍的讨论》,《考古》1959年第4期。

③ 《后汉书》卷六十下《蔡邕传》注引,第1990页。

④ 《后汉书》卷七十九上《儒林传》,第2547页。

⑤ 《后汉书》卷四十八《翟酺传》,第1606页。

⑥ 《隶释、隶续》之《隶释》卷二十,第199页。

西宽约一百五十米[①]。

其次，汉代地方政府兴办有郡县学，但这种学校极不稳定，往往随着政治情况和主管官长的变动，而时兴时废。一般在政治稳定，经济繁荣时期，地方官学则较为发达，特别是东汉前期地方官学则较为普遍。兴办学校，就要修造校舍，如蜀郡守文翁“修起学宫于成都市中”[②]；丹阳太守李忠“乃为起学校”[③]；武威太守任延“造立学官”[④]；北新城长刘梁“大作讲舍”[⑤]。而且要给入学者以一定的待遇，如文翁“招下县子弟以为学官弟子，为除更徭”[⑥]；任延“自掾史子孙，皆令诣学受业，复其徭役”[⑦]。尽管各地学校规模的大小及所招学生人数的多少有很大的差别，但就全国来讲，地方政府投入教育的经费总数，必然是一个不小的数目。

再次，汉代从事私人讲学者，队伍庞大，当时人已有“难于详载”之感，见于史籍记载的约有三百六十多人。他们有的建立了专门的教学场所，其校舍称为“精舍”或“精庐”。如董春“少好学，师事侍中祭酒王君仲，受《古文尚书》。后诣京房受《易》，究极圣旨，条列科义。后还为师，立精舍，远方门徒、学者常数百人。每升讲堂，鸣鼓三通，横经捧手，请问者百余人”[⑧]。檀敷“举孝廉，连辟公府，皆不就。立精舍教授，远方至者常数百人”[⑨]。刘淑“少学明五经，遂隐居，立精舍讲授，诸生常数百人”[⑩]。李充，遭母丧，服阕，“立精舍讲授”[⑪]。杨奇“字公挺，震之玄孙。少有志节，不以家势为名，交结英彦，不与豪右相交通，于河南缑氏界中立精舍，门徒常二百人”[⑫]。周磐“立精舍，教授学徒，守先人冢庐，远方知名”[⑬]。张奂“弘农华阴人。诣太学受业，博通五经。隐处在扶风郿县界中，立精舍，斟酌法乔卿之雅

① 赵化城、高崇文等：《秦汉考古》，文物出版社，2002年版，第52—53页。
② 《汉书》卷八十九《循吏传·文翁传》，第3626页。
③ 《后汉书》卷二十一《李忠传》，第756页。
④ 《后汉书》卷七十六《循吏列传·任延传》，第2463页。
⑤ 《后汉书》卷八十下《文苑传·刘梁传》，第2639页。
⑥ 《汉书》卷八十九《循吏传·文翁传》，第3626页。
⑦ 《后汉书》卷七十六《循吏列传·任延传》，第2463页。
⑧ 唐晏：《两汉三国学案》卷一《周易》，中华书局，1986年版，第30页。
⑨ 《后汉书》卷六十七《党锢列传·檀敷传》，第2215页。
⑩ 《后汉书》卷六十七《党锢列传·刘淑传》，第2190页。
⑪ 《后汉书》卷八十一《独行列传·李充传》，第2684页。
⑫ 《太平御览》卷一百八十一《居处部九》引谢承《后汉书》，第882页。
⑬ 《太平御览》卷一百八十一《居处部九》引谢承《后汉书》，第882页。

训，昼诵书传，暮习弓马”[①]。后代书院有直接称“精舍”的，如宋代的沧州精舍、应天山精舍、槐阴精舍等。清阮元将所创书院命名为“诂经精舍”，以示对汉代私人讲学之风的追慕。汉代精舍作为固定的教学场所，对后世影响很大。不过大部分私学还是经师就自家的房屋收弟子，就学的弟子，往往数百、上千人，其数量远远超过了官学。如马融居家教学的高堂，“施绛纱帐，前授生徒，后列女乐”[②]。《后汉书·杨震传》载：“后有冠雀衔三鳣鱼，飞集讲堂前，都讲取鱼进曰：‘蛇鳣者，卿大夫服之象也。数三者，法三台也。先生自此升矣’”。这说明杨震的宅内设有教学用的讲堂，还设有看管料理讲堂事务的“都讲”。私学由于是私人自办的，所以必定要收学费，学生就学当然也是自费的，所谓“精庐暂建，赢粮动有千百”[③]。李贽《初潭集》卷十二记：“邴原少孤，数岁时，过书舍而泣。师曰：‘童子何泣？’原曰：‘凡得学者，有亲也。一则愿其不孤，一则羡其得学，中心感伤，故泣耳。’师恻然曰：‘苟欲学，不须资也。’于是就业。长则博物洽闻，金玉其行”。由“苟欲学，不须资也”之语可知，私学是要收取一定学费的。家境殷实的学生，不存在生活费和学习开支等方面的担忧。《北堂书钞》卷一三九引《东观汉记》言王阜辞别父母，“欲之犍为定生学经，取钱二千、布二端去”。学费、旅费及学习期间的用度，完全由家里提供。而家境贫寒的学生，要想解决生活和学习的费用问题，则要靠做工谋生了。如卫飒“家贫好学问，随师无粮，常佣以自给”[④]。也有的老师财力丰厚，则全部或部分供养弟子。如张奂遭党锢牵连后，“闭门不出，养徒千人”[⑤]。来敏“好学下士，开馆养徒众”[⑥]。有的老师则对生活特别困难的学生给予支助。如赵典“每得赏赐，辄分与诸生之贫者”[⑦]。任安“教授，每为赈恤其弟子，以慰勉其志，于是安之门生盖盈门”[⑧]。曹曾从欧阳歙受《尚书》，位至谏议大夫，聚徒讲学，门

---

① 《太平御览》卷一百八十一《居处部九》引谢承《后汉书》，第 882 页。
② 《后汉书》卷六十上《马融传》，第 1972 页。
③ 《后汉书》卷七十九下《儒林传》，第 2588 页。
④ 《后汉书》卷七十六《循吏列传·卫飒传》，第 2458 页。
⑤ 《后汉书》卷六十五《张奂传》，第 2142 页。
⑥ 《三国志》卷四十三《蜀书·来敏传》注引华峤《后汉书》，第 1025 页。
⑦ 《后汉书》卷二十七《赵典传》，第 948 页。
⑧ 《华阳国志》卷十《广汉士女》，第 153 页。

生达到三千人。王嘉《拾遗记》称其“家财巨亿……学徒有贫者皆给食”①。还有的老师与学生共同劳动以求生活自给。如李恂“潜居山泽,结草为庐,独与诸生织席自给”②。如此众多的学校,如此庞大的学生队伍,由此可以想见社会上对教育费用的投入,定为不少。诚如马大英先生所言:“汉代教育是向前发展的。挤入士大夫行列的知识分子人数和在总人口中所占比例,都是随着时间的前进与日俱增。是则汉代用在教育事业上的支出是日趋扩大的,民间教育费用支出也是同样趋势”③。

二、物质生产力发展的水平、方式,决定着教育培养人才的规格

“教育是一种培养人的活动。教育所培养出来的人应具有什么样的规格,不仅受到社会政治制度的制约,同时还受到一个国家的经济发展水平的制约。经济发展水平不仅决定了教育的培养目标,同时还决定了教育的内容和手段。在工业社会以前,生产力发展水平低下,教育内容贫乏,且主要以传授宗教、神学、伦理道德和直接的生活经验和生产经验为主,自然科学的内容很少,学校中开设的课程也相当少。教学手段极其低下,一般以言传身教为主,没有什么复杂的教育、教学手段”④。

汉代属于我国封建社会的前期,尽管以铁器和牛耕为代表的社会生产力有了明显的提高,但当时的生产仍然是在自然经济条件下进行的自给自足的简单再生产,这种生产主要依靠手工劳动。由于生产的技术经验主要体现在个别劳动者的技能中,还没有形成与直接经验相分离的间接经验。那时,生产规模不大,生产发展速度缓慢,师徒方式的简单再生产,就可以满足需要。由于生产力发展水平很低,不需要通过学校这种专门化的组织形式来培养掌握生产知识和经验的劳动者。

在汉代,农业是主要的生产部门,是经济领域中起决定作用的劳动行业。农业的基本经营形式是以家庭为单位,在小块土地上进行着耕织结合、农副结合,过着自给自足生活的农民个体经济。大地主虽然“田连阡陌”,却并不自己经营,而是把土地分成许多小块,租给农民耕种,成为大地

① 王嘉撰、齐治平校注:《拾遗记》,中华书局,1981年版,第157页。
② 《后汉书》卷五十一《李恂传》,第1684页。
③ 马大英:《汉代财政史》,中国财政经济出版社,1983年版,第252页。
④ 张学敏主编:《教育经济学》,西南师范大学出版社,2001年版,第51页。

产和小经营的结合。在手工业领域形成了官府手工业、私营手工业和作为农民副业的家庭小手工业并存的局面。尽管由国家经营的官府手工业具备了相当的规模，门类和分工越来越细密，产量剧增，产品质地、水平也明显超过了前代。由私人独立经营的手工业中，也出现了一些具有一定规模的工场、作坊。如在采矿、冶金和煮盐领域，一般规模较大，一个作坊、工场甚至可以组织起数百人乃至上千人。《盐铁论·复古篇》即言："往者豪强大家，得管山海之利，采铁石、鼓铸、煮盐，一家聚众，或至千余人"。但汉代也存在着为数众多的小手工业者。《盐铁论·水旱篇》中提到个体经营的铁匠："家人相一，父子戮力，各务为善器，器不善者不售。农事急，挽运阡陌之间，民相与市买，得以财货五谷新弊易货，或时贳"。其他行业的小匠人也很多，如孙晨"家贫不仕，居杜城中，织箕为业"[①]。作为农民副业来经营的手工业，以家中妻子从事的纺织业为主，"男耕女织"是小农经济最基本的生产形式，也是封建生产方式的基础。当时人们常说："农夫释耒，红女下机"[②]；"男子不得耕稼树种，女子不得纺绩织纫"[③]，都反映了这一点。由于这种生产力水平和经营方式的制约，技艺通常是父子相传，或师徒相授，因此，家传世业和师徒传授成为劳动人民接受教育的主要方式。这种方式往往是在生产劳动过程中进行。教育所要培养的主要是能够使用铁器、牛耕从事农业生产以及能够使用手工工具从事手工业生产的劳动者。

三、物质生产力发展的水平制约着教育内容的更新

汉代由于生产力水平低，学校教育主要传授代表统治阶级意志的伦理道德规范，反映生产活动的知识和经验，基本上尚未脱离直接的生产过程而形成相对独立的间接经验，因而很少反映到学校教育中。

但是作为家庭教育、社会教育重要组成部分的生产知识和经验，其内容并非是一成不变的，而是随着社会生产力的不断进步，产生相应的变化。生产的发展，一方面要求劳动者的生产知识和劳动技能与之相适应，另一方面也提供了劳动者所需要掌握的生产知识和技术成果。教育内容总是直接来源于生产实践。

---

① 《太平御览》卷二十七《时序部十二》引《三辅决录》，第128页。

② 《汉书》卷四十三《郦食其传》，第2108页。

③ 《汉书》卷六十四上《严助传》，第2783页。

在农业方面，汉代我国农业已由从前长期停滞的粗耕水平，进入到精耕细作阶段，并确立了以农业为基础和以粮食为主导的国民经济体系。生产工具显示了一个社会经济时代的具有决定意义的特征。“各种经济时代的区别，不在于生产什么，而在于怎样生产，用什么劳动资料生产。劳动资料不仅是人类劳动力发展的测量器，而且是劳动借以进行的社会关系的指示器”①。因此，在农业生产过程中，生产工具先进与否，对生产的结果起着重要的作用和影响。西汉时期，铁农具已成为主要生产工具。除钱、耜、镰、臿外，最普遍的是镢和铚。在铁农具中，铁犁的改进和广泛使用，是西汉农业生产工具发展的重要成就。从近年来全国出土的实物来看，铁犁的种类繁多，有适于耕垦熟地的小型犁铧，样式轻便灵巧；开辟荒地的大型犁铧则较为锐利厚重。特别是犁壁的发明，是耕犁改革中的重大发展。既有向一侧翻土的板瓦形、菱形犁壁，也有向两侧翻土的马鞍形犁壁，适用于不同地形条件。

东汉时耕犁得到了进一步的改善。从汉代画像石中可知，当时出现了一牛挽拉的短辕犁，便于在小块农田上耕作，较之西汉时二牛抬杠式的长辕犁，有很大的进步。犁铧也有重要的改进，刃端角度逐渐缩小，同战国、西汉时一直沿用的V字形犁相较，不仅更加坚固耐用，而且起土省力，可以深耕。东汉时还出现了新农具——曲柄锄和钩镰，曲柄锄利于中耕除草，钩镰为收割之利器。东汉初年，用水力舂米的水碓即已产生。桓谭在《新论》中称：“因延力借身，重以践碓，而利十倍。杵舂又复设机关，用驴骡牛马及役水而舂，其利乃且百倍”②。东汉末年，雍州刺史张既曾令陇西、天水、南安三郡富人造屋宅“水碓”③。这种用水力激动木轮，带动石碓的舂米工具，比以前用杵臼或脚踏石碓舂米，大大减轻了劳动强度，提高了效率。

在手工业方面，西汉的手工业，已发展到相当高的水平。纺织业可以代表当时手工业的最高成就。在丝绸的品种和质量方面，有迅速的增长和提高。据《长沙马王堆一号汉墓》资料统计：仅一号墓内就有单幅丝织品四十六件，绢织衣服六十八件，共一百一十四件，其中绮或罗绮的有十四件，

---

① 《马克思恩格斯全集》(第二十三卷)，人民出版社，1972年版，第204页。

② 《太平御览》卷八二九《资产部九》引，第3699页。

③ 《三国志》卷十五《张既传》，第472页。

用锦的十八件，用纱六件。织物的品种有：绢、纱、罗、绮、锦、起毛锦、刺绣等，其中许多是汉以前极罕见的珍品。如起毛锦，“巧妙地利用起绒纬工艺，锦面形成了丰满多彩的大小绒圈花纹，使织锦真正起到了锦上添花的立体效果”[①]。纺织工具得到了改进，使之更加完备，工效更高。据《西京杂记》卷一载：“霍光妻遗淳于衍蒲桃锦二十四匹，散花绫二十五匹，绫出巨鹿陈宝光家，宝光妻传其法，霍显召入其第，故作之。机用一百二十蹑，六十日成一匹，匹直万钱”。陈宝光妻使用的一百二十蹑织机是一种高级提花机，织出的蒲桃锦、散花绫都是织纹复杂、精美绝伦的高级丝织品。在印染技术方面也取得了很大的成就。长沙马王堆出土的丝织品染色，主要是朱红、深红、绛紫、墨绿和黄、蓝、灰、黑等色彩，并利用这几种颜色相配，制成二十多种颜色。出土的汉代印花丝织品，“线条细而均匀，极少有间断现象，用色厚而立体感强，没有渗花污渍之病，花地清晰，全幅印到，可见当时配料之精，印制技术之高，都达到了十分惊人的程度”[②]。

西汉冶铁业的发展，首先表现在采矿技术的提高上。从考古资料可知，当时采矿的形式是多种多样的，能根据不同的矿床采取不同的、合理的采掘方法。例如河南巩县铁生沟汉代铁矿遗址中，矿井是沿矿床平行掘进的，竖井采用方型和圆型两种形式，井下有斜坡形巷道，沿巷道下掘便可进入矿床。竖井可掘至矿床的中央或旁侧，以选采质量较好的矿石。斜井则可依山势向内掘进，以便于开采缓倾斜的矿床[③]。其次是熔炉的改进。汉代炼铁工匠巧妙地对炉腔进行革新，创造出椭圆形高炉，从椭圆的短径两侧鼓风，以克服风力不足的缺点。古荥镇冶铁遗址中的椭圆形高炉，短径为3.25米，长径为3.95米，有效高度约6米，容积估计为50立方米左右[④]。

西汉时漆器使用范围相当广泛，从考古发掘出的器物来看，包括耳杯、盒、盘、几、案、壶、鼎、匕、勺、匣、屏风等。彩饰的方法有彩绘、针刻、施金彩漆，在漆器的边缘加一道铜质鎏金或鎏银的边，称为釦器，是漆器中最为讲究的。汉代漆器近年来出土甚多，尤其马王堆汉墓出土的漆器总量，多达七百余件。这些漆器制作精巧，品种繁多，质量优良，色泽鲜明，光泽照人。

① 《长沙马王堆一号汉墓出土的绒圈锦》，《考古学报》1974年第1期。

② 《座谈长沙马王堆一号汉墓》，《文物》1972年第9期。

③ 《巩县铁生沟》，文物出版社，1962年。

④ 《郑州古荥镇汉代冶铁遗址发掘报告》，《文物》1978年第2期。

不但有日常生活用品，还有大量的工艺装饰品。制作漆器需要有精细的分工，据漆器的铭文记载，可知有素工、髤工、上工、铜耳黄涂工、画工、雕工、清工、造工、供工等。分工的细密，反映了生产技术的进步和发展。

东汉时手工业生产水平也有显著提高。冶铁业中鼓风设备是重要关键，东汉初年，南阳太守杜诗“造作水排，铸为农器，用力少，见功多，百姓便之”①。用水力激动机械轮轴打动鼓风囊，使其不断伸缩，给冶铁高炉加氧。东汉的铁器铸造技术有很大提高，其中最重要的是叠铸技术的进步，即把多层铸范叠起来，装配成套，一次就能铸造几个或几十个铸件。1974年，在河南温县发现的东汉时烘范窑中，就出土了五百多套铸造车马零件的叠铸泥范，约三十六种器形。浇铸时，共用一个总浇口，一次即可铸造几个或几十个铸件②。温县发现的土陶范内浇道出口的厚度，小铸件仅2毫米，较厚重的铸件也只有3.5毫米。这种设计很富于创造性。这样薄的浇口，铸范必须经过预热，才能使铁水流得进去。因为用预热的铸范浇注，能提高金属液在范中的流通性。

东汉时的纺织业也有进一步的发展。东汉遗留有不少的画像石，其中有几幅织机图。从这些图像上看，我国至迟在这时织机上已广泛采用了脚踏板。脚踏纺车的使用，不仅可以使摇轮的右手解脱出来，用双手从事纺纱或合线的操作，而且轮的牵引力也得到提高，为后来脚踏纺车向多锭发展打下基础，使生产效率能成倍地提高③。东汉末年的科学家马钧，发明了高效率的织绫机。在此之前织成一匹绫要费几十天的时间，马钧简化了绫机的踏具，改造了绫机的综线运动机件。把原来旧绫机五十综者五十蹑，六十综者六十蹑，都改成十二蹑，使生产效率提高五倍④。

瓷器是东汉时出现的，这是我国陶瓷史上的一件大事。瓷器的烧成，除了要有适宜的窑型和较高的窑温外，还必须对原料进行精细的选择和淘炼。东汉瓷器有青釉瓷、黑釉瓷和白釉瓷三种制品。青釉瓷是釉色呈淡青色的瓷器，胎质坚实细致，胎釉结合牢固，釉面光亮明快，造型美观。黑釉瓷是釉色呈黑色的瓷器，瓷胎坚硬，基本上不吸水，胎釉结合紧密，极少脱

① 《后汉书》卷三十一《杜诗传》，第1094页。

② 《河南温县汉代烘范窑发掘简报》，《文物》1976年第9期。

③ 陈维稷主编：《中国纺织科学技术史》（古代部分），科学出版社，1984年版，第180页。

④ 《三国志》卷二十九《魏书·杜夔传》裴松之注，第807页。

釉现象，完全达到了瓷器标准。东汉时期烧造瓷器的窑为平焰式龙窑。这种窑就像一座倾斜放置的升焰窑。其下端为火膛，上端为排烟口，窑形呈长条形沿山坡向斜上方延伸，故名龙窑。与馒头窑不同，龙窑是不设烟囱的。它只在窑尾设出烟坑排烟。为防止火焰流失过快，在出烟坑前筑挡火墙，并通过控制挡火墙上排烟孔的大小，以调节窑内火焰的流速。由于龙窑前段的坡度大而后段的坡度小，故前段抽力强，升温快，而后段抽力减弱，延长了火焰停留时间，利于保温。因此龙窑的窑温可达 1250℃－1300℃左右，这就为瓷器的烧成准备了条件。由于这种窑炉结构具有升温较快，冷却亦较速的特点，符合青釉瓷器和黑釉瓷器烧成工艺的要求，还能使釉保持较为纯正的色调①。

20 世纪 50 年代以来，在新疆罗布淖尔、甘肃金塔县肩水金关、陕西扶风县太白乡和西安灞桥砖瓦厂的西汉遗址中，都出土过质地粗厚的雏形麻纸，但上面未见字迹。西汉到东汉初年的纸张制造粗糙，尚未普及，书写材料仍以竹、木简牍和缣帛为主。到汉和帝时，蔡伦主持了造纸技术的改造、提高和推广。史载："缣贵而简重，并不便于人，伦乃造意，用树肤、麻头及敝布、鱼网以为纸。元兴元年奏上之，帝善其能，自是莫不从用焉，故天下咸称蔡侯纸"②。蔡伦使用树皮、破鱼网作造纸原料，扩大了原料来源，原料易得，成本低廉，使纸的产量得以增加，价格降低，使用普遍。1974 年，在甘肃武威旱滩坡一座东汉晚期墓葬里出土了有"青"、"贝"等字的古纸。此纸以麻类纤维为原料，纤维帚化程度较高，交结紧密，是一种单面涂布加工纸。纸厚 0.07 毫米，涂层均匀，纸面平整。这是迄今已发现的汉代制作得最精工的纸③。据实验，它至少要经过浸湿、切碎、浸灰水、蒸煮、洗涤、舂捣、二次洗涤、打浆、抄纸、晒纸、揭纸等十一道工序才能制成④。东汉末年，造纸术更有提高，出现了一种精工制作的"左伯纸"。《汉书补注》载："汉人能为纸者，又有左伯。《书断》云：伯字子邕。东莱人。汉兴，以纸代简。至和帝时，蔡伦工为之，而子邕尤得其妙。故萧子良答王僧虔书云：子

① 林甘泉主编：《中国经济通史·秦汉经济卷》(上)，经济日报出版社，1999 年版，第 467－468 页。

② 《后汉书》卷七十八《宦者列传·蔡伦传》，第 2513 页。

③ 孙机：《汉代物质文化资料图说》，文物出版社，1991 年版，第 286 页。

④ 潘吉星：《中国造纸技术史稿》，文物出版社，1979 年版，第 43 页。

邕之纸,妍妙生光”。

综上所述,我们可以看到,两汉的社会经济是处在不断向前发展之中,无论是农业生产、手工业生产,其技术水平呈现出不断提高的态势。这种状况必然反映到家庭教育、社会教育中,要求长辈对晚辈、师傅对徒弟所传授的生产知识和技能,随着社会经济的发展变化而做出相应调整,从而使教育内容得到更新。

四、物质生产力的发展,制约着教学组织形式、教学方法的变革

汉代处在小农和小手工业生产时期,在教学上相应地反映了这种生产过程中的父子、师徒关系,采取个别教学的组织形式,以及注入式的教学方法。西汉前期,由于社会经济尚处在恢复阶段,物质财富还相当贫乏,因此私学的规模普遍较小,学生的人数较少,教师有条件经常采用个别辅导的形式,从事教学工作。而在西汉中期后,随着社会经济逐步走向繁荣,物质财富日益丰富,无论官学、私学的规模普遍较大,学生的人数众多。面对教师少、学生多的状况,再采用个别辅导的教学形式已不太可能,因此,集体授课就成为普遍流行的教学方法。

这种集体讲授的方式,被称为“大都授”。颜师古曰:“都授,谓总集诸生大讲授也”[①]。如孔光“自为尚书,止不教授,后为卿,时会门下诸生讲问疑难,举大义”[②]。教师在集体授课时,非其门下弟子亦可来旁听,观《汉书·翟方进传》可知,其曰:“是时宿儒清河胡常,与方进同经。常为先进,名誉出方进下,心害其能,议论不右方进。方进知之,候伺常大都授时,遣门下诸生至常所问大义疑难,因记其说。如是者久之,常知方进宗让己,内不自得,其后居士大夫之间未尝不称述方进,遂相亲友”。吕思勉先生曾对这种大都授的讲课方式提出批评,曰:“大会都讲,可以邀名誉,可以广声气,于学则无益也。然而可以邀名誉,可以广声气,故讲学者恒喜之。魏晋以后,所讲者自儒而兼及玄、佛,此风未之有改;宋明之世,理学聿兴,所讲者又与二氏立异,此风亦未之有改也”[③]。集体授课难免有“广声气,邀名誉”之嫌,但称其“于学则无益也”,则是过激之词。这种授课方式,是在教

① 《汉书》卷八十四《翟方进传》注,第3412页。

② 《汉书》卷八十一《孔光传》,第3364页。

③ 吕思勉:《吕思勉读史札记》,上海古籍出版社,1982年版,第677页。

师少、学生多的背景下，为使多数学生能亲自聆听教师的教诲，集中讲解教学中的疑点、难点而采取的一种方法。它与讲小课乃至个别辅导相比，教学效果肯定要差一些。因为当时尚无扩音设备，上百人乃至千人集中在一起听讲，即使教师的声音再洪亮，也难以保证每一个学生都能听清楚。而且由于人数众多，教师也不可能把所有学生提出的问题，一一加以解答，只能是有选择地予以回答。但是由教师亲自讲大课，总比完全让学生自修效果要好一些。正因为如此，这种教学方法才长期被沿用下来，广泛地被私学、官学所采用。直到今天，讲大课的方式，仍屡见于各级各类的学校教育中，成为缓减师生比例失调、最大限度地利用教学资源的一种有效方法。

除了集体授课的方式外，面对众多的学生，教师也采取使高业弟子转相传授的教学方法，也就是让学习时间长久、程度较高的学生，对于初来受业或程度低的学生进行教学，使学业有成的学生给教师做助教并作教学实习。如董仲舒"下帏讲诵，弟子传以久次相受业，或莫见其面"①。马融"门徒四百，升堂进者五十余生"②。"弟子以次相传，鲜有入其室者"③。郑玄在其门下，竟至三年未见其师一面，"乃使高业弟子传授于玄"④。采用这种教学方法，可以在一定程度上缓解师生比例失调的矛盾，并使某些优秀生得到教学的实际锻炼，因而具有积极的意义，但由此也会产生降低教学水平的不良后果。这种教学方法有类于19世纪初在英国出现的导生制，即在"一个大教室中安置许多排长课桌，每排约十多个学生，其中一个是导生。教师首先教这些导生，然后由他们领着一排学生围站在一个地方，把刚学到的教学内容再转教给其他学生，之后，也由导生对这些学生进行检查和考试。有了作为助手的导生，一位教师在一个教室里往往能教几百名学生。这种教学组织形式最初仅用于阅读和教义问答的教学上，后来很快扩展到书写和算术方面，以后又在高一级的学科教学中运用"⑤。

随着经济的发展，造纸技术的改进，使书籍的获得相对容易些，西汉后期已有了出售书籍的书肆。扬雄在《法言·吾子》中载："好书而不要诸仲

① 《汉书》卷五十六《董仲舒传》，第2495页。

② 《后汉书》卷三十五《郑玄传》，第1207页。

③ 《后汉书》卷六十上《马融传》，第1972页。

④ 《后汉书》卷三十五《郑玄传》，第1207页。

⑤ 滕大春：《外国近代教育史》，人民教育出版社，1989年版，第382页。

尼，书肆也”。“大意是爱好读书而不按照孔子的教导去学习，就不是读书，只是陈列和出售书籍的店铺而已。虽然扬雄没有提及书籍买卖的具体情况，但他以书肆为喻，说明书肆已为人们所熟知，书肆的存在当时比较普遍”[①]。《太平御览》卷八百二十六引《三辅黄图》云：“元始四年，起明堂、辟雍长安城南，北为会市，但列槐市数百行为队，无墙屋，诸生朔望会此市，各持其郡所出货物，及经书传记、笙磬器物，与卖买，雍容揖让，或论议槐下”。博士弟子们在固定的地点，于月初和月中聚会交易书籍等商品，这已是一种定时交易的图书市场。东汉时期，书肆更为发达，其经营的书籍品种也明显增加。王充在京师太学受业，“家贫无书，常游洛阳市肆，阅所卖书，一见辄能诵忆，遂博通众流百家之言”[②]。这说明洛阳市肆所卖书籍种类丰富，囊括了“众流百家之言”。“‘阅所卖书’一语则说明书肆不仅售书，而且允许人们自由阅览，经营方式十分灵活。可见书肆不仅卖书，也兼有教育传播的功能”[③]。荀悦“十二能读《春秋》。贫无书，每至市间阅篇牍，一见多能诵记”[④]。这也在一定程度上反映了图书市场存在的广泛性。当时还出现了以出售书籍为生的人，如刘梁“宗室子孙，而少孤贫，卖书于市以自资”[⑤]。由于书籍已成为了一种流通的商品，只要具备一定经济条件者即可获取，这就使自学的可能性大为增加，一些人可以不必亲自到教师处受教，而是通过自修教师讲义的方式来达到学习之目的，这是东汉时著录生大为增加的一个重要原因。在史籍中有一些关于东汉时人们自学的例子。如高凤“少为书生，家以农亩为业，而专精诵读，昼夜不息”[⑥]。张纮，“事父至孝。居贫，躬耕稼，带经而锄，孜孜汲汲，以夜继日，至于弱冠，无不穷览”[⑦]。侯瑾，家境贫穷，父母早逝，“依宗人居。性笃学，恒佣作为资，暮还辄燃柴以读书。常以礼自牧，独处一室，如对严宾焉”[⑧]。

总之，一方面物质资料生产是人类社会存在和发展的基础，经济的发

① 郭海燕：《汉代平民教育研究》，山东大学2011年博士学位论文。
② 《后汉书》卷四十九《王充传》，第1629页。
③ 郭海燕：《汉代平民教育研究》，山东大学2011年博士学位论文。
④ 《太平御览》卷六一四《学部八》引司马彪《续汉书》，第2760页。
⑤ 《后汉书》卷八十下《文苑列传·刘梁传》，第2635页。
⑥ 《后汉书》卷八十三《逸民列传·高凤传》，第2768页。
⑦ 《太平御览》卷六一一《学部五》引虞溥《江表传》，第2749页。
⑧ 《后汉书》卷八十下《文苑列传·侯瑾传》，第2649页。

展为教育发展提供了物质条件，教育只能在物质资料生产发展的基础上相应地发展，不可能脱离物质资料生产这个基础而孤立地发展。经济的发展制约着教育的发展，教育的规模和速度、教育的内容、教学方法和组织形式等均受制于经济的发展水平。正如恩格斯所说："人们首先必须吃、喝、住、穿，然后才能从事政治、科学、艺术、宗教等等。所以，直接的物质的生活资料的生产，因而一个民族或一个时代的一定的经济发展阶段，便构成为基础；人们的国家制度，法的观点，艺术以至宗教观念，就是从这个基础上发展起来的。因而，也必须由这个基础来解释，而不是像过去那样做得相反"[①]。经济发展是教育发展的基础，我国古代思想家对此已有认识，"先富后教"主张的提出即其表现。《论语·子路》载："子适卫，冉有仆。子曰：'庶矣哉！'冉有曰：'既庶矣，又何加焉？'曰：'富之'曰：'既富矣，又何加焉？'曰：'教之'"。在这里，孔子把人口、财富、教育当成立国的三个要素。只有人们富裕起来，有了物质生活的基础，才能发展教育，把教育搞好了，一个国家才算治理好了。孟子把孔子的这一思想作了进一步的说明。他说："明君制民之产，必使仰足以事父母，俯足以畜妻子，乐岁终身饱，凶年免于死亡。然后驱而之善，故民之从之也轻。今也制民之产，仰不足以事父母，俯不足以畜妻子，乐岁终身苦，凶年不免于死亡。此惟救死不赡，奚暇治礼义哉！"[②]孟子在对尧的时代加以理想化时说："后稷教民稼穑、树艺五谷，五谷熟而民人育。人之有道也，饱食、暖衣，逸居而无教，则近于禽兽。圣人有忧之，使契为司徒，教以人伦"[③]。只有在人们"饱"、"暖"的基础上，在"黎民不饥不寒"以后，才能谈到礼义、教化。荀子同样把富民作为教民的前提，他说："不富无以养民情，不教无以理民性。故家五亩宅，百亩田，务其业而勿夺其时，所以富之也。立大学，设庠序，修六礼，明十教，所以道之也"。他引用《诗经》说："'饮之食之，教之诲之。'王事具矣"[④]。

汉儒基本上继承了这一思想。如河间献王刘德说："《管子》称：'仓廪实，知礼节；衣食足，知荣辱。'夫谷者，国家所以昌炽，士女所以姣好，礼义

① 恩格斯：《卡尔·马克思的葬仪》，《马克思恩格斯全集》（第十九卷），人民出版社，1962年版，第374—375页。

② 《孟子·梁惠王上》，《四书五经》，第38页。

③ 《孟子·滕文公上》，《四书五经》，第49页。

④ 《荀子评注·大略》，第605页。

所以行，而人心所以安也。《尚书》五福，以富为始，子贡问为政，孔子曰：'富之。'既富，乃教之也，此治国之本也"[①]。把先富后教视为治理国家的根本所在。韩婴说："夫百姓内不乏食，外不患寒，则可教御以礼义矣"[②]。实施教化要以百姓解决了温饱问题为前提。董仲舒言："孔子谓冉子曰：'治民者，先富之而后加教。'……《诗》曰：'饮之食之，教之诲之。'先饮食而后教诲，谓治人也"[③]。治理民众，要先满足民众的物质需要，然后再加以教育。在盐铁会议上贤良也有类似之主张，"贤良曰：'周公之相成王也，百姓饶乐，国无穷人，非代之耕织也。易其田畴，薄其税敛，则民富矣。上以奉君亲，下无饥寒之忧，则教可成也'"[④]。班固也说："食足货通，然后国实民富，而教化成。……殷周之盛，《诗》、《书》所述，要在安民，富而教之。……制庐井以均之，开市肆以通之，设庠序以教之"[⑤]。桓谭亦言："夫王道之治，先除人害而足其衣食，然后教以礼仪，使知好恶去就，故大化四溱，天下安乐，此王者之术"[⑥]。王符曰："凡为治之大体，莫善于抑末而务本，莫不善于离本而饰末。夫为国者，以富民为本，以正学为基。民富乃可教，学正乃得义，民贫而背善，学淫则诈伪，入学则不乱，得义则忠孝。故明君之法，务此二者以成太平之基，致休征之祥"。"贫则阨而忘善，富则乐而可教"[⑦]。这就是说，民是国之根本，只有民众在解决了衣食住行等物质条件的前提下，才有可能接受教育。民众接受了教育则知礼节，国家才能安定昌盛。可见，他们都把发展生产作为兴办教育的前提条件，说明他们已认识到了，经济的发展，是文化教育基础这一客观规律。汉代政府正是根据这一认识来处理教育与经济的关系，观中央太学和地方官学的创办历史即可看出。另一方面经济发展对教育提出要求，要求教育为经济发展培养所需的劳动力。尽管汉代的生产力很低，劳动规模狭小，只是小农和小手工业生产，劳动者的劳动经验和生产技能的传授与掌握，往往以师傅带徒弟、父教子的方式在劳动过程中完成。但是在两汉四百年间，经济不是停

① 《说苑校正》卷第三《建本》，第 73 页。
② 《韩诗外传集释》卷五，第 190 页。
③ 《春秋繁露·仁义法》，第 321 页。
④ 《盐铁论译注》卷六《授时》，第 305 页。
⑤ 《汉书》卷二十四上《食货志》，第 1117 页。
⑥ 《全上古三代秦汉三国六朝文》第一册《全汉文》卷十三《新论·王霸》，第 537 页。
⑦ 《潜夫论笺校正》卷一《务本》，第 14—16 页。

滞不前的，而是处在向前发展的态势中，新的生产工具、生产技术不断涌现，这就要求教育能及时培养和训练使用新工具、掌握新技术的劳动者，以适应经济发展的需要。

第二节　从经济政策的转变看教育对经济的影响

恩格斯指出："政治、法律、哲学、宗教、文学、艺术等的发展是以经济发展为基础的，但是，它们又都相互影响并对经济基础发生影响。并不是只有经济状况才是原因，才是积极的，而其余一切不过是消极的结果。这是在归根到底不断为自己开辟道路的经济必然性基础上的相互作用"①。这就是说，精神生活条件也可以积极地反作用于物质生活条件。恩格斯还说："虽然物质生活条件是原始的起因，但是这并不排斥思想领域也反过来对这些物质条件起作用，然而是第二性的作用"②。教育是实现劳动力再生产的重要手段。劳动力是社会生产力中最重要的组成部分，只有通过人的劳动，才能创造出社会的物质财富，满足人类的各种需要。人的劳动能力的生产与发展具有生物学属性。因为任何劳动能力都要以一定的生命体为其载体，生命体生之于父母，而它的维持与发展又要以满足一定的生理需要为基本条件。但是，人的劳动能力的生成与发展就其决定的方面来说，来自劳动实践或教育与培养。正如马克思所指出的那样："要改变一般的人的本性，使它获得一定劳动部门的技能和技巧，成为发达的和专门的劳动力，就要有一定的教育或训练"③。在汉代社会，这样的教育或训练主要是在生产过程中进行的。教育除通过劳动力再生产的方式对经济发生影响外，还通过所培养人才的经济行为来对经济施加影响，从汉代经济政策的转变中，可以看到教育对当时经济的深刻影响。

一、重农政策

农业是古代社会整个国民经济的基础，是人类自身的存在和人类社会发展的必要前提，农业的发展状况，农业收成的丰歉，对国力的强弱，国运

① 《马克思恩格斯全集》(第三十九卷)，人民出版社，1972年版，第199页。

② 《马克思恩格斯全集》(第三十七卷)，人民出版社，1972年版，第431－432页。

③ 马克思：《资本论》，《马克思恩格斯全集》(第二十三卷)，人民出版社，1972年版，第195页。

的盛衰以及广大人民的饥饱贫富，都有着至为重大的影响，因而为历代统治者所重视。相传尧舜时期已设有主管农业生产的专官——后稷。西周是在农业发达的基础上强大起来的，因而一直把重农作为基本国策。当时就有“民之大事在农”[①]的说法。自战国时期进入封建社会后，发展农业与家庭手工业结合的小农经济，成了历代政权奉行的基本国策。

我国最早系统地提出重农主张和重本抑末理论的，是战国时期的法家。商鞅变法时，秦国宣布百姓“僇力本业，耕织致粟帛多者复其身。事末利及怠而贫者，举以为收孥”[②]。并推出一系列鼓励垦荒的措施。把本业与末利相对应提出，这是第一次。本业就是生产粟、帛的耕织，即耕织结合的自足自给的生产。除农战外，其他行业则为末业。就经济领域来说，他认为工商业较农业容易获得赢利，因而在提倡重农的同时，又主张对工商业加以禁限、打击。他说：“农之用力最苦而赢利少，不如商贾、技巧之人。苟能令商贾、技巧之人无繁，则欲国之无富不可得也”[③]。为了禁限、打击工商业，商鞅提出了一系列严厉措施：重征工商税，扩大对商家的徭役征派，不许商人经营粮食买卖等。其后韩非进一步发展了重本抑末的思想，并开始较为明确地把“末”解释为工商业，主张治国必须要“使其商工游食之民少而名卑，以寡趣本务而趋末作”[④]。他把财富等同于“粟”，因而把是否生产粟作为区分生产劳动和非生产劳动的标准，提出了只有农业劳动是生产劳动而工商业则是不生产的论点。他以石田为比喻说：“磐石千里，不可谓富”，因为“磐不生粟”。既然“商官技艺之士”也是“不垦而食”，不生产粮食的，他们的“不可谓富”，就是“与磐石一贯”[⑤]的。韩非把“商工之民”列为国家的“五蠹”之一，主张“除此五蠹之民”[⑥]。秦始皇统一六国以后，以法家学说作为统治思想，继续倡导重农抑商的方针，如琅邪台刻石上即有“皇帝之功，勤劳本事。上农除末，黔首是富”[⑦]的记载。

西汉初年，儒家经学的势力在悄悄增长，影响在逐渐扩大，治经儒生也

① 《国语》卷一《周语上》，时代文艺出版社，2008年版，第2页。
② 《史记》卷六十八《商君列传》，第2230页。
③ 《商君书·外内》，《诸子集成》(第五册)，第37页。
④ 《韩非子校注·五蠹》，第679页。
⑤ 《韩非子·显学》，第691页。
⑥ 《韩非子·五蠹》，第680页。
⑦ 《史记》卷六《秦始皇本纪》，第245页。

开始直接参与政府重大政策的制定，他们考虑问题已不是站在在野者的角度，而是从最高统治集团的现实利益出发，对整个社会作宏观的审视。先前的儒家学说缺少为统治者服务的具体措施和实践经验，要最终取得统治思想的地位，必须进行一些调整、改造，必须吸收法家等各个学派的思想主张，包括重农的思想理论。因为这一理论的提出者不仅意识到农业是人类生存之本、衣食之源，是富国强兵的支柱性、基础性产业，而且也意识到农民通过大量劳动与土地的简单、牢固的结合，可以保证社会秩序的稳定，避免出现导致政局动荡和流民问题。在这里，重农不单纯是一个经济问题，同时也是一个政治问题，是从根本上巩固政权的一个重要战略措施①。

汉初最早吸收法家思想，提出重农抑商理论的儒生是贾谊。汉文帝初期，汉政权已克服了吕氏叛乱的危机，经济上也有了好转，但"公私之积"仍然不多，经济困难还未完全摆脱。在这种背景下，贾谊上书文帝："《管子》曰：'仓廪实而知礼节。'民不足而可治者，自古及今，未之尝闻。古之人曰：'一夫不耕，或受之饥；一女不织，或受之寒。'……今背本而趋末，食者甚众，是天下之大残也。……今驱民而归之农，皆著于本，使天下各食其力，末技游食之民转而缘南亩，则畜积足而人乐其所矣，可以为富安天下"②。认为要想安民，必先使民富足，要使百姓富足，途径有二：一是多生产，二是节省消费以广积贮。认为当时社会上许多人"背本趋末"是造成生产少消费多、"公私之积，犹可哀痛"的主要症结，为改变这种状况，只有"重本抑末"。

晁错也曾上书文帝，阐述了他的重农思想。他说：现在的老百姓都很贫穷，而"贫生于不足，不足生于不农，不农则不地著，不地著则离乡轻家"③。为了解决这一问题，他认为政府"方今之务，莫若使民务农而已矣。欲民务农，在于贵粟；贵粟之道，在于使民以粟为赏罚。今募天下入粟县官，得以拜爵，得以除罪。如此，富人有爵，农民有钱，粟有所渫。夫能入粟以受爵，皆有余者也；取于有余，以供上用，则贫民之赋可损"④。强调以粟为赏罚则贫民之赋可损，商人会以他拥有的货币去买粟受爵，减少对土地

① 张涛：《经学与汉代的经济政策》，《北京社会科学》1996 年第 2 期。

② 《汉书》卷二十四上《食货志》，第 1128、1130 页。

③ 《汉书》卷二十四上《食货志》，第 1131 页。

④ 《汉书》卷二十四上《食货志》，第 1133 页。

的兼并。

“重本抑末”论在先秦时是法家极力推崇的思想。到了汉代，经过贾谊、晁错这些在思想界和实际政策方面都有重大影响人物的积极宣扬，逐渐成为占支配地位的经济思想。

汉文帝接受了贾谊、晁错的建议，采取了一些切实的重农措施。一是减轻租赋。文帝二年(前 178)，下诏曰：“农，天下之本也，民所恃以生也。而民或不务本而事末，故生不遂。朕忧其然，故今欲亲率群臣农以劝之。其赐天下田租之半”[①]。即把原来实行的什五税一减为三十税一。十二年(前 168)，再次诏令赐农民今年租税之半，次年又全部免除了全国农民的田租，直到汉景帝即位，才恢复了“三十税一”的制度。此后，终两汉之世，基本沿袭未改。对于赋税，文、景之时，也有所减免。如算赋是在高帝四年(前 203)时开始征收的，当时规定，“民年十五以上至五十六出赋钱，人百二十为一算”[②]，至文帝时算赋则由一百二十钱减为四十钱。二是减轻徭役。史籍有关这方面的记载很多。如文帝时“减外徭”[③]，“丁男三年而一事”[④]，十三年(前 167)，“除戍卒令”[⑤]；景帝时“省徭赋”[⑥]等。这种优待农民的轻徭政策，体现“与民休息，凡事简易”[⑦]，有利于休养生息。三是皇帝、皇后力劝农桑，亲行藉礼、蚕礼。为了向天下吏民百姓表示政府对农业的重视，提倡男耕女织，皇帝、皇后每年春天都要亲自参加藉礼、蚕礼，祭祀农神和蚕神，象征性地从事短时的劳动。如汉文帝二年(前 178)正月诏：“夫农，天下之本也，其开藉田，朕亲率耕，以给宗庙粢盛”[⑧]。汉景帝后元二年(前 142)四月诏：“雕文刻镂，伤农事者也；锦绣纂组，害女红者也。农事伤则饥之本也，女红害则寒之原也。夫饥寒并至，而能亡为非者寡矣。朕亲耕，后亲桑，以奉宗庙粢盛祭服，为天下先；不受献，减太官，省徭赋，欲天下务农蚕，素有蓄积，以备灾害”[⑨]。对于汉代皇帝亲耕之礼仪，《后汉

① 《汉书》卷四《文帝纪》，第 118 页。
② 《汉书》卷一上《高帝纪》注引《汉仪注》，第 46 页。
③ 《汉书》卷五十一《贾山传》，第 2335 页。
④ 《汉书》卷六十四下《贾捐之传》，第 2832 页。
⑤ 《史记》卷二十二《汉兴以来将相名臣年表》，第 1127 页。
⑥ 《汉书》卷五《景帝纪》，第 151 页。
⑦ 《汉书》卷八十九《循吏传》，第 3623 页。
⑧ 《汉书》卷四《文帝纪》，第 117 页。
⑨ 《汉书》卷五《景帝纪》，第 151 页。

书·礼仪志上》有如下记载:"正月始耕。昼漏上水初纳,执事告祠先农,已享。耕时,有司请行事,就耕位,天子、三公、九卿、诸侯、百官以次耕。力田种各耰讫,有司告事毕。是月令曰:'郡国守相皆劝民始耕,如仪'"。

上述重农措施的实行,使文景时出现了"畜积岁增,户口寖息"①的局面,收到了恢复和发展社会经济的效果。

武帝时期,董仲舒直接从儒家经义出发,阐述了重农思想。他看到汉初的主要农业区在关中泾渭流域和三河地带,这个地区的自然条件是雨量少,气候冷,关中的种植仍习惯以菽粟等大秋作物为主,不能充分利用地力,增加粮食生产。针对这种情况,他上书言:"《春秋》它谷不书,至于麦禾不成则书之,以此见圣人于五谷最重麦与禾也。今关中俗不好种麦,是岁失《春秋》之所重,而损生民之具也。愿陛下幸诏大司农,使关中民益种宿麦,令毋后时"②。根据《春秋》以强调使关中种麦。武帝采纳了他的这一建议,并收到了显著的经济效果,在麦田插种秋熟作物,使关中地区一年获得夏秋两次收成,大大提高了单位面积产量,从而在一定程度上缓和了关中粮食生产不足的矛盾。

此后,重农思想几乎成了儒家经学的专利,连统治者出台各种重农政策时,也往往要称述经义以为依据。如成帝阳朔四年(前21)下诏:"夫《洪范》八政,以食为首,斯诚家给刑错之本也。先帝劭农,薄其租税,宠其强力,令与孝弟同科。间者民弥惰怠,乡本者少,趋末者众,将何以矫之?方东作时,其令二千石勉劝农桑,出入阡陌,致劳来之。《书》不云乎:"'服田力啬,乃亦有秋。'其勖之哉!"③借经学而勉励各地官吏应积极劝勉农桑。章帝元和三年(86)也曾诏令常山、魏郡、清河、巨鹿、平原、东平郡地方官吏:"《月令》,孟春善相丘陵土地所宜。今肥田尚多,未有垦辟。其悉以赋贫民,给予粮种,务尽地力,勿令游手"④。这是根据《月令》而鼓励垦殖。

为使重农政策落到实处,两汉政府依据经学理论,采取了一系列重农措施。

---

① 《汉书》卷二十三《刑法志》,第1097页。

② 《汉书》卷二十四上《食货志》,第1137页。

③ 《汉书》卷十《成帝纪》,第314页。

④ 《后汉书》卷三《章帝纪》,第154页。

1.轻徭薄赋

昭帝始元二年(前85),下诏:“往年灾害多,今年蚕、麦伤,所振贷种、食勿收责,毋令民出今年田租”[①],这是自汉文帝十三年以来,七十二年间第一次免除全国的田租。昭帝对其他各种赋税也不断宣布废除或减免。如元凤四年(前77),宣布“毋收四年、五年口赋。三年以前逋更赋未入者,皆勿收”。元平元年(前74)又下诏:“日者省用,罢不急官,减外徭,耕桑者益众,而百姓未能家给,……其减口赋钱”。“有司奏请减什三,上许之”[②]。宣帝时期曾多次减免全国或部分地区的租赋。史书中仅减免“田租”或“租赋”明确记载的即有六次,位居西汉王朝各代皇帝之首。算赋、口赋也多有减免。如甘露二年(前52),“减民算三十”[③],五凤三年(前55),“减天下口钱”[④]。

东汉明帝至桓帝统治时期,曾多次下诏减、免租赋。如和帝永元九年(94),诏:“今年秋稼为蝗虫所伤,皆勿收租、更、刍藁;若有所损失,以实除之,余当收租者亦半入”[⑤]。安帝永初四年(110),诏:“以三辅比遭寇乱,人庶流冗,除三年逋租、过更、口算、刍藁;禀上郡贫民各有差”[⑥]。桓帝延熹九年(166),诏曰:“比岁不登,民多饥穷,又有水旱疾疫之困,盗贼征发,南州尤甚。……其令大司农绝今岁调度征求,及前年所调未毕者,勿复收责。其灾旱盗贼之郡,勿收租,余郡悉半入”[⑦]。从实际来看,减、免田租受益最大的应是广占土地的地主,但对全国为数众多的自耕农来说也是有好处的。

2.假贷贫民田地、种食、耕牛、农具

汉政府掌握着大量的国有土地“公田”,还有各种生产资料,为了使贫民能够维持生计,稳定下来,不致流亡,政府常出借土地和生产资料给贫民使用,以此来缓和社会矛盾。据《西汉会要》辑录,西汉自武帝建元元年(前140)至平帝元始二年(2),像这种诏令便有十二道之多。如宣帝地节三年

---

① 《汉书》卷七《昭帝纪》,第220页。
② 《汉书》卷七《昭帝纪》,第232页。
③ 《汉书》卷八《宣帝纪》,第269页。
④ 《汉书》卷八《宣帝纪》,第267页。
⑤ 《后汉书》卷四《和帝纪》,第183页。
⑥ 《后汉书》卷五《安帝纪》,第214页。
⑦ 《后汉书》卷七《桓帝纪》,第317页。

(前67),下诏:“流民还归者,假公田,贷种、食,且勿算事”[①]。平帝元始二年(2),置安民县,规定“募徙贫民,……赐田宅什器,假与犁、牛、种、食”[②]。东汉从永平九年(66)至元兴元年(105),宣布“假民公田”的诏令就有二十次之多。如明帝永平九年,诏:“郡国以公田赐贫人各有差”[③]。章帝元和元年(84),“令郡国募人无田欲徙它界就肥饶者,恣听之。到在所,赐给公田,为雇耕庸,赁种饷,贳与田器,勿收租五岁,除算三年。其后欲还本乡者,勿禁”[④]。安帝永初元年(107),“以广成游猎地及被灾郡国公田假与贫民”[⑤]。

假民公田的实质,就是将无田的贫民变为租种国家土地的佃农。这种做法是有一定积极作用的:大量流民被安置在国有土地上,国家增加了收入,同时也解决了一些破产农民无地可耕的问题,尤其是所给予假田贫民在一定时期免除租税的优待,使贫民在一定程度上得到进行正常生产和生活的有利条件。

3.要求郡国官吏劝勉农桑

地方二千石官员是国家重农政策的具体实施者,为了使这一政策不至落空,汉朝廷多次下诏予以督促。如成帝阳朔四年(前21)下诏:“方东作时,其令二千石勉劝农桑,出入阡陌,致劳来之。《书》不云乎?‘服田力啬,乃亦有秋。’其勖之哉!”[⑥]。要求二千石官员要重视农业生产,以改变百姓多弃农从商的现象。哀帝元寿二年(前1)诏令郡国上计吏:“丞史归告二千石……明诏忧百姓困于衣食,二千石帅劝农桑,思称厚恩,有以赈赡之,无烦挠夺民时”[⑦]。明帝永平三年(60)曾下诏:“夫春者,岁之始也。始得其正,则三时有成。比者水旱不节,边人食寡,政失于上,人受其咎。有司其勉顺时气,劝督农桑,去其螟蜮,以及蟊贼,诚详刑谨罚,明察单辞,夙夜匪懈,以称朕意”[⑧]。告诫各级官吏不要滥用刑罚,以免妨害农事,在政治上

① 《汉书》卷八《宣帝纪》,第249页。
② 《汉书》卷十二《平帝纪》,第353页。
③ 《后汉书》卷二《明帝纪》,第112页。
④ 《后汉书》卷三《章帝纪》,第145页。
⑤ 《后汉书》卷五《安帝纪》,第206页。
⑥ 《汉书》卷十《成帝纪》,第314页。
⑦ 《后汉书》志第二十四《百官一》,第3561页。
⑧ 《后汉书》卷二《明帝纪》,第105页。

保证重农政策的推行。和帝也曾“令郡县劝民蓄蔬食以助五谷，其官有陂池，令得采取，勿收假税二岁”[①]。朝廷还经常派遣使者到郡国劝农和考课。如史书上即有宣帝命蔡癸“以好农使劝郡国”[②]，成帝遣使者“举奏二千石劳来有意者”[③]等记载。对郡国以下地方官吏的劝农，汉王朝也要求州郡应经常督促和考课。安帝永初三年（109），诏：“长吏案行在所，皆令种宿麦蔬食，务尽地力，其贫者给种饷”[④]。把能否发展农业生产，作为对地方官吏进行考核的标准之一。在汉代，凡能奖励开荒、兴修水利而使户口增加的地方官吏，大都受到国家的表彰。如渤海太守龚遂，因为他“躬率以节俭，劝民务农桑”，使“郡中皆有蓄积”[⑤]，受到了宣帝的表彰。成帝时天水太守陈立，也因“劝民农桑为天下最”而受到“赐金四十斤”的奖励[⑥]。

由于政府的大力提倡，也由于儒家教育的长期熏陶，儒者官吏往往能利用其为官居职的条件，自觉地实践着儒家的“先富后教”的政治理想，把发展生产、推广文化作为己任，这在循吏的身上体现得最为充分。汉代的循吏，史称他们“所居民富”[⑦]，说明他们都是致力于当地经济发展的，翻开两汉史册，我们便会看到诸多此类例子。

文翁为蜀郡太守，上任伊始，即兴修水利，“穿湔江口”，使大片土地受益，“灌溉繁田千七百顷”[⑧]。召信臣为南阳太守，“好为民兴利，务在富之。躬劝耕农，出入阡陌，止舍离乡亭，稀有安居时。行视郡中水泉，开通沟渎，起水门提阏数十处，以广溉灌，岁岁增加，多至三万顷。民得其利，畜积有余。信臣为民作均水约束，刻石立于田畔，以防分争”[⑨]。杜诗，建武七年（31），迁南阳太守，“又修治陂池，广拓土田，郡内比室殷足。时人方于召信臣，故南阳为之语曰：‘前有召父，后有杜母’”[⑩]。王景，建初八年（83），迁庐江太守，“先是百姓不知牛耕，致地力有余而食常不足。郡界有楚相孙叔敖所

① 《后汉书》卷四《和帝纪》，第177页。
② 《汉书》卷二十四上《食货志》，第1141页。
③ 《汉书》卷七十一《平当传》，第3050页。
④ 《后汉书》卷五《安帝纪》，第213页。
⑤ 《汉书》卷八十九《龚遂传》，第3640页。
⑥ 《汉书》卷九十五《西南夷传》，第3845页。
⑦ 《汉书》卷八十九《循吏传》，第3624页。
⑧ 《华阳国志》卷三《蜀志》，第31页。
⑨ 《汉书》卷八十九《循吏传·召信臣传》，第3642页。
⑩ 《后汉书》卷三十一《杜诗传》，第1094页。

起芍陂稻田，景乃驱率吏民，修起芜废，教用犁耕，由是垦辟倍多，境内丰给。遂铭刻誓，令民知常禁。又训令蚕织，为做法制，皆著于乡亭”[①]。和帝永元年间，汝南太守何敞，“修理鲖阳旧渠，百姓赖其利，垦田增三万余顷”[②]。

特别值得一提的是，出任边疆地区官吏的循吏，往往能把内地先进的生产技术和经验，加以传播、推广，这对于推动边疆地区经济的发展，改变其落后面貌无疑起了积极的作用。例如：茨充为桂阳太守，“教民种植桑柘麻纻之属，劝令养蚕织屦，民得利焉”。李贤注引《东观记》曰：“建武中，桂阳太守茨充教人种桑蚕，人得其利。至今江南颇知桑蚕织屦，皆充之化也”[③]。任延为九真太守，其地尚不知牛耕，民每致困乏，“延乃令铸作田器，教之垦辟。田畴岁岁开广，百姓充给”[④]。崔寔出为五原太守，“五原土宜麻枲，而俗不知织绩，民冬月无衣，积细草而卧其中，见吏则衣草而出。寔至官，斥卖储峙，为作纺绩、织纴、练缊之具以教之，民得以免寒苦”[⑤]。《太平御览》卷二十七引崔寔《政论》亦言：崔寔在五原太守任内，曾从雁门“迎织师，使巧手作机，乃纺以教民织”。

考察汉代循吏在经济方面的作为，可以看到，他们采取发展经济的措施主要有：一为大兴水利建设。不少循吏在其治理的地方都能组织人民开渠筑堤，沟通河道湖泊沼泽，以灌溉农田。如任延为武威太守时，设置水官，修理沟渠引黄河水灌溉河西干旱之田，百姓皆蒙其利。二为积极推广先进的农业生产工具和生产技术，如铁制农具、牛耕、蚕织技术等。三为制定规章制度，加强对农业生产的管理。如渤海太守龚遂，针对“齐俗奢侈，好末技，不田作”的风气，规定百姓有带持刀剑者，使卖剑买牛，卖刀买犊；春夏必须在田间劳作，秋冬要“多蓄果实菱芡”，“令口种一树榆，百本薤、五十本葱、一畦韭，家二母彘、五鸡”[⑥]。童怀为不其令，“耕织种收，皆有条章”[⑦]。仇览为蒲亭长时，“劝人生业，为制科令，至于果菜为限，鸡豕有

① 《后汉书》卷七十六《循吏列传·王景传》，第2466页。
② 《后汉书》卷四十三《何敞传》，第1487页。
③ 《后汉书》卷七十六《循吏列传·茨充传》，第2460页。
④ 《后汉书》卷七十六《循吏列传·任延传》，第2462页。
⑤ 《后汉书》卷五十二《崔寔传》，第1730页。
⑥ 《汉书》卷八十九《龚遂传》，第3640页。
⑦ 《后汉书》卷七十六《循吏列传·童恢传》，第2482页。

数"[①]。四为赈济贫民。对百姓中之贫穷者,则尽力救助。如黄霸在颍川任太守时,"养视鳏寡,赡助贫穷"[②]。"鳏寡孤独有死无以葬者,乡部书言,霸具为区处"[③]。任延为会稽都尉时,"省诸卒,令耕公田,以周穷急"[④]。他在任九真太守时,山民结婚无聘礼,他便"令长吏以下各省俸禄以赈助之"[⑤]。第五访为张掖太守时,属内发生灾荒,"访乃开仓赈给以救其敝"[⑥]。仇览为蒲亭长,"躬助丧事,赈恤穷寡"[⑦]。

汉代循吏在任期间皆把"富民"作为当务之急、为政之本,并把富民建立在发展生产,提高劳动生产率的基础上。只有百姓富足了,才能有一个安定平和的社会环境,才能使再生产得以正常进行,才能向国家提供更多更稳定的赋役来源,国家才能长治久安。为此他们采取了一些重农的措施,并取得了明显的效果。凡是他们治理的地区,田亩、户口数都有较大增长,百姓生活比较安定、富足。如汝南太守邓晨在任时,"兴鸿郤陂数千顷田,汝土以殷,鱼稻之饶,流衍它郡"[⑧]。渔阳太守张堪在任中,"于狐奴开稻田八千余顷,劝民耕种,以致殷富。百姓歌曰:'桑无附枝,麦穗两歧,张君为政,乐不可支。'"[⑨]。杨仁为什邡令,"垦田千余顷"[⑩]。第五访为新都令,三年时间,邻县归之户口十倍;为张掖太守,仅一年多时间,"官民并丰"[⑪]。巨鹿太守樊准,"课督农桑,广施方略,期年间,谷粟丰贱数十倍"[⑫]。

由于这些儒者官吏,长期从事对庶民的教化,兴修水利,劝课农桑,倡建学校,体恤鳏寡,政平讼理,因此他们不仅受到最高统治者的褒扬,而且得到百姓的尊敬与爱戴。乃至生为立祠,死为祭祀。如"文翁终于蜀,吏民为立祠堂,岁时祭祀不绝"[⑬]。政府对民众的这一行为持支持的态度:"岁

① 《后汉书》卷七十六《循吏列传·仇览传》,第2479页。
② 《汉书》卷八十九《循吏传·黄霸传》,第3631页。
③ 《汉书》卷八十九《循吏传·黄霸传》,第3630页。
④ 《后汉书》卷七十六《循吏列传·任延传》,第2461页。
⑤ 《后汉书》卷七十六《循吏列传·任延传》,第2462页。
⑥ 《后汉书》卷七十六《循吏列传·第五访传》,第2475页。
⑦ 《后汉书》卷七十六《循吏列传·仇览传》,第2480页。
⑧ 《后汉书》卷十五《邓晨传》,第584页。
⑨ 《后汉书》卷三十一《张堪传》,第1100页。
⑩ 《后汉书》卷七十九下《儒林列传·杨仁传》,第2574页。
⑪ 《后汉书》卷七十六《循吏列传·第五访传》,第2476页。
⑫ 《后汉书》卷三十二《樊准传》,第1128页。
⑬ 《汉书》卷八十九《循吏传·文翁传》,第3627页。

时郡二千石率官属行礼，奉祠信臣冢，而南阳亦为立祠。”[①]朱邑年轻时曾任舒县桐乡啬夫一职，清廉公正，不施苛政，关心爱护年迈的老人和孤寡之人，对他们恩惠有加，因此深得当地人民的爱戴。后来朱邑病危的时候，“属其子曰：‘我故为桐乡吏，其民爱我，必葬我桐乡。后世子孙奉尝我，不如桐乡民。’及死，其子葬之桐乡西郭外，民果共为邑起冢立祠，岁时祠祭，至今不绝”[②]。任延为九真太守，“九真吏人生为立祠”[③]。王涣病卒，“百姓市道莫不咨嗟。男女老壮皆相与赋敛，致奠醊以千数”。涣丧西归，道经弘农，“民庶皆设槃桉于路。吏问其故，咸言平常持米到洛，为卒司所钞，恒亡其半。自王君在事，不见侵枉，故来报恩。其政化怀物如此。民思其德，为立祠安阳亭西，每食辄弦歌而荐之”[④]。邓太后下诏予以赞扬：“夫忠良之吏，国家所以为理也……故洛阳令王涣……尽心奉公，务在惠民，功业未遂，不幸早逝，百姓追思，为之立祠。自非忠爱之至，孰能若斯者乎！”[⑤]当循吏离任或病退时，吏民更是随车相送。刘宠为东平陵令，“以仁惠为吏民所爱。母疾，弃官去，百姓将送塞道，车不得进，乃轻服遁归”；为会稽太守将离任，山阴县有五六个老人，从若邪山谷间每人持百钱送宠曰：“山谷鄙生，未尝识郡朝。它守时吏发求民间，至夜不绝或狗吠竟夕，民不得安。自明府下车以来，狗不夜吠，民不见吏。年老遭值圣明，今闻当见弃去，故自扶奉送”[⑥]。孟尝在合浦太守任上，“郡不产谷实，而海出珠宝，与交阯比境，常通商贩，贸籴粮食。先时宰守并多贪秽，诡人采求，不知纪极，珠遂渐徙于交阯郡界。于是行旅不至，人物无资，贫者饿死于道。尝到官，革易前敝，求民病利。曾未踰岁，去珠复还，百姓皆反其业，商货流通，称为神明”[⑦]。他革除以前的弊政，使当地百姓重新获得了谋生的手段。这就是历史上“合浦还珠”的故事。后人遂以“合浦还珠”来比喻东西失而复得或人去而复回。后来孟尝“以病自上，被征当还，吏民攀车请之。尝既不得进，乃载乡民船夜遁去。隐处穷泽，身自耕佣。邻县士民慕其德，就居止者

① 《汉书》卷八十九《循吏传・召信臣传》，第3643页。

② 《汉书》卷八十九《循吏传・朱邑传》，第3637页。

③ 《后汉书》卷七十六《循吏列传・任延传》，第2462页。

④ 《后汉书》卷七十六《循吏列传・王涣传》，第2469页。

⑤ 《后汉书》卷七十六《循吏列传・王涣传》，第2469—2470页。

⑥ 《后汉书》卷七十六《循吏列传・刘宠传》，第2477—2478页。

⑦ 《后汉书》卷七十六《循吏列传・孟尝传》，第2473页。

百余家”[①]。

4.教授、推广先进技术

汉代对农业技术教育也较为重视，当时除了传统的父子世以相教的形式外，为了推广先进的生产技术和工具，政府有时也征调有关人员进行技术培训，使其成为推行先进生产技术和工具的骨干力量。如武帝末年，为改变由于长期征战而造成的经济困顿局面，遂任赵过为搜粟都尉，进行提高单位面积产量和改进工具以发展农业的试验，并以政府的力量，将其成果加以推广。

赵过在总结前人经验的基础上，创造出一种先进的耕作方法，即“代田法”。据《汉书·食货志》载：“过能为代田，一亩三圳，岁代处，故曰代田”。就是在一亩地上挖掘三条深、宽皆为一尺的“圳(沟)”，然后将种籽播在沟里。幼苗出土后，除草时再把苗旁的垄土逐次锄下，培壅苗根。到盛夏时，垄土就全部培到沟里。第二年则把原来做垄的地方改为沟，沟改做垄，年年沟垄互换，故称代田法。圳垄异位是一种轮耕法。在轮耕法发明以前，长期采用对土地进行抛荒的休耕制来恢复地力，浪费了大量土地。代田法在同一块土地上进行圳垄异位，使各部分土地在轮流耕种休息的基础上，达到整块土地的连年耕种，既有效地恢复了地力，又充分地利用了土地。代田法把土地作成圳垄，苗与苗保持一定的间距，有利于作物的生长。在农作物生长的过程中，不断地对作物根部培土，可以使作物扎根深入，充分吸收土壤中的水分，还可抵御风的侵袭，起到抗旱保墒的作用[②]。

赵过首先令离宫卒在离宫外墙内侧空地上试验，结果“课得谷皆多其旁田亩一斛以上”[③]，随后赵过把这种先进的耕作方法加以推广，“令命家田三辅公田，又教边郡及居延城。是后边城、河东、弘农、三辅、太常民皆便代田，用力少而得谷多”[④]。即先种试验田，然后以点带面逐步推广。这种耕作方法主要是在降雨量较少的西北、北方边郡和关中地区推行，明显地提高了粮食产量。在居延甚至还设有代田仓和专职官员。《居延汉简》二

① 《后汉书》卷七十六《循吏列传·孟尝传》，第2473页。

② 林甘泉主编：《中国经济通史·秦汉经济卷》(上)，经济日报出版社，1999年版，第216—217页。

③ 《汉书》卷二十四上《食货志》，第1139页。

④ 《汉书》卷二十四上《食货志》，第1139页。

七三·三二记:“始元二年十一月戊戌,第二亭长舒受代田仓验见都丞延寿临”。又该简一四八·四七记:“始元三年,正月丁酉朔丁酉,第二亭长舒受代田仓验见”。代田仓的设立反映边郡地区推行代田法是卓有成效的。

赵过还改良了铁器、牛耕。《汉书·食货志》说:“其耕耘下种田器,皆有便巧。率十二夫为田一井一屋,故亩五顷,用耦犁,二牛三人,一岁之收,常过缦田亩一斛以上,善者倍之”。又曰:“大农置工巧奴与从事,为作田器”。赵过不仅改良了生产工具,而且利用手中的权力,依靠政府的力量把其加以推广,使它得以在更多的地方发挥积极的效益。《汉书·食货志》曰:“二千石遣令、长、三老、力田及里父老善田者受田器,学耕种养苗状”。由于这些人都是地方上的实权人物,且以督率农民进行农业生产为其主要职责,因而对他们进行使用新农具、新技术的培训,然后由他们在各地区加以推广,其效果肯定是不小的。昭宣时期社会经济得以恢复和发展,出现了所谓“中兴”的局面,与此不无关系。

铁铧和耕牛是推行代田法必备的生产资料,缺铁铧、耕牛则是广泛推行代田法的障碍。为了解决缺耕牛的困难,“平都令光教过以人挽犁,过奏光以为丞,教民相与庸挽犁”[①]。即通过换工进行协作生产以提高劳动生产率。采用这样的办法,人多的组一天可耕三十亩,人少的一天也可耕十三亩,“以故田多垦辟”[②]。

西汉成帝时,著名农学家氾胜之曾在三辅地区传授先进的农业生产技术。《汉书·艺文志》有《氾胜之十八篇》,注云:“成帝时为议郎。师古曰:刘向《别录》云使教田三辅,有好田者师之,徙为御史”。又据《晋书·食货志》云:“昔汉遣轻车使者氾胜之督三辅种麦,而关中遂穰”。这说明氾胜之确曾负责过京城“三辅”地区的农业管理工作,并且取得了较好的成绩。氾胜之在“教田”的过程中,把关中地区农业生产经验加以总结,并使之系统化,撰写出了我国古代第一部具有科学价值的农业技术理论书籍《氾胜之书》。《氾胜之书》到宋末元初便失传不见记载了,现存的版本是从《齐民要术》等书中辑出来的。其基本内容有:耕作的总原则、选择播种日期、种子处理、个别作物的栽培技术、收获、留种及贮藏、区田法[③]。

① 《汉书》卷二十四上《食货志》,第1139页。

② 《汉书》卷二十四上《食货志》,第1139页。

③ 石声汉:《氾胜之书今译》,科学出版社,1956年版,第57页。

区田法首先是整好土地,深挖做区,即方形的穴或是带状的沟,其行株距或穴距都排成整齐的行列。在做区时就添加"美粪",增加土地的肥力。播种前,要将种子浸渍在用兽骨煮成并搀以动物粪便的汁水里,这样具有防蝗虫、耐旱的作用。播种后注意中耕除草,次数尤不厌多,还有施肥、灌溉,麦地则在冬季积雪保墒。由于区田法实行深耕、密植、集中而有效地利用水肥,加强田间管理等一系列方法,保证了干旱环境中的农作物生长发育所必需的生活条件,从而取得较高的单位面积产量。1956 年,河南辉县石泉农业试验站曾用区田法试种粟一亩,就取得了高于一般耕田的收获,科学家们由此得出了"区田对旱年有利"的结论[1]。正因为区田法能收到提高单位面积产量的效果,故其不仅在当时深受农民的欢迎,就是在后世也屡有采用者。如东汉明帝时,"以郡国牛疫,通使区种增耕"[2]。曹魏正始时,邓艾在两淮屯田,也因牛疫,缺乏耕牛,推行区种法。表明它是古代一种行之有效的耕作方法。

5.兴修水利

农业是古代社会最基本、最主要的生产部门,而发展农业的一个重要条件是人工灌溉,防止干旱和洪涝,这就要依靠渠道、陂塘等水利工程。西汉时期,中央和地方政府曾多次组织人力,开凿、修复了许多条水渠,用以灌溉农田,提高粮食产量。西汉时,大规模兴修水利主要是在汉武帝朝。汉武帝重视兴修水利,对水利与农业生产的关系有充分的认识。他曾下诏说:"农,天下之本也。泉流灌浸,所以育五谷也。左、右内史地,名山川原甚众,细民未知其利,故为通沟渎,畜陂泽,所以备旱也。……令吏民勉农,尽地利,平徭行水,勿使失时"[3]。武帝时除在关中地区修建了漕渠、龙首渠、六辅渠、白渠等大型灌溉渠系外,"朔方、西河、河西、酒泉皆引河及川谷以溉田。而关中灵轵、成国、沣渠引诸川,汝南、九江引淮,东海引钜定,泰山下引汶水,皆穿渠为溉田,各万余顷。它小渠及陂山通道者,不可胜言也"[4]。

东汉政府对兴修水利也十分重视,曾多次下诏要求地方官吏注意兴修

---

① 张履鹏:《古代相传的作物区田法》,《农业学报》1957 年第 1 期。
② 《后汉书》卷三十九《刘般传》,第 1305 页。
③ 《汉书》卷二十九《沟洫志》,第 1685 页。
④ 《汉书》卷二十九《沟洫志》,第 1684 页。

水利。和帝永元十年(98)下诏说:“堤防沟渠,所以顺助地理,通利壅塞。今废慢懈弛,不以为负。刺史、二千石其随宜疏导。勿因缘妄发,以为烦扰,将显行其罚”[①]。安帝元初二年(115),诏令修理漳水十二渠,灌溉民田,并“诏三辅、河内、河东、上党、赵国、太原,各修理旧渠,通引水道,以溉公私田畴”[②]。元初三年,令“修理太原旧沟渠,溉灌官私田”[③]。

东汉修建的灌溉渠道,多在三辅以外,如河内、山阳、河东、上党、太原、赵、魏及河西地区,都有“穿渠灌溉”的工程。东汉初,马援任陇西太守,在今甘肃兰州地区“开导水田,劝以耕牧,郡中乐业”[④]。顺帝永建四年(129)谒者郭璜督促徙民在安定、北地、上郡“激河浚渠为屯田”[⑤],并在秦北地西渠的基础上,进一步修缮延伸,修建了汉延渠。

南方地区在一些循吏的主持下,利用自然地势修建了大量陂池水塘,用于蓄水灌溉。明帝永平年间,鲍昱任汝南太守,改革修陂方法,“作方梁石洫”,用石料加固堤坝,解决了土坝易毁的问题,使“水常饶足,溉田倍多,人以殷富”[⑥]。章帝元和三年(86),下邳相张禹在今邳县一带修复蒲阳陂,建水闸,通引灌溉,使数百顷农田成为肥田。南郡太守王宠在襄阳附近凿渠溉田,“陂水散流,又入朱湖陂,朱湖陂亦下灌诸田,余水又下木里沟。木里沟是汉南郡太守王宠所凿,故渠引鄢水,灌田七百顷。白起渠溉三千顷,旁良肥美,更为沃壤也”[⑦]。章帝章和元年(87),广陵太守马棱在今扬州一带“兴复陂湖,溉田二万余顷”[⑧]。顺帝永和五年(141),会稽太守马臻“创立镜湖,在会稽、山阴两县界筑塘蓄水,水高丈余,田又高海丈余。若水少则泄湖灌田,如水多则开湖泄田中水入海,所以无凶年。其堤塘,周回三百一十里,都溉田九千余顷”[⑨]。灵帝熹平二年(173),陈浑“在临安修起湖

① 《后汉书》卷四《和帝纪》,第184页。
② 《后汉书》卷五《安帝纪》,第222页。
③ 《后汉书》卷五《安帝纪》,第224页。
④ 《后汉书》卷二十四《马援传》,第836页。
⑤ 《后汉书》卷八十七《西羌传》,第2893页。
⑥ 《后汉书》卷二十九《鲍昱传》,第1022页。
⑦ 《水经注·沔水注》,《四库全书》文渊阁本。
⑧ 《后汉书》卷二十四《马棱传》,第862页。
⑨ 《通典》卷一百八十二《州郡十二》,第4832页。

陂,溉公私田一千余顷”[①]。

水利是农业的命脉,汉代众多水利工程的兴建,极大地促进了土地的开垦,推动了农业的发展和繁荣。

两汉时期,黄河屡次决口,造成严重的水灾。在汉王朝组织大规模治理水患过程中,经学有着特别突出的影响。黄河流域是汉代我国主要的经济区域,是粮食生产基地和手工业、商业中心,黄河泛滥无疑会对国民经济和人民生活造成极大破坏。如何治理黄河,变害为利,对社会经济的发展至关重要。《尚书·禹贡》记述了大禹治水的事迹,为后人提供了治理河川的经验,被后世视为山经水记之祖,所以汉代的经学大师、特别是那些精通《禹贡》者也被看做是深谙治河之道的人。

汉元帝永光五年(前39),黄河在清河灵鸣犊口(今高唐县南)决口泛滥,屯氏河断流。成帝初,清河都尉冯逡建议疏通屯氏河,“以分流杀水力”泄洪,“事下丞相、御史,白博士许商治《尚书》,善为算,能度功用,遣行视”[②]。许商计算用费后认为得不偿失,成帝遂未加以疏通。三年后,“河果决于馆陶及东郡金堤,泛滥兖、豫,入平原、千乘、济南,凡灌四郡三十二县,水居地十五万余顷”[③]。成帝派河堤使者王延世去堵口。王延世命人在长四丈宽九围的竹落上装上石块,用两船夹着驶向决口处放下,仅用了三十六天,就修复了河堤。过了两年,黄河又在平原决口,朝廷派王延世同丞相史杨焉、将作大匠许商等人协力治之。“商、延年皆明计算,能商功利,足以分别是非,择其善而从之”,结果“六月乃成”[④]。哀帝初年,大臣平当“以经明《禹贡》,使行河,为骑都尉,领河堤”。颜师古注云:“《尚书·禹贡》载禹治水次第,山川高下,当时有此经,故使行河也”[⑤]。他曾奏言哀帝:“九河今皆寘灭,按经义治水,有决河深川,而无堤防雍塞之文”[⑥]。要求依照经义,采用疏导的办法治河。王莽时,“征能治河者以百数”[⑦]。这些人

① 《余杭县志》卷二十一《名宦传》,转引自朱宏斌:《汉唐间北方农业技术的南传及在江南地区的本土化发展》,《中国农史》2011年第4期。

② 《汉书》卷二十九《沟洫志》,第1688页。

③ 《汉书》卷二十九《沟洫志》,第1688页。

④ 《汉书》卷二十九《沟洫志》,第1689页。

⑤ 《汉书》卷七十一《禹贡传》,第3050页。

⑥ 《汉书》卷二十九《沟洫志》,第1691页。

⑦ 《汉书》卷二十九《沟洫志》,第1696页。

提出了各自的治河方案，大臣韩牧认为“可略于《禹贡》九河处穿之，纵不能为九，但为四五，宜有益”[①]。然而这一时期，关于治河问题，空谈者多，无施行者，以致始建国三年（11），“河决魏郡，泛清河以东数郡”[②]。由于时值两汉之际，政府无暇顾及黄河水患问题，使得黄河日益东侵，汴渠毁坏越来越严重，兖、豫两州深受其苦，人民怨声载道。

东汉明帝即位后，决心治理黄河，使河汴分流。永平十二年（69），明帝召见通晓水利的王景，问以方略。“景陈其利害，应对敏给，帝善之”[③]，除赐以钱帛衣服，还赐以有关图书，其中就有《禹贡图》。史载：“夏，遂发卒数十万，遣景与王吴修渠筑堤，自荥阳东至千乘海口千余里。景乃商度地势，凿山阜，破砥绩，直截沟涧，防遏冲要，疏决壅积，十里立一水门，令更相洄注，无复溃漏之患。景虽简省役费，然犹以百亿计。明年夏，渠成”[④]。王景采取的方法是开凿山阜，截弯取直，疏浚河道，修固堤防，并建立水门，使黄河与汴渠分流。自王景治河后，一直到唐昭宗乾宁三年（893）黄河才发生徙道，其间近八百年，黄河仅有四十个年份有决溢的记载，而唐代末年到近代的一千多年中，黄河发生大小决溢达一千五百多次[⑤]。王景治河之功不可埋没。

两汉时期的重农政策，由于最高统治者的高度重视、大力劝勉和儒学之士的率先垂范，在一定程度上加速了农业生产的发展，改善了人民的生活，缓和了阶级矛盾，促进了社会的和谐与稳定，具有显著的积极意义。

二、限田政策

秦统一中国后，“令黔首自实田”[⑥]，进一步确认了土地可以自由买卖的封建土地私有权。汉兴之初，许多旧地主的土地私有权得到了法律的保护，同时又扶植了一大批新的军功地主。另外，西汉政府实行的“轻徭薄赋”、“与民休息”等措施，促进了社会生产的恢复和发展，也使私人地主得到了种种优惠和照顾，逐步壮大了他们的势力。史称：“当此之时，网疏而

① 《汉书》卷二十九《沟洫志》，第1697页。

② 《汉书》卷九十九中《王莽传》，第4127页。

③ 《后汉书》卷七十六《循吏列传·王景传》，第2465页。

④ 《后汉书》卷七十六《循吏列传·王景传》，第2465页。

⑤ 黄河水利委员会：《人民黄河》，水利电力出版社，1959年版。

⑥ 《史记》卷六《秦始皇本纪》注引徐广曰，第251页。

民富,役财骄溢,或至兼并豪党之徒,以武断于乡曲。宗室有土公卿大夫以下,争于奢侈,室庐舆服僭于上,无限度"①。武帝初年,土地兼并的现象已相当严重。贵族、官僚地主广占田宅,多置产业,而广大自耕农失去土地,或成为地主的佃农,或沦为奴隶,或流离四方成为流民,使封建国家的赋役收入和军队士兵的来源受到影响,导致了阶级矛盾的激化,这不能不引起统治集团的警惕和重视。自耕农是封建国家统治的基础,他们的状况如何,直接影响着国家的巩固和社会的安定。自耕农是土地兼并的主要对象,因此,解决土地问题就是要维持自耕农土地所有制经济的稳定,使其不至于危及封建国家的统治。

儒家经学内容丰富,包括众多经济方面的史料记载和思想观念,其中最突出的就是井田制。一般来讲,井田制可以理解为土地私有制的对立物,代表着公平、平均分配和占有土地的理想,因而在封建社会中,每当土地兼并严重之时,井田制常被当做解决问题的灵丹妙药。汉代学者几乎众口一词地称颂井田制是上古最完美的土地制度。他们认为要根除土地兼并、贫富不均的现象,只有恢复井田制或仿照井田之法对土地的占有加以限制。为此他们不断提出一些解决土地问题的方案。

1.汉武帝对土地兼并的打击

汉初,晁错首先看到了土地兼并问题。他指出:当时商人利用农民的困难,以高利贷掠夺农民,兼并农民土地,使农民"卖田宅鬻子孙以偿债"②。晁错只是看到了土地兼并问题的一个侧面,并未提出解决土地兼并问题的方案,并没有提出均土地的要求。这说明汉初土地兼并还不十分严重。

汉武帝时期的董仲舒,对由土地买卖和土地兼并引起的社会危机作了揭露和分析:"古者税民不过什一,其求易共。使民不过三日,其力易足。民财内足以养老尽孝,外足以事上共税,下足以畜妻子极爱,故民说从上。至秦则不然,用商鞅之法,改帝王之制,除井田,民得买卖。富者田连阡陌,贫者亡立锥之地。……或耕豪民之田,见税什五。故贫民常衣牛马之衣,而食犬彘之食。重以贪暴之吏,刑戮妄加,民愁亡聊,亡逃山林,转为盗

① 《史记》卷三十《平准书》,第1420页。
② 《汉书》卷二十四上《食货志》,第1132页。

贼"[①]。指出了土地兼并是土地私有制的必然产物,是财富分配不均和贫富两极分化的基础,是关系到社会秩序和王朝统治安危的尖锐问题。董仲舒认为,解决土地兼并及其造成的后果,根本的办法是恢复井田制,但井田制已"难卒行",比较现实的办法是"限民名田,以澹不足,塞兼并之路"[②]。"限民名田",即限制私人占有土地的数量。至于限田的最高限额和如何实现限田主张,则未加说明。

董仲舒的限田论虽是从安定封建秩序和巩固地主阶级专政的立场出发,对兼并之风也不可能从根本上予以制止,但它反映了小生产农民反对土地兼并的意愿,对他们也还不无好处,是有一定进步意义的。而且自创议以后,限田及类似主张即成为中国以后各封建时期重要土地思想或政策,在经济思想史上也有深远的积极意义[③]。

汉武帝也认识到了社会危机的严重性,因而采取了一系列措施来打击豪强势力、商人。一是迁徙豪富。武帝多次将各地的豪强富人迁徙到关中帝陵附近居住,以此来加强中央集权,削弱地方势力。这些富豪在原籍的土地均被剥夺,缓和了兼并引起的矛盾。二是任用酷吏,镇压不法豪强。如王温舒为河间太守,对"郡中豪猾"严加惩治:"相连坐千余家","大者至族,小者乃死,家尽没入偿臧"[④]。义纵迁为河内都尉,"至则族灭其豪穰氏之属,河内道不拾遗"[⑤]。三是打击富商巨贾。汉武帝为了削弱商人势力,增加政府的财政收入,实行了一些经济统制政策,在颁布的算缗、告缗令中规定:"贾人有市籍,及家属,皆无得名田,以便农。敢犯令,没入田货"[⑥]。结果有许多商人因此而被没收财产。汉武帝所采取的这些措施,使豪强富商的势力大为削弱,客观上对抑制土地兼并是有一定作用的。

2.西汉后期的土地兼并和限田之议

西汉自元帝后,封建政府即不得不放弃打击豪强的政策。不仅武帝时期实行的打击豪强地主政治势力和剥夺他们经济财产的诸种措施逐渐取消,而且,自汉初以来就奉行的强干弱枝方针,到元帝时也不能不改变。元

① 《汉书》卷二十四上《食货志》,第 1137 页。
② 《汉书》卷二十四上《食货志》,第 1137 页。
③ 上海社科院经济研究所:《秦汉经济思想史》,中华书局,1989 年版,第 473 页。
④ 《汉书》卷九十《酷吏传·王温舒传》,第 3656 页。
⑤ 《汉书》卷九十《酷吏传·义纵传》,第 3653 页。
⑥ 《汉书》卷二十四下《食货志》,第 1167 页。

帝为自己起初陵时，说过去“徙郡国民以奉园陵”，弄得“东垂被虚耗之害，关中有无聊之民”[①]，所以这次修陵“勿置县邑，使天下咸安土乐业，无有动摇之心，布告天下，令明知之”[②]。这显然是受到各地豪强势力反对的结果。

让步的结果就使皇室、贵族、官僚、商人和豪强地主依仗其政治、经济特权，肆意掠夺土地，使土地兼并迅猛发展。史载汉成帝“置私田于民间”[③]，皇帝率先为自己广置地产，不仅反映了土地兼并剧烈，也大大助长了土地兼并之风。官僚中从事土地兼并的也大有其人。如匡衡在元帝即位后，官至丞相封侯，在所封乐安国“专地盗土”，一次就非法多占了四百顷土地[④]。张禹在成帝时，官至丞相封侯。他“内殖货财，家以田为业，及富贵，多买田至四百顷，皆泾、渭溉灌，极膏腴上贾。它财物称是”[⑤]。像这样既当官，又经商，又是大地主，一身而三任的新贵，政治权力与经济实力兼备，自然最富于掠夺性，是西汉后期大豪强地主的典型代表。

据《汉书·货殖传》记载，在昭宣之后，又兴起了很多大商人，遍布于京师及郡国。这些大商贾以权贵为靠山，用积累的大量资财“多规良田，役使贫民”[⑥]，从而成为一批新的大豪强地主。

在官僚贵族、豪强地主、大商人的勾结下，土地兼并风行一时，大量农民丧失土地，流离失所，农民的反抗斗争接连不断。为了缓和阶级矛盾，稳定社会秩序，哀帝时，享有“经为世儒宗”之誉的大司马师丹向皇帝建言：“古之圣王莫不设井田，然后治乃可平。孝文皇帝承亡周乱秦兵革之后，天下空虚，故务劝农桑，帅以节俭。民始充实，未有并兼之害，故不为民田及奴婢为限。今累世承平，豪富吏民资数巨万，而贫弱愈困。盖君子为政，贵因循而重改作。然所以有改者，将以救急也。亦未可详，宜略为限”[⑦]。哀帝接受了这个建议，并颁布诏书征求限田限奴的具体办法。其诏书曰：“诸侯王、列侯、公主、吏二千石及富民，多畜奴婢，田宅亡限，与民争利，百姓失

① 《汉书》卷九《元帝纪》，第 292 页。
② 《汉书》卷九《元帝纪》，第 292 页。
③ 《汉书》卷二十七《五行志》，第 1368 页。
④ 《汉书》卷八十一《匡衡传》，第 3346 页。
⑤ 《汉书》卷八十一《张禹传》，第 3349 页。
⑥ 《汉书》卷七十《陈汤传》，第 3024 页。
⑦ 《汉书》卷二十四上《食货志》，第 1142 页。

职,重困不足。其议限列”[①]。根据哀帝的诏书,师丹与丞相孔光、大司空何武等人拟定了一个限田、限奴的方案,规定:“诸王、列侯得名田国中,列侯在长安及公主名田县道,关内侯、吏民名田皆无得过三十顷。诸侯王奴婢二百人,列侯、公主百人,关内侯、吏民三十人。年六十以上,十岁以下,不在数中。贾人皆不得名田、为吏,犯者以律论。诸名田畜奴婢过品,皆没入县官”[②]。

哀帝时的限田令,论者多视为一纸空文,并未实施。实际上,其确曾施行。证据有二:一是《汉书·食货志》曰:“时田宅、奴婢贾为减贱,丁、傅用事,董贤隆贵,皆不便也”。显然,田宅、奴婢在一段时间内贬值,就是名田限令推行的结果。因限令规定“诸名田、奴婢过品,皆没入县官”,人们为免于没官,便将超额田宅及奴婢进行拍卖,从而造成了田宅、奴婢的大幅降价。外戚丁氏、傅氏及权臣董贤等皆为广占田宅、多畜奴婢之辈,限令骤下,他们至少也得考虑如何处理超限部分问题,必然殊觉不便。故田宅、奴婢的降价和权贵们感觉不便可证限田曾一度推行。二是董贤受赐之事也证明了名田限令确曾实行。《汉书·王嘉传》载其所奏封事有曰:“诏书罢苑,而以赐(董)贤二千余顷,均田之制从此堕坏”。董贤受赐土地为建平三年(前4),这时距哀帝始限名田已隔三年之久[③],可见名田限令至此之前仍在推行,不过,因哀帝带头破坏,从此这一限令便名存实亡了。

3.王莽的王田制

在危机四伏、社会动荡、阶级矛盾日趋尖锐的背景下,王莽取代了汉朝刘氏的统治,建立了新朝。为了解决社会危机,巩固封建统治,熟读经书的王莽依照儒家经典,推出了一系列社会改革方案,关于土地制度的改革是其核心内容,这就是有名的王田制。

始建国元年(9),刚刚即位不久的王莽就下了一道著名诏令,尖锐地提出了土地兼并的社会问题。和以往经学之士对土地兼并根源的理解一样,王莽也是将其归于井田之坏:“秦为无道,厚赋税以自供奉,罢民力以极欲,坏圣制,废井田,是以兼并起,贪鄙生”[④],造成了土地日益集中和贫富两极

---

① 《汉书》卷十一《哀帝纪》,第336页。

② 《汉书》卷十一《哀帝纪》,第336页。

③ 《资治通鉴》载名田令为绥和二年(前7)。

④ 《汉书》卷九十九中《王莽传》,第4110页。

分化,“强者规田以千数,弱者曾无立锥之居”,“富者犬马余菽粟,骄而为邪;贫者不厌糟糠,穷而为奸,俱陷于辜,刑用不错”①。如果不解决土地兼并问题,广大农民就无法摆脱“父子夫妇终年耕耘,所得不足以自存”②的困境。要解决土地制度必须实行井田制,因为“古者,设庐井八家,一夫一妇田百亩,什一而税,则国给民富而颂声作。此唐虞之道,三代所遵行也”③。

王莽在诏令中宣布:“今更名天下田曰王田,奴婢曰私属,皆不得买卖。其男口不盈八,而田过一井者,分余田予九族邻里乡党。故无田,今当受田者,如制度”④。这便是王田制的主要内容。

王田制是否曾经实施过,学界多持否定态度,理由是《汉书·王莽传》中找不到实行王田制的记载。陈直先生根据汉简和汉印材料考证,认为王田制已部分实行:“流沙坠简考释烽燧一,有简文云:‘间田武阳里年三十五,姓李氏,除为不岁候造史,以掌领吏卒为职。’又考释簿书四十三,有简文略云:‘敦煌步广尉曲,平望塞有秩侯长,敦煌亭间里,东武里五士王参,秩庶士’云云。歙县黄宾虹先生藏有‘庐江亭间田宰’印。又汉印文字征第十二,四页有‘成纪间田宰’印。此王莽间田之可考者,倘王田未经区分,则不能有间田之建置”⑤。因此认为,“王莽王田制度,从莽传来看,是未实行,从古物材料来研究,是已实行一部分。莽制变更太速,时期太短,所以史家记不胜记”⑥。

王莽虽然认识到了当时社会经济的严重性,正确地揭露了矛盾的真相,并企图解决社会问题,协调社会关系,整合社会秩序,但这种以封建的土地国有制代替封建土地私有制的做法,是历史的倒退。封建时代极其落后的农业生产力,使得生产只能采用一家一户为一个单位的个体生产方式。对这种个体生产的管理,以个体农民自己经营管理的方式最有效,而以封建国家官僚机构的管理为最差。从历史上看,随着封建制度的发展,土地私有制的范围越来越大、越来越成熟,而土地国有的范围则越来越缩

① 《汉书》卷九十九中《王莽传》,第4110页。
② 《汉书》卷九十九中《王莽传》,第4110页。
③ 《汉书》卷九十九中《王莽传》,第4110页。
④ 《汉书》卷九十九中《王莽传》,第4111页。
⑤ 陈直:《汉书新证》,天津人民出版社,1979年版,第482页。
⑥ 陈直:《汉书新证》,天津人民出版社,1979年版,第477页。

小，大批国有土地逐渐变成了私有土地。这是中国封建土地所有制发展的总趋势。王莽要用封建的土地国有制来代替土地私有制，既同生产力发展要求背道而驰，也同封建土地所有制发展总趋势相左。

当时，拥有土地的不仅有地主、富豪，而且有广大的自耕农民，因此，王莽宣布实行王田制不仅遭到拥有大片土地的地主的反对，也遭到广大的小土地所有者的抵制。此外，王田诏令中又没有规定具体的实施办法，若无任何强制的办法，官僚、地主不会把他们多占的土地交出去，没有土地的人仍然得不到土地。这种空洞的改革方案，也只能在极个别的地方部分实行，而难以在大部分地区推广。正如此令下后中郎区博所说的："井田虽圣王法，其废久矣。周道既衰，而民不从。秦知顺民之心，可以获大利也，故灭庐井而置阡陌，遂王诸夏。迄今海内未厌其敝。今欲违民心，追复千载绝迹，虽尧舜复起，而无百年之渐，弗能行也"①。所以，王莽的诏令宣布以后，不仅未能禁止土地买卖，而且遭到自诸卿大夫至庶民的反对，三年后，王莽被迫下令取消："诸名食王田，皆得卖之，勿拘以法。"②

4.东汉刘秀的"度田"

东汉初年，经过农民起义的冲击，土地兼并的情况有所缓和，多有隐瞒田产和荫庇人口的现象。作为太学培养出来的典型儒生，光武帝刘秀在建武十五年(39)下诏"州郡检核垦田顷亩及户口年纪"③，企图通过调查掌握全国田地及人口准确数字，以增加政府赋役收入，限制土地兼并。

由于朝廷和州郡官吏大多是拥有大片田产的大地主，他们当然不愿如实丈量土地，呈报户口，因此千方百计地抵制清查。在河南南阳地区，度田官吏都知道"河南帝城多近臣，南阳帝乡多近亲，田宅逾制，不可为准"④，根本无人敢在此认真度田。在其他地区，度田官吏贪污受贿而和地方豪右勾结在一起，使其大量隐瞒土地和户口的数额，并将地主应负担的赋税徭役转嫁到农民头上。对农民土地的清查，不仅及于小块耕地，就连住宅、村落房前屋后都加以计算。这就引起广大农民的愤怒，弄得民怨沸腾，据记载："十五年，诏下州郡，检核其事，而刺史太守多不平均，或优饶豪右，侵刻

① 《汉书》卷九十九中《王莽传》，第4129—4130页。
② 《汉书》卷九十九中《王莽传》，第4130页。
③ 《后汉书》卷一下《光武帝纪》，第66页。
④ 《后汉书》卷二十二《刘隆传》，第781页。

羸弱，百姓嗟怨，遮道号呼”①。刘秀知道度田不实的情况后，“遣谒者考实二千石长吏阿枉不平者”②。随着“考实”的深入，一大批度田不实的官员被查了出来，刘秀对他们进行了严厉的惩处。对此，《后汉书·光武帝纪》云：“十六年……秋九月，河南尹张伋诸郡守十余人，坐度田不实，皆下狱死”。

刘秀坚持度田审核户口，结果激起了叛乱：“郡国大姓及兵长、群盗处处并起，攻劫在所，害杀长吏。郡县追讨，到则解散，去复屯结，青、徐、幽、冀四州尤甚”③。刘秀采取了镇压与分化瓦解相结合的手段，使民变事件迅速平息。

目前学界多认为，刘秀在解决土地问题上，完全失败了。实际上，度田并未失败，而是采取“遣谒者为更正”的办法，对“聚人田中，并度庐屋里落”所造成的后果，皆予以更正，然后才结束的。证据之一：赵翼认为：“十六年之民变，必因十五年之检核户口田亩不均而起衅也。其解散，亦必非令盗贼自相捕斩遂能净尽，盖因守令皆以检核不实坐死，遣谒者为更正，然后解散耳”④。翦伯赞先生也曾指出：此次变乱的平息“是由于后来政府派出的‘谒者’，代为更正，然后叛乱才解散”的⑤。证据之二：《后汉书·五行志》载：“（建武）十七年二月乙未晦，日有蚀之，在胃九度。胃为禀仓，时诸郡新坐租之后，天下忧怖，以谷为言，故示象”。从时间上看，“坐租”事件，是建武十二年二月前刚发生的，是“新”的。从范围上来说，“坐租”，范围广泛，是在“诸郡”发生的。从后果来看，度田对于那些原先隐瞒了户口田亩，历经州郡牧守“优饶”者，遣谒者加以“更正”。此后，这些人不仅要按其实数向国家缴纳赋税，负担徭役，而且还要补交由于“优饶”而少向国家交纳的租税，所以才出现了“坐租”事件。这表明，刘秀的度田在经历了一个曲折的过程之后，终于取得了成功。

东汉中期以后，在外戚和宦官集团的权力斗争和轮番升降的过程中，任何一方得势，无不尽情掠夺兼并，以图扩张自己的权势，使土地问题再次

---

① 《后汉书》卷二十二《刘隆传》，第780页。

② 《资治通鉴》卷四十三《汉纪三十五》，第353页。

③ 《后汉书》卷一下《光武帝纪》，第67页。

④ 王树民校证：《廿二史札记校证》卷四《后汉书间有疏漏处》，中华书局，1984年版，第83页。

⑤ 翦伯赞：《秦汉史》，北京大学出版社，1983年版，第378页。

趋于紧张状态。甚至连普通的郡县官吏也是“一岁典职,田宅兼并”[①]。而民间广占田地的豪强、富商,更是不胜枚举。仲长统曾描写了这种情况:“豪人之室,连栋数百,膏田满野,奴婢千群,徒附万计。船车贾贩周于四方,废居积贮,满于都城。琦赂宝货,巨室不能容;马牛羊豕,山谷不能受”[②]。

东汉晚期,出于整个统治阶级利益的考虑,一些正直的儒学之士相继提出了改革土地制度的设想,其模式仍与儒家经典所述的井田制有关。

桓帝时,崔寔针对当时土地兼并、贫富不均的现象,提出了自己的看法:“昔者圣王立井田之制,分口耕耦地,各相副适。使人饥饱不遍,劳逸齐均,富者不足僭差,贫者无所企慕。始暴秦隳坏法度,制人之财。既无纪纲,而乃尊奖并兼之人。……故富者席馀而日炽,贫者蹑短而岁踧,历代为虏,犹不赡于衣食,生有终生之勤,死有暴骨之忧”[③]。崔寔认为,实行井田可以抑制兼并,防止贫富不均。但也认识到制度、法令应该“与世推移”,不能完全效法古制。因此,他提出解决土地问题的办法是:将人民由狭地徙往宽地,以缓和耕地与人口分布不协调所产生的矛盾。这种办法只能部分解决无地农民的土地要求,却仍不能遏制豪族地主对自耕农民的土地兼并。

献帝时,荀悦对当时的土地问题,提出了反对豪强地主“专地”及土地自由买卖的主张。他说:“诸侯不专封,富人名田逾限,富过公侯,是自封也。大夫不专地,人卖买由己,是专地也”[④]。认为所以发生日益严重的土地兼并现象,是由于“专地”即土地私有制,而土地私有制的前提是土地的自由买卖,要根本解决土地兼并问题,非消除“专地”制度不可。对于井田制度,他认为当时条件不够具备,不适于推行,“井田之制,不宜于人众之时。田广人寡,苟为可也。在欲废之于寡,立之于众,土地布列在豪强,卒而革之,并有怨心,则生纷乱,制度难行。由是观之,若高祖初定天下,光武中兴之后,人众稀少,立之易矣”[⑤]。于是,他提出了一个“防兼并”的现实

① 《论衡》卷十二《程材篇》,第191页。
② 《后汉书》卷六十九《仲长统传》,第1648页。
③ 《全后汉文》卷四十六崔寔《政论》,第726页。
④ 《申鉴·时事》,《诸子集成》(第七册),第11页。
⑤ 《文献通考》卷一《田赋一》,第33页。

土地方案:按人口数量规定对占有土地的某种限制,并且只许耕种,不得买卖。所谓“以口数占田,为之立限。人得耕种,不得卖买,以赡贫弱,以防兼并”①。

与荀悦基本同时的仲长统,对汉末土地兼并的激烈程度及其造成的严重后果,作过深刻的分析,认为:“今欲张太平之纪纲,立至化之基址,齐民财之丰寡,正风俗之奢俭,非井田实莫由也”②。仲长统虽然在理论上宣扬井田制,但在实际上并未提出井田制的具体办法。他关于解决土地问题的现实方案,是一种限田和利用国有荒地对无田农民授田的办法。他说:“今者土广民稀,中地未垦;虽然,犹当限以大家,勿令过制。其地有草者,尽曰官田,力堪农事,乃听受之。若听其自取,后必为奸也”③。即对大地主占田数量加以限制,不能任其超过规定占有过多土地;宣布所有的荒地为官田,由国家分配给有劳动能力的无地农民耕种。

两汉时期,土地问题始终是摆在统治者面前需要加以解决的一个重要问题,尤其是土地兼并之风愈来愈盛所引起的阶级矛盾尖锐化,使不少富有教育背景的思想家在理论和政策方面,提出了多种抑制土地兼并的建议和方案。这些方案归纳起来主要有两种:一是主张取消土地私有制,把土地收归国有,完全恢复井田制;二是认为井田虽好,但废之已久,难以完全恢复,应根据井田的精神,结合现实条件,实行变通的办法,如限田和徙民。它们有的曾付诸实行,有的仅为个人设想。虽然这些建议和方案,不可能真正解决土地兼并问题,但却为后代土地问题的研究和实践提供了有价值的范例。从实行了三百年之久的均田制中,我们即可看到汉代土地思想的影响。

三、商业政策

两汉时期的商业政策经历了一个曲折的变化过程,使商品经济也经历了一个发展演变的过程。

1.西汉前期的放任政策

刘邦即位之初,曾诏令:“贾人不得衣丝乘车,重租税以困辱之”④,并

---

① 《文献通考》卷一《田赋一》,第33页。
② 《后汉书》卷六十九《仲长统传》,第1651页。
③ 《后汉书》卷六十九《仲长统传》,第1656页。
④ 《史记》卷三十《平准书》,第1418页。

规定商人及其子孙不得“仕宦为吏”[①]。但这一法令为时不长。在惠帝、吕后当政时，以“天下初定”为由，断然下诏“复驰商贾之律”[②]。由于当时政府为恢复生产、稳定统治秩序而实行“无为而治”，对商业采取放任政策，从而使商业和商品经济得到顺利发展。《史记·货殖列传》记载：“汉兴，海内为一，开关梁，驰山泽之禁，是以富商大贾周流天下，交易之物莫不通，得其所欲”。西汉的统一，农业、手工业的发展，特别是当时的惠商政策，使商业获得长足发展，商品经济呈现出空前繁荣的景象。

首先是市场兴旺，商品种类繁多。司马迁描绘了“通邑大都”市场上的商品，有生产原料和工具：“木千章”，“竹竿万个”，“屠牛羊彘千皮”，“榻布皮革千石”，“狐貂裘千皮”，“羔羊裘千石”，“漆千斗”，“船长千丈”，“牛车千两”[③]等。日常用品有“帛絮细布千钧，文采千匹”[④]。食物方面的商品有：谷物、肉食、果菜、水产、饮料、调料等。此外，还有犀、玳瑁、珠玑、玉石等各种奢侈品和养生送终之具。从生产原料、工具、食物、衣物到日常用品无不应有尽有。不仅商品种类多，而且营业额也大，动辄以千数。

其次是出现了众多的富商大贾。食盐和铁器是汉代商业中的大宗货物。在自然经济起主导作用的条件下，普通百姓自己无法生产盐铁产品，因此它们拥有最广阔的销售市场。西汉前期，许多人通过经营盐铁产销而成为家产巨万的暴发户。如鲁人曹邴氏，“以铁冶起，富至巨万”[⑤]。齐之刁间，役使奴仆，“使之逐渔盐商贾之利”，“起富数千万”[⑥]。蜀的卓氏、程郑，南阳孔氏，也是由于“大鼓铸”，又“通商贾之利”[⑦]，而富至巨万的。此外，还有一批贩运商和高利贷商人。如洛阳师史是个贩运商，他“转毂以百数，贾郡国，无所不至”[⑧]，财富积累到七千万。无盐氏是一个“其息十之”、“富埒关中”的高利贷商人[⑨]。

---

① 《史记》卷三十《平准书》，第1418页。
② 《史记》卷三十《平准书》，第1418页。
③ 《史记》卷一百二十九《货殖列传》，第3274页。
④ 《史记》卷一百二十九《货殖列传》，第3274页。
⑤ 《史记》卷一百二十九《货殖列传》，第3279页。
⑥ 《史记》卷一百二十九《货殖列传》，第3279页。
⑦ 《史记》卷一百二十九《货殖列传》，第3278页。
⑧ 《史记》卷一百二十九《货殖列传》，第3279页。
⑨ 《史记》卷一百二十九《货殖列传》，第3281页。

2.汉武帝实行的盐铁官营、酒类专卖和均输平准政策

汉初“无为而治”国策，促进了生产和贸易的繁盛，但也带来了一系列问题。首先富商大贾的豪华生活远远超过了地主贵族，破坏了封建等级制，而且连“封君”都要对他们“低首仰给”①。贾谊曾痛斥这些“商贩游食之民”造成了社会资财的极大浪费，“形佚乐而心县愆，志苟得而行淫侈，则用不足而蓄积少矣”②。指出这种风气如不制止，将会给国家和民众带来极大的危害：“饥寒切于民之肌肤，欲其亡为奸邪，不可得也。国已屈矣，盗贼直须时耳！”③

其次，商人的兼并使农民破产、流亡，农业生产遭到破坏，动摇了封建王朝赖以生存的基础。汉景帝时的晁错就曾尖锐指出：“商贾大者积贮倍息，小者坐列贩卖，操其奇赢，日游都市，乘上之急，所卖必倍。故其男不耕耘，女不蚕织，衣必文采，食必梁肉；亡农夫之苦，有阡佰之得。因其富厚，交通王侯，力过吏势，以利相倾；千里游敖；冠盖相望，乘坚策肥，履丝曳缟。此商人所以兼并农人，农人所以流亡者也。”④

面对这种情形，汉武帝决定抛弃放任的经济政策，抑制和打击富商大贾，采取了种种措施把商业经营控制在国家手里，以便从财政上支持专制主义中央集权的巩固与发展。

一是盐铁、酒类专卖。元狩五年（前118），政府批准了大司农颜异提出的盐铁官营计划，在出产盐铁的地区设置盐官、铁官，由官吏组织生产和销售，并禁止民营。天汉三年（前98），“初榷酒酤”⑤，由政府实行酒类官酿、专卖。

二是均输、平准。元封元年（前110），汉武帝接受桑弘羊的建议，在全国郡县设置均输官，统一管理地方政权无偿奉献给中央的贡物，把少数质优价高的产品输送中央，其余由均输官转运至价格较高的地区出售，收入充实中央财政。并在京师设置平准官，达到平抑市场物价的目的，使富商大贾无法牟取暴利。这种由官府直接经商的办法，利用雄厚的财力和无偿

① 《史记》卷三十《平准书》，第1425页。
② 《新书》卷三《瑰玮》，第87页。
③ 《汉书》卷四十八《贾谊传》，第2243页。
④ 《汉书》卷二十四上《食货志》，第1132页。
⑤ 《汉书》卷六《汉武帝纪》，第204页。

征发人民服役运输的优势，控制了国内主要市场，排挤了商人的势力，而且获得了巨额利润。

三是收归铸币权。元鼎四年（前 113），“悉禁郡国无铸钱，专令上林三官铸”；“令天下非三官钱不得行，诸郡国所前铸钱，皆废销之，输其铜三官”[①]。这一方面，固然是为了“摧浮淫并兼之徒”，但同时也为了有效地控制金融市场，增加财政收入。

四是算缗、告缗。元狩四年（前 119），汉武帝下令征收算缗钱。这是对工商业者征收的财产税。随后他又下达告缗，鼓励告发隐瞒资产不报、或者呈报不实者，宣布将被告发者财产的一半奖给告缗者。史载：“告缗遍天下，中家以上大氐皆遇告。……于是商贾中家以上大率破”[②]。商人富豪势力受到了沉重的打击。

汉武帝的上述措施，是一种强化官营，限制、打击私营的商业政策，使汉初以来蓬勃发展的商品经济，处于低潮。这些措施为朝廷提供了可靠的收入，解决了当时的财政困难。《汉书·食货志》称此后汉与匈奴作战三岁，“费皆仰大农，大农以均输调盐铁助赋，故能澹之”。但实行官营也存在不少问题。如当时盐铁经营者官僚化，卖农具的人在城市，农民“弃田远市”，耽误农时；盐铁工人情绪涣散，“卒徒烦而力作不尽”[③]，生产积极性不高；盐铁产品低劣，“民用钝弊，割草不痛”，“百姓苦之”[④]，价格昂贵，又强制人民购买等等。因此，当汉武帝还在位之时，董仲舒便曾上书，要求“盐铁皆归于民”[⑤]，认为官府不宜与民争利。

3.西汉中期后的宽松政策

汉武帝所采取的严厉抑商政策，使富商巨贾大多破产，不破产的商贾也无法继续从事商业活动，“富商大贾无所牟大利，则反本”[⑥]，商业活动陷于不景气的停顿状态，民间怨声载道。在这种社会背景下，汉昭帝始元六年（前 81），西汉政府召开了盐铁会议。当时与会双方，一是以御史大夫桑弘羊为首的朝廷官员，一是从各地延请的代表百姓与豪强利益的贤良文学

① 《史记》卷三十《平准书》，第 1434—1435 页。
② 《史记》卷三十《平准书》，第 1435 页。
③ 《盐铁论译注》卷六《水旱》，第 312 页。
④ 《盐铁论译注》卷六《水旱》，第 311 页。
⑤ 《汉书》卷二十四上《食货志》，第 1137 页。
⑥ 《史记》卷三十《平准书》，第 1441 页。

六十多人。他们围绕盐铁等政策的存废，就治国应重利还是重义而展开论战。前者力主重利，后者强调重义。贤良文学明确指出："窃闻治人之道，防淫逸之原，广道德之端，抑末利而开仁义，毋示以利，然后教化可兴，而风俗可移也"[①]。并且还根据《公羊》学总结说："《传》曰：'诸侯好利则大夫鄙，大夫鄙则士贪，士贪则庶人盗。'是开利孔为民罪梯也"[②]。声称："今郡国有盐铁、酒榷、均输，与民争利。……愿罢盐铁、酒榷、均输，所以进本退末，广利农业，便也"[③]。强调重义轻利，反对官营商业，与民争利。会后政府迫于各界的压力，做出一些让步，撤消了关内铁官，罢郡国的酒榷官，许可各地的商人和地主酿酒、卖酒，改酒类专卖为征税制。

由于元帝重儒，官僚地主以儒家反对"与民争利"为名，要求罢除工商官营，得到元帝的首肯。史载："元帝即位，天下大水，关东郡十一尤甚。……在位诸儒多言盐铁官及北假田官、常平仓可罢，毋与民争利，上从其议，皆罢之"[④]。尽管盐铁官营三年后又被恢复，但其实施已是相当松驰。这可从两个方面得到反映：一是富商大贾依仗政治权势，擅取其利，如成、哀间，成都罗裒，"擅盐井之利"[⑤]。二是国家本身对经营的开禁，如元成间，平当"使行流民幽州，……言勃海盐池可且勿禁，以救民急。所过见称"[⑥]。汉王朝不得不批准他这样做，而且在派出行使的十一人中，评以"为最"。这种情况和汉武帝之时不大一样了。

汉元帝废除盐铁官营等政策，不仅表明自武帝开始厉行的抑商政策已经破产，而且标志着国家对于私营工商业的开放。新的商人势力又开始重新活跃起来。如元帝时有大酒家赵君都、贾子光等称霸长安，"更数二千石，二十年莫能禽讨"[⑦]。此后，有更多新兴的富商出现，这在《汉书·食货志》中有载。元帝时贡禹上书中又提出了商贾的问题："富人积钱满室，犹亡厌足。民心动摇，商贾求利，东西南北各用智巧，好衣美食，岁有十二之利，而不出租税。农夫父子暴露中野，不避寒暑，捽草杷土，手足胼胝，已奉

① 《盐铁论译注》卷一《本议》，第 1 页。
② 《盐铁论译注》卷一《本议》，第 6 页。
③ 《盐铁论译注》卷一《本议》，第 1 页。
④ 《汉书》卷二十四上《食货志》，第 1142 页。
⑤ 《汉书》卷九十一《货殖志》，第 3690 页。
⑥ 《汉书》卷七十一《平当传》，第 3050 页。
⑦ 《汉书》卷七十六《王尊传》，第 3234 页。

谷租，又出藁税，乡部私求，不可胜供。故民弃本逐末，耕者不能半”[①]。

王莽时期，他根据《周礼·地官·泉府》有“赊贷”，另一经学著作《乐语》有“五均”的记载，依照《周易·系辞》“理财正辞，禁民为非”之语，下令“开赊贷，张五均，设诸斡者，所以齐众庶，抑兼并也”[②]。再次推行盐铁酒类的专卖，并在长安、洛阳、邯郸、临淄、宛等城市设置五均官，掌管均平物价和赊贷事务。还向小商贩及在山泽内从事渔猎、采集与畜牧活动的人们征收赋税。此举“增重赋敛，刻削百姓”[③]，受到民众的强烈反对，在新朝灭亡前夕被迫停止。

4.东汉的放纵、保护政策

东汉政权是在豪强地主支持下建立起来的。这个统治集团中有很多商人地主。刘秀本人就是一个曾经“卖谷于宛”[④]的商人地主。其妹夫李通“世以货殖著姓”[⑤]。吴汉曾“以贩马自业，往来燕、蓟间”[⑥]。由于他们和商人有密切联系，加之当时采用的是“纯任德教”的儒家统治思想，因此东汉统治者对私营商业活动采取了放任、甚至是保护的政策。

一是商人的社会地位不受限制。东汉在法律上已无西汉时那种“贱商”的规定，很少有人再提及“抑商”问题。光武帝时，议郎给事中桓谭曾上疏曰：“夫理国之道，举本业而抑末利……此所以抑并兼长廉耻也。今富商大贾，多放钱贷，中家子弟，为之保役，趋走与臣仆等勤，收税与封君比入，是以众人慕效，不耕而食，至乃多通侈靡，以淫耳目。今可令诸商贾自相纠告，若非自力所得，皆以藏畀告者。如此，则专役一己，不敢以货与人，事寡力弱，必归功田亩，田亩修，则谷入多而地力尽矣”[⑦]。建议“举本业”、“抑末利”，但光武帝“书奏，不省”[⑧]，表明朝廷非抑商的态度是十分明朗的。此后，官僚、地主和商人三位一体，逐步得到了合法的存在。

二是取消酒类专卖。酒的制造与买卖和农业丰歉有关。东汉除了灾

---

① 《汉书》卷七十二《贡禹传》，第 3075 页。
② 《汉书》卷二十四下《食货志》，第 1180 页。
③ 《后汉书》卷十三《隗嚣传》，第 517 页。
④ 《后汉书》卷一上《光武帝纪》，第 2 页。
⑤ 《后汉书》卷十五《李通传》，第 573 页。
⑥ 《后汉书》卷十八《吴汉传》，第 675 页。
⑦ 《后汉书》卷二十八上《桓谭传》，第 958 页。
⑧ 《后汉书》卷二十八上《桓谭传》，第 959 页。

歉之年"禁酤酒"外，一般听任民间私营。李固被杀后，其子燮"变名姓为酒家佣"[①]。崔寔父亲死后，"因穷困，以酤酒贩鬻为业"[②]。说明私营酒业很盛。

三是罢盐铁之禁。光武帝、明帝之时，对盐铁，虽然有过专营，但主要还是私营。如宋弘为司空，"宋弘为司空，常受俸得盐豉千斛，遣诸生迎取上河，令粜之。盐贱，诸生不粜，弘怒，便遣，及其贱，悉粜卖，不与民争利"[③]。卫飒为桂阳太守，"耒阳县出铁石，佗郡民庶常依因聚会，私为冶铸"[④]。章帝时曾实行了一段时间的盐铁专营，但和帝继位后，窦太后临朝，立即宣布"罢盐铁之禁，纵民煮铸"[⑤]。此后直到汉末，这一政策几乎无大的变化。

自商鞅变法以来，"商业"一直被视为"末业"，"重农抑商"与"重本抑末"是一个意思。但到东汉时代许多人已认为"商业"不应属于"末业"，而对"重本抑末"的解释也起了变化。如生活在东汉中后期的王符，在其《潜夫论·务本》中说："凡为人之大体，莫善于抑末而务本，莫不善于离本而饰末。夫为国者，以富民为本。……夫富民者，以农桑为本，以游业为末；百工者以致用为本，以巧饰为末；商贾者，以通货为本，以鬻奇为末。三者守本离末则民富，离本守末则民贫"。显然，王符已改变了传统看法，以为农工商三者各有其本，也各有其末。所主张抑制的只是"游业"、"巧饰"、"鬻奇"之"末"。这种看法正是东汉以来"抑商"政策改变的结果。

由于东汉实行保护商业活动的政策，使得商品经济以不可遏制的势头向前发展。

首先，是从事商业经营的人逐渐增多，许多人弃农经商。王符说："今俗舍本农，趋商贾，牛马车舆，填塞道路，游手为巧，充盈都邑，务本者少，游食者众。'商邑翼翼，四方是极。'今察洛阳，资末业者什于农夫，虚伪游手什于末业。……天下百郡千县，市邑万数，类皆如此"[⑥]。市场上经销的商品，除主要的盐铁、粮食外，还有冠带巾袍、邛杖枸酱、锦缯金银、舟车机杼

---

① 《后汉书》卷六十三《李固传》，第2090页。
② 《后汉书》卷五十二《崔寔传》，第1731页。
③ 《东观汉记校注》卷十三《宋弘》，第482页。
④ 《后汉书》卷七十六《循吏列传·卫飒传》，第2459页。
⑤ 《后汉书》卷四《和帝纪》，第167页。
⑥ 《后汉书》卷四十九《王符传》，第1633页。

之类。各种生产、生活资料和奢侈品充斥市场。

其次，是商业城市的繁荣。首都洛阳是当时商业最为繁荣的城市。《三国志·傅嘏传》引傅子曰："河南尹内掌帝都，外统京畿，兼古六乡六遂之土。其民异方杂居，多豪门大族，商贾胡貊，天下四会，利之所聚，而奸之所生"。可见商业是相当繁盛。长安、成都、临淄、宛等西汉之大都会，在东汉时仍保持着相当的繁荣。在西北与少数民族贸易地区也出现了一些商业城市。如河西的姑臧，原为经济较落后的地区，至东汉初，"时天下扰乱，唯河西独安，而姑臧称为富邑，通货羌胡，市日四合，每居县者，不盈数月辄致丰积"①。

东汉的商品经济在西汉基础上仍在向前发展，并逐渐被纳入封建地主制经济的轨道，更加成为地主制经济的有机组成部分。其时，可以说封建经济的体系进一步得到了确立和发展。

总之，汉代教育对当时经济的作用，主要表现在两个方面：一是为社会培养合格的劳动者；二是通过所培养的知识分子的思想、观念来影响国家经济政策，汉代重农政策、限田政策以及商业政策的实施，是与这些知识分子努力倡议、积极参与分不开的。这种重农政策的推行，在当时确曾起了积极的作用，孝惠、高后时"民务稼穑，衣食滋殖"②，文帝时"海内殷富"③，昭帝时"百姓充实"④局面的出现，重农政策的实行是一个重要原因。特别是随着儒家教育的广泛开展，官吏群体儒学化的加深，不少儒者官吏能自觉地按照儒家所设计的发展经济、推广教化方案，从事发展生产的活动，这在一定程度上推动了社会经济的发展。晋文先生在论述经学对于经济的引导作用时即指出："它一方面推动统治者对农业更加重视，如劝勉农桑，减轻农民负担（轻徭薄赋），保证农民有一定土地（限田、假民公田、鼓励垦殖）和耕作时间（不违农时）；另一方面，又促使他们从思想上鄙视工商，逐渐放弃了工商官营的政策，并放宽和默许官僚、贵族的经商。结果，这既使得其重农成效斐然，有力促进了农业的发展，同时也使得一度遭受打击的私营工商业又重新开始活跃，恢复和发展了商品经济（当然也有着商品经

① 《后汉书》卷三十一《孔奋传》，第1098页。
② 《汉书》卷八十九《循吏传》，第3623页。
③ 《汉书》卷四《文帝纪》，第135页。
④ 《汉书》卷七《昭帝纪》，第233页。

济发展畸形和官商结合的问题)”[①]。

由于商人势力膨胀，商业资本和高利贷资本的活跃，使得土地买卖频繁、土地兼并加剧，广大农民群众弃农经商甚至破产流亡，政府财政收入锐减，因此汉代政府曾一度采取严厉的措施，打击私营商业。但随着儒家教育影响的日益扩大，儒家所倡导的重义思想也渐趋为人们所接受，到西汉后期，“大人之学也为道，小人之学也为利”[②]等理论遂居上风，弥漫整个社会的功利思想逐渐销声匿迹，由重利到重义的观念基本完成了转变。如章帝一度恢复均输与食盐专卖，朱晖即强烈反对说：“王制，天子不言有为，诸侯不言多少，禄食之家不与百姓争利。今均输之法与贾贩无异，盐利归官，则下人穷怨，……诚非明主所当宜行”[③]。汉儒虽然讲利，但同时也讲义，讲“因民之所利而利之”[④]，讲“见利思义”，“义然后取”[⑤]。他们并不否定满足欲望的合理性，但同时认为道义比富贵更重要。他们反对假抑末真“榷利”、“与民争利”之举。正是这种观念的影响，使得统治者逐渐放弃了官营商业的垄断政策，使得一度遭受打击的私营商业重新开始活跃，恢复和发展了商品经济。标志着古代具有儒学特色的经济政策的确立，并对后代经济发展也产生了深远影响。

此外，学校教育对经济的发展亦有带动作用。“太学中的教师虽有俸禄，太学生和郡国学生虽免除徭役，但日常生活大多还是自理，所以官学师生的日常教学和生活消费，如笔墨纸砚、衣食住行等等，都在一定程度上带动了附近商品经济的发展。在太学、郡国学的周围就出现了一些市，学生既可以在这些市中买到自己所需要的东西，也可以在市场上把自己从家乡带来的物品和书籍进行交换。在学校的周围还有许多书肆、书店，并出现了租赁房屋现象，这与现代学校都极为相似”[⑥]。汉代私学分布范围广，且学生人数众多。每所私学的学生，少则百人，多则千人，有的还超过了万人。由于私学招生对象广泛，无身份、地域的限制，因而学生既有来自本地

---

① 晋文：《以经治国与汉代经济》，《江汉论坛》1992年第12期。

② 《法言》卷第一《学行》，第20页。

③ 《后汉书》卷四十三《朱晖传》，第1460页。

④ 《论语·尧曰》，《四书五经》，第35页。

⑤ 《论语·宪问》，《四书五经》，第26页。

⑥ 晋文、胡小静：《汉代官学教育与商品经济的发展》，《文化产业研究》第四辑，东南大学出版社，2010年版。

的，也有来自外地的。在史籍中多有“弟子自远方至”的记载。如申公以《诗》居家教授，“弟子自远方至受业者千余人”①。姜肱以《诗》、星纬等教授，“士之远来就学者三千余人”②。张兴为官时，坚持教授，“弟子自远至者，著录且万人”③。这些动辄成百上千的学生，其吃、穿、住的消费都要在当地进行。如张霸“博览《五经》。诸生孙林、刘固、段著等慕之，各市宅其傍，以就学焉”④。对于当地经济特别是商品经济的发展起到一定的促进作用。如张楷为避世之烦扰，隐于华阴山中，“学者随之，所居成市，后华阴山南遂有公超市”⑤。

① 《汉书》卷八十八《儒林传·申公传》，第3608页。
② 《后汉书》卷五十三《姜肱传》，第1749页。
③ 《后汉书》卷七十九上《儒林列传·张兴传》，第2553页。
④ 《后汉书》卷三十六《张霸传》，第1241页。
⑤ 《后汉书》卷三十六《张楷传》，第1243页。

第七章　教育与文化的互动

作为社会一个重要组成部分的文化，它与教育的关系是教育社会学的一个重大课题。文化和许多社会现象一样，可以从多种角度来定义。不同的学科，不同的学术流派，对它做出了不同的界说。据有些研究者统计，中外学者关于文化的说法竟多达万条。笔者无意、也无能力去统一各种定义，亦无标新立异之心。只是为了探讨问题的方便，而采用学界较为通行的说法。学术界一般把文化的概念区分为广义和狭义两种。广义的文化是指人类在社会历史实践过程中所创造的物质财富和精神财富的总和。狭义的文化主要是指与人类精神活动及其产品有关的方面，文化的作用主要是直接影响人的精神风貌和精神创造的能力，影响人类精神文明的发展。即社会的思想道德、科学技术、文学艺术、教育、宗教、传统习俗等及其制度的一种复合体。我们这里所讲的文化主要是指狭义文化。

教育是文化的一个组成部分，是文化这个大系统中的一个因素。教育与文化之间存在着密切的联系，一方面，文化规定了教育的基本倾向，使教育健康发展，另一方面，教育开辟了文化的道路，使文化代代相承。

第一节　文化对教育的作用

社会的经济基础决定社会的上层建筑，这是马克思主义的一个重要命题。为此，当我们把教育作为一种上层建筑来加以考察时，探索它与经济及经济的集中表现政治的关系，无疑是十分正确的。但是，实践和理论都告诉我们教育与经济、政治的关系决非一种线性的关系，在它们之间存在着一系列的中介因素。而文化就是其中一个重要的中介。文化不仅受动地传导一定经济政治的要求，反映一定政治经济的性质与水平，而且还因文化的相对独立性，它可以对教育产生一种独立的、主动的影响[①]。也就

① 鲁洁：《教育社会学》，人民教育出版社，1990 年版，第 131－132 页。

是说，文化可以作为经济政治之中介而作用于教育，也可以按其自身的特点和要求来作用于教育。汉代文化对教育的作用主要有如下一些方面。

一、文化发展是教育发展的动力

在历史上，我们常常会看到这样的现象：凡文化繁荣昌盛之时，亦即教育大发展之期，而文化的凋零、衰落，也常常伴随着教育的不景气。这就是说，文化的盛衰对教育发展与否有着重要的影响，文化发展是教育发展的动力。

1.从汉初教育的百家争鸣到中期后经学教育的逐步昌盛，是文化发展变迁的结果

汉初统治者吸取秦亡的教训，在文化学术思想上采取了开放的方针，废除了秦朝的“挟书律”，多次派人“求亡书于天下”，朝廷还礼聘秦博士和邹鲁儒生，传授儒家经典和制定朝仪。在这种新的形势下，诸子再起，百家俱兴，涌现出各自的代表人物。如儒家有原为秦博士的伏生、叔孙通；道家有盖公、曹参；法家有晁错、桑弘羊等；纵横家有郦食其、蒯通；阴阳家有张苍等。

到了汉文帝之后，诸子传说、百家之言、各种典籍不断涌现。其中相当一部分是汉代学者的新作，先秦学派除名墨两家渐衰外，各家学说都有新的发展。如汉代新著的道家著作有《曹羽》、《郎中婴齐》、《道家言》、《臣君子》等，阴阳家新著述的有《公孙浑邪》、《五曹官制》、《张苍》、《天下忠君》等，法家著作有《晁错》，此外《九章律》、《傍章》、《越宫律》、《朝律》等属于法律文献。纵横家的著作有《蒯子》、《邹阳》、《主父偃》、《徐乐》、《待诏金马聊苍》等，杂家有新作《淮南子》内外篇、《东方朔》、《博士臣贤对》、《臣说》等。军事家著述仅汉初张良、韩信整理的就多达一百八十二家，经过删除、留取精华、定著为三十五家[①]。儒家的著述，到汉初更是洋洋大观，“《书》分为二，《诗》分为三，《论语》则有齐鲁之殊，《春秋》有数家之传，其余互有踳驳，不可胜言”[②]。从汉初对先秦诸子著作的整理和大量新著的出现中，我们可以看到当时百家争鸣的盛况。

---

① 韩养民:《秦汉文化史》,陕西人民出版社,1986年版,第55—56页。

② 《隋书》卷三十二《经籍志》,第905页。

正是在这种文化学术背景下，汉初的教育呈现出百家并存的景况。诸子各家为扩大自己学说的影响力，纷纷广招弟子，开业授徒。当时从事私人教学的不仅有儒家学派，黄老、道法、刑名之学也有人传授。晁错、韩安国均以学刑名闻世，黄霸、路温舒、张汤、赵禹，皆少学法令。田蚡学杂家，主父偃学纵横术，司马季主以卜筮带弟子。张苍则以算学历律传授，他"自秦时为柱下御史，明习天下图书计籍，又善用算律历"[①]，"故汉家言律历者本张苍，苍好书，无所不观，无所不通，而尤邃律历"[②]。

战国末期出现的综合诸子思想的学风，到汉初得到了进一步的发展。各家在争鸣中彼此扬长弃短、互相吸收，在争鸣中逐步走向融合。如儒家与阴阳家相结合并逐步阴阳五行化，道家与阴阳家、刑名家相结合，产生了盛极一时的黄老刑名之学等。同时出现了总结诸子百家之学的新势头，《淮南子》和《论六家要旨》即为这方面的代表作。《淮南子》是西汉初淮南王刘安及其门客所撰，原书分内外共五十四篇，现仅存有《内篇》。该书综合了儒、墨、道、名、法、阴阳诸子学派的思想资料，具有"兼儒、墨，合名法"的思想特点。《汉书·艺文志》将其列入"杂家"类。实际上它是以道家的思想宗旨兼综诸子百家的。司马谈的《论六家要旨》，对阴阳、儒、墨、法、名诸子学说的短长得失和存在的价值，逐一进行了分析，既肯定诸子学说之所长，也批评诸子学说之所短，言简意赅，比较准确地把握住了诸子学说的要领。其中对道家思想大力高扬，认为它兼综众说之长而又因时变化，有着其余诸子所不能比拟的思想优势。试图用道家思想来统一诸子百家之学。司马谈认为天下学术"一致而百虑，同归而殊途"[③]，学派的分野最终是要走向统一的。

正是在这种各学派融合的文化趋势下，出现了一些兼修数种学问者。如司马谈"学天官于唐都，受《易》于杨何，习道论于黄子"[④]。班嗣，贵老、庄之术。晁错随伏生学《尚书》，又学申商刑名于轵张恢生。

西汉中期的董仲舒，在汉初文化融合、思想总结的基础上，进行了又一次的文化整合工作。他以儒家为核心，又吸收黄老之道学，糅合阴阳、名、

① 《汉书》卷四十二《张苍传》，第2094页。

② 《汉书》卷四十二《张苍传》，第2098页。

③ 《史记》卷一百三十《太史公自序》，第3288页。

④ 《史记》卷一百三十《太史公自序》，第3288页。

法各家，构建成一个庞大的、较为严密的新儒学思想体系。其具体内容就是根据先秦儒家的"天人合一"思想、法家的集权思想和阴阳家的"五德终始"说，重新解释儒家经典，建立了一套以"天人感应"说为基础，以"三纲五常"为核心的新儒学思想体系，为汉王朝的"大一统"封建集权统治构建了思想理论体系。

汉代自武帝确立以董仲舒的新儒学为统治者的意识形态，实行"独尊儒术"的政策后，就逐步形成了以儒学为主干的文化系统。这一系统不仅对当时的社会产生了重要的影响，而且对以后中国历史的发展亦起了重要的作用。它长期以来一直是中国传统文化的核心和主旋律，是中国传统文化的主要代表。从汉初百家争鸣，到诸子合流的新儒学出现，并为统治者所青睐，这种文化上的变迁，反映在教育上，即是经学成为封建王朝的官方学术和教育的主体内容。经学在汉代得到高度发展，臻于鼎盛状态。清人皮锡瑞在《经学历史》中以"昌明"，"极盛"作为称颂；学术界则有汉代儒学即为经学、汉代教育即为经学教育的概括。均反映了经学在汉代官学、私学中所居的主导地位。

2.汉代齐鲁地区教育长盛不衰，与该地深厚的文化底蕴分不开

齐鲁立国的海岱地区，自古以来以文化发达而著称。西周立国后，周文化和东夷文化相结合，形成了更先进的齐鲁文化。以遵奉周礼、保存西周礼乐和典章制度著称于世的鲁文化，孕育出了文化巨人孔子。他删定六经，聚徒讲学，建立起儒家学派。后来"天下并争于战国，儒术既绌焉，然齐鲁之间，学者独不废也。"[1]在齐鲁大地又出现了一批儒学大师，如子思、孟子、荀子等。他们进一步继承、弘扬孔子学说，称述儒家经义，"以学显于世"，使儒学的影响迅速扩大。以工商立国，经济繁荣富庶的齐国，一度创立稷下学宫，广招天下之士，给予优厚的待遇，并允许自由辩论。据《史记·田敬仲完世家》云："宣王喜文学游说之士，自如邹衍、淳于髡、田骈、接予、慎到、环渊之徒七十六人，皆赐列第为上大夫，不治而议论"。这些学者的弟子也受到特殊的待遇。如田骈，齐国为他"资养千钟，徒百人"[2]；孟子出门"后车数十乘，从者数百人"[3]。当时集于稷下学宫的学术流派，大致

① 《史记》卷一百二十一《儒林列传》，第 3116 页。

② 张清常、王延栋：《战国策笺注》卷十一《齐策四》，南开大学出版社，1993 版，第 282 页。

③ 《孟子·滕文公下》，《四书五经》，第 50 页。

有儒家、墨家、兵家、道家黄老学派、阴阳家、纵横家、杂家、名家等。各派学者纷纷著书立说，广招生徒，开展争鸣，这就活跃了思想，繁荣了学术，使稷下学宫成为诸子百家学术争鸣的中心场所和东方的文化教育中心。齐鲁大地还孕育了与儒家并称“显学”的墨家，军事家孙武和孙膑，医学家扁鹊和仓公，工匠的祖师公输班。秦统一六国后，焚书坑儒，儒家学派和经典受到沉重的打击，但儒家在齐鲁地区仍有很大势力。陈胜起义后，“鲁诸儒持孔氏之礼器往归陈王”①。楚汉之争，刘邦诛灭项羽，“举兵围鲁，鲁中诸儒尚讲诵习礼乐，弦歌之音不绝”②。司马迁曾叹道：“夫齐鲁之间于文学，自古以来，其天性也”③。说成“天性”未必有当，但东周时代齐鲁之间文化的发展对齐鲁教育的发展有不容忽视的影响却是事实。

正是在这种悠久而深厚的文化传统的影响下，齐鲁地区的教育，在两汉时期，始终保持着兴盛的局面。主要表现有三：一是学派林立，学派创始人和传人大多是齐鲁人士。汉初的五经八师，八个学派的创始人中，除了传《诗》的韩婴（燕人）、传《公羊春秋》的董仲舒（赵人）外，其余六人都是齐鲁大儒：传《尚书》的伏生（济南人），传《易》的田何（齐人），传《诗》的申公（鲁人）、辕固生（齐人），传《礼》的高堂生（鲁人），传《公羊春秋》的胡毋生（齐人）。后来的十四博士，山东儒生也占了八家：东海兰陵人孟喜、琅邪诸（今诸城）人梁丘贺所传的《易》，千乘（今博兴）人欧阳生、东平人夏侯胜和夏侯建所传的《尚书》，薛人颜安乐所传的《公羊春秋》，鲁人申公所传的《鲁诗》，齐人辕固生所传的《齐诗》。

二是弟子众多。如西汉治《诗》的鲁人申公，“退居家教”，“弟子自远方至受业者百余人”④，其中“为博士十余人”⑤。辕固生亦致力于教育，“齐言《诗》皆本辕固生，诸齐人以《诗》显贵，皆固之弟子也”⑥。东汉时聚徒讲学之风更盛。治《尚书》的乐安千乘人欧阳歙“在郡教授数百人”⑦。其弟子

---

① 《史记》卷一百二十一《儒林列传》，第3116页。
② 《史记》卷一百二十一《儒林列传》，第3117页。
③ 《史记》卷一百二十一《儒林列传》，第3117页。
④ 《史记》卷一百二十一《儒林列传·申公传》，第3121页。
⑤ 《史记》卷一百二十一《儒林列传·申公传》，第3122页。
⑥ 《史记》卷一百二十一《儒林列传·辕固生传》，第3124页。
⑦ 《后汉书》卷七十九上《儒林列传·欧阳歙传》，第2556页。

济阴(今定陶西北)人曹曾的“门徒三千人”①。鲁人孔僖之子季彦“守其家业,门徒数百人”②。治《鲁诗》的任城(今济宁)魏应“徒众常数百人”,“弟子自远方至,著录数千人”③。北海安丘(今安丘西南)人甄宇“教授常数百人”,其孙甄承“讲授常数百人”④。北海安丘人周泽习《公羊严氏春秋》,“隐居教授,门徒常数百人”⑤。习小夏侯《尚书》的东海兰陵(今苍山)人王良,“教授诸生千余人”⑥。习庆氏《礼》的鲁国薛(今滕州)人曹褒,“教授诸生千余人”⑦。北海高密人郑玄死后,“自郡守以下尝受业者,缞绖赴会千余人”⑧。可谓弟子如云,桃李满天下。

三是教师人数颇多。在《汉书·儒林传》中单独立目的有二十七人,其中齐鲁儒生有十七人。在《后汉书·儒林传》中单独立目的有四十二人,属于齐鲁籍的占了十二人。据张立志《山东两汉经师表》统计,共有二百三十七人。当然这仅是见诸史籍记载的,不见于记载的当不在于少数。所谓“汉代传经之儒,不出于齐,则出于鲁”⑨,是有一定道理的。

3.鸿都门学的创立与汉代文学、艺术的发展有着密切的关系

前文我们已经说过,鸿都门学的出现,具有多方面的原因,既是当时宦官与士族两大集团政治斗争的产物,又与汉灵帝个人的爱好有关,而文学、艺术的发展,则为这所专门学院的诞生,提供了必要的条件。

汉代文学成就主要有三个方面:一是赋。汉代发展得最繁盛,最富于艺术的审美价值,同时也最具有鲜明时代特征的文学品种,莫过于赋,因此在文学史上犹如“唐诗”、“宋词”、“元曲”等,一向有“汉赋”之称⑩。赋是从楚辞发展来的文体。真正标志着汉赋形成的作品是枚乘的《七发》。通篇以散句为主,间有骚句,其中有不少精彩的比喻和描摹。全文篇制弘阔,长达两千多字,是第一篇名副其实的散体大赋,在汉赋发展史上具有里程碑

① 《后汉书》卷七十九上《儒林列传·欧阳歙传》,第 2556 页。
② 《后汉书》卷七十九上《儒林列传·季彦传》,第 2563 页。
③ 《后汉书》卷七十九上《儒林列传·魏应传》,第 2571 页。
④ 《后汉书》卷七十九下《儒林列传·甄宇传》,第 2580 页。
⑤ 《后汉书》卷七十九下《儒林列传·周泽传》,第 2578 页。
⑥ 《后汉书》卷二十七《王良传》,第 932 页。
⑦ 《后汉书》卷三十五《曹褒传》,第 1205 页。
⑧ 《后汉书》卷三十五《郑玄传》,第 1211 页。
⑨ 马宗霍:《中国经学史》,商务印书馆,1937 年版,第 37 页。
⑩ 吴炜华:《中国秦汉文学史》,人民出版社,1994 年版,第 14 页。

的意义。

西汉中期从武帝经昭帝至宣帝,赋的创作进入了全盛期。这一方面是由于汉王朝空前统一强盛的现实开阔了文人的胸襟和视野,为他们提供了创作素材;另一方面则得力于统治者的大力提倡。如武帝因司马相如善作赋,把他召至朝廷,拜为郎官。翦伯赞先生指出:“西汉至武帝时,商人地主已经变成了东方世界的主人。他们掌有地上的一切财富,享受人间最奢侈的物质生活。在穷奢极欲的物质生活中,便需要文学作为他们灵魂的慰安,这正又犹一个人在肥肉大酒之后,需要一支香烟,是一样的。所以到武帝时,西汉政府便开始以辞赋取士,而文学遂一变而为士大夫爬上政治舞台的阶梯”①。宣帝“修武帝故事,讲论六艺群书,博尽奇异之好,征能为《楚辞》九江被公,召见诵读,益召高才刘向、张子侨、华龙、柳褒等待诏金马门”②。特别是益州王褒善作赋,宣帝常命其随从游猎,“所幸宫馆,辄为歌颂,第其高下,以差赐帛”③。在这种情况下,文学侍从之臣“朝夕论思,日月献纳”,公卿大夫也“时时间作”④,赋的创作出现了繁荣景象。仅据《汉书·艺文志》中刘向在成帝时经过审查筛选,“论而录之”的六十一赋家和九百三十篇赋作统计,这一时期就占了绝大多数。著名的赋家有司马相如、东方朔、枚皋、王褒等。

司马相如是这一时期最重要的赋家,他将枚乘所开创的散体大赋发展到定型的极致,使得以后的创作从总体上来看,大抵皆不能出其圭臬。《汉书·艺文志》著录司马相如的赋有二十九篇,然而多数已不存。就目前他所存之赋来看,《子虚》、《上林》两赋,堪称代表作。

西汉后期至东汉中叶,散体大赋仍是赋坛的主要样式,较有成就的作家为扬雄、班固和张衡。《甘泉》、《河东》、《羽猎》、《长杨》四赋是扬雄大赋的代表作。虽然模仿了《子虚》和《上林》,但扬雄毕竟是学识渊博、才气横溢的大手笔,仍能表现出属于自己的个性和特色。其一,四赋在铺陈中又融入说理,表现出辞采昳丽,且思想深瞻的独特风范。其二,四赋的主旨即在讽喻,且能有机地贯通于全篇,规戒之目的始终很明确。班固的代表作

① 翦伯赞:《秦汉史》,北京大学出版社,1983年版,第517页。
② 《汉书》卷六十四下《王褒传》,第2821页。
③ 《汉书》卷六十四下《王褒传》,第2829页。
④ 《全后汉文》卷二十四班固《两都赋》,第602页。

为《两都赋》,作于东汉强盛的明帝时期。赋中有不少替朝廷说教的成分,但同时也对长安、洛阳的山河形势、表里布局和雄伟气象作了具体描绘,有一些较有价值的史地资料和现实内容。而且在语言的运用上,排偶之中,音调和谐,极少奇僻的异体字,明畅顺达,无汉赋常见的臃肿涩滞之弊。张衡在《二京赋》中始终贯注着惩奢劝俭的立意主旨,揭露了统治者的骄奢淫逸,表现了进步的思想观点。该赋内容丰富多彩,凡山川城邑、宫殿苑囿、衣食乘舆、祷祀射猎、草木鸟兽等,无不搜罗,极尽铺陈,广泛地描写了汉代的城市生活、风俗民情,其中对各种杂技百戏的描写是研究汉代表演艺术的珍贵史料。

东汉中期以后,社会危机日益加深,文人们已无心润色鸿业,体制呆板的散体大赋开始被人们冷漠,抒情小赋开始成为创作的主流。它们一般是开门见山,直抒胸臆,体式短小精悍,风格明快真挚。

二是散文。汉代散文可分为论说文和历史散文两大类。论说文包括奏议、政论、书信、专著、杂文等众多体裁,它们或论政治,或谈学术,或批判社会风气,或抒发人生感触,大都与现实生活密切相关。不少作品感情充沛,议论透辟,形象鲜明,具有较高的艺术性,因而很受后人推崇。西汉时论说散文有:贾谊的《陈政事疏》、《过秦论》,晁错的《募民徙塞下》、《论贵粟疏》,董仲舒的《贤良对策》三篇,东方朔的《答客难》,桓宽的《盐铁论》,刘向的《使人上变事书》、《条灾异封事》,刘歆的《移让太常博士》,扬雄的《太玄》、《法言》、《解嘲》等。东汉时论说散文有:王充的《论衡》、王符的《潜夫论》、仲长统的《昌言》、崔寔的《政论》等。汉代的历史散文取得了更为引人注目的成就,以司马迁的《史记》和班固的《汉书》为代表,成为古代散文史上的两座高峰,受到后人的推崇和学习。

三是乐府民歌。"乐府"是掌管音乐的官署,始于秦。从汉武帝开始乐府兼有大规模采集民歌的职责。这些民歌虽经文人加工,但基本保持民歌的特色,因此是文学中的瑰宝。史载:"自孝武立乐府而采歌谣,于是有赵代之讴,秦楚之风,皆感于哀乐,缘事而发,亦可以观风俗,知薄厚云"①。汉代采诗的范围相当广泛,从《汉书·艺文志》所载的情况看,到汉哀帝时,共六十三篇,涵盖了北到燕、代、雁门、云中,西抵陇西,东至齐地,南达吴、

① 《汉书》卷三十《艺文志》,第1756页。

楚，遍及黄河上下、长江南北的广大地域。东汉时，朝廷继续派人到各地“观采风谣”，仍有大量民歌被收集起来。由于乐府民歌直接来自广阔的民间，具有“感于哀乐，缘事而发”的特点，所以在内容上十分真实而深刻地反映了当时丰富多彩的社会风貌，强烈地抒发了广大人民群众的内心情绪，表现出很高的思想性。汉代乐府民歌的语言质朴自然，生动活泼，洋溢着浓郁的生活气息，以其语浅意不浅、言近而能远、无意工而自工为历代诗家所倾倒。

汉代的艺术也取得了多方面的成就：一是绘画。汉代绘画，有壁画、帛画、木板画、漆画、石刻画等多种形式。壁画在汉代被广泛应用，当时的殿堂、衙署、驿站、墓室都有壁画。由于古建筑是木质结构，极易毁坏，建筑不存，壁画也就化为乌有。现在所能见到的壁画，主要是墓室壁画。汉墓壁画已发现不少，迄今已达三十余处，分布于东至山东，西迄甘肃，北到内蒙古，南达长江流域的广大地区。

壁画内容多是表现墓主人生前的显赫生活，较常见的有车骑出行图、饮宴百戏图、庖厨图等。如河南密县打虎亭的《乐舞百戏图》，是一幅长7.3米，高0.7米的巨幅壁画。画面的上边彩绘帐幔，其下绘百戏图，画的西边绘红地黑色帷幕，幕前绘有大案，上有朱色杯盘。案旁坐两人，身着长衣，似为墓主人宴饮景象，两边各绘一排穿着不同颜色袍服的贵族人物坐在席上宴饮作乐，同时观看百戏。绘画之细致，竟连席前的杯盘碗筷都画得清清楚楚。帷幕两侧各绘四个衣着不同的侍者，或跪或立。百戏由民间艺人表演，有跳丸、盘舞、吹胡角、耍折棍等多种姿态，场面紧张热烈，色彩富丽，结构严谨，体态生动，线条流畅，真实生动地描绘了贵族地主的生活图景①。棒台子屯汉墓壁画的《庖厨图》，画厨房中忙碌的景象。有的在俎上切肉，有的坐炉旁烤肉或脱鸭毛及洗涤器皿。厨房内陈列有双釜长方灶，木橱、壶、盆、案、筐、笼等各种用具，横枋上悬挂龟、兽首、鹅、雉、鸟、猴、鱼、小猪等，可谓“百态俱陈”。

描绘在木板上的画像为木板画。近年来在甘肃、江苏等地屡有出土。如在江苏扬州邗江胡场汉墓，出土两件木板画：《人物图》和《墓主生活图》。《墓主生活图》长四十七厘米，宽四十四厘米。上部有四个人：左边一人坐在榻上，身躯高大，衣施金粉，当为墓主人形象，其余三人或跪或立，拱手施

① 《密县打虎亭汉代画像石墓与壁画墓》，《文物》1972年第10期。

礼。下部是宴乐场面：帷幕下有一人坐于床榻，前置几案，案上有杯盘，侍女或跪或立于后。绘有艺人表演的场面，或倒立，或反弓，彩衣飘举，姿态优美。还有乐队伴奏，有人击钟磬，有人吹笙，有人弹瑟。另有宾客在旁，亦各具情态。整个画面主题突出，疏密有致[①]。

两汉的漆画作品很多，其中有不少精品。如在江苏连云港市海州西汉墓的漆器中，有一件漆奁上，彩绘了不同姿态的三个人物，头顶均束发，系帕头，衣右衽长袖袍。一人奏乐，一人舞蹈，一人坐听。用黑漆勾绘人物形象，线条流畅，色彩鲜艳调和。武威磨嘴子西汉墓出土漆樽上，有一幅舞蹈图，画面上有一男二女起舞，男子扬带，二女旋转而舞。舞姿优美，动作轻盈潇洒。用笔精细，线条流畅，色彩绚丽。

汉代的绘画内容十分丰富，"从幻想的神话中仙人们的世界，到现实人间贵胄们的享乐观赏的世界，到社会下层的劳动者艰苦耕作的世界。从天上到地下，从历史到现实，各种对象，各种事物，各种场景，各种生活，都被汉代艺术界所注意，所描绘，所欣赏。上层社会求仙、祭祀、宴乐、起居、出行、狩猎、仪仗、车马、建筑以及辟鬼、禳灾、庖厨等等。下层庶民有收割、冶炼、屠宰、打柴、舂米、扛鼎、舞刀、走索、百戏等等。各种动物对象，从人们驯服饲养的猪、牛、狗、马，到为人所猎取捕获的雁、鱼、虎、鹿等等。各种人兽争斗，兽兽格斗，如持矛刺虎、虎熊相斗、虎吃大牛等等。如果再联系上面讲的神话——历史故事，幻想的龙凤图腾等——这不正是一个马驰牛奔、鸟飞鱼跃、狮吼虎啸、凤舞龙潜、人神杂陈、百物交错，一个极为丰富、饱满、充满着非凡活力和旺盛生命而异常热闹的世界么?"[②]汉代画家辈出，"或供奉帝室，黼黻典章；或隐身工匠，粉饰金石；或颂德业，或表学行，或扬同烈；大而宫殿门壁之类，小而经史文籍之属，无不可以图写，可谓盛矣！"[③]

二是书法。汉代是汉字书法发展史上关键性的一代。从汉字形体发展看，汉代仍应用着小篆，但占统治地位的是隶书。这一时期，在隶书定型化的同时草书、行书、楷书也应运而生。

西汉早期的隶书仍受秦隶的影响，显得古拙，被称为古隶，直到西汉晚期才完成转变，发展为带波挑、波磔、结体呈横势扁方的今隶，也称汉隶。

---

① 《扬州邗江县胡场汉墓》，《文物》1980年第3期。

② 李泽厚：《美学三书》，安徽文艺出版社，1999年版。

③ 潘天寿：《中国绘画史》，上海人民美术出版社，1983年版，第16—17页。

西汉传世石刻较少，其中最有代表性的作品是《五凤刻石》和《莱子侯刻石》。《五凤刻石》刻于宣帝五凤年间。共十三个字，以形体结构论，已是隶书。笔道圆浑沉稳，但是其中两个“年”字却垂笔拖长且重按结束，取纵势，使整幅字的章法有了较大的跌宕起伏。

西汉帛书、竹木简书迹，亦是极珍贵的书法作品。帛书以湖南长沙马王堆三号汉墓出土的《老子》甲、乙本及古佚书为最精。书体属古隶，字形大小参差错落有致；结字或取纵势、或取横势，舒展自由；纵有行横无列，行气疏朗而又气韵连贯。竹木简重要的作品有1972年山东临沂银雀山汉墓出土的竹简、1975年湖北江陵凤凰山一百六十八号汉墓出土的竹简等。这些竹木简牍书法直接继承了秦隶的传统，写得浑厚质朴，而又仪态万千。

东汉书法艺术走向繁荣，留下的碑刻、金文、砖文、印章文字，以及篆、隶、楷、行、草诸体皆备的竹木简牍丰富多彩，琳琅满目。东汉时树碑立传之风特盛，贵族官僚用以颂扬自己的功德；汉代统治者利用碑刻来刻写儒家经典，进行教化，因此所遗碑刻最多，最精湛。东汉仍是以隶书为轴心的时代，隶书大为风行并发展到顶峰。

东汉石刻书法作品众多，传世的碑刻、拓片达一百七十余种。多为隶书作品，风格多样。一为典雅工整、法度谨严的。如《史晨碑》、《华山庙碑》、《熹平石经》等。这类作品字体均极工整，中规入矩，一丝不苟。二为舒展峭拔，烂漫多姿的。如《石门颂》、《杨淮表记》、《三老讳忌日记》等。这类作品用笔奔放不羁，纵逸有致。三为古朴厚重、茂密雄强的。如《裴岑纪功碑》、《西狭颂》、《张迁碑》、《衡方碑》等。这一类碑刻，总的特点是体方笔拙，笔力遒稳，气派宏大，浑厚雍容。四为清癯劲挺的。如《礼器碑》、《武梁祠题字》等。《礼器碑》刻于桓帝永寿年间。笔道瘦劲且有轻重变化，有弹性和韵律。结体紧密又能开张舒展，斜中见正，一字重出者名不雷同。

可以说，书法在汉代已成为了一门独立的艺术，涌现出了一批颇有成就的书法家，并出现了专门论述书法艺术的专著，著名的有崔瑗的《草书势》，蔡邕的《篆势》、《笔论》等。

随着文化积淀日益丰厚，到东汉中后期，文学艺术逐渐雅化并成流行之势。士大夫多博学能文，雅擅术艺。如郦炎“有文才，解音律”[①]。蔡邕

① 《后汉书》卷八十下《文苑列传·郦炎传》，第2647页。

"好辞章、数术、天文,妙操音律"[①]。从史书著录文学体裁来看,这一时期文学作品比重的增大,显示出一时盛况。据《后汉书·文苑传》记载,当时文人的创作已包括诗、赋、颂、箴、碑、诔、笺、书、谒文等多种体裁。王符《潜夫论·务本篇》描述了当时士人普遍好文的风尚:"今学问之士,好语虚无之事,争著雕丽之文,以求见异于世,品人鲜识,从而高之,此伤道之实。……今赋颂之徒,苟为饶辩屈蹇之辞,竞陈诬罔无然之事,以索见怪于世,愚夫戆士,从而奇之,此悖孩童之思,而长不诚之言者也"。作为艺术化的书法,也成为士子们竞相摹习的对象。对此赵壹在《非草书》中称:"余郡士有梁孔达、姜孟颖者,皆当世之彦哲也,然慕张生之草书,过于希颜、孔焉。孔达写书以示孟颖,皆口诵其文,手楷其篇,人撰一卷,以为秘玩。……钻坚仰高,忘其疲劳,夕惕不息,仄不暇食。十日一笔,月数丸墨;领袖如皂,唇齿常黑。虽处众坐,不遑谈戏,展指画地,以草刿壁。臂穿皮刮,指爪摧折,见腮出血,犹不休辍"。正是由于文化思潮的嬗变,那些原先被视为"小道"、"末技"的文学、艺术日益受到人们的重视,出现了专攻才艺的现象,并且人数不断增多,社会影响也渐趋扩大,这就为文艺专门教育的产生,提供了条件。

二、文化对教育目标的制约

一定社会政治、经济、意识形态发展的需要,是一定时代教育的出发点和依据。教育的目标不仅与社会政治、经济的发展相联系,而且与整个社会的价值观念相互依存。社会的价值观需要通过社会教育来维持和体现,教育的目标则服务于社会的价值观,尤其是居社会统治地位的价值观。儒学的价值观以重义轻利、以义制利为特征;儒家的政治理想以实现"仁政"、"德治"为目标,与此相应,便是以"求仁"、"明人伦"作为教育的目标。以既培养出能够实行"仁政"、"德治"的统治者,又教育包括士人在内的社会成员为宗旨。

按照社会学的观点,文化是人们适应和改造环境的生存方式和手段,其功能在于帮助人们去适应和改造他们周围的环境。它告诉人们,在适应和改造环境的过程中,怎样的生存方式是可取的,怎样的生活方式则是不

---

① 《后汉书》卷六十下《蔡邕传》,第 1980 页。

可取的。为此,文化要塑造出自己的理想角色,它昭示人们,人生活在世界上应该追求怎样的人生目标,应该有怎样的理想和信仰,什么样的行为是正当的,是应该去做的;什么样的行为则是不正当的,是应该禁止的,而作为一个合格的社会成员又应该具备什么样的知识和修养。社会的教育目标,即是对该社会文化塑造出来的理想角色的摹写。

孔子认为,教育的目标是为了培养能够推行“德治”的君子贤人,把道德教育居于教育的首位。他说:“弟子入则孝,出而悌,谨而信,泛爱众,而亲仁。行有余力,则以学文”[①]。把学问事业之道视作为人之道。同时还要以“仁”的思想来“教民”,使之“志于仁矣,无恶也”[②]。孟子提出教育目标在于培养能够明人伦的士君子。他说:“设为庠序学校以教之。庠者养也,校者教也,序者射也。夏曰校,殷曰序,周曰庠,学则三代共之,皆所以明人伦也。人伦明于上,小民亲于下”[③]。他所指的人伦是:“父子有亲,君臣有义,夫妇有别,长幼有序,朋友有信”[④]。为了使这五伦深入人心,把仁、义、礼、智等道德都从属于孝悌。他说:“仁之实,事亲是也;义之实,从兄是也;智之实,知斯二者弗去是也;礼之实,节文斯二者是也;乐之实,乐斯二者”[⑤]。这就是说教育的目标就是培养孝悌。《大学》把教育目标概括为:“大学之道,在明明德,在亲民,在止于至善”。所谓“明明德”就是要“修己”,亦即“明人伦”。“亲民”就是以德治、仁政的精神去感化、治理民众,即通过对民众进行教化,使其成为“新民”。“至于至善”就是使整个社会达到理想的至善至美的境地,“为人君,止于仁;为人臣,止于敬;为人子,止于孝;为人父,止于慈;与国人交,止于信”[⑥]。

总之,儒家的教育目标,可以概括为如下几点:其一,教育既要培养建国君民的治术人才,又要对一般民众进行教化,达到化民成俗的效果,而作为学校教育,仍以培养治术人才为主体。其二,治术人才的培养要从“修己”的工夫和“治人”的本领两方面提高,而“修己”是基础和前提,“治人”是结果和目的,培养的重点放在“修己”上。其三,在“修己”的工夫上德行和

① 《论语·学而》,《四书五经》,第 9 页。
② 《论语·里仁》,《四书五经》,第 12 页。
③ 《孟子·滕文公上》,《四书五经》,第 48 页。
④ 《孟子·滕文公上》,《四书五经》,第 49 页。
⑤ 《孟子·离娄上》,《四书五经》,第 56 页。
⑥ 《大学》,《四书五经》,第 1 页。

道艺都很重视,而以德行为主①。

由于汉代以儒学作为官学,儒家关于教育目标的主张便成为当时社会教育的指导思想。如董仲舒即主张统治者应当“以教化为大务”,既要“兴太学,置明师,以养天下之士”②,培养一批治术人才,又要以教化作为堤防,防止民众有“越轨”的思想和行为,即要“以仁安人,以义正我”③。仍然是“明人伦”以“修己治人”的思想。

三、文化对教育内容的制约

儒家文化是一种伦理型文化,它的注意力大部分都放在了人与人之间的人伦关系上,道德至上是它的信条。在这种文化背景下生长出的教育必然是一种强调德育的道德型教育,它将道德灌输视为教育内容中最根本的东西。

儒家仁智统一的认识论对教育内容产生了重要影响。仁智统一即认识论和伦理学的统一,这一儒家认识论的传统是由孔子奠定的。“樊迟问仁,子曰:‘爱人’。问知,子曰:‘知人’”④。“仁者安仁,知者利仁”⑤,孔子明确地把“知”的任务规定为认识人与人之间的伦理关系,认为有了这种“知”,就会利于人的行“仁”。因而他所说的“学”和“思”,是以人伦关系为主要内容的:“学以致其道”⑥,这里的“道”即指道德原则;“言思忠,事思敬,……见得思义”⑦,“忠”、“敬”、“义”均是“仁”的具体化。孔子还说:“多闻,择其善者而从之,多见而识之”⑧。无论是感性认识(“多闻”、“多见”),还是理性认识(“识”),都同道德判断(“善”)难分难解。至于“今吾于人也,听其言而观其行”⑨,则把知行合一的认识论命题和言行一致的道德要求合而为一了⑩。

① 毛礼锐主编:《中国教育史简编》,教育科学出版社,1984 年版,第 246 页。
② 《汉书》卷五十六《董仲舒传》,第 2512 页。
③ 《春秋繁露·仁义法》,第 314 页。
④ 《论语·颜渊》,《四书五经》,第 23 页。
⑤ 《论语·里仁》,《四书五经》,第 12 页。
⑥ 《论语·子张》,《四书五经》,第 33 页。
⑦ 《论语·季氏》,《四书五经》,第 30 页。
⑧ 《论语·述而》,《四书五经》,第 16 页。
⑨ 《论语·公冶长》,《四书五经》,第 13 页。
⑩ 崔宜明等著:《中国传统哲学与教育》,上海教育出版社,1995 年版,第 3—4 页。

随后孟子、荀子、董仲舒等都是坚持了认识论和伦理学统一的儒家传统。董仲舒说:“仁而不知,则爱而不别也;知而不仁,则知而不为也”[①]。没有理智,仁爱就会成为无分别地爱所有的人;没有仁爱,理智不会自动转化为道德行为。因此,仁要以智为条件,智要以仁为指归,二者相辅相成,不可分离。冯契指出:“儒家作为一个总体来看,共同的观点……在于强调不能离开人和人之间的伦理关系来讲‘天人之际’。就这一点说,从孔、孟、荀到程、朱、陆和王夫之、戴震等,都是一致的。孔子提出仁智统一学说,就是要在社会伦理关系中来培养理想人格。仁智统一,意味着人道(仁爱)原则和理性原则的统一,伦理学和认识论的统一。孔子讲认识论主要是讲伦理学(“知人”),而讲伦理学也是着重从认识论角度来考虑(“未知,焉得仁?”)。这里也包含着这样的意思:人的道德规范是根据理性原则来的;真正的道德行为是自觉的,而这种自觉性来源于理性认识;正是根据这一点,人可以通过教育和修养而成为有道德的人”[②]。

儒家仁智统一的认识论传统,把以求真为目的之认识论和以明善为目的之伦理学有机地统一起来,使认识论从一开始就和人的德行培养相联结,并强调了道德行为以理性自觉为前提,因而具有一定合理性。但也存在着不足之处:忽视对自然界的研究;将真归于善,对价值的评价(善)高于对事实的认知(真)。

仁智统一的认识论反映在教育内容上,就是重伦理道德,轻科学技术。《论语》记载:“子以四教:文、行、忠、信”[③]。文就是指诗书礼乐,除了有部分美学功能的诗、乐以外,主要的都是人伦道德教育。孔子自己对教育内容规定的例子有:“子曰:‘从我于陈、蔡者,皆不及门也。德行:颜渊,闵子骞,冉伯牛,仲弓。言语:宰我,子贡;政事:冉有,季路;文学:子游,子夏。’”[④]子曰:“兴于《诗》,立于礼,成于乐。”[⑤]可见孔子所谓教育,都是重在人伦道德的内容。《论语》出现过自然事物名称与关于自然现象的知识有五十四例,但全书四百九十二条一万两千七百字,却没有一个命题是为

---

① 《春秋繁露·必仁且智》,第325页。
② 冯契:《中国古代哲学的逻辑发展》(上册),上海人民出版社,1983年版,第49页。
③ 《论语·述而》,《四书五经》,第16页。
④ 《论语·先进》,《四书五经》,第21页。
⑤ 《论语·泰伯》,《四书五经》,第21页。

自然现象本身而发的,所有的自然事物与自然现象的认识都是用作“观物比德”,借自然之物来比喻人生的哲理导出政治、道德的结论。即使是学诗,也主要是因为它的伦理教育功能:“《诗》,可以兴,可以观,可以群,可以怨。迩之事父,远之事君”①。而“多识于鸟兽草木之名”②只是附带一提。

孔子规定的教育内容,从此一直被古代教育奉为正统。汉代独尊儒术,当然更不例外。董仲舒甚至将对于鸟兽草木等自然事物的认识也完全排斥于教育之外了。他说:“能说鸟兽之类者,非圣人所欲说也。圣人所欲说,在于说仁义而理之,知其分科条别贯所附,明其义之所审,勿使嫌疑,是乃圣人之所贵而已矣。不然,传于众辞,观于众物,说不急之言而以惑后进者,君子之所甚恶也。奚以为哉？圣人思虑不厌,昼日继之以夜,然后万物察者,仁义矣。由此言之,尚自为得之哉！故曰:于乎！为人师者可无慎邪？夫义出于经,经传,大本也”③。认为圣人的本意在于“说仁义”,如果曲解的话,就会沉溺于具体事物及概念之中,为人师者必须十分慎重,要以经传作为教学的“大本”,这样就将儒家经学的研习置于不可稍有忽视的首要地位。教育的全部内容和作用在于使人具有自觉的道德理性,科技知识的传授没有丝毫地位。

在科技教育本身的内容方面,儒家仁智统一的认识同样起着支配作用。这种支配作用具有两重性:一方面,真善相通的运思倾向,使得中国传统科学技术教育具有认知和评价相结合,理论知识和实践技艺相结合的优点;另一方面,由于真从属于善,对于评价的过分强调使得传统科技教育带有工具化、实用化的缺陷。这不仅表现在传统科学最为发达的领域就是实用性较强的农学、医学、天文学、数学;而且表现在这些实用性较强的学科也侧重于研究实际的运用,如天文学中的历法,数学中的计算④。

汉代在天文、数学、医学、地理学、农学等方面均取得了很高的成就,达到了新的水平。

在天文学方面。先后出现了太初历、三统历、四分历和乾象历等较为精密的历法。太初历首次提出了以没有中气的月份为闰月的原则,把季节

① 《论语·阳货》,《四书五经》,第31页。
② 《论语·阳货》,《四书五经》,第31页。
③ 《春秋繁露·重政》,第167页。
④ 崔宜明等著:《中国传统哲学与教育》,上海教育出版社,1995年版,第7—9页。

和月份的关系调整得十分合理，这个方法在农历中一直用到现在；测定了五颗行星的会同周期；提出了一百三十五个朔望月中有二十三个食季的食周概念；综合了气朔、闰法、五星及交食周期等各项内容。这些都为后世历法树立了范例。同时出现了探索宇宙奥妙的盖天说、浑天说、宣夜说等天体理论的争鸣。最为杰出的是大科学家张衡，他曾“入京师，观太学，遂通《五经》，贯六艺”，“尤致思于天文、阴阳、历算”①。他曾制浑天仪，推测星辰的出没移动，皆甚准确。并作地动仪，测验地震，亦很应验。欧洲约在一千七百年后才有地震仪。

在数学方面，汉代出现了我国较早的一批数学专著，见于《汉书·艺文志》著录的《杜忠算术》、《许商算术》两部数学书，早已失传。现在传世的有《九章算术》九卷，它是经西汉张苍、耿寿昌等人的修订，约在公元1世纪成书，标志着我国古代以算筹为工具，具有自己独特风格的数学体系形成。《九章算术》内容涉及算术、代数、几何等方面，有着辉煌的成就：是世界上最早对分数运算详加叙述的著作，讲述了约分、通分、比较两个分数的大小、分数的加减乘除四则运算等；在世界上第一次引入了负数的概念，并利用正、负数的概念进行计算；书中记载的开平方、开立方和在此基础上求解一元二次方程、联立一次方程的解法，要比欧洲同类算法早一千五百多年。《九章算术》在我国古代数学的发展中起着承前启后的作用，它一直是人们学习数学的重要教科书。后世许多著名的数学家都曾对《九章算术》进行注释工作，并在这些注释工作中不断引入新的数学概念和方法，从而推动中国古代数学不断向前发展。英国学者李约瑟指出：“《九章算术》是数学知识的光辉集成，它支配着中国计算人员一千多年的实践”②。

在医学方面，《汉书·艺文志》中由侍医李柱国整理的医书，已有“医经七家，二百一十六卷。……经方十一家，二百七十四卷”。汉初名医淳于意给人看病时，注意把患者姓名、性别、职业、地址、病名、病因、症状、治疗、疗效等，皆作详细记录，这是我国最早见于文献记载的医案。其体例内容，实为后世病历的创始。东汉时，出现了中国现存最早的药物学著作《神农本草经》。该书共收药物三百六十五种，根据药物的性能和使用目的之不同，

① 《后汉书》卷五十九《张衡传》，第1897页。

② 李约瑟：《中国科学技术史》(第三卷)，科学出版社，1990年版，第342页。

又分上、中、下三品。这是我国药物学的最早分类法，以后历代的药物著作，即沿用此法。并且此书对每一味药的产地、性能、采集和主治的病症，都有详细的记载。这些为我国药物学的发展奠定了基础。东汉医学家张仲景，广泛征集方剂，总结前代经验，结合医疗实践，写成《伤寒杂病论》一书。该书总结了诊断和治疗两方面的经验，在诊断方面：辨明症状时，先分析阴、阳，由阴、阳而辨明表里、虚实、寒热，这就是中医诊断学上的八纲。在治疗方面，他用汗、吐、下、和、温、清、补、消概括了各种症状和疗法。这八种疗法可以根据不同的病情，或单独使用，或互相配合应用。《伤寒杂病论》将《内经》论述的医学理论与临床实践密切结合起来，确立了中医学的辩证论治法则，为中医学开辟了稳步发展的道路。此书"自宋以来，医家奉为典型，与《素问》、《难经》并重"①。至今仍指导着中医学的临床实践。华佗是东汉时另一名医，已能使用麻醉剂进行复杂的外科手术。据记载："若疾发于内，针药所不能及者，乃令先以酒服麻沸散，既醉，无所觉，因刳破腹背，抽割积聚。若在肠胃，则断截湔洗，除去疾秽，既而缝合，敷以神膏，四五日创愈，一月之间皆平复"②。他还提倡用五禽戏来防治疾病，模仿动物的活动姿态进行体育锻炼，这可以说是世界上最早的健身操。

汉代科学具有明显的实用性。如司马迁对著《史记·天官书》之目的曾有过详尽阐述，概括起来就是通过星象变化来判断和预测人间政治的得失，从而使最高统治者能以自己的"修德"、"修政"、"修救"、"修禳"等行为来保持政权的稳定，并对那些意外事件有所防范。《天官书》构建了一个占星体系，其占法是为了用于人事，因而是一个实用体系：指出天象所占之事但并没有探讨为什么此天象与该事有联系。《九章算术》在算术和代数方面见长，擅长计算而不讲究逻辑证明，注重实用而理论性不强。《九章算术》二百四十六题的解法大都是正确的，但"术"文中没有写出问题所依据的理论，更不用说理论的逻辑证明了。《九章算术》共分方田、粟米、衰分、少广、商功、均输、盈不足、方程、勾股等九章，以问题集的方式编写，可以说是官员处理计算田亩、征收粮食等实际问题的实用算术手册。正如有的学者所指出：《九章算术》"是当时政府为了适应培养行政官员的需要而由国

① 《四库全书总目》卷一〇三《子部·医家类》，中华书局，1965年版，第857页。

② 《后汉书》卷八十二下《方术列传·华佗传》，第2736页。

家组织力量编纂的一部代表时代水平的数学教科书”[1]。既然编纂的目的是适应需要，当然要按应用系统化，成为一种适用的体系。

《汜胜之书》给出的就是一个实用体系，把农学表述为生产操作的程序体系。而且从具体问题的阐述上也表现出强烈的实用性。书中探讨了十三种作物的栽培，例如，关于种表：“种麦得时，无不善。夏至后七十日，可种宿麦。……麦生，黄色，伤于太稠。稠者，锄而稀之。秋，锄；以棘柴耧之，以壅麦根。……冬雨雪，止，以物则蔺麦上，掩其雪，勿令从风飞去。后雪复如此。则麦耐旱多实。至春冻解，棘柴曳之，突绝其干叶。须麦生，夏锄之。到榆荚时，注雨止，候土白背，复锄。如此，则收必倍”。即对作物的研究，多注重于栽培、管理方法上的研究，主要探讨的是如何种植、收获。关于作物自身的性状、生理机制、形体结构则不在研究之列。因而是为管理农业者甚或农业生产者提供实用知识的[2]。

实用性对汉代科学起了一定的促进作用，使科学与实践有密切的联系，因而能随实践的发展而发展，同时由于用科学能较好地解决社会生活提出的问题，因而提高了人们学习、教授科学的兴趣。汉代通天文历算的甚多，如董仲舒、京房、翼奉、许商、刘歆、刘瑜、韩说、薛汉、李固、马融、郑玄、贾逵、何休等人都是。实用性对其时科学亦有消极作用，如未能形成理论科学即与此有关。

四、文化对教育方法的影响

自汉代独尊儒术之后，封建统治者把孔孟之道奉为神圣的教条，将儒家的一些著作视作经典，认为在这些经典中已具备了所有的真理，后来者只能对这些经典进行注释，决不允许离经叛道。在这种思想支配之下，汉代读书人不断地读经、注经、讲经，在教育方法上，表现为注经传统。

汉代经学研究和传授的主要形式是章句之学。章句即为分章节、断句读。汉初在搜集、整理失散的经籍过程中，章句之学兴起。史载：“自六经焚于秦而复出于汉，其师传之道中绝，而简编脱乱讹缺，学者莫得其本真，于是诸儒章句之学兴”[3]。章句实际上就是经籍教学的讲义，经师按照经

① 李继闵：《九章算术及其刘徽注研究》，陕西人民教育出版社，1990年版，第16页。
② 孙宏安：《中国古代科学教育史略》，辽宁教育出版社，1996年版，第300－301页。
③ 《新唐书》卷五十七《艺文志》，中华书局，1975年版，第1421页。

文的篇章结构，逐字逐句进行解说，就形成了自己的一套章句。汉代各经学学派大体上都有自己的章句，如《易》有施、孟、梁丘章句，《书》有欧阳、大小夏侯章句，《春秋》有公羊、穀梁章句等。章句之学主要是为传授服务，一般比较通俗，而且层次清楚，注重对经籍整体结构的分析。其内容可以是字词的训释，或是典故的考据，或是义理的阐发，还可以旁征博引，进行比较对照，或抒发经师自己的感受、见解。可见章句之学包容量极大，虽往往失之于支离、烦琐，但毕竟能在一定程度上体现经师个人的治学成就和风格，较好地帮助学者领会理解经籍的内容和含义，故得到了广泛的采用①。

注经传统，对教育的影响，既有积极的方面也有消极的方面。从积极方面来讲，是保证了教育传递文化的功能。五经成为各类学校的主要教材和考试内容，就使得以经学为主干的华夏文化得以代代相传。从消极方面来看，注经传统实际上将教育者和受教育者都置于经学独断论的价值体系之中。一切最高真理都已被记载在经典之中，后人只要将其阐发出来，并严格遵照执行就可以完事。这样就极大地束缚了人的创造性的发挥。读经注经传统造成了强调死记硬背的教育方法，出现了死读书、读死书、读书死的严重流弊。

总之，汉代文化给与教育以多方面的影响，教育的目标、内容、方法等都受到了当时文化的制约，当然主要是受到主流文化——儒家文化的影响。由于儒家重视教育，因而在这种文化背景下，对推动教育的广泛开展和不断发展，显然具有积极的作用。但由于儒学被推崇到独尊的地位，这就使学校教育内容被限定在经学的狭小范围之内，严重影响了科学技术知识的传授，不利于个人的全面发展。王充曾指出："章句之生，不览古今，论事不实"②。即使毕生苦读，也不过是鹦鹉学舌罢了。专攻书本知识也带来许多弊病，最突出的问题就是学习脱离实际生活，"两耳不闻窗外事，一心只读圣贤书"。认识往往限于主观的判断和推理，而忽视客观的考察和实证。

---

① 李国钧、王炳照主编：《中国教育制度通史》（第一卷），山东教育出版社，2000 年版，第 282 页。

② 《论衡》卷十三《别通篇》，第 206 页。

第二节 教育的文化传递、传播功能

文化传递是文化的世代相接，是文化在时间上的延续。文化的传播是文化从一个区域到另一个区域的扩散，是文化在空间上的流动。文化的发展是通过传递、传播而实现。由于文化具有独立于人的生物肌体之外的特点，因此它具有可传递、可传播性，一代人的文化可以传递给另一代人，一个区域群体、个人的文化可以传播为另一区域群体、个人所享有。也正是因为传递与传播，文化得以储存积累，这种储存积累不仅是同质文化在数量上的增加，同时也是一种新文化的创造。在文化传递、传播的过程中，一方面把经验、知识、技术、思想、理论、方法等文化传给他人，另一方面，接受这种文化的人，在原有文化的基础上又通过自己的实践，不断补充、发展、丰富原有的经验、知识、技术、思想、理论、方法等，进行新文化的创造和积累。人类文化就是在不断传递中使旧文化得以保存，新文化得以增加，文化在传递、传播的运动中发展，使文化越来越丰富，越来越多样①。文化的传递、传播离不开最广泛意义上的教育，学校对传递、传播文化确实起了重要的作用，但广大的下层人民并非都有受教育的机会，因而他们对文化观念与知识的获得，更多的是通过口耳相传以及风尚仪式等非学校教育。

一、文化的传递要靠教育

人类的每一个体不是依赖遗传而获得文化，而是通过社会的传授和个人的学习掌握社会文化和生存技能，由一个自然的人变为一个社会的人，从而成为一名合格的社会成员。教育作为社会化的一种形式，自然具有传递文化遗产的功能。人活在世上总是追求着一定的目标，人在生活中所追求的目标以及他对周围世界的评价构成所谓价值文化。此外，人生存于社会，也不是绝对自由的，他的行为要受到各种准则的制约，这种准则便是所谓规范文化。不掌握基本的价值文化和规范文化，一个人就不可能成为合格的社会成员，德育就是传递价值文化和规范文化的过程。作为一个合格的社会成员，还要掌握必需的知识，而智育就是通过教育者向被教育者传

① 鲁洁:《教育社会学》，人民教育出版社，1990 年版，第 155 页。

授文化知识的过程。

1.儒家文化的传递离不开教育

汉武帝罢黜百家,独尊儒术,儒家经学占据了意识形态领域的统治地位,从此,儒家经学在封建政治势力的扶持下高踞堂庙,成为封建社会不可逾越的教条。当时,从君臣的议事论政,到吏卒的决狱办案,从朝廷的设策取士,到郡县的举廉察孝,从农学的从师受业,到私塾的下帷讲诵,等等,凡涉及经济、政治、军事、外交策略的制定,或有关思想文化道德观念的教育,都开始由“百家”转向“一尊”,逐渐形成了言必称“三代”,事必法“先王”,引经据典,尊儒用儒的局面①。

作为价值文化和规范文化的儒家经学,其传递主要是通过教育的途径。当时官学讲授的内容是清一色的经学,私学中的绝大部分也是以经学为主要内容的,而在社会教育中同样可以看到经学的影子。随着各类教育的广泛开展,经学日益深入人心,成为规范人们的行为,维持封建统治的重要工具。

汉代儒家五经的传授系统,就在相当程度上反映了教育在文化传递中的作用。

《诗》的传授。《诗》的传授在汉初即以地域为特征,分为鲁、齐、韩三家,均是官方经学。另有毛公一家,在赵地传授。《鲁诗》的开创者是申培公,“文帝时,闻申公为《诗》最精,以为博士”②。景帝时,他辞官回到家乡,居家教授,一时间“弟子自远方受业者千余人”③,影响甚大。申培的弟子中,任博士者十余人,“孔安国至临淮太守,周霸至胶西内史,夏宽至城阳内史,砀鲁赐至东海太守,兰陵缪生至长沙内史,徐偃为胶西中尉,邹人阙门庆忌为胶东内史。其治官民皆有廉节,称其好学。学官弟子行虽不备,而至于大夫、郎中、掌故以百数”④。其中“瑕丘江公尽能传之,徒众最盛,及鲁许生、免中徐公,皆守学教授”⑤。瑕丘江公、许生以《鲁诗》授韦贤,韦贤授其子玄成及兄子赏,“由是《鲁诗》有韦氏学”⑥。韦贤父子均以明经而位

① 汤志钧著:《西汉经学与政治》,上海古籍出版社,1994 年版,第 83 页。
② 《汉书》卷三十六《楚元王传》,第 1922 页。
③ 《汉书》卷八十八《儒林传·申公传》,第 3608 页。
④ 《汉书》卷八十八《儒林传·申公传》,第 3608 页。
⑤ 《汉书》卷八十八《儒林传·申公传》,第 3608 页。
⑥ 《汉书》卷八十八《儒林传·申公传》,第 3609 页。

至丞相。徐公及许生授王式，王式为昌邑王师。王式授张长安、唐长宾、褚少孙，三人皆为博士，“由是《鲁诗》有张、唐、褚氏之学”[1]。张长安授其兄子张游卿，张游卿授元帝，又授许曼，许曼为博士，“由是张家有许氏学”[2]。东汉初《鲁诗》的著名学者，有“闭门诵习，不交僚党，京师称之”[3]的魏应，有“闭户讲诵，绝人间事，兄弟皆为诸儒所称”[4]的鲁恭、鲁丕等。

《齐诗》开创者是齐人辕固生，景帝时为博士，后为清河王太傅，授夏侯始昌。夏侯始昌授后仓，后仓为博士，撰有《后氏故》二十卷、《后氏传》三十九卷。后仓授翼奉、萧望之、匡衡。萧望之官至前将军光禄勋领尚书事。匡衡官至博士、丞相，善说《诗》，被赞为“无说《诗》，匡鼎来；匡说《诗》，解人颐”[5]。匡衡授师丹、满仓君都、伏理。师丹官至大司马、大司空。满仓君都授张邯、皮容，二人“皆至大官，徒众尤甚”[6]。伏理授成帝，家世传业。《齐诗》有翼、匡、师、伏之学。东汉时伏氏学又有发展。伏理子伏黯“以明《齐诗》，改定章句，做《解说》九篇”[7]。伏黯子伏恭又将章句减省为二十万字。“敦修学校，教授不辍，由是北州多为伏氏学”[8]。此外，习《齐诗》者尚有任末、景鸾、陈纪、荀爽等。

《韩诗》开创者是燕人韩婴，文帝时为博士，景帝时任常山王太傅。他“推诗人之意，而作《内外传》数万言”[9]，当时燕、赵间言《诗》者，均出于韩婴的传授。韩婴弟子有贲生、赵子。赵子授蔡义，蔡义授昭帝，官至丞相。蔡义又授食子公、王吉，二人皆为博士。食子公授栗丰，王吉授长孙顺，长孙顺为博士，“由是《韩诗》有王、食、长孙之学”[10]。栗丰授张就，长孙顺授发福。张、发二人“皆至大官，徒众尤盛”[11]。东汉时《韩诗》学，“不仅学者众多，天子、后妃、宗室亦多有习‘韩诗’者。东汉韩诗学者，见于《后汉书·

① 《汉书》卷八十八《儒林传·王式传》，第3610页。
② 《汉书》卷八十八《儒林传·王式传》，第3611页。
③ 《后汉书》卷七十九下《儒林列传·魏应》，第2571页。
④ 《后汉书》卷二十五《鲁恭传》，第873页。
⑤ 《汉书》卷八十一《匡衡传》，第3331页。
⑥ 《汉书》卷八十八《儒林传·辕固传》，第3613页。
⑦ 《后汉书》卷七十九下《儒林列传·伏恭传》，第2571页。
⑧ 《后汉书》卷七十九下《儒林列传·伏恭传》，第2571页。
⑨ 《汉书》卷八十八《儒林传·韩婴传》，第3613页。
⑩ 《汉书》卷八十八《儒林传·韩婴传》，第3614页。
⑪ 《汉书》卷八十八《儒林传·韩婴传》，第3614页。

儒林列传》者，薛汉、杜抚、澹台敬伯、韩伯高、赵晔、杨仁、任安、召驯；见于《方术列传》者，廖扶、唐檀、公沙穆；见于《文苑列传》者，夏恭；《后汉书》、《三国志》别自有传者，廉范、郑玄、崔琰、张纮、郅恽、杜琼、李恂、杜乔、冯绲、刘宽、梁商、韦著、尹勤、朱勃、冯良、张恭祖、濮阳闿；见于他处者，王阜、陈嚣、侯苞。汉末经学大师郑玄早年也曾从张恭祖受'韩诗'"[1]。东汉《韩诗》传习很盛。如薛汉"世习《韩诗》，父子以章句著名"，"教授常数百人。建武初，为博士，受诏改定图谶。当世言《诗》者，推汉为长"[2]。弟子杜抚定《韩诗章句》，所作《诗题约义通》，学者传之，弟子千余人。赵晔，"诣杜抚受《韩诗》，究竟其术。……著《吴越春秋》、《诗细历神渊》。蔡邕至会稽，读《诗细》而叹息，以为长于《论衡》。邕还京师，传之，学者咸诵习焉"[3]。杨仁，"建武中，诣师学习《韩诗》，数年归，静居教授"[4]。又如李恂、夏恭、廖扶等学者，收徒均常有数百上千人。

《毛诗》的开创者毛公，景帝时为河间献王刘德博士。"授同国贯长卿。长卿授解延年。延年为阿武令，授徐敖。敖授九江陈侠，为王莽讲学大夫。由是言《毛诗》者，本之徐敖"[5]。《毛诗》长期在民间传授，王莽时曾一度列入学官，王莽败亡后罢。两汉之际，谢曼卿善《毛诗》，为其作训。卫宏从谢曼卿学，"因作《毛诗序》，善得《风》《雅》之旨，于今传于世"。"中兴后，郑众、贾逵传《毛诗》，后马融作《毛诗传》，郑玄作《毛诗笺》。"[6]

《尚书》的传授。汉代《尚书》的传授分为今古文两大系统。今文一派首推伏生。"伏生独得二十九篇，即以教齐、鲁之间，齐学者由此颇能言《尚书》，山东大师亡不涉《尚书》以教"[7]。伏生传其学与张生、欧阳生。欧阳生授儿宽，儿宽又授欧阳生之子，欧阳一家世代相传，至曾孙欧阳高为博士，形成《尚书》欧阳学。张生授夏侯都尉，夏侯都尉授族子夏侯始昌，成《尚书》夏侯学。夏侯始昌传族子夏侯胜，为《尚书》大夏侯学；夏侯胜传兄子夏侯建，夏侯建别立《尚书》小夏侯学。

---

① 李梅、俞艳庭：《东汉"齐诗"衰落的原因》，《学术论坛》2009 年第 1 期。

② 《后汉书》卷七十九下《儒林列传·薛汉传》，第 2573 页。

③ 《后汉书》卷七十九下《儒林列传·赵晔传》，第 2575 页。

④ 《后汉书》卷七十九下《儒林列传·杨仁传》，第 2574 页。

⑤ 《汉书》卷八十八《儒林传·毛公传》，第 3614 页。

⑥ 《后汉书》卷七十九下《儒林列传·卫宏传》，第 2575—2576 页。

⑦ 《汉书》卷八十八《儒林传·伏生传》，第 3603 页。

欧阳高授林尊，林尊为博士。林尊授平当、陈翁生。平当官至博士、丞相，授经于朱普、鲍宣，朱普任博士，鲍宣官至司隶校尉。陈翁生授殷崇、龚胜，殷崇为博士，龚胜为光禄大夫。于是《欧阳尚书》有平、陈之学。朱普授桓荣，桓荣在光武帝时入授太子，拜博士、太常。桓氏祖孙三代，历任东汉前期六位皇帝之师。桓氏门生众多。大夏侯学始师夏侯胜，曾以《尚书》授皇太后，并任太子太傅。又授孔霸、黄霸、周堪。孔霸为博士，宣帝时亦授皇太子经。黄霸官至丞相，周堪为太子少傅、光禄勋。周堪授牟卿、许商。"由是大夏侯有孔、许之学"①。东汉时以《大夏侯尚书》教授的有牟融、张驯等。小夏侯学始师夏侯建，为博士、太子太傅。授张山拊，张山拊任博士。张山拊授李寻、郑宽中、张无故、秦恭、假仓。李寻善说灾异。郑宽中元帝时为博士，授太子经。张无故为广陵王太傅。"由是小夏侯有郑、张、秦、假、李氏之学"②。

古文《尚书》一派，始于孔安国。"孔氏有古文《尚书》，孔安国以今文字读之，因以起家逸《书》，得十余篇，盖《尚书》兹多于是矣。遭巫蛊，未立于学官。安国为谏大夫，授都尉朝，而司马迁亦从安国问故。迁书载《尧典》、《禹贡》、《洪范》、《微子》、《金縢》诸篇，多古文说"③。都尉朝授庸谭，庸谭授胡常，胡常授徐敖，徐敖授王璜、涂恽，涂恽授桑钦、贾徽。东汉时，古文《尚书》，虽不立于学官，但研习者不乏其人，有杜林、贾逵、马融、郑玄等。杜林在两汉之际，避难河西，意外获得漆书《古文尚书》一卷，异常珍爱，虽颠沛流离，绝不离身。光武中兴后，杜林以古文《尚书》传授卫宏、徐巡，他拿出漆书古文给卫宏等人看，说："林流离兵乱，常恐斯经将绝，何意东海卫子（卫宏）、济南徐生（徐巡）复能传之，是道竟不坠于地也。古文虽不合时务，然愿诸生无悔所学"④。卫宏、徐巡对古文《尚书》更加重视，"于是古文遂行"⑤。

《易》的传授。汉代《易》学的宗师是齐人田何。田何授王同、周王孙、丁宽、服生等人，"皆著《易传》数篇"⑥。王同授杨何，杨何为博士，作《杨氏

① 《汉书》卷八十八《儒林传·周堪传》，第3604页。
② 《汉书》卷八十八《儒林传·张山拊传》，第3606页。
③ 《汉书》卷八十八《儒林传》，第3607页。
④ 《后汉书》卷二十七《杜林传》，第937页。
⑤ 《后汉书》卷二十七《杜林传》，第937页。
⑥ 《汉书》卷八十八《儒林传》，第3579页。

易》,司马谈即“受易于杨何”[①]。丁宽“作《易说》三万言,训诂举大谊而已”[②],授田王孙。田王孙授施雠、孟喜、梁丘贺,三人各作《易传》,施氏守田氏正传,孟氏讲卦气,梁丘氏长于卜筮,田氏《易》“由是有施、孟、梁丘之学”[③],宣帝时并立博士。施雠授张禹等人。张禹为博士、丞相,授彭宣,彭宣为博士,于是施氏《易》有张、彭之学。孟喜授白光、翟牧,二人均为博士,由是孟氏有翟、白之学。洼丹世传《孟氏易》,王莽时避世教授,徒众数百人。东汉初,为博士,作《易通法》七篇。任安“受《孟氏易》,兼通数经”[④]。袁安随祖父袁良习《孟氏易》,官至司徒。其子袁京习《孟氏易》,作《难记》三十万言。家世相传。梁丘贺传其子梁丘临。梁丘临授王骏、五鹿充宗。王骏官至御史大夫,五鹿充宗为少府。五鹿充宗授士孙张、邓彭祖、衡咸。士孙张为博士,邓彭祖为真定王太傅,衡咸为讲学大夫。“由是梁丘有士孙、邓、衡之学”[⑤]。东汉初范升习《梁丘易》,为博士。杨政从“范升受《梁丘易》,善说经书。京师为之语曰:‘说经铿铿杨子行。’教授数百人”[⑥]。张兴习《梁丘易》以教授,弟子自远至者且万人。

除施、孟、梁丘三派外,又有京房一派:“京房受《易》梁人焦延寿。延寿云尝从孟喜问《易》。会喜死,房以为延寿《易》即孟氏学,翟牧、白生不肯,皆曰非也。至成帝时,刘向校书,考《易》说,以为诸《易》家说皆祖田何、杨叔、丁将军,大谊略同,唯京氏为异,党焦延寿独得隐士之说,托之孟氏,不相与同,房以明灾异得幸”[⑦]。京房授殷嘉、姚平、乘弘等人,皆为博士。东汉时《京氏易》较为兴盛,戴凭、樊英、魏满、孙期等习《京氏易》。唐晏认为《京氏易》“初以阴阳五行说《易》,后纯以占验说《易》。故东汉一代,《京易》大行,以其说近乎谶纬也。故东京凡以《易》明者,多方术之士”[⑧]。

此外,据《汉书·儒林传》记载,西汉末,流行于民间未得立于学官的又有高相的《高氏易》与费孟的《费氏易》。高氏之学“亡章句,专说阴阳灾异,

---

① 《史记》卷一百三十《太史公自序》,第 3288 页。

② 《汉书》卷八十八《儒林传·丁宽传》,第 3597—3598 页。

③ 《汉书》卷八十八《儒林传·丁宽传》,第 3598 页。

④ 《后汉书》卷七十九上《儒林列传·任安传》,第 2551 页。

⑤ 《汉书》卷八十八《儒林传·梁丘贺传》,第 3601 页。

⑥ 《后汉书》卷七十九上《儒林列传·杨政传》,第 2551—2552 页。

⑦ 《汉书》卷八十八《儒林传》,第 3601 页。

⑧ 《两汉三国学案》卷一《周易》,中华书局,1986 年版,第 44 页。

自言出于丁将军”。传其子高康，被王莽所杀，后该学无传。费直之学“长于卦筮，亡章句，徒以《彖》、《象》、《系辞》十篇文言解说上下经”。东汉时，《费氏易》流传不绝，陈元、郑众、马融、郑玄、荀爽传费氏《易》，“自是费氏兴”①。

《春秋》的传授。西汉初，《春秋》曾有五种不同的《传》，即左氏、公羊、穀梁、邹氏、夹氏。据《汉书·艺文志》载：“邹氏无师，夹氏有录无书”，这样，只有左氏、公羊、穀梁三家流传下来。《公羊传》的传授以胡毋生、董仲舒为始。胡毋生景帝时为博士，年老归家乡教授，“齐之言《春秋》者宗事之，公孙弘亦颇受焉”②。董仲舒弟子众多，有褚大、殷忠、嬴公、吕步舒等人。“唯嬴公守学不失师法”③，授孟卿、眭弘、贡禹。孟卿授疏广。眭弘“弟子百余人”，其中严彭祖、颜安乐甚明师传，眭弘死后，两人各立门户教授，《公羊春秋》一派由是有颜、严之学。严彭祖授王中，王中授公孙文、东门云。王中元帝时为少府。孙文官至东平太傅，“徒众尤盛”④。颜安乐授冷丰、任公，“由是颜家有冷、任之学”⑤。冷丰官至淄川太守，任公官至少府。疏广授莞路，贡禹授堂溪惠，堂溪惠授冥都，莞路、冥都又从颜安乐学，“故颜氏复有莞、冥之学”⑥。莞路授孙宝，孙宝官至大司农。冷丰授马宫、左咸。左咸为郡守九卿，“徒众尤盛”⑦。马宫官至大司徒。东汉时，严、颜两家并为《春秋》博士。严氏《春秋》著名学者，如丁恭，光武帝初，为博士，“诸生自远方至者，著录数千人，当世称为大儒”⑧。楼望、钟兴、承宫、樊儵均为其弟子。楼望“教授不倦，世称儒宗，诸生著录九千余人”⑨。樊儵“删定《公羊严氏春秋》章句，世号‘樊侯学’，教授门徒前后三千余人。弟子颍川李修、九江夏勤，皆为三公”⑩。颜氏《春秋》著名学者，有杨终、李育、何休等人。

---

① 《后汉书》卷七十九上《儒林列传》，第2554页。
② 《汉书》卷八十八《儒林传·胡母生传》，第3616页。
③ 《汉书》卷八十八《儒林传·胡母生传》，第3616页。
④ 《汉书》卷八十八《儒林传·严彭祖传》，第3616页。
⑤ 《汉书》卷八十八《儒林传·颜安乐传》，第3617页。
⑥ 《汉书》卷八十八《儒林传·颜安乐传》，第3617页。
⑦ 《汉书》卷八十八《儒林传·颜安乐传》，第3617页。
⑧ 《后汉书》卷七十九下《儒林列传·丁恭传》，第2578页。
⑨ 《后汉书》卷七十九下《儒林列传·楼望传》，第2580页。
⑩ 《后汉书》卷三十二《樊儵传》，第1125页。

《穀梁传》的始传者是瑕丘江公。武帝时，曾与董仲舒论于庭，江口讷，不如仲舒。此时又值《公羊》学的公孙弘为相，“比辑其义，卒用董生”①。所以《穀梁春秋》在武帝时没有立为学官。江公授荣广、皓星公。荣广授蔡千秋、周庆、丁姓。周庆、丁姓宣帝时为博士。蔡千秋授尹更始。丁姓授申章昌。尹更始著有《春秋穀梁章句》十五卷，成为解读、阐释《穀梁传》较早的著作。不过该书已亡佚。清人马国翰于《玉函山房辑佚书》中辑得十六条。其曰：“汉穀梁学自荣广、皓星公开之，尹得其宗，鸣于当代，存此残佚，少而弥珍已”②。尹更始授其子尹咸及翟方进、房凤。“整个东汉时期《穀梁传》都不曾被立为官学，其景象也无西汉宣帝时的一时繁盛，地位更无宣帝时的那般显赫，再也没有江公、荣广、尹更始、刘向那样的穀梁学大师。东汉的穀梁学仅被官方认可但不大力扶持，或在民间传习，或凭个人喜好研习，可以说是极度衰微。而诸如贾逵、何休、郑玄等经学大家，只是将穀梁学作为治经的附庸，而非专门研究，故整个东汉也没有关于穀梁学的专门著作流传至今。”③

《左传》在汉代的传承，《汉书·儒林传》有所交代：“汉兴，北平侯张苍及梁太傅贾谊、京兆尹张敞、太中大夫刘公子皆修《春秋左氏传》。谊为《左氏传》训故，授赵人贯公，为河间献王博士，子长卿为荡阴令，授河清张禹长子。禹与萧望之同时为御史，数为望之言《左氏》，望之善之，上书数以称说。后望之为太子太傅，荐禹于宣帝，征禹待诏，未及问，会疾死。授尹更始，更始传子咸及翟方进、胡常。常授黎阴贾护季君，哀帝时待诏为郎，授苍梧陈钦子佚，以《左氏》授王莽，至将军。而刘歆从尹咸及方进受。由是言《左氏》者本之贾护、刘歆”。东汉时，研习《左传》的多有其人。陆德明《经典释文》曰：“刘歆授扶风贾徽；徽传子逵；逵受诏列《公羊》、《穀梁》不如《左氏》四十事，名曰《左氏长义》，章帝善之；逵又作《左氏训诂》。司空南阁祭酒陈元作《左氏同异》，大司农郑众作《左氏条例章句》。南郡太守马融为三家同异之说。京兆尹延笃受《左氏》于贾逵之孙伯升，因而注之。汝南彭汪记先师奇说及旧注。太中大夫许淑、九江太守服虔、侍中孔嘉……并注解《左传》。……陈郡颖容作《春秋条例》。又何休作《左氏膏肓》、《公羊墨

① 《汉书》卷八十八《儒林传·瑕丘江公传》，第3617页。
② 马国翰辑：《玉函山房辑佚书·经编春秋类》，江苏广陵书社，2005年版。
③ 林琳：《两汉〈春秋〉穀梁学研究》，山东大学2010年硕士学位论文。

守》、《穀梁废疾》。郑康成《箴膏肓》、《发墨守》、《起废疾》，自是《左氏》大兴”。此外，尚有周磐“少游京师，学《古文尚书》、《洪范五行》、《左氏传》”[①]。张驯“少游太学，能诵《春秋左氏传》”[②]。尹敏“少为诸生，初习《欧阳尚书》，后受古文，兼尚《毛诗》、《穀梁》、《左氏春秋》”[③]。谢该“善明《春秋左氏》，为世名儒，门徒数百千人。建安中，河东人乐详条《左氏》疑滞数十事以问，该皆为通解之，名为《谢氏释》，行于世”[④]。

对于三传的流传，皮锡瑞曾言：“《穀梁》虽暂盛于宣帝之时，而汉以前盛行《公羊》，汉以后盛行《左氏》，盖《穀梁》义不及《公羊》之大，事不及《左氏》之详，故虽监省《左氏》、《公羊》立说，较二家为平正，卒不能与二家鼎立”[⑤]。

《礼》的传授。汉代《礼》学传授的典籍主要有《仪礼》、《礼记》、《周礼》。汉初，鲁人高堂生“传《士礼》十七篇”[⑥]。文帝时，鲁人徐生善行威仪，为礼官大夫，传其子徐延、其孙徐襄。徐氏弟子萧奋以《礼》授孟卿，孟卿授后仓。“仓说礼数万言，号曰《后氏曲台记》”[⑦]。后仓授戴德、戴圣、庆普。戴德为信都王太傅，戴圣为博士，庆普为东平王太傅。三人均为《礼》作了一些解释说明和补充阐发的“记”，称为《大戴礼记》、《小戴礼记》、《庆氏礼》，于是《礼》有大戴、小戴、庆氏之学。戴德授徐良，徐良为博士，“家世传业”[⑧]。戴圣授桥仁、杨荣，桥仁为大鸿胪，作《礼记章句》四十九篇，杨荣为琅邪太守。于是大戴有徐氏，小戴有桥、杨之学。庆普授夏侯敬，又授族子庆咸。东汉初，曹充习《庆氏礼》，为博士，定封禅、七郊、三雍、大射、养老等礼仪。其子曹褒承父业，教授弟子千余人，作《通义》十二篇，演经杂论一百二十篇，又传《礼记》四十九篇。董钧习《庆氏礼》，为博士，常教授门徒百余人。马融、郑玄、卢植等曾为《仪礼》、《礼记》作注。

《周礼》原名《周官》。贾公彦《周礼注疏序》言：“《周官》，孝武之时始

① 《后汉书》卷三十九《周磐传》，第1310－1311页。
② 《后汉书》卷七十九上《儒林列传·张驯传》，第2558页。
③ 《后汉书》卷七十九上《儒林列传·尹敏传》，第2558页。
④ 《后汉书》卷七十九上《儒林列传·谢该传》，第2584页。
⑤ 皮锡瑞：《经学通论》四《春秋》，中华书局，1954年版，第19页。
⑥ 《汉书》卷八十八《儒林传》，第3614页。
⑦ 《汉书》卷八十八《儒林传·孟卿传》，第3615页。
⑧ 《汉书》卷八十八《儒林传·孟卿传》，第3615页。

出，秘而不传”。王莽秉政时经刘歆提议，“周官”正名为《周礼》，立为博士官学，从而成为儒家经籍。东汉时《周礼》虽未立学，但民间传习者比西汉稍多。郑众、贾逵、马融、郑玄都对《周礼》作了传注。

此外，《论语》、《孝经》虽不在五经之列，但它们都是儒家重要的经典著作，是当时基础教育的内容，因此对它们的研习、传授不乏其人。王国维在《汉魏博士考》中即指出：“《论语》、《孝经》、《孟子》、《尔雅》虽同时并罢（博士），其罢之之意则不同。《孟子》，以其为诸子而罢之也。至《论语》、《孝经》则以受经不受经者皆诵习之，不宜限于博士而罢之者也。……然则汉时《论语》、《孝经》之传，实广于五经，不以博士之废置为盛衰也”①。

西汉时《论语》的传习者，在《汉书·艺文志》中有记载：“《论语》古二十一篇。出孔子壁中，两《子张》。《齐》二十二篇。多《问王》、《知道》。《鲁》二十篇，《传》十九篇。《齐说》二十九篇。《鲁夏侯说》二十一篇。《鲁安昌侯说》二十一篇。《鲁王骏说》二十篇。《燕传说》三卷。《议奏》十八篇。石渠论。《孔子家语》二十七卷。《孔子三朝》七篇。《孔子徒人图法》二卷。凡《论语》十二家，二百二十九篇。《论语》者，孔子应答弟子、时人及弟子相与言而接闻于夫子之语也。当时弟子各有所记。夫子既卒，门人相与辑而论纂，故谓之《论语》。汉兴，有齐、鲁之说。传《齐论》者，昌邑中尉王吉、少府宋畸、御史大夫贡禹、尚书令五鹿充宗、胶东庸生，唯王阳名家。传《鲁论》者，常山都尉龚奋、长信少府夏侯胜、丞相韦贤、鲁扶卿、前将军萧望之、安昌侯张禹，皆名家。张氏最后而行于世”。东汉时《论语》的传习者有范升、贾逵、马融、荀爽、郑玄等。

西汉时《孝经》的传习者，在《汉书·艺文志》中亦有记载：“《孝经》者，孔子为曾子陈孝道也。夫孝，天之经，地之义，民之行也。举大者言，故曰《孝经》。汉兴，长孙氏、博士江翁、少府后仓、谏大夫翼奉、安昌侯张禹传之，各自名家”。东汉时《孝经》的传习者有郑众、范升、许慎、马融、郑玄等人。

总之，正是由于教育使得儒家学说得以一代一代地传递下来，并在传递中得以丰富、发展，经说日趋繁多，派别渐次复杂。读经日益成为一种社会风尚，上自贵族官僚、皇亲国戚，下到普通平民百姓，都介入其中，从而使

① 《王国维学术论著·汉魏博士考》，第89—91页。

经学传授成为带一定社会意义的统治思想的普及教育。

2.科技文化的传递有赖于教育

如前所述，汉代的科技文化取得了伟大成果，我国古代各学科体系在这时期大多已形成，许多生产技术也趋于成熟，同世界其他文明国家相比，处于领先地位。这就为后世科技的发展决定了方向，搭成了骨架。这些科技文化成就的取得原因是多方面的，科技教育在其中扮演了重要的角色。

汉代科技教育的形式，主要有以下几种：

其一，宦学的科学教育。汉初未立官学，专业化的官员主要以宦学事师的途径培养。宦学成为科学教育始于汉代。宦学所体现的是"仕而优则学"的原则，汉代人数相当多，一些官府部门招收学生成为定制，《后汉书·百官志》就给出"九卿"府中宦学生的编制情况，一般将宦学生称为"学事"、"守学事"等。宦学的教学内容是为官之道，当然包括官员从事社会生产、社会生活管理所需要的科学知识，这就是宦学的科学教育。宦学的科学教育内容主要就是有关的官府学员履行职责所必需的科学知识，随官府部门的不同而有所不同，主要是天算农医地理等学科知识[①]。

其二，设官教民。汉代在中央设有大司农，在地方设有力田一类的官吏，负责管理农业生产和农业生产技术的传授。如汉武帝晚年，赵过总结出了新的耕作技术代田法，并制造出新田器。武帝为了使其推广，令全国郡守派所属县令、三老、力田、乡里老农，到京师学习，学成之后负责教民。这一措施推动了当时农业生产技术的提高。这是古代科技教育史上设官教民的典型实例。

其三，官学中的科学教育。汉代自武帝时起逐步建立起了从中央到地方的官学教育体系。官学教育的内容是儒家经典，即是经学教育。从表面上来看，经学教育似乎与科学教育无关，实际上儒家经典除了作为社会政治和伦理道德学说等主要内容外，还包括了许多科技知识。如《春秋》用相当篇幅记述了天象变化与自然灾害的情况，包括日食、流星、彗星、地震、山崩、雨雪、水旱、虫灾等，是记录准确详细的科学资料。《礼记·月令》具体叙述了十二个月的天象、气候及相应的生产活动，提供了物候学和生态学的知识。《诗经》中有关于古代生产劳动的记叙，如《七月》、《生民》、《公刘》

① 孙宏安：《中国古代科学教育史略》，辽宁教育出版社，1996年版，第334－336页。

等。利用自然现象和事物进行比兴抒情更是《诗经》中常见的表现手法，所以孔子也说学《诗》可以“多识鸟兽草木之名”，旨在提高学生的识别能力和知识水平。《尚书・禹贡》详细记载了九州山川、物产、土壤情况和古人治理水土的经验措施。《汉书・地理志》的撰写完全是在《禹贡》基础上扩充而成的。《周易》提出了二进制的计算方法。《周礼・天官》指出对流行病的注意事项及治疗方法；《周礼・地官》包括许多农业生产及计时的知识；《周礼・考工记》更详细记载了古代生产工艺和制作，其中涉及许多科学知识。《尚书・洪范》的“五行”说和《周易》的“阴阳”说，反映了古代朴素的自然观，对于古代天文学、农学、医学、兵学等自然科学体系的建立和发展，曾起过重要的作用。如张仲景的《伤寒杂病论》中的病因说、六经传变规律和辩证论治原则都是以阴阳五行为指导的。《神农本草经》也说：“药有阴阳配合”和“酸、咸、甘、苦、辛五味”。这就成为中药学独特的体系。

既然儒家经典中包含着天文、历算、数术、物候、医学、农学、音律等相当数量的科技知识，那么以儒家经典为教材，以通经致用为原则的汉代官学经学教育，对于科技教育起过积极的促进作用，在一定程度上传播了科技知识。

其四，私学中的科技教育。汉代私学教育分为启蒙教育、大学教育两个层次。启蒙教育的内容主要是识字、习字，也教算术。柳诒徵曾指出：“汉时小学，兼重书算。《汉书・律历志》：‘数者一、十、百、千、万也，所以算数事物，顺性命之理也。……其法在算术。宣于天下，小学是则。职在太史，羲和掌之。’盖仍周代保氏教‘六书九数’之法。故汉人多通算学”①。西汉算学有成就者为张苍、耿寿昌、许商、杜忠等。刘徽在注《九章算术》序中说：“周公制礼而有九数。九数之流，则《九章》是矣。往者暴秦焚书，经术散坏。自时厥后，汉北平侯张苍、大司农中丞耿寿昌皆以善算命世。苍等因旧文之遗残，各称删补”。张苍能对《九章算术》进行删补，其具有较高的数学水平是无疑的。“宣帝即位，……时大司农中丞耿寿昌以善为算能商功利得幸于上”②。由于耿寿昌善于计算，被刚即位的汉宣帝所赏识，可见其数学方面的成就在当时影响很大。《汉书・艺文志》载有《许商算术》

① 柳诒徵：《中国文化史》，上海古籍出版社，2001年版，第366页。

② 《汉书》卷二十四上《食货志》，第1141页。

二十六卷、《杜忠算术》十六卷，可惜两书均已失传，内容不可考。但既有算学专著面世，许商、杜忠应是当时比较著名的算学家。东汉时精通算学的有张衡、刘洪、郑玄等。张衡著有数学著作《算罔论》，今已亡佚。刘洪“善算，当世无偶，作《七曜术》。及在东观，与蔡邕共述《律历记》，考验天官。及造《乾象术》，十余年，考验日月，与象相应，皆传于世。”①。郑玄“师事京兆第五元先，始通《京氏易》、《公羊春秋》、《三统历》、《九章算术》”②。在一些蒙学教材中包含有不少科技方面的知识。如《急就篇》“列举了100多种动植物，70多种常见的病名、药材。如农作物‘稻黍秫稷粟麻’；树木名称‘桐、樧、榆、椿、槐、檀’等；飞禽走兽名称如‘鹰、鹤、鸿、雕、鸡、鸽、鹑、莺、鹊、豺、犀’等；病名如‘寒气、泄注、腹肪胀、疥病、痴、聋、盲’等；药材名称如‘黄蔑、伏、牡蒙、甘草、苑黎芦’等。除一种动物药和一种矿物药之外，其余均属植物药，当时是以草本药物治疗为主。从药物功效来看，有清热解表、化痰止咳、涌吐、驱虫、温阳散寒、芳香化湿和补养药等。并提出了针灸、刺、用药3种治疗方法，同时教育儿童有病一定要‘迎医匠’，不能讳疾忌医，迷信占卜。此外还涉及到生理知识，介绍了身体器官名称‘鼻口唇舌牙齿，颊颐颈项肩臂肘’等共62个，由上至下，从面部至胸腹四肢至脚，编排有序，浅显易学”③。

大学教育的内容在汉初十分丰富，其中就有传授自然科学者。如司马季主传授的卜筮学就包括着一部分自然科学内容。史载：宋忠、贾谊“二人即同舆而之市，游于卜肆中。天新雨，道少人，司马季主间坐，弟子三四人侍，方辩天地之道，日月之运，阴阳吉凶之本。二大夫再拜谒。司马季主观其状貌，如类有知者，即礼之，使弟子延之坐。坐定，司马季主复理前语，分别天地之始终，日月星辰之纪，差次仁义之际，列吉凶之符，语数千言，莫不顺理”④。西汉中期后，私学大学教育的主要内容变为经学。在私学的经学教育中，显然也包含着官学经学教育同样的科学教育内容。范文澜指出：“汉儒用数理讲《周易》，纬书兼讲天文历数学，因之数学成为儒学的一

---

① 《后汉书》志第二《律历中》注引《袁山松书》，第3043页。

② 《后汉书》卷三十五《郑玄传》，第1027页。

③ 任立敏：《中国古代童蒙读物中的科技教育初探》，陕西师范大学2008年硕士学位论文。

④ 《史记》卷一百二十七《日者列传》，第3216页。

部分"[①]。英国著名科技史学家李约瑟也指出:"在历法领域中,数学成为儒学的一部分。"[②]同时也有专授天文、历算、医学等内容者。如平帝元始五年,"征天下通知逸经、古记、天文、历算、钟律、小学、《史篇》、方术、《本草》及以五经、《论语》、《孝经》、《尔雅》教授者,在所为驾一封轺传、遣诣京师。至者数千人"[③]。这数千人中以自然科学作为教授内容者,当占有相当的比例。再如卓茂"元帝时学于长安,事博士江生,习《诗》、《礼》及历算,究极师法,称为通儒"[④]。樊英"著《易》章句,也名樊世学,以图纬教授"[⑤]。东汉谶纬盛行,经师多通阴阳之学,也多以此教授。

其五,家学。家学是私学教育的一种特殊形式,也是更为普遍的教育形式。天文、历律、数学、医学等自然科学知识和专门技术成为家学的重要内容。如司马迁继承家学,著成《史记》,其中的《天官书》、《历书》、《河渠书》,总结了远古至汉代在天文学、历数学、地理学等方面的知识,对我国科技的发展,做出了重要贡献。刘歆是汉代有名的天文历算学家,也是受业于家学。至于劳动人民中,父子世代传习技艺的现象也很普遍。

总之,汉代通过多种教育途径,来传递科技知识,取得了显著的成绩,有力地促进了当时科技的发展,特别是私学的科技教育贡献最大。经学中包含科学教育内容使科学教育成为汉代士人必须接受的内容,这无疑使科学教育在一定程度上成为正统的教育内容,对科学教育的发展有促进作用。不过我们也要看到,科学教育在经学教育中所占的比重不大,而且受经学教育"通经致用"传统的影响,科学教育有明显的追求实用价值的特点,对科学的应用教育比较重视,理论教育较差,这进而影响到科技的发展。尽管如此,汉代所形成的初步的科学技术教育体系,为后世科学技术教育的进一步发展奠定了基础。

二、教育是文化传播的重要途径

文化传播可以通过多种途径进行,如人口迁移、通商、战争等。而教育

① 范文澜:《中国通史简编》(第二编),人民出版社,1964年版,第238页。
② 李约瑟:《中国科学技术史》(第三卷),科学出版社,1990年版,第340页。
③ 《汉书》卷十二《平帝纪》,第359页。
④ 《后汉书》卷二十五《卓茂传》,第869页。
⑤ 《后汉书》卷八十二上《方术列传·樊英传》,第2724页。

则是其中的一个十分重要途径。与其他的文化传播途径相比，教育的文化传播具有系统性和深层面的特点。在教育的传播中，传播者与被传播者之间所建立的是一种经常的、系统的联系，进行的是稳定的、有次序的文化接触。同时教育所传播的不是零碎、片断的、无序的文化，而一般是系统的、完整的、有序的文化。精神文化中的深层次文化，如价值观念、思维方式、学术思想理论等，需要通过教育来传播。

汉代教育的文化传播功能，可以从如下方面得到一定程度的体现。

1.知识分子的增加

“教育是提高全民族文化水平的重要手段，是一个国家文化建设的重要内容。各民族文化水平的提高说到底是一个普及教育的问题。因此，人们常常以一个国家教育水平的高低作为衡量这个国家文化发达的标志。掌握文字和其他一些最基本的认识世界的工具，这是人吸收文化和创造文化的基本条件，这项任务通过教育来实现”①。汉代有多少人接受过教育，或具有文化知识，无从统计，但从以下几个方面，仍可看出其发展的一般状况。

(1)官吏数与总人口数。据《汉书·百官表》记载：“汉吏员自丞相至佐史凡十三万二百八十五人”。西汉末年人口以六千万计，那么西汉官吏数占总人口 2‰略强。又据《通典·卷三十六·职官十八》记载，东汉时：“都计内外官及职掌人十五万二千九百八十六人，其乡有里魁，里数及命数未详”。东汉末年人口以五千万计，那么官吏数占总人口 3‰。

前文已言，自汉武帝尊崇儒学，实行重学的政策后，“天下学士靡然向风”②，其后“公卿大夫士吏彬彬多文学之士矣”③。不仅高级官吏普遍知识化，甚至一般曹掾属吏也多为文化人士担任。《文献通考·选举八》引刘攽《送焦千之序》：“自曹掾书史，驭吏亭长，门干街卒，游徼啬夫，尽儒生学士为之”。由于知识分子在官吏中的比例是增长的，且有群体官吏知识化的趋向，而官吏在总人口中所占比例是增加的，那么其绝对额肯定也是增长的。

(2)太学生占总人口的比率。汉代太学，无论从校舍规模，还是从学生

① 叶澜：《教育概论》，人民教育出版社，2006 年版，第 166 页。

② 《汉书》卷八十六《儒林传序》，第 3593 页。

③ 《汉书》卷八十六《儒林传序》，第 3596 页。

人数看，都是日趋扩大和增加的。太学生在总人口中所占比率亦呈增长的趋势。马大英先生在其所著的《汉代财政史》中，列有一表，较为清晰地反映了这一趋势。兹录如下：

时　间	太学生在校数	总人口数	比率(约数)
元帝永光三年(前41)	1,000人	20,000,000人	1/20000
平帝元始二年(2)	3,000人	59,594,978人	1/20000
明帝永平十八年(75)	7,500人	34,125,021人	2/10000
顺帝永和五年(140)	30,000人	49,150,000人	6/10000

统计表明，西汉前期每两万人中有太学生一人，东汉前期发展到每万人中有太学生两人的程度，至后期更出现了每万人中即有太学生六人的比率。

(3)私学生徒数。汉代私学蔚为壮观，出现了空前繁荣的景象。由于私学分布广泛，且无太学那样的资格限制，只要交纳一定数量的学费即可就学，因而入私学者很多。私学在文化的普及上起着相当重要的作用。两汉有姓名可考的私家教授即有三百六十多人，但其中不少人史籍未言其所授生徒之数目，因而全国究竟有多少私学生，无从统计。而且由于各地经济的发展极不平衡，因而私家教授所拥有的生徒，肯定有差异，这也给统计工作造成了困难。不过就史籍中有明确记载者而言，西汉时所授生徒数即已达数百乃至千人，到东汉人数更甚。仅著录在万人者，即有蔡玄、魏应、张兴、牟长四例。他如：徐房、李子云养徒千人，牟纡门生千人，杨伦弟子千余人，钟皓门徒千余人，王良教授诸生千余人，杨厚弟子上名录者三千人，曹曾门徒三千人，周磐教授门徒常千人，宋登教授数千人，欧阳歙、杨政、桓郁、桓焉、桓典、伏湛、史弼、李育等都教授弟子徒众数百人。以李膺、杜抚为例。《后汉书·李膺传》言："还居纶氏，教授常千人"。

颍川郡之纶氏县，人口约在十万人左右(全郡1,436,513人)，李膺所授生徒数占全县人口的1%，当然这千余人也绝非全是本地人氏，因为汉代有一些远游他乡而求学者，不过绝大多数还是本地求学者。

同书《杜抚传》载："后归乡里教授(犍为郡武阳县)，弟子千余人"。犍为郡武阳县人口约在五万上下(全郡411,378人)，杜抚的学生人数占全县人口的2%。"若由此推算在校全国受教育的人口数，绝不止人口的2%。

识字人数当然是这个数的几倍。特别是经济繁荣地区受过教育的人口所占全人口的比例会是较高的”[①]。

由于汉代已初步建立起官学与私学相结合的较为完备的教育体系，无论是官学亦或是私学，在办学规模上均呈现出日趋扩大之势。特别是私学分布广泛，办学者众多，在招生对象上无身份、地域、年龄等限制，这就使得一些平民子弟有了入学受教育的机会。如承宫家贫，交不起学费，遂“为诸生拾薪，执苦数年，勤学不倦”[②]。卫飒“家贫好学问，随师无粮，常佣以自给”[③]。郭林宗“家贫，初欲游学，无资。就姊夫贷五千钱，乃远至成皋，从师受业”[④]。“汉代教育的平民化使平民百姓有了更为广泛的途径进行文化知识的学习，从而提高了整个社会的文化水平。汉代平民多能上书言事，如汉文帝窦皇后之弟窦广国自幼被人拐卖，听说窦后新立，便‘上书自陈’；汉武帝的乳母亦曾上书求得某处公田；汉宣帝亲政，‘掖庭宫婢则令民夫上书，自陈尝有阿保之功’，等等。《汉书·宣帝纪》所载诏书中也有‘今百姓多上书触讳以犯罪者’之语。关于汉代简牍中的私文书的研究表明，汉代私文书广泛应用于社会生活的各个领域，使用私文书的主体既有政府官员，也有普通大众；既有地主，也有戍卒百姓。汉代诏令的传达也多是将文告书写或直接悬挂于乡亭、市门、里门、烽燧等人员往来频繁的地方，布告民众。由此可以推测，民众一般都会进行识字习字等基础知识的学习”[⑤]。从总体上来看汉代时全国的文化人口数是相当可观的。

2.文化区域的扩大

为了说明汉代文化区域的扩大，我们不妨作如下一些统计。

(1)三公九卿自武帝后渐为士人所担任，因而对其籍贯予以统计，可以从一个方面说明各地区文化发展的状况(见表二)。从表中我们可以看出：西汉初期，公卿主要为沛郡人，这既是汉重用功臣的结果，也与文化的不发达有关。从西汉中期开始，选拔文化士人充实官僚队伍，使官吏的结构开始发生变化，文化官吏日益增多，并逐步占了主导地位。表现在公卿籍贯

---

① 马大英：《汉代财政史》，中国财政经济出版社，1983年版，第252页。
② 《后汉书》卷二十七《承宫传》，第944页。
③ 《后汉书》卷七十六《循吏列传·卫飒传》，第2458页。
④ 《太平御览》卷四百八十五《人事部一二六》，第2221页。
⑤ 郭海燕：《汉代教育平民化现象探析》，《理论学刊》2010年第11期。

的分布上，呈现出逐渐扩展的态势，到东汉时，甚至连僻远的巴郡、蜀郡及经济不甚发达的庐江、九江等郡，均有公卿出现，这说明了文化区域是逐步扩大的。

(2)博士是汉代官方学术的代表，一直是由最有声望与资历的学者担任，是知识分子中层次较高的阶层，因此，一个地区有无博士产生及所出博士的多寡，也在一定程度上反映了该地区的文化水平。今参照王国维的《汉魏博士题名考》、张金吾《两汉五经博士考》及有关资料，对两汉博士的籍贯分布予以统计(见表三)。从表中可以看到：西汉时博士籍贯分布较为集中，主要分布于宋、齐、梁、陈地区，如鲁国有十九人，东海郡十一人，琅邪七人。边远地区虽亦有博士分布，但相对来说人数较少，如巴郡一人，蜀郡两人，会稽郡一人。到了东汉时期，随着各地经济、文化的发展，博士籍贯分布出现了较为均衡的局面，各地所出博士的人数已相差不大。特别是一些边远地区，西汉时没有或很少有博士产生，东汉时则已有博士分布，如代郡有两人，敦煌郡一人，广汉郡三人，犍为郡两人。

(3)汉代私学甚为发达，办学者涉及社会各阶层，上至官僚士大夫，下到地方豪族、普通平民，均参与其中。特别是一些受过教育的平民也纷纷加入到办学者的队伍中来。如孙期“少为诸生，习《京氏易》、《古文尚书》。家贫，事母至孝，牧豕于大泽中，以奉养焉。远人从其学者，皆执经垄畔以追之”[①]。公沙穆“北海胶东人也。家贫贱。自为儿童不好戏弄，长习《韩诗》、《公羊春秋》，……后遂隐居东莱山，学者自远而至”[②]。平民教育者的不断涌现，在一定程度上反映了汉代教育的发达。私学的人数和规模都远远超过了官学，因而私学在文化的传播和教育的普及上起了相当大的作用。对各地私家教授进行统计，可以在一定程度上说明各地区文化发展的状况。现依据《史记》、《汉书》、《后汉书》等史籍，制成《两汉私家教授分布表》(见表四)。

此表反映出：西汉的私家教授分布在京兆、右扶风、弘农、河东、河内、河南、颍川、沛、汝南、梁、鲁、陈留、淮阳、东郡、山阳、东平、泰山、平原、千乘、济南、齐郡、东莱、甾川、高密、胶东、琅邪、东海、楚国、信都、清河、赵国、

① 《后汉书》卷七十九上《儒林列传·孙期传》，第2554页。

② 《后汉书》卷八十二下《方术列传·公沙穆传》，第2730页。

魏郡、涿郡、代郡、太原、上党、广汉、蜀郡、九江、南阳、苍梧诸郡国，共计四十二郡国。西汉郡国一百零三个，则私学布域占全国郡国40%以上。其中私学分布最为密集的地区为鲁、齐、梁、宋及三辅地区。

东汉私学分布于京兆、左冯翊、右扶风、弘农、河南、颍川、汝南、梁国、沛国、陈国、鲁国、陈留、东郡、东平、任城、泰山、山阳、济阴、平原、乐安、北海、东莱、东海、琅邪、彭城、敦煌、安定、太原、上党、代郡、涿郡、巨鹿、清河、河间、勃海、南阳、南郡、江夏、桂阳、九江、丹阳、会稽、吴郡、豫章、汉中、巴郡、广汉、蜀郡、犍为、牂柯、南海、苍梧，凡五十四个郡国。东汉郡国一百零五个，私学布域占全国郡国50%强。后汉除承继西汉绝大部分的教育区外，还开辟了一些新的施教地域，如西北有安定、敦煌，西南有犍为、牂柯，东南有江夏、九江、丹阳，南方有南海等。

(4)太学是汉代官办的最高学府，在太学任教者均为当世之硕学大儒，因而教学质量较好。尽管太学在招生对象上并无特别的限制，可以说是面向全体有志青年的，但毕竟招生数量有限，再加上家庭经济状况、交通等因素，因此能进入太学学习深造者堪称青年中的佼佼者。一个地区有无太学生及太学生数量的多少，能在一定程度上反映该地区的文化水平，因而有必要对汉代太学生的籍贯予以统计。汉代太学生由西汉时的数千人发展到东汉时的三万多人，发展速度之快、规模之大，在世界教育史上也是颇为突出的。然而在这众多的学生中留下学籍信息的却微乎其微，我们只能根据《史记》、《汉书》、《后汉书》所载的有限相关信息，做一不完全的统计，制成《两汉太学生籍贯分布简表》(见表五)。

从表中我们可以看出：西汉太学生籍贯分布于二十二个郡国，占全国郡国21%。其中主要集中在南阳、琅邪、东海、鲁国、颍川、沛郡、汝南、京兆、扶风、河南、河内等文化发达地区。

东汉太学生籍贯分布于三十四个郡国，占全国郡国32%。除西汉原有区域外，分布范围进一步扩大，南方的长沙、东南的吴郡、会稽，北方的涿郡，西南的犍为、西北的敦煌，均有太学生产生。

以上几点从不同的方面反映出一个共同的事实，即两汉的文化区域是日渐扩大的，且有普及文化之趋向。

此外地方官学在传播文化、改变各地落后风俗方面也发挥了积极作用。前文已言，由于各地经济发展的不平衡，地方官学也存在着较大的差异，经济较发达的地区，规模要大些，而且地方官学兴废无常，遇有灾荒、动乱往往停废。不过由于推广教化是儒家的基本教义之一，因而随着官吏儒学化的扩大，不少儒者官吏往往能热心于此项工作，至少到东汉初，地方学校已基本普及，不仅内地有之，边远偏僻之地亦有之。“无论学校的数量还是规模，地方官学在两汉时期都呈现出扩大的趋势。在西汉时期，全国十三个州都曾有地方官学的设立，其中以兖州、司隶较多。但这一时期地方官学主要设在郡，其分布比较零散，且数量较少，史籍中关于设立地方官学或设有郡文学官、郡百石文学卒史的记载共有27处，对学校的规模也没有一记载。到了东汉，地方官学在西汉发展的基础上，设立更为普遍：一方面，学校的规模很大，在校的人数动辄成百上千；另一方面，地方官学的数量增加，史籍中关于设立地方官学或设有郡文学官、郡百石文学卒史的记载达到61处，以益州、司隶、豫州、冀州、扬州、荆州地方官学的设立较为普遍。而且，东汉时期不仅有郡国学的普遍设立，不少县也设立了学官”①。

现举数例来说明地方官学在促进地方文化的发展和人才的开发，宣传封建伦理纲常，改变各地落后风俗上所取得的显著成就。

蜀郡虽在秦朝时已置于中央政府的控制之下，但因地处偏远，交通不便等因素，故其文化与中原文化有着较大的不同。儒家文化还未影响到这里，“蜀地僻陋，非齐鲁诸儒风声教化之所被”②，“有蛮夷风”。景帝末年文翁出任太守后，大力采取发展教育的措施，数年之后，县邑吏民“争欲为学官弟子，富人至出钱以求之，由是大化，蜀地学于京师者比齐鲁焉”③。风气为之一改。文翁在所管辖的范围内造成了整个社会共同的价值取向与心理定势，这就是对学经的推崇。此后蜀地人才辈出，著述颇多。蜀中除各郡皆设学校外，州及一些县也有学校。如东汉安帝时，“州夺郡文学为州学，郡更于夷里桥南岸道东边起文学”④。顺、桓时，冯颢为成都县令，“立文学，学徒八百人”⑤。蜀地士人众多，著名的有文学家司马相如、王褒、扬雄，经学家景鸾、冯颢、杜抚，史学家杨终、李尤，天文历学家落下闳、翟酺，

① 郭海燕：《汉代平民教育研究》，山东大学2011年博士学位论文。

② 《文献通考》卷四十六《学校七》，第430页。

③ 《汉书》卷八十九《循吏传·文翁传》，第3626页。

④ 《华阳国志》卷三《蜀志》，第33页。

⑤ 《华阳国志》卷三《蜀志》，第34页。

道家严遵，水利专家王延世，医学家涪翁、郭玉等。据《汉书·艺文志》，巴蜀著述有：司马相如《凡将》一篇，赋二十九篇；扬雄《训纂》一篇、《苍颉训纂》一篇，赋十二篇，《法言》、《太玄》等三十八篇；王褒赋十六篇。另据清姚振宗《汉书·艺文志拾补》，尚有严遵《老子注》两卷、《老子指归》十四卷，落下闳《太初员仪》，赵宾《易说》，张宽《春秋章句》等。东汉巴蜀著述，据姚振宗《后汉书·艺文志》共有四十五种，其中经类十四种，史类十二种，子类十三种，集部六种。著述学科涉及《易》、《诗》、《书》、《礼》、《春秋》、谶纬、职官、地方史、天文、医学、文学等，门类整齐，内容广泛。可以说至西汉中后期，巴蜀已成为全国先进地区，学术文化大放异彩。"学徒鳞萃，蜀学比于齐鲁。巴、汉亦立文学"①。这说明蜀地学者大量增加，儒学水平有了大幅度的提高，已能与全国文化最为发达的齐鲁相媲美。据《华阳国志·蜀志》记载："自汉兴，至乎哀、平，皇德陵熙，牧守仁明，宣德文教，风雅英伟之士命世挺生"。"降及建武以后，爰迄灵、献，文化弥纯，道德弥臻。……虽鲁之咏洙泗，齐之礼稷下，未足尚矣。故汉征八士，蜀有四焉"。"儒学的引进与广泛传播，使巴蜀人民从思想文化上一统于儒家学说，从而在封建帝国重要组成部分的巴蜀地区彻底消灭了各种潜在的不利因素。在以后漫长的岁月里，巴蜀成为西南地区弘扬儒学的重镇。通过巴蜀，以儒学为主的汉文化源源不断地传向更为偏远的西南地区，这对稳定西南边疆、实现华夷一统起到了重要的作用"②。

凉州地区，民习战事，素来尚武不修文。东汉时期，统治者重视凉州地区的文治，先后调遣一批通明经学的官吏分任郡守。这些郡守都重视兴办地方学校。如任延为武威太守，"造立校官，自掾史子孙，皆令诣学受业，复其徭役，章句既通，悉显拔荣进之，郡遂有儒雅之士"③。兹后凉州多有人才出现。如顺帝、桓帝时代的皇甫规、段颎、张奂，既通经学，又智勇双全，是威镇西北的高级将领。皇甫规"以《诗》、《易》教授门徒三百余人，积十四年"④。皇甫规还有许多著作，史载他"所著赋、铭、碑、赞、祷文、吊、章表、

① 《华阳国志》卷三《蜀志》，第31页。

② 房锐：《文翁化蜀与儒学传播》，《中华文化论坛》2005年第4期。

③ 《后汉书》卷七十六《循吏列传·任延传》，第2463页。

④ 《后汉书》卷六十五《皇甫规传》，第2132页。

教令、书、檄、笺记凡二十七篇”[①]。可惜未能流传下来。段颎“好古学”[②]。张奂“少游三辅，师事太尉朱宠，学《欧阳尚书》。初，《牟氏章句》浮辞繁多，有四十五万余言，奂减为九万言。后辟大将军梁冀府，乃上书桓帝，奏其《章句》，诏下东观”[③]。曾任武威太守，“平均徭赋，率厉散败，常为诸郡最”[④]。并极力革除当地落后之习俗，“其俗多妖忌，凡二月、五月产子及与父母同月生者，悉杀之。奂示以义方，严加赏罚，风俗遂改，百姓生为立祠”[⑤]。晚年居家“闭门不出，养徒千人，著《尚书记难》三十余万言”[⑥]。“所著铭、颂、书、教、诫述、志、对策、章表二十四篇”[⑦]。其子张芝、张昶，“并善草书，至今称传之”[⑧]。“东汉时，凉州涌现出王符、梁竦、秦嘉夫妇、赵壹等名噪一时的文学巨匠。他们分别以其针砭时弊的政论，情意深长的诗歌，愤世嫉俗的辞赋，谱写了中国文学史上的光辉一页”[⑨]。

扬州丹阳地区，“越俗不好学，嫁娶礼仪，衰于中国”[⑩]。建武初，李忠任丹阳太守，“乃为起学校，习礼容，春秋乡饮，选用明经，郡中向慕之。垦田增多，三岁间流民占著者五万余口。十四年，三公奏课为天下第一”[⑪]。由于李忠重视教化，迅速改变了丹阳郡落后陋俗的面貌，生产发展了，群众生活安定了，因而取得了全国第一的政绩。

荆州桂阳郡“与交州接境，颇染其俗，不知礼则”[⑫]。东汉初卫飒为桂阳太守，“修庠序之教，设婚姻之礼。期年间，邦俗从化。先是含洭、浈阳、曲江三县，越之故地，武帝平之，内属桂阳。居民深山，滨溪谷，习其风土，不出田租。去郡远者，或且千里。吏事往来，辄发民乘船，名曰传役。每一吏出，徭及数家，百姓苦之。飒乃凿山通道五百余里，列亭传，置邮驿。于是

① 《后汉书》卷六十五《皇甫规传》，第 2137 页。
② 《后汉书》卷六十五《段颎传》，第 2145 页。
③ 《后汉书》卷六十五《张奂传》，第 2138 页。
④ 《后汉书》卷六十五《张奂传》，第 2139 页。
⑤ 《后汉书》卷六十五《张奂传》，第 2139 页。
⑥ 《后汉书》卷六十五《张奂传》，第 2142 页。
⑦ 《后汉书》卷六十五《张奂传》，第 2144 页。
⑧ 《后汉书》卷六十五《张奂传》，第 2144 页。
⑨ 汪受宽：《两汉凉州士人研究》，《甘肃社会科学》2010 年第 5 期。
⑩ 《后汉书》卷二十一《李忠传》，第 756 页。
⑪ 《后汉书》卷二十一《李忠传》，第 756 页。
⑫ 《后汉书》卷七十六《循吏列传・卫飒传》，第 2459 页。

役省劳息，奸吏杜绝。流民稍还，渐成聚邑，使输租赋，同之平民。又耒阳县出铁石，他郡民庶常依因聚会，私为冶铸，遂招来亡命，多致奸盗。飒乃上起铁官，罢斥私铸，岁所增入五百万。飒理恤民事，居官如家，其所施政，莫不合于物宜。视事十年，郡内清理"①。卫飒不仅从修学校，推广礼制婚姻入手来改革风俗，而且通过开辟交通、官营手工业来杜绝奸吏，防止奸盗，使老百姓得以安居乐业，保证教化得以取得成效。此后的几位太守，均致力于此方面的工作，因而使该地落后面貌有了改变，文化也有了很大的发展。和帝时许荆为桂阳太守，又"为设丧纪婚姻制度，使知礼禁"②。顺帝时栾巴为桂阳太守，亦"以郡处南陲，不闲典训"，"为吏人定婚姻丧纪之礼，兴立学校，以奖进之"③。从东汉王朝建立开始，先后有六任太守在桂阳郡，积极开展用中原风俗来改造当地落后习俗的活动，他们均有显著的建树。

交州地区"山川长远，习俗不齐，言语同异，重译乃通，民如禽兽，长幼无别，椎结徒跣，贯头左衽，长吏之设，若有若无。自斯以来(指汉武帝设交趾刺史部)颇徙中国罪人杂居其间，稍使学书，粗知言语，使驿往来，观见礼化。及后锡光为交趾，任延为九真太守，乃教其耕犁，使之冠履；为设媒官，始知聘娶；建立学校，导之经义。由此以降，四百余年，颇有似类"④。"在教导边民抛弃落后的社会习俗的同时，又通过兴办学校，用儒家的礼义来教导他们，使其真正地接受先进的中原文化"⑤。任延、锡光在九真、交趾移风易俗的行动历来为治史者所乐道，范晔曾赞曰："岭南华风，始于二守"⑥。"任延、锡光移变边俗，斯其绩用之最章章者也"⑦。

地方学校充分发挥了"化民成俗"的作用。它对形成中华民族共同文化心理，促进统一多民族国家的巩固和发展，起到了积极的作用。有学者即指出："在边疆地区建立官学，以推行儒家思想和传播中原优秀文化为主所进行的教育活动，使当地在短时间内改变了落后的思想与民风民俗面

① 《后汉书》卷七十六《循吏列传·卫飒传》，第2459页。
② 《后汉书》卷七十六《循吏列传·许荆传》，第2472页。
③ 《后汉书》卷五十七《栾巴传》，第1841页。
④ 《三国志》卷五十三《吴书·薛综传》，第1251页。
⑤ 许智银：《浅论汉代地方官办教育的发展》，《商丘师范学院学报》2004年第4期。
⑥ 《后汉书》卷七十六《循吏列传·任延传》，第2462页。
⑦ 《后汉书》卷七十六《循吏列传序》，第2457页。

貌，边远地区少数民族逐步与中原汉族的先进文化融为一体，不仅有利于汉王朝对边疆地区的管理与统治，而且大大促进了边疆民族地区政治经济文化的发展，为中国古代疆域的拓展和中华民族的形成奠定了基础”①。

秦始皇建立了中国封建社会历史上第一个统一的大帝国，结束了春秋战国时长期分裂割据的局面，针对当时“田畴异亩，车涂异轨，律令异法，衣冠异制，言语异声，文字异形”②的状况，为巩固一统的局面而采取了一系列措施：“一法度衡石丈尺。车同轨。书同文字”③。其中“书同文”就是一项重要的文化政策。“始皇帝初兼并天下，丞相李斯乃奏同之，罢其不与秦文合者。李斯作《仓颉篇》，中车府令赵高作《爰历篇》，太史令胡毋敬作《博学篇》，皆取史籀大篆。或颇省改，所谓小篆者也”④。即以小篆为标准字体对文字进行统一规范。但由于秦王朝命运短祚，没有建立起有效的教育制度，来保证、推动文化事业的发展，“没有采取集众家之长的统一文化，而是片面地采取了法家严刑酷法的主张，实行‘焚书坑儒’式的文化专制，不仅没有建立起与其政治大一统相适应的大一统文化，而且短暂地中断了中华文化的传承”⑤。汉朝建立后，统治者从秦亡中汲取教训，一方面大力开拓疆域，扩大影响，另一方面又选择了最为适合封建统治的新儒家学说作为统治思想，并建立起较完备的教育制度，通过多种渠道（如学校教育、家庭教育、社会教育等），把它传播开来，使儒家的说教日渐深入人心，从而形成了更大范围内的民族共同体，建立了封建大一统的文化。边地少数民族已渐染华风。如在今内蒙古和林格尔发掘的一座汉墓，墓主人为定襄人，孝廉出身。墓室东壁除绘有学校图外，其余三面上部均绘画着汉代统治者所宣扬的圣贤豪杰、贤妻良母和孝子为主题的历史故事。这说明，边远少数民族地区经过学校教育和普遍的道德教化，潜移默化地接受了当时中原地区的道德价值观念、生活方式等社会文化现象。正如有的学者所指出：“经过两百年的移风易俗过程，使西汉后期原有的八方殊俗异彩纷呈的风俗渐渐地趋于六合同风的单一化形态，因此密集的多元的风俗文化区已经

---

① 曹新洲：《汉代社会教育》，《南阳师范学院学报》2012 年第 2 期。

② 《说文解字·叙》，《四库全书》文渊阁本。

③ 《史记》卷六《秦始皇本纪》，第 239 页。

④ 《说文解字·叙》，《四库全书》文渊阁本。

⑤ 杨树增：《汉代文化特色及形成》，人民出版社，2008 年版，第 34 页。

消失，尤其中原地区的那种百里不同风、千里不同俗的面貌已不再现。在东汉后期，我们已没有足够的材料来划分新的风俗文化区。当然这也和文献的缺佚有关，《续汉书·郡国志》没有留下像《汉书·地理志》那样精彩的风俗地理资料。但可以肯定地说，东汉后期的风俗地域差异是显著地削弱了，尤其是在生产方式与婚姻制度方面，基本上已经是达到六合同风的状态了"[①]。可以说，以汉族为主体的中华民族共同心理文化素质的奠基时期，即是秦汉，特别是两汉时代。

① 周振鹤：《两汉风俗区划的变迁》，《中国文化研究》1997年第4期。

结 语

本书对汉代教育与社会整合关系的研究，只是一个初步的尝试，还很不完善。但通过以上的分析、论述，我们至少有如下一些认识：

一、汉代是中国封建教育制度正式确立的阶段，也是封建教育蓬勃发展的时期

第一，从学校教育来看，汉代已形成了官学与私学并行的教育体制。早在商周时我国已有了大学的雏形，但当时政教未分，作为中央教育机构的国学，既是施教的场所，又是举行朝政、祭祀、飨射等行政事务的地方，因此尚不能称为真正意义上的高等教育机构。汉初，政府的主要精力放在恢复和发展经济、稳定政局、巩固新兴的政权上，无暇顾及兴教办学之事。西汉中期，随着大批武力功臣的谢世，建立一个培养和选拔封建官僚的机构日显迫切。同时，经济的全面发展、政局相对稳定也为学校教育制度的建立提供了前提。这样，由董仲舒首倡、公孙弘等提出具体方案并负责实施的太学正式设立。这意味着以经学教育为基本内容，以传授知识、培养人才为主要目的的中国封建高等教育制度的正式诞生。它奠定了我国封建社会大学教育的基本格局，是我国封建社会教育史上的一个重要里程碑。汉代太学不仅是全国文教中心和示范教学的辐射源，而且为朝廷培养了大批知识分子官吏和官吏的后备力量，对巩固封建统治起了重要作用。太学是汉代中央官学中最重要的高等学府，此外还有特殊学校宫邸学和鸿都门学。宫邸学是东汉明帝、安帝时为教育皇室贵族子弟而设立的学校，办学条件优于一般学校，但并未形成制度，时兴时废，教育效果有限。东汉末年创办的鸿都门学是我国历史上第一所以文学艺术作为教学和研究内容的新型大学，它在促进汉末文化艺术的发展，提高文人和文学艺术作品的社会地位方面起了一定的作用。尽管这所学校存在的时间不长，却为后代专门学校的发展提供了经验，创始之功值得铭记。

汉代地方学校的创办始于景帝末年蜀郡太守文翁，武帝曾令各郡国依仿蜀郡设立学校，这一诏令究竟在多大程度上得到了贯彻执行，因缺乏相关记载我们不得而知。但重视教育是儒家的一贯传统，在儒术独尊的形势下，办学既符合儒家的精神，又可以扩大影响、提高名声，有利于仕途的发展，故有条件的地方，地方官必然会力行其事。平帝时依据地方行政建制制定了地方学校系统。东汉初年，出现了一股兴办教育，甚至亲自讲学的热潮，地方官学在边郡地区大量涌现更为引人注目。这种局面的形成，既离不开深受儒学熏陶最高统治者的重视，也是地方官吏普遍儒学化趋势增强的结果，同时也与社会经济实力有了很大提高有关。地方官学除传授儒家经学，培养本郡的属吏外，主要的任务是推广教化，施行礼乐教育。这种依地方行政体制设学的做法，也为后代的封建王朝所承袭。

春秋中期以前，学在官府，教育被奴隶主贵族所把持，平民和奴隶被拒之于学校教育的大门之外。春秋中期后，私学逐步兴起，到战国时私学已取代官学成为教育的主体。随着孔子“有教无类”教育主张的提出并被众多私学家所认同，社会下层的民众从此有了接受教育的机会。秦代出于巩固统一的需要，取缔私学。但私学既然是适应社会发展需求而产生的，自有其存在的合理性。光凭一纸行政命令就想使其灭绝，显然难以完全奏效。只不过使传授的形式从公开转入地下而已。汉代私学一直相当发达，在官学兴办前，汉代教育全赖私学以维持，官学制度建立后，在政府的鼓励下，私学得到了进一步的发展，并与官学相辅相成。汉代从事私人讲学者众多，其门下学生可多达成千上万，远远超过了官学。教学内容广泛，不被官方认可的经学流派及其他学派或各类技艺之学，都可以在私学中传授。汉代私学形成了初级层次的蒙学教育，中级层次的初读经书教育，高级层次的专经教育，初步有了循序渐进的教育体系。私学创立了及门弟子与著录弟子制度，在招生对象上不设置障碍，无身份、年龄、地域的限制，这就把学术文化推向了社会，为后世学术社会化开辟了道路。

官学与私学并行发展，互为补充，不仅是汉代教育的特点，也为后代的封建王朝所继承。除北魏太武帝、唐玄宗等个别统治者禁止私学，实属偏执之举，历代统治者对民间自办的学校一般采取容许和鼓励的态度。一个社会在其生产力还不甚发达之时，要想最大限度地发展教育，提高全民的文化素质，就必须走多渠道办学之路，即：以国家办学为主干，同时辅之以依靠社会力量开办的教育事业，这是一种切实可行的办法，在今天看来，仍然适用。当前我国的公办教育已有了长足的发展，但也难以满足全体国民接受教育的需求，这就需要民办教育作为佐助。然而民办教育虽有一定程度的发展，但总的来看，民办学校数量少，规模小，师资力量、教学水平与公办学校相比存在着较大的差距。急需国家在政策上给与大力支持，才能使民办教育真正成为培养现代化人才的一支重要力量。

第二，从家庭教育来看，汉代家庭教育从形式到内容为封建社会家庭教育的发展奠定了基础。汉代家庭教育有多种形式，其中较为重要者有二：一是家世相传的学术技艺；二是家训。汉代家庭教育的内容除日常生活常规培养和道德教育外，尚有农业生产知识、手工业生产技术以及经学、医学、天文历法、法律等文化知识。汉代的家训除了广泛使用的口头训诫外，书面训诫获得了进一步的发展。同先秦时零星的书面训诫相比，汉代存世的书面训诫文献，不仅数量多，而且内容广泛。既有处世哲学教育、勤奋好学教育，亦有长辈临终前以遗嘱形式对后事特别是丧葬事宜交待的遗诫。书面训诫的大量涌现，反映了汉代的家庭教育已发展到较为成熟的阶段。此种形式亦被后代的家教者所广泛效法。

先秦儒家典籍中虽有关于女子教育方面的论述，但多是比较零星散乱的，缺乏系统性的论述。董仲舒、班固在其著作中有涉及女子教育的言论，但不成系统。刘向的《列女传》虽然是第一部为女性立传的专著，但是主要是通过列举历代女子孝贤贞善、妒恶祸国的故事成书，以令诵习取法或引以为戒。虽也表达了有关女子教育的一些原则，但理论性不强。而班昭的《女诫》较为系统论述女子教育原则和规范，明确规定了女子应具备的言行举止和品德操守。其女子教育思想具有针对性、理论性和系统性。《女诫》被视为中国历史上第一部系统的女子教育理论著作，后世仿效者众多。《女诫》中虽有不少束缚女性自由的言论，但亦有一些积极意义的内容。如强调女子应加强个人的修养，懂得礼义廉耻，讲究卫生，注意形象，动静皆有尺度，三思而后言。这些主张，即使对现代女性来说同样有着适用的价值。

先秦时期虽有开展胎教实践活动的记载，但均为后人之追述，其真实性如何尚待进一步加以考证。从现有的史料来分析，汉代已初步形成了胎教理论，在《新书》、《大戴礼记》、《列女传》、《论衡》等书中即有对胎教的理论阐述。汉代的胎教理论处于初步形成阶段，不完善之处在所难免，但其为后代胎教理论的进一步发展奠定了基础则是不容否认的。其所提出的一些胎教原则，诸如为孕妇提供一个合适的环境、孕妇要时刻注意调节自己的情绪以保持一个良好的心态、要注意选择一些合适的饮食等，直到今天仍然为众多的胎教者所遵从。

第三，从社会教育来看，汉代的统治者已认识到社会教育对于政治稳定、社会和谐所具有的重要意义，因之对其给予了高度的重视。汉代社会教育的内容，一是来自官方的政治性教化，二是属于社会生产和社会生活所需的各种知识、技能及习俗规范，而最主要的就是经由董仲舒、班固等人加工而成的“三纲五常”封建伦理规范。汉代统治者通过多种途径来开展社会教育活动，形成了统治者以身作则率先垂范、发布诏书、遣使巡行、奖德励善、设置基层教化官等为手段的社会教育体系。这些做法基本上为后代的封建王朝所继承，成为开展社会教育工作的基本模式。汉代的社会教育给我们以有益之启示，这就是社会教育必须要有多种途径和多种手段配合使用，才可能取得较好的效果。特别是作为代表着党和政府形象的领导干部首先应该在做人做事上成为遵守社会道德的楷模。领导干部的道德高度往往影响着社会的道德高度，影响着社会的精神状态。如果领导干部不能很好地践履社会道德规范，那么任何道德说教都将是苍白无力的。同时要在全社会大力表彰道德模范，使遵从社会道德规范为荣的观念成为全体社会成员认可的理念，惟其如此，和谐社会的建设才大有希望。

第四，从教育观上看，以孔子、孟子、荀子等为代表的先秦思想家已对教育理论作了多方面的有益探索，在诸如教育的作用、教育的内容、教育的原则和方法等方面提出了一些颇有价值的见解，为后代教育理论的发展奠定了基础。汉代对教育的认识是在前人基础上的进一步发展，是对前人教育理论的丰富和创新。特别是提出了一些为多数人所认同并影响很大的思想观点，这些理论已发展成为当时的社会思潮。关于教育对人发展的作用，汉代思想家为解决先秦思想家以人性或善或恶而造成的理论缺陷，提出了性三品说，认为占人口绝大多数的中人具有善的潜在因素，要使其发展成为现实的善，必须给予相应的教育，这就为统治者实施教育提供了理论依据。汉代统治者之所以高度重视教育是与此种理论认识有着极大的关系。此后,性三品说为众多的思想家所奉行,成为了教育哲学的一个重要命题。关于教育的社会作用,汉代思想家采用教育与法律对比的方式来分析说明。他们认为治理国家不外乎两种途径或手段:或教育治国,或法律治国。教育和法律有着各自的适用范围,不是万能的。教育重在教育劝导,使人能遵守社会的道德规范,从而达到自律。法律重在调整人的社会行为,使人的活动具有合法性。道德调整一般在将然之前,法律调整发生在实然之后。因而在治国中必须把二者结合起来。也就是说教育与法律是维护封建统治必不可少的工具,但二者的地位不同,在治理国家中,教育起着主导作用,法律则扮演着辅助的角色。这是因为二者在治国中会产生不同的效果:"道之以德教,德教洽而民气乐;驱之以法令者,法令极而民风哀"[①]。这种"教主法辅"的思想成为两千年来封建统治者治国的基本方略。

二、教育在汉代社会的整合中起了重要作用

社会整合就是对社会系统内各子系统或要素以及所有行动者的关系加以排列、调整和规范化,使社会系统中各个子系统、部分、要素与整个系统保持协调一致,以便使社会系统与系统内的子系统或要素有效地发挥作用,尤其是要保证社会整体的统一性、稳定性、一体化和良性运行。

教育是一种极其复杂的社会现象,教育同社会的经济、政治、文化等要素处于一个相互影响的综合系统之中。一方面,社会的政治、经济、文化制约着教育的性质、教育的目的、教育的内容及教育的规模和发展速度;另一方面,教育具有强大的社会功能,对社会的政治、经济、文化等要素产生巨大的影响。教育对社会的整合作用主要就是通过教育的政治功能、教育的经济功能和教育的文化功能来实现的。

"任何一种政治制度的建立、巩固与完善都需要一定的政治管理人才。拥有大批政治素质较高的人才是管理国家,促进社会安定、政治清明的重要条件。""而这些人才的培养,在很大程度上依靠学校教育,学校通过培养政治上所需的人才,可以直接作用于社会政治。"[②]汉代教育的政治功能主要是通过培养造就一大批知识分子,并通过他们的积极参政来实现的。以

---

① 《汉书》卷四十八《贾谊传》,第 2253 页。

② 王守恒、查啸虎、周兴国:《教育学新论》,中国科学技术大学出版社,2005 年版,第 66 页。

儒家经学为主要教育内容的官学和私学，培养出了一大批符合统治者要求的人才。他们中的一部分人通过选士制度跻身于政坛，逐步控制了汉代的中央政府和地方政府，这必然对其时政治产生深刻影响。儒学成为汉代中央行政决策的指南，如广开言路，完善谏议制度；依循经义训政、施政；强干弱枝，加强中央集权等均是重要表现。儒学也深刻影响了汉代的地方行政。儒生在汉地方政府占统治地位之后，地方官竞相把儒学的"仁政"思想运用于具体行政实践中去，如重视教化，减轻刑罚；爱护百姓，体恤百姓疾苦；设学教民，发展地方教育等。由于儒者深受儒家伦理道德思想的影响，重视个人的修养和名节，同时善用软硬两手来统治百姓，不易激化矛盾，因此由他们组成的政府要比以杀伐立威、以苛法为治的文吏政府好一些。

汉代教育的经济功能主要体现在两个方面：其一，为社会培养合格的劳动者。马克思指出："不管生产过程的社会形式怎样，它必须是连续不断的，或者说必须周而复始地经过同样一些阶段。一个社会不能停止消费，同样，它也不能停止生产。因此，每个社会生产过程，从经常的联系和不断更新来看，同时也就是再生产过程。"①人类社会发展的任何阶段，都必须以一定方式维持与社会生产发展水平相适应的一定数量和质量的劳动力再生产。劳动力再生产的维持和发展，除保障劳动活动所必需的生活资料外，最基本的因素就是教育和训练。没有教育和训练，劳动力的再生产将无法进行，从而社会再生产也将无法进行。这就决定了教育和训练在社会再生产中具有特别重要的作用。汉代劳动力的再生产，就是通过家庭教育和社会教育来完成的。其二，通过所培养知识分子的思想、观念来影响国家经济政策，汉代重农政策、限田政策及商业政策的实施，在相当大的程度上得力于这些知识分子的努力倡议、积极参与。这些政策的贯彻落实对推动汉代经济的发展起到了积极作用。

汉代教育的文化功能也主要表现在两个方面：其一，文化的传递要靠教育。"人类文化的延续可以通过许多方式，其中如实物的保存、运用包括语言文字在内的各种符号的记录等，都是通过物质或者借助于物质载体把人类精神活动的产物客观化、外化的保存方式。但是，文化的延续只通过

---

① 《马克思恩格斯全集》(第二十三卷)，人民出版社，1972年版，第612页。

物质化的形式是不行的、也是不够的，如果没有理解和懂得使用这些物质载体的人，那么这些物质就成为死物，既无认识的价值，也无使用的价值。历史遗留下来的文化就失去了光泽，也失去了生命。这样，连严格意义上的延续也谈不上，更不用说发展了。另外，文化本身还存在非物化的形态，如民间口头艺术；还有相当一部分是以人的活动形式、心理、行为等方式存在的。这部分文化的延续，一定要通过这个主体才能实现。由此可见，无论哪一类文化的延续，都离不开对人的教育。”[①]自汉武帝实行独尊儒术的政策后，儒家经学就占据了意识形态领域的统治地位。统治者需要将人们的思想意识统一到统治阶级的意识形态下面，保证现存的生产关系，现存的社会制度，现存的利益占有格局能够稳定地存在下去，使社会保持一种高度的整合。要达到上述目的，就离不开教育。当时官学讲授的内容是清一色的经学，私学中的绝大部分也是以经学为主要内容的，而在社会教育、家庭教育中同样可以看到经学的影子。正是通过这种全方位的教育系统，使儒学的价值取向和道德规范逐渐为人们所认同，成为规范、制约社会成员思想和行动的重要工具。而作为非主流文化的文学、艺术、科学技术等也主要是依靠教育特别是私家教育来保存和传递的。其二，教育是文化传播的重要途径。汉代知识分子人数的不断增加，文化区域的渐趋扩大，实有赖于教育。特别是边疆少数民族地区的渐染华风，更是儒者官吏积极施教的结果。尽管各地经济、文化的发展很不平衡，经学教育只能在某种程度上统一各地的生活习惯，但随着时间的推移，到东汉末年，各地区的衣、食、住、行、婚姻、丧葬等礼仪习俗，均呈现出大同小异的形态。以民间信仰为例：“与春秋战国民间信仰对象的地域性特征异常突出相比，秦汉时期民间信仰的对象则出现了被若干个郡县或被几乎遍及帝国疆域的民众所共同奉祀的神灵，前者如刘章、栾布、伍子胥和以召信臣为代表的循吏等，后者如伏羲女娲、西王母等，这些神灵被广大地域的人们所共同信仰的事实是秦汉时期特别是汉代一统的政治文化局势使然。此种情况在有关先秦史的文献典籍和目前所知的出土文物中甚为罕见。”[②]

① 叶澜：《教育概论》，人民教育出版社，2006年版，第165页。

② 李秋香：《文化认同与文化控制：秦汉民间信仰研究》，河南大学2010年博士学位论文。

两汉三公九卿文化出身简表

（表一）

类别＼时期	高祖	惠	吕后	文	景	武	昭	宣	元	成	哀	平	光武	明	章	和	安	顺	冲质桓	灵	献
儒	1	1				8	3	12	15	16	11	9	29	19	19	13	15	15	26	31	15
文化极低者		2	2	4	3	2	2	1					1		1						
总计	7	9	5	7	9	20	9	22	20	20	15	10	33	23	25	17	17	19	32	37	18
儒家在当时可考公卿中所占比例(%)	14.3	11.1				40	33.3	54.5	75	80	73.3	90	87.9	82.6	76	76.5	88.2	78.9	81.3	83.7	88.3
文化极低者所占比例(%)		22.2	40	57.1	33.3	10	22.2	4.6					2.7		4						

西汉三公九卿籍贯分布简表

（表二）

人数 郡国名 / 时期	京兆	冯翊	扶风	弘农	河内	南阳	河东	河南	沛	颍川	汝南	梁	陈	鲁	陈留	泰山	山阳	济阴	琅邪	东海	北海	敦煌	武威	北地	安定	陇西	西河	魏郡	涿郡	巴	蜀	汉中	广汉	犍为	九江	丹阳	庐江	会稽	吴郡	江夏
西汉初期（高帝～景帝）			1			1		2	15	1		2		1	1																									
西汉中期（武帝～宣帝）	13	3	4		5	4		2	3	1		1		5	1	1	1		1	5	3			3		3			1			1	1							
西汉后期（元帝～平帝）	16	2	7		5	1			4	2	2	1		7		2	3		8	7								8	2		1		1		1					
东汉	9	2	26	11	2	43	2	20	18	20	25	2	3	2	7	4	5	2	5	2	5	1	1	1	7	1	1	4	4	3	4	3	1	1	3	1	3	3	2	4
合计	387	38	11	12	49	2	24	40	24	27	6	3	15	9	7	9	2	14	14	8	1	1	4	7	4	1	12	7	3	5	4	3	1	4	1	3	3	2	4	

两汉五经博士籍贯分布简表

（表三）

人数　郡国名 / 时期	京兆尹	右扶风	河东	河内	弘农	河南	颍川	汝南	沛	梁	鲁	陈	淮阳	山阳	东平	陈留	千乘	东郡	济阴	齐郡	任城	琅邪	平原	乐安	北海	甾川	济南	东海	楚	清河	赵	信都	敦煌	太原	代郡	涿郡	中山	魏郡	勃海	南阳	会稽	巴郡	蜀郡	九江	吴郡	汉中	广汉	犍为
西汉	1	5	1	3		2	1	1	4	4	19		1	3	4	1	4			3		7			1	1	3	11	2	1	3	1				2					1	1	2	3				
东汉	1	4		2	2		5	5	2		3	2		2		6		2	1	3	1	2	2	1	4								1	1	1	1	1	1	1	5	2		2		1	2	3	2
合计	2	9	1		2	2	6	6	6	4	22	2	1	5	4	7	4	2	1	6	1	9	2	1	5	1	3	11	2	1	3	1	1	1	1	3	1	1	1	5	3	1	4	3	1	2	3	2

两汉私家教授籍贯分布表

（表四）

郡国名 / 人数 / 时期	京兆尹	左冯翊	右扶风	弘农	河内	河南	河东	颍川	沛	汝南	陈	鲁	陈留	东郡	梁	东平	任城	泰山	山阳	济阴	平原	东安	北海	千乘	济南	齐郡	东海	琅邪	彭城	甾川	敦煌	安定	太原	上党	代郡	涿郡	南阳	江夏	桂阳	九江	丹阳	会稽	吴郡	豫章	汉中	巴	蜀
西汉	5		11	1	6	5	1	4	14	5		15	3	2	11	4		6	6		3			5	4	9	16	20		3			1	1	1	3	1			5							5
东汉	8	1	12	5	1	2		10	5	16	4	4	9	2	1	1	1	1	3	4	2	3	10				2	4	2		1	3	2	1	1	1	11	1	1	3	1	3	2	2	2	2	7
合计	13	1	23	6	7	7	1	14	19	21	4	19	12	4	12	5	1	7	9	4	5	3	10	5	4	9	18	24	2	3	1	3	3	2	2	4	12	1	1	8	1	3	2	2	2	2	12

郡国名 / 人数 / 时期	淮阳	巨鹿	南郡	勃海	河间	信都	胶东	高密	东莱	楚	清河	赵	魏郡	犍为郡	牂柯郡	南海	苍梧	广汉
西汉	2					2	1	1	2	4	2	3	1				2	1
东汉		1	1	1	1				1		1			4	1	1	1	7
合计	2	1	1	1	1	2	1	1	3	4	3	3	1	4	1	1	3	8

两汉太学生籍贯分布简表

（表五）

人数 时期 \ 郡国名	京兆尹	扶风	河内	冯翊	河南	颍川	汝南	沛	梁	鲁	济北	山阳	陈留	东郡	济阴	任城	东海	琅邪	北海	济南	泰山	上党	太原	南阳	长沙	巨鹿	代郡	涿郡	魏郡	勃海	豫章	会稽	九江	丹阳	吴郡	广陵	敦煌	蜀郡	汉中	广汉	犍为
西汉		2	2	1	1	2	3	1		3							3	2	1	1	1	4	1	11		1					1	2	1					1		1	
东汉	2	9	1		1	5	3	1	1	1	1	2	4	2	3	1			2				1	7	1	1	1	2	1	1	2	3		1	2	2	1	1	2	2	1
合计	2	11	3	1	2	7	6	2	1	4	1	2	4	2	3	1	3	2	3	1	1	4	2	18	1	2	1	2	1	1	3	5	1	1	2	2	1	2	2	3	1

主要参考文献

一、基本史料

1.《十三经注疏》,中华书局,1980 年。

2.《诸子集成》,中华书局,1954 年。

3.《四书五经》,中国书店,1985 年。

4.(西汉)司马迁:《史记》,中华书局,1982 年。

5.(东汉)班固:《汉书》,中华书局,1962 年。

6.杨树达:《汉书管窥》,科学出版社,1955 年。

7.陈直:《汉书新证》,天津人民出版社,1959 年。

8.(清)王先谦:《汉书补注》,中华书局,1983 年。

9.(刘宋)范晔:《后汉书》,中华书局,1965 年。

10.(清)王先谦:《后汉书集解》,中华书局,1984 年。

11.(东晋)袁宏:《后汉纪》,天津古籍出版社,1987 年。

12.周天游:《八家后汉书辑注》,上海古籍出版社,1986 年。

13.吴树平校注:《东观汉记校注》,中华书局,2008 年。

14.(西晋)陈寿:《三国志》,中华书局,1982 年。

15.(东汉)许慎:《说文解字》,中华书局影印本,1963 年。

16.(西汉)史游:《急就篇》,商务印书馆影印明抄本,1936 年。

17.(西汉)陆贾撰,王利器校注:《新语校注》,中华书局,1986 年。

18.(西汉)贾谊:《贾谊集》,上海人民出版社,1976 年。

19.(西汉)韩婴撰,许维遹校释:《韩诗外传集释》,中华书局,1980 年。

20.(西汉)刘安撰,陈广忠译注:《淮南子》,中华书局,2012 年。

21.(西汉)董仲舒撰,张世亮、钟肇鹏、周桂钿译注:《春秋繁露》,中华书局,2012 年。

22.(西汉)桓宽:《盐铁论》,上海古籍出版社,1990 年。

23.(西汉)刘向:《新序　说苑》,上海古籍出版社,1990 年。

24.(西汉)扬雄撰,韩敬译注:《法言》,中华书局,2012年。

25.(东汉)桓谭:《新论》,上海人民出版社,1977年。

26.(东汉)王充撰,黄晖校释:《论衡校释》,中华书局,1990年。

27.(东汉)班固撰,陈立疏证:《白虎通疏证》,中华书局,1994年。

28.(东汉)王符撰,(清)汪继培笺、彭铎校正:《潜夫论笺校正》,中华书局,1985年。

29.(东汉)荀悦:《申鉴》,上海古籍出版社,1990年。

30.(东汉)徐幹:《中论》,上海古籍出版社,1990年。

31.(东晋)葛洪撰,周天游校注:《西京杂记》,三秦出版社,2006年。

32.(东汉)应劭撰,王利器校注:《风俗通义校注》,中华书局,1981年。

33.(东汉)崔寔撰,石声汉校注:《四民月令校注》,中华书局,1965年。

34.(南宋)徐天麟:《西汉会要》,上海古籍出版社,1978年。

35.(南宋)徐天麟:《东汉会要》,上海古籍出版社,1978年。

36.(北宋)杨侃:《两汉博闻》,黑龙江人民出版社,1990年。

37.(清)唐晏:《两汉三国学案》,中华书局,1986年。

38.(东晋)常璩撰,任乃强校注:《华阳国志校补图注》,上海古籍出版社,1987年。

39.(清)严可均辑:《全上古三代秦汉三国六朝文》,中华书局,1958年。

40.(唐)杜佑:《通典》,中华书局影印商务印书馆万有文库本,1988年。

41.(唐)欧阳询撰,汪绍楹校:《艺文类聚》,上海古籍出版社,1982年。

42.(北宋)司马光:《资治通鉴》,中华书局,1956年。

43.(北宋)李昉等:《太平御览》,中华书局,1960年。

44.(南宋)洪适:《隶释　隶续》,中华书局,1985年。

45.(元)马端临:《文献通考》,中华书局影印商务印书馆万有文库本,1990年。

46.(明)王夫之:《读通鉴论》,中华书局,1975年。

47.(清)孙星衍等辑:《汉官六种》,中华书局,1990年。

48.(清)王昶:《金石萃编》,中国书店影印,1985年。

49.(清)赵翼撰,王树民校正:《廿二史札记校正》,中华书局,1984年。

50.(清)皮锡瑞:《经学历史》,中华书局,1959年。

51.(清)顾炎武撰,黄汝成集释、秦克诚点校:《日知录集释》,岳麓书社,

1994 年。

52.孟宪承、陈学恂、张瑞璠、周子美编:《中国古代教育史资料》,人民教育出版社,1961 年。

53.《睡虎地秦墓竹简》,文物出版社,1978 年。

54.高文:《汉碑集释》,河南大学出版社,1978 年。

55.《居延汉简甲乙编》,中华书局,1980 年。

56.程舜英:《两汉教育制度史资料》,北京师范大学出版社,1983 年。

57.熊承涤:《中国古代教育论著选读》(秦汉),人民教育出版社,1987 年。

58.谢桂华、李均明、朱国炤:《居延汉简释文合校》,文物出版社,1987 年。

59.甘肃省文物考古研究所等:《居延新简(甲渠侯官与第四隧)》,文物出版社,1990 年。

60.连云港市博物馆等:《尹湾汉墓简牍》,中华书局,1997 年。

61.胡平生编撰:《敦煌悬泉汉简释粹》,上海古籍出版社,2001 年。

62.张家山汉墓竹简整理小组:《张家山汉墓竹简(二四七号墓)》,文物出版社,2006 年。

二、学术著作

1.本田成之:《中国经学史》,商务印书馆,1936 年。

2.马宗霍:《中国经学史》,商务印书馆,1937 年。

3.侯外庐主编:《中国思想通史》,人民出版社,1957 年。

4.王国维:《观堂集林》,中华书局,1959 年。

5.程树德:《九朝律考》,中华书局,1963 年。

6.胡美琦:《中国教育史》,三民书局,1978 年。

7.《文物考古工作三十年》(1949—1979),文物出版社,1979 年。

8.徐复观:《两汉思想史》,学生书局,1979 年。

9.毛礼锐、瞿菊农、邵鹤亭:《中国古代教育史》,人民教育出版社,1979 年。

10.沈兼士:《中国考试制度史》,台湾商务印书馆,1980 年。

11.顾树森:《中国历代教育制度》,江苏人民出版社,1981 年。

12.王伯敏:《中国绘画史》,上海人民美术出版社,1982年。

13.吕思勉:《吕思勉读史札记》,上海古籍出版社,1982年。

14.杨树藩:《中国文官制度史》,黎明文化事业公司,1982年。

15.吕思勉:《秦汉史》,上海古籍出版社,1983年。

16.翦伯赞:《秦汉史》,北京大学出版社,1983年。

17.刘志远、余德章、刘文杰:《四川汉代画像砖与汉代社会》,文物出版社,1983年。

18.《教育经济学概论》,青海人民出版社,1983年。

19.马大英:《汉代财政史》,中国财政经济出版社,1983年。

20.甘肃省博物馆:《汉简研究文集》,甘肃人民出版社,1984年。

21.吴曾德:《汉代画像石》,文物出版社,1984年。

22.钟明善:《中国书法简史》,河北美术出版社,1984年。

23.谢元鲁、王定璋:《中国古代敬老养老风俗》,陕西人民出版社,1984年。

24.张国华主编:《中国法律思想史纲》,甘肃人民出版社,1984年。

25.熊铁基、安作璋:《秦汉官制史稿》,齐鲁书社,1984年。

26.毛礼锐主编:《中国教育史简编》,教育科学出版社,1984年。

27.杨荣春:《中国封建社会教育史》,广东人民出版社,1985年。

28.任继俞主编:《中国哲学发展史》(秦汉),人民出版社,1985年。

29.李泽厚:《中国古代思想史论》,人民出版社,1985年。

30.朱绍侯:《秦汉土地制度与阶级关系》,中州古籍出版社,1985年。

31.林剑鸣、余华青、周天游、黄留珠:《秦汉社会文明》,西北大学出版社,1985年。

32.杨鸿年:《汉魏制度丛考》,武汉大学出版社,1985年。

33.黄留珠:《秦汉仕进制度》,西北大学出版社,1985年。

34.沈家本:《历代刑法考》,中华书局,1986年。

35.韩养民:《秦汉文化史》,陕西人民教育出版社,1986年。

36.陈直:《居延汉简研究》,天津古籍出版社,1986年。

37.刘泽华:《中国传统政治思想反思》,生活·读书·新知三联书店,1987年。

38.金春峰:《汉代思想史》,中国社会科学出版社,1987年。

39.毛礼锐、沈灌群主编:《中国教育通史》(第1、2卷),山东教育出版社,1985、1986年。

40.郭齐家:《中国教育思想史》,教育科学出版社,1987年。

41.毛礼锐主编:《中国古代教育家传》,北京师范大学出版社,1987年。

42.余英时:《士与中国文化》,上海人民出版社,1987年。

43.邓子琴:《中国风俗史》,巴蜀书社,1987年。

44.陈云君:《中国书法史论》,人民日报出版社,1987年。

45.俞启定:《先秦两汉儒家教育》,齐鲁书社,1987年。

46.柳诒徵:《中国文化史》,中国大百科全书出版社,1988年。

47.刘泽华:《专制权力与中国社会》,吉林文史出版社,1988年。

48.熊明安:《中国高等教育史》,重庆出版社,1988年。

49.陈青之:《中国教育史》,上海书店据商务印书馆1936年影印,1989年。

50.魏特夫:《东方专制主义》,中国社会科学出版社,1989年。

51.周桂钿:《董学探微》,北京师范大学出版社,1989年。

52.黄开国:《扬雄思想初探》,巴蜀书社,1989年。

53.上海社会科学院经济研究所:《秦汉经济思想史》,中华书局,1989年。

54.林剑鸣:《秦汉史》,上海人民出版社,1989年。

55.曾延伟:《两汉社会经济发展史初探》,中国社会科学出版社,1989年。

56.王处辉:《中国社会思想史》,南开大学出版社,1989年。

57.丁钢主编:《文化的传递与嬗变》,上海教育出版社,1990年。

58.李约瑟:《中国科学技术史》,科学出版社,1990年。

59.许结:《汉代文学思想史》,南京大学出版社,1990年。

60.鲁洁主编:《教育社会学》,人民教育出版社,1990年。

61.章权才:《两汉经学史》,广东人民出版社,1990年。

62.《文物考古工作十年》(1979—1989),文物出版社,1990年。

63.来新夏:《中国古代图书事业史》,上海人民出版社,1990年。

64.《中华文明史》,河北教育出版社,1990年。

65.罗贵权:《教育经济学论稿》,黑龙江教育出版社,1991年。

66.叶澜:《教育概论》,人民教育出版社,1991年。

67.阎步克:《察举制度变迁史稿》,辽宁大学出版社,1991年。

68.吴铎、张人杰:《教育与社会》,中国科学技术出版社,1991年。

69.颜泽贤、张铁明:《教育系统论》,河南教育出版社,1991年。

70.卢云:《汉晋文化地理》,陕西人民出版社,1991年。

71.吴铎主编:《社会学》,高等教育出版社,1992年。

72.孙培青主编:《中国教育史》,华东师范大学出版社,1992年。

73.刘泽华主编:《中国古代政治思想史》,南开大学出版社,1992年。

74.徐扬杰:《中国家族制度史》,人民出版社,1992年。

75.华友根:《董仲舒思想研究》,上海社会科学院出版社,1992年。

76.崔瑞德、鲁惟一:《剑桥中国秦汉史》,中国社会科学出版社,1992年。

77.刘文英:《仲长统评传》,南京大学出版社,1993年。

78.刘文英:《王符评传》,南京大学出版社,1993年。

79.钟肇鹏、周桂钿:《桓谭、王充评传》,南京大学出版社,1993年。

80.安作璋主编:《山东通史》(秦汉卷),山东人民出版社,1993年。

81.李国钧主编:《中国教育大系·历代教育制度考》(上),湖北教育出版社,1993年。

82.曲士培:《中国大学教育发展史》,山西教育出版社,1993年。

83.雷良波等:《中国女子教育史》,武汉出版社,1993年。

84.伍新福主编:《湖南通史》(古代卷),湖南出版社,1994年。

85.陆林:《中国家训大观》,安徽人民出版社,1994年。

86.王炳照、阎国华主编:《中国教育思想通史》,湖南教育出版社,1994年。

87.汤志钧等:《西汉经学与政治》,上海古籍出版社,1994年。

88.董粉和:《中国秦汉科技史》,人民出版社,1995年。

89.崔宜明等:《中国传统哲学与教育》,上海教育出版社,1995年。

90.杜学元:《中国女子教育通史》,贵州教育出版社,1995年。

91.成晓军主编:《名臣家训》,湖北人民出版社,1995年。

92.张晋藩主编:《中国法律史》,法律出版社,1995年。

93.王永祥:《董仲舒评传》,南京大学出版社,1995年。

94.梅汝莉主编:《中国教育管理史》,海潮出版社,1995年。

95.熊贤君:《中国教育行政史》,华中理工大学出版社,1996年。

96.孙培青:《中国教育管理史》,人民教育出版社,1996年。

97.吴霓:《中国古代私学发展诸问题研究》,中国社会科学出版社,1996年。

98.周予同:《周予同经学史论著选集》,上海人民出版社,1996年。

99.孙宏安:《中国古代科学教育史略》,辽宁教育出版社,1996年。

100.白纲主编:《中国政治制度通史》,人民出版社,1996年。

101.阎步克:《士大夫政治演生史稿》,北京大学出版社,1996年。

102.成晓军主编:《慈母家训》,湖北人民出版社,1996年。

103.陈少峰:《中国伦理学史》,北京大学出版社,1996年。

104.刘泽华主编:《中国政治思想史》,浙江人民出版社,1996年。

105.熊承涤:《中国古代学校教材研究》,人民教育出版社,1996年。

106.庞朴主编:《中国儒学》,东方出版中心,1997年。

107.马镛:《中国家庭教育史》,湖南教育出版社,1997年。

108.阎爱民:《中国古代的家教》,商务印书馆国际有限公司,1997年。

109.毕诚:《中国古代家庭教育》,商务印书馆,1997年。

110.郭齐家:《中国古代考试制度》,商务印书馆,1997年。

111.王云度:《刘安评传》,南京大学出版社,1997年。

112.杨心恒主编:《社会学概论》,知识出版社,1997年。

113.马新:《两汉乡村社会史》,齐鲁书社,1997年。

114.彭卫:《汉代社会风尚研究》,三秦出版社,1998年。

115.王子今:《秦汉区域文化研究》,四川人民出版社,1998年。

116.赵靖:《中国经济思想史述要》,北京大学出版社,1998年。

117.赵靖:《经济学志》,上海人民出版社,1998年。

118.葛志毅、张惟明:《先秦两汉的制度与文化》,黑龙江教育出版社,1998年。

119.陈登原:《中国文化史》,辽宁教育出版社,1998年。

120.卢钟锋:《中国传统学术史》,河南人民出版社,1998年。

121.罗炽等:《中国德育思想史纲》,湖北教育出版社,1998年。

122.葛兆光:《七世纪前中国的知识、思想与信仰世界》,复旦大学出版社,1998年。

123.许倬云:《历史分光镜》,上海文艺出版社,1998 年。

124.张晋藩主编:《中国法制通史》,法律出版社,1999 年。

125.熊贤君:《湖北教育史》,湖北教育出版社,1999 年。

126.李申:《中国儒教史》,上海人民出版社,1999 年。

127.黄今言:《秦汉江南经济述略》,江西人民出版社,1999 年。

128.宁可主编:《中国经济发展史》,中国经济出版社,1999 年。

129.章开沅等主编:《湖北通史》(秦汉卷),华中师范大学出版社,1999 年。

130.高成鸢:《中华尊老文化探究》,中国社会科学出版社,1999 年。

131.连云港市博物馆、中国文物研究所编:《尹湾汉墓简牍综论》,中国科学出版社,1999 年。

132.汪桂海:《汉代官文书制度》,广西教育出版社,1999 年。

133.李国钧、王炳照主编:《中国教育制度通史》,山东教育出版社,2000 年。

134.周桂钿:《秦汉思想史》,河北人民出版社,2000 年。

135.刘泽华:《中国的王权主义》,上海人民出版社,2000 年。

136.刘泽华主编:《中国传统政治哲学与社会整合》,中国社会科学出版社,2000 年。

137.张分田:《亦主亦奴——中国古代官僚的社会人格》,浙江人民出版社,2000 年。

138.李维武:《王充与中国文化》,贵州人民出版社,2000 年。

139.于振波:《秦汉法律与社会》,湖南人民出版社,2000 年。

140.张鸣岐:《董仲舒教育思想研究》,人民教育出版社,2000 年。

141.于迎春:《秦汉士史》,北京大学出版社,2000 年。

142.李瑞良:《中国古代图书流通史》,上海人民出版社,2000 年。

143.肖群忠:《孝与中国文化》,人民出版社,2001 年。

144.张涛:《经学与汉代社会》,河北人民出版社,2001 年。

145.孙家洲:《两汉政治文化窥要》,泰山出版社,2001 年。

146.卞孝宣、王琳:《两汉文学》,安徽教育出版社,2001 年。

147.张鹤泉:《汉明帝研究》,吉林文史出版社,2001 年。

148.陈苏镇:《汉代政治与〈春秋〉学》,中国广播电视出版社,2001 年。

149.钱穆:《两汉经学今古文平议》,商务印书馆,2001年。

150.赵承福:《山东教育通史》(古代卷),山东人民出版社,2001年。

151.彭卫、杨振红:《中国风俗通史》(秦汉卷),上海文艺出版社,2002年。

152.孙筱:《两汉经学与社会》,中国社会科学出版社,2002年。

153.卜宪群:《秦汉官僚制度》,社会科学文献出版社,2002年。

154.赵沛:《两汉宗族研究》,山东大学出版社,2002年。

155.王子今、刘悦斌、常宗虎:《中国社会福利史》,中国社会科学出版社,2002年。

156.徐难于:《汉灵帝与汉末社会》,齐鲁书社,2002年。

157.吴刚:《知识演化与社会控制》,教育科学出版社,2002年。

158.金一鸣:《教育原理》,高等教育出版社,2002年。

159.李振宏:《居延汉简与汉代社会》,中华书局,2003年。

160.王继训:《汉代诸子与经学》,陕西人民出版社,2003年。

161.张人杰主编:《大教育学》,广东高等教育出版社,2003年。

162.张分田:《中国帝王观念》,中国人民大学出版社,2004年。

163.陈业新:《灾害与两汉社会研究》,上海人民出版社,2004年。

164.钱穆:《秦汉史》,生活·读书·新知三联书店,2004年。

165.姜维公:《汉代学制研究》,中国文史出版社,2005年。

166.王亚南:《中国官僚政治研究》,中国社会科学出版社,2005年。

167.韩星:《儒法整合——秦汉政治文化论》,中国社会科学出版社,2005年。

168.熊贤君:《中国女子教育史》,山西教育出版社,2006年。

169.吴洪成:《中国小学教育史》,山西教育出版社,2006年。

170.廖其发:《中国幼儿教育史》,山西教育出版社,2007年。

171.王文涛:《秦汉社会保障研究》,中华书局,2007年。

172.熊铁基:《秦汉文化史》,东方出版社,2007年。

173.杨树增:《汉代文化特色及形成》,人民出版社,2008年。

174.米靖:《经学与两汉教育》,天津人民出版社,2009年。

175.张惠芬:《中国古代教化史》,山西教育出版社,2009年。

176.黄婉峰:《汉代孝子图与孝道观念》,中华书局,2012年。

177.王子今:《秦汉社会意识研究》,商务印书馆,2012 年。

三、期刊论文

1.刘修明:《"汉代孝治天下"发微》,《历史研究》1983 年第 6 期。

2.吉书时:《略论汉代的三老》,《北京师范大学学报》1983 年第 6 期。

3.张金光:《论秦汉的学吏制度》,《文史哲》1984 年第 1 期。

4.张烈:《"独尊儒术"是历史的必然》,《文史知识》1985 年第 9 期。

5.黄留珠:《两汉孝廉制度考略》,《西北大学学报》1985 年第 4 期。

6.王志民:《两汉教育制度考述》,《教育评论》1986 年第 5 期。

7.江铭:《两汉地方官学考论》,《华东师范大学学报》1986 年第 1 期。

8.张舒亚:《论汉代〈春秋〉三传的官学之争》,《中国史研究》1988 年第 2 期。

9.刘德增:《汉代养老述论》,《山东师范大学学报》1988 年第 6 期。

10.马彪:《试论汉代的儒宗地主》,《中国史研究》1988 年第 4 期。

11.李文东:《"罢黜百家,独尊儒术"与汉武帝的文化政策》,《许昌师专学报》1988 年第 3 期。

12.马积高:《两汉文学思想的变迁与儒学》,《求索》1989 年第 1 期。

13.张荣芳:《论两汉太学的历史作用》,《中山大学学报》1990 年第 2 期。

14.张传燧:《汉代教学思想体系略论》,《教育研究》,1990 年第 10 期。

15.孙筱:《孝的观念与汉代新的社会统治秩序》,《中国史研究》1990 年第 3 期。

16.董英哲:《汉代儒学与自然科学》,《人文杂志》1991 年第 1 期。

17.晋文:《从西汉抑商政策看官僚地主的经商》,《中国史研究》1991 年第 4 期。

18.王震亚:《论汉代的察举制度》,《西北师范大学学报》1991 年第 4 期。

19.仝晰纲:《秦汉时期的乡里教育》,《山东师范大学学报》1991 年第 5 期。

20.陈长琦:《汉代察举制度略论》,《华南师范大学学报》1992 年第 2 期。

21.应坚志:《王充教育思想析议》,《教育评论》1992 年第 6 期。

22.晋文:《论〈春秋〉〈诗〉〈孝经〉〈礼〉在汉代政治地位的转移》,《山东师范大学学报》1992 年第 3 期。

23.晋文:《以经治国与汉代经济》,《江汉论坛》1992 年第 12 期。

24.葛剑雄:《秦汉时期的人口迁移与文化传播》,《历史研究》1992 年第 4 期。

25.孙家洲:《巩固政权　教化为本——汉初君臣对思想教育社会效用的探讨》,《贵州社会科学》1992 年第 2 期。

26.赵克尧:《论汉代的以孝治天下》,《复旦学报》1992 年第 3 期。

27.刘良群:《论汉代的私学》,《争鸣》1992 年第 5 期。

28.李军:《论秦汉时期的私学》,《上海科学院学术季利》1993 年第 3 期。

29.孙景坛:《汉武帝"罢黜百家,独尊儒术"子虚乌有》,《南京社会科学》1993 年第 3 期。

30.葛志毅:《汉代博士与朝议制度》,《北方论丛》1993 年第 5 期。

31.穆岚:《王符〈潜夫论〉中的教育思想》,《河南师范大学学报》1993 年第 5 期。

32.张如珍:《董仲舒的教育思想》,《西北师范大学学报》1993 年第 6 期。

33.胡青:《试论汉代的家庭家族教育》,《秦汉史论丛》(第六辑),江西人民出版社,1994 年。

34.孔祥宏:《东汉时期南方文化的发展》,《历史教学问题》1994 年第 2 期。

35.张鹤泉:《东汉时代的游学风气及社会影响》,《求是学刊》1995 年第 2 期。

36.杨静宛:《汉代循吏的治民原则、措施及其实施效果》,《湘潭大学学报》,1995 年第 4 期。

37.胡宝国:《汉代的家学》,《中国古史论丛——祝贺胡如雷教授七十寿辰》,河北教育出版社,1995 年。

38.张鹤泉:《东汉关中地区文化发展的特征及影响》,《史学集刊》1995 年第 2 期。

39.曹金华:《试论东汉的非抑商政策》,《江苏社会科学》1995 年第 5 期。

40.张涛:《经学与汉代法制》,《文史哲》1995 年第 3 期。

41.张涛:《经学与汉代的经济政策》,《北京社会科学》1996 年第 2 期。

42.吴霓:《汉代选举制与私学的关系》,《高等师范教育》1996 年第 1 期。

43.刘良群:《两汉太学述论》,《江西师范大学学报》1996 年第 9 期。

44.王健:《汉代君主研习儒学传统的形成及其历史效应》,《中国史研究》1996 年第 3 期。

45.袁君敬:《谈谈贾谊的教育思想》,《文史知识》1997 年第 10 期。

46.丁语和:《论汉代的经学与法律》,《南开大学学报》1997 年第 4 期。

47.李绪柏:《两汉时期的巴蜀文化与岭南文化》,《学术研究》1997 年第 3 期。

48.惠吉兴:《论汉代儒学的社会化走向》,《社会科学战线》1997 年第 3 期。

49.周振鹤:《从"九州异俗"到"六合同风"——两汉风俗区划的变迁》,《中国文化研究》1997 年第 4 期。

50.黄今言:《两汉工商政策与商品经济述略》,《江西师范大学学报》1997 年第 2 期。

51.李小树:《论东汉道德教化网的形成》,《晋阳学刊》1997 年第 6 期。

52.张涛:《经学与汉代教育》,《历史教学》1997 年第 2 期。

53.秦彦士:《汉代太学的考证与批判》,《四川师范大学学报》1997 年第 4 期。

54.刘太祥:《汉代巡行使的职能和作用》,《史学月刊》1997 年第 1 期。

55.范学辉:《论儒学对秦汉地方行政的影响》,《江海学刊》1997 年第 2 期。

56.张荣芳:《论两汉太学的学风》,《中山大学学报》1998 年第 1 期。

57.葛志毅:《汉代博士与议郎》,《史学集刊》1998 年第 2 期。

58.刘太祥:《汉代游学之风》,《中国史研究》1998 年第 4 期。

59.赵志坚:《两汉妇女的贞节问题》,《历史教学》1998 年第 4 期。

60.葛志毅:《汉代博士奉使制度》,《历史教学》1999 年第 10 期。

61.孙峰、肖世民:《汉代私学考》,《西安联合大学学报》1999 年第 3 期。

62.王子今:《汉代儿童的游艺生活》,《中国史研究》1999 年第 3 期。

63.王文涛:《汉代家庭教育管见》,《河北师范大学学报》(教育科学版),1999 年第 3 期。

64.马雪芹:《"罢黜百家,独尊儒术"新解》,《人文杂志》1999 年第 5 期。

65.王永平:《汉灵帝置鸿都门学及其原因考论》,《扬州大学学报》1999 年第 5 期。

66.赵国华:《汉鸿都门学考辨》,《华中师范大学学报》2000 年第 3 期。

67.罗林:《董仲舒对儒家教育传统的承前启后作用》,《湖北民族学院学报》2000 年第 2 期。

68.仝晰纲:《道德教育与汉代乡治》,《学术论坛》2000 年第 5 期。

69.庄春波:《汉武帝"罢黜百家,独尊儒术"说考辨》,《孔子研究》2000 年第 4 期。

70.杨生民:《汉武帝"罢黜百家,独尊儒术"新探——兼论汉武帝"尊儒术"与"悉延(引)百端之学"》,《首都师范大学学报》2000 年第 5 期。

71.周永卫:《略论汉代的皇家教育》,《江苏社会科学》2000 年第 4 期。

72.周永卫:《两汉教育的发展历程及其特点》,《唐都学刊》2000 年第 1 期。

73.熊必军、冷鹏飞:《析汉代重三老》,《湖南教育学院学报》2000 年第 4 期。

74.张鹤泉:《论汉明帝》,《北华大学学报》2000 年第 2 期。

75.高岩:《王符〈潜夫论〉教育思想述评》,《甘肃教育学院学报》2001 年第 3 期。

76.张江洪、冷鹏飞:《论贾谊的教育思想》,《桂林航天工业高等专科学校学报》2001 年第 1 期。

77.晋文:《论经学与汉代忠孝观的整合》,《江海学刊》2001 年第 5 期。

78.唐光孝:《从〈养老图〉谈汉代养老、抚孤等民政问题》,《四川文物》2001 年第 4 期。

79.杨天宇:《略论汉代今古文经学的斗争与融合》,《郑州大学学报》2001 年第 2 期。

80.臧知非:《"王杖诏书"与汉代养老制度》,《史林》2002 年第 2 期。

81.李辉:《试论汉代私学教育的作用》,《长春师范学院学报》2002 年第 3 期。

82.王丽英:《论刘向〈列女传〉的立传标准及其价值》,《广州大学学报》2002 年第 2 期。

83.吴海燕、范志军:《两汉“风俗使”演变及职能初探》,《河南师范大学学报》2002 年第 3 期。

84.裘士京、张翅:《略论两汉察举制度与人才选拔》,《安徽师范大学学报》2002 年第 5 期。

85.朱晓鸿:《试析汉代的妇女教育》,《华北水利水电学院学报》2003 年第 3 期。

86.李学娟:《略论两汉私学中的经学传授》,《当代教育科学》2003 年第 7 期。

87.燕国材:《王充的教育心理思想研究》,《心理学探新》2003 年第 2 期。

88.刘丁豪:《汉代官吏群体的儒学化及其对汉代社会的影响》,《四川师范学院学报》2003 年第 1 期。

89.赖华明:《汉代察举制的内容及其功过》,《西南民族大学学报》2003 年第 11 期。

90.赖华明:《汉代察举制概论》,《天府新论》2003 年第 6 期。

91.许智银:《浅论汉代地方官办教育的发展》,《商丘师范学院学报》2004 年第 4 期。

92.陆静卿:《论东汉妇女对儒家精神文化的深切体现》,《求索》2004 年第 3 期。

93.崔锐:《秦汉时期女子教育概述》,《陕西教育学院学报》2004 年第 2 期。

94.黄钊:《董仲舒以“独尊儒术”为特征的道德教化思想探析》,《河南大学学报》2004 年第 4 期。

95.陈静:《“罢黜百家”旨在“表彰〈六经〉”而非“独尊儒术”》,《洛阳师范学院学报》2004 年第 4 期。

96.朱子彦:《汉武帝“罢黜百家,独尊儒术”质疑》,《上海大学学报》2004 年第 6 期。